清末才女汪藕裳
及其家族名人研究

王泽强 著

上海三联书店

目　录

引言

在江苏省盱眙县城北部淮河边上，曾经有一个叫汪巷的小街，街门上方书写着四个十分醒目的大字"汪氏门第"，里面的"汪家大院"有上百间房屋，正堂叫"护根堂"，悬挂着御赐"乐善好施"匾额。路过此地的官员、百姓无不驻足观看，敬仰三分，因为它昭示着当地一个曾经显赫一时的家族：六个进士、举人在这里诞生，十多个知县、知府、按察使、布政使、省长、部长从这里奔赴各地官场，在政治舞台上写下了历史篇章。杰出的女作家、艺术收藏家从这里迈向社会，蜚声海内，名垂青史。如今，汪氏昔日的辉煌早已被岁月尘封，"汪巷"、"汪氏门第"、"汪家大院"、"汪家花园"等早已不复存在，即使当地人对此也知之甚少，因此挖掘这个家族文化有着重要的现实意义。

祖居皖南，越国公汪华后裔

盱眙汪氏始祖是唐朝节度使汪华，后来被封为上柱国越国公。汪华是古代徽州第一伟人，过去人们称他为"汪王""汪公大帝"，皖南及浙江许多地方都建有汪王庙，里面有他的塑像。传说他有九个儿子，都有赐封，因此汪氏人丁十分兴旺，在皖南有"四门三面水，十姓九家汪"的说法。

盱眙汪氏祖居皖南徽州祁门县塔坊乡侯潭村，迁居盱眙的一世祖叫汪尚佳，二世祖至四世祖分别叫汪士俊、汪永磻、汪元谦。五世祖叫汪汇，生于雍正己酉(1729)十二月初三。大约在明末清初，汪尚佳带着家人迁居盱眙。自迁居盱眙第三代开始，汪氏踏上科举道路，而且成就和影响越来越大。三世祖汪永磻为附监生，四世祖汪元谦为太学生。五世祖汪汇，乾隆五十五年岁贡生，候选训导，今盱城第一山上有其《清心亭观淮》诗碑一块：

筇扶直上倚朱栏，文境天开愈可观。千里苍波云外涌，万家烟火镜中看。独留古塔冲寒浪，移得丹霞染碧峦。最爱征帆归去晚，乘槎如在斗牛端。

这首诗描写盱山淮水的景观，很有气魄。六世祖汪景福，廪贡生，家谱上说他"制行不苟，训迪有方，里居教授，多成就者"，是地方名师，著有《护根堂诗文集》《晴川诗稿》等著作。经过几代人的拼搏，汪氏在盱眙不仅站稳了脚跟，还积聚了丰厚的钱财，成为当地有影响的乡绅。汪景福曾出资设立义庄，资助穷人，是远近闻名的慈善家，官方为此颁文嘉奖，皇帝钦赐"乐善好施"匾额。他去世后，朝廷赠其"通议大夫"荣誉称号，并令地方建坊纪念他。

五世联科，一个兴旺发达的家族

封建时代，一个人读书中举、中进士，做官，才算真正的成功。汪氏自七世祖汪云任起，一共有六个人中举、中进士，五世联科，涌现出十多个知县以上的官员。

汪云任，嘉庆二十二年（1817），23岁中举，34岁中进士，历任广东三水知县、赣州知府、苏州知府、苏松太兵备道、江海关监督、山东督粮道、通政司参议、陕西按察使署布政使等职。

汪根恕，道光十七年（1837），27岁中举，曾任国子监丞，署苏州织造兼浒墅关监督。

汪祖绶，咸丰六年（1856），27岁中举，28岁中进士，翰林院庶吉士，曾任曾国藩幕僚，历任金山、吴县、青浦等地知县。

汪瑞曾，光绪六年（1880），32岁中举，青浦知县。

汪瑞闿，光绪二十三年（1897），25岁中举，曾任上海巡警总局总办（局长）、江苏巡警道、江西省民政长（即省长）、全国纸烟捐务总局局长、民国参政院参议、伪浙江省省长等职。文武全才，是江西近代高等教育事业的开创者，江苏、上海近代警察事业的开拓者。

汪士元，光绪三十年（1904），27岁中举，28岁中进士，二品顶戴，曾任长芦盐运使、直隶财政厅长、直隶代理省长、财政部次长、财政部代理总长、盐务署署长、全国烟酒事务署督办、国务院参议等职。

汪根敬，廪贡生，历任河南泌阳知县、许昌知州、彰德知府等职。

汪瑞高，拔贡，二品顶戴，历任北洋支应局总办、北洋机器局总办、长卢盐运使等职，近代北方最大的盐官，为袁世凯提供了数不清的活动经费。

汪瑞昆，监生，台湾镇海后军将领。

汪鸿孙，太学生，历任菏泽、恩县、宁海等地知县（知事），民国陆军部军法司一等军法官。

汪根书，太学生，先后任广信府、赣州府、抚州府通判。

汪驹孙，浙江法政学堂优等生毕业，曾任上海地方检察厅检察长。上海地方检察厅第一审受理上海县境内之初级管辖刑事案件及地方刑事案件，第二审受理本厅及宝山、南汇、青浦、嘉定、金山、川沙、崇明、松江、奉贤、太仓、吴县、昆山、常熟、吴江县之初级管辖刑事上诉抗告再审案件。

由上面列举的材料不难看出，从 19 世纪初汪云任中进士走上仕途，到 20 世纪 40 年代汪瑞闿因去世退出历史舞台，盱眙汪氏在一个多世纪中持续有人通过科举走上政坛，在地方政府和中央政府中活跃着汪氏的身影。

重大历史事件的当事人

在中国近现代史上，盱眙汪氏写下了一定的篇章，留下了自己的足迹。他们是一些重大历史事件的当事人、见证者，有着不可或缺的地位。

"德兰诺瓦"事件。1821 年，广州府番禺县盱眙籍知县汪云任，判处美国商船上肇事的水手德兰诺瓦绞刑，两国之间产生了第一次严重的冲突。此事震惊中外，史称"德兰诺瓦事件"，对中美两国关系的发展走向产生了极大的影响。二百年来，中外学者争论不休，观点大相径庭，可见其影响之深远、广泛。

"江西民政长事件"与"二次革命"。1912 年 12 月 16 日，江西都督李烈钧致电袁世凯请行军民分治，并特荐汪瑞闿为江西民政长（省长）。汪瑞闿曾任江西武备学堂总办，与李烈钧有师生之谊。应李烈钧七次盛情邀请，汪瑞闿才同意出任此职。袁世凯发布了汪瑞闿任江西民政长的命令，却遭到江西方面的激烈反对，江西国民党要求"将简任民政长之成命收回"，汪瑞闿到南昌上任后受到武力威胁，被迫离开江西。黎元洪出面调解，提出"撤兵、迎汪、惩凶"三个条件，李烈钧公开通电拒绝，袁世凯震怒，双方到了剑拔弩张的地步。袁世凯因为要忙于召开国会,选举大总统,于是做出让步,任命赵从蕃任江西民政长(也遭拒绝),派王芝祥为"查办使",南下查办江西事件,暂停争端。史称此事为"江西民政长事件"。1912 年 6 月 9 日,袁世凯突然下令免去李烈钧江西都督职务,引发"二次革命"。袁世凯以武力镇压了南方七省国民党人的"二次革命",汪瑞闿再赴南昌上任。"江西民政长事件"是"二次革命"的先声,影响深远。

"张勋复辟"。1917 年 6 月,张勋利用黎元洪与段祺瑞的矛盾,率 5000"辫子兵"进北京,7 月 1 日撵走黎元洪,把 12 岁的溥仪抬出来宣布复辟,仅 12 天就破产了。在迅速平息张勋"辫子军"的抵抗中,直隶财政厅长汪士元充当了重要角色。其时,直隶省库一空如洗,尚有开滦股票 100 万元,市价高于面额。为充讨逆军军费,他以补助直隶金融费用为名,在津向日本三菱洋行借款,由天津正金银行兑付,为消灭封建顽固势力立了大功。

著述丰富,汪氏对文化艺术的贡献

汪氏在文化艺术上有重要的作品传世。汪云任的《三水县志》、汪祖绶的《青浦县志》、汪鸿孙的《菏泽县乡土志》《重修恩县志》《恩县乡土志》《昌黎县志》,是汪氏留给后人的重要地方史资料。汪鸿孙的《大清律例新编》十六卷是重要的法律文献著作。汪士元是近代著名的收藏家、书画鉴赏家,一生喜好收藏古代字画、古玩,广为搜罗,眼光独到,所藏多为精品。他的《麓云楼书画记略》录藏其所藏历代书画,评价心得独到,为当代书画鉴赏的必备书目。

汪氏家族走出了一个杰出的女作家汪藕裳。汪藕裳是汪云任的孙女,汪根敬的女儿,著有两部长篇弹词体小说《群英传》《子虚记》,共计四百多万字。1982年,《子虚记》被列入《古籍整理出版规划》(1982—1990)。有学者说,"藕裳的两部作品共九十四卷,四百多万字,无论是在场景的广大、人物的复杂多样、故事的丰富曲折、描写的细腻变化,还是思想主题的进步性方面都堪称继陶怀贞、陈端生、邱心如、李桂玉之后的又一位大家手笔"[①],称她是"一位才华闪煜、成就卓著的女作家兼诗人"[②],把她列入中国历代女杰百人行列。

此外,汪云任还著有《茧园诗文稿》《汪孟棠太守诗钞》,汪根敬著有《桃花潭

---

① 鲍震培:《清代女作家弹词研究》,南开大学出版社,2008 年 5 月,第 91 页。
② 李润英:《千姿百态尽风流——中国历代女杰百人传》,广西教育出版社,1993 年 12 月,第 369—372 页。

馆笔记》《六经图说》。汪根兰为书法家、词人,著有《秋柳词人稿》《绿阴琴馆印谱》。汪祖绶著有《汪岸卿太史诗稿》。

汪氏前辈曾留下许多重要文化遗迹,如汪家花园、魁星亭、汪公堤及小汪公堤、汪巷、汪氏祖居、汪氏祖坟等等。汪家花园位于今天盱眙县的老城区,占地约为过去老城区的一半。这个庞大的私家花园建成于道光二十一年,前后达十五年,规模宏伟,耗资巨大。清代南河道总督兼署两江总督麟庆,曾游览汪家花园,写下了有名的《汪园问花记》,称"江北名园,允推第一"。这座名园毁于太平天国时期的清军、抗战时期的日军和"文革"时期的红卫兵之手。汪公堤、小汪公堤是汪云任、汪根敬捐资修建的防洪堤,曾保障了盱城数万人的性命,以前建有纪念碑,后来此碑被砸碎。汪巷和汪氏祖居更是因为城市改造被拆得无影无踪,在原地建设了现代化的淮明园小区,汪氏祖坟也所剩无几。

第一章　杰出的女作家汪藕裳

汪藕裳(1832—1903),清代安徽泗州直隶州盱眙县(今属江苏)人,名蘩,字藕裳,因盱眙别称"都梁",自号"都梁女史",著有《群英传》和《子虚记》两部长篇弹词体小说。代表作《子虚记》,二百三十万字,系中国弹词体小说名著之一,列入国家《古籍整理出版规划》(1982—1990)。汪藕裳生活于动荡不安的清代后期,经历了国破、家亡、夫死、女殇的种种惨痛,在颠沛流离中以惊人的毅力创作了两部宏伟巨著。

第一节　名门闺秀,漂泊一生

道光十二年(1832),汪藕裳出生于盱眙县一个富裕的文化气息浓厚的官僚地主家庭。近代盱眙汪氏人才辈出,产生过六个进士、举人,十一个知县以上的官员。祖父汪云任,进士,曾任苏州知府、陕西按察使署布政使等职,是近代史上有影响的人物,有《茧园诗文稿》《汪孟棠太守诗钞》等著作。父亲汪根敬,贡生,在河南镇坪、许昌、开封、安阳等地当过知县、知府,著有《桃花潭馆笔记》《六经图说》。叔父汪根恕,举人,工诗善文,曾任国子监监丞、署苏州织造兼浒墅关监督。出生在这样的儒学、官宦家庭,她自幼受到浓厚的封建文化氛围的熏陶,但是生不逢时,战火摧毁了她的家园,疾病夺去了她的丈夫、女儿,她飘零他乡,在贫穷孤独中守寡,度过大半生。

少年时期,辗转河南各地官府

道光十八年,汪根敬署泌阳知县。汪藕裳七岁,随父至泌阳生活。泌阳县位于河南省南部,靠近湖北,历史上是农民造反的重灾区。明末,农民起义军首领张献忠、李自成率部多次占领泌阳县城,捕杀官吏,焚烧官府。至清初,泌阳县原有5.8万余人,因天灾、战乱逃亡4万余人,所剩无几。到清朝中后期,社会矛盾加剧,农民起义风起云涌。嘉庆元年十月,湖北白莲教起义军进入泌阳境内,沿途民众纷纷参加。白莲教义军首领王聪儿率数千人与泌阳团练激战,击毙团练头目10余人、乡勇数百人,百姓震恐,四处逃难,县境被洗劫一空。汪根敬到任时,泌阳境内捻党活动频繁,抢劫、杀人、放火,人心惶惶。汪根敬毫无畏惧,在短时间内就募集一支地方武装,配备先进武器,并加以训练,一举消灭了境内的几股捻党,威震四方。"以廪贡署泌阳,练兵禁暴有能声"①。汪藕裳曾目睹父亲训练队伍,调兵遣将,镇压叛乱,对战争有了初步感性认识。

不久,汪根敬调任镇坪知县,镇坪县位于河南省西南部,为南阳府下属县。当地有个习俗,人死后长期厝馆不葬,汪根敬采取断然措施,一举扭转了延续数代的陋习。道光二十年五月,英舰封锁广州,鸦片战争爆发,国难当头。汪根敬调署河南祥符知县(今开封),当时省治、府治、县治均设于祥符城。当地吸食鸦片现象十分严重,屡禁不止,汪根敬严厉查禁,法办多人,富有成效。此年六月十六日,黄河大堤决口,洪水多次冲开城墙。汪根敬身先士卒,率领民众日夜奋战在抗洪救灾第一线,抢堵缺口,终于化险为夷,保住了古老的开封城和当地官民的性命。汪根敬两次担任许州直隶州知州,整顿吏治,修缮文庙、学宫、书院,延聘名师,振兴当地的文化教育事业;修缮城墙,保一方平安。汪根敬修缮的许昌城墙十分牢固,多年后,太平天国军队围攻许昌多日没能攻破,离去。其时,汪根敬已去世多年。中原地区,常常洪灾、旱灾交替,缺水严重,百姓生活和生产都很困难,他带领百姓在各地先后开凿了三万多眼水井,解决了长期以来一直困扰百姓的干旱问题。当地风沙大,土壤沙化严重,粮食产量极低,农民的生活极为困难。他从外地购进大批树苗,分发给农民,引导他们种树防沙固土,取得了显著的效益。

道光二十八年(1848),正月十六日,汪根敬因积劳成疾病逝于彰德知府岗位上,年仅41岁。汪根敬在河南担任基层官员十多年,治理过的州县有二十多个,移风易俗,勤政爱民,领导百姓抗击自然灾害,发展文化教育事业,取得多方面的成就。因此,朝廷通令表彰汪根敬,令在许州名宦祠设牌位以示尊崇,生平事迹

---

① 傅绍曾等纂修:《同治盱眙县志·汪根敬传》,同治十二年刻本。

载入《许昌县志》《盱眙县志》。

汪藕裳随父辗转河南各地官府十多年，耳闻目睹父亲的所作所为，深知基层官员的艰辛，对封建官僚制度及官场上的各种情态都耳濡目染，洞悉分明，为日后创作以封建官府为背景的小说积累了丰厚的素材。从河南最南部的泌阳、镇坪，到中部的祥符、许昌，到东部的商丘，再到最北部的安阳，都留下了她的足迹，因此，她得以饱览中原各地的山川风景、名胜古迹、风土人情，比大多数同龄人有着更开阔的眼界。

青年时期，兵荒马乱，国破家亡

道光二十八年，父亲在彰州（安阳）知府任上病故后，汪藕裳带着无限悲伤，随家人回到盱眙，居家守孝。两年后，祖父又在北京突然去世，家境迅速衰落，生活越来越艰难。十九岁时，她嫁给桐城胡松岩。一年后，洪秀全金田起义，率领太平军南下，势不可挡，咸丰三年沿长江东下，占领九江后大举入皖，攻破安徽省城安庆，杀巡抚蒋文庆等官员，又连克安徽池州、铜陵、芜湖、太平府及和州。二月二十日，太平军攻占南京，两江总督陆建瀛、江宁将军祥厚、副都统霍隆武等官员被杀。太平军定都江宁，改名天京，随即展开北伐及西征。十月，胡以晃、曾天养率太平军攻占桐城，击毙守城清军1000余人，汪藕裳夫妇逃到盱眙避难。

咸丰五年五月，清兵都统胜保以剿匪为名，率士兵进入盱眙，沿途滋扰，强占豪夺，与太平军李昭寿部争夺地盘物资，发生械斗，互有死伤，焚烧盱眙龙山寺。百姓纷纷迁徙他处，或闭门不出，整个县城罢市无业。八月初三日，活动于盱眙山区的棚民（垦荒者，无钱造屋，搭草棚以居，故称棚民）在太平军吴江策动下，以刘万源、葛高培为首，遥奉天王之命，组成义军数千人起义，攻破来安县城，连破盱眙自来桥、涧溪、仇集、河梢桥等村镇十多处，活动于盱眙、来安、天长交界处，控制盱眙西南地区方圆近百里。消息传来，县邑大惊，居民纷纷外逃。汪藕裳随家人逃到外地，等战乱平息后才回来。

咸丰八年四月，太平军渡江北上，配合东下李昭寿部相继攻占盱眙之南的全椒、滁州、来安等县，李成部捻军也乘势进攻盱眙县浮山、三界市等地。八月二十八日，太平军在江浦击溃江北大营后，攻下仪征。九月三日，第三次攻占扬州。九月二十四日，太平天国李昭寿叛变降清，将滁州、来安等地献给胜保，更名李世忠。李世忠匪性不改，荼毒生灵，"纵兵四掠乡民粮食，村舍全烧，严冬之际，无食无居,民皆冻饿以死,盱、定、滁、来四界之内,白骨遍地,蒿莱成林,绝无人烟者四载有余"①,包括盱眙在内的皖东数县受害最重。当时汪家已经败落,没有足够的势力保护自己,汪藕裳和家人在苦难中煎熬着。

咸丰九年五月二十六日,陈玉成率太平军攻占盱眙县城,烧杀抢掠,知县许垣等官民千余人丧生,汪家被焚烧、抢劫一空,几代人辛苦经营的家园毁于一旦。汪藕裳夫妇陪着祖母吴氏等家人一起仓皇逃往苏南,投奔担任新阳县(昆山)知县的堂兄汪祖绶。六月二日,太平军轻取苏州城,杀死江苏巡抚徐有壬、署按察使朱钧等多人,收降清军五六万,并缴获大批洋枪洋炮,并乘胜攻占新阳、太仓、嘉定、青浦等县。汪藕裳夫妇携带着年幼的女儿和年迈的祖母,突破太平军的重重防线,逃往苏北宝应避难。

中老年时期,漂泊异乡,清贫守寡

宝应为苏北运河重镇,北有漕运总督、河道总督驻地淮安城,南有两淮盐运司驻地扬州城,清军派重兵把守;西有高邮湖、宝应湖天然屏障,太平军虽然三次攻占扬州,捻军多次侵袭淮安,但其势力一直没能到达宝应,宝应成为乱世之中的安全岛。汪藕裳随家人到宝应投靠大哥汪祖茂。当时汪祖茂在那里帮人家做事,生活也很艰难。

宝应历史悠久,文化底蕴深厚。特别是清朝后期,宝应出了一些有影响的名人,如朱士彦、朱士达、朱士廉兄弟三人皆中进士,"兄弟三进士"成为传诵四方的美谈。其中,朱士彦是嘉庆七年探花,曾任工部、吏部、兵部尚书,系朝廷重臣。朱士达,嘉庆二十二年进士,汪藕裳祖父汪云任的同年,曾任陕西按察使、湖北布政使。经学大师刘宝楠,道光二十年进士,著作有《论语正义》《释谷》《殉扬录》等20余种。是"扬州学派"的杰出代表,与刘台拱、刘恭冕一起称为"宝应三刘",在学界颇有影响。汪藕裳寓居宝应多年,耳濡目染这些名人的故事,思想和创作都受到影响。

当时,宝应汇聚了一批文化人,文化气息浓厚。汪藕裳的表弟沈国翰,擅长诗文,曾赋诗数千首,历任阜宁、盐城、海州、上元等地知县,寓居宝应,筑晦庐室。汪家世交王锡元,近代词人,著有《梦影词》六卷,进士,曾任吏部文选司主事、淮

---

① 熊祖诒等纂修:《光绪滁州志》,光绪二十三年刻本。

安府里河同知,也寓居宝应。他们与汪藕裳交往密切,是汪藕裳著作的首批读者,为《子虚记》题词。有些在此避难的江南青年后来成为名人,如陈作霖,江宁人,举人,著名学者、史志学家和诗人;冯煦,金坛人,光绪十二年进士,探花,历官安徽凤阳府知府、四川按察使和安徽巡抚;薛福成,无锡人,外交家、洋务运动领导者,历官湖南按察使,出使英、法、意、比大臣。还有本地人王凯泰,道光三十年进士,翰林院庶吉士,翰林院编修,以母丧丁忧回宝应,督率清军进攻苏北捻军,著有劳绩,官至福建巡抚。这些身边的成功人士对汪藕裳的思想和创作产生了很大的影响,有些人就是其作品人物的原型。

到达宝应后不久,丈夫胡松岩病逝,汪藕裳年方二十九岁,就成了寡妇。她悲痛欲绝,长歌当哭,亲撰祭文,情真语切,许多人听后都落了泪。许多年后,她的堂弟汪祖鼎还撰诗回忆说:“往事争传悱谋工,开编血泪迹犹红。人间天上成终古,空著哀词续怨风。”(《子虚记题词》)丈夫突然病死,给她以巨大的打击。在宝应,她年轻守寡,寄人篱下,生活极端困苦,在《子虚记》卷一中记下了当时的困窘情形:“一自故园兵乱后,流离失所叹途穷。钗分镜破深秋里,托足安宜类转蓬。”“钗分镜破”指丈夫去世,夫妻分离;“安宜”是宝应的古称。她在宝应生活了很多年,把女儿抚养大,并把她嫁给当地大户丁氏。女儿生有二女:丁韵、丁翰香。

光绪三年,48岁的汪祖茂病逝。汪祖茂久考不中,一直以知府衔候补江苏直隶州知州,至死未能得到实职。汪藕裳失去靠山,生活更艰难。光绪八年,为了生计,她只身前往苏州,投奔侄儿汪瑞曾,汪瑞曾请她到苏州家中任教。“近年延吾姑督课子侄辈”(汪瑞曾《子虚记》题词),“性好文墨,子侄辈皆承启迪”[1]。汪瑞闿、汪鸿孙、汪士元等均受其启蒙教育,成为有成就的人。担任家庭教师,她有了一个安身之处和发挥长处的地方。

光绪十四年,她唯一的女儿,三十多岁就先她而去。她失去了精神支柱,再次受到沉重的打击。为了两个年幼的外孙女,她又回到宝应,承担起了养育重任。当时女婿在京城做官,把孩子接到北京,汪藕裳曾到北京协助抚养。汪藕裳知识渊博,精通典籍,女婿向皇帝写奏章时引经据典,经常要向她请教,她不假思索就一口说出来,根本不用查资料。在北京,她大开眼界,亲眼目睹宏伟壮丽的皇宫、王府、相府、皇家园林,看到文武百官匆匆上朝,这些实地观察的场景极大

---

[1] 戴邦桢等修,冯煦等纂:民国《宝应县志·列女传》,民国二十一年版。

地丰富充实了她的作品。

光绪二十九年（1903），守寡四十三年的一代才女汪藕裳客死他乡，"名高桑梓推诗伯，谊属葭莩愧散材。风雨异乡文字重，冰霜劲节顾瞻哀。"（沈国翰《子虚记题词》）宝应地方乡绅被她的事迹所感动，一起向官府呈文，请求表彰，为她树立牌坊。冯煦等人撰写的民国《宝应县志》记载了她的事迹：

> 候选县丞胡德森（松岩）妻汪，安徽桐城人，年二十九夫殁，事姑至孝，抚嗣成立，性好文墨，子侄辈皆承启迪，著有《子虚记》等书醒世。光绪二十九年卒，守苦节四十三年。（以上均光绪二十九旌）

宝应人敬仰她的人格，称赞她创作的《子虚记》有醒世功用，而当时的《盱眙县志》对她只字未提。当然，宝应是把她当作贞妇看待的。

第二节　逆境中发愤著书，两部巨著传世

汪藕裳的祖父汪云任曾任苏州知府，兼苏松太兵备道、江海关监督。小时候，她曾到苏南做客，很早就接触到弹词艺术，热爱弹词艺术。在战火纷飞的年代，在四处逃难的空隙，她常常夜以继日地坚持阅读、思考、创作。《子虚记》卷一最后一段话可视为序言，全书卷尾语相当于跋，保存了许多重要的信息：

> 子虚之事皆乌有，将相功名尽是空。一自故园兵乱后，流离无所叹途穷。钗分镜破深秋里，托足安宜类转蓬。遍览弹词男扮者，此书不欲与相同。笔端写尽平生愿，排遣惟凭翰墨中。风雨打窗人未寐，夜深犹对一灯红。书完一卷添清兴，再写余波意未穷。（《子虚记》卷一）
>
> 作者劳心非一日，造言原自笑荒唐。只图闺阁知音赏，窗下生涯笔底忙。盛暑严寒皆不辍，一任他，疾风暴雨打寒窗。子虚本窃相如意，是是非非尽渺茫。以此为名堪晓得，前朝有甚马牛羊？无非道出忠奸辈，善者兴隆恶者亡。牛马成群皆畜类，一朝得志便嚣张。仁人君子循天理，自有葵心向太阳。剿灭群奸天下定，河清海晏现祯祥。都梁女史书于此，贻笑闺门也不妨。

二十年来书两部,群英一传早传扬。洛阳纸贵非虚语,争欲传抄尽宝藏。惟此子虚新作就,拟待要,灾梨殃枣付书坊。扫眉才子如欣赏,乞改书中字几行。作者之心惟望此,要知名姓问都梁。清贫自守来消遣,那管他,世态人情暖与凉!癸未之秋秋七月,著完末卷在金阊。(《子虚记》卷末)

作者透露了写作时间、地点、艺术追求、创作方法、创作目的、创作过程、主旨、籍贯及对读者的希望。作者说自己是"都梁"(盱眙)人,托足安宜(宝应)时开始创作,癸未年(1883)秋天在金阊(苏州)写完最后一卷。她一再声明,《子虚记》名称得名于司马相如《子虚赋》,书中的人物、故事皆系乌有、荒唐、渺茫,即都是虚构想象的,不要在现实中对号入座,作者只是借此来表达自己的理想。《子虚记》的主旨是"无非道出忠奸辈,善者兴隆恶者亡",即扬忠批奸,褒善砭恶,歌颂仁人君子,抨击奸佞小人。作者安于清贫,夜以继日,年复一年,寒暑易节,坚持了二十多年,写了两部书:《群英传》《子虚记》,希望读者对她的著作多提意见,可以直接修改。

汪藕裳的第一部作品《群英传》,"主人公曹英幼失亲母,经历许多磨难,意志愈加刚强。做元帅,率众多女将杀敌立功;封王受爵,与朝中奸臣屡做斗争。写英雄,亦写儿女,重点写曹、陆、赵、韩四大家联姻的悲欢离合故事。小说塑造了红妆会战的飞珠、芸仙、佩兰等女英雄的群像。"[①]《群英传》存世量极少,上海图书馆藏 28 卷抄本《群英传》。《群英传》一面世就受到读者的热烈欢迎,"碎金早贵洛阳城(《群英传》前已告成,不胫而走),推助波澜别有情"(汪瑞曾《子虚记题词》)。"洛阳纸贵非虚语,争欲传抄尽保藏"(《子虚记》卷六十四)。读者们纷纷传抄,争相传诵。汪藕裳受此鼓舞,创作另一部书《子虚记》。

汪藕裳曾广泛地阅读弹词著作,发现《再生缘》《笔生花》等弹词小说名著都有一个充分体现封建道德规范的大团圆的结构模式,即主人公女扮男装,金榜题名,玉带紫蟒,位极人臣,最后被发现是女儿身,都恢复女装,奉旨完婚,遵守三从四德,成为贤妻良母。对此,她十分不满。"遍览弹词男扮者,此书不欲与众同。笔端写尽平生愿,排遣惟凭翰墨中。"(《子虚记》卷一语)她要为女子张目,立志写出一部充分展现女子才能,为女子扬眉吐气的作品。她要为女子争取在社会和家庭中的合理地位而呐喊。因为白天太忙,她常利用晚上夜深人静的时候,在昏

---

① 鲍震培:《清代女作家弹词小说研究》,南开大学出版社,2008 年,第 91 页。

暗的小油灯下辛勤地创作。她在《子虚记》中经常不经意地写下一些反映当时创作情形的字句,如:

> 风雨打窗人未寐,夜深犹对一灯红(卷一)。
>
> 清夜构思常不寐,拈毫何苦恋残灯?(卷十二)
>
> 夜宵风冷秋夜静,独对秋灯如若何?四壁秋虫声不断,萧条秋夜苦吟哦。(卷三十)
>
> 书完一卷非容易,又见流光数日催。(卷三十一)
>
> 季冬时候天寒甚,冻笔难呵且略停。(卷三十二)
>
> 时交仲夏天炎热,拟待新秋续后文。窗下功夫非一日,青灯照我几篇成。(卷五十一)
>
> 盛暑严寒皆不辍,一任它,疾风暴雨打寒窗。(卷六十四)

可见《子虚记》的创作经历了一个十分艰辛的漫长过程。期间,她还要独自挣钱抚育女儿,真是不容易。汪祖绶说:"吾妹于史学及书古文词无不浏览,诚可谓博闻强记者矣。复随大先兄侨寓安宜,暇辄搦管为此书,迄今几二十年,裒然成册,借观者无不以先睹为快。"(《子虚记序》)这篇序言写于光绪九年(1883),汪藕裳花了近20年时间才完成了这部二百三十多万字的巨著。她如此持之以恒辛勤地创作小说,其动力不是扬名,不是图利,而是"只图闺阁知音赏,窗下生涯笔底忙"(卷六十四),即在知识女性中寻觅知音,让弹词小说成为传送理想的媒介。

《子虚记》假托明孝宗朝为时代背景,着意叙述了忠臣孝子的典型文玉粼和具有叛逆性格的巾帼英雄赵湘仙的故事。文玉粼文武双全,智勇兼备,刚柔相济,威德并重。在刘雄作乱、唐王发难、英王篡位、云昌入侵、孝宗朝风雨飘摇之际,他支将倾之大厦,挽狂澜于既倒,一匡天下,中兴明朝,自己也封公入相,位极人臣。赵湘仙秀外慧中,机伶果敢,精明强干。她女扮男装参加科举考试,一举夺得头名状元。她作为钦差大臣奉旨巡按天下,平反冤狱。国难之中,她襄理政务,延揽人才,力御奸佞,功勋卓著。孝宗复位后,她官拜宰辅,爵至列侯。后来真相暴露,她拒不奉复妆婚配之诏,绝食而死。赵湘仙的悲剧结局,突破了《再生缘》续书者对孟丽君、《笔生花》对姜德华命运安排的传统模式,以此向男权制度宣战,充满了悲剧色彩。该书囊括了二十多个家族,塑造了一百五十多个人物形象,其主要人物各具个性,神采飞扬。全书结构巧妙合理,场景宏伟壮阔,情节曲折生动,具有重要的认识价值和艺术魅力。

《子虚记》问世后受到读者的欢迎,"闺阁争传绝妙辞,悲欢离合总情痴。问他老妪都能解,胜读当年白傅诗。"(朱定基《子虚记》题词)"等身著作才论斗,十手传抄象在铨。赢得同时闺阁秀,铸金争拜女阆仙。"(汪祖亮《子虚记》题词)在当地的知识女性中广泛传播。她请亲堂兄汪祖绶、弟弟汪祖亮、堂弟汪祖馨及汪祖鼎、堂侄汪瑞曾及汪瑞高、侄婿朱定基、表弟沈国翰、练川姻侄徐鼎丰、盱眙名人王锡元、江阴女史陈素英等人写序、题词,并筹措资金准备出版《子虚记》。此后二十年,她一边修改,一边筹措出版经费。1901 年,李伯元主办的上海世界繁华报馆出版了《子虚记》前 10 卷,且印数很少,流传不广。此后,她贫病交加,不久客死他乡,没能见到凝聚自己大半生心血的著作全部出版。她被世人忘却,文学史上没有她的名字,各种文学辞典均忽视了她和《子虚记》。

第三节 《子虚记》稿本的传承与回归

1903 年,一代才女汪藕裳在贫病交加中离开人世。去世前,她留下遗嘱:生平两部弹词体小说手稿《群英传》《子虚记》分别由外孙女丁韵、丁翰香继承,他人不得占有。丁家人恪守诺言,把这两部书稿交给了她们,后来她们带着书稿出嫁。一个多个世纪以来,为了这部书稿,几代人殚精竭虑,演绎了一则则曲折动人的故事。动荡的岁月让这部书稿经受了太多的磨难,在传奇的命运中一再"被传奇"。

《子虚记》稿本的流传

丁翰香的父亲清末在吏部做官,与海州籍(连云港)近代社会名流沈云沛交好,两家结亲,遂做主把丁翰香许配给沈家少爷。光绪三十三年(1907),丁翰香嫁给沈云沛的三公子、度支部主事沈芩,次年生下一女沈彩西。不久,沈芩(1883—1908)因肺病去世,丁翰香成了寡妇,守着女儿,终身未改嫁。

丁翰香自幼接触到外婆的《子虚记》,对《子虚记》的内容非常熟悉。出嫁后,她先后在海州、北京、天津生活,《子虚记》稿本总是随身携带。女儿沈彩西三岁,能听懂人讲话了,丁翰香就开始讲《子虚记》中的故事。每天晚上,她虔诚地点上一炷香,然后打开《子虚记》,绘声绘色地讲上一回半回,直到女儿入睡为止,此项活动一直延续到女儿长大。沈彩西长大后,由状元张謇做媒,嫁给淮安板闸肖栗如,不久生下外孙女肖镕璋。其时肖家殷实富有,迁居扬州,丁翰香随迁扬州,协助抚养外孙女。丁翰香曾说自己一生有三件宝,视如性命:彩西、镕璋和《子虚记》。她天天为外孙女肖镕璋诵读《子虚记》,直到去世为止。1937 年 12 月 13 日,南京大屠杀的噩耗传到扬州,全城震动,百姓纷纷弃家逃难。丁翰香当时随身携带着心爱的《子虚记》手稿。《子虚记》共六十四本,装满了一个小木箱,有一二十斤重。有人劝她,这兵荒马乱的年头,小命都难保,你还费事带着这破玩意儿干啥?赶紧扔掉。她说,这是外婆花费半生心血写出来的,不能让它毁在我的手中,我要让它传下去。于是,她带着《子虚记》加入难民队伍,四处流浪了三年多。1940 年,一家人回到了扬州,扬州的大宅院早已被洗劫一空,荡然无存。不久,丁翰香(1885—1940)病逝,留下遗嘱:《子虚记》交由女儿沈彩西继承,一定要保护好。沈彩西含着热泪答应了。

好不容易熬到日寇投降,又是三年内战,物价飞涨,物资奇缺。沈彩西一家陷入困境,能变卖的都拿去换了食品。有好心人建议她用《子虚记》去换钱,遭她断然拒绝。她说,那是妈妈的命根子,能用它换钱吗?就是饿死,也决不能做这样的事情!全家人忍饥挨饿,又一次背井离乡,四处逃亡。先是逃到苏州、上海,后来又逃到蚌埠,随身带到蚌埠的东西除了一些少量的衣物,还有那一箱沉甸甸的《子虚记》。新中国成立后,全家的生活渐渐有了好转。1953 年,沈彩西对已经参加工作的大女儿肖镕璋说,我已经老了,虽然有六个子女,其中有两个儿子,还是决定把《子虚记》交给你,因为你最熟悉它,你知道你外婆丁翰香对它的感情有多深。要记住,无论什么情况下,你都要把它保护好,把它传下去。听了母亲的谆谆嘱托,肖镕璋眼里闪着泪花,接过了《子虚记》。于是,《子虚记》随着她到东北沈阳,到天津,到北京。

十年动乱期间,肖镕璋一家遭受冲击。当时,肖镕璋夫妇在冶金部工作。红卫兵一天三次上门收缴古书,邻居家的老专家因拒不交书被打得半死,凄厉的惨叫声让人心惊肉跳。肖镕璋几次半夜把《子虚记》拿到厕所准备烧毁,但又几次拿回,最后打定主意:拼上性命,也不能毁掉老祖宗的心血。她把《子虚记》藏在家中最隐蔽的地方,侥幸躲过了一劫。1969 年 3 月,她一家被扫地出门,赶出北京,发配到中越边境云南省蒙自县草坝公社接受劳动改造。她舍弃了北京家中的大部分财物,让爱人把《子虚记》包裹在棉被里,把它悄悄地带到了天涯海角。在与世隔绝的荒芜的边远山区放牧,物质生活和精神生活都极度贫乏,是《子虚记》给她、丈夫和女儿们以莫大的慰藉。每天晚上,她就像外婆丁翰香当年那样虔诚地打开《子虚记》,给家人动情地吟唱一番,全家人坐在昏暗的油灯下聚精会神地聆听来自高外祖母的亲切话语,感觉到那是世界上最美丽最温暖的语言。1971年,"九一三事件"发生后,国家调整知识分子政策,她和爱人被安排到西安工作。《子虚记》又流浪到了大西北。

1976年底,历史翻开了新篇章。新中国成立前重点大学毕业的肖镕璋和爱人施昌煊,虽然年过半百,最美好的青春年华都被耽搁了,但从此干劲十足,忘我地投入工作,对生活充满信心,对未来充满希望。1998年4月,肖镕璋到北京办理出国签证时,去中南海看望时任国家主席的同学江泽民。聊天中,曾谈到《子虚记》,江主席建议捐献给国家。肖说:"听说我的母校复旦大学有个民间文学研究所,送给他们如何?"江主席高兴地说:"这个主意很好,你告诉杨福家校长,就说我支持这件事,让他们好好研究和收藏。"待肖镕璋回国,与复旦联系此事时,得知杨福家已离开复旦去了英国,接电话的小姐态度又较差,捐书一事遂不了了之。时光一晃又是十多年,2009年1月,远在美国探亲的肖镕璋在互联网上发布了一个启事《我心中的瑰宝——〈子虚记〉点滴》,想为《子虚记》寻找到一个好归宿:

> ……《子虚记》问世至今,已有100多年,在我处收藏保管也将近有50年的历史。纸张的寿命也是有一定年限的,如何妥善保管使其不腐朽变质,使我忧心忡忡。这部文学巨著虽是老祖宗传下来的家藏珍品,更重要的它是中华民族的文化遗产,不能让它湮没在民间,消失在我的手中。如何安排这久藏深闺的美女,使其有个美好的归宿,更是我久久埋藏心底的苦恼与困惑,每每想到此,我就彻夜难眠……现在我最大的心愿就是将《子虚记》正式出版,但由于个人人力物力有限,至今未能实现。现在十分希望国内的文物单位或民间的收藏家愿意点校出版此书,我将真诚地和他合作,将我珍藏多年的作者手写原稿贡献出来,以便达到弘扬祖国文化遗产的目的。

此文一出,很快引起多方注意。北京和上海等地的多家图书馆捷足先登,承诺答应她的所有要求,但是她都没有答应,她在选择,她在等待。

《子虚记》稿本的回归

上世纪九十年代初，我在《盱眙报》上读到张德勇的短文《都梁女史和〈子虚记〉》，第一次知道汪藕裳和《子虚记》。后来，又看到新编《盱眙县志》，如获至宝，通宵阅读，大呼过瘾。我了解到盱眙历史是如此悠久，盱眙这方热土上涌现的英雄豪杰是如此之多，盱眙先辈留下的文化遗产是如此丰厚，读着读着，禁不住热泪盈眶。其中，《汪藕裳传》记述了汪藕裳历经磨难创作《子虚记》的故事，而对《子虚记》极高艺术成就的评价和即将出版的消息尤其令人振奋：

> ……这种悲剧性结局的处理，突破传统模式。写法上，结构巧妙，情节动人，场景宏伟，语言清丽。全书囊括20几个家族中100多个人物，其主要者无不各具个性，神采风动。该书思想性和艺术性，在中国弹词史上占有重要地位……全书从未出版，只以抄本流传，因而其全貌鲜为人知。1982年，《子虚记》列入国务院古籍整理九年规划，1985年，南京师范大学文献整理研究所李灵年和顾复生，以该校藏本为底本，参考上海、北京和南开大学图书馆抄本，精加点校，即将出版。①

在中国文学史上，我从来没有看到过盱眙籍作家的名字，没有看到过盱眙人写的作品，既然有这么一部杰作还在世间，已引起国家层面的重视，而且即将由南京师大的两位古籍整理专家整理出版，怎能不怦然心动？我想，至多等一二年，书店就会有卖的，图书馆中就能借阅到。没想到，竟然等了二十年！

1995年6月，我在扬州大学读研，师兄论文答辩，邀请南京师大陈美林教授任答辩主席，我借机向他询问《子虚记》出版情况，他一脸茫然地说："没听说过这部书，回去帮你问问。"事后，他把此事忘了。一晃十多年过去，2007年4月10日，江苏省明清小说研究会在淮安召开年会，我得悉李灵年先生参会，特地到宾馆中拜访他。他很高兴，说各地都有人关心此书，不时有人给他写信、打电话探听此书，不过这部书到现在还没有出版。当时校点的稿子有半麻袋，乘飞机送到吉林文史出版社，已经二十二年。主要是因为恰逢国内经济低迷，出版社担心亏

---

① 盱眙县县志编纂委员会：《盱眙县志·汪藕裳传》，江苏科学技术出版社出版，1993年。

损，就一拖再拖。出版社社长已换了几任，责编退休多年，稿子不知去向。我问他南师大抄本从哪里来的，如何校对的。他说二十世纪五十年代中期，赵国璋在苏州买到一套完整的《子虚记》抄本，一直放在古籍库中。八十年代初，这部书引起重视，南师大决定把它整理出版，仅复印费就花了一千元钱，相当于现在的三万元。他和顾复生合作校点，稿子交付出版社后，双方签订了合同，最终没能出版，十分遗憾。

我想看到此书的念头更加强烈，于是到南师大图书馆要求查阅《子虚记》抄本，遭到拒绝，理由是此书属于国家珍贵古籍，只对本校教授开放，连本校本科生、研究生都无权阅读。南京图书馆也有《子虚记》抄本，不全，没想到也拒绝了我，理由是天气干燥，不适宜阅读，下次来吧。我说："来一趟不容易，能不能通融一下？"负责人说："不行，昨天一个台湾读者也没看成就走了。"没有办法，只好失望而归。过了半年，一个阴雨天，我再次到南京图书馆要求阅读《子虚记》，又遭到拒绝，理由是黄梅天古籍易受潮湿发霉，等过了黄梅天再来吧。我听了很生气，和管理员理论了一会，毫无结果。又过了半年，我来到南图提出阅读此书，没想到，此次不能读的理由是这类珍贵图书不再外借，馆方目前正在做数字化工程，即把书籍拍照制成光盘，到时候再来看吧。具体什么时候能做好，等馆方公告。真是岂有此理！

2009 年 5 月的一天，我生病在家休养，又想到《子虚记》，于是上网搜索，突然跳出一篇文章：《我心中的瑰宝——〈子虚记〉点滴》，作者肖镕璋，自称是汪藕裳第五代外孙女，前国家主席江泽民的同窗好友。文章有三千多字，重点介绍了她外婆丁翰香，即汪藕裳的小外孙女如何热爱《子虚记》，及几代人在兵荒马乱中拼命保护《子虚记》手稿的故事。她发表此文的目的是寻找出版《子虚记》的合作伙伴。一口气读完这篇文章，我简直不敢相信自己的眼睛。文章是一月份写的，已经过去几个月，可能有人捷足先登。事不宜迟，我立即按照她留下的电话打过去，竟接通了。她告诉我许多鲜为人知的往事。这几个月不断有人打电话给她，提出与她合作出版《子虚记》，还有人建议她把这部书稿拿到北京拍卖，说准能得到一笔巨资。北京和上海等地的多家图书馆已经派人登门，承诺答应她的所有要求。她还说，你在我的家乡淮安工作，我有兴趣与你合作，不过不了解你，现在骗子太多，以后再说吧。我厚着脸皮过一阵子就给她打一次电话，和她套近乎，渐渐地赢得了她的信任。

2010 年春天，肖镕璋给我打电话问我是不是真能帮她出版《子虚记》，我立即向她保证能做到这事,其实我没有把握。这年夏天,我同她通电话的时候,她忧心忡忡地说:"我年事已高,高血压病已到了三期,说不定哪天头一歪就过去了,现在最放心不下的就是《子虚记》。我有三个女儿,两个在国外,她们没有像我这样对《子虚记》有着深厚的感情。假如我不在了,这部书稿可能就毁了。我的外甥丁志平在金湖第二中学任教,前几天与淮安市文广新局联系洽谈捐赠一事,人家好像不太感兴趣;丁志平又在盱眙政府网上留言,一直没有回复。"我立即对她说:"不是不感兴趣,而是本地没有人读过此书,不了解它的价值。我来帮你联系。"她听了很高兴,说:"我是淮安人,最希望能将这部书稿捐到家乡博物馆中,同时也方便你整理研究。"

事后,我到淮安市文广新局告知此事,局领导当即表示热烈欢迎,坚决支持。此后,不断联系,不断沟通。2010年国庆节期间,肖老到连云港探亲,我立即赶去与她会面,联络感情。年底,我陪同市文广新局及博物馆的领导赴西安拜访肖老,商议手稿捐赠一事,双方签订了捐赠协议。2011年8月5日,来自海内外的汪藕裳的后裔及亲友代表一行十五人,把《子虚记》稿本六十四册护送至淮安博物馆,市政府为他们举行了隆重的捐赠仪式。2011年11月,《子虚记》手稿被评为国家一级文物,即人们常说的最高等级的国宝。

第四节　《子虚记》稿本的整理与出版

我终于见到了梦想二十多载的《子虚记》,原来它是一部规模宏大的英雄史诗,主要是用七言诗写成的。优美的语言,曲折生动的情节,栩栩如生各具个性的人物,我多次被感动得落泪,禁不住拍案叹道:真是名不虚传啊。我一边阅读,一边思考,并动笔撰写文章。我开始整理此书,每天工作十多个小时,马不停蹄。为了扩大影响,我相继在《光明日报》《东南大学学报》《淮海晚报》《扬州晚报》《贵州文史丛刊》等报刊上发表了诸如《被传奇的弹词巨著〈子虚记〉》《汪氏名门的往事》《新发现的史料与汪藕裳生平事迹辨正》《震惊中外的"德兰诺瓦事件"研究综述》等十多篇文章,引起学术界的关注。

2011年上半年,我以"弹词巨著《子虚记》稿本整理"为名,向全国高等院校古籍整理委员会提出申请,9月获准立项。我曾答应肖镕璋帮她出版《子虚记》,必须尽快落实出版资金和出版单位。我在中国社会科学院读博士后时,曾与中华书局的编辑聂丽娟女士接触过，于是给她发邮件，她很快给我回复：请找文学室俞国林主任。我不认识俞主任，我把最近写的文章寄给他，请他斟酌一下，看看《子虚记》能否在中华书局出版。过了几天，他回复我：中华书局欢迎《子虚记》。我既兴奋，又惶恐，这部二百多万字书的出版费用可不是一笔小数字。我一面加快整理速度，一面和俞主任不断联系，争取中华书局支持。

2012 年国庆节，我完成了整理初稿，寄给中华书局。不久，资深编审刘彦捷女士来电说，中华书局决定出版《子虚记》，书局指定她担任责编，这部书很重要，不用支付出版费用，但是也不付稿酬，是否同意？忙碌了几年，一分钱稿酬不给，这样的条件太苛刻了。有人劝我换一家出版社，我拒绝了。不久，双方正式订立了出版合同。中华书局是我国影响最大的古籍出版单位，在国际上享有盛誉。《子虚记》能在这样的出版社出版，真是太好了。年底，我与中华书局合作申请国家出版基金资助。2013 年 4 月底传来好消息，《子虚记》通过专家评审，获得国家古籍整理出版专项经费资助。至此，我才彻底放下心来。

这次《子虚记》整理，以十分珍贵的手稿为底本。由于长期在民间流传，保管条件有限，手稿已经有部分破损、污毁，必须参照抄本补齐。目前发现的抄本有十部，分别藏在南京图书馆（两部）、南京师大图书馆（一部）、北京中国国家图书馆（两部）、北京首都图书馆（一部）、南开大学图书馆（一部）、上海图书馆（三部）。对以上各种文本，我都翻检过。2012 年夏，我又一次来到南京，没想到南师大图书馆、南京图书馆都对我大开方便之门，原来他们已经得知《子虚记》手稿到了淮安，知道我在整理《子虚记》。《子虚记》手稿破损、污毁部分依照南师大图书馆、南京图书馆收藏的《子虚记》抄本补足。

《子虚记》整理采取慎重的态度：一、最大限度地保持稿本原貌，尽量不改、少改原本的文字。一些习惯用字，如男女第三人称一律用"他"，感叹词一律用"阿"，"理"常作"禮"，"赔"多作"陪"，"諧"多作"偕"，"采"多作"彩"，"襟"多作"衿"，"弊"或作"蔽"等等，均不作改动。原稿的异体字、俗体字、简化字改为通行繁体字，诸如"吊"统为"弔"，"盖"统为"蓋"，"韵"统为"韻"，"甯"统为"寧"，"礼"统为"禮"等；还有一些以如"吳""呂""兌""爭""奐"等为偏旁的旧字形改用新字形。二、稿本中少量明显错讹，依文意改正，卷末出校，如："必然既位要登基"（卷一），改"既"为"即"，出校："即"，原作"既"，今改。四、疑误处不做改动，只在卷末出校说明。如："出朝出马去匆匆"（卷二），"出马"，出校：疑当为"上马"。四、稿本的阙文依不同抄本，择优补足。

《子虚记》整理本收录了原稿的序言、题词,另有整理者撰写的前言,介绍作者的家世、生平、创作过程、稿本流传及当代学者对《子虚记》的评价。最后的附录为肖镕璋的《我心中的瑰宝——〈子虚记〉点滴》和整理者编纂的《汪藕裳年谱》,为读者和研究者了解《子虚记》提供方便。

《子虚记》整理本凝聚了责编刘彦捷编审的大量心血。刘编审一丝不苟,精益求精,审读时披沙拣金、权衡掂量,加工时拾遗补阙、刮垢磨光,通过与整理者反复探讨磋商,推敲核定,把《子虚记》整理本的失误降到最低限度,功不可没。

经过三年多反复核校,2014 年 3 月,《子虚记》由中华书局正式出版,与广大读者见面。此时距《子虚记》成书已过了一百三十一年。

第五节　《子虚记》百年研究概况

《子虚记》问世已经一百三十多年,主要靠少量的抄本传播,读过《子虚记》的人不多,研究者更少,不过研究成果还是有的。随着 2014 年《子虚记》的公开出版,关注的人会越来越多,研究成果将不断涌现,总结一个多世纪《子虚记》的研究成果,无疑有着承上启下的现实意义。

《子虚记》的研究成果出现集中两个时期:即十九世纪末《子虚记》成书时期;二十世纪末至今,《子虚记》的价值被重新发现、承认时期。前期,汪藕裳的文学才华得到亲友们的首肯,后期当代学者对《子虚记》的主旨、内容、艺术成就进行初步的解析。

一

《子虚记》完稿于 1883 年,汪藕裳请汪祖绶写序,汪祖亮、汪祖馨、汪祖鼎、汪瑞曾、汪瑞高、朱定基、沈国翰、徐鼎丰、王锡元、陈素英等亲友题词。他们是最早的一批读者和评价者,一致肯定汪藕裳的出众才华。"班氏当时续汉书,卒成兄业历居诸。何曾独步开生面,接武凌云望子虚。惟有吾家不栉士,竟推著作女相如。他年寿世镂梨枣,纸价鸡林贵有余"(汪祖馨),认为汪藕裳的才华超过续写《汉书》的班昭,是女子中的司马相如,其作品一定会得到世人的热捧。"翩翩才调笔如椽,妙语惊人骨欲仙"(汪祖鼎),说汪藕裳是大手笔,具有驾驭长篇作品的卓越才能。"才思岂输香茗集,词华尽拟小山篇"(汪瑞高),南朝鲍照妹鲍令晖,是有名的才女,著有《香茗集》;《拟小山篇》是唐太宗贤妃徐惠八岁仿汉代淮南小山《招隐士》而写的作品,文笔娴熟,意象丰富。汪瑞高用这两个典故称赞汪藕裳自幼才华出众。类似的题词语还有不少,从作品来看并非溢美之词,有相当的道理。他们对《子虚记》的创作动机、特色、内容、成就做过简要的评述。

一、从弹词体小说史的角度给《子虚记》定位,概括其特色和价值。汪祖绶是汪藕裳的嫡堂兄,翰林院出身的进士,在苏南做官二十多年,熟悉当地流行的弹词艺术,他写了篇言简意赅的序言,把当时最著名的弹词小说名著《天雨花》《再生缘》等书与《子虚记》进行比较,认为前两种弹词虽说立意清真,清词丽句,但构思浅率,情节离奇,结构上不严密,漏洞较多,许多地方不能自圆其说,艺术手法相因袭,没有创新。《子虚记》克服了这些缺点。《子虚记》虽然是虚构的,借风云月露写儿女英雄之情,但是读者不以为"虚",反以为"实"。从内容来看,《子虚记》分为两个部分:前半部写英雄建功立业,后半部写家庭生活儿女情长,结构十分严谨,悲欢离合的故事扣人心弦,引人入胜。《子虚记》是一部创新之作。这些分析很恰当。序言保存了一些重要史料,有学术史价值。

二、从弹词社会地位的角度予以评析。盱眙人王锡元,与汪家是世交,近代词人,进士,著有《梦影词》六卷。1898年,七十五岁的老词人为《子虚记》题了一首热情洋溢的词:

似此生花笔,分应居,蓬山阆苑,摹天绘日。纵说兰闺难奋起,尚有词坛片席,与咏絮、吟椒为敌。底事雕虫耽小技,俾闺娃无故添歌泣,吾甚为,此才惜。

寻思别有超群识,叹从来名章隽句,几人动色?未若兹编通雅俗,好语穿珠一一,宛云锦,织来无迹。在昔才人多作达,谱弹词同此劳心力(杨升庵有《二十一史弹词》)。披读竟,异香袭。

——调寄《金缕曲》奉题大著《子虚记》,希指疵

王锡元用"生花笔"来称赞汪藕裳的文学才华,认为她如果写诗填词,成就和地位可与咏絮才女谢道韫、写《椒花颂》的刘臻妻陈氏相当,为她以超人的才华致力创作这样一部只能在闺阁中传播、得到妇女们称赞的大作而惋惜。但同时又认为作者见识超群,很少有作品能像《子虚记》这样雅俗共赏,文字华美,结构缜密,宛

如华丽云锦,可谓天衣无缝。王锡元写出了自己的真实感受"披读竟,异香袭",可见《子虚记》深深地感染了他。他说的都是真话,事实的确如此,弹词从来不登大雅之堂,写得再好,也不会为主流社会认可。后来,王锡元主编《光绪盱眙县志》,没有提及汪藕裳和《子虚记》,更不要说为汪藕裳立传了。

三、分析《子虚记》的内容和主旨。"欬唾尽文章,笑谈皆枢纽。孝义主提纲,忠贞敦操守。褒善而惩恶,贻芳兼涤臭。文修曹大家,武偃高梁母。万绪与千头,丝丝皆入扣。能为治乱才,能继传经后。似此女箴篇,岂与传奇偶?应作范围看,庭帏垂不朽。"(陈素心女史)认为《子虚记》宣传孝义忠贞,扬善惩恶,等同于教化女子懿德风范的典籍《女箴》,也是一家之言。民国《宝应县志》说汪藕裳"著有《子虚记》等书醒世"[1],即有教化功能。

四、从写作动机研究《子虚记》。"积恨难平首重搔,半生心力尽挥毫。……多为穷愁倩著书,胸中幽愤笔能摅。欲从千载争坛坫,作记何嫌拟子虚?"(汪祖鼎)"咏絮才华失所天(吾姑青年守节),牢愁无计遣长年。寓言托始相如赋,漫演空花了世缘。"(汪瑞曾)汪藕裳守寡四十三年,难免有积恨、幽愤、牢愁,这些是否是写作《子虚记》的动机,值得研究。

五、分析《子虚记》的构思特点。"海阔天空笔一枝,等身著作读偏迟。独开生面留新样,别具精心出妙思。论断鬼神惊且泣,文章今古正而奇。茫茫世界无何有,写尽人情便足师。"(沈国翰)认为《子虚记》构思特点有四个:"海阔天空""独开生面""正而奇""写尽人情",即想象丰富,挥洒自如,大手笔,大气魄;别具匠心,与众不同;既规范,又出新;洞察人情,穷形尽相。沈国翰当过十多年知县,练达人情,又是位有成就的诗人,在诗歌艺术上是内行,对《子虚记》构思特点把握很到位。

这些序言、题词还涉及《子虚记》语言特色、结构特点,前面已经提及。由于题词为诗词体,受篇幅限制,都是感悟式地点到为止,没有展开,但都很精辟。

二

1901年,著名小说家李伯元主办的上海世界繁华报馆出版了《子虚记》前八卷,只占全书的八分之一,且印数很少,流传不广。在此后的半个多世纪中,大多

---

[1] 戴邦桢等修,冯煦等纂:《民国宝应县志·列女传》,民国二十一年刊印。

数学者看到的就是这个节本。同时,有少量钞本《子虚记》在各地流传。民国十四年(1925)4月16日、24日,常熟学者徐兆玮两次在日记中提到购买《子虚记》一事:"又嘱其寄《胜朝遗事》十六册、钞本《子虚记》四十八册、《说文校议》四册""邕之函,云《子虚记》已为董授经购去矣。"①民国二十一年(1932)1月5日,他终于得到了朝思暮想的《子虚记》:"程雍之寄来《堵文忠公年谱》一册、《子虚记》八册。《子虚记》为繁华报馆印本,予旧藏二卷,此本八卷为止,然全书六十四回当为六十四卷,仅八分之一耳。"②可见徐兆玮看到的《子虚记》有多个不同文本。《子虚记》还得到李家瑞、马廉、赵景琛等研究弹词名家的关注,在著作中曾有著录。

　　1956年,南京师院中文系资料室主任赵国璋先生在苏州文学山房(今苏州古旧书店前身)发现《子虚记》全套抄本,十分惊喜,高价购买,收入南师图书馆。可惜因政治运动,学术受到严重干扰,这套《子虚记》一放二十多年无人问津。1982年,经国务院批准,国家出台《古籍整理出版规划》(1982—1990),列入的弹词著作仅11部,《子虚记》荣列其中,受到学术界的重视。1985年,南京师大古籍研究所研究员李灵年和南京师范大学中文系教授顾复生,根据南师大图书馆所藏抄本点校《子虚记》。可惜因多种原因半途而废。李灵年、陈敏杰两位先生撰写发表了三篇研究《子虚记》及其作者的文章。此后,一些学者在著述中论及《子虚记》,《子虚记》研究取得了一些成果,主要集中体现在以下几个方面:

一、《子虚记》作者研究

　　长期以来,学界对《子虚记》作者的姓名、籍贯、生平、家世等几乎一无所知,二十世纪八十年代中期开始有所突破。

　　上海世界繁华报馆出版的八卷本《子虚记》署名"胡藕裳",上海、南京、北京等地的抄本《子虚记》或署"都梁女史",或没有署名。因此有学者说她姓胡,名藕裳,"《子虚记》,清胡藕裳著"③,其实不然。

　　二十世纪八十年代中期,李灵年、陈敏杰两位先生两次赴盱眙考察,拜访汪氏后人,获得《盱眙汪氏家谱》抄本、《群英传》残本,根据这些珍贵资料撰写发表

①　徐兆玮著,李向东、包岐峰、苏醒标点:《徐兆玮日记》五,黄山书社,2013年9月,第2677页、2680页。

②　徐兆玮著,李向东、包岐峰、苏醒标点:《徐兆玮日记》五,黄山书社,2013年9月,第3462页。

③　胡士莹:《弹词宝卷书目》,古典文学出版社,1957年,第56页。

了《〈子虚记〉及其作者汪藕裳简介》（《文教资料》1987 年第 4 期）。《〈子虚记〉作者汪藕裳家世生平考》（《文教资料》1987 年第 6 期），他们考定《子虚记》作者为汪藕裳，盱眙人，别号都梁女史，生于道光十二年（1832），丈夫叫胡松岩，并简介了她的生平和家族成员情况。令人吃惊的是，二十年之后出版的一些工具书、弹词研究专著竟无视这些成果，想当然地认为"藕裳，江苏苏州人，桐城胡松岩妻，排行第三，幼年随父宦游，早寡，后回母家，依兄长居。著有弹词《子虚记》《群英传》"①，"藕裳大约生于道光中期（1840 年左右），生于江苏苏州，娘家姓氏查不出"②，"籍贯苏州"③，真是莫名其妙。

关于汪藕裳的卒年，李灵年、陈敏杰说："记载汪藕裳卒年的材料，我们目前尚未发现，但大玫可以推定她卒于光绪十年（1884）前后。……她没有后代，长期寄人篱下。④"这种实事求是严谨扎实的学风令人敬佩。后来，王泽强偶然认识汪藕裳第五代外孙女肖镕璋女士，得悉许多口述史料，并在《民国宝应县志·列女传·节孝》中找到了十分难得的关于汪藕裳的传记材料，撰写发表了《新发现的史料与汪藕裳生平事迹补正》《汪藕裳年谱》，考得汪藕裳卒年为光绪二十九年（1903），汪藕裳并非没有后代，她与胡松岩育有一女，胡早逝，由她把女儿抚养成人。她的女儿后来嫁给宝应丁氏，英年早逝，生有两个女儿：丁韵、丁翰香。丁韵、丁翰香都有后代，延续至今。⑤《汪藕裳年谱》梳理了汪藕裳的生活背景、经历、交游、家世、创作等等情况。⑥

二、《子虚记》文学史地位研究

关于《子虚记》的文学史地位，研究者给予不同的评价，主要有五种观点：

1. 最优秀的弹词小说。陈敏杰说："结构巧妙合理，情节曲折生动，场景宏伟壮阔，语言清丽流转。……无论是思想性还是艺术性，《子虚记》都足以辖铄《天雨花》、《笔生花》而并驱于《再生缘》，它在中国弹词史上占有重要的地位。"⑦首次把《子虚记》列为最优秀的弹词小说。

---

① 胡文楷著，张宏生校：《历代妇女著作考》（增订本），上海古籍出版社，2008 年，第 1148 页。
② 鲍震培：《清代女作家弹词小说研究》，南开大学出版社，2008 年，第 251 页。
③ 鲍震培：《清代女作家弹词小说研究》，南开大学出版社，2008 年，第 271 页。
④ 李灵年、陈敏杰：《〈子虚记〉作者汪藕裳家世生平考》，《文教资料》，1987 年第 6 期。
⑤ 王泽强：《新发现的史料与汪藕裳生平事迹补正》，《东南大学学报》，2013 年第 3 期。
⑥ 王泽强：《汪藕裳年谱》，《淮阴工学院学报》，2013 年第 2 期。
⑦ 陈敏杰：《〈子虚记〉及其作者汪藕裳简介》，《文教资料》，1987 年第 4 期。

李润英也有同样的观点:"江苏盱眙都梁山,地滨洪泽湖,山上盛产泽兰,又名都梁香草。距今一百余年前,泽兰之乡曾产生过一位才华闪煜、成就卓著的女作家兼诗人。她,就是长篇弹词《群英传》《子虚记》的作者汪藕裳。……《群英传》和《子虚记》,其中除部分道白,通篇全以七言排律诗体写成。宏伟壮阔的场景,清丽流转的文辞,曲折生动的情节和巧妙合理的结构,形成了这两部弹词巨著的艺术特色。无论是认识价值还是艺术欣赏价值,都超越了《天雨花》、《笔生花》,而足可与《再生缘》并相比美。"①

2. 近代文学史上不多见的作品。马庚存比较谨慎,认为"《子虚集》描绘了明代中叶的社会动荡的生活,塑造了功臣文玉奲和女杰赵湘仙的故事,活生生的艺术形象多达一百数十个,女主人公赵湘仙的形象生动,尤为感人。汪藕裳的弹词作品除部分道白外,皆以七言诗写就,场景广阔,情节生动,结构和文辞也很考究,富有文学价值和艺术特色,是中国近代文学史上不多见的。"②

3. 最优秀的弹词小说之一。当代弹词研究专家鲍震培说:"藕裳的两部作品共九十四卷,四百多万字,无论是场景的广大、人物的复杂多样、故事的丰富曲折、描写的细腻变化,还是思想主题的进步性,她是继陶贞怀、陈端生、邱心如、李桂玉之后的又一位大家。"③

4. 有学者把《子虚记》视为优秀的叙事体长诗,从诗歌史的角度研究《子虚记》,认为"《子虚记》全诗多为七言句,间以三言,类似鼓词的十言句。文辞既优美婉约,又流畅自然,介于乐府诗与通俗词之间,显示了作者深厚的古典诗词的修养。大部分段落对仗工巧,音韵谐和,描摹如画,如卷五七叙画阁幽闺清乐之趣:祭酒寻思来画阁,看了看,绿窗仙子把棋敲。柔柔相共仙云坐,金鼎轻香细细飘。几上盆梅新结蕊,侍儿清水递相浇。状元见此清幽趣,忽把嗔心解几毫。"④

5. 有学者认为《子虚记》在艺术上无足称道。当代弹词研究专家盛志梅说:"这个时期(咸丰、同治年间)文人弹词创作基本停滞,二十多年间只有《金玉缘》《子虚记》等二三部著作问世,而且都是中短篇弹词,艺术上也无足称道。"⑤盛的著作为博士论文兼国家社科项目,一多半为材料附录。此番言论至少有两处错

---

① 李润英:《千姿百态尽风流中国历代女杰百人传》,广西教育出版社,1993年12月,第369─372页。
② 马庚存:《中国近代妇女史》,青岛出版社,1995年10月,第155─156页。
③ 鲍震培:《清代女作家弹词研究》,南开大学出版社,2008年5月,第91页。
④ 张涤云:《中国诗歌通论》,浙江大学出版社,2006年12月第1版,第289─290页。
⑤ 盛志梅:《清代弹词研究》,齐鲁书社,2008年,第118页。

误：一、时间错误，《子虚记》完成于光绪年间，因此不能算咸丰、同治年间的作品。二、《子虚记》不是中篇，更不是短篇，而是长达二百三十万字的巨著。作者没有读过作品，信口开河，不足信。

三、《子虚记》综合研究

李灵年先生在学术界率先发表长篇论文《长篇弹词〈子虚记〉初探》，第一次对《子虚记》内容、思想、人物、结构、场面描写、心理刻画、语言等进行综合研究。其主要观点为①：

1. 内容与思想倾向。《子虚记》的前半部以相当的篇幅记叙了忠奸斗争，描摹了一批刚正不阿、忧国忧民的忠贞之士，表现了顾全大局的爱国思想；对于与外族之间的关系，处理得颇有分寸，反映了作者比较清醒的政治头脑和开阔的历史视野。《子虚记》是一部为妇女吐气扬眉的书，它从各个侧面来表现妇女的潜在价值，为争取妇女在家庭生活和社会中的合理地位而呐喊。在男女关系问题上，抱有比较开明的态度，都表现了一定的民主思想和进步观点。

2. 人物形象。全书内容十分丰富，从军国大政到家庭琐事，从英雄传奇到儿女私情，涉及二十几个家族，描写了一百数十个各式各样的人物。其中经常出场的人物也有几十个之多，大都个性鲜明，神采飞动，是相当成功的文学形象。文玉姝是全书的中心人物。作者是把他作为理想的完人加以塑造和讴歌的。所以既赋予他最完善的素质，也安排了最美满的生活。女主人公裴云女扮男装，金榜题名，玉带紫蟒，位极人臣。以显示女性经天纬地的非凡才华，从而为巾帼扬眉吐气。裴云的悲剧性归宿，反映了女作家独特的构思，突破了《再生缘》续书者对孟丽君、《笔生花》对姜德华命运安排的传统模式，具有重要的认识价值和艺术魅力。

3. 在艺术上，《子虚记》也取得了相当成功。

首先在整体布局上它有宏伟而严密的设计，使纷繁的头绪和错综复杂的矛盾有一个清晰的脉络，说明作者是个大手笔，具有驾驭长篇巨著的卓越才能。贯穿整个作品的是以文玉姝故事为脉络的主线和以裴云故事为脉络的副线。围绕这两条线，还有一些相对独立的人物故事发展的线索，不过，它们都受其牵制，成为旁支。整部作品就形成了以文府为总枢纽，像四射的车辐那样，构成了一个紧密联结的网络。在每个网结上活动的人物，相互依存，又相互牵制，成为一个不

---

① 李灵年：《长篇弹词〈子虚记〉初探》，《南京师大学报》，1990 年第 2 期。

可分离的整体系统。

作者善于铺排、描写宏伟开阔的大场面。写到沙场鏖战，千军万马，气势磅礴；写到喜宴安饮，人物众多，风光喧闹；并且常常安排一些大型聚会，群芳同席，争奇斗艳。在对比和映衬中显示人物的不同性格特征。作者还特别注意描摹人物的情态。她把笔尖对准人物的心灵，进行细腻而准确的刻画，使人物的外部表情与心理活动，融为一体。作者善于刻画人物内心激荡的波纹。通过情态描绘，准确而生动地呈现在读者面前，文如涓涓细流，沁人肺腑。

《子虚记》的文辞既典丽婉约，又流畅自然。作者有深厚的古典诗词修养。对弹词形式也是运用自如，技巧十分娴熟。她把曲折复杂跌宕起伏的故事情节，融入长篇叙事诗式的弹词体裁之中，其中大部分段落。做到对仗工整，文辞优美，刻镂入微，描摹如画。

四、与其他古代文学作品进行比较研究

周良、朱禧两位先生把《子虚记》与《再生缘》《红楼梦》等进行比较研究，认为《子虚记》有以下几个特点[①]：

1. 作者在维护男尊女卑封建道德的同时，却不由自主地流露出女性的反抗意识，如好几个女性也都因自身的功劳获得功名，尤其是女扮男装的裴云为代表，并且让她的才华得到了最高统治者皇帝的赞许，而且并无《再生缘》那种皇帝垂涎女色的意思，这在作者的年代也是不容易了，虽然最终还是失败，但不止一个女性对丈夫的纳妾行为有所反抗。

2. 对叛逆死党之子牛国华，描写了他的明智，说他在任上"爱民如子无苛政"，受到老百姓的爱戴，甚至自杀后，老百姓还要求好好葬他，不要当叛臣看，而代表皇帝的公主也答应了老百姓的要求，"准其掩葬免追查"。这种形象，这样的处理，在其他古代作品(不仅是弹词，也包括古代小说、戏曲)中没见到过。

3. 如此长的篇幅，几乎没有涉及神鬼，比较难得。

4. 作者颇受《红楼梦》的影响，尤其是 22 卷以后：首先所写是大量家庭琐事；其次文绍的"道学"极像贾政，使读者感到十分假正经；再次文玉粦对所有漂亮女性的泛爱，用他自己的话说是"吾只愿天下之人俱得所，免却他飘零无主始心安，此方是我胸中愿，那管人间女共男"，而不是像书中有些男性只是想广置姬

---

① 周良、朱禧：《弹词目录汇抄·弹词经眼录》，古吴轩出版社，2006 年 5 月，第 167—168 页。

妾的思想,以及他被许多女性喜欢的情况很像是贾宝玉。

总之,《子虚记》的价值终于得到学界认可,汪藕裳在文学史上的重要地位在其去世一个多世纪后终于得到确认。

第六节　汪藕裳年谱

道光十二年,1832 年,1 岁

湖南江华瑶民赵金龙自称"大朝王",提出"打进京城去,杀死道光王"的口号,聚众起义。与此同时,瑶民赵天青在广东黄茅冲,盘均华等在广西贺县,房大第六等在广东连州八排地区也纷纷起义,朝野震动。

是年,汪藕裳出生。

祖父汪云任(1784—1850),嘉庆丁丑科进士,历任广东三水知县、江西赣州知府、江南苏州府知府、山东粮道、陕西按察使署布政使等职,著有《汪孟棠太守诗钞》《茧园诗文稿》等。汪云任生四子:根敬、根恕、根荷、根梓,均有功名。根敬,廪贡生;根恕,举人;根荷为增广生;根梓为太学生。

父亲汪根敬(1808—1848),字小孟,廪贡生,在河南任知县、知府十多年,娶一妻一妾。根敬妻周氏(1808—1870),生祖茂、祖亮两子,藕裳及妹妹。妾陆氏,生子祖年,早夭。汪祖茂,廪生,以知府衔候补江苏直隶州知州。汪祖亮,太学生,任太常寺博士,正七品。汪藕裳在家中排行第三,有个妹妹,名字不详,嫁给北直隶李氏。

汪藕裳自幼聪明伶俐,父亲视为掌上明珠,亲自教育,因此,她得以博览群书,打下了深厚的文化功底。

道光十三年,1833 年,2 岁

赣州知府汪云任和同乡好友、贵州按察使杨殿邦倡修盱眙泗州试院,首捐银两。在他们带动下,盱眙籍官员、地方生员、乡里富绅等纷纷响应,形成热潮。"凡用银一万六千有奇,新建屋七十有八,其修旧业者不数。又明年,岁试,予见其梓材完固,垣墙崇峻,叹为安徽全省试院第一"[1]。经过修葺,试院一新,极大地方便了盱眙、天长、五河等地的应试者。

---

① 盱眙县县志编纂委员会:《盱眙县志》,江苏科学技术出版社,1993 年 2 月,第 851 页。

道光十四年,1834 年,3 岁

二月十八日,曾祖父汪景福(1761—1834)病故,汪云任辞去赣州知府职务,丁忧回乡。汪景福,廪贡生,地方名儒,著有《护根堂诗文集》《晴川诗稿》等著作,教出许多有成就的学生。

道光十六年,1836 年,5 岁

湖南新宁瑶族兰正樽发动起义,得到新宁、城步、武冈三县及广西接壤地区瑶汉万余名农民的热烈响应。

二月十八日,汪云任、汪云佺、汪云倬及汪根敬、汪根恕、汪根梓、汪根荷、汪根礼、汪根兰、汪根芝、汪根书签订分家协议《道光拾六年护根堂住房、田地及市房分家契约》,契约抄本保存至今,一直藏于山东省菏泽市私人手中,现由盱眙县博物馆购藏。

道光十七年,1837 年,6 岁

叔父汪根恕中举,后任国子监监丞、署苏州织造兼浒墅关监督。

九月,两江总督陶澍(1779—1839)会同江苏巡抚研究后上奏朝廷,以汪云任为苏州知府。

道光十八年,1838 年,7 岁

四川綦江穆继贤发动起义,清廷调集云、贵、川三省 4000 余官兵将其镇压。

汪云任兼任苏松太兵备道、兼护江海关道。

汪根敬"以廪贡署泌阳,练兵禁暴有能声"[1]。可见汪根敬能文能武,懂军事。汪藕裳随父母至河南泌阳县生活。

道光十九年,1839 年,8 岁

九月二十八日,英国侵略者挑起的穿鼻洋海战爆发。

林则徐在广东禁烟,共收缴鸦片二万二百八十三箱又二千一百十九麻袋,合计重二百三十七万六千二百五十四斤。经道光帝批准,四月二十二日,就地在虎门销毁。

---

[1] 傅绍曾等纂修:《同治盱眙县志·汪根敬传》,同治十二年刻本。

汪根敬任河南镇坪知县，"补镇坪，俗惑形家言，厝馆多不葬。禁限三月，积柩一空。广劝种树，邑人利之"①。汪根敬移风易俗，造福百姓。汪藕裳随父至镇坪县生活。

汪云任调任山东督粮道。

道光二十年,1840年,9岁

五月，英舰封锁广州，鸦片战争爆发。六月，英军攻陷定海。七月，英舰驶至大沽口外。九月，林则徐被撤职，琦善任两广总督。十二月，英军攻陷大角、沙角炮台。

汪根敬调署河南祥符知县（今开封），汪藕裳随父至祥符县，当时省治、府治、县治均设于祥符城。

汪根敬查禁鸦片。河南巡抚牛鉴《奏请饬闽抚拿解烟犯供出之丁忧回籍官员林荣等折》（道光二十年八月二十七日）："河南巡抚臣牛鉴跪奏，为访获烟犯，供出丁忧回籍官员，应请提解究办，恭折奏祈圣鉴事。窃查鸦片烟土例禁綦严，臣到任后，节次饬属访获烟犯多起，照例问拟，仍饬随时查拿.勿稍松懈在案。兹据署祥符县知县汪根敬先后具禀，该署令协前祥符令邹尧廷家人.于本年六月三十日访获烟犯胡玉、林瑞南，又于七月初二日续获烟犯杨绅，并起获土两次，共有一百三十余两之多。讯据胡玉、杨绅各供认吸食鸦片，并向在逃之谢贵、何春林、李千山等买得烟土，转卖渔利属实。并据胡玉供出，伊妹嫁与福建永定县人林荣为妻，林荣系分发四川试用未入流。其胞弟林丹系捐知府经历，向俱在豫寄住吸食鸦片，并兴贩烟土，令其堂侄林瑞南帮同将烟土卖钱分用。林荣、林丹均已丁忧回籍等。质之林瑞南，亦供认不讳。臣查鸦片烟叠奉谕旨拿禁，并复钦颁新例，从重治罪。正当功令森严之际，该犯胡玉等尚敢吸食贩卖，既属瞻玩；林荣、林丹为职官，乃敢盘踞豫省作此不法之事，尤堪痛恨。该员等现因丁忧均回福建原籍，除飞咨福建抚臣密拿解究外，诚恐该犯等闻风远扬，仍请旨敕下福建抚臣，将永定县人分发四川未入流林荣及其胞弟捐职府经历林丹迅拿来豫，归案讯办，勿令逃匿。理合恭折具奏，伏乞皇上圣鉴。谨奏。道光二十年八月二十七日奉朱批：另有旨。钦此。"②

---

① 傅绍曾等纂修：《同治盱眙县志·汪根敬传》，同治十二年刻本。

② 中国第一历史档案馆编：《鸦片战争档案史料2》，天津古籍出版社，1992年12月第1版，第344页。

道光二十一年,1841 年,10 岁

鸦片战争——虎门之战、广州之战、厦门之战、定海之战、镇海之战、台湾鸡笼之战相继爆发。英军攻陷浙江定海、镇海、宁波。

此年夏六月十六日,河南境内三十一堡黄河大堤决口,洪水围困开封达八个月之久,多次冲开城墙。当年写成的《汴梁水灾纪略》中,对此有记载:"道光二十一年辛丑夏六月……十八日,阴雨不止,南门内水势愈涌,声喊数里,铁裹门扇冲漂至雷家桥,城内除数大街及布政司署、粮道署、开归道署、开封府署无水,余如行宫及巡抚署、按察司署、祥符县署、参游守各署、驻防满营、龙亭(即宋故宫、明周藩故址,今名万寿宫。)各处,皆深八九尺、四五尺、二三尺不等,民房倒塌无算。盖城内形势,中高四洼,而西南尤洼,东北隅独高。故水入城内,四面环绕,独东北隅一角自铁塔寺至贡院前,为水所不至。后日西北隅抢险取土,全赖有此,亦天意也……二十二日是时城内秸料愈少,搜买民间床箔几尽,亦不敷用,派镇坪县知县汪根敬于铁塔寺设买柳枝厂,各街悬招,每斤钱一奇"[1]。

"祥符城被水围,(汪根敬)首先抢杜"[2]。汪根敬身先士卒,率领民众日夜奋战在抗洪救灾第一线,抢堵缺口,终于化险为夷,保住了古老的开封城和当地官民的性命。

八月二十六日,汪云任同年、两江总督裕谦(1793—1841)守卫定海,兵败殉国。追赠太子太保,谥靖节。

九月,牛鉴授两江总督。

十二月,湖北崇阳钟人杰杀官占城,聚众万人造反,震惊全国。

道光二十二年,1842 年,11 岁

鸦片战争——台湾土地公港之战、乍浦之战、吴淞之战、镇江之战相继爆发,清军战败。

鸦片战争结束。七月二十四日,牛鉴及钦差大臣耆英、伊里布与英国全权代表璞鼎查在英舰"皋华丽"号上,签订中英《南京条约》,割让香港岛给英国;向英国赔款二千一百万银圆。

两江总督牛鉴以贻误封疆罪,褫职逮问,定为斩监候秋后处决。二十四年得

---

① 痛定思痛居士:《汴梁水灾纪略》(道光廿一年),抄本,藏河南师范大学图书馆。

② 傅绍曾等纂修:《同治盱眙县志·汪根敬传》,同治十二年刻本。

旨释放,命赴河南中牟河工效力。

初夏,南河道总督麟庆祭祀淮渎庙之后,赴盱眙游览汪云任在家乡建造的汪园,并作《汪园问花记》,称:"汪园在第一山东八里,为孟棠观察别墅,余同王莲舟太守、蔡石渠游戎往游焉,仰而登山,俯而涉溪,凡数折,始至园门。则见倚门架楹,决泉成沼,台榭亭宇,制作合度。其铁干红萼,横斜穿插,蔽岩而抱阁者,梅三百树也。萧疏披拂,舞风捎云,进石而荫檐者,竹万竿也。杂草名目,不可悉数。樱桃成林,花时剪绒错绣,飞屑满径。仰见笠山,蠹峙东南,与第一山峦岫相延属,环青萦翠,若为园树作屏障者。江北名园,允称第一。"(麟庆《鸿雪姻缘图记》卷三)。汪园规模宏大,依托秀丽的山峦和宽广的淮河,内植从江南采集的奇花异草、名贵果树,还有孔雀、仙鹤等珍禽异兽,气象不凡。

秋,因南河桃北崔镇汛决口,南河道总督麟庆革职回京,不久奉命赴河南中牟,协助修复溃决河堤。

汪根敬调任河南许州知州,汪藕裳随父亲到许州(今许昌)。汪根敬勤政爱民,修缮城垣、学宫、书院,重修文庙,形成了许州文庙的基本格局,促进了地方文化教育事业的发展。据民国《许昌县志》记载:"乾隆四年,淫雨连绵,大水冲决,内外倾圮,城八百余丈,土城六百五十余丈,其余雉堞基址亦多缺坏。乾隆二十九年,知州罗士昂重修后时久又坏。道光年间知州汪根敬再修,增建敌楼更房。咸丰三年,发匪围许,攻三日城未下,虽当时守筑有方,而城坚可知。"

"清道光时,知州汪根敬将年久失修的坍塌城墙修复,又增建敌楼 24 座,更楼、角楼齐备,整修四门并加写匾额:东门为'东联江汉',西门为'西瞻嵩洛',南门为'南望衡湘',北门为'北拱神京'。州衙建筑,有古颍川郡坊,大堂、二堂、三堂、后堂等。胜迹有文庙、春秋楼、关帝庙、文明寺塔等。"①

"书院始于唐,盛于宋。明、清时,许州书院设山长、监院、斋长。山长主讲席,收名师宿儒任职。每月朔、望召集生徒讲经课艺,组织生徒参加考试。……聚星书院每年农历二月起十月止,课士九个月。每月初二、十六两日课士,初二日为堂课,十六日为斋课。堂课时,知州亲临点名、发卷、命题,交卷后知州阅卷,评定名次,发榜给奖。斋深由斋长命题、阅卷、发榜、给膏火。乾隆七年(1742),知州甄汝舟补修杏坛;道光年间(1821—1850),知州萧元吉、汪根敬继续扩建聚星书院,增筑斋舍 70 余间,延名师主讲,每月除例课外,复加两课。自此以后,书

---

① 许昌县志编纂委员会编:《许昌县志》,南开大学出版社,1993 年 5 月,第 460 页。

院每况愈下。"①

"二十二年(1842)知州汪根敬又进行重修,形成了许昌文庙的基本格局。"②"许人食其德者远矣。"③"平反张姓冤狱,邑称神明。"④

汪云任调北京,任通政司参议,佐通政使,受理四方章奏。

道光二十三年,1843 年,12 岁

是年,湖南武冈曾如炷,因反对地主趁荒运粮出境,遭知州镇压,遂与曾以得、杨老六等在洪崖洞聚集农民起义,包围州衙,击毙知州。湖南巡抚吴其睿等率兵进攻。曾如炷在新化战败牺牲。

农历六月二十六日,黄河在中牟县李庄口东北一带,"地尽成沙,死人无算,村庄数百同时覆没"⑤。"中牟溢口,(汪根敬)查办灾赈,活难民数万。"⑥汪根敬组织人员救灾,赈济难民,拯救数万人性命。

汪根敬著《桃花潭馆笔记》,有精辟见解:"王笠舫年丈《绿雪堂诗》有随园之华肆,而加以工练;有藏园之苍坚而去其板腐,晚近一大家也。集中古赋一卷,尤能别开生面。前从缪君莲仙处得见《怜香赋》,色香俱古,入之齐梁人集,可乱楮矣。今录之。……诗文集为令嗣窗山大令所编,已载《怜香集序》而献遗此赋,何也?暇当作书询之。"⑦

王笠舫,即王衍梅(1776—1830),字律芳,号笠舫,会稽(今绍兴)人。嘉庆十年进士,为汪云任朋友,早亡,诗文集《绿雪堂遗集》由汪云任刻印、作序。

汪云任为修葺盱眙敬一书院,奔走呼号,首捐倡修,将院内厅、堂、楼、阁、门、亭修葺一新,凡五十余间,又将原泗州城书院供奉的至圣石像尊移至讲堂大厅之中。当时的盱眙训导、江宁哈晋丰撰《重修敬一书院记》中记载了此事。

道光二十四年,1844 年,13 岁

湖南耒阳县官吏征收钱粮,以钱折银,任意勒索。段拔萃代表农民抗议,被

---

① 许昌县志编纂委员会编:《许昌县志》,南开大学出版社,1993 年 5 月,第 625 页。

② 许昌县志编纂委员会编:《许昌县志》,南开大学出版社,1993 年 5 月,第 183 页。

③ 王修文修,张庭馥、杨学时等纂,《民国许昌县志·汪根敬传》,民国十二年宝兰斋石印本。

④ 《盱眙汪氏家谱》,清末抄本,盱眙汪毓葆家藏。

⑤ 吴若烺等纂修:《同治中牟县志》,同治九年刻本。

⑥ 傅绍曾等纂修:《同治盱眙县志·汪根敬传》,同治十二年刻本。

⑦ 《中华大典》编纂委员会编:《中华大典明清文学分典 4》,凤凰出版社,2005 年 12 月,第 947 页。

拘下狱，激起民愤，民众破狱将段救出。杨大鹏再次抗议，继任知县拒不受理，且将其弟扣押。杨大鹏率农民千余人起义，围攻县城。清军进行反扑，杨大鹏战败被俘，在北京遇害。

二月，汪云任调任陕西按察使。

道光二十五年，1845 年，14 岁

本年度广西、四川、直隶、山东、河南、广东等省先后爆发农民起义。

正月，汪云任署陕西布政使，三月十六日接到家信，知继母周氏于本年二月十四日在籍病故，立即辞官，回籍丁忧。

汪根敬补刻《六经图说》。雍正元年（1723）牟钦元据明本重刊。道光二十五年汪根敬又据此校补刊刻，名为《六经图说》（六卷），包括《周易图》《书经图》《诗经图》《春秋图》《礼记图》《周礼图》。署名：致用堂盱眙汪根敬。国家图书馆有藏本。牟钦元，字东山，汉军人，康熙年间任湖北按察使、江苏布政使等职。

因劝捐出力，汪根敬奉旨以知府用，是年署归德（商丘）府。汪藕裳随父至归德。

在乡丁忧的汪云任就张公堤旧址"请宪奏准捐修南自奎宿门北至翟家桥，计筑长堤七百丈，又于学宫淮岸筑堤一道，长一百三十余丈"①。由此可知，汪云任个人捐资修建的二道淮河防洪大堤长达八百三十多丈。乡亲把这两道堤称为"汪公堤"。当年淮河发大水，而城内居民安然无恙，百姓十分感激汪公的恩德。

道光二十六年，1846 年，15 岁

江苏昭文（今常熟）县知县在收税时任意加征，引起农民不满，在金德润率领下聚众暴动，先后捣毁陆家市、娄家桥、归市等地地主四十余家。江苏巡抚李星沅急忙调兵镇压，金德润等被官府杀害。

汪根敬奉旨回任许州知州。汪藕裳随父至许州。

道光二十七年，1847 年，16 岁

湖南雷再浩、李沅发动起义。

---

① 王锡元：《盱眙县志稿》卷二，光绪辛卯刻本。

　　许州大旱,汪根敬发动民众凿井三万余口(民国《许昌县志》卷八),积极抗旱,有力地缓解了旱情,保证了农业生产和居民生活用水。

　　淮河发大水,河水溢入盱眙县城,居民多受灾,"孟棠公力陈诸当道,议重修,苦乏费",汪根敬"首捐廉,博堂上欢,得集事"[1]。汪根敬捐修这道河堤,让父亲的心愿得以满足。《光绪盱眙县志稿》对此亦有记载:"盱眙安乐桥旧有石堤,年久倾圮,根敬捐廉重修,今所谓小汪公堤也。"[2]乡亲们称汪根敬捐修的这道河堤为"小汪公堤",后来成为盱眙一景,载入地方志。

　　十一月初二,"汪根敬署河南彰德(今安阳)知府"[3]。"守彰德,秘访地方积弊,如私造闷室等事共四十条,严行禁革,赈粥散袄,加意抚绥。"[4]汪藕裳随父至彰德。

道光二十八年,1848 年,17 岁

　　正月十六日,汪根敬在河南彰德知府任上突然病逝,归葬盱眙汪家花园。汪根敬去世在彰德引起很大震动,百姓怀念他,挽联中有"两月抚绥思入骨,万家香火泪倾城"[5]之赞语。汪藕裳随家人回到盱眙。

　　六月,汪根恕署苏州织造,兼浒墅关监督。

道光二十九年,1849 年,18 岁

　　五月,道光帝下圣旨:"以捐办堤工。予安徽巡抚王植、前任陕西按察使汪云任等议叙有差。"[6]因捐办淮河大堤有功,道光帝令王植、汪云任进京,拟论功行赏。

　　王植(1792—1852),字叔培,号晓林,直隶清苑人,有《经解述》《深柳读书堂诗文集》《抚皖奏议》等著作,为汪云任同年,自道光二十四年任安徽巡抚,多有善举,"捐赏修复盱眙张公、邵公、大王庙诸堤,以防水患"[7]。

---

① 《盱眙汪氏家谱》,清末抄本,盱眙汪毓葆家藏。
② 王锡元:《盱眙县志稿》卷五,光绪辛卯刻本。
③ 《嘉庆道光两朝上谕档 52》,中国第一历史档案馆编,广西师范大学出版社,2000 年 11 月,第 419 页。
④ 王锡元:《盱眙县志稿》卷二,光绪辛卯刻本。
⑤ 《盱眙汪氏家谱》,清末抄本,盱眙汪毓葆家藏。
⑥ 贾桢、花沙纳、阿灵阿、周祖培奉敕修:《大清宣宗成皇帝(道光朝)实录》卷四百六十八,中华书局影印,1986 年 11 月。
⑦ 徐世昌:《大清畿辅先哲传一》,大通书局,1968 年 10 月,第 407 页。

盱眙人吴棠以举人大挑一等授淮安府桃源（今江苏泗阳县）县令。在任期间，勤于政事，访贫问苦，治匪患、水患，富有成效。

道光三十年，1850 年，19 岁

正月十四日，道光帝崩。二十六日，皇太子爱新觉罗·奕詝，20 岁，登基即位，明年改元咸丰元年。

汪藕裳嫁给桐城胡松岩（德森）。汪藕裳第五代外孙女肖镕璋听长辈叙说，胡松岩少时父母双亡，曾随汪根敬在河南官府中读书、生活。

汪云任赴北京带职，五月初七日病逝于北京旅馆中，归葬盱眙汪家花园，诰授通议大夫，晋资政大夫。

十月，洪秀全发布总动员令，会众立即到金田团营编伍，达两万人。十一月，太平军在蓉村江木桥伏击清军成功。

十二月二十九日，在金田村韦氏大宗祠举行拜上帝仪式，是为金田起义。洪秀全称天王，建立太平天国。

咸丰元年，1851 年，20 岁

四月，河南泌阳、内乡、邓州和湖北均州、房县、光化、襄阳、樊城等地捻党四出活动。安徽捻党进攻河南，占领确山县城，打开仓库、监狱，清廷知县逃跑。闰八月，安徽凤阳、颍州、庐州三府及豫皖苏边界无业游民纷纷结党，白昼抢劫。

安徽巡抚王植"咸丰元年入觐，召对八次皆称旨。上求直言，植条陈'勤典学，崇礼要，急先务，节冗用，崇本计，禁浮奢，恤牧令，饬法纪'八事。"[1]不久，王植却因捕治捻党不力被免职，召授刑部右侍郎，九月署江西巡抚，次年因病辞职，行至安徽望江去世。

吴棠调任淮安府清河县令，在任严禁胥吏苛派、严禁赌博、严禁贼盗。

咸丰二年，1852 年，21 岁

二月十六日，太平军从永安突围。十一月初七日，太平军水陆两路从岳州起程进军湖北，直趋武汉。十二月初四日，太平军攻占武昌城。

---

① 徐世昌：《大清畿辅先哲传一》，大通书局，1968 年 10 月，第 407 页。

咸丰三年,1853 年,22 岁

正月,太平军弃武汉,沿长江东下,占领九江后大举入皖,攻破安徽省城安庆,杀巡抚蒋文庆等官员,又连克安徽池州、铜陵、芜湖、太平府及和州。二月二十日,太平军攻占南京,两江总督陆建瀛、江宁将军祥厚、副都统霍隆武等官员被杀。太平军定都江宁,改名天京,随即展开北伐及西征。

四月,太平军攻占扬州城,历时八个多月。但扬州府属兴化、宝应、泰州、东台等县及高邮州,太平军未能到达。

汪云任师兄、77 岁漕运总督杨殿邦率领官兵在扬州瓜洲一带抵御太平军,失利,被免职,在军中戴罪立功。

十月,胡以晃、曾天养率太平军攻占桐城,击毙守城清军 1000 余人,汪藕裳夫妇逃到盱眙避难。

十二月,朝廷通令表彰汪根敬,"予故河南彰德府知府汪根敬入祀名宦祠,从巡抚陆应谷请也"①,令在许州名宦祠设牌位以示尊宠,生平事迹载入州志。陆应谷(1804—1857),云南蒙自人,进士,道光十二年进士,咸丰二年任河南巡抚兼河东河道总督,与汪根敬没有交往。汪根敬已经去世四年多,他请求把汪根敬入祀名宦祠,完全出于公心。河南地方志详细记载汪根敬的事迹:

"汪根敬,字以脩,号筱孟,安徽盱眙人。由廪贡报捐知县,分发河南,历任镇坪、祥符等县。旋以两坝当差大工合龙,保奏以同知直隶州补用,道光二十二年补许州。二十五年劝捐出力,奉旨以知府用,是年署归德府。二十六年敕回许州本任。二十六冬既补彰德府知府。根敬在许前后凡五载,勤政爱民,移风易俗,署中关防严,幕友仆从无事不得轻出。胥吏公事不得与民接。凡案牍未发签,虽承行吏没由知,其谨以自持如此。及接见士绅,议公后,恒以孝悌廉隅相告诫。或因公赴乡,必集耆老讲圣谕。遇词讼,立判决。又行保甲法,申明约束,盗贼敛迹。赌棍地痞,访知不少贷。严禁娼妓,为择配,令嫁人。尤复自捐廉俸,修茸学宫、武庙以及陈太邱、黄公、邵公、汪公(即汪潜)各祠。聚星书院久失修,斋舍讲堂多倾圮,醵金筑斋舍 70 余间,诚敬、严师两堂焕然一新。复捐膏火千余金,延名师主将讲,每月除例课外,复添两课。署中西偏院,筑室凿池,栽花植竹,名曰'桃花潭馆'。选书院常列前茅者会文于此,供馔加奖,示优异,文风于以丕振。

① 贾桢、花沙纳、阿灵阿、周祖培奉敕修:《大清宣宗成皇帝(咸丰朝)实录》卷一百一十五,中华书局影印,1986 年 11 月。

每于隆冬,设粥厂,施棉衣,并捐俸两千串,价买民地三顷有奇,岁租永作粥厂、棉衣资。二十六年邻境旱饥,民就食于许,为区别男妇,分厂给食。自十月起至次年四月止,各给行粮,遣回原籍。二十七年,许大旱,劝民凿井三万余口,复捐资购蔓菁种数十石,交各保富户遍撒畦塍,听民众采食。并劝富绅捐粟施粥。时流民多鬻女度荒,旋访得数十名,询其父母居址,有夫家者给资遣回;无归者,给衣饰相年择配,俱得全活。时城圮濠淤,捐廉倡修,并增建敌楼更房,沿堤植杨柳以资外护。至咸丰三年,洪秀全部围许,攻城三日不下,其坚固有自来矣。道光二十八年,卒于彰德府任所。咸丰四年,奉旨准入名宦祠。"[1]

咸丰五年,1855 年,24 岁

堂兄汪祖绥中举。

五月,清兵都统胜保以剿义军为名,率士兵进入盱眙,沿途滋扰,强占豪夺,与太平军李昭寿部争夺地盘物资,发生械斗,互有死伤,焚烧盱眙龙山寺。百姓纷纷迁徙他处,或闭门不出,整个县城罢市无业。

咸丰六年,1856 年,25 岁

三月一日,太平天国将领陈玉成、李秀成向清军江北大营发起攻击,第二次攻下扬州,俘获扬州知府,十三日后撤离。

五月,汪祖绥中进士,入翰林院,为庶吉士。

八月初三日,活动于盱眙涧溪、河梢桥、旧县一带的山区棚民(垦荒者,无钱造屋,搭草棚以居,故称棚民)在太平军吴江策动下,以刘万源、葛高培为首,遥奉天王之命,组成义军数千人起义,攻破来安县城,连破盱眙自来桥、涧溪、仇集、河梢桥等村镇十多处,活动于盱眙、来安、天长交界处,控制盱眙西南、西北地区,方圆近百里。消息传来,县邑大惊。正在老家丁忧的清河知县吴棠立即奏报清廷,并通牒与巡抚福济、南河总督庚长,报请分兵"会剿"。一路由滁州知州陈麒昌会总兵音某带兵自滁州直逼来安,由来安一路进剿;另一路由淮扬道道员温绍原率张营马队,带兵从六合的竹镇一路进剿;吴棠偕其侄吴炳麒带领练勇驻盱眙、滁县交界处,四面兜剿围攻。九月初六日,三路清军大兵会集合围,集中力量围攻棚民根据地石鼓山。棚民义军临危不惧,拼死抵抗,视死如归,直至弹尽粮绝,全

---

[1] 朱又廉等编:《许昌县志·汪根敬传》,中州古籍出版社,1987 年 3 月,第 517 页。

部阵亡。

九月，英军进攻广州，发动第二次鸦片战争。

咸丰七年，1857 年，26 岁

十一月十四日，英法联军五千六百余人攻陷广州，两广总督叶名琛被俘。

咸丰八年，1858 年，27 岁

四月，太平军渡江北上，配合东下李昭寿部相继攻占全椒、滁州、来安。李成部捻军也乘势进攻盱眙县浮山、三界市等地。

英、法联军攻占大沽炮台。沙俄通过逼迫清廷签订的《瑷珲条约》，夺去黑龙江以北六十多万平方公里土地。

五月，中英、中法《天津条约》签字。

八月二十八日，太平军在江浦击溃江北大营后，攻下仪征。九月三日，第三次攻占扬州，十五日退出。受到战火影响，长江漕运中断，大运河河道渐渐淤塞。

九月二十四日，太平天国李昭寿叛变降清，将滁州、来安等地献给胜保，改其部称"豫胜营"，自更名李世忠。他的把兄弟薛之元将天浦省（仅含天浦一县，即江浦县）献给清军，致使太平天国首都天京遭到围困。李世忠抓乡民增挖两道护城沟，昼夜催逼，非打即骂，又"纵兵四掠乡民粮食，村舍全烧，严冬之际，无食无居，民皆冻饿以死，盱、定、滁、来四界之内，白骨遍地，蒿莱成林，绝无人烟者四载有余①。"

吴棠"慨念故乡久为灰烬，凋敝已极"，遂"密陈皖北隐患、淮北盐务疲敝悉由李世忠盘剥把持，其勇队在怀寿一方盘踞六年，焚掠甚于盗贼，苗（苗沛霖）平而淮北粗安，李存而淮南仍困，请早为之计。"②朝廷采纳了吴棠的意见，迫使李世忠于同治三年四月，将所部豫胜营遣散，退出滁州。当年十二月，吴棠会同曾国藩合词具奏，向清廷呈交了《豁免皖南钱漕折》，请求豁免盱眙、天长、定远、五河等三十余州县自咸丰十年以来历年积欠的钱粮杂税，奏请获准。

咸丰九年，1859 年，28 岁

汪祖绶在翰林院散馆时考核定为二等，授新阳县（昆山）知县。汪祖绶到省

---

① 熊祖诒等纂修：《光绪滁州志》，光绪二十三年刻本。
② 柯劭忞等：《清史稿·吴棠传》，中华书局 2014 年 4 月。

后,办理上海县发审军务及外国案件兼厘捐事务。因在诸翟等处围剿太平军有功,经江苏巡抚薛焕保奏,奉上谕,汪祖绶著赏加同知衔并赏戴花翎。

五月二十六日,陈玉成率太平军攻占盱眙县城,杀死知县许垣等官民千余人,县城被洗劫一空,汪藕裳家被抢劫、焚烧。此前,汪藕裳随家人逃到苏南,投奔堂兄汪祖绶。

杨殿邦(1777—1859)卒于军中,恤赠太仆寺卿衔。

咸丰十年,1860 年,29 岁

二月二十一日,捻军李大喜、张宗禹率部二万余众攻克苏北重镇、南河道总督驻地清江浦(今淮安市主城区),击毙淮扬道吴葆晋,副将舒祥等官员,河督庚长等逃往淮安府城。捻军杀人纵火,掳掠财物,强奸妇女,无恶不作。吴棠临危不惧,招集乡勇,驻军瓦砾上,亲自在清江浦北圩上督战,与捻军作战。十三天后,捻军离去,清江浦十里长街成焦烟墨土,繁华皆尽。

六月二日,太平军轻取苏州城,杀死江苏巡抚徐有壬、署按察使朱钧等多人,收降清军五六万,并缴获大批洋枪洋炮,并乘胜攻占昆山、太仓、嘉定、青浦等县。

六月,陈士明在盱眙旧铺大雨山聚众数千,揭竿起义,响应太平军和捻军。正值捻军龚树德领兵至盱眙,便与龚树德部会合,活动于盱眙、六合等地。

八月二十九日,英法联军占领北京,烧杀抢掠,焚毁圆明园。

清军水师统领格洪额驻军盱眙,水师炮舰数十艘列于淮河南岸,陆兵大营屯扎宝积山。为防太平军、捻军攻击,大修工事,大肆毁民房、拆殿宇。汪园几近全毁,大门、楼宇、堂舍全部毁于一旦,祠堂也被拆毁。格洪额水师驻扎盱城二年,除文庙、万寿宫未全毁外,仅留前街的茶馆、浴室各一,整个县城建筑毁损殆尽。

汪藕裳随家人逃到苏北宝应,投靠大哥汪祖茂。秋天,胡松岩病逝。"一自故园兵乱后,流离无所叹途穷。钗分镜破深秋里,托足安宜类转蓬。"(《子虚记》卷一)她"亲撰祭文,情真语切,哀感动人"(汪祖鼎《子虚记》题词注),年轻守寡,未再嫁人。生逢乱世,寄人篱下,她的生活十分艰难,常常慨叹"清贫自守来消遣,那管他,世态人情暖与凉。"(《子虚记》卷六十四)她在宝应生活多年,抚育女儿长大成人,并把她嫁给当地大户丁氏。女儿生有二女:丁韵、丁翰香。

宝应北有淮安城,南有扬州城,清军派重兵把守;西有高邮湖、宝应湖天然屏障,太平军势力一直没能到达此地。当时避乱宝应的江南人很多,其中有一些青年后来成为名人,如陈作霖(1837—1920),江宁人,举人,著名学者、史志学家和诗人;冯煦(1842—1927),金坛人,光绪十二年(1886)进士,探花,历官安徽凤府知府、四川按察使和安徽巡抚;薛福成(1838—1894),无锡人,外交家、洋务运动领导者,历官湖南按察使、出使英、法、意、比大臣。

咸丰十一年,1861 年,30 岁

苏北、鲁西南运河沿岸徐、海、邳、宿、郯一带漕运船夫起义,与捻军李成、李帛部,长枪会起义军张守义部等配合作战。

三月,留守天长的太平军首领龚长春会同驻六合太平军、康天燕率领的数万农民军,合力攻打宝应附近的高邮湖水师陈国瑞、郭宝昌等部,战斗延续至十二月,尸横遍野。

七月十七日,咸丰皇帝病死,爱新觉罗·载淳即位,翌年改元同治。

汪藕裳创作《群英传》。《群英传》一面世就受到读者的热烈欢迎,"碎金早贵洛阳城(《群英传》前已告成,不胫而走),推助波澜别有情。"(汪瑞曾《子虚记题词》)"洛阳纸贵非虚语,争欲传抄尽保藏。"(《子虚记》卷六十四)《群英传》"主人公曹英幼失亲母,经历许多磨难,意志愈加刚强。做元帅,率众多女将杀敌立功;封王受爵,与朝中奸臣屡做斗争。写英雄,亦写儿女,重点写曹、陆、赵、韩四大家联姻的悲欢离合故事。小说塑造了红妆会战的飞珠、芸仙、佩兰等女英雄的群像"[①]。

《群英传》存世量极少,上海图书馆藏 28 卷本《群英》,对外声称是"稿本"。笔者 2011 年 12 月 23 日到该馆查阅此文本,发现其中夹有一张纸条,标明此文本的来历:"1963 年 2 月 15 日以 60 元的价格从杭州夏蔚处购得,此文本是夏蔚的曾祖母传下来的,约抄于 1900 年前后。"因此,此文本不是稿本。卷末云:"正欲作完三十卷,书中首尾结曹英。雨窗何事闲消遣,粗俗何嫌信必宁",可见没有抄完原稿。除开头有简单的介绍性文字外,均为唱词,无白、唱之分,且由多位抄写者合作抄成,文字工拙有别。回目不清,只有第十六卷作"陆永芬金殿劾皇亲,韩郡人绣房生丑子",第十七卷作"爱韩侯夫妻反目,尚公主花烛庆完姻",第十七卷作"韩国丈逼婿杖元臣,赵封君嗔儿却美妾",其余没有标明回目,且每一卷也不一定抄完。南京师大李灵年处有一残抄本,八十年代从盱眙汪氏访得。藕裳

---

① 鲍震培:《清代女作家弹词小说研究》,南开大学出版社,2008 年,第 91 页。

受此鼓舞,准备创作另一部书《子虚记》。

此年,朝廷裁汰河道总督署,吴棠任江宁布政使兼署漕运总督,督办江北粮台,辖二十四河标营。

同治元年,1862 年,31 岁

正月,捻军万余人越过运河、六塘河、旧黄河进攻宝应附近的淮安清河、阜宁、山阳等地,进入山阳车桥镇,被陈国瑞偕总兵王万清打败。二月五日,李成部捻军进攻清江浦,知县万青选(1818—1898),周恩来的外祖父,和参将王靖在河北岸设防抵抗,上圩开大炮,毙贼无算,清江获保全;捻军又东进至淮安板闸、安东(今涟水)县城,被击溃。

连年战乱,百姓死伤无数。盱眙知县李金庚履任,加意抚绥,流亡稍集。监察院委员许佐廷捐资收埋县治枯骨三千余具,于石佛庙山上作大冢五座,分埋男女。

曾国藩奉旨任两江总督兼协办大学士,曾国荃补授浙江按察使。

署理江苏巡抚李鸿章专折奏请清廷,征调正丁父忧在籍的宝应人王凯泰来营赞助。王凯泰,道光三十年进士,改翰林院庶吉士,充国史馆协修。历任翰林院编修,充国史馆、实录馆提调等职。咸丰十年,王凯泰以母丧丁忧回籍。为保住苏北,清廷命其佐理江北团练,督率清军进攻苏北捻军,著有劳绩,叙功,累加至四品卿衔。在李鸿章的提携下,王凯泰仕途顺达,同治五年任浙江按察使,同治六年任广东布政使,同治九年任福建巡抚。

同治二年,1863 年,32 岁

吴棠下令拆武家墩以北洪泽湖石堤,修筑清江城,并筑清江里运河南北土圩,上置炮台多座,以防捻军。二月,数万捻军又从众兴集越过盐河,直逼清江浦圩下,被击溃。

十月,淮军攻占苏州,太平军慕王谭绍光死难。

同治三年,1864 年,33 岁

四月二十七日,洪秀全死,年五十二。六月十六日,南京被攻克,遭屠城、抢掠、焚烧,太平军十余万人战死,平民死伤无数,太平天国运动失败。太平天国疆域最广阔之时曾占有中国半壁江山,其势力发展到 18 个省,其实际控制区域发

展到 23 个府州,总共面积一百五十多万平方公里,极大地动摇了清政府的统治。

朝廷加曾国藩太子太保、一等侯爵。曾国荃赏太子少保、一等伯爵。

汪祖绶在 1883 年写的《子虚记序》云:"复随大先兄侨寓安宜,暇辄搦管为此书,迄今几二十年,裒然成册,借观者无不以先睹为快。"由 1883 年上推,约于此年,汪藕裳开始创作《子虚记》,创作经历了一个十分艰辛的过程。期间,她还要独自挣钱抚育女儿。

同治四年,1865 年,34 岁

五月十八日,捻军在山东曹州埋伏,全歼清军精锐僧格林沁所部骑兵,杀僧格林沁,清廷大震,北京戒严,急命时任两江总督曾国藩北上镇压捻军。曾国藩乘船离开江宁,沿京杭大运河北上,沿途张贴招纳贤才的榜文。闰五月初六日。曾国藩座船抵达宝应运河码头,避乱宝应的薛福成谒见曾国藩,呈上《上曾侯书》,提出"养人才、广垦田、兴屯政、治捻寇、澄吏治、厚民生、筹海防、挽时变"八条改良兴国之道。曾国藩阅后大为赞赏,对身边人说:"吾此行得一学人,他日当有造就。"[①]当即将薛福成招入幕府,薛福成从此青云直上。

中亚浩罕汗国阿古柏率兵潜入新疆,攻占英吉沙尔和喀什噶尔,次年又攻占叶尔羌、和阗、库车,宣布成立脱离中央的哲得沙尔国。

同治五年,1866 年,35 岁

六月,大水来临,洪泽湖盛涨,最高水位达 15.94 米,清水潭决,里下河地区水深丈余,盱眙、清河、宝应等县均遭大水灾。

同治七年,1868 年,37 岁

赖文光带领捻军余部沿运河南走淮安、宝应和仙女庙(江都),在扬州东北瓦窑铺,为道员吴毓兰所部淮军击败,受伤被俘,从容就义。东捻军败亡。捻军在太平天国影响下发动大规模起义,历时 18 年,波及皖、鲁、豫、苏、陕等 10 个省区。

吴棠调任四川总督,后来又署成都将军。

曾国藩授武英殿大学士,任直隶总督。

---

① 徐一士:《一士类稿·壬午两名医》,中华书局,2007 年 10 月。

同治七年,1869 年,38 岁
西北甘肃、青海、宁夏回民大起义。

同治九年,1870 年,39 岁
阿古柏又攻占了吐鲁番、乌鲁木齐,控制了新疆大部分地区。阿古柏反动政权竟得到了英国、俄国等西方国家的承认和支持,俄国更是出兵强占了伊犁地区。

两江总督马新贻在总督府被平民张汶祥刺杀,震惊全国。曾国藩回任两江总督。马新贻(1821—1870)字谷山,号燕门,山东菏泽人。道光二十七年进士,因镇压太平军有功,历任合肥知县、安徽按察使、布政使、浙江巡抚、两江总督兼通商事务大臣等职。

母亲汪周氏(1808—1870)去世。

同治十年,1871 年,40 岁
太平天国叛将、前任江南提督李世忠与记名提督、前任浙江处州镇总兵陈国瑞在扬州火并,大打出手,数人丧命。李世忠即行革职,免治其罪,勒令回籍,交地方官严加管束。陈国瑞,则以都司降补,勒令速回湖北原籍。后来,朝廷下诏诛杀李世忠,陈国瑞流放黑龙江,死于戍所。

盱眙籍名将金运昌等人的部队攻克宁夏吴忠王家疃,持续三年之久付出沉重代价的金积堡之战宣告结束。金运昌获得清政府赏赐的黄马褂。九月九日,他登上狼山最高峰,感慨万千,诗兴大发,赋诗勒石纪念:"总统五千兵,纵横万里路。踏平金积堡,调防紫金驻。忽逢重九日,登高于此处。只见蒙古包,不见村与树。"如今,这块长约 1.3 米、宽约 0.7 米的诗碑已经成为内蒙古巴彦淖尔市狼山风景区的一处名胜,

同治十一年,1872 年,41 岁
江南漕粮经海运北上,运河沿线城市开始衰落。
汪祖绥任青浦知县。
曾国藩逝世。朝廷闻讯,辍朝三日。追赠太傅,谥文正,祀京师昭忠、贤良祠。

同治十二年,1873 年,42 岁

东北宋三好起义,直至光绪元年,清廷从直隶调来重兵才将其镇压。

同治十三年,1874 年,43 岁

十二月初五日,同治皇帝病死,载湉即位,翌年改元光绪。

光绪二年,1876 年,45 岁

金运昌率领五千淮军奔赴新疆,次年署乌鲁木齐提督,兼护都统,驻守乌鲁木齐、古城、精河一带,沉重打击了哈萨克游匪及窜至新疆已投降阿古柏的原甘肃回军首领白彦虎部,同时为刘锦棠部提供充足的后勤保障,配合刘锦棠部向侵略者发起反攻,收复了被侵略者占据了十三年的新疆大部分地区。

吴棠(1813—1876)病逝于安徽滁州,谥勤惠,于清江浦建祠祭祀。

十二月,安徽匪寇渡过盐河,攻陷淮安王家营。清河知县万青选"亲督壮勇,檄五里庄乡练夹击,阵擒匪首任平六人,余匪溃遁"①。

光绪三年,1877 年,46 岁

汪祖绶署无锡知县,后任吴县知县。

九月初七,大哥汪祖茂(1829—1877)病逝,葬盱眙县城东门口。汪祖茂久考不中,一直以知府衔候补江苏直隶州知州,至死未能得到实职。约在此年,汪藕裳的女儿嫁给宝应地主丁氏。

光绪五年,1879 年,48 岁

外孙女丁韵诞生。

光绪六年,1880 年,49 岁

侄儿汪瑞曾庚午乡试举人,会试大挑一等,本年四月初五日经大臣验放,以知县分发湖北试用。

---

① 张兆栋等纂修:《续纂清河县志》卷九《万青选传》,民国十七年刊印。

光绪七年,1881 年,50 岁

左宗棠调任两江总督兼南洋通商大臣。

光绪八年,1882 年,51 岁

汪瑞曾请汪藕裳到苏州家中任教,"近年延吾姑督课子侄辈"(汪瑞曾《子虚记》题词),"性好文墨,子侄辈皆承启迪"[1],汪瑞阎、汪鸿孙、汪士元等均受其启蒙教育,成为有成就的人。

盱眙籍名将李长乐调任直隶提督。近畿海防重要,长乐驻芦台,扼大沽、北塘门户。

光绪九年,1883 年,52 岁

七月,历经 20 余年,汪藕裳在苏州写上最后一笔"癸未之秋七月,著完末卷在金闾",完成了二百三十多万字的弹词体小说巨著《子虚记》。《子虚记》完稿后,她请堂兄汪祖绶、弟弟汪祖亮、堂弟汪祖馨及汪祖鼎、堂侄汪瑞曾及汪瑞高、侄婿朱定基、表弟沈国翰、练川姻侄徐鼎丰、江阴女史陈素英等亲友写序、题词。除汪家人物外,其他题词及其作者有:

> 1. 谢女声名早岁驰,才华素富命偏奇。自从历尽艰辛后,怕向人弹寡女丝。春花秋月自年年,握管临风思渺然。抽得秘思摛艳藻,别开世界证因缘。闺阁争传绝妙辞,悲欢离合总情痴。问他老妪都能解,胜读当年白傅诗。莫怪荒唐说子虚,清才合让女相如。男儿自负知多少,几著人间有用书? 俚句四绝录呈姑岳母大人教正侄婿朱定基未是草。

朱定基(? —1888),字伯鼎,浙江余姚诸生,有《留云馆诗词》各一卷,娶汪祖绶长女为妻。祖父朱兰,道光九年探花,授翰林院编修,历任湖北学政等、署工部侍郎、内阁大学士等职。父朱逌然,同治元年进士,改庶吉士,授翰林院编修,历任湖南学政、侍读学士、少詹事等职。朱定基少有诗名,"弱冠成诸生,县府院三试皆第一,早卒。亦为时所惜"[2],可惜英年早逝。1920 年,民国政府下文表彰守

---

① 戴邦桢等修,冯煦等纂:《民国宝应县志·列女传》,民国二十一年出版。
② 邵友濂等纂修:光绪《余姚县志》,光绪二十五年刊印。

寡多年的汪祖绶长女："现存朱汪氏年六十岁，浙江余姚县人朱定基之妻，事姑至孝，二十七岁夫故，计守节三十三年。……核与第一、第七两款相符，应请给予竹孝贞松匾额字样加给褒辞，并给予银质褒章"①。

2. 海阔天空笔一枝，等身著作读偏迟。独开生面留新样，别具精心出妙思。论断鬼神惊且泣，文章今古正而奇。茫茫世界无何有，写尽人情便足师。太史声华学士才，少君德耀一身该。名高桑梓推诗伯，谊属葭莩愧散材。风雨异乡文字重，冰霜劲节顾瞻哀。女宗更切儒宗仰，展读鸿篇日几回。奉题大集以应藕裳表姊大人之属即求郢政，晦庐弟沈国翰呈稿。

沈国翰（1834—1909），字筠生，安徽泗州人，监生，历任阜宁、盐城、海州、上元等地知县，晚年寓居宝应，筑晦庐室。沈国翰擅长诗文，曾赋诗数千首，自编《劫余草》《晦庐杂咏》《氾湖录》《海陵杂咏》《隅园杂咏》《淮海留情集》《黄浦公余录》等，另有《补青氏随笔》10卷。

3. 早抱如筠操，偏饶咏絮才。劝惩心镜在，游戏笔花开。赋本凭虚托，人还亡是猜。左芬应却步，梨枣寿鸿裁。俚言五律奉题大作即请胡姻伯母大人 诲正，练川姻愚侄徐鼎丰呈草。

徐鼎丰，生平事迹不详。练川即嘉定，姻侄指亲家的侄儿，徐鼎丰的妻子为汪藕裳丈夫胡松岩的堂侄女。

4. 问道嗜如饴，求师醇若酒。涉历到耄年，访遍闺中友。曾经砆碔姿，未遇琼合玖。今读嗽玉词，仰见喷珠口。始知无缝衣，出自天孙手。遣闷幻蜃楼，消闲撰乌有。欬唾尽文章，笑谈皆枢纽。孝义主提纲，忠贞敦操守。襄善而惩恶，贻芳兼涤臭。文修曹大家，武偃高粱母。万绪与千头，丝丝皆入扣。能为治乱才，能继传经后。似此女箴篇，岂与传奇偶？应作范围看，庭帏垂不朽。吾本愧雕虫，望洋叹且忸。试问士林中，下风应拜否？俚句奉题大著即求正之，江阴陈素心女史自山东寄。

① 《民国政府公报》，1920年12月3日。

陈素英，生平事迹不详，可能是近代江阴陈荣绍家族成员。陈荣绍，字子惠，咸丰三年进士，入翰林，任户部广西司主事兼河南司行走。其女陈名珍嫁给张人骏，张曾任两江总督兼南洋通商大臣。其弟陈式金，道咸间书画家，建陈家花园（江阴名园"适园"）。咸丰十年九月，太平军占领江阴，陈家避难扬州北部5年，此时汪藕裳也在此一带避难，可能与陈家相识，与陈素英结交。

汪藕裳筹措资金准备出版《子虚记》。但此书最终未能出版，或许是因为家中亲友接二连三地亡故造成的。此书稿本由其后人世代相传，另有多部抄本保存在北京、天津、南京、上海等地的图书馆中。

夏初，汪祖亮作诗《绿牡丹和诗八首星台方伯大人钧鉴》，此诗今存陆治《天香国艳图》上。此画有周天球、康有为、郑文焯、汪祖亮、俞才越、陈曾寿、许应鑅、阚风楼、顾文彬等九家题跋，在2011年拍卖会以288万元成交。星台方伯，指许应鑅（1820～1891），字昌言，号星台，咸丰三年（1853年）进士，广州人，历任江西临江府知府、南昌府知府、广饶九南兵备道、吉南赣宁兵备道、河南按察使、江苏按察使、署江苏布政使、浙江布政使、护理浙江巡抚等职。

光绪十年，1884年，53岁

法国舰队在福州马尾发动突然袭击，福建水师全军覆灭，左宗棠奉命督办福建军务。中法战争爆发。

曾为《子虚记》题词、在太常寺任博士的弟弟汪祖亮（1846—1884）去世，年仅39岁，归葬盱眙汪家花园。汪祖亮题词为："笑他笺注老虫鱼，别构乾坤著子虚。蒙乃不痴惟说梦，谁能遣此镇闲居？天渊在手从翻覆，造化无权任毁誉。咄咄书空成怪事，浪抛心力拟相如。书地名事太奇，斯人斯事竟何时？张华博物有如此，邹衍谈天未可知。蛮触战争蜗耸角，邯郸勋业豹留皮。成功自信侯王贵，当局何妨食蛤蜊（时适有法、越启衅之事）。肯把华年付掷梭，盲词瞎唱感蹉跎。人情向伪谁能免，梦幻如真我奈何。眼底功名多潦草，唾余富贵尚风波。请君试读前朝史，等是烟云一刹那。就中辛苦几经年，胡帝胡天一例编。岂有英雄终寂寞，断无儿女不团圆。等身著作才论斗，十手传抄象在铨（唐卢肇诗；借书抄未遍，浑悟象离铨）。赢得同时闺阁秀，铸金争拜女阆仙。题记四律录奉三姊大人诲政，同怀弟祖亮谨呈。"

光绪十一年,1885 年,54 岁

二月,前广西提督冯子才会同王德榜等大败法军于镇南关,进克谅山,前锋逼朗甲。法国茹费理内阁倒台。四月二十七日,李鸿章与巴德诺签署《中法新约》,清朝承认越南为法国殖民地,中法战争宣告结束。八月,左宗棠病故于福州,谥文襄。

外孙女丁翰香诞生。

十月,曾为《子虚记》题词的堂弟汪祖鼎(1856—1885)去世,葬苏州宝华山。祖鼎,字翰生,邑庠生。汪祖鼎题词为:"翩翩才调笔如椽,妙语惊人骨欲仙。粉艳脂香都洗尽,光明已证上乘禅。积恨难平首重搔,半生心力尽挥毫。穿珠妙语人争赏,洛市应传纸价高。休将小技薄雕虫,谱就新词合送穷。终岁牢愁无处遣,自拈班管学书空。卷轴纷纶信手裁,非非妙想自天开。若教东观窥群籍,岂让班家作史才?英赋招魂起问天,柔肠摧尽柏舟篇。任他精卫能衔石,沧海茫茫未许填。往事争传悱诔工(姊丈殁时,姊亲撰祭文,情真语切,哀感动人),开编血泪迹犹红。人间天上成终古,空著哀词续怨风。绕膝悲凉数太奇,陈编愁诵硕人诗。桂辛蓼苦俱尝遍,诉向天公竟不知!多为穷愁情著书,胸中幽愤笔能攄。欲从千载争壇坫,作记何嫌拟子虚?三姊大人命题大著,赋呈八章即希教正,弟祖鼎呈稿。"

光绪十二年,1886 年,55 岁

正月二十九日,叔父汪根恕去世,葬于盱眙南园双桂坡。

八月十六日,曾为《子虚记》写作序言的堂兄汪祖绶(1829—1886)病逝,葬于吴县胥门外三都五图之小鸟山之碳碟岭。汪祖绶写的序言全文为:"盲词小说不知起于何时,而小说必以七字为准,且协以韵语者,所以逗词人之手笔,顺闺阁之口音也。然如《天雨花》《再生缘》诸书,非不立意清真,措辞雅正,而浅率之处有不能自圆其说者,可见小说之易率而易复也。《子虚记》者,为吾藕裳三妹所作,事由意造,语出心裁,其名为'子虚'者,则骋词于风云月露之中,寄兴于儿女英雄之列。兹则前半部属意在英雄,后半部属意在儿女,选词命意,按部就班,绝无浅率重复之迹。其写悲欢离合处,娓娓动人,使阅者不以为虚,竟以为实。吾妹以咏絮清才,遭茹药苦境,幼随侍先世父彰德公署中,最为钟爱,其时亦不过知书识字而已。及十七岁,失怙旋里,归桐城胡松岩妹丈。咸丰九年,赭匪阑入吾盱,举家南徙时同寓吴中,吾妹于史学及书古文词无不留览,诚可谓博闻强记者矣。复随大先兄侨寓安宜,暇辄搦管为此书,迄今几二十年,裒然成册,借观者无不以先睹为快。癸未秋,将付剞劂氏,余适因病乞假省垣,雨窗无事,爰为叙其颠末如此。兄祖绶书。"

金运昌(? ——1886)病逝,归葬盱眙。光绪帝降下圣旨,要求朝臣将他的生平战绩交付史馆,为他树碑立传,留名青史,同时命令在陕西金积堡、安徽临淮卓胜军昭忠祠立牌位、挂画像,纪念他的丰功伟绩。金运昌,字景亭,盱眙河桥人,以军功历任守备、游击、总兵、提督等职,为清朝的稳定和领土完整立下了汗马功劳。

光绪十四年,1888 年,57 岁

此年,汪藕裳惟一的女儿英年早逝,留下两个年幼的女儿:丁韵、丁翰香。据肖镕璋听丁翰香说,汪藕裳在女儿去世后,曾在丁家协助抚养两个小外孙女,到北京随女婿生活过。女婿在吏部为官,与海州籍近代名人沈云沛交好,结为儿女亲家。汪藕裳知识渊博,精通典籍,女婿向皇帝写奏章时引经据典,经常要向她请教,她常常不假思索就一口说出来,根本不用查资料。

沈云沛(1854—1918),字雨人,江苏海州直隶州(今连云港)人,光绪二十年(1894 年)进士,翰林院庶吉士,历任农工商部右丞、署邮传部右侍郎及尚书、帮办津浦铁路大臣、吏部右侍郎、变更国体全国请愿联合会会长。

光绪十五年,1889 年,58 岁

李长乐(1837—1889)去世,优恤,谥勤勇,葬扬州。长乐,字汉春,因作战骁勇,擢千总,赐花翎,赐黄马褂。历任湖北、湖南、直隶等地提督,被封为"勤勇大将军"。

光绪二十年,1894 年,63 岁

中日甲午战争爆发。

光绪二十一年,1895 年,64 岁

甲午战争中国大败。正月十九日,中日签订《马关条约》。中国割让辽东半岛(后因三国干涉还辽而未能得逞)、台湾岛及其附属各岛屿、澎湖列岛给日本,赔偿日本 2 亿两白银。

汪瑞曾任青浦知县。

光绪二十二年,1896 年,66 岁

五月,汪瑞高主持北洋机器局。

光绪二十三年,1897 年,67 岁

汪瑞高任北洋支应局总办。

九月,侄儿汪瑞闿中举。

光绪二十四年,1898 年,68 岁

四月二十三日,光绪帝接受了维新派的改革方案,下诏更新国是,正式推行新政。是为戊戌变法,以失败告终。

清末盱眙著名藏书家、词人、谜语专家王锡元以一首《金缕曲》为《子虚记》题词:"似此生花笔,分应居,蓬山阆苑,摹天绘日。纵说兰闺难奋起,尚有词坛片席。与咏絮、吟椒为敌。底事雕虫耽小技,俾闺娃无故添歌泣。吾甚为,此才惜。寻思别有超群识,叹从来名章隽句,几人动色? 未若兹编通雅俗,好语穿珠一一。宛云锦,织来无迹。在昔才人多作达,谱弹词同此劳心力(杨升庵有《廿一史弹词》)。披读竟,异香袭。调寄《金缕曲》奉题大著《子虚记》,希指疵。同里王锡元倚声时年七十五。"

三年后,王锡元出版《梦影词》,对此词又做了改动:"似此生花笔,分应居,蓬山阆苑,摹天绘日。纵说兰闺难奋起,尚有骚坛片席。与咏絮、吟椒为敌。底事雕虫耽小技,尽供他巾帼添歌泣。吾甚为,此才惜。寻思别有超群识,叹从来清词丽句,几人动色? 何若兹编通雅俗,好语珠穿一一。宛云锦,织成无迹。在昔才人多作达,谱弹词同此劳心力(杨升庵有《廿一史弹词》)。披读竟,异香袭。"(《金缕曲·汪藕裳女史〈子虚记〉题词》)

王锡元(1824 — 1911),字兰生,进士,曾任吏部文选司主事、淮安里河同知,博学多闻,著有《光绪盱眙县志稿》《梦影词》《隅园隐语》等书。家有"盱眙王氏十四间书楼",是当时江淮间最大的私家藏书楼。

光绪二十六年,1900 年,69 岁

五月二十五日,清廷下诏与各国宣战。英、法、德、美、日、俄、意、奥等国派遣联军入侵中国,慈禧太后挟光绪帝逃往西安。

光绪二十七年,1901 年,70 岁

七月二十五日,奕劻和李鸿章代表清廷与联军签订《辛丑条约》。条约规定:中国赔银四亿五千万两。

曾为《子虚记》题词的侄儿汪瑞曾(1848—1901)去世,葬于苏州吴邑礐䃯山汪祖绶墓侧。瑞曾,祖绶子,字慕沂,号南陔行一,同治壬戌恩科举人,任青浦知县。曾聘汪藕裳为塾师,对贫寒亲友多有照顾,抚养孤侄非常尽心。汪瑞曾题词为:"咏絮才华失所天(吾姑青年守节),牢愁无计遣长年。寓言托始相如赋,漫演空花了世缘。碎金早贵洛阳城(《群英传》前已告成,不胫而走),推波助澜别有情。弹尽英雄儿女泪,清词岂为不平鸣? 小说丛谈已汗牛,恼人应付祖龙收。独张机杼裁云锦,铸岛从今有女流。列拜文宣隔绛纱(近年延吾姑督课子侄辈),绪余也自粲春葩。左棻鲍妹都流沫,不栉争夸是我家。侄瑞曾谨呈。"

此年,上海世界繁华报馆出版《子虚记》前八卷。这是《子虚记》公开出版的一小部分。《世界繁华报》(又称《繁华报》)于 1901 年 4 月 7 日在上海问世,是李伯元创办的第三份报纸,10 月 1 日刊广告:"本馆开印《子虚记》唱本小说告白。"10 月 8 日头版上登出丹桂茶园小叫天、新出唱本小说《子虚记》、大东公司苏湖杭班船、上海侯云蒸酒公司的玫瑰酒等广告。11 月 27 日又刊广告:"东洋新到,每部角半,新出儿女英雄《子虚记》"[1]。

光绪二十八年,1902 年,71 岁

四月,江西历史上第一所军事院校——江西武备学堂成立,汪瑞闿为总办(校长)。

九月初,汪瑞高任直隶长芦盐运使,品等为从三品。

九月二十六日,盱眙、定远、滁州和来安等地会党以刘福彰为首起义反清,不久失败。

光绪二十九年,1903 年,72 岁

汪藕裳去世,留下遗嘱:丁韵继承《群英传》书稿,丁翰香继承《子虚记》书稿。丁韵、丁翰香有同父异母兄弟,丁家人信守诺言,把两部书稿交给她们姐妹

---

① 袁进主编:《中国近代文学编年史以文学广告为中心(1872—1914)》,北京大学出版社,2013 年 5 月,第 157 页。

二人,后来她们带着书稿出嫁。

　　附录:《子虚记》传承简况

光绪三十年,1904 年

五月,汪瑞高次子汪士元中进士。

汪瑞高被免去直隶长芦盐运使职务。

光绪三十一年,1905 年

　　曾为《子虚记》题词的堂弟汪祖馨(1853—1905)去世,葬于汪家花园。祖馨,字桂生,一字秋舲,附贡生。汪祖馨题词为:"闲将诸墨写心思,百种编排遣六时。组织奇传天女锦,色丝妙演汉碑辞。悲欢离合人千古,儿女英雄笔一枝。我久瓣香愿遥祝,恳将全豹管中窥。班氏当时续汉书,卒成兄业历居诸。何曾独步开生面,接武凌云望子虚。惟有吾家不栉士,竟推著作女相如。他年寿世镂梨枣,纸价鸡林贵有余。弟祖馨未定草。"

　　曾为《子虚记》题词的侄儿汪瑞高(1853—1905)去世,与妻子萧山陈氏(1852—1904)合葬于苏州紫石山湾斗米山西麓。汪瑞高,字君牧,拔贡,曾任长芦盐运使、北洋支应局总办等职,授二品顶戴。汪瑞高的题词为:"才思岂输香茗集,词华尽拟小山篇。却弹别调随巴曲,怕少知音白雪弦。梦中应食茂陵书,绮丽缘情托子虚。漫说绛仙才调好,清名犹愧女相如。纱幔春风拂绛云,传抄夜校鲁鱼文。最怜小妹簪花格,书遍双鬟白练裙。为砭俗耳说南柯,心事能传春梦婆。装出琉璃空世界,月明古井自无波。侄瑞高谨呈。"

光绪三十三年,1907 年

　　外孙女丁翰香(1885—1940)由父亲做主,嫁给海州近代名人沈云沛的三公子、度支部主事沈芩,生下一女沈彩西(1908—1967)后不久,沈芩因肺病去世(1883—1908)。丁翰香守寡,终身未改嫁。

　　丁翰香去世后,《子虚记》稿本由女儿沈彩西保存。沈彩西长大后由状元张謇做媒,嫁给淮安板闸肖栗如,生肖镕璋姐弟六人。肖镕璋自 1 至 14 岁随丁翰香生活,丁翰香每天晚上为她吟诵《子虚记》,直至去世。后来,《子虚记》稿本一直由肖镕璋保存。另有多种抄本在社会上流传。

光绪三十四年,1908 年

丁韵(1879—1966)由罗振玉夫人丁氏(丁韵为其族侄女)做媒,嫁给商务印书馆编辑、近代著名翻译家樊炳清(1877—1929),《群英传》稿本被带到上海樊家。

樊炳清,字少泉,号志厚,生于贵阳,山阴(今浙江绍兴)人,1898 年入罗振玉的东文学社学习,与王国维、沈宏并称为"东文学社三杰"。樊炳清体弱多病,英年早逝,丁韵守寡多年,把两个儿子抚养成人。樊炳清去世后,罗振玉长孙女罗瑜嫁给樊的长子樊丰龄,生三子一女。"文革"中担任上海一所重点中学校长的长子樊丰龄被迫害致死,丁韵忧愤而亡。

1932 年

民国《宝应县志》(戴帮桢、江辅勤修,冯煦、朱芸生纂)出版,首次记载汪藕裳事迹:"候选县丞胡德森妻汪,安徽桐城人,年二十九夫殁,事姑至孝,抚嗣成立,性好文墨,子侄辈皆承启迪,著有《子虚记》等书醒世。光绪二十九年卒,守苦节四十三年(以上均光绪二十九旌)。"[①]在汪藕裳去世后,她长年生活过的宝应地方乡绅为她向朝廷请求表彰,树立贞节牌坊。

1956 年

南京师院中文系资料室主任赵国璋先生从苏州文学山房(即著名的江杏溪书店,今苏州古旧书店前身)购得抄本《子虚记》,共六十四回,分为六十四册,为足本。

1962 年

12 月 25 日,《新民晚报》报道:本报讯　上海图书馆最近收集到一部长篇弹词抄本《子虚记》……共六十四回,约一百二十万字左右,故事以明朝为时代背景,内容庞杂,头绪纷繁,主要有两根线:一是文玉麟一家,一是赵浣香的经历。文玉麟文武全才,少年得意,虽为奸臣所谗,但一仍然凭他的功劳,得到皇帝的宠用,封侯拜相;赵浣香才貌双全,因为继母所逼,改扮男子,赏夜私逃,为姓裴的收留,改名裴云,进京投考,历官而升,也做到宰相的地位。后来为生父认出,真情

---

① 戴邦桢等修,冯煦等纂:《民国宝应县志·列女传》,民国二十一年出版。

破露,虽有文玉麟等保奏,皇帝未曾加罪,她却感叹身世,郁郁而亡。这一点是不落俗套的地方。……从部首的叙言。题诗、题词中,约略可以窥见作者的身世:这是清朝时候的一位女性,她名藕裳,排行第三,娘家的姓查不出,夫家姓胡,丈夫胡松岩,安徽桐城人,早死;藕裳青年守寡,回到娘家,住在苏州,一面教子侄辈读书,一面就写弹词。在二十年间,她写成了两部巨著:一部为《群英传》,已不知下落;一部即《子虚记》。书的末尾唱道:"惟此《子虚》新作就,拟待要灾梨殃枣付书坊,扫眉才子如欣赏,乞改书中字几行。作者之心惟望此,要知姓名问都梁。清贫自守来消遣,那管他,世态人情暖与凉。癸未之秋之七月,著完末卷在金阊。"这里的癸未是光绪九年,公元一八八三年,则此书的完成,距今有七十九年了。在此之前,上海图书馆已经收到三部《子虚记》:一部也是六十四回本,但不全,缺十八回;一部名《新增子虚记》,只三十一回,亦不全;一部是四十四回本,全的,可能是六十四回的简本,也可能是作者先写四十四回本,后来再增添丰富为六十四回,不过这个工作究竟是作者自己做的,还是别人做的,有待进一步的研究。

1982 年

经国务院批准,《子虚记》被列入《古籍整理出版规划》(1982—1990),其中列入的弹词著作仅 11 部。

1991 年

当代著名学者陈鸿祥发现汪藕裳遗诗[1]:"□□□□□□,福命由来总在天。遣性诗书多旧册,寄情诗酒有新编。谢公高尚山林趣,白傅优游翰墨缘。倘得筹边资借箸,苍生忧患一时蠲。勉成俚句恭步舅父大人《重游泮水》四诗原韵,并求诲正。甥女藕裳汪薲甫稿。"

"重游泮水"是清代科举制度中的一种庆贺仪式。清制,童生考入州、县学谓之入学或入泮、游泮,自此时起至期满六十年时,再行入学典礼,如初入泮的新科童生,地方官员到场祝贺,以此作为曾考中生员(秀才)而享高寿者的荣誉。汪藕裳舅父周氏或陆氏,有相当的文化水准,而且高寿,此时当在七十五岁以上。

---

① 陈鸿祥:《汪藕裳遗诗及其他》,《文教资料》,1991 年第 1 期。

2011 年

8 月 5 日,在西安生活的汪藕裳第五代外孙女肖镕璋,携家人及亲友代表一行十五人赴淮安,把五代人力克艰难保存下来的《子虚记》稿本 64 卷 64 册捐赠给江苏省淮安市博物馆。

2012 年

8 月,全国高等院校古籍整理委员会批准立项,《子虚记》为重点资助项目。

12 月 24 日上午,由江苏省文物局组织的近现代文物定级工作在淮安市博物馆开展。省文物局陈宁欣、贺云翱等 7 名省文物鉴定专家组成员对市博物馆的文物进行了定级工作。汪藕裳的手稿《子虚记》一套共 64 件被定为国家一级文物。

2013 年

4 月,《子虚记》通过专家评审,获得国家古籍整理出版专项经费资助。

2014 年

3 月,二百三十多万字的《子虚记》由中华书局正式出版,与广大读者见面。此距《子虚记》成书已过了一百三十一年。

第二章 陕西布政使汪云任

汪云任(1784—1850),字孟棠,号茧园,清代安徽泗州直隶州盱眙县(今属江苏)人,嘉庆二十二年进士,历任广东三水、番禺等地知县,广西归顺州知州、思恩知府,南宁同知,江西赣州、江苏苏州等地知府以及苏松太兵备道、江海关监督、山东督粮道、通政司参议、陕西按察使署布政使等职,著述有《三水县志》《茧园诗文稿》《汪孟棠太守诗钞》。

汪云任与历史上许多"第一"相关:第一位爱情故事被搬上舞台的在任知县;营造了有"江北第一园"之称的花园——"汪园";第一个判处美国犯人死刑的中国官员,引发中美两国的第一次严重冲突,史称"德兰诺瓦事件",此为中美两国外交史上的第一件大事;刊刻广西壮族第一位女诗人陆小姑的诗集,广西人至今感激他。因治理赣州有功,当代赣州人把他列为立政惠民的历史名人予以纪念。他一生走南闯北,为官近三十载,政绩显著,充满传奇色彩。

第一节 爱情悲歌:从《秋舫吟》到《冰绡帕传奇》

乾隆四十九年二月十一日,汪云任出生于盱城一个富裕的地主家庭。祖父汪汇,岁贡生,候选训导。父亲汪景福,廪贡生,是地方名师,著有《护根堂诗文集》《晴川诗稿》等著作。生母王氏,"泗州半城巨族,素娴诗礼,淑慎持躬"①,生云任、云佺、云倬三兄弟及一女,只有汪云任中举、中进士,从政为官。汪云任自幼聪明,在父亲的严格训练指教下,进步很快,在县学经岁科两试名列一等前列,成为资历较深的廪膳生,即公费生。在中举前一年,他遇到了一个歌女张瑶娘,

---

① 《盱眙汪氏家谱》,清末抄本,盱眙汪毓葆家藏。

影响了他的一生。

追求自由恋爱，才子与歌女的爱情悲剧

嘉庆十一年早春，盱眙天台山积雪初融，溪水淙淙。风华正茂的才子汪云任从县学归来，遇见了张瑶娘，两人言谈甚欢，相见恨晚。小时候，汪云任由父母包办，与同里吴氏定了亲。吴氏虽然出生名门望族，为富家小姐，汪云任和她在一起总觉得话不投机，没共同语言。年轻貌美的瑶娘自幼受到良好的教育，琴棋书画样样通，活泼开朗，汪云任感到遇见了知音。瑶娘是盐城县人，因父亲突然病故，家道衰落，为生活所迫，靠卖唱为生，流落到盱眙，与母亲相依为命。歌女当时被称为戏子，身份低下，为主流社会所不齿，因此汪云任不敢将此事告诉父亲。两人经常幽会，倾诉爱慕之意。不久，恋情被父亲发现，贡生出身的父亲在当地是一个名人，对儿子的期望很高，认为儿子才华出众，前途无量，和一个戏子恋爱不仅有辱门楣，也是自毁前途，于是严加训斥，责令断绝来往。面对重重阻力，二人不妥协，继续暗中来往。父亲发觉后勃然大怒，父子之间爆发了多次激烈地冲突。父亲逼迫汪云任与吴氏立即成婚，母亲也以死相逼，汪云任无法抗拒，含泪进了洞房。

汪云任与张瑶娘依然来往。在张瑶娘的鼓励下，嘉庆十二年，年仅23岁的汪云任中举，消息传来，轰动了整个盱眙，汪氏举族庆贺，热闹非凡。中举后，汪云任成了地方名人。汪云任不顾世人嘲讽，对张瑶娘依然一往情深，两人相敬如宾，常在一起吟诗弈棋，感情甚笃。

在盱眙民间，至今还广泛流传着一则动人的传说：汪云任中举后，请他执笔写状词打官司的人很多。有一个财主为了达到休妻的目的，出了一大笔钱请他写状子。他收了人家的钱，兴高采烈地往家赶。在家门口迎他归来的瑶娘一反常态，满脸不悦，责问他做了什么亏心事，他矢口否认。在瑶娘的一再追问下，他才承认了错误，第二天就退钱并索回了状子。原来，汪云任是文曲星下凡，夜晚走路时肩上有两盏红灯引路，常人是看不到这两盏灯的，只有最亲近的人才能看到。瑶娘每天晚上在家门口等候云任归来，都能看到那两盏神灯，那天突然发现有一盏灯熄灭了，就知道云任干了坏事，于是一查到底，帮他改了错。第二天晚上，云任肩上的两盏灯又都亮了。这当然是不可能的事，只是寄寓着盱眙百姓对汪、张二人美好愿望的神话传说。

嘉庆十三年(1808),汪云任赴京考进士,名落孙山。归来后,瑶娘以她的蜜意柔情抚慰云任落寞的心,红袖添香,常常陪读到深夜。三年后,又是大比之时,瑶娘请求陪同云任赴京赶考。一路上,瑶娘为云任洗衣做饭,补衣修袜,还为云任弹琴唱歌以消除旅途的寂寞、疲惫。抵京后,瑶娘担负了所有家务,让云任一心备考。由于忙碌和水土不服,瑶娘很快就生病了,不停咳嗽,咯血,日见沉重,一天比一天消瘦。为不让云任分神,她极力地隐瞒着病情,还天天在佛像前焚香,为云任祈福。结果,云任还是落榜了。消息传来,瑶娘病情迅速恶化,卧床不起。云任倾囊相救,遍访京城名医,最终没能挽回瑶娘的性命。年仅二十二岁的瑶娘客死他乡,云任捶胸顿足,悲痛欲绝,后悔莫及。

《秋舫吟》:断肠沥血,悼亡之绝唱

在抚棺归葬故乡的漫漫路途上,汪云任长歌当哭,写下悼亡诗歌《秋舫吟》三十首。这组诗按照韵序排列,前十首、中十首与后十首所表现的内容都相对集中。诗人当年为抒发哀痛,舟中随意涂抹,不会刻意按韵部顺序来写作,整个诗的现状应当是后来整理的。第一首是总纲,为全组诗歌定了悲怆的基调:

憔悴秋心一夜中,湿云和雨压孤篷。汀花岸草如人瘦,舞扇歌裙逐水空。香返残魂成梦幻,诗题往事说愁工。临流洒尽盈腔血,染出霜枫几树红。

凄风苦雨,乌云翻滚,运河上一叶载有瑶娘棺材的孤舟随风漂荡。诗人落榜又痛失爱人,呼天抢地,悲愤难抑,满腔痛楚化为一首首哀歌。第二首至第十首写瑶娘病危、去世、哭丧、入殓、招魂、祭奠、运棺等情形。瑶娘病情加重,"十全妙手医无术,一瓣心香佛枉祈"(之五),医生束手无策。"犹忆临危减玉容,可怜执手泪沾胸。回生有药难驱竖,到死无言怕恼侬"(之二),诗人紧握着瑶娘的手,泪水沾胸;瑶娘怕他难过,到死不哼一声。相识六年,两人感情很好,"比翼禽栖连理枝,寻常不忍一朝离"(之四),现在却"半夜心伤长诀别,六年恩尽此须臾"(之七)、"二十二年华消歇易,三千里路别离哀"(之十)。瑶娘客死他乡,成了孤魂野鬼,诗人沉痛地问道:"魂归识得家山否,月淡烟昏路万重?"(之二),担心瑶娘魂魄找不到回家的路。这是何等的哀痛!

《秋舫吟》中间十首重点叙说与张瑶娘相遇、相恋到结合的经历。"欢喜真成宿世冤,愿抛慈母嫁王孙。并刀剪发留香泽,鲛帕题诗渍泪痕"(十三)、"风流曾不畏人嘲,话到绸缪似漆胶"(十三),两人一见钟情,不顾家长的反对,不畏惧世人的嘲讽,毅然结合到一起。两人在一起下棋、饮酒品茶、吟诗作赋、填词唱歌,度过许多美好时光。春天,瑶娘到南园摘花斗草,绿染罗裙;冬天,她先入被窝把被子捂热,等候寒窗苦读的汪云任上床。汪云任参加乡试去了,张瑶娘独居朱户,重门深闭,日夜思念,事事阑珊,一直等到他回来的时候,才解眉头作笑颜。第二十首是对美好生活的概括和总结:

> 消魂一曲忆秦娥,填得新词赋于歌。煮酒栏前邀月姊,呼茶槛外倩莺哥。乍惊春梦花敲户,同看秋星鹊架河。如此风光乐年少,人生能得几回过?

瑶娘能歌善舞,汪云任为她填了一首《忆秦娥》,她放声歌唱。唱毕,他们又煮酒赏月。春日一同看花,秋夜遥望牛郎织女星,谈论美好的神话传说,这是他们最难忘的时光,可惜太短暂了。

《秋舫吟》最后十首主要抒发对张瑶娘的刻骨思念。诗人抒发自己不尽的痛楚,"新诗和泪写霜缣,一字初成血缕添"(二十九)、"残风哭到秋风冷,酬尔当年泪万行"(二十二);抒写丧偶的孤独、凄凉,"夜半醒来孤月坠,绝无人问柳耆卿"(二十二);叙说瑶娘悲惨的身世,"身似寒花弱不胜,欲凋犹自恋枯藤。一生多难鱼惊饵,万里依人鸟避矰"(二十五);回忆瑶娘抱病为自己补衣服、同游芦沟桥,"同车曾记渡芦沟,暮雨晨霜伴我游。砧板雅堪充旅柝,篝灯亲为补征裘"(二十六);瑶娘关注考试结果,求佛保佑,"关心蕊榜先期数,稽首莲台细语求"(二十六)。字字泪,句句血,情真意切,感人肺腑,催人泪下。最后一首诗是总结:

> 细雨潇潇湿暮帆,愁怀如草力难芟。可怜此日肠都断,说到平生口欲缄。半世飘零歌白苎,三更涕泪渍青衫。船头吟罢凭棺哭,此恨绵绵再世衔。

此首诗与第一首相呼应,抒写失去瑶娘的悲和恨。《秋舫吟》抄本第三十一首系后人伪托,因为史料称它只有三十首,而且其内容与前面作品相抵牾。

与潘岳《悼亡诗》、元稹《遣悲怀》、苏轼《江城子·乙卯正月二十日夜记梦》、纳兰性德《南乡子·为亡妇题照》及《金缕曲·亡妇忌日有感》诸悼亡名作相比，《秋舫吟》有三个特点：一体例新。它按照三十韵部顺序排列，一韵一首，在中国诗歌史上系首创。二规模宏大。悼亡诗一般是一首至数首，而《秋舫吟》组诗长达三十首。三内容广。不仅写死后哀痛，也写相识相恋相处的悲欢离合之情。四风格多样。有的沉郁，有的平和，有的典雅，有的通俗，堪称悼亡之绝唱。

《秋舫吟》面世后，得到士大夫阶层的好评，二百年来，《秋舫吟》传播甚广，"以其情、真、实、切、忠、信、雅、达的艺术魅力，感动着一代又一代人"[①]。《秋舫吟》以抄本形式传播近二百年之后，1992年，盱眙老干部孙永宽先生自费编印了内部出版物《秋舫吟与诞鹤园》，《秋舫吟》终于有了印本，受到当代许多读者的喜爱，引起他们的共鸣，纷纷唱和。如安徽诗人吉维庄先生有词云：

南乡子·夜读盱眙汪孟棠《秋舫吟》

　　孤舫吊芳灵，难舍瑶娘未了情。十里盱城惊艳处，娉婷，花貌冰姿玉骨盈。

　　月淡紫箫吟，夜泊清淮几涕零。那计仙凡生死隔，贤卿，来世姻缘今续娉。

曲阳先生读了吉维庄的词，感慨万分，步原韵写了一首词：

　　兰舫寄虚灵，铁骨男儿未负情。梦托盱山连理树，婷婷，秋雨撩人珠泪盈。

　　箫韵恁悲鸣，素帕红绡两涕零。紫竹扶风空有影，卿卿，人世黄泉相问娉。

《秋舫吟》的艺术魅力，从这些作品可以看出一斑。

大型戏剧《冰绡帕传奇》

当年，江苏泰州籍剧作家仲振履任广东东莞知县，后调南澳同知，与汪云任

---

① 周渊龙：《趣味诗文》，书海出版社，2006年6月，第282页。

相识,读罢《秋舫吟》,被深深地打动了,于是以汪、张二人的爱情故事为原型创作了大型戏曲《冰绡帕传奇》二卷二十四出。汪云任同乡好友王荫槐《重题张瑶娘遗像序》云:"嘉庆辛末,孟棠赴试春明,携其姬人张瑶娘同车,卒于宣武旅舍,载棺南归,丁卯通籍出宰番禺,同官仲柘安明府为《冰绡帕传奇》,付鞠部演之。"[①]"鞠部"是旧时戏班的别称,可见《冰绡帕传奇》曾搬上舞台演出过。

《冰绡帕传奇》场景宏大,剧情曲折生动,分 24 出:谪玉、玉窜、雪遇、逼妆、题绡、劝试、勒歌、秋捷、玉厄、哨海、篱话、换玉、庵寄、途赠、伴读、课兆、玉殒、舫饯、魂骂、春捷、归真、哭墓、靖海、喝梦。仲振履还写了一篇饱含激情的前言:"余乡任霞举,名冶云,不记何代人也,持身若鹄,吐气如虹,慕李白粲花之论,鄙韩偓香奁之风,慷慨自喜,风雨下帷。时有歌女瑶娘者,出自良家,流为乐户,耽愁则玉削双肩,善病则红消两颊。笙歌曲部,未翻衍波之词;风雪扬州,竟效穷途之哭。霞举悯焉,捐金以助,乃一时任侠,过已辄忘。五夜铭恩,怒焉如捣,则有风流都尉,雅集名流,开筵新购缠头,隔座旧曾识面,爱诉兰心,竟成絮果。贤主酹之玉钏,嘉客佐以冰绡。讵彼美之怜才,索伊人之题句,曲歌金缕,冷写冰姿,结订红丝,温生铁骨,虽紫玉之悦韩重,红拂之识李靖,不过是也。……"从前言可以看出,此剧演绎任冶云与歌女秦瑶娘的爱情故事,明显是以汪云任和张瑶娘的故事敷衍而成,连主人公的名字都相近。故事主要发生地点由盱眙改为扬州,秦瑶娘死后葬在扬州城郊高旻寺附近,而张瑶娘葬在盱眙城南水南村。

《冰绡帕传奇》写南海玉支仙子与东海钓鳌公子有一段姻缘,"那南海中有一玉支仙子,超生历劫,修炼千年,无奈他未能勘破情关,却与那东海上钓鳌公子因爱生痴,因痴成障,竟为一幅冰绡,惹下五年孽果。空受无穷苦恼,终成不了姻缘"(《冰绡帕传奇·谪玉》),两位投胎下凡来到人间,就是任冶云和秦瑶娘。浙江海盐秦瑶娘,爹爹在世时为本县提公,家中富有,日日宴会,夜夜笙歌。哪知死后三年,竟至家徒四壁,母女茕茕,全凭给人家做针线活糊口。秋冬时候,因父亲侵吞盐课的事被发觉,官府要抄家,母女逃到扬州投靠父亲生前的朋友王二妈。风雪交加,母女抵达扬州,找不到王二妈家,付不起车费,被车夫揪住不放。在梅花书院读书的秀才任冶云,旧住琉璃泉侧(意思是盱眙人),新居芍药桥边(迁居扬州),恰好路过,慷慨地掏出生活费替他们解了围。找到王二妈家,才知道王二妈是老鸨。王二妈逼迫瑶娘当歌伎,瑶娘坚持卖唱不卖身,在魏老爷府上又遇到

---

① 王荫槐:《重题张瑶娘遗像》,《蟫庐诗钞》卷八,光绪辛巳盱眙王氏紫藤花馆刻本。

任冶云,视为知音。任冶云在瑶娘的冰绡帕上填了一首《贺新郎》词,瑶娘深情演唱,博得满堂喝彩。两人结合到一起,瑶娘陪伴读书,鼓励他苦读,任冶云进步很快。不久,任冶云离家,赶赴乡试,一去数月。瑶娘日夜思念,为他祈福。扬州街上地痞赖有光等人上门骚扰,瑶娘以死抗争,血染冰绡帕。任冶云中举归来,见状十分痛心。瑶娘又陪任冶云进京考进士,不幸染病身亡。任冶云抚棺归葬,吟唱《秋舫吟》。地痞赖有光在瑶娘妈妈面前挑拨是非,说瑶娘是被任冶云打死的,怂恿瑶娘妈妈告状,向任冶云敲诈一笔钱。瑶娘魂灵出现,怒斥地痞,吓走地痞。任冶云安葬瑶娘,洒泪离去。后来,任冶云中了进士,到扬州瑶娘墓前祭祀,哭别,赴南海任海道。任冶云剿捕洋匪,抵达到南海沱陵山。瑶娘已化作玉支仙姑,住在此山中。夜半,任冶云梦到瑶娘,两人在仙宫中互倾衷肠。

《冰绡帕传奇》以浪漫主义和现实主义相结合的手法成功地塑造了多情才子任冶云和忠贞歌女秦瑶娘的形象,歌颂了他们自由纯真的爱情,有一定的现实意义。

有学者说,“《冰绡帕》,未见著录……今无传本”[1],误。这个剧本当时没有刊刻出版,仲振履去世后,剧本由友人保存。泰州高尔庚云:“东塘著述坂塎庄,一卷桃花独擅场。为想柘翁堪接武,冰绡遗墨谨收藏。注曰:仲柘安振履大令撰有《冰绡帕传奇》,未梓,现藏庚家。”[2]直至民国二十三年,方以连载的形式刊入《珊瑚》半月刊。《珊瑚》是苏州名人范烟桥主编的杂志,今苏州、上海等地图书馆有存。

江北第一园——汪园

张瑶娘英年早逝,汪云任深深自责,无法原谅自己的过失,许多年不能从悲伤中走出来,朋友们戏称他为“茧子”。同时代的姚元之记载云:“张姬,盱眙汪孟棠观察云任爱姬也,早卒。汪固深于情者,思之殊切。都中友以‘茧子’呼之,谓其多情缠绵若茧也,汪即别号茧兹。家伯山太守为姬作传,汪归舟咏长律三十首,曰《秋舫吟》。”[3]北京、上海等地图书馆中有《姚伯山文集》,笔者曾前往查阅,未见到《张瑶娘传》。汪云任把瑶娘安葬在生前一起游览过的盱眙城南风光秀美

---

① 程华平:《明清传奇编年史稿》,齐鲁书社,2008年1月,第490页。
② 高尔庚:《井眉居诗钞·海陵杂诗》,中华书局,民国二十六年。
③ 姚元之:《竹叶亭杂记》卷五,中华书局,1982年5月。

的水南村。

汪云任一直念念不忘张瑶娘,做官后开始在各地采奇花异草,陆续运回盱眙,前后花了十五年时间,在瑶娘墓地处大规模兴建花园,这就是被称为清代江北第一园的"汪园",又称"南园",当地百姓称之为"汪家花园"。

汪园位于今天盱眙县城的老城区,占地约为老城区的一半。这个庞大的私家花园东起花木公司,西至淮河,北邻天台山,南界斗笠山。汪园始建于道光七年(1827),建成于道光二十一年,前后达十五年,园中建有木兰棠、玉成宫、逍遥楼、思贤堂、汪氏祠堂、雁门关等建筑,规模宏伟,耗资巨大。清代诗人王荫槐的《蟪庐诗钞》记载了汪家花园的胜景:"曰梅坪早春,曰兰田晓露,曰斗笠山种松,曰海棠巢夜饮,曰桃花潭修禊,曰樱桃源湾消夏,曰柳桥烟雨,曰白云台独立,曰藕畔风香,曰鹤岩携琴,曰孔雀栏日影,曰双桂坡秋月,曰清听楼晓钟,曰红叶村望淮,曰竹径归樵,曰小珊瑚斋看雪。"由此可见,当年汪家花园中有梅花、兰花、海棠、桃花、樱桃、桂花、荷花、芍药、松树、枫树、竹子、仙鹤、孔雀、珊瑚等奇花异树、珍禽宝石,还有亭台楼阁、泉水、池塘、溪流,具备了大型花园的要素。

道光二十二年(1842)春天,时任南河道总督兼署两江总督的一品大员麟庆游览汪家花园,写下了《游汪氏南园记》,称赞道:"……,至则倚山架楹,决泉成沼,翕张起伏之势,霞沈锦舒,各构其巧。铁杆红萼,横斜穿插,蔽岩而抱阁者,梅三百树叶。萧疏披拂,舞风捎云,迸石而荫檐者,竹万竿也。杂卉名花,不可悉数,樱桃更成茂林,闻花时剪绒错绣,飞满径。仰望笠山,耸峙东南,与第一山峦相延属。环青萦翠,若为园树作障幛者,江北名园,允推第一。独惜不得久留。夕阳在山,横射楼台竹木间,金碧照耀,回望若蓬莱,可接不可接,而余已在舟中矣。微风无浪,一帆正悬,又与向之停泊山上时情殊趣异。归而有余乐,行将摹绘园图,入余《鸿雪因缘》第三册中,以传快游,以志奇缘。因先点笔略述梗概,以寄主人昆季。道光壬寅季春,长白麟庆记。"[①]麟庆的文章后来被勒石立于汪园,从中可以了解到,当年的汪园中有大片的梅林、桃林、竹林,而四周的山峦则是它的天然屏障。当时江北的园林集中在扬州和淮安城里,麟庆常驻淮安城,往来于扬州、南京等地,称汪园为"江北第一"并非虚夸,因为淮、扬二城虽有众多名宦大贾修建的豪华花园,先天不足的是二城均缺少真山真水,而盱城则有得天独厚的条件,它依傍着宽广的淮河与烟波浩渺的洪泽湖,还有十多座秀美的长满青松翠

---

① 王锡元:《盱眙县志稿》卷十三,光绪辛卯刻本。

柏的山峦,形成了城在山中立,人在林中走,湖光山色交相辉映的特色,苏北其他地方都没有如此美好的天然风光。

令人痛心的是,咸丰十年(1861)五月,为防备太天平天国军队北上,清军水师统领格洪额驻防盱城,拆房修建营房工事,汪家花园遭到很大破坏。1938年1月2日,日本军攻陷盱城,烧杀抢掠,大火多日不熄,盱城成为一片废墟,汪家花园遭受灭顶之灾。1966年,史无前例的"文革"暴发了,红卫兵小将以冲天的激情把汪园劫后遗存的石雕、石碑及断垣残壁统统砸烂,扫除干净,江北第一园至此完全被破坏。昔日的江北第一名园,如今已是盱眙县城高楼林立的繁华闹市区。现在修建的都梁公园只是当年汪园的一角。

无尽的思念

嘉庆二十二年,汪云任中进士,次年到广东番禺任知县,远离家乡,怀念瑶娘,请当时的画家绘像以解思念之情。"官番禺时,新安汪玉宾浦、顾子绍远承、陈务之务滋摘其句为图三十幅,笔墨高秀,各极意致,殊足供案头清玩,汪诗亦缠绵如其人"①。当时共画了三十幅精美的图画,每幅画都有一个主题,如"双眉曾未　朝舒""珠帕求诗蘸泪痕""摘化露重红侵袖""题纨小令字能抄""二月风寒掩病帏""芙蓉凉露泣秋江""蓬窗灯影自低徊""乌栖风柏满天霜""为种春花瘗绣衾""千林杂叶声争响""不堪回首望芦沟""春心分付絮泥沾""商略移蕉伴曲栏"②等。十分雅致。他把这些画挂在室内,时常观看,可见对张瑶娘的感情是何等真切。

道光二十二年,汪云任由山东督粮道调到朝廷任通政司参议,乘船沿运河北上,触景生情,感慨万千,至潞河时请画家重绘瑶娘画像,并请友人题诗。王荫槐《题云堂唤铁图》序云:"壬寅季春,孟棠潞河舟中仿天宝开元遗事郭休白云堂唤铁事,为其姬人绘小像,邮寄索诗,为赋四律。"其中第二首云:"两粤三江宦辙随,老怀一日总难离。乌纱自罢相怜句,碧玉回思未嫁时。誓夜私情风雀听,忍寒坚信雪梅知。只愁情影图中仿,难肖回肠万种痴。"此诗诉说汪云任多年来对张瑶娘的刻骨思念之情。在另外一首诗中,王荫槐说:"生肖重展蓼花秋,旧友官斋话

① 姚元之:《竹叶亭杂记》卷五,中华书局,1982年5月。
② 姚元之:《竹叶亭杂记》卷五,中华书局,1982年5月。

昔游。此日旌旗隔津舫,当年风雨潞河舟。封侯慧识怜青眼,绝命痴情感白头。冰帕低声歌婉转,翠眉含笑复含愁。"①回顾往事,描写汪张之间的深厚感情,寄托了汪云任的无限哀思。

道光二十九年五月初七,汪云任在北京去世。根据生前遗愿,家人把他葬于汪园内张瑶娘墓侧,并栽种合欢树。不久,合欢树便枝繁叶茂,互相交错,连为一体。他虽娶一妻二妾,但瑶娘是他一生的最爱,一生都在怀念她,在其心中没有人能取代她。

第二节　震惊中外的"德兰诺瓦事件"

嘉庆二十三年,风华正茂的新科进士汪云任出任广州府三水县知县。他捐资购地,建襟江阁,作为三水县邮驿总部,下设 16 塘铺,分东、西、南、北 4 路,共派铺兵 30 名传递公文,计邮递单程 296 里,是为三水县沿用驿传制鼎盛时期,为地方通讯事业做出了贡献。② 襟江阁在旧县城外里许,即今之河口圩江滨,成为三水县一景。汪云任写了一篇言简意赅富有文采的《襟江阁记》,许多文人墨客前来登临观赏,留下许多诗词,如:"绩著花封仰设施,游鱼水面闲吹沫。浮石涛声春涨后,琴堂化洽无多事。新开画阁傍江湄,驯雉桑间自唤雌。昆山翠色晚烟时,风满帘栊月满帷。"③(董思诚《汪明府襟江阁新成春日登临偶咏》)再如:"经营高阁仰廉明,幸侍群贤宴落成。鱼影倒涵新月朗,琴音徐引午风清。春融苏屋花开遍,泽普江隈浪尽平。伫看双旌辉百粤,先从肆水纪仁声。"④(许建中《汪明府襟江阁新成春日登临偶咏》)这些作品描述襟江阁的壮观景象,寄托了美好的愿望。襟江阁建成后,许多渔船在此停泊,形成码头,店铺、居民逐渐增多,一个新集镇形成了,有力促进了当地经济的发展。汪云任还捐资修复三水天后庙。"天后庙在河口,嘉庆二十一重修,庙前石码头被水冲塌,二十三年知县汪云任捐赏修复。"⑤当时,两广总督阮元主持修纂《广东通志》,前署知县李友榕做了一些

① 王荫槐:《重题张瑶娘遗像》,《蟫庐诗钞》卷八,光绪辛巳盱眙王氏紫藤花馆刻本。
② 三水县地方志编纂委员会:《三水县志》,广东人民出版社,1995 年 10 月,第 522 页。
③ 陈奋:《三水历代诗词选》,花城出版社,1999 年 5 月,第 133 页。
④ 陈奋:《三水历代诗词选》,花城出版社,1999 年 5 月,第 134 页。
⑤ 三水县地方志编纂委员会点注:嘉庆《三水县志》卷二,1987 年 6 月。

工作就调离了,汪云任接着主修《三水县志》,共十六卷,亲自作序,记述了三水县地理、政治、经济、军事、文化等方面的历史和现状,此志流传至今,为保存一方文献史料做出了贡献。

　　嘉庆二十四年,汪云任调署番禺知县,前后三年多时间。状元陈沆赋诗赞曰:"番禺有贤侯,官贫不言贫。人皆苦烦剧,往往得闲身。我行亦已远,追饯珠江滨。虽云一杯酒,其中含至仁。今皇爱百姓,求吏必于循。勿言此官卑,官卑与民亲。儒者志泽物,尺寸皆阳春。努力敬司牧,别离何足论。"①道光元年,汪云任审理了一件涉外案件,引发重大历史事件,史称"德兰诺瓦事件"(TheTerranova Incident),引起了中美两国之间的第一次严重的冲突,对两国关系的发展走向产生了极大的影响。

"德兰诺瓦事件"的发生过程

　　1821 年 9 月 23 日(道光元年八月二十八日)下午,郭梁氏在广州黄埔港落水身亡,她丈夫到番禺县衙击鼓鸣冤,声称美国艾米丽(Emily)号商船上的水手德兰诺瓦(Francis Terranova),因购买水果与其妻发生争执,用一个瓦罐掷向其妻子,导致其妻子头部受重伤,跌入水中身亡。番禺知县汪云任接报后,立即着手调查案情,并向美方发出传唤令,要求船长考布兰(Cowpland)等美方官员参加验尸。次日上午,美国驻广州领事威尔考克斯(Benjamin Wilcocks)获悉此事,打算给死者家属 15000 元私了此事,后来得知郭家已告官,就改变了主意。考布兰对威尔考克斯说,郭梁氏是自己落水的,与美船无关,一分钱也不给。9 月 25日上午,威尔考克斯带领一大帮美国人前去与中方协同验尸,"验明郭梁氏偏右一伤,弯长一寸四分,宽三分,深抵骨,骨损委系受伤后落水身死,提验凶器瓦坛,比对郭梁氏所戴箬帽被打折裂处,所伤痕相符,并将瓦坛令该船主等认明委系伊等船上之物,饬交凶夷究办。"②见到死者头部右侧有道深深的伤痕,从水里捞出的竹笠也有一个大凹痕,与死者头部伤处相对应。那个瓦罐是水手德兰诺瓦用来装橄榄的,大约有六磅重,手柄掉了。汪云任问瓦罐是不是美国船上人的,威尔考克斯拒绝回答;汪又要求交出嫌犯,也遭到拒绝。9 月 26 日,威尔考克斯在

---

① 宋耐苦、何国民编校:《陈沆集》,湖北教育出版社,2002 年 5 月,第 96 页。
② 故宫博物院:《道光元年十月十四日阮元奏折》,《清代外交史料(道光朝)》,民国二十二年 1 月,第 22 页。

艾米丽号商船召集美国人开会商讨对策。考布兰说他已经准备好12份证词,声称有无可辩驳的证据证明德兰诺瓦是无辜的。其中德兰诺瓦的证词这样的:

> 我,佛朗西斯科·德兰诺瓦郑重宣誓,大约在1821年9月23日星期天下午一点半钟,我确实在艾米丽号上从船头停着的舢板上的一个中国妇女那里买了一美司水果。我安全地给了她钱和瓦罐,她把瓦罐放在了她的船上。这时舢板没有赶上大船,我就去继续吃晚饭。后来我回到船头以为她把水果准备好了,结果她的舢板离船头有一段距离。在她摇桨接近大船时掉进了水里。我发誓,我没有且也没想伤害她或她的船。①

美国人提供的证词,有的支持了德兰诺瓦的说法;有的只说看见一个中国妇女落水,但不知道她为什么落水;有的说听到小船上有小孩儿哭,不知道小孩儿为什么哭,后来又来了一条船,船上一个男人从水里捞出一顶"完好无损"的竹笠和一个"完好无损"的瓦罐,然用瓦罐击打竹笠;有的说中国妇女在划船时落水;还有的说看见郭梁氏丈夫从大船后边出现,所以他不可能看见他的妻子落水。考布兰船长和另外两个人还作证,郭梁氏丈夫是个在黄埔大家都知道的卖酒给外国船员的讨厌鬼,相借此敲诈勒索钱财。

10月6日,经过多次交涉,中美双方都做出了让步,法庭就设在艾米丽号商船上。汪云任在文武随员及广州商行八位保商的陪同下,开庭审案。经过详细审讯,宣布德兰诺瓦是导致郭梁氏死亡的凶手,事实清楚,人证、物证俱全。德兰诺瓦承认,因为郭梁氏给的果子少了,他要求增加一点,郭梁氏要求加钱,于是他用瓦罐掷向郭梁氏导致她头部受伤,跌入水中而死。依据大清法律,"化外人有犯,并依律拟断;又律载,斗殴杀人者,不问手足、他物、金刃,并绞监候"②。于是判处德兰诺瓦死刑。但是,美方拒绝让中方把凶手带走,汪云任耐心地等了三个多小时,美方还是不同意。汪云任怒不可遏,丢下一句话,如果不交出凶手,将扣押船长,拂袖而去,并立即将此事向广州府及两广总督报告。总督阮元听后非常气愤,指示有关方面照会美国驻广州领事馆,宣布暂停中美之间的贸易往来,美方对中方令其交出犯人接受再审的要求置若罔闻。双方僵持了半个多月,艾米

---

① North American Review,Jan,1833.
② 田涛、邓秦点校:《大清律例》,法律出版社,1999年9月,第122页。

丽号商船上又被发现有鸦片烟,受到中文斥责,美方于是妥协了。10 月 23 日,德兰诺瓦被中方以武力强行抓捕。26 日,汪云任会同广州知府钟英、南海知县吉安、广州协副将李应祥等人联合二审德兰诺瓦,最终判其绞刑。28 日,德兰诺瓦被送上刑台,尸体交还美方,中美贸易恢复。美国驻广州商人联名向中方提出严重抗议:

> 我们认为此事审判不公正。当我们在你们的领海内时,势须屈从你们那非常不公正的法律。我等将不抗拒之,你们按照自己的法律观念,未经审讯而将之定罪,但我们的国旗并未受到侮辱,仍在你们头上飘扬。在一个大帝国的压倒的武力下服从并不算是不名誉,你们有强压我们的力量。①

从中可以看出,美国人非常不满,但又无可奈何。事后,威尔考克斯给国务卿写报告,详尽介绍了关于此案的证词和审理过程,证词的内容前面已经提及,完全否定了德兰诺瓦是作案凶手,对审理过程也是极度不满,“审判只是流于形式……他们已经违反了尊重和诚信的原则”②“他们不仅不按照先例而关门审判,且立即就把罪犯处死,这些都违反了帝国的法律”③。美国总统门罗、国务卿亚当斯分别致函道光皇帝和阮元总督,严止交涉此事,但没有送达。事后,两广总督阮元向道光帝呈交奏折,详细地汇报了事件的经过,汪云任等人得到道光帝的称赞。

相关文献及“德兰诺瓦事件”的影响

“德兰诺瓦事件”在当时西方世界引起了很大震动,后来成为西方用来攻击中国司法野蛮、落后及对西方人不公正的典型案例,成为侵略中国、破坏中国司法独立的借口。关于“德兰诺瓦事件”,现存最早的文献有三份:一份是判决后,阮元写给道光皇帝的奏折,一份是威尔考克斯写给美国国务卿的报告,还有一份

---

① 李定一:《中美早期外交史》,北京大学出版社,1997 年 9 月,第 57 页。
② 程焕文等整理:《美国驻广州领事馆领事报告 1790—1906》,广西师范大学出版社,2007 年 11 月,第一卷第 418 页。
③ 程焕文等整理:《美国驻广州领事馆领事报告 1790—1906》,广西师范大学出版社,2007 年 11 月,第一卷第 344 页。

是当时美国《北美评论》杂志刊载的一篇报道。阮元的奏折主要内容为："果贩郭梁氏同女郭亚斗从该夷船边经过,有美利坚国,即花旗夷人向郭梁代买果争闹,用瓦坛掷伤郭梁氏落水而死,当即饬令该夷船交出凶夷究办。民妇郭梁氏系被夷人打伤落水溺毙,当时有郭梁代之女郭亚斗及稍谙夷语之船妇陈黎氏在船目击,喊同粤海关差役叶秀捞救不及。尸夫郭苏娣捞获尸身,报经该县,传齐该国大办(领事)及夷船主人同去相验。郭梁氏头部偏右一伤,弯长一寸四分,宽三分,深抵骨,郭梁氏实系受伤落水而死。……初犹狡展,迨经见证人陈黎氏、尸女郭亚斗间用夷语向之质证,该凶夷无可抵赖,供认前情不讳。当堂以手拍胸,指认坛系己之物,并据两手持坛,作上下掷下之势,复令通商,洋商等向其逐细究诘,矢认不移,案无遁饰。"①

中方依据法律对嫌犯进行两次审讯,没有使用刑具。第一次审讯时,充分尊重美方,让美方参与审判此案,让原被告双方为自己辩护(配了翻译)。德兰诺瓦拒不认罪。二审在番禺县衙,他交代了犯罪事实,并当堂画押。事后美方派人看望他,询问详情,他没有翻供。

事后,威尔考克斯给国务卿写报告,详尽介绍了关于此案的证词和审理过程,证词的内容前面已经提及,完全否定了德兰诺瓦是作案凶手,对审理过程也是极度不满。1833 年,美国早期重要刊物《北美评论》(North American Review)发表了以"来自巴尔的摩的朋友"为名的文章,报道此事,而艾米丽号船长考布兰恰好是巴尔的摩人,因此,此文的作者或者材料提供者可能就是考布兰本人,其倾向性是可想而知的了。文章的主要内容摘要如下:审讯在艾米丽号商船上进行,德兰诺瓦由两名美国水手看管,广州八大保商均参加审讯。番禺知县依照审判中国犯人方式,首先提出要观察德兰诺瓦的面部表情,遭到考布兰船长的反对,认为这等于承认德兰诺瓦是罪犯,在美国没有这样一种程序。接着要求将德兰诺瓦双手锁上,又遭到美方拒绝,美方坚持认为在未确定罪证时,既不能关押,也不能上锁,双方产生了严重冲突。番禺知县问德兰诺瓦坛子是否是他的,德兰诺瓦非常镇定地说是的,坛子是他亲手递给郭梁氏的。番禺知县对德兰诺瓦的陈述非常不耐烦,尽管在场美国人多次敦促华官和翻译将德兰诺瓦为自己辩护的话译成中文,但很明显,他们没有全部译出。每当他俩试图解释什么时,均被番禺知县打断。没等听完德兰诺瓦申辩,番禺知县就传唤中方证人出

---

① 故宫博物院编:《清代外交史料》(道光朝)卷一,民国 22 年,第 7—9 页。

场,武断地认为德兰诺瓦见过这些证人,他就是买水果的美国船员,那只坛子他使用的。美方要求双方证人出场,结果只有中方证人出场,当中方证人来到番禺知县台前时,他们都跪在地上,不敢抬头睁眼。美方对这种审讯方式严重不满,要求公正审理,遭到番禺知县的拒绝。这些证词在任何一个美国正义的法庭都会驳回,美国人只好接受中国人断章取义的翻译。他们不愿意听到任何否定以上证词的辩解,甚至宣布一切将为时过晚。似乎他们亲眼看到郭梁氏竹笠上的洞,看到死者头上的伤口和坛子底部大小相符,这坛子就是德兰诺瓦的,属于艾米丽号商船上的,这一切就足以证明德兰诺瓦有罪,人必须交出。这是对正义的嘲笑![1]

此后的美国历史学家主要是依据这篇报道,记载评述德兰诺瓦事件。美国历史学家杜勒斯(Foster Rhea Dulles)认为"此事是中美两国这间第一次严重的冲突,德兰诺瓦被武断地宣告有罪,审判是一场闹剧。它深刻表明了中西之间在司法理念上有着不可调和的矛盾和保护美国商人和水手利益的重要性。"[2]马士称这次审判"只听取原告方面的证据,而不准对于这种证据予以翻译,也不准被告方提供证据和申辩,就宣判了有罪……笑话式的审讯和滑稽式的裁判"[3]。1843年中英《五口通商条约》和1844年《中美望厦条约》中规定外方享有领事裁判权,德兰诺瓦事件是重要的促成因素。"德兰诺瓦事件",对中美两国关系的发展走向产生了极大的影响。

当代中外学者对"德兰诺瓦事件"的争议

近年来,"德兰诺瓦事件"又引起中外学者们的争议,观点差异很大。有学者称此事件引起西方人的强烈不满,最能说明东西方法律制度的差距,表明大清法制多么落后:"一、当时的秘密审判制度让西方人难以接受。二、司法程序的缺陷。三、专职律师的空缺。"[4]还有一位学者批判得更多:"在案件的处理过程中,清朝至少有五点做法与西方模式全然冲突:一、行政官与法官合一,法庭审理不

---

① North American Review,Jan,1833.

② Foster Rhea Dulles：China and America,The Story of Their Relations Since 1784,Princeton University Press,1946,p. 15.

③ 马士著,张汇文译:《中华帝国对外关系史》第一卷,三联书店,1957年,第120—126页。

④ 贺卫方:《法律制度全球化,百年未竟的事业》,《科学中国人》2003年第3期。

过是行政裁决。二、判官承载天意,把'个罪'放在'天下'去考量其危害。三、司法判案与政治和外交事务相粘连,并视之为当然。四、有罪推定,先入为主,不重视法庭质证,没有律师为被告辩护。五、对于'杀人'和'过失致人死命'在定罪和量刑上没有区分。"①

与此同时,有学者撰文认为,"德兰诺瓦的伤人罪是难以逃脱的,但是故意还是过失还不一定。关于审理程序公正与否",人们"不应该以 20 世纪的文化价值标准来判定"②。牛津大学阿斯克(Joseph Benjamin Askew)教授在 2004 年底发表《Re-visiting New Territory:The Terranova Incident Re-examined》(《重新审察德兰诺瓦事件》),详细对照了当时中西方法律制度,"北京人"概述了此文的主要观点:审判地点选在美轮,且由美方关押嫌犯,已是很大让步。在当时的英国外国人若犯罪是不许保释的。无罪假设在美国开始是 1895 年,在英国是 1935年,所以被告有责任举证自己清白。美船船长不让给德兰诺瓦带镣,说美国如此,这是蒙人的,美国最高法院 2005 年 5 月才裁定杀人嫌犯不用带铐。直到1836 年,英国法庭才允许嫌犯请律师。在当时的英国,有 200 多种罪可判死刑,甚至偷了一块钱都有可能死罪。在当时的英国法庭,只有被告和公诉人才可盘问证人;在当时法国,只有公诉人和法官可以盘问证人。审讯是公开的,不存在秘密审判问题。当时番禺知县汪云任审了一个半小时,之后为带走犯人又等了三个多小时,最终美国不放人。而在当时的英国刑事犯罪审判时间平均是 8 分钟。番禺县令一开始就让美国人先陈述,并非不让他们说话。且德兰诺瓦有人代言代笔,事实上起到了律师的作用。美国人提供的证词系船长一手策划,且多有矛盾,不足为信。以当时提供的所有证据来看,德兰诺瓦即使在英国审,也基本上会判死刑。"北京人"最后得出结论:从程序上及判决结果上来看,并没有什么不公平的。如果说不公平,就是清政府对美国人太宽松了,没有用刑,连执行死刑都是绞死,而不是砍头。③

纪宗安撰文,认为"德兰诺瓦"事件是早期中美关系史上的重要事件,但对其专文研究不多且存有争议;依据新问世的《美国驻中国广州领事馆领事报告》等美国外交史料,经辨析认为:首先德兰诺瓦在法理上确属故意杀人,并非"无罪",也非"过失伤人"。其次,中方的审理符合国际法基本原则,是依照中国律例

---

① 阿忆:《意大利水手的绞刑》,《翻阅日历》,2007 年第 11 期。
② 仇华飞:《德兰诺瓦事件考辨》,《南京社会科学》,2001 年第 6 期。
③ 北京人:《德兰诺瓦案》,载王小东个人博客。

及司法程序进行的合理的司法行为,并非是场"闹剧",处理结果也相对温和,而非"过于严厉"。再次,美方对中方关于"德兰诺瓦"事件的审判批评不断,应是当时中西关系背景下社会文化差异的真实反映,但美方忽略了对自身行为合理、合法性的反思,并企图借此攫取在华"片面领事裁判权"的行为则严重侵犯了中国主权。[①]

近两个世纪过去了,发生在广州黄埔港的"德兰诺瓦事件"的争议还在进行,说明此事本身具有丰富的历史意义和现实价值。

第三节　赣州知府,惠民贤吏

道光十年(1830 年),汪云任调任赣州知府。史载,"己亥谕内阁,《蒋攸铦等奏遵旨遴员请补要缺知府一折》:江西赣州府素称难治,前经降旨令该督等遴员请补,兹据奏请将候补知府汪云任补授。该员到省试用未及一年,即补繁缺,与例未符。姑念员缺紧要,现无可补之员,著照所请,汪云任准其补授赣州府知府,仍照例扣满年限,另请实授。此系朕为地方紧要起见,嗣后各省均不得援以为例,该部知道。"[②]可见,汪云任调任赣州知府属于破格重用。至十四年,汪云任因父亲去世离任,在赣州计四年多时间,做出了不寻常的业绩。

铁腕治理赣州,保障一方平安

赣州府地接湘、粤、闽三省,盗匪猖獗,民风彪悍,政治混乱,司法黑暗,百姓怨声载道。汪云任上升伊始,首先解决治安问题。他组织地方武装剿匪弭盗,向朝廷建议增设一个通判,专管治安,在交通要道处设防,各州县联防,派专人负责,实行严打,决不手软。经过周密部署,终于擒到盘踞山中作恶多年的匪首,将之绳之以法,极大地震慑了黑恶势力。两江总督陶澍上书称:"赣州府知府汪云任,安徽进士,现年四十八岁。才识敏练,勤干有为,最称得力之员。"[③]又称:"查

---

① 纪宗安:《"德兰诺瓦"事件新探》,《世界历史》,2012 年第 5 期。

② 贾桢、花沙纳、阿灵阿、周祖培奉敕修:《大清宣宗成皇帝(道光朝)实录》卷一百六十八,中华书局影印,1986 年 11 月。

③ 陶澍:《保举道府州县人员折子并清单》,《陶澍全集·奏疏 3》,岳麓书社,2010 年 1 月,第 175 页。

赣南等处,会匪连年惩创。如前任赣守汪云任、知县周玉衡任内,查拿最多,匪徒知畏。……有犯即惩,其风业已衰息。惟此等匪徒,散难聚易,未可松劲,全在守令得人。"①诗人张际亮(1799—1843)作《赣州别汪孟棠太守》,称赞汪孟棠治理匪患,保障一方平安的功绩:"乱山拥虔州,蜿蜒二百里。硗确土亦童,湍洑川清泚。盘盘十八滩,万石气腾水。朝惊逆濑高,夕望在地底。可怜天柱危,悬篙付生死。百夫挽一舟,惶恐何时已?却登郁孤台,落日千樯舣。东流贡水长,西涌章江驶。下临控洪都,上穷蔽炎海。地险扼南荒,俗犷聚群匪。劫掠敢谁何,仇杀益自喜。自昔推剧郡,祸变卒难弭。今兹太守才,盗贼卒衰止。吾闻变浇习,端自富都始。天运有平颇,民心犹可恃。世衰尚武劲,亦复赖驱使。窃悲服政年,乃欲一黄绮。角鹰饥不飞,狡兔怒相视。老骥历太行,负棘困蹄尾。慷慨宇宙间,人才复几?高堂对尊酒,和歌朔风起。醉思跋涉劳,莫问安危理。扬风理溯流,崩波激如矢。夜舱独坐叹,过岭复何以?"②

其次,采取断然措施,铲除干涉司法审判、破坏社会秩序的讼棍,严惩贪官污吏。当地有一群讼棍,不务正业,游手好闲,挑拨是非,一见有官司就介入其中,甚至唆讼、架讼、霸讼,严重扰乱审判秩序,危害社会安定。这些人游荡于官府与百姓之间,拉拢腐蚀官吏,坑害鱼肉百姓。汪云任摸清情况后,发布文告,让百姓检举这些人的罪行,严厉惩处了前任知府不敢得罪的作恶多端的讼头。见讼头受到了致命的打击,其他不法分子或收敛行迹,或远走高飞,赣州的社会风气大为好转。当时官府中胥吏侵吞财物现象严重,犹如蛀食衣物书籍的蠹虫,不加清除,则官无宁日,民不聊生,贻害无穷。汪云任带头以身作则,廉洁奉公,惩治贪官污吏,受到了百姓的拥戴。经过一个阶段的整顿治理,赣州府的社会治安和官场风气大为好转。

再次,身先士卒,严加防范。道光十二年三月,湖南瑶民起义,清政府调四省兵力前往镇压,起义军击毙湖南提督海陵阿、副将马韬等五百多人,转战湘粤交界地区,波及赣州。秋天,广东八排瑶民会合响应,两广总督李鸿宾革职。"道光十二年冬,粤匪逼犯龙南、定南边境。知府汪云任会商署同知刘有庆,督赣标兵三百冒雪回厅守御。"③终于把乱军拒之门外,维护了赣州的安宁。

---

① 陶澍:《巡阅江西各情形折片》,《陶澍全集·奏疏4》,岳麓书社,2010年1月,第163—164页。
② 张际亮:《思伯子堂诗文集》,上海古籍出版社,王飚校点,2007年7月,第734—735页。
③ 同治《赣州府志》中册,赣州地区志编纂委员会办公室重印,1986年9月,第1042页。

创立"义仓"，全省备荒模范

因饥荒粮价上涨，赣州等地曾经发生多次饥民聚众冲击衙门事件："据陶澍奏，江西省上年被水歉收，今岁青黄不接，粮价稍昂。南安、赣州两府，地瘠民贫，风气尤悍。叠经该府等酌议平价，设法劝粜，并就近借谷接济。乃地方棍徒，乘此岁荒，挟制官长，竟敢集众拥入府堂，肆行喧闹。现饬速拿惩办等语。上年江西省被水灾区，节经降旨加恩赈济，并地方官设法平粜，为民筹食，已属不遗余力。何以南安、赣州两府，偶值粮价稍昂，即有棍徒聚众拥入府堂喧闹之事？该处民气强悍，棍徒借荒挟制，目无法纪，此风断不可长，必应严行惩办。著陶澍、周之琦，即饬藩、臬两司，督率该府、县、营，迅将首从各犯，按名查拿务获，从严惩治毋任漏网，以靖地方而肃法纪。将此各谕令知之，钦此。"[1]饥民聚众造反，带来严重的社会动荡，从朝廷到地方官员都感到十分棘手。

汪云任关注百姓疾苦，认为解决饥荒问题首先要重视粮食生产，增加粮食产量。他下大力气清查屯田，摸清赣州田地情况，防止地主瞒报土地数量，少交钱粮，囤积居奇。为此，他受到道光帝表彰。"以清查屯田出力，予江西赣州知府汪云任等议叙有差。"[2]其次，要大量储备粮食，备战备荒。江西乐平县吴宾四曾任南昌府学教授，与汪云任交好。汪云任与吴宾四商议，着力筹划荒政，设立义仓作为长久之计，号召赣州士绅捐献款物，自己则带头捐款，众人听到消息，仰慕踊行善事，纷纷捐献稻谷。他建设了具有慈善性质的粮食储备仓库——宫保府"义仓"，以"农夫之庆，实维丰年，黍稷稻粱，俾彼良田，立我蒸民，岁取十千"24字编序，每仓书写一字。后来又建设"商义仓""盐义仓""民义仓"等，以"永观厥成，百室盈止，其崇如墉，万亿及秭"16字编序，每仓书写1字。两处仓储共40间，储谷14500石（每石为120斤）。[3] 所储仓的谷物多由地方绅商捐纳，以此备灾备荒，赈济民众。仓库设有专职的以严格制度约束的仓丁，负责日常保管、翻仓、换谷及发放免费米票等事宜。义仓的贮谷每两三年出陈纳新一次，即将陈谷以无息或低息贷给城里的"豆、瓜、麻、谷、麸"六行业，翌年归还新谷入仓。此举遂演变为赣州

① 陶澍：《陶澍全集·奏疏3》，岳麓书社，2010年1月，第48页。

② 贾桢、花沙纳、阿灵阿、周祖培奉敕修：《大清宣宗成皇帝（道光朝）实录》卷三百五十、卷四百六十八，中华书局影印，1986年11月。

③ 同治《赣州府志》上册，赣州地区志编纂委员会办公室重印，1986年9月，第358—359页。

的一种淳朴民风，一直沿袭到新中国成立之前，救助了无数的穷苦百姓，拯救了无数灾民的性命。赣州农业条件并不优越，竟成为全省荒政有备无患的模范。^①自此之后，其他各府都效仿赣州，为防备歉收年景而募集钱粮，建立粮食储备仓库。

道光十五年(1835)，大饥荒弥漫南方数省，饿殍遍野，死亡无数，独赣州一府无人因饥饿死亡。这些粮食储备仓库一直使用到二十世纪。1915年夏天，百年不遇的洪灾袭击赣州大地，洪水滔天，交通中断，赣州城成了孤岛，城中各粮店很快告罄，数万赣州城居民幸赖义仓中的粮食得以渡过难关。1922年5月，北伐军与北洋军在城郊交战，战火弥漫，城内粮源断绝，祸及全城百姓。赣州义仓再次开仓赈灾，拯救了全城百姓的性命。1949年8月14日，赣州解放，义仓尚存有2700担稻谷，原义仓保管委员会将之造册，移交人民政府，义仓完成了它的历史使命。赣州人民不会忘记帮助他们一次次度过危难的义仓，更不会忘记一百多年前修建义仓的汪知府。宫保府作为历史的见证人，在古城赣州一直作为保留地名沿用至今，不断地在向后人讲述汪知府的故事。

修建书院，振兴文化教育事业

汪云任到赣州前，赣州濂泉书院(后改称濂溪书院、阳明书院)因火灾被毁。人才的培养关系到千家万户的未来，作为辖有十二个州县的赣南重镇赣州，怎能没有一所供学子们求学的地方？汪云任四处奔走，发动社会力量，募集资金，很快就重新修建书院，建有东西讲堂、祠堂、夜话亭、斋舍等建筑，规模比以前要大得多。书院大门两侧书写着这样的门联：

> 我生近圣人居，教泽如新，敢忘鲁壁金丝，尼山木铎？
> 此来继贤者后，风流未泯，窃愿士崇礼仪，俗尚弦歌。

以此激励学子们进德修业，早日成才。这些举措得到了赣州社会各界的一致赞誉，尤其是读书人的热烈欢迎和高度评价，极大促进了当地文化教育事业的发展。张际亮作《汪太守重建濂溪书院属为诗落之》，称赞汪孟棠建院兴文教的政绩："郡邑皆设学，书院义傅之。兼储草泽材。以为朝廷资。煌煌建置初，帝王开

---

① 包世臣：《小倦游阁集》，黄山书社，1991年5月，第87页。

宏规。如何不学徒,在公营其私? 安知风化本,说礼而敦诗。汪侯意气豪,顾盼英雄姿。作郡于虔州,次第有设施。始念犷悍俗,顽梗必剪夷。盗去里巷静,过客无忧危。乃度义仓工,乃拓试院基。乃新斯堂宇,千间焕峨巍。凡此兴作费,金钱百万奇。此材官司农,何至绌度支? 天子置左右,可教庶可咨。盘错因利器,对酒来吾悲。座上有客言,因缘应以时。创治亦癸巳,汪侯实乃治。(书院创于前癸巳太守汪公某,及去年癸巳已落成,实一百八十年,而太守复同姓,亦奇也)我愿此州人,共式周程师。庶见阳学士,不愧东坡知。徘徊夜话亭,慷慨四海知。吾行狎沙鸥,滔滔复谁语?"①汪云任还修复了赣州考院。赣州考院,"康熙二十九年,府治改迁巡道署,遂以府治为考院。三十九年,知府谢锡衮增建两翼为东西文场。乾隆七年,知府汪宏禧建东西文场前后两楹,自为记西辕门外,旧有文学祠,祀宁都人赴试而压于考棚者,今废。嘉庆二十三年,兴国江澜捐修东西文场。道光十年,火尽毁。十一年,知府汪云任倡议修复,赣邑监生李资达捐建大堂,兴国合邑捐建二堂,江黄氏捐建东西文场,馀则阖郡捐建成之,云任自为记。"②赣州考院的修复方便赣州各地的学子。

汪云任重视古迹建设,曾刻苏阳二公像,额篆苏阳二公夜话图碑。宋哲宗年间,苏轼赴岭南任职,拜访赣州著名隐士阳孝本,与其夜游光孝寺,寻廉泉,赋诗歌,徘徊泉侧,与其夜话。后人作亭,以志纪念。据《赣州府志》载,清人程景晖跋云:"此碑久经断缺,已失其半,太守汪孟棠重修书院,于土墙下掘得之,时首事李生资达捐资购石,偕其友李常福重摹,仍将旧碑所刻,悉镌其上。俾后之览者,并知所缘起。"③此碑今存,为江西省文物保护单位。

道光十四年二月,因父亲病故,汪云任依依不舍地离开了赣州,但他在赣州期间整顿吏治、仁德安民、造仓备荒、建院兴学等种种惠政,改变了赣州的落后面貌,有力地促进了当地各项社会事业的发展,他勤政爱民造福一方的突出政绩铭记在一代代虔城百姓心坎里,一直传颂至今。

惠民贤吏,流芳后世

清朝同治《赣州府志》《赣县志》都记载了汪云任事迹,评价很高,"惩奸剔蠹,

① 张际亮:《思伯子堂诗集》,上海古籍出版社,2007年7月,第798页。
② 同治《赣州府志》上册,赣州地区志编纂委员会办公室重印,1986年9月,第353页。
③ 同治《赣州府志》上册,赣州地区志编纂委员会办公室重印,1986年9月,第356页。

纲纪肃然。偿倡建府、盐、商、民义仓,造仓廒数十所,积谷三万馀石,十四年大饥,城中我赖以济。试院火,劝谕重修,规模宏敞,丽泽山斋及廉饮堂之建,兴废举坠,士民犹咏歌之。寻以忧去。"(同治《赣州府志·汪云任传》)两部方志都记载了汪云任严治讼棍、整顿吏治、倡建义仓和书院的事迹,正如当时著名诗人张维屏《过赣州访汪孟棠太守留饮赏菊话旧赋赠》所说:"回首禺山岁几更,重来章贡话离情。最宜老圃秋容澹,正爱高台爽气迎。报国只凭真血性,娱亲即在好官声。岭南岭北春如海(昔官庾岭南,今官庾岭北),人与梅花一样清。"[1]此诗说汪云任"报国只凭真血性,娱亲即在好官声",有梅花一样清纯的品格。

虔城是江西历史文化名城赣州的别称,当代江西著名作家周红兵著《虔城风流》,"再现赣州古城历史风云人物,自西汉之灌婴讫于现代的蒋经国,凡64人。其贯串古今,包举百代,凡在赣州古城历史上的民族英杰、著名志士、科技名家以及经国事功、文章德业有卓然名世者,精选收入。"(《虔城风流序言》)入选者多为中国历史上身份显赫的人物,如西汉丞相灌婴、南宋爱国诗人文天祥、明末清初思想家王阳明、现代政界名人蒋经国等等,汪云任荣列其中。《虔城风流》一书以"严厉整治讼棍恶胥,建院造仓惠民贤吏"为标题,高度赞扬汪云任,热情讴歌他的业绩,表达赣州人民对他的深切怀念。

汪云任丁忧期满后,清政府任命他为天下最富裕的江南苏州府的知府,这也是对他治理赣州有功的一种肯定和褒奖。

第四节　苏州知府,禁鸦片,铸金砖

道光十七年九月,经两江总督陶澍保举,汪云任苏州知府。在给皇帝的奏折中,陶澍写道:"该员勤明干练,有守有为。臣陶澍素知其在赣州府时,极能任事,胆识俱优,地方一切,深资整顿。臣陈銮前在江西巡抚任内,该员已经回籍,亦闻其官声素优,舆情爱戴。兹因奉旨补授遗缺来苏。查赣州与苏州,同系四项兼全要缺,若以之请补苏州府缺,足资胜任,毋庸展转更调。臣等面为商榷,意见相同,并据藩、臬两司会详,请奏前来。合无仰恳天恩,俯念员缺紧要,即准以汪云任补授苏州府知府,实于要缺有裨。如蒙俞允,该员系补授苏州府遗缺知府,今

---

① 张维屏:《张南山全集》(一),广东高等教育出版社,1995年10月,第439页。

请即补苏州府知府,衔缺相当,毋庸送部引见。臣等谨合词恭折具奏,伏乞皇上圣鉴训示。谨奏。"①皇帝很快就批复同意。在苏州知府任上,汪云任做了许多有意义的事情

重拳出击,查禁鸦片

道光十七年,英国再次爆发资本主义经济危机,更疯狂地以武力来保护鸦片走私,用贿赂手段腐蚀中国当局、海关职员和一般官员。这年英美鸦片贩子将价值二千五百万美元的三万九千箱鸦片顺利地偷运入中国。这些鸦片流散到各地,危害极大。

当时,苏州人吸食鸦片现象非常严重,耗费的钱财十分惊人。包世臣《庚辰杂著》(二)指出:"即以苏州一城计之,吃鸦片者不下十数万人。鸦片之价较银四倍。牵算每人每日至少需银一钱,则苏城每日即费银万余两,每岁即费银三四百万两,统各省各城大镇,每年所费,不下万万。"②

在担任苏州知府期间,汪云任严厉打击走私鸦片行为,苏州府所属各县的禁烟工作取得了显著的成效,受到两江总督陶澍的称赞。"苏州府知府汪云任于兼护道篆任内,督同各委员迭次访拿兴贩烟土多案,获犯四十余名,月余之内,搜缴烟土数万余两,实属督办有方,实心整顿。……道光十八年十月十七日内阁奉上谕:苏州府知府汪云任,著赏加道衔。"③因禁烟得力,汪云任被赏给道台衔。

督造金砖

明清时期,苏州闻名天下的特产之一是"御窑"烧制出来的专门用于皇家建筑所用的"金砖"。"金砖"是一种特制的砖头,因其叩之有金石之声,制作价格昂贵而得名。"金砖"方正古朴,色泽青黛,质地密实,断之无孔,砖面平整细腻,光可鉴人。砖的侧面留有制造年代、规格、匠户,还有苏州督造官员的姓名。一块"金砖"自采泥到出窑,要经过八道严格的工艺流程,前前后后历经一年多时间,

---

① 陶澍:《请以汪云任补授苏州府知府折子》,《陶澍全集·奏疏4》,岳麓书社,2010年1月。

② 包世臣:《安吴四种》卷二六,(台北)文海出版社,1984年5月。

③ 中国第一历史档案馆编:《两江总督陶澍等奏为办理续获烟犯情形折》,载《鸦片战争档案史料》第一册,上海人民出版社,1987年7月。

道道工序环环相扣,一道不达前功尽弃。即使出窑后,每块砖都要经过细细的打磨、严格的挑选,其费时之长、工序之繁、成本之高,真是弥足珍贵。

丁文父研究苏州金砖的专著《金砖识录》中著录了署名汪云任的"金砖"共有二十五块,并把它们编号为378至402,视若珍宝。汪云任金砖的年款全属道光十八年,如第382号的款识为[①]:

> 道光拾捌年成造細料貳尺貳寸見方金磚/江南蘇州府知府汪雲任照磨段成福管造/大二甲袁文瑛造。

近年来,在各地又发现了一批"汪云任金砖",2012年7月初,一批"汪云任金砖"在浙江世界贸易中心展览厅展出,拍卖起价为每块2万元,最后以每块63250元成交,真是名副其实的金砖。

兼任苏松太兵备道、江海关道

道光十八年,汪云任兼任苏松太兵备道,兼护江海关道。苏松太兵备道管辖苏州、松江二府及太仓直隶州,辖境包括今苏州、上海所属各县。江海关就是上海海关,设在上海县城大东门外黄浦江边,负责征收本国民船贸易关税。

一年期满,江苏巡抚陈銮向朝廷上报奏折,称:"今江海关自道光十八年正月初一日起,连闰至十一月底止,已届一年期满。饬据委管江海关事苏松太道王胡详报,前管关道周祖植暨护关道、苏州府知府汪云任及该道管关任内,合计1年期满,共征收税钞银73683两2钱8分5厘,内除正额铜斤脚价各银两外,计盈余银49702两9钱5分5厘。详请核奏前来。臣复加查核,该关征收税钞,除正额铜斤脚价各银两外,核计盈余银49702两9钱零,查照往年盈余数目,有盈无绌,尚无征多报少,自应尽数分别报解,以重国课。除饬将解支各项分别查明详咨外,理合循例恭折具奏。道光十九年二月三十日奏,三月十六日奉朱批:户部知道。钦此。"[②]在任期内,汪云任圆满地完成了江海关关税征收任务,盈余银子49702两9钱5分5厘,账目清楚,朝廷很满意。

---

① 丁文父:《金砖识录》,文物出版社,2007年4月,第75—76页。

② 江苏省财政志编辑办公室编:《江苏巡抚陈銮江海关道光十八年关期征收税课银两折》,江苏财政史料丛书第一辑第三分册,方志出版社,1999年12月,第300页。

木兰堂与普济堂

白居易曾在苏州为官,汪云任仰慕他的为人,曾摹他的手书"木兰堂"三字,镌于石上,并赋诗一首:"千载风流刺史贤,木兰题字尚依然。恰当贱子官吴日,正合香山领郡年。拟续新诗镌石上,归将遗迹榜堂前。他时得占园林乐,定和先生池上篇。"这块诗石后来运回家乡汪园,嵌于特意修建的木兰堂的墙上,保存至今。

此外,汪云任重视慈善事业。"聚龙桥方基渡船,道光十九年,郡绅顾宗淦呈请知府汪云任创设。以渡息充普济堂中,每月初二、十六二日每人给钱八文,为助膳菜,立案勒石。"①规定聚龙桥方基渡船每月初二、十六二日每人给八文钱,以此作为普济堂的饭食开支,供养无家可归的孤寡老人。

第五节　与林则徐、陆小姑、王衍梅、李星沅等人的交往

1. 与林则徐的深情厚谊

道光十九年正月二十五日,林则徐到达广州,宣布禁绝烟毒的决心,命令洋商限期消缴存烟,并捉拿烟贩,共缴获鸦片烟土二百三十七万六千二百五十四斤,从四月二十日到五月十五日将收缴的鸦片全部在虎门海滩公开彻底销毁。八月,英内阁会议决定对华发动侵略战争。鸦片战争中国失败,道光皇帝以林则徐"办理殊未妥协,深负委任""废弛营务"②罪名,革去其四品卿衔,从重发往伊犁效力赎罪。

林则徐当时已年过半百,因鸦片一事弄得焦头烂额,心力交瘁,从广州走到西安时竟卧床不起。调养两个多月后,在西安告别家人,写下"苟利国家生死以,岂因祸福避趋之"(《赴戍登程口占示家人》)的豪迈诗句,踏上西行的路途。林则徐发配伊犁后,汪云任调任陕西按察使,成为陕西最高司法长官。从林则徐给汪

---

① 顾震涛:《吴门表隐》,江苏古籍出版社,1999年8月,第137页。

② 齐思和等整理:《道光朝筹办夷务始末》卷二九,中华书局,1964年3月,第22页。

云任的书信,我们得知一些鲜为人知的细节。道光二十四年十一月二十三日
(1845年1月1日),已在新疆充军三年的林则徐给陕西按察使汪云任写了一封
充满感激之情的书信:

> 忆自金陵握晤,瞬已十年。在楚粤时,鳞羽虽通,无由□□□。至随风
> 萍梗,飘泊频年,雁帛数行,遂亦无从觅达□□大兄大人秉枣关中之喜,庆汴
> 在心。比接家言,知敝寓频枉高轩,小儿屡叨倒屣,具佩推乌之爱,弥增别鹤
> 之怀。际兹寅谷迎年,辛盘饯岁,缅维履端辑枯,泰策延禧。紫气东来,坐领
> 关山之胜;青阳左个,恩颁节钺之华。引跂祥机,曷胜抒颂。
>
> 弟荷戈绝塞,岁序三移。马角未生,敢望刀环之唱?龙钟弥甚,徒瞻斗
> 柄之移。尚幸勉自支持,藉以报纾记注耳。
>
> 　　　　　　专此布臆,即贺崇禧,并请台安。不一。愚弟顿首①

从这封书信,我们可以了解到发生在两人之间的往事:一、他们认识较早,有交
情,而且交情不浅。道光十四年,时任江苏巡抚的林则徐曾与汪云任在南京会
面,而且相谈甚欢,给彼此都留下很好的印象。在广东、湖南任职期间,两人公务
上来往较多。二、汪云任担任陕西按察使,到西安上任后,多次到林则徐家中探
视,对林则徐的家人颇为照顾。林在信中所说的"比接家言,知敝寓频枉高轩,小
儿屡叨倒屣,具佩推乌之爱,弥增别鹤之怀"的意思是,"我接到家中来信,知道您
屡次屈驾光临寒舍,小儿子屡次向我诉说您热情接待他,对他很重视,这可能是
因为爱屋及乌的缘故,这更增加了我对家中妻子的思念之情。"林则徐信中的"倒
屣"典故出自《三国志·魏志·王粲传》,指汉末著名学者蔡邕十分器重年轻的落
魄诗人王粲,每次听说王粲来访,就立即出门迎接,以至时常穿倒鞋子,后世遂以
"倒屣"形容主人热情迎客,这里指汪云任热情接待林则徐的儿子。信中"推乌
之爱",即成语"爱屋及乌",意思是说汪云任把与林则徐的友情延及到其家人
身上。信中"别鹤"典故出自晋朝崔豹的《古今注》,说商陵牧子夫妻被迫分离,
人们为他们创作情调凄楚的乐曲《别鹤操》,后来用"别鹤"指夫妻分离,抒发离
别之情。

当时林则徐心情沮丧,"马角未生,敢望刀环之唱?龙钟弥甚,徒瞻斗柄之

---

① 林则徐全集编辑委员会编:《林则徐全集》第七册,福州海峡文艺出版社,2002年10月,第399页。

移"，说自己流放伊犁已三个年头，至今还没有获释的征兆迹象，病体勉强支撑，空望星移斗转，多谢挂念，并贺新年好。林则徐处于人生最艰难的时刻，别人避之唯恐不及，而汪云任不避嫌疑，主动向他伸出援手，关心照顾他的家人，他感受到友谊的温暖，因此写下这封发自肺腑的感谢信。路遥知马力，日久见人心，患难时刻最能展现出人性的善伪。如果不是《林则徐全集》中保存的这一封珍贵的书信，我们永远不可能知道汪云任与林则徐之间的深厚友情。

汪云任给林则徐回了信，林则徐在日记中做了记载。道光二十五年三月，"初四日（乙丑4月10日），晴。……又接牛镜堂、汪孟棠、方仲鸿、吾笏山、刘闻石、金石船、罗蔼人、汪承庆等书，皆由家信附来。又接奕润峰、赛石溪书。"①汪云任回信内容已不得而知，由此可见两人的交情是真挚深厚的。

2. 关爱落魄诗人陆小姑、王衍梅

汪云任一生勤政爱民，乐于助人，尤其是对下层文人格外垂青。他曾花费巨资为素不相识的壮族平民女诗人陆小姑和落魄文人王衍梅刊刻诗集，这两位名不见经传的诗人的作品因此得以留传后世，扬名四方。

陆小姑，名媛，广西宾州（今宾阳）人。她自幼在父亲影响下爱好读书，尤喜吟诗填词，后来嫁给一个农民，因体力虚弱，不能干农活，遭夫家休弃。回娘家后，她靠做塾师赡养母亲，同时潜心钻研诗词。当时宾州训导滕问海以《紫蝴蝶花》为题考查县学生员，她听说后也以此为题赋诗一首："凤子何来栩栩然，依依绿叶我忧怜。隋家禁院多姝丽，丰韵端凝独紫烟。"滕训导读后大惊，立即邀请见面，一看是位裹着小脚弱不禁风的村妇更是惊叹不已，于是破例收为徒弟，精心指点。不久，陆小姑在贫病交加中死去，年仅二十八岁。死前，她苦笑着说："但吟诗句留青简，不与人间看白头。"②当时汪云任署理思恩知府，得知境内有这么一位奇女子，特地令人搜集她的遗作，并找来阅读。当读到《望月》时，不禁拍案称奇。《望月》以嫦娥自喻，写弃妇的孤独、凄惨："仰看月魄恨偏多，圆缺光阴一梦过。人寿几何半孤负，年华二十七竟蹉跎。亭亭情影空相对，皎皎冰心永不磨。料想蟾宫无匹侣，乘风欲去伴嫦娥。"汪云任对滕训导说，小姑的诗歌有盛唐

---

① 林则徐全集编辑委员会编：《林则徐全集》第九册，海峡文艺出版社，2002年10月，第549页。

② 丁绍仪：《听秋声馆词话》卷十一，续修四库全书第1734册，上海古籍出版社，1995年5月。

气息,功力不浅啊,不能让这样有才华的女子湮没无闻,于是带病亲自动笔为小姑改稿,并筹措资金,为这个不幸的弱女子刻印诗集。丁绍仪云:"会稽王笠舫大令集中传有陆小姑者,宾州人,幼慧工诗。适同里覃六,六操农业,嫌姑弱,不任锄犁之役,给以母疾,遣归,而别娶健妇。姑弗与较,藉吟咏自适。有《紫蝴蝶花山馆诗》一卷,年二十八,以瘵亡。……盱眙汪孟棠观察云任梓行其诗,萧山韩螺山中翰为赋《解语花》云云。"①由汪云任出资刊印的收有陆小姑89首诗歌的《紫蝴蝶花馆吟草》出版后,在广西大地上引起轰动,人们争相传观广西历史上第一位女诗人,同时也是壮族历史上第一位女诗人的诗集。近代壮族诗人韦丰华评价说:"吾郡僻处边陲,希有官族,人家生女虽富厚者皆责以纴,督以耕作。故女儿能读书知咏者恒不多见,自来有以诗名称于世者,惟宾阳陆小姑一人而已。"②

当时汪云任病情越来越重,无法坚持工作,于是决定辞职回乡休养。临走,他带上了小姑的诗集。汪云任回到盱眙后,再读陆小姑诗集,为之落泪,对前来看望他的盱眙诗人王荫槐、王效成说,一代才女遇人不淑,被糟蹋了,太可惜了。两人读了陆小姑诗集,皆啧啧称赞,兴然赋诗。王荫槐作《紫蝴蝶花歌题宾州女史陆小姑诗存》并序,诗云:"宛宛蝴蝶花,托根横江侧。苍梧万古离恨深,斑斑竹泪分颜色。春风媚草花开妍,东家女儿得夫怜。仙都李实同心好,西家女儿偕夫老。吁嗟兮,尔胡不如古之韩凭妻,芳魂栩栩,双飞青陵树上枝。梁山祝英,化形并生,留篁隐蕙,弄芳不惊。层云黯黯愁青冥,杜鹃血染枝猩猩。托命之草胡左行,鸟鸣姑恶难为听。吁嗟蝶兮,尔何不化为畴桑护谷之布姑,啸俦呼侣中田祖。阿公阿婆安所居,道旁葳蕤多蘼芜,巉巉山石徒望夫。愁红惨绿,力力拘拘,北堂之遥,相依于丝抽独茧,聊尔哀怨抒。吁嗟呼,陆小姑,梦何伤,飞影孤?女史有漆园如梦蝶孤飞句。"(《蟫庐诗钞》卷三)王效成作《题紫蝴蝶花馆诗存》并序,诗云:"栩栩蝴蝶花,比似琼英好。朝开暮还散,何用春风早?少小倚娇娆,弄翰学文章。生未出闺阃,况乃野彷徨。力作亦弗辞,姑怒岂所量?新妇三日来,未熟锄犁忙。锄瓜必去荼,青青何足惜?犁田断瓜蔓,路旁永捐掷。罗帏妾命轻,安敢怨孤独。便从阿娘住,此情长脉脉。屏营绿窗下,理我旧时篇。秋月及春华,入眼争凄妍。萍合亦有因,妾梦太草草。冰霜誓弗移,憔悴何由老。阳晖不下

---

① 丁绍仪:《听秋声馆词话》卷十一,续修四库全书第1734册,上海古籍出版社,1995年5月。
② 韦丰华:《今是山房吟余琐记》,桂林图书馆藏,民国十五年抄本。

泉,几时照分明?可怜孤冢畔,岁岁蘼芜生。"(《伊嵩室诗集》卷二)两人对陆小姑的悲惨命运深表同情。陆小姑的诗歌因此在江淮大地上得到传诵,引起许多人的重视。

受到汪云任关爱的另一位诗人王衍梅,字笠舫,浙江绍兴人,嘉庆十六年进士。他自幼聪明过人,才学超群,然而性格倔强,不识时务,虽然中了进士,只当了十天的县令就被罢免了。此后,他一直在广东、广西漂泊,或当幕僚,或为塾师,有钱则尽情纵酒赋诗,不知节俭,因此终身潦倒。1818年,汪云任担任广州府三水县知县,与王衍梅相识,十分欣赏他的才华,结为朋友,时常相会酬唱。见王衍梅失业,生活没有着落,就请他在家中教读儿子,让他有一个安生之处。1826年重阳节,汪云任因病请假回乡,王衍梅与著名画家李秉绶在桂林为汪云任饯行,执手相视,泪眼婆娑,依依惜别。

1830年,汪云任升江西赣州府知府,王衍梅曾到赣州拜访汪孟棠,两人相见甚欢,诗酒相酬,王还乘兴作诗《过赣州访汪孟棠太守留饮赏菊话旧赋赠》,没想到王离开不久后就离开人世了。死前,嘱咐家人将大量文稿转交给汪云任。"笠舫以道光庚寅没于桂管,黄霁青诗'贺槛未能归鉴曲,少游终已卧藤荫',易箦时以全集托盱眙汪孟棠观察,孟棠为任剞劂,傅梧生有'后事荀郎托,桃潭尔许深'之句。"①

次年,儿子捧着父亲遗稿找到赣州府对汪云任说,王衍梅临终前念念有词,希望老友能将其用毕生心血写成的诗稿传之后世。当时刻一部诗集,小则要百十两银子,多则上千两,花费不菲。汪云任睹物思人,不禁潸然泪下,爽快地答应了,只是暂时还无法做到,一是资金不足,二是文稿残缺,需要进一步搜求、补充。经过十年的精心准备,汪云任于1840年终于将亡友的《绿雪堂遗集》刻印出来。此书共二十卷,收诗词两千多首,具有重要的文献价值。汪云任还写了一篇序,序言说:"庚寅冬,余典虔州,闻君殒于桂管。逾一年,哲嗣窗山抱遗稿尺许而至,具述濒危之语,谆谆以传世之业为托。"对王衍梅坎坷的命运深表同情,对其才华给予高度的称赞,说他的诗"沉博绝丽,自成一家。"②可谓知音。如今,王衍梅、陆小姑的诗歌被人们传诵、称赞,而汪云任自己的诗稿《汪云任太守诗钞》至今还躺在北京国家图书馆的古籍室中,无人问津。

---

① 杨钟羲:《雪桥诗话》三集卷十,雷恩海、姜朝晖校点,人民文学出版社,2011年7月。
② 汪云任:《绿雪堂遗集序》,载王衍梅《绿雪堂遗集》,道光二十四年汪云任刻。

3. 与李星沅的微妙关系

李星沅(1797—1851),字子湘,号石梧,湖南湘阴人,道光十二年进士。曾任江苏按察使、江西布政使、江苏布政使、陕西巡抚署陕甘总督、江苏巡抚、两江总督等职。有《李文恭公全集》《李星沅日记》等存世。李星沅比汪云任小十多岁,中进士也晚得多,但少年得志,平步青云,是汪云任晚年的上司。两人相识十多年,在一起共事一年多,既互相协作,又猜疑、冲突。李星沅在日记中记录了两人的交往经历,保存了许多珍贵资料,有助于我们了解汪云任的生平思想。

道光十九年底,汪云任调任山东督粮道。次年春,汪云任请假返回盱眙,住南园八十八日,作《春游南园》诗十二首,并于三月三日作"先大夫修禊处"石碑,诗序云:"余庚子春假,返盱山,住南园凡八十八日,闺中人以园林诸胜事按日纪游,歌声萦耳,绮思如云,因赋诗十二首,以纪其胜。"当时,李星沅由河南粮盐道升陕西按察使,对汪云任迟迟不归很不满:"二月初四,新粮储汪孟棠云任久未到任,岂以俟应出运,故珊珊来迟耶? 当发令箭饬宛弁前途催攒,俟六军邦过关即专禀闻。"(《李星沅日记·道光二十年》)打算向皇帝参奏汪云任。山东督粮道由漕运总督统辖,负责管理山东省内漕粮的监察、兑收和押运,李星沅管辖不到,不知何故惹怒了他,他要插手。汪云任做事一向认真,在山东督粮道任上成绩显著,因此,漕运总督朱澍保举汪云任,道光帝朱笔圈出,同意接见。此年,李星沅调任江苏按察使,升江西布政使,"十月初十,舒自庵馈莱赴登州,见爱翁、汪孟棠赴临清催闸内粮船,均以未晤为怅。"(《李星沅日记·道光二十一年》)没能见到汪孟棠,感到很失望,看来两人关系还不错。

道光二十四年二月,"以陕西按察使傅绳勋为云南布政使,通政使司参议汪云任为陕西按察使"①,汪云任调任陕西按察使。当时,李星沅任陕西巡抚,署陕甘总督,为汪云任顶头上司。李星沅对这位新上任的按察使的评价并不高:"四月十一日(5月27日) 卯刻起,德珠布来谢。新臬汪孟棠(云任)入见,丁丑进士,安徽人,夙以能名,大约体多于用,谈悉造膝三次,均蒙谕及星沅年力强壮,熟

---

① 贾桢、花沙纳、阿灵阿、周祖培奉敕修:《大清宣宗成皇帝(道光朝)实录》卷四百一,中华书局影印,1986 年 11 月。

悉情形,局度宽博,学问纯雅。果如所述,弥深惶汗。四月十二日(5月28日)卯刻起,拜会汪孟棠及傅秋屏,谈少许,孟棠述其第三面奉谕陶廷杰才具太不开展,似有所闻,尚未即灼知也。"(《李星沅日记·道光二十四年》)李星沅一方面承认汪云任"夙以能名",但又说他"大约体多于用",即名不符实。汪云任转述道光帝对李星沅的夸赞,李星沅十分兴奋。

汪云任与李星沅在一起共事一年多,关系大体是融洽的。"十二月二十日(1月27日)辰起,作京信,孟棠以诗屏为老母补祝,义不能辞,诗百韵亦稳。"(《李星沅日记·道光二十四年》)"二十三日(4月29日)卯起,首县以次见,题汪孟棠《南园图》,未录。"(《李星沅日记·道光二十五年》)汪云任制作诗屏为李星沅老母补祝寿,李星沅接受了,对其所作诗歌也很欣赏,"诗百韵亦稳"。李星沅为汪孟棠《南园图》题诗二首:

> 万顷湖广一镜开,水南村舍依天台(山名)。梅香鹤影浑无恙,盼望先生归去来。
>
> 吾庐未卜宦游轻,絮话家山亦有情。安得相携入图画,栖云(寺名)饱听读书声。

这两首诗描写了汪孟棠《南园图》中的美景,表达了乡思之情。不久,陕西布政使空缺,李星沅推荐汪云任署陕西布政使。"奏为遵旨委署藩司北递署臬司道篆仰祈圣鉴事。臣接准吏部咨开本年正月初六日,奉上谕著陶廷杰来京陛见,陕西布政使著李星沅派员署理,钦此。当即恭录转行陶廷杰,遵北上,所遗藩司印务,臣查臬司汪云任才猷干练,识力精详,堪以派令署理。"①在奏章中,李星沅称赞汪云任"才猷干练,识力精详",可见关系很好。

在一起共事,矛盾是难免的。据李星沅日记记载,"十一月二十九日(1月7日)辰起……孟棠家累甚重,应酬颇廓,非俭无以养廉。"(《李星沅日记·道光二十四年》)汪云任的家庭负担很重,交往又多,开支大。李星沅认为汪要节俭,不然就会不廉洁。就在这个问题上两人之间产生了猜疑、冲突:"二十五日(5月1日)卯起,各州县见,复周介夫亲家书并谢文绮之赠,题徐秋士八世祖明太仆名宾卿字太掖小像。孟棠以所修零星小屋作银一千二百两,请入流摊逼,真州县恶

────────────

① 李星沅:《李星沅集》,岳麓书社,2013年5月,第157页。

习,无怪为樨翁所却也。……二十八日（5月4日）卯起,司道以次见,梦白谢折稿略嫌冗长,孟棠议详修署摊捐银千二百两,并原数展摊,事太支离,却之。"（《李星沅日记·道光二十五年》）从这几则日记我们得知,一件小事影响了两人的关系。汪云任修理衙署花了一千二百两银子,要求入账报销,遭下属抵制,又被李星沅拒绝,李星沉斥之为"州县恶习",因为李星沅听部下说,汪云任实际上只花费了七百多两银子,有贪污嫌疑。汪云任与李星沅之间产生了裂痕,但关系没有破裂。

汪云任得悉继母病逝,辞职回乡丁忧,李星沅和陕西各界官员到汪云任署上吊唁,送行:"四月二十六（5月2日）,卯起,至孟棠署公祭。……五月初三日（5月8日）卯起,致杨至堂书及臬幕。司道以次见。午刻过送孟棠,似有愧色,然闻其语芋村云,修理街署实用银七百两、钱四百串,则居之不疑,几忘为州县恶习矣。过布东山小坐,芋村语及馈赆,执意甚坚,以向例不受拒之。……五月初七日（5月12日）卯起,两司首领见,知孟棠收二十四万,所入七八竿奠分亦称是,其修造书房前后共用六百余金,殆以此留遗爱且饰其请摊之过也"（《李星沅日记·道光二十五年》）。有人向李星沅报告说,汪云任离开陕西时收奠分"二十四万"。"二十四万"不可能是银子数目,当是铜钱。汪云任自己出钱修造书院前后共用六百余两银子,李星沅竟说他"殆以此留遗爱,且饰其请摊之过也",可见成见有多深。

道光二十七年,李星沅调任两江总督兼管盐政、河务,在日记中多次记载与汪小棠的来往。汪小棠就是汪根恕,汪云任次子,举人。六月,李星沅任命汪根恕署理苏州织造兼浒墅关监督。李星沅与在家赋闲的汪云任有了直接交往:"十月二十三日（11月30日）,辰起复立夫、吉人数行,累及捐米有物议,随与司道谈及孟棠,颇悔形人之短。（《李星沅日记·道光二十七年》）"十一月二十六日（12月21日）巳刻拜折,内密片有关系,余皆例件。前陕臬汪天任（汪云任）来见。""十一月二十八日（12月23日）,招汪孟棠、麟月舫同司道小集。"（《李星沅日记·道光二十八年》）李星沅"与司道谈及孟棠,颇悔形人之短",对两年前在西安斥责汪云任的言论深感后悔。汪云任主动来拜访他,两天后,李星沅设宴款待汪云任,江宁众官陪同,前嫌尽释。一年多后,汪云任在北京去世;两年多后,李星沅病逝于与农民起义军作战的前线。

第六节　公益事业及其他

1. 热心地方公益事业

在盱眙第一山石碑的左下方,有一个六角凌空跃跃欲飞的魁星亭,亭内所嵌的魁星碑刻有魁星像和魁星赞。该碑原系广东琼州府文昌县书院立石,后迁入雷州府学。汪云任在广东做官时发现魁星图赞语"屈伸精华之堂,舞蹈敬一之亭,兆九重之梦,图为肖之丹青"中嵌有"敬一"二字,而"敬一"正是当时第一山书院之名,遂拓图让弟弟汪云伶带归盱眙,摹石敬立于亭,从而使魁星像和魁星赞在盱眙展现丰采。

道光二十三年,汪云任与杨殿邦两人首倡捐修敬一书院,在盱眙引起强烈反响。盱眙训导哈晋丰作《重修敬一书院记》,并勒石记载此事。"其时经费既充,经理绅董皆能实事求是,文教之兴,于斯为盛焉"[①]。敬一书院的修建极大促进了盱眙教育事业的发展,

道光二十五年(1845)正月,陕西按察使汪云任署理陕西布政使,四月接到家信,得知继母病危,于是毅然辞职归乡。归乡后,安葬继母,居家守孝,同时十分关心地方公益事业。盱眙旧城位于淮河东岸与第一山之间,地势低洼,每到雨水季节淮水就会漫进城里,居民深受其害。盱眙是个穷县,官方财力十分有限,无钱治水。汪云任在外为官数十年,有一定的积蓄,决定出资修筑防洪堤。据记载,汪云任为防水患,就张公堤旧址"请宪奏准捐修南自奎宿门北至翟家桥,计筑长堤七百丈,又于学宫淮岸筑堤一道,长一百三十余丈"[②]。由此可知,汪云任个人捐资修建的二道防洪大堤长达八百三十多丈。乡亲把这两道堤称为"汪公堤"。当年淮河发大水,而城内居民安然无恙,百姓十分感激汪公的恩德。

道光二十七年夏天,淮河发大水,盱眙城北一处淮河大堤决堤,河水溢入县城,居民受灾,损失严重,纷纷逃离家园。汪云任心急如焚,与州县官员商议筑堤

---

① 王锡元:《盱眙县志稿》卷五,光绪辛卯刻本。

② 王锡元:《盱眙县志稿》卷五,光绪辛卯刻本。

保民,但无法筹集到足够的资金,十分难过。远在河南担任知府的长子汪根敬得知父亲的苦衷,"首捐廉,博堂上欢,得集事"①。理解父亲的一片良苦用心,为支持父亲的公益事业,带头捐资修筑了这道河堤,对此县志亦有记载:"盱眙安乐桥旧有石堤,年久倾圮,根敬捐廉重修,今所谓小汪公堤也。"②"汪公堤"与"小汪公堤"成为捍卫盱城保护盱城人民生命和财产安全的坚固屏障,后来成为盱眙重要的人文景观。

道光二十九年五月,在家已丁忧四年的汪云任接到圣旨,因为捐资修筑河堤保护一方平安有功,皇帝特令他赴北京受奖赏。对此,史书有明确记载:"以捐办堤工。予安徽巡抚王植、前任陕西按察使汪云任等议叙有差。"③与他同时受奖的还有他的同年、安徽巡抚王直。所谓"议叙有差"就是把此事交付朝议,给予封官晋爵。此时,他已六十七岁,无意于仕途,但圣旨不可违抗,于是只好起程赴京。不幸的是,到北京后没等到授予官职就于次年五月初七逝世于邸舍中。家谱上记载说,汪云任去世后,"无私蓄,丧既归,里巷多陨涕。"④他高官厚禄,死时却没有积蓄,是因为他把收入的相当一部多用于捐资助友、兴建书院、防洪堤等方面。后来,清政府授予他"通议大夫"称号,又晋封"资政大夫"——这是给予去世高级官员的荣誉称号。

2. 关于其死亡的谣言

汪云任去世已经一个半世纪。关于其死因,盱眙民间流传着一种说法,即汪云任晚年监修淮河大堤,贪污公款事发,被逮到北京,畏罪自杀。有学者在文章中采纳了这种传说:"据说,汪云任晚年监修淮河大堤,侵吞公款事发,被逮入北京,吞金自杀(一说仰药而终)。戮尸归葬于南园。联系家谱中'以故旅殁京邸'的含糊之辞,传言似为不虚。"⑤此文传播广,影响大,许多人信以为真。有位作家给汪藕裳写传记时采用这种传说:"汪云任嘉庆二十二年中进士,官至陕西按察史、布政使,相传在晚年监修淮河大堤时获罪,被逮京师,于公元1834年自杀,

① 《盱眙汪氏家谱》,清末抄本,盱眙汪毓葆家藏。
② 王锡元:《盱眙县志稿》卷九,光绪辛卯刻本。
③ 贾桢、花沙纳、阿灵阿、周祖培奉敕修:《大清宣宗成皇帝(道光朝)实录》卷四百六十八,中华书局影印,1986年11月。
④ 《盱眙汪氏家谱》,清末抄本,盱眙汪毓葆家藏。
⑤ 李灵年、陈敏杰:《子虚记作者汪藕裳家世生平考》,1986年第四期《文教资料》)。

归葬盱眙汪氏南园。"①这种传说完全是谣言,有必要予以澄清。

首先,汪云任晚年指道光二十五年四月辞职,至道光三十年五月去世这五年时间。他因继母病故,辞去陕西布政使职务,回到盱眙,居家丁忧。在此期间,他的确修过淮河大堤,而且有两次,但不是"监修",而是"捐修",即自家出钱修筑淮河大堤:"护城堤沿淮南岸,明万历五年巡按御史邵陛筑,名邵公堤,后有张公堤,日久并圮。道光二十六年,邑绅汪云任等以水患日甚,因张堤遗址请宪奏准捐修南自奎宿门北至翟家桥,计筑长堤七百丈,又于学宫淮岸筑堤一道,长一百三十余丈。"②由此可知,汪云任个人捐资修建的二道淮河防洪大堤长达八百三十多丈。乡亲把这两道堤称为"汪公堤"。当年淮河发大水,而城内居民安然无恙,百姓十分感激汪公的恩德。道光二十七年夏天,盱眙城北一处淮河大堤决堤,河水溢入县城,官府无钱修堤,居民受灾,损失严重。汪云任心急如焚,远在河南担任知府的长子汪根敬得知父亲的苦衷,捐资修筑了这道河堤,对此县志亦有记载:"盱眙安乐桥旧有石堤,年久倾圮,根敬捐廉重修,今所谓小汪公堤也。"③"汪公堤"与"小汪公堤"曾是盱眙重要的人文景观。既然是捐款修筑大堤,就不存在贪污公款问题。

其次,汪云任最后一次进京是皇帝召见,而不是"被逮捕",有国史记载为凭。道光二十九年五月,因为捐资修筑淮河大堤保护一方平安有功,道光帝特令他赴北京受奖赏:"以捐办堤工,予安徽巡抚王植、前任陕西按察使汪云任等议叙有差。"④与他同时接到圣旨的还有他的同年、安徽巡抚王植。王植(1792—1852),宇叔培,号晓林,直隶清苑人,有《经解述》《深柳读书堂诗文集》《抚皖奏议》等著作,自道光二十四年任安徽巡抚,多有善举,"捐赏修复盱眙张公、邵公、大王庙诸堤,以防水患"⑤。所谓"议叙有差"就是把此事交付朝议,给予封官晋爵。此时,他已六十七岁。不幸的是,道光帝突然去世,咸丰帝即位,他在北京等了近一年,新皇帝也没接见他。五月初七,他带着遗憾离开人世。而王植"咸丰元年入觐,召对八次,皆称旨。上求直言,植条陈'勤典学,崇礼要,急先务,节冗用,崇本计,

---

① 李润英:《才华横溢的弹词作家汪藕裳》,《千姿百态尽风流中国历代女杰百人传》,广西教育出版社,1993年12月。

② 王锡元:《盱眙县志稿》卷二,光绪辛卯刻本。

③ 王锡元:《盱眙县志稿》卷五,光绪辛卯刻本。

④ 贾桢、花沙纳、阿灵阿、周祖培奉敕修:《大清宣宗成皇帝(道光朝)实录》卷四百六十八,中华书局影印,1986年11月。

⑤ 王锡元:《盱眙县志稿》卷五,光绪辛卯刻本。

禁浮奢,恤牧令,饬法纪'八事。"①受到咸丰帝的赞赏。家谱上记载说,他"无私蓄,丧既归,里巷多陨涕"。他为官近三十载,高官厚禄,死时却没有积蓄,是因为他把收入的相当一部分用于公益事业上。

再次,汪云任去世后,清政府授予他"通议大夫"称号,后来又晋封"资政大夫",这是给予去世高级官员的荣誉称号,授予程序和标准非常严格。如果贪污公款,畏罪自杀,朝廷会给他这样的荣誉称号吗?再说,他儿孙满堂,家族兴旺发达,后来儿孙有五人中进士、举人,实现了"五世联科"的科举奇迹,名宦辈出。如果贪污公款,畏罪自杀,他的子孙能不受到株连吗?

至于汪云任是怎么死的,笔者还没有看到明确记载。光绪《盱眙县志稿》上说他"服阕,入都卒",意思是守丧期满,入京后去世。《盱眙汪氏家谱》说他"以故旅殁京邸",意思是"因意外的事情"客死于京城旅舍中。可能是暴病身亡,中毒身亡,摔跤跌死,也可能是被坏人劫杀等等,真相已无从考证,总之不是"畏罪自杀"。民间传说最易以讹传讹,把"捐修"说成"监修",把"皇帝召见进京"说成"被逮捕入京",把"意外去世"说成是"畏罪自杀",完全歪曲了事实真相。

第七节　汪云任年谱

乾隆四十九年,1784 年,1 岁

乾隆帝第六次南巡。

二月十一日,汪云任出生于盱眙县城。

盱眙汪氏源于安徽祁门县,明末清初年间始迁盱眙。迁盱眙一世祖为汪尚佳,二世祖汪士俊,三世祖汪永磻为附监生,四世祖汪元谦为太学生。五世祖汪汇,即汪云任祖父,乾隆五十五年岁贡生,候选训导,有较高的文学素养。六世祖汪景福(1761—1834),即汪云任父亲,廪贡生,"制行不苟,训迪有方,里居教授,多成就者。以子贵,诰封朝议大夫,累赠通议大夫。捐置义庄,赡养族人,钦赐乐善好施,给帑建坊家祠前"②,著有《护根堂诗文集》《晴川诗稿》等著作。他学识

---

① 徐世昌撰:《大清畿辅先哲传一》,大通书局,1968 年 10 月,第 407 页。

② 《盱眙汪氏家谱》,清末抄本,盱眙汪毓葆家藏。

丰富,教出许多有才成就的学生,曾出资设立义庄,资助穷困族人,因此声名远播,朝廷颁文嘉奖,钦赐"乐善好施"匾额,并令地方建坊纪念他。

汪景福娶王氏,生云任、云佺、云倬三兄弟及一女。王氏早卒,续取周氏。

乾隆五十五年,1790 年,7 岁

乾隆帝八十大寿,举行恩科会试,普天同庆,免全国钱粮。

汪云任从同邑名儒高瞻读书。高瞻的名弟子还有杨殿邦,官至漕运总督。

嘉庆三年,1798 年,15 岁

五月初四,祖父汪汇(1729—1798)去世。汪汇,字东川,号海门,晋赠通议大夫。

九月十八日,生母王氏去世。王氏(1760—1798),"泗州半城巨族,素娴诗礼,淑慎持躬。"①生云任、云佺、云倬三兄弟及一女。

嘉庆四年,1799 年,16 岁

正月初三,乾隆帝死。初八,和珅被捕入狱。十一日,嘉庆帝发布上谕,宣布和珅罪状,要求地方督抚揭发、议罪。十五日又宣布和珅二十条罪款,十八日赐和珅自尽。

汪云任中秀才,入县学,成绩优异,为廪膳生。

嘉庆七年,1802 年,19 岁

八月,广东博罗天地会起义,发展到广州、香山、河源、增城等地,两广总督吉庆革职,畏罪自杀。次年,天地会起事被镇压。

陶澍中进士,入翰林院成庶吉士,散官授编修。陶澍(1779—1839 年),字子霖,号云汀,湖南安化人,曾先后任山西、四川、福建、江苏、安徽等省布政使和巡抚,官至两江总督加太子少保。陶澍为汪云任官场的引路人,关系十分密切。

嘉庆十一年,1806 年,23 岁

春天,汪云任在天台山庙会上结识歌女张瑶娘,一见钟情,遭父母坚决反对,

---

① 《盱眙汪氏家谱》,清末抄本,盱眙汪毓葆家藏。

二人暗中来往，联系不断。

嘉庆十二年，1807 年，24 岁

春天，汪云任与同里吴氏结婚。秋天，汪云任参加乡试，中举。

初冬，祖母胡氏（1734—1807）去世，与祖父合葬于城西南八里清水坝。

嘉庆十三年，1808 年，25 岁

七月，英船十三只窜入广东香山洋面，三只闯入虎门，停泊黄埔，受到中国官兵截击。粤督下令封舱停止贸易，在我军民抗击下，英船退往印度。清政府以粤督吴熊光办理迟缓、示弱畏葸革职，遣戍伊犁。

五月二十二日，长子根敬出生。汪根敬，字小孟，娶周氏，生子二女二：祖茂、祖亮、藕裳及其妹妹。妾陆氏，生子一祖年，早夭。

嘉庆十四年，1809 年，26 岁

五月，清政府颁布《广东外洋商人贸易章程》，并在澳门、虎门、蕉门等海口设防。

嘉庆十五年，1810 年，27 岁

八月，清政府始设天津水师，并增设广东水师提督，驻虎门。

九月十八日，次子根恕出生，根恕生六子：祖绶、祖龄、祖立、祖越、祖馨、祖祺。

十月，洪泽湖高堰、山盱两厅堤坝决口。

嘉庆十六年，1811 年，28 岁

七月，清政府下令各省查禁传教和民间私自习教。

汪云任赴京赶考，张瑶娘陪同，未中，瑶娘病逝于北京宣南旅社，享年二十二岁。汪云任沿运河抚棺归葬，极度哀伤，以血泪写下《秋舫吟》组诗三十首。此诗流传甚广：

一

憔悴秋心一夜中，湿云和雨压孤篷。汀花岸草如人瘦，舞扇歌裙逐水空。

香返残魂成梦幻，诗题往事说愁工。临流洒尽盈腔血，染出霜枫几树红。

二

犹忆临危减玉容，可怜执手泪沾胸。回生有药难驱竖，到死无言怕恼侬。
薰惯衣裳藏箧冷，拈残针线打包松。魂归识得家山否，月淡烟昏路万重。

三

当时幻梦背银釭，谁料箫声卸碧窗？钏尚半留姑殉一，袜曾未着忍焚双。
荒林猿狄啼秋岭，疏雨芙蓉泣晚江。身后一棺嗟命薄，西风吹入木兰艎。

四

比翼禽栖连理枝，寻常不忍一朝离。也知此愿非虚语，未必他生有见时。
供奉昙花新画本，低徊风月旧题词。心情颠倒浑如醉，击碎当年碧玉卮。

五

春事将阑好梦非，支离床畔病腰围。十全妙手医无术，一瓣心香佛枉祈。
孤鹤影随斜月坠，美人魂贴落花飞。残脂剩粉消磨尽，门巷黄昏燕子归。

六

幽明消息有乘除，手把清樽问碧虚。何术可通仙岛路，无邮得寄夜台书。
他乡做鬼魂应怯，凡事输人命不如。少小可怜飘泊甚，双眉曾未一朝舒。

七

检点空箱见绣襦，旅怀赢得泪肠枯。钿钗渐坏全无凤，镜匣尘封剩有珠。
半夜心伤长诀别，六年恩尽此须臾。倾城颜色浑闲事，一种聪明绝代无。

八

仙骨来依佛座栖，清风相送白门堤。纸堪营奠冥资寄，幡为招魂小字题。
破壁新磷影绰绰，荒园旧径草萋萋。子规声里杨花落，似怨飘零不住啼。

九

哭卿手把泪双揩，寄语重泉好放怀。幸有辞堪誓天地，须知恩不在形骸。
良缘应悟生来短，积闷翻教死后排。莫向冥官歌旧曲，鬼神今亦厌情乖。

十

终古红楼有劫灰，莲香底事谪尘埃。剧怜玉骨人间殡，何必风轮地下回。
廿二年华消歇易，三千里路别离哀。从今阆苑归真去，白马云軿迎逆来。

十一

觌面初疑遇洛神，天台残雪似香尘。印来苔径莲双瓣，行出梅花月一身。
绝调善才应服曲，惯愁西子又工颦。相逢便肯倾情愫，红烛青帘语好因。

十二

妆阁沉沉买麝薰，新梳螺髻学蟠云。摘花露重红浸袖，斗草烟浓绿染裙。
每遣闲愁听燕语，强支残醉对斜曛。可怜生就伤春骨，经岁腰肢瘦几分。

十三

欢喜真成宿世冤，愿抛慈母嫁王孙。并刀剪发留香泽，鲛帕题诗渍泪痕。
频祝月圆偷自拜，先当衾冷为郎温。江南怪底生红豆，入骨柔情定有根。

十四

高楼近水不胜寒，帘外垂杨绕画栏。爱仿字模纤管颤，闲搜花样乱书摊。
院移迟晷清如水，人涤烦襟静似兰。顾影有时频对镜，比郎眉黛挽双看。

十五

折得杨枝恼阿蛮，氍毹冷落舞衣闲。独怜朱户深深闭，一别萧郎事事姗。
病枕凄凉闻夜雨，妆台潦草画春山。痴情只待刀还日，始解眉头作笑颜。

十六

天涯沦落两萧然，万转千回为我怜。灯冷伴来深夜读，酒阑扶得醉人眠。
劝加餐饭情尤切，说到功名涕欲涟。解事别饶游冶兴，玉笙吹上采莲船。

十七

儿家住近小溪桥，几树枇杷巷一条。爱淡生憎脂粉累，甘贫偏会语言娇。
压残金线成罗袜，采得山花当翠翘。挑菜踏青诸女伴，一春都是枉相邀。

十八

夙怀曾不畏人嘲，话到绸缪似漆胶。顾我微疴扶枕问，昵他新曲贴帘教。
喜闻吟咏贪磨墨，解嗜酸咸自执庖。几度生嗔棋局散，乱拈棋子绣床抛。

十九

槐花时节驾征舠，送别江干一雁翱。白屋文章如纸贱，红颜心事比天高。
脱将腕钏亲相赠，盼到旗铃亦自豪。感极翻教成一哭，至今残泪在青袍。

二十

消魂一曲忆秦娥，填得新词赋于歌。煮酒栏前邀月姊，呼茶槛外倩莺哥。
乍惊春梦花敲户，同看秋星鹊架河。如此风光乐年少，人生能得几回过？

二十一

旧事回头暗自嗟，粉痕鬘影记来差。梦馀滋味甘如蔗，别后情怀苦似瓜。
天缺有谁能补石，海枯无处可浮槎。江云渭树成惆怅，从此相思未有涯。

二十二

铁马敲残夜雨凉，依稀车铎响哪当。拥衾犹自留虚席，对镜常教想旧妆。
饰玉盘金兰叶佩，啼红唾碧藕丝裳。残春哭到秋风冷，酬尔当年泪万行。

二十三

新愁如草接春生，白得才人发几茎。一觉江湖成薄倖，千秋彤管重多情。
凉风西至欺癯骨，孤舫南归滞远程。夜半醒来斜月坠，更无人问柳耆卿。

二十四

倩女归来信有灵，夜深时见火磷青。雁衔残月呼前浦，鬼语荒芦聚远汀。
山为云昏天暗暗，树如人立影亭亭。船头吟罢招魂句，野水茫茫数点萤。

二十五

命似寒花弱不胜，欲凋犹自恋枯藤。一生多难鱼惊饵，万里依人鸟避矰。
尘世寄身曾几劫，仙山回首已千层。秋风同是成飘泊，知否相如病茂陵。

二十六

同车曾记渡芦沟，暮雨晨霜伴我游。砧板雅堪充旅析，篝灯亲为补征裘。
关心蕊榜先期数，稽首莲台细语求。千炷沉香肠九曲，负卿依旧未封侯。

二十七

一自人亡罢鼓琴，惟凭此意报知音。得归已是将寒骨，有托应为不死心。
苏小荒碑秋藓重，薛涛孤冢暮云深。故乡买尔曾游地，为种春花瘗绣衾。

二十八

纸灰飞上柳毵毵，人立秋堤漏转三。只为名花凋塞北，翻愁风月冷江南。
辙边有泪将枯鲋，箔里无丝自缚蚕。敢说菩提心费尽，此身终抱十分惭。

二十九

新诗和泪写霜缣，一字初成血缕添。往事空留鸿爪印，春心分付絮泥沾。
遽怜落魄谁将慰，见说多情亦自嫌。绮语而今消歇易，儒冠翻悔误香奁。

三十

细雨潇潇湿暮帆，愁怀如草力难芟。可怜此日肠俱断，说到平生口欲缄。
半世飘零歌白纻，三更涕泪渍青衫。船头吟罢凭棺哭，此恨绵绵再世衔。

姚元之记载此事云：张姬，盱眙汪孟棠观察云任爱姬也，早卒。汪固深于情
者，思之殊切。都中友以"茧子"呼之，谓其多情缠绵若茧也，汪即别号茧兹。家
伯山太守为姬作传，汪归舟咏长律三十首，曰《秋舫吟》。官番禺时，新安汪玉宾

浦、顾子绍远承、陈务之务滋摘其句为图三十幅,笔墨高秀,各极意致,殊足供案头清玩。汪诗亦缠绵如其人,如:"比翼禽栖连理枝,长教相守不相离。也知此愿非虚语,未必他生有见时。供养昙花新画本,迷离灯火旧题词。怪他牛女空灵爽,肠断秋河月半规。""幽明消息渺愁予,手把清尊问碧虚。无地可埋人世恨,何由能达夜台书。苦心领略瓜应似,薄命思量絮不如。少小便教飘泊甚,双眉曾未一朝舒。""剧怜娇鸟冒风沙,缯缴声中逼岁华。万里依人何竟死,一生多难久无家。秋潮旅榇随萍梗,暮雨灵旗下荻花。千种相思无限恨,乱抛笔砚毁琵琶。""倩女归来信有灵,夜深时见火青荧。雁惊残月呼前浦,鬼语荒芦聚远汀。山与云昏天黯黯,树如人立影亭亭。船头吟罢招魂句,秋水微茫数点萤。"读之令人心恻,惜幅长不能备载。其好句如:"征实事留今日想,凭虚心写旧时容。""却看曙后灯犹热,不道春前草竟枯。""记得西南园畔路,四无人处哭棠梨。""信有词堪誓天地,须知恩不在形骸。""梦到醒来嫌太短,花从落后想初开。""摘花露重红侵袖,斗草烟浓绿满裙。""针榭笑声闻得□喜,菊屏清韵佐持螯。""帘每放迟归燕子,窗常开早饲鹦哥。""一秋弃向西风哭,酬尔当年泪万行。""怪底此身如薤露,不堪回首望芦沟。""旧事只余鸿雪印,春心分付絮泥沾。"皆清俊可人,为略记之。其画三十幅,汪居十七,如"双眉曾未一朝舒""珠帕求诗蘸泪痕""摘花露重红侵袖""题纨小令字能抄""二月风寒掩病帏""芙蓉凉露泣秋江""蓬窗灯影自低徊""乌栖风柏满天霜""为种春花瘗绣衾",顾之"千林杂叶声争响""不堪回首望芦沟",陈之"春心分付絮泥沾""商略移蕉伴曲栏"等幅,尤为雅致。①

姚元之(1773——1852)字伯昂,号荐青,又号竹叶亭生,晚号五不翁,安徽桐城人。嘉庆十年进士,官左都御史。著有《竹叶亭诗稿》《竹叶亭杂记》《小红鹅馆集》等。

嘉庆十八年,1813 年,30 岁

六月,清廷命议定吸食和贩卖鸦片罪名。七月议定:侍卫官员买食鸦片烟者,革职,杖一百,加枷号两个月;军民人等杖一百,枷号一个月。太监违禁故犯者,立行查拿,枷号两个月,发往黑龙江给该处官员为奴。并令沿海各关查禁。②

---

① 姚元之:《竹叶亭杂记》卷五,中华书局,1982 年 5 月。
② 曹振镛、戴均元、英和、汪廷珍奉敕修:《大清仁宗睿皇帝(嘉庆朝)实录》卷二七一,中华书局影印,1986 年 11 月。

嘉庆十九年,1814 年,31 岁

山东、河南、安徽等省贫苦农民组成秘密结社——捻党,开始分散、自发地反清起义。

汪云任与同乡好友王荫槐游家乡名胜第一山玻璃泉,王作《雨后同汪孟棠孝廉夜登玻璃泉清心亭诗》:"三秋积雨多,客夜听泉至。冥蒙峭峰顶,疏林沍云气。秉烛照回廊,古径压空翠。西风吹高岩,打头乱叶坠。长淮寂渔火,暗听惊涛沸。万瓦黑甜中,一灯隐湖寺。兹地数登览,夜景领尤异。烹泉话石阑,眼前获新契。亭名玩清心,澄澈平旦意。何用警霜钟,静理悟禅谛。"此诗碑高 91 厘米,宽 47 厘米,行书 8 行,现保存完好。①

两广总督蒋攸铦上疏:"道府由牧令起家者十之二三,由部员外擢者十之七八。闻近来司员少卓著之才,由于满洲之荫生太易,汉员之捐班太多。请饬部臣随时考核,其不宜于部务者,以同知、通判分发各省,使练民事,部曹亦可疏通。今之人才沉于下位者多矣,请饬大臣荐达,择其名实相副者擢用。……疏入,上嘉纳之。"(《清史稿》列传一百五十三蒋攸铦传)

十二月,清廷批准两广总督蒋攸铦奏请与英人申定互市章程。

汪云任师兄杨殿邦中进士,选翰林院庶吉士。杨殿邦,字翰屏,号叠云,安徽泗州人,世居盱眙,与汪云仟友善,同为当地名儒高瞻弟子。先后仼云南学政、贵州按察使、山西布政使、漕运总督等职。著有《菜香小圃诗集》《心太平居文集》等。

嘉庆二十年,1815 年,32 岁

三月,清廷根据两广总督蒋攸铦所奏《查禁鸦片烟章程》,规定外船至澳门时,"按船查验,杜绝来源"。并确定了官吏和军民人等查禁鸦片烟的奖惩办法。②

嘉庆二十一年,1816 年,33 岁

六月,英国再次派阿美士德使华,准备向清朝提出保障东印度公司的权益,取得长川贸易的保证,有权雇用他们合意的中国商人和仆人及在北京驻使等要求。

本年,英国经由东印度公司输华鸦片达 5106 箱,价值总额达三百五十万

---

① 中国人民政治协商会议盱眙县委员会文史资料委员会:《第一山题刻选》,第 64 页,自印。
② 朱寿朋:《东华续录》嘉庆三九,中华书局,1958 年。

美元。

嘉庆二十二年,1817 年,34 岁

蒋攸铦调四川总督。

正月,阮元至汉阳接任湖广总督,十月至广州接任两广总督,十二月奏建大黄窖、大虎山炮台。

阮元(1764—1849)字伯元,号云台,江苏仪征人,乾隆五十四年进士,先后任侍郎、学政、巡抚及漕运总督、湖广总督、两广总督、云贵总督等职。历乾隆、嘉庆、道光三朝,授体仁阁大学士,被尊为三朝阁老、九省疆臣、一代文宗。汪云任在两广任职时,阮元为其上司。

汪云任中进士。三月举行会试,陶澍奉命充会试内监试官,主考为大学士曹振镛、协办大学士戴均元,副主考为刑部侍郎秀宁、户部侍郎姚文田(秋农)。四月甲午,策试贡士于保和殿,以大学士松筠、董诰、户部尚书刘镮之、都察院左都御史汪廷珍、吏部左侍郎王鼎、户部左侍郎黄钺、工部左侍郎王以衔、内阁学士毛谟为殿试读卷官。吴其濬、凌泰封、吴清鹏为一甲前三名,二甲进士 100 名,三甲进士 152 人名,云任名列三甲第 4 名,总第 107 名。五月庚戌,晋见嘉庆帝,奉旨以知县即用,签发广东。

嘉庆二十三年,1818 年,35 岁

汪云任赴广东担任广州府三水县知县。姚柬之作《送汪进士云任之三水县任》:"听雨京华正暮春,看君谈笑出风尘。一年小别常相忆,万里重逢感宿因。玉镜有台沧海阔,明珠在水白云新。依人我独悲生事,寂寞荒村守钓纶。"(《伯山诗集》卷六)姚柬之(1785—1847),字伯山,安徽桐城人,道光二年(1822)进士,历任临漳、揭阳等地知县。

汪云任捐资购民地建襟江阁。阁在旧县城外里许,即今之河口圩江滨,成为三水县一景,一时吸引许多文人墨客前来登临观赏,留下许多诗词。如董思诚《汪明府襟江阁新成春日登临偶咏》:"绩著花封仰设施,游鱼水面闲吹沫,浮石涛声春涨后,琴堂化洽无多事,新开画阁傍江湄。驯雉桑间自唤雌。昆山翠色晚烟时。风满帘栊月满帷。"[①]描述了襟江阁的壮观景象。许建中《汪明府襟江阁新

---

① 陈奋:《三水历代诗词选》,花城出版社,1999 年 5 月,第 133 页。

成春日登临偶咏》："经营高阁仰廉明，幸侍群贤宴落成。鱼影倒涵新月朗，琴音徐引午风清。春融苏屋花开遍，泽普江隈浪尽平。伫看双旌辉百粤，先从肆水纪仁声。"①则寄托了美好的愿望。

汪云任作《襟江阁记》："粤于古为泽国而南滨巨浸，百川归焉。邑之肆江，即白塔江，扼扶胥上游，会滇漓二江同入于海。前令以地当两粤之冲，台符络绎，日不暇给，江浒置行台一区为皇华驻节之地。复捐设市肆为官亭墟以附丽之。水乡浩衍，支流错出，胥江丰湖间舟辑多警，民惩于盗，弃而弗居。惟行台屹然孤峙，供张之馀，扃钥而已。余以戊寅秋承乏来此，乐川途之夷旷，慷墟烟之寥落，爰鸠庀工，构小阁三楹于行台之东，朴其丹斫，洞其轩窗，以收栋云帘雨之胜。颜曰'襟江'，志景也。阁距城约里许，凡文牒之申递，役夫之支给，向之踉署来请者，胥于是乎应之。属友人主其事，余复时时综核之，过者称便，而津程上下百余里间亭公弩父，谂余之心乎，邮政也，击柝相闻，罔敢或懈。西北江估船顺流下者，数月来遂无肤箧之患，日暮停桡，沽酒相庆，居民就阁之左右编茅列肆，规米盐琐碎之利，烟火渐稠。其渔艇之逐夕阳而来者什佰为群，争栖泊于栏楯之下，夜灯荧荧，灿若列宿，骎骎乎几复官亭墟之旧矣。噫，阁之成，为驿传之计耳，而保聚之规即基于此，诚余始愿所不敢及也。后人循而守之，日新月盛，盈宁之庆曷有既耶？落成之明年，时方春和，舫同人于斯阁，悠然遐瞩，穆然神怡，想见国家熙恰之裁成，风雨和甘之酝酿，桑麻垂野，帆樯蔽江，俯瞰朝宗诸流绕昆都经浮石而南，缭白纡青，意与俱远，而余得隐囊纱帽，衡流方羊，几忘其为津亭之劳吏也者。余之厚幸，亦斯民之幸也。夫饮酒既酣，遂濡笔而为之记。"②

他还在襟江阁建邮驿，设 16 塘铺，分东、西、南、北 4 路，共派铺兵 30 名传递公文，计邮递单程 296 里，是为三水县沿用驿传制鼎盛时期，为地方通讯事业作出了贡献。

十一月，阮元主持始修《广东通志》。汪云任主持修纂《三水县志》，作《三水县志序言》："志为史翼，一方之文献系焉。学士大夫考镜得失，蚩氓观感向化。司牧者晨披夕览，得酉人程法，而秉式之政之褊者，弗使窒于行，俗之谕者弗使狃于习。治教所关，岂浅鲜哉？缺而勿修，孰担其咎合哉？前陶志中何端恪原序，有非时弗成之语，其知道乎？三水志之失修已百余年矣，仆受事兹土裁八月耳，

---

① 陈奋：《三水历代诗词选》，花城出版社，1999 年 5 月，第 134 页。
② 三水县地方志编纂委员会点注：嘉庆《三水县志》卷五，1987 年 6 月。

非若久于其位者，习与民相见，举凡礼乐刑政之巨细，兵农财富之损益，民风淳朴之所趋，土物燥湿之所宜，莫不炳若星列而复施诸政事，见诸文章，以其暇日进二三才识之士，相与取旧志，斟酌而斧藻之，征文考献与国史相表里，是固贤有司之事也。百余年来，前人既以事冗未举，仆甫胜民社，操刀惧伤，何敢遂宏斯愿哉？会制府阮芸台先生有奏修通志之举，例征各郡县草志，送局采辑，邑绅士谋新旧志以献。前署令李君有成议矣，寻替还。仆捧檄至，闻之心窃喜，语不云乎，不习为吏，视之成事。旧志残缺，不足遵仿。得都人士条上隐显，不遗纤悉，诸君子以耆儒硕学各出机杼，补其罅漏，订其伪谬，辑为新书。仆阁手而仰其成，征实于一时，留声于后世。此百余年来之令尹所欲为而不暇为者，及今为之，为之而遂成。何若斯之易也？岂非吾芸台先生文采照耀遐迩，钦瞩通志之辑，为全粤之盛举，政修于上而下应之若此哉？吾肆绅士如董孝廉思诚、邓孝廉云龙辈，皆有心当世之务，不沾沾章句自画者，能不举邑乘为己任而勇于纂辑，以创一时之盛哉？新志之成，维其时也。志既成，呈稿于仆，就意见所及，略加删润。时省为索观甚急，催檄频烦，仆适调纂禺山，公事旁午即归其稿，俾授之梓，志中纂新者什之四，仍旧者什之六，首志成于康熙四十九年，邑令郑君玫手传纪务每帙颇病简，率诸君子既重前人之遗翰，弗敢窜易。仆又移官匆遽，未及一一厘正，匿暇完瑜，观成亟而往事疏，亦时为之耳，后之览者幸亮察焉，是为序。时嘉庆二十有四年岁次乙卯桐月之吉，赐进士出身广东广州府三水县知县今署番禺县事盱山汪云任撰。"

"天后庙在河口，嘉庆二十一重修，庙前石码头被水冲塌，二十三年知县汪云任捐赀修复。"①

嘉庆二十四年，1819 年，36 岁

汪云任担任番禺县知县。

几位画家为汪云任的《秋舫吟》作画三十幅。"新安汪玉宾浦、顾子绍远承、陈务之务滋摘其句为图三十幅，笔墨高秀，各极意致，殊足供案头清玩。"②

泰州籍作家、东莞令仲振履以汪云任与张瑶娘故事为原型创作了二十四出戏剧《冰绡帕传奇》。据王荫槐《重题张瑶娘遗像序》云："嘉庆辛未，孟棠赴

---

① 三水县地方志编纂委员会点注：嘉庆《三水县志》卷二，1987 年 6 月。
② 姚元之：《竹叶亭杂记》卷五，中华书局，1982 年 5 月。

试春明,携其姬人张瑶娘同车,卒于宣武旅舍,载棺南归,丁卯通籍出宰番禺,同官仲柘安明府为《冰绡帕传奇》,付鞠部演之。"①一时传为佳话。"东塘著述坂堁庄,一卷桃花独擅场。为想柘翁堪接武,冰绡遗墨谨收藏。注曰:仲柘安振履大令撰有《冰绡帕传奇》,未梓,现藏庚家。"②直至民国二十三年,方刊入《珊瑚月刊》。

陈沆作《番禺令汪孟棠携酒追饯于珠江,赋此为别》:"番禺有贤侯,官贫不言贫。人皆苦烦剧,往往得闲身。我行亦已远,追饯珠江渭。虽云一杯酒,其中含至仁。今皇爱百姓,求吏必于循。勿言此官卑,官卑与民亲。儒者志泽物,尺寸皆阳春。努力敬司牧,别离何足论。"③

陈沆(1785—1826),亦名学濂,字太初,号秋舫,湖北蕲水(今浠水县)人,嘉庆二十四年(1819)状元,授翰林院修撰,道光二年充广东乡试正考官,次年任清礼部会试同考官。官至四川道监察御史。著有《近思录补注》《简学斋诗存》。

三月,朝廷查禁天主教。闰四月,查缉私设盐卡、漕运勒索帮费。

王衍梅作《秋舫吟题词》:"白门杨柳,青归倩女之魂,山上蘼芜,碧断司空之眼。十年锦瑟,犹似人长,三月罗衣,可怜鬼瘦。当此际也,能无悲乎?则有常尉名区,汪伦旧裔,人非杜牧,不闯珠帘。家近韦娘,偏近油壁。念佳人兮倚竹,顾若叔以搴条,将军为鸠鸟之媒,阿母有牵牛之誓。荷边作镜,紫照鸳鸯,花底安床,红铺豆蔻。自谓影形双笑,心口两齐,不图天崇蛾眉,人烧蝇鼻。一栏绣鸭,惊抛金弹之丸;半局娇猧,挠乱银筝之柱。东飞伯劳兮西飞燕燕,妾食鲤鱼兮郎食猩猩。犹且勇过佛驮,慧同聂隐,桃根打桨,笛步先邀,罗什停鞭,玉颜蚤待。遂乃双骑欻段,并镳葳蕤,教摹灵宝之书,预制泥金之帖。亲持半臂,知寒暖之禁无;属画长眉,问浅深之宜否。然而连番跨鹤,那办腰缠,取次飞龙,真成骨出。天涯芳草,三生薄命之缘;陌上柔柔,五夜同功之曲。忧仍如捣,疾乃不斟,时则平子多愁,况复刘蕡被放。都门昄皞,难寻销夏之湾;初地苍凉,算筑藏春之馆。披繐帷而斯在,抚长箪以竟空。当年之舞扇歌裙,殉香奁而欲腐;此日之残琴断剑,折药券以同归。是也?非耶?冤乎,酷矣!既而言归辅柳,薄雇沙棠,劫灰飞奈女之筵,新秌具休夫之篝。秋雁如织,秋虫若丝,荡萤火之一星,吹芦花之千雪。惺忪小胆,野泊频呼,窈窕遗容,巾箱屡展。偶得伤心之句,朗诵教听;回思

---

① 王荫槐:《重题张瑶娘遗像》《蟏庐诗钞》卷八,光绪辛巳盱眙王氏紫藤花馆刻本。
② 高尔庚:《井眉居诗钞·海陵杂诗》,中华书局,民国二十六年。
③ 宋耐苦、何国民编校:《陈沆集》,湖北教育出版社,2002年5月,第96页。

执手之言,低声道慰。卒乃调停碧葬,成就丹铭,云连吊凤之山,霜老啼鹃之石。从此年年岁岁,永隔愁城,暮暮朝朝,长游息壤。卷中委髻,犹蒙阿子之怜,梦里凝妆,盍觅封侯之喜。而独是流连恩宠,眷念聪明。别鹦鹉于湘州,悼芙蓉于洛浦。蜗奰自而长篆,巧纡玉筋之痕,蜂何为而倒飞,曲写忏腰之度。入虚如有,暗中之泣云谁? 将子不来,空外之思几绝。嗟乎,洪荒太上,除是无情,混沌中央,焉能不凿? 今者惊鸿素袜,已杳凌波,司马青衫,恍闻拢曲。权正小星之位,当营奠而营斋;标题明月之篇,算忏愁而忏病。仆也心倾谢脁,耳熟崔徽,春水一江,干卿甚事? 桃花千尺,送我多情。爰以搓酥滴粉之辞,墨此吊梦歌离之作,还浮大白,替浇埋玉之人;卽遣小红,低唱吹箫之我。"

王衍梅(1776—1830),字律芳,号笠舫,清会稽(今绍兴)人,嘉庆十年(1805)进士,授粤西武宣县令,因太后丧期看戏遭弹劾去职,依幕友文佐度过短暂一生。汪孟棠在广东时即与交往密切。

嘉庆二十五年,1820 年,37 岁

二月初二日,中和节,汪云任为友人仲振履《双鸳祠传奇》作序:"李君亦珊,福建闽候人,任广东别驾,不得于其亲,一弟亦桀骜不可驯。自甘凉解饷归,抑郁成疾,疾笃且死,一棺以外,四壁萧然。其妻蔡氏谓老妇曰:'吾夫甫死,无过问者,既久殡此,其何以归,我将死之,闻者或怜我之节,送我夫妇,我翁姑亦藉以同归,我矛憾矣。'乃冠帔拜堂上,自缢死。移棺于庵,人莫不哀蔡之节,亦卒无议归其葬者。同官某之妻,闻老妇言而悯之,乃嘱其夫醵金以助,仍已出二百金,且立庙祀之,粤中传此事久矣。柘安先生卸事闲居,素工音律,爰属为传奇,被诸管弦,流连倡叹。庶愚夫愚妇闻声兴感,悯其遇,高其节,而各成其志焉,未始非风俗之一助也。时庚辰中和日,盱眙汪云任孟棠甫题于禺山官署。"①

汪云任还为此剧题词二首:

愿化为鸳,不愿向,人间憔悴。便推挫,那能磨灭,贞心烈气? 巾帼尽除儿女态,泉台重领夫妻味。却严妆,再拜姑嫜,从容死。 叹双椟,停萧寺,有谁去,烧钱纸? 仗故人慷慨,挥金好义。馁鬼不教啼异域,残魂终得还乡里。送桐棺,载上木兰舟,交全矣。(《调寄满江红》)

笔底词澜起,写淋漓、许多懊恼,许多欢喜。此老掀髯高唱处,听者攒眉酸

---

① 仲振履:《双鸳祠传奇》,《泰州文献》第 4 辑第 51 册,第 275 页,凤凰出版社,2015 年 10 月。

鼻。搜奇句、笔惊神鬼,风化人间传万古,付梨园,一一调宫徵。表潜德,胜青史。

笙歌妙部夸新制,眼前人,各登场上,大都是戏。唱到悲凉声欲绝,字字教人心碎,重勾惹,欷歔往事。难得闺帏逢侠友,问论交、生死谈何易,座中客,感而涕。（《调寄金缕曲》）。①

仲振履（1759—1822），字临候,号云江,又号柘庵、群玉山木石老人,嘉庆十三年进士,次年授广东恩平、兴宁、东莞等地知县及南澳同知。道光元年以疾病告归,卒于家。著有《作吏九规》《秀才秘龠》《虎门揽胜》《咬得菜根堂诗文稿》《家塾迻言》五卷,诗集《弃馀稿》六卷,《羊城候补曲》一卷,《双鸳祠传奇》《冰绡帕传奇》等。

七月,嘉庆帝卒。八月,皇二子智亲王旻宁嗣,明年改元为道光。九月,大和卓木之孙张格尔攻边境,失败逃走。十月,申禁河务积弊。是岁,英输入鸦片增至五千余箱。

十月二十二日,发生英咭喇（英国）国夷人放枪致毙民人张顺存,并打伤幼孩三人等事件。汪云任一面调查取证,一面向总督阮元报告此事。阮元"当即饬委地方官验明张顺存尸身左腋职下被枪打伤身死属实,并幼孩陈三弟、陈闰秋、陈蒂复亦被打伤鼻梁、左脚鹏腘脚面脚趾等处。臣等即谕令洋商传谕该国大班交出放枪凶夷,听候究办。如敢抗延,定将该保洋商收禁揭究,并将该凶夷船内货物暂禁贸易,俟交出凶夷审明定案,再行核办去后。旋据叹咭喇国大班喊臣具禀到臣阮元。据称：洋行转大人谕恭读,正细念阁,黄埔来有速信,昨日下磅嗺船问及十月二十二日之事,时船内忽有个人闻息自刎倒死。如此无别故,一闻查问,忽然白刎,疑是他做凶事。故此禀明大人知作主,可否派委员至船亲验问讯等语。臣等即委广州府知府罗含章、广粮通判何玉池、署番禺县知县汪云任,带同洋商通事刑仵及尸亲幼孩见证人等,前诣该船,传集夷人,验明该夷人吧罗哄喇哄实系自刎身死,食气嗓俱断,右手软曲。随经逐一审明议拟,由署臬司费丙章核详请奏前来。"②

道光元年,1821 年,38 岁

二月,云南永北厅（今永平县）唐贵（老大）领导彝族人民起义。

① 仲振履：《双鸳祠传奇》，《泰州文献》第 4 辑第 51 册,凤凰出版社,2015 年 10 月,第 279 页。
② 中国第一历史档案馆编：《两广总督阮元等奏报英水手放枪伤毙民人畏罪自杀办理情形折》，《鸦片战争档案史料》第一册,上海人民出版社,1987 年 7 月。

汪云任与郑銮评点观瑞的《邮程纪事草》，道光元年刻，除零星的点评外，还有总评："松风水月之清华，仙露明珠之朗润，合观诸作，泂无间然。愚兄孟棠汪云任拜读。"其中收录与汪孟棠相关的诗歌有：

《题襟江阁有怀汪孟棠》："其一：高栋重檐审度支，一楹新构镇湄（阁为汪君所建，阁中联额皆汪君题咏）。沿堤好泛义之棹，倚阁欣看白也诗。化洽春台劳抚字，情同夏屋广恬熙。口碑漫道舆人颂，过客犹深去后思（君以名进士出宰鬲安。未阅岁量移禺山，迄今德政藉藉人口）。其二：岩峣杰阁接清虚，脉引三江万派趋。补柳何如彭泽宰，凭栏共憩辋川图。棠阴百里诗堪咏，竹影三分画可慕（公有'竹影三分宜近水'句）。近水楼台春气早，总教烟雨不模糊。其三：乘兴还登百尺楼，怅怀春树暮云低。逢来野渡津堪问，寻到仙源路不迷。比户弦歌依旧治，临流觞咏是新题。欲裁尺幅鹅溪绢，镇日长吟傍短堤（汪批语：结笔尤佳，即将即人，神理都到了）。"

《生朝舟中次佛山汪孟棠》："岁序如驰共着鞭，风尘习惯亦恬然。系舟恰值同心侣，举酒还开介福筵。醉里烟波随泛泛，客中生日度年年。多情更有当空月，偏照羁人特地圆。"

《夜泊沙口赠汪孟棠》："青山夹岸遝戈船，雅集今宵意邈然。旷野星连渔火逗，空江人对月光眠。炉烹水气侵帘外，风送潮声落枕边。系缆正堪谈别绪，文章政事羡兄贤。"

观瑞，字竹楼，索绰络氏，满洲正白旗人。乾隆时礼部尚书、左都御史观保侄儿。嘉庆十五年举人，二十三年（1818）官文昌知县，二十五年调廉州同知，官至江西粮道，著有《邮程纪事草》《卧帘日记吟》《琼南唱和诗》，多记自粤赴琼的见闻，可补地方史乘之遗。

郑銮，字子砚，兴化人，郑燮重孙。嘉庆十二年举人。嘉庆二十二年，以知县分发广东，后任河南鲁山知县。工书法，亦能诗词散文。著有《岭海集》《梁园集》《鲁山集》等。

汪云任父亲汪景福为观瑞诗集作序："昔圣门以'可与言诗'许子贡、子夏，终未许其可与作诗也，则作诗其不难哉？至唐以诗取士，以因其难以重名器耳，惟李杜得其全体，而论诗者皆称李杜，亦思二位名家有几十首诗脍炙人口，几十首诗中有几百句诗精当不刊，举二家而诸家可概见矣。法其雄壮者失之粗直，习其流丽者失之浮夸，赠答之词为谀，书遣之句多怨，横发议论，凿险探幽，怪奇百出，不但不能窃前人之皮毛，求望其脚板而亦不可得，故昔之诗人恨其少，今之诗人恨其多也。吾友竹楼七兄，由燕台至粤出守文昌邑，阅关山之明秀，发忠爱之言解，合旧作为一编，时予就养于大儿署中，得三复之，乃猛省曰：诗何难言之有？以难视之，则词混而色暗；以易视之，则词滑而音靡。得温柔敦厚之旨者，其为竹楼之诗乎？如春风鼓荡，吹而不寒；如春雨廉纤，润物无迹；如春花鲜艳，著色天然；如春鸟宫商，和声悦听。未尝规规李杜，吾知诸名家见之，必许同调矣。或谓竹楼之诗固如是，而其为文也清娇出群，风华独擅。予曰圣门文学政事，久其大者也，竹楼举孝廉为清白吏，诗特其一端耳，且即其习见者而为之序。道光元年辛巳孟春晴村汪景福题于禹山官舍。"（载《邮程纪事草》）

八月发生"德兰诺瓦事件"：

9月23日，一名船妇梁氏在黄埔港溺水而亡，家属到番县衙击鼓鸣冤，美国商船"艾米丽"号上的意大利水手德兰诺瓦向梁氏购买水果，发生争执，用瓦罐掷向梁氏，导致梁氏受伤落水身亡。10月6日，汪云任带着一班衙役登上了"艾米丽"号，对梁氏命案进行公开审理，判处德兰诺瓦有罪，但美国人拒绝让汪云任把德兰诺瓦带走，阮元下令中断中美贸易，美国人被迫让步。10月26日组成了联合会审法庭。当天参加庭审的有广州知府钟英、署按察使雷琼道道台费丙章、广州粮道通判何玉池，南海县知县吉安、番禺县知县汪云任。德兰诺瓦当庭认罪，被判处绞刑。10月28日，汪云任身为执行官，验明德兰诺瓦正身后，下令将其绞死，将德兰诺瓦的尸体交还"艾米丽"号，任由商船以及美国驻广州副领事韦尔考克斯处置。之后，阮元下令恢复对美贸易。这件涉外案件，史称"德兰诺瓦事件"，引发了中美两国之间的第一次严重的冲突，对两国关系的发展走向产生了很大的影响。事后，两广总督阮元就德兰诺瓦案给道光帝上奏折，详细叙述案件发生经过及审理情况。

两广总督阮元跪奏《为咪唎坚国夷船水手伤毙民妇，照例审办，恭折奏闻事》："窃据广东番禺县知县汪云任禀报：本年八月二十八日有咪唎坚国即花旗夷人向民妇郭梁氏买果争闹，用瓦坛掷伤郭梁氏落水身死等情。当经饬令该夷船交出凶夷究办。旋据该国大班喊喱咯查明，系夷商吐叠雇坐来粤之急庇仑船内水手佛兰晒吐哆喇哪啡了掷交瓦坛向民船妇人买果，并无打伤情事，亦不知如何落水身死。并称佛兰晒吐哆喇哪啡了现在忧郁成病，其势颇重等语。由认保此船之洋商黎光远先后代为禀复。并据洋总商伍敦元等查禀，该船主已将佛兰晒吐哆喇哪啡了锁铐在船等情。当查民妇郭梁氏系被夷人掷坛打伤落水溺毙。当时有郭梁氏之女郭亚斗及稍谙夷语之船妇陈黎氏在船目击，喊同粤海关差役叶秀捞救不及,尸夫郭苏娣捞获尸身,报经该县传齐该国大班及夷商船主人等,眼同相验。郭梁氏实系受伤落水淹死。该县亲赴夷船提讯,怫兰哂吐嗲喇哪啡了仍执前供坚不承认,实属任意狡赖,毫无情讯,怫兰哂吐嗲喇啡了仍执前供坚不承认,实属任意狡赖,毫无情理。查各夷船日久停泊粤洋,与民人争殴伤毙,事所常有,内地官吏与夷人言语不通,是以问办章程均系责令该国大班查出正凶,询问明确,即将凶夷交出,传同通事提省,译讯录供究办。今凶夷怫兰哂吐嗲喇哪啡了之名系该夷船自行指出,其所掷瓦坛亦据怫兰哂吐嗲喇哪啡了认明系伊之物。如果怫兰哂吐嗲喇哪啡了并非正凶,何致忧郁成病? 船主又何以将其锁铐? 种种矛盾支离,具见夷情狡诈。该大班观望诿延,不将凶夷交出,而保商通事人等亦不秉公确查,向其质辩明白。辄以该夷人饰混之词,率为据情转禀,均属玩违,事关夷人伤毙内地民命,岂容稍任颟顸? 当将认保洋商黎光远、通事蔡懋一并收禁县监,并咨会粤海关,将该国在粤货船全行封舱,暂禁贸易,俟交出凶夷审明定案后,再行核办。去后,粤海关监督阿尔邦阿亦严禁各船,不许出口,饬交凶夷。嗣据洋商伍敦元等,转据该夷商等,禀请委员带同该洋商等前赴夷船,询明夷商船主等,别无正凶可指,即将怫兰哂吐嗲喇哪啡了交出,押解赴省,饬委广州府钟英会、督广粮通判何玉池、南海知县吉安、番禺县知县汪元任提集尸亲人证,审明议拟,由署臬司费丙章复讯,具详前来。臣查怫兰哂吐嗲喇哪啡了系咪喇坚国船户急庇仑船内水手,经夷商吐叠雇坐来粤。道光元年八月二十八日午候,有向在该处河面贩卖果子之民妇郭梁氏同女郭亚斗坐驾小艇,从该夷船旁边经过,该水手怫兰哂吐嗲喇哪啡了呼其拢近,将钱五十文贮于水桶,用绳坠下,指买蕉橙。郭梁氏收取钱文,将蕉子橙子各十余枚仍贮桶内,吊上夷船。该水手怫兰哂吐嗲喇哪啡了嫌少索添。郭梁氏稍谙夷语,答称须再给钱,方可添果。怫兰哂吐嗲喇哪啡了不依,致相争闹。郭梁氏高声吵嚷,怫兰哂吐嗲喇哪啡了恐夷船主听闻斥责,一时情急,顺取船上瓦坛从上掷下。瓦坛底棱打破郭梁氏头戴箬帽,伤及偏右,翻跌落河。郭梁氏之女郭亚斗喊救,适有粤海关弹压夷船之差役叶秀,在船妇陈黎氏船内闲坐。陈黎氏在船瞥见,喊同叶秀捞救不及。郭梁氏之夫郭苏娣近在河口,闻知赶至。与官差叶秀问郭亚斗、陈黎氏询知情夫郭苏娣近在河口,闻知赶至。箬帽浮于水面,亦即捞起查看。瓦坛尚在郭梁氏船内。尸夫郭苏娣报经番禺县,知县汪云任亲诣黄埔,眼同该国大班喊喱咯、夷商吐叠、船主急庇仑等,验明郭梁氏偏右一伤,弯长一寸四分,宽三分,深抵骨,骨损委系受伤后落水身死,提验凶器瓦坛,比对郭梁氏所戴箬帽被打折裂处,所伤痕相符,并将瓦坛令该船主等认明委系伊等船上之物,饬交凶夷究办。据夷商吐叠、船主急庇仑查出该水手怫兰哂吐嗲喇哪啡了,向其查问,该水手仅称交给瓦坛与妇女买果,其打伤落水各情未据承认。该大班、保商、通事人等,并不确切查询,率混转禀,又不交出凶夷,听候究办。经臣饬将保商通事收禁,并将该国货船暂禁贸易,即据洋商转据夷商等禀请委员赴船提解怫兰哂吐嗲喇哪啡了到省饬委广州府等审讯。该凶夷怫兰哂吐嗲喇哪啡了初犹狡展,迨经见证陈黎氏尸女郭亚斗,间用夷语之质证,该凶夷无可抵赖,供认前情不讳,并据该凶夷当堂以手拍胸作认坛系己物之状。并据两手持坛作从上掷下之势,复令通事洋商等向其逐细究诘,矢供不移。案无遁饰。查名例载:化外人有犯并依律拟断。又律载:斗殴杀人者,不问手足他物金刃,并绞监候。又乾隆八年前督臣策楞奏准嗣后民番有谋故斗杀等案,若夷人罪应绞者,该县于相验时讯明确切,通报督抚,详加复核。如果案情允当,即批饬地方官同该夷目将该犯依法办理,免其交禁解勘。仍一面据实奏明,并将供招报部等因遵照在案。今咪喇坚国夷人怫兰哂吐嗲喇哪啡了因向民妇郭梁氏买果争闹,用瓦坛掷伤落水身死,已据供认明确,照例拟绞。情罪相符,随批司饬委广州府知府钟英督同南海县知县吉安、番禺县知县汪云任,会同广州协副将李应祥饬传通事夷目,于本年十月初三日将该凶夷怫兰哂吐嗲喇哪啡了照例绞决以彰国宪。至夷人买取食物,向系官给买办,今民妇郭梁氏私将蕉橙卖给夷人,殊属不合,业已被伤身死,应毋庸议。其失于觉察之弹压关差叶秀,应照不应重律杖八十,折责发落。该夷商吐叠及船主急庇仑于该水手怫兰哂吐嗲喇哪啡了私卖蕉橙当时并不知情,迨查出后虽据该凶夷狡展之词率行转禀,但已先将该凶夷锁铐在船,尚非有心庇纵,并于该县赴船提审时,该夷商船主人等免冠侍立伺应登答,且一经严饬封舱,即据禀请委员到船交出该凶夷,提省审办。尚属恭顺畏法,应与讯非挟同饰混之洋商黎光远、通事蔡懋均毋庸议。黎光远蔡懋饬县提禁释回,该国货船仍令开舱照常发货贩售,并饬禁该处小艇,毋再私赴夷船卖给食物,以杜衅端。臣复谕饬洋商伍敦元等传谕该大班当知天朝法度尊严,该夷人既赴内地贸易,自应安静守法,该大班及船主等务须时时戒饬船内水艄人等,毋许滋事逞凶。设已酿成事端时指名交出,听候地方官查审究办。该大班即应查明肇衅生事之人,立切勿袒庇诿延,自取重咎,以仰副天朝恩溥怀柔之至意,除供招咨部外,臣谨恭折具奏,伏乞皇上圣鉴。再广东巡抚系臣兼署,毋庸会衔合并陈明。谨奏。道光元年十月十四日。道光元年十一月十九日奉朱批:刑部知道,钦此。"①

是年,清廷根据两广总督阮元《申明鸦片事例》的奏请,重申禁令:凡洋船至粤先令行商出具无鸦片甘结方准开舱验货,如有夹带即将行商照例治罪。后又规定:开馆者议绞,贩卖者充军,吸食者杖徒。此后,鸦片交易转到零丁洋水面进行,鸦片贩卖一切照常进行。是年,走私运入中国的鸦片烟有五千九百五十九箱,实际消费量为五千零十一箱,共值八百八十二万二千元。②

十二月二十日,发生"土巴资号"事件:停泊近海之英国皇家兵船土巴资号船员登零丁岛汲水,并盗挖当地农民黄奕朋家番薯,所牧羊群又踏食黄家薯苗,踢翻酒缸;黄奕明纠众各拿木棍、竹挑追夺索赔,与英人发生争斗,打伤英人数名。黄奕明等追到英船边,英人放炮轰击,吓退众人。次日,英人持枪上岸报复,击毙黄奕明及女婿池大河,伤黄妻等四人。广东当局饬令洋商伍敦元等传谕东印度公司大班咸臣,勒令交出凶手审办,遭咸臣拒绝。两广总督阮元据理力争,指出:"该大班既在粤省承管该国事务,该国兵船伤毙民人,岂能借词推诿?"随即根据旧例,将英国货船一律封舱,声明交出凶手后方准开舱下货。十数日后,英人又以兵船内亦有十四人受伤为辞,认为民人先伤英人,可以不用抵偿。阮元派卸任知县汪云任、东莞县知县仲振履,与水师将备带同洋商人等前往查验,查明皆系轻伤,并已结疤。此案后来不了了之。③

汪云任调广西,任归顺州知州。武缘县知县张显捐廉购买县城西北隅薛、黄、刘三姓地基,举人刘修诵、职员李琛园倡建书院,定名为岭山书院,由知州汪云任、知县慈士衡董其事,建有头门、二门各三间,讲堂、后堂各三间,凉亭一座,厨房二间,东西学舍 27 间,周围筑墙。

十月,陶澍擢安徽布政使,整顿吏治,清查安徽钱粮。

道光二年,1822 年,39 岁

正月,申禁民间私藏鸟枪、火器。

正月二十一日,朝廷驳回了阮元留用汪云任的请求。"汪云任前已有旨升授

① 故宫博物院:《道光元年十月十四日阮元奏折》,《清代外交史料(道光朝)》第 22 页,民国二十二年。
② 马士(Hosea Ballou Morse):《中华帝国对外关系史》(The International Relations of the Chinese Empire)第一卷,上海书店出版社,2006 年 7 月,第 239 页
③ 章开沅:《清通鉴 嘉庆朝 道光朝 咸丰朝(3)》,岳麓书社,2000 年 5 月,第 426 页。

广西归顺州知州,若纷纷奏留,恐开奔竞之风,所请不准行。该部知道。"①

汪云任任广西归顺州知州期限间,平反冤案,安抚士司,促进民族同结。

蒋攸铦授刑部尚书,寻授直隶总督。

道光三年,1823 年,40 岁

八月,定《失察鸦片条例》,再申禁烟。

陶澍任安徽巡抚,在职间清库款,禁流摊,购米救灾,劝捐赈长江水灾灾民。

道光四年,1824 年,41 岁

汪云任署南宁同知,与吴兰修交往。吴作《浣溪沙红叶秋怨图为汪孟棠刺史赋》:"西风一夕到帘钩,燕语空梁不可留,酸心莫上最高楼。人似湘筠长染泪,病加红叶不禁秋,十分心事付东流。"②或许说的就是张瑶娘事。

吴兰修(1789 — 1839),嘉应州(今广东梅州)人。嘉庆十三年(1808)举人,官信宜县训导,出任粤秀书院监课、学海堂山长,著有《荔村吟》《桐华阁词钞》及《南汉纪》五卷,《端溪研史》三卷等,

十一月初五、六日,江苏高家堰(洪泽湖大堤)决口,造成大水灾。"高家堰十三堡、山盱六堡被大风掣坍万余丈,洪泽湖水外注,山阳、宝应、高邮、甘泉、江都五州县及下游之泰州、兴化、东台、盐城、阜宁等处,均被水淹。"③淮河夺运河水,漕运梗阻。清政府因南漕不能北运,大为惊恐,特派淮安人大学士汪廷珍等查办此事。南河河道总督张文浩发配新疆,两江总督孙玉庭被褫职,勒令休致,留浚运河。

本年英国输华鸦片增到 12639 箱。

道光五年,1825 年,42 岁

汪云任署广西思恩府知府。读了宾州女诗人陆小姑的诗歌,击节称赏,认为她的诗有盛唐气息。"小姑宾州人,不得于天,被放归。越十二年卒。性慧,工吟咏,键户下帷与弟读,招社中总角数小童,呕雅其间,供母甘旨焉。滕司训者拈紫

---

① 贾桢、花沙纳、阿灵阿、周祖培奉敕修:《大清宣宗成皇帝(道光朝)实录》卷二十八,中华书局影印,1986 年 11 月。

② 吴兰修:《桐花阁词钞》,汕头印务铸字局,民国三年印。

③ 张师诚:《一西自记年谱·道光四年》,同治八年刻本。

蝴蝶花为题课士，小姑寄呈一绝，滕大称赏，因以名馆。汪孟棠同年权思郡，为刻其遗诗。"①

王衍梅作《孟棠同年在宾州作听荷小阁，落成，自倡四诗，为一时传诵，族斋潫坐，依韵和之》："清绝衙斋水一偎，种花太守想花开。非关听讼新除舍，为爱凌虚故筑台。细蕊乍从凉月上，浓香争趁好风来。此时正报红衣浴，萍藻中流漾绿苔。　何处新腔歌采莲，碧阑干外嫩凉天。移来湘浦三更雨，剪取吴淞一幅烟。饶有青山作屏障，更无小伎似钱田。欲知它日甘棠爱，试与临风问水仙（水仙亦恐公归去，更遣双莲一夜开，坡公句也）。　我有衡门亦可栖，被风吹去美人西。一行鹭影无边去，两岸猿声不住啼。且喜高帆随水转，得知幽阁兴云齐。秋来菡萏花多少，定似江南奄画溪（时孟棠移疾归里，与余相见于桂林）。　岂无村笛与羌讴，未若林塘事事幽。我意白萍人在镜，君家红树屋为舟（红树近淮村舍，盱山别业也）。即看落叶云千里，闲话疏灯酒一楼。却望宾阳赏心在，隐囊纱帽正高秋（谓宾州刺史阮春畬）。"

王衍梅作《前题用吴次山孝廉韵呈孟棠兼柬春畬》："高人心远地常偏，太守归来作散仙。地上白莲初过雨，卷中秋水尚粘天。过溪佳话留三笑，着我清吟配七贤。日暮沧江无限思，几时襟袂许相联。　朱阑一道枕江城，竹树萧骚管迎人。云里青山双鸟过，雨馀绿野几人耕。只今胜地供幽赏，他日烟波证旧盟。翠盖红妆定无恙，梦回渔笛两三声。　每对溪云忆雪堂，荷花时节柳丝乡。天涯芳草依然绿，故国秋莼旧日香。亦欲辞巢随白燕，办思祭灶问黄羊。江南江北真聊尔，回首雷塘接魏塘。　曾记珠江泛棹时，春山载酒还相随。而今丛桂三秋赋，更续风兰一卷诗（孟棠有风兰倡和诗百余首）。竹里椒园人入画（时出观郭忠恕临辋川图），茶烟禅蹋鬓如丝。故园红藕花深处，采采还应与我期。"

王衍梅作《次孟棠池上白莲作花分得香奁元韵》："昨夜相思绕翠偎，为谁郑重故迟开？辘轳已自鸣金井，罗绮何嫌犯玉台？公子风标红芰邈，美人日暮碧云来。王郎老去维摩诘，闲看幽花落古苔。　尝言姿貌胜红莲，花落花开总任天。澹白一枝初出水，空青十丈欲腾烟。多情南海生明月，恨事西湖少田。吹彻玉箫无处所，凌空尘袜去游仙。　朱雀桥边乌夜栖，侬家旧住石城西。花原薄命终无语，莺自含愁不忍号。深浅波光犹奠定，短长叶定岂能齐？秋风秋雨相怜惜，一片云帆一曲溪。　知君高阁静闻讴，素女声中鼓瑟幽。落月映空鸥似雪，长风吹

---

① 王衍梅：《陆小姑紫蝴蝶花馆诗题词并序》，《绿雪堂遗集》，道光二十四年汪云任刻。

梦鹤为舟。绿承金掌三宵露,红映瑶池一角楼。我是冬郎工艳体,折花吟遍海天秋。"

经宾州训导滕问海推荐,汪云任读到思恩境内陆小姑的诗歌,拍案称绝,抱病为陆小姑改诗,选取其中的89首,并写了一篇热情洋溢的序言,以《紫蝴蝶花馆诗抄》为名资助刊刻出版。丁绍仪云:"会稽王笠舫大令集中传有陆小姑者,宾州人,幼慧工诗。适同里覃六,六操农业,嫌姑弱,不任锄犁之役,给以母疾,遣归,而别娶健妇。姑弗与较,藉吟咏自适。有《紫蝴蝶花山馆诗》一卷,年二十八,以瘵亡。卒之日,笑曰:'但吟诗句留青简,不与人间看白头。'其志可哀已。夫既畀以才,而又厄之如此……盱眙汪孟棠观察云任梓行其诗,萧山韩螺山中翰为赋《解语花》云云。原注:'定有酸风绕笔头,研墨心先碎,集中句也。"①

五月,陶澍调任江苏巡抚;原江苏巡抚张师诚调任安徽巡抚。

六月二十日,陶澍经清江浦,见运河水浅,粮船难行,十分忧虑,感慨赋诗:"车声辘辘人如蚁,运米漕河无勺水。万杆楚舳与吴樯,涸向湖滑僵不起。去年湖涨风忽颠,吹浪作山山倒悬。白波卷地不周坼,奇石莫补娲皇天。今年引黄向南走,要救目前计非苟。岂知揖盗一开门,遂使防川同塞口。转般今无洛口仓,寄屯忍夺饥民房。劳劳汗血岂得已,肩囊背囊相扶将。扶将更为危田急,红稻已枯鹦鹉粒。不须听取老农吁,船底已闻虾蚌泣。"(《乙酉六月二十日抵清江浦,天气甚热,运夫数万人般米过坝,由河口接运通州也》)运河堵塞,漕运受阻,京师上百万人的生活面临困境,陶澍忧心如焚,在思考改革措施。

是年,蒋攸铦拜体仁阁大学士,充军机大臣,管理刑部。以回疆平,加太子太保。

由于漕运受阻,北方军粮民食大成问题,清政府不得不改行海运,命江苏巡抚陶澍、布政使贺长龄筹办。两江总督魏元煜调任漕运总督,琦善继任。陶澍亲至上海主持漕粮海运,雇沙船一千五百艘,运苏、松、常、镇、太五府州漕粮一百六十余万石,次年三月抵达天津,为清代大规模海运漕粮之始。

是年英输入鸦片增至一万二千余箱。

道光六年,1826 年,43 岁

两广总督李鸿宾设立巡船,名为缉私,实则"巡船每月受规银三万六千两,放

---

① 丁绍仪:《听秋声馆词话》卷十一,续修四库全书第 1734 册,上海古籍出版社,1995 年 5 月。

私入口"①，公开走私鸦片。

汪云任序《宾州志》，知州耿省修主修，前通政使司通政使张购碪总纂，清道光六年（1826）刻本，中国科学院图书馆、中央民族学院图书馆收藏。

王衍梅作《漓江秋日送孟棠同年还盱眙》："握手一何喜，临歧逾可怜。宦途元有此，吾意转茫然。子去娱亲日，天留报国年。那基截堪风雨近，无复对床眠。十年惭我长，一字较君贫。鸡鹜谋生拙，莼鲈发兴新。淮流闻已奠，闾舍益相亲。负米柴门外，还应念族人。　昔忝诸侯客，甘从记室才。琴声密单父，公事远澹台。庭翠当杯落，山花拂帽开。天涯重剪烛，少住亦佳哉。　肯为浮中误，高堂至乐存。归心托狂简，老眼看儿孙。撰杖榆社，提壶桑枣村。由来眷微绿，此意本晨昏。　惆怅阳关道，前年折柳时。江山留谢朓，文酒宴邱迟。秋色正潇潇，骚人易别离。明朝相忆处，愁绝鬓成丝。　各负时流望，先观美绩成。听荷传丽句，分榻见高情。落照孤云迥，长江一叶轻。此心无所系，万里傍君行。元亮辞彭泽，相如客大梁。君今归泗上，复道过维扬。舟楫烟波绿，亭台花草香。娇莺号不断，春色醉人肠。　四十称强壮，飘然却引还。潮流终赴壑，云起别成山。落叶当头静，秋声到耳间。挂冠从此去，几日掩柴关。　龙山高落帽，逸兴与之飞。松下双鸠待，花间五马归。还凭慈母线，重补老莱衣。课子成名日，严亲方古希。　高鸟色斯举，枯鱼行且难。肝肠殊洒落，毛羽漫摧残。别泪悬蛮菊。芳言味畹兰。杖藜凝望久，行矣慎加餐。"

汪云任回乡前在桂林盘桓至秋季。期间，他为桂林画家李秉绶收藏的长卷《苏台五美图》题词："李芸（秉绶）水部薄游吴门征歌选胜，倩请名手绘苏台五美图，皆当时曲中翘楚也。此图，居梅生得之粤西，予又得之居氏，为箧中最珍爱之品。兹将题者录入诗话，……，汪孟棠（云任）云：三五花枝姊妹开，桐荫竹叶扫莓苔。红桥四百姑苏郡，闲杀吴宫薛夜来。藕花裙子郁金香，白绖红纱称体长。底事春风不相惜，荼烟惊破绿衣娘。鸳鸟孤飞罢绣针，麝香有香裹寒衾。就中邢尹无分别，但问含愁若个深。盈盈拈带半娇痴，周昉屏风却立时，除是多情忍饥眼，隔花犹盼好腰支。"参加题词的还有周素夫世锦、陈海霞标、龚云海立涛、王笠舫衍梅等。②

李秉绶（1783—1842），字佩之、芸甫，号竹坪，清代著名画家兼诗人，曾居官

① 魏源：《圣武记》卷十，中华书局，1984 年。
② 潘飞声：《在山泉诗话》卷三，古今文艺丛书第三集，江苏广陵古籍刻印社，1995 年 12 月。

工部都水司郎中,人称"李水部",后辞官回桂林,专心画事。

李秉礼赋诗赠汪孟棠:

径僻人踪少,遥山碧一痕。疏钟烟外寺,红树水边村。月夜时闻笛,渔舟忽到门。卜邻吾有愿,长此谢尘烦。(《题汪孟棠红叶近淮村舍图》)

摇落何堪折柳枝,离亭樽酒不须辞。十年作宦心如水,千里还家鬓有丝。鲈脍尊羹张翰思,暮云春树杜陵诗。天涯难得惟知己,此后情怀说向谁?(《送孟棠归泗上》)

拂衣一笑赋归来,家近淮山泗水隈。别酒罢斟斜照下,片帆初挂好风催。杜陵自千秋业,统原非有百里才。他日苍生望霖雨,此身未合隐蒿莱。(《再送孟棠》)

积雨初收雾色新,池头一碧水粼粼。喜闻剥啄来嘉侣,懒著衣冠恕老人。风约荷香伴酒盏。日移松影覆苔茵闲鸥亦复知情事,偏与吾侪气味亲。(《孟棠约同人过往池上草堂即席以诗见赠率成一律》)[①]

李秉礼(1748—1830)字敬之,号耕云、松甫、韦庐,又号七松老人,著有《韦庐诗内集》《韦庐诗外集》《剩稿》《遣愁小草》。李秉礼的家族在广西享有"临川李氏"盛名。父亲李宜民(1704—1798),盐商,乐善好施,扶贫助学。弟李秉绶画家兼诗人,子李宗瀚(1769—1831),官至工部侍郎。书法家、文学家。

这年重阳节,汪云任自桂林起程返乡。

道光七年,1827年,44岁

蒋攸铦授两江总督。

汪云任在家乡养病。

三月,清军收复南疆喀什噶尔等四城,张格尔逃国外。英国大鸦片贩子孖孖地臣在澳门创办《广州记筝报》,公开叫喊侵略中国。

五月八日,汪云任招集吕仲英、王荫槐、夏翼朝在红叶近淮村舍欣赏山水风光,夏翼朝作诗《次味兰韵呈封君晴村丈景福四律》:"渌水名园最系思,家声万石重清时。雁门山近留陈迹(里许外有雁门关,南朱时设重镇御金人于此,今则石甃残毁,断岸荒颓,仅存约略而已),凤阁人来是故知。揽胜无嫌三日宿,论交早悔十年迟。　颐堂傥拟平津馆,仅遣奚奴尺素驰(颐堂二字石刻擘窠书,孟棠颜

---

① 国家清史编纂委员会:文献丛刊,清代诗文集汇编 423《韦庐诗外集》,上海古籍出版社,2010 年 12月,第 472—473 页。

于别墅,以昭养志之义)。桂海归来画舫停,浓春柳色遍郊坰。双株玉树参天碧(谓文孙根敬根怒),四面烟峦绕宅青。夕膳晨羞笙惯补,蛮风蜑雨颂曾听。来游喜挈芬芭侣,问字时时诣草亭。 忆从程邈(钱塘程伊湄编修澐,余与孟棠先后订交)订同心,凤丽丹霄鹤在阴。车笠旧盟堪互证,莺花佳节每分吟。只今青简频推毂,莫使苍生久望霖。陈实风徽被乡里,敢将臭味说者岑。 此乐人间得几回,汀鸥沙鹭漫相猜。吕岩亲授长生诀(仲英太守系孟棠丁丑房师),王粲同称旷世才(谓味兰)。丛桂幽篁逦客恋,琼琚玉佩上清来(根敬昆仲同游泮水,学使汪巽泉宗伯奇赏之,谓瀛洲之选,不是过也)。濡毫肯仿西园记,烂醉拼教倒百杯。"(夏翼朝《蟫庐诗集》卷四)

吕仲英,宁波知府,为汪云任丁丑考进士时房师。程伊湄,荆州知府。

道光八年,1828 年,45 岁

正月,俘获张格尔,五月送北京处死。张格尔叛乱延续八年时间,清政府为平这次叛乱,出兵三万多人,耗军费千余万两。

夏翼朝作《瑶娘遗像四律汪孟棠太守云任属题》:"(姓张氏,盐渎人)瑶岛仙人惯别离,六年泡幻总情痴。那堪紫玉成烟后,回忆红绡寄泪时。油壁乍停刚识面,清筝初按便相思(二语载孟棠自撰本传中)。回环喜字分明在,此意惟应绛蜡知。秦嘉上计拥倾城,也抵桃根打桨迎。二竖为灾罹小极,一灯无焰暗残更。关心天上霓裳咏(瑶娘病中屡问礼闱文艺),怕听蟾宫药杵声(病中惮于服药,孟棠强之,始进一剂)。黑夜万重棺七尺,宣南旅夜倍凄情(入都后就居琉璃厂东门,宅有古树一株,密有浓阴,团强不散。术家谓有木妖为祟,容或然也)。痛哭蛾眉解爱才,大招赋罢每心催(孟棠纪事诗有上下平韵三十首)。最怜珊枕千秋闭,未见珠江五马回(孟棠丁丑成进士,以知县即用,授粤东番禺令,旋调粤西擢刺史,摄思恩府篆,惜瑶娘未及亲见也)。霞佩蹁跹春梦短,碧城缥缈月华颠。玉箫不负重来约,细认韦皋泪一堆。 淮村红叶护秋坟,霾玉山头怆夕曛(红叶近淮村舍距瑶娘幽宅仅里许耳)。甲账罗襦何处是,钗声屐响几回闻。崔徽图好缄愁读,荀令香浓镇日熏。为语芳魂莫惆怅,争如海外葬朝云。"

是年,以两淮官盐滞销,盐税大减,朝廷命有关各省严缉私盐。

道光九年,1829 年,46 岁

正月,清政府命广东查禁洋商偷运鸦片套取白银出口。湖北和江淮地区大

水成灾。

汪云任为同乡好友王荫槐诗集《蠓庐诗钞》作序："昧兰学博辑所为诗歌,择数卷刻之,以代钞也。以鬈髫交契,命弁言于余。余惟诗之道,不才则不超,不学则不广,而其要尤在胸次,胸次光明而不为诗人者,有矣,未有真诗人而暗鄙枝曲者也。昧兰少嗜为诗,老而益笃,上自三百篇、楚骚,下迄宋明诸家,必慎取而精研之,而其为人负至性居,恒思齐物;与人交。落落出肝肺,一语相订,终身不易。故其诗出入古大家之规哉,而自抒其性情,以与境物相往复。恒其所造,可追步裕之,上接浣花之法脉。此非徒摹拟得之,盖其所发欲天者厚也。昔孔门言诗,以兴、观、群、怨为教,而随所在,归本于人伦。夫世之徒,断断於句格者,果得诗意乎哉? 时余将自里门赴官西江,匆卒识数语以质世之知言者。道光乙丑秋同里姻愚弟汪云任。"

王荫槐,嘉庆十八年举人,大挑教职,选授贵池训导,未就任,有《蠓庐诗钞》传世。王荫槐"以父铭贾于盱眙,遂移籍焉"[①],户口正式落入盱眙,成为盱眙人,20岁便以诗出名,与王效成、王豫并称"江左三王"。王荫槐十分富有,在盱眙县城修建了与汪园齐名的大型花园——偶园。偶园中"蠓庐"是王氏书房,藏书数万卷。"紫藤花馆"为王氏私家出版社,刻印了包括《蠓庐诗钞》《隅园隐语》在内的许多书籍,流传至今。

六月十三日,根敬子汪祖茂出生。

十月初三日,根恕子祖绶出生。祖绶,字汉青(又作岸青),咸丰丁卯科举人,丙辰科进士,翰林院庶吉士,曾任新阳、青浦、吴县、无锡等地知县。祖绶子瑞曾、瑞闿为举人,后来瑞高儿子汪士元中进士,汪氏实现五世联科的奇迹。

秋天,汪云任赴江西为试用知府。

道光十年,1830年,47岁

闰四月,由两江总督蒋攸铦保荐,汪云任破格升任赣州知府。"己亥,谕内阁,蒋攸铦等奏《遵旨遴员请补要缺知府一折》:江西赣州府素称难治,前经降旨令该督等遴员请补,兹据奏请将候补知府汪云任补授。该员到省试用未及一年,即补繁缺,与例未符。姑念员缺紧要,现无可补之员,著照所请、汪云任准其补授赣州府知府,仍照例扣满年限,另请实授。此系朕为地方紧要起见,嗣后各省均

---

① 王锡元:《盱眙县志稿·王荫槐》,光绪辛卯刻本。

不得援以为例。该部知道。"①

蒋攸铦长于识人，喜欢推荐人才。"攸铦精敏强识，与人一面一言，阅数十年记忆不爽。勇于任事，不唯阿。尤长于察吏，荐贤如不及，所举后多以事功名节著。"（《清史稿》列传一百五十三《蒋攸铦传》）

六月，两江总督蒋攸铦病，乞假，八月假满，召回京供职，十月病逝于山东平原境内。

陶澍任两江总督，兼管盐政，加太子少保衔。陶澍任期内，力图整顿淮盐积弊，裁省浮费，严核库款，缉禁私盐，淮盐得以行销。又于淮北试行票盐，后推及淮南。陶澍勇于任事、为朝野所重用。

"道光十年，知府汪云任修大堂、官厅、库廨、科房；题大堂曰治安，题二堂曰植本。"②"府公廨，一在府署西张公庙左，一在府署东街常平仓对门；道光十一年，知府汪云任契买郭、陈二姓房屋为之。"③

汪云任赣州知府期间，剿灭土匪，惩治讼棍，处罚贪官污吏，清查屯田，建立义仓，救济穷困，修复考院，发展文化教育事业，得到了地方官民的称赞。两江总督上书称："赣州府知府汪云任，安徽进士，现年四十八岁。才识敏练，勤干有为，最称得力之员。"④又称："查赣南等处，会匪连年惩创。如前任赣守汪云任、知县周玉衡任内，查拿最多，匪徒知畏。署守南昌同知霍树清，亦经拿获会昌、雩都匪犯三百馀人，仇杀抢犯百馀人，审结抢劫大案五十馀起。接任升守易中孚、丰林等，亦皆认真缉捕，有犯即惩，其风业已衰息。惟此等匪徒，散难聚易，未可松劲，全在守令得人。"⑤

汪云任倡捐修缮濂溪书院，增建山斋五楹及左右厢，重修夜话亭。书院门联为："我生近圣人居，教泽如新，敢忘鲁壁金丝，尼山木铎；此来继贤者后，风流未泯，窃愿士崇礼仪，俗尚弦歌。"戴云官有诗赞云："光风霁月道相资，名教全凭大雅支；度已以绳惟视直，纳民于轨不趋歧。廉泉水淡重来酌，夜话亭留别后思；图绘濂溪宏乐育，士如桃李稼如茨。"⑥

---

① 贾桢、花沙纳、阿灵阿、周祖培奉敕修：《大清宣宗成皇帝（道光朝）实录》卷一百六十八，中华书局影印，1986 年 11 月。

② 同治《赣州府志》上册，赣州地区志编纂委员会办公室重印，1986 年 9 月，第 351 页。

③ 同治《赣州府志》上册，赣州地区志编纂委员会办公室重印，1986 年 9 月，第 353 页。

④ 陶澍：《保举道府州县人员折子并清单》，《陶澍全集·奏疏 3》，岳麓书社，2010 年 1 月，第 175 页。

⑤ 陶澍：《巡阅江西各情形折片》，《陶澍全集·奏疏 4》，岳麓书社，2010 年 1 月，第 163—164 页。

⑥ 戴云官：《培花小园诗抄》十三卷，道光四年刻。

诗人张际亮(1799—1843)作《汪太守重建濂溪书院属为诗落之》称赞汪孟棠建院兴文教的政绩:"郡邑皆设学,书院义傅之。兼储草泽材。以为朝廷资。煌煌建置初,帝王开宏规。如何不学徒,在公营其私？安知风化本,说礼而敦诗。汪侯意气豪,顾盼英雄姿。作郡于虔州,次第有设施。始念犷悍俗,顽梗必剪夷。盗去里巷静,过客无忧危。乃度义仓工,乃拓试院基。乃新斯堂宇,千间焕峨巍。凡此兴作费,金钱百万奇。此材官司农,何至绌度支？天子置左右,可教庶可咨。盘错因利器,对酒来吾悲。座上有客言,因缘应以时。创治亦癸巳,汪侯实乃治。(书院创于前癸巳太守汪公某,及去年癸巳已落成,实一百八十年,而太守复同姓,亦奇也)我愿此州人,共式周程师。庶见阳学士,不愧东坡知。徘徊夜话亭,慷慨四海知。吾行狎沙鸥,滔滔复谁语？①"又作《赣州别汪孟棠太守》,称赞汪孟棠治理匪患,保障一方平安的功绩:"乱山拥虔州,蜿蜒二百里。硗确土亦童,湍洑川清泚。盘盘十八滩,万石气腾水。朝惊逆濑高,夕望在地底。可怜天柱危,悬筦付生死。百夫挽一舟,惶恐何时已？却登郁孤台,落日千樯舣。东流贡水长,西涌章江驶。下临控洪都,上穷蔽炎海。地险扼南荒,俗犷聚群匪。劫掠敢谁何,仇杀益自喜。自昔推剧郡,祸变卒难弭。今兹太守才,盗贼卒衰止。吾闻变浇习,端自富都始。天运有平颇,民心犹可恃。世衰尚武劲,亦复赖驱使。窃悲服政年,乃欲一黄绮。角鹰饥不飞,狡兔怒相视。老骥历太行,负棘困蹢尾。慷慨宇宙间,人才复馀几？高堂对尊酒,和歌朔风起。醉思跋涉劳,莫问安危理。扬风理溯流,崩波激如矢。夜舱独坐叹,过岭复何以？②"。

张际亮(1799—1843)字亨甫,号华胥大夫、松寥山人,福建建宁县人,道光十五年(1835)举人,著有《张亨甫全集》(收入文 6 卷、诗 2600 多首),《思伯子堂集》(由姚莹整理,收入诗 3000 多首),《金台残泪记》3 卷,《南浦秋波录》3 卷。

朝廷行文予以表彰:"以清查屯田出力。予江西知府汪云任等议叙有差。"③

诗人张维屏(1780—1859)作《过赣州访汪孟棠太守留饮赏菊话旧赋赠》:"回首禹山岁几更,重来章贡话离情。最宜老圃秋容澹,正爱高台爽气迎。报国只凭真血性,娱亲即在好官声。岭南岭北春如海(昔官官庾岭南,今官庾岭北),人与梅花一样清。"张维屏,字子树,广东番禺人。道光二年进士,署湖北黄梅、广济知

---

① 张际亮:《思伯子堂诗文集》,王飚校点,上海古籍出版社,2007 年,第 798 页。
② 张际亮:《思伯子堂诗文集》,王飚校点,上海古籍出版社,2007 年,第 734—735 页。
③ 贾桢、花沙纳、阿灵阿、周祖培奉敕修:《大清宣宗成皇帝(道光朝)实录》卷三百五,中华书局影印,1986 年 11 月。

县。服阕后，改官袁州府同知，南康郡丞，复罢归，筑听松园。著有《张南山全集》。咸丰九年卒，年八十。《清史稿》卷四八六有传。

王衍梅作《寓斋有怀寄孟棠》："言逢陈正字，为话柳仪曹。遥夜西风起，清溪明月高。山齐自岑寂，客路自萧骚。森森昭江水，将寻桂楫劳。　秋色一千里，长歌怀美人。论文同我好，取友见君真。无限潇湘意，芳洲生白萍。篱东谁命酌，把菊已经句。　出宰坐自废，怡然还读书。积阴松螟路，斜照橘明庐。小饮长就客，高谈实起予。思君南涧上，幽意近何如？　一琴兼一鹤，夫子自清风。复此京门契，闲吟池馆中。云连葭影白，霜入藕根红。有美元难蔽，因之成断蓬（柳柳州《湘岸移木芙蓉诗》有"有美不自蔽，安能守孤根"）。　宿继皋夔望，新辞鹓鹭班。声华驰岭表，文献续河间（君曾守河间）。愚水清于我，秋人爽过山。徘徊楚天碧，倚竹想风鬟。少逸负奇气，结交真老苍。露浓沾蔓草，波远裛垂杨。为有怀湖叟，能招孟武昌。吟梅伫东阁，思逐海天长。"

王衍梅（1776—1830）去世。"笠舫以道光庚寅没于桂管，黄霁青诗'贺槛未能归鉴曲，少游终已卧藤荫'，易箦时以全集托盱眙汪孟棠观察，孟棠为任剞劂，傅梧生有'后事苟郎托，桃潭尔许深'之句。①"

道光十一年，1831 年，48 岁

六月，朝廷颁布卖买吸食鸦片烟的罪名条款："嗣后军民人等，买食鸦片烟者，杖一百，枷号两个月，仍令指出贩卖之人，查拿治罪。如不将贩卖之人指出，即将食烟之人，照贩卖为从例，杖一百，徒三年。职官及在官人役买食者，俱加一等治罪，仍令各该督抚及地方道府州县等官，出具署内并无买食鸦片烟各甘结，于年终汇奏一次。"②

"府公廨，一在府署西张公庙左，一在府署东街常平仓对门；道光十一年，知府汪云任契买郭、陈二姓房屋为之。"③

汪云任修复赣州考院。"康熙二十九年，府治改迁巡道署，遂以府治为考院。三十九年，知府谢锡衮增建两翼为东西文场。乾隆七年，知府汪宏禧建东西文场前后两楹，自为记。西辕门外，旧有文学祠，祀宁都人赴试而压于考棚者，今废。

---

① 杨钟羲：《雪桥诗话》三集卷十，雷恩海、姜朝晖校点，人民文学出版社，2011 年 7 月。
② 贾桢、花沙纳、阿灵阿、周祖培奉敕修：《大清宣宗成皇帝（道光朝）实录》卷一九一，中华书局影印，1986 年 11 月。
③ 同治《赣州府志》上册，赣州地区志编纂委员会办公室重印，1986 年 9 月，第 353 页。

嘉庆二十三年，兴国江澜捐修东西文场。道光十年，火尽毁。十一年，知府汪云任倡议修复，赣邑监生李资达捐建大堂，兴国合邑捐建二堂，江黄氏捐建东西文场，馀则阖郡捐建成之，云任自为记。"[①]

王衍梅儿子捧着父亲遗稿找到赣州府，说王衍梅临终前希望老友能将其用毕生心血写成的诗稿传之后世，汪云任答应了，但因缺损严重，建议进一步收集整理。

因饥荒粮价上涨，赣州等地发生饥民聚众冲击衙门事件：五月二十日承准军机大臣字寄五月十四日奉上谕："据陶澍奏，江西省上年被水歉收，今岁青黄不接，粮价稍昂。南安、赣州两府，地瘠民贫，风气尤悍。叠经该府等酌议平价，设法劝粜，并就近借谷接济。乃地方棍徒，乘此岁荒，挟制官长，竟敢集众拥入府堂，肆行喧闹。现饬速拿惩办。等语。上年江西省被水灾区，节经降旨加恩赈济，并地方官设法平粜，为民筹食，已属不遗余力。何以南安、赣州两府，偶值粮价稍昂，即有棍徒聚众拥入府堂喧闹之事？该处民气强悍，棍徒借荒挟制，目无法纪，此风断不可长，必应严行惩办。著陶澍、周之琦，即饬藩、臬两司，督率该府、县、营，迅将首从各犯，按名查拿务获，从严惩治毋任漏网，以靖地方而肃法纪。将此各谕令知之。钦此。"[②]

江西乐平县吴宾四曾任南昌府学教授，与赣州知府汪云任交好。汪云任与吴宾四商议，着力筹划荒政，设立义仓作为长久之计，号召赣州士绅捐献款物，自己则带头捐款，共得稻谷一千多石，白银以千两计，用来兴建仓廒。众人听到消息，仰慕踵行善事，累计筹集稻谷两万石。赣州农业条件并不优越，竟成为全省荒政有备无患的模范。[③] 自此之后，其他各府都为防备歉收年景而募集钱粮。

道光十二年，1832 年，49 岁

二月，江苏巡抚程祖洛调任闽浙总督，林则徐继任，汪云任与林在南京见面，交往。

九月，阮元升协办大学士，仍留云贵总督任。两江总督陶澍筹议改革两淮盐法，实行盐票法，清政府派户部尚书王鼎、侍郎宝兴至江苏会商解决办法，拟定章程十五条。嗣后又议定先自淮北试行。

---

① 同治《赣州府志》上册，赣州地区志编纂委员会办公室重印，1986 年 9 月，第 356 页。
② 陶澍：《陶澍全集·奏疏 3》，岳麓书社，2010 年 1 月，第 48 页。
③ 包世臣：《小倦游阁集》，黄山书社，1991 年 5 月，第 87 页。

二月至八月,英国"阿美士德"间谍船潜入我国沿海各省港口测绘地形、搜集军事、政治、经济情报,送交英国外交部,作为武力侵华的准备。

三月,清政府调四省兵力镇压湖南瑶民起义,起义军击毙湖南提督海陵阿、副将马韬等五百多人,转战湘粤交界地区。秋天,广东八排瑶民会合响应,两广总督李鸿宾革职。

"道光十二年冬,粤匪逼犯龙南、定南边境。知府汪云任会商署同知刘有庆,督赣标兵三百,冒雪回厅守御。"①

道光十三年,1833 年,50 岁

英国国会通过废除东印度公司对华贸易专利权法案,从此该公司成为英国政府的行政机构,对华贸易完全转入英商私人企业手中,实行所谓"自由贸易"政策。英政府派律劳卑任驻广州商务监督。

汪云任建设具有慈善性质的粮食储备仓库——宫保府"义仓",以"农夫之庆,实维丰年,黍稷稻粱,倬彼良田,立我蒸民,岁取十千"24 字编序,每仓书写一字。后来又建设"商义仓""民义仓"等,以"永观厥成,百室盈止,其崇如墉,万亿及丰"16 字编序,每仓书写 1 字。两处仓储共 40 间,储谷 14500 石(每石为 120 斤)。所储仓的谷物多由地方绅商捐纳,以此备灾备荒,赈济民众。仓库设有专职的以严格制度约束的仓丁,负责日常保管、翻仓、换谷及发放免费米票等事宜。义仓的贮谷每两三年出陈纳新一次,即将陈谷以无息或低息贷给城里的"豆、瓜、麻、谷、麸"六行业,翌年归还新谷入仓。此举遂演变为赣州的一种淳朴民风,一直沿袭到新中国成立之前,救助了无数的穷苦百姓,拯救了无数灾民的性命。

"府义仓,在城南宫保府。道光十三年,知府汪云任购王氏屋建。编'农夫之庆,实维丰年,黍稷稻粱,倬彼良田,立我蒸民,岁取十千'字为仓廒二十四间,储谷九千五百石。民义仓,在城南鸳鸯桥,仓廒三座,储谷二千五百石。商义仓,在宫保府府义仓后。道光十三年,知府汪云任购王氏屋与府义仓同建,编'永观厥成,百室盈止',仓廒十六间,储谷五千。"②

十三年,知府汪云任倡捐,重建围墙,易土以砖,增建丽泽山斋五楹及左右厢,自为记。又置铁钟一、鼓一,列讲堂左右。时夜话亭久圮,苏、阳像碑仆损其

---

① 同治《赣州府志》中册,赣州地区志编纂委员会办公室重印,1986 年 9 月,第 1042 页。
② 同治《赣州府志》上册,赣州地区志编纂委员会办公室重印,1986 年 9 月,第 358 — 359 页。

半,既而得之井侧,复于旧址建亭,邑人李资达捐石重摹置焉,监修程景晖有跋。

《汪孟棠重刻苏阳二公像额篆苏阳二公夜话图》(道光十三年),夜话图碑今存,为省文物保护单位。宋哲宗年间,苏轼赴岭南任职,访赣州著名隐士阳孝本,与游光孝寺,寻廉泉,赋诗,徘徊泉侧,与其夜话。其话不传,诗传,后人作亭,以志纪念。程景晖跋云:"此碑久经断缺,已失其半,太守汪孟棠重修书院,于土墙下掘得之,时首事李生资达捐资购石,偕其友李常福重摹,仍将旧碑所刻,悉镌其上。俾后之览者,并知所缘起。"[1]

汪云任和同乡好友、贵州按察使杨殿邦倡修盱眙泗州试院,首捐银两。在他们带动之下,一时盱眙籍官员、地方生员、乡里富绅等众多响应,纷纷捐金,形成热潮。沈维镶作《重修泗州试院碑记》记载此事:"泗州之试院在盱眙,考之旧碑,雍正四年知州张文炳所建也。道光十二年,予奉命按试。见其堂廉迫狭,不足庇风雨,捐俸茸之。其他屋舍宜修治,计其费巨,乃告于有司.俾谋之绅士。明年科试,则有贵州按察使杨君殿邦、江西赣州府知府汪君云任首先捐金。踵之者,知州许昭德、知县俞舜钦、吴楷,守备杨映奎,童生汪根书、汪根芝及天长之樊国华,布衣陆大润;而监生张大元独捐修号舍、桌凳,监生吉文升独捐修内堂、重门、辕门、院墙。其续捐藏事,则有生员陈瀛;而监修者盱眙教谕吴臻福及邑之候选教谕杨保、生员汪云佺也。凡用银一万六千有奇,新建屋七十有八,其修旧业者不数。又明年,岁试,予见其梓材完固,垣墉崇峻,叹为安徽全省试院第一。夫兴筑之功甚巨,而此役独易成者,盖由此邦之士好义敦仁,逾于他邑,其天性然也,又岂区区予之捐俸兴修能为之倡欤?且此地山川雄秀,长淮导其前,群峰峙其上,灵淑所钟,蓄久而发,当必有奇杰之士出焉。抗心希古,博学敦行,用以倡导后进,成就人才。书必读有用之书,事必为可传之事。将见人文之盛,风俗之兴,蒸蒸日上。虽在偏隅,岂不转胜于通都大邑。今兹试院之修,殆亦事机之先兆也。予故乐为记之。州之人士,其亦有闻予言而慨然自奋者乎?道光十七年丁酉正月,督学使者工部左侍郎嘉兴沈维镶撰。"[2]

道光十四年,1834 年,51 岁

汪云任同年裕谦任江苏按察使。

---

① 同治《赣州府志》上册,赣州地区志编纂委员会办公室重印,1986 年 9 月,第 650 页。
② 盱眙县县志编纂委员会:《盱眙县志》,江苏科学技术出版社,1993 年 2 月,第 851 页。

汪云任修建赣州大校场。"大校场,在府城镇南门外,明正统十二年,指挥佥事泻广重建,岁久圮。副使张璁檄指挥张锐修筑。……,国朝道光十四年,知府汪云任重修。"①

二月十八日,父亲汪景福(1761—1834)病故于赣州府署,汪云任辞职,丁父忧回乡。汪景福生活十分节俭,一床絮棉被盖了三十年,不扔掉,还赋诗云:"相亲在贫贱,同梦几春秋。"擅长绘画,有《护根图》。汪孟棠遵嘱把他与早年去世的王夫人合葬于城南水南村,在墓侧修建补庐,居此守丧,并口占《述哀诗》云:"黄泉有母不相见,三十六年见白头。今日垩庐新旧泪,一齐和土植松楸。"

八月,律劳卑带兵船闯进珠江,炮击虎门炮台。粤督卢坤下令封舱停市,派兵防堵,迫使律劳卑退澳门,不久死去。本年英国输华鸦片增到二万一千七百八十五箱。

道光十五年,1835 年,52 岁

正月初七日,盱眙训导夏翼朝拜见汪云任,作《敬谒汪丈晴村封君祠墓即游笠山书塾同汪孟棠太守话旧并访鹿荃窗山寓斋次小棠韵四首》:"婺州宗派此分祠,展敬登堂日未迟。硕德竟符庚子谶,孤庐久废蓼莪诗。蔡邕椽笔新铭诔(封君行状,陶云汀宫保撰),徐孺生刍感岁时。犹记昔年床下拜,那禁洒泪溯心知。

金鱼卸却素冠身,杵臼论交谊倍亲。刘宠纪功先十郡,郑元会葬有千人。苹蘩薄采馨堪荐,衣缟萦哀黯不春。多少邻翁念耆旧,瓣香焚告话逡巡(家畔祭奠者以数百计)。 坡公二客古钟期,东晋风流会合奇。怀抱自能成歌往,笑谈原未合时宜。围棋逸兴谁同调(鹿荃曾来对弈),斫地高歌互析疑。傥许看山留十日,不妨襆被卧茅茨。 归来琴鹤绍廉声,珠树人夸两陆生。早赋台莱传治谱(谓小孟大令),力扶风雅振诗名(小棠四诗先成,和者甚众)。远峰积雪当窗白,绕屋流泉入夜清。愿仿松陵屡酬唱,嬛携滕蹻诣春明。"(夏翼朝《嫌庐诗集》卷六)

夏翼朝(1773—1843),字循陔,号秝芗。又号嫌翁,小字男。清江阴人。鸿轩长子。嘉庆六年(1801)举人,道光六年授盱眙县学教谕,署训导,道光二十三年擢淮安府学教授,未赴任,卒。

三月,阮元任体仁阁大学士,管理兵部。

---

① 同治《赣州府志》上册,赣州地区志编纂委员会办公室重印,1986 年 9 月,第 358 页。

道光十六年，1836 年，53 岁

清政府内部为鸦片问题发生激烈争论：太常寺卿许乃济（1777—1839）奏请抽税弛禁，允许鸦片公开买卖，主张禁官不禁民，自己种植罂粟制烟以对付外来鸦片烟；内阁大学士朱嶟、兵科给事中许球等人反对尤烈，坚持主张严禁贩卖、吸食鸦片。清政府下令邓廷桢等"通盘筹画""悉心妥议，据实具奏"。

陈銮任江西巡抚。

二月十八日，汪云任与兄弟签订分家协议。此文书记载了当时汪家的房产、地产，保留至今。文书提到："天邑俞家洼店屋一所、木香园住宅一所，议归高何两姨娘出租，以为针线之用。"可见，当时高氏还活着，她不可能是有些学者所说的"张瑶娘"①。

附 1836 年《汪氏分家协议》（部分）：

护根堂南市口住房照八房受分。

护根堂老宅自店屋至后屋，共八进，作四分，归老长房四孙执业。根敬系长子长孙，得第七进五间堂屋，连两厢房并院。又第八进披屋并院在内，作价八百两，又得第三进老厅屋并院，作价肆百两。根恕得第五进老堂屋，前两厢房并院在内，作肆百两。又得第二进照厅，两门房并院在内，作价肆百两。根荷得第四进照堂，前两厢房并院在内，作价肆百两。又得第一讲店屋，银房在内，作价肆百两。根梓得第六进穿堂，并两厢楼并院在内，作价肆百两。因本宅不敷，派照议贴中宅第六进昼锦楼上下各五间，连两厢并院在内，作价肆百两。火巷后园并议贴之中宅，昼锦楼后第七进西首瓦披两间，连前后院在内，归老长房四孙官用。大门老三房官走。

东宅自店屋至后屋共七进，除店屋归入市房匀拨外，第六进旅吉楼正房四间上下，厢楼一间上下，楼前院一方并披屋在内，均三家子孙读书公产。第七进驴棚三间亦作老三房官用。中间四进作屋并院在内作价五百两，又得第三进厅屋走廊并院在内，作价肆百两。根礼得第四进四间堂屋，连两厢屋并院在内作价五百两，又得第二进照厅前两厢楼并院在内，作价肆百两。中走巷自大门通至后楼上下稍间，及第七进东首瓦披屋三间，连前后院俱听中宅两房官用。

一议八家受分执业，房屋均估定价值，傥异日子孙蕃衍，兄弟众多，或同居、或分住、或情愿搬让另住，总以估定价值银两，尽本房及近房受业，毋许争较价

---

① 李灵年、陈敏杰：《子虚记作者汪藕裳家世生平考》，《文教资料》，1986 年第 4 期。

值,并不得与外人交易。

一议东宅左首连瓦楼房一所连十里营军民田二庄,义给程近思堂执业,载入公据并批明契纸交。

护根堂市房八房受分。

一买受蒋姓市房一所,坐落魁楼河下,现租与赵漆匠,内房二进,共若干间。每年得租钱拾六千。又买受杨姓市房一所,坐落魁楼街拐,现租与殷立兴。内瓦楼房上下共八间,每年得租钱拾八千(押租六千里),提归祠堂收租公且。

一买受朱永和永房一所,坐落黄家牌,现租与允隆米局,内瓦草房共十一间,后园在内,每年得租钱七十千。归根敬一记房执业,租息听本房支取。

一买受蒋林二姓市房,坐落丰登桥,盖成未租,内瓦楼二进,共若干间。石桥后园在内,每年可得租七十千,归根恕一房执业。租息听本房支取。

一买受杨严徐等姓市房一所,坐落井头街,现租与姚钜泰油行,内瓦草房九进,共若干间,每年得租一百千(押租一百千)。

一中宅门面市房一所,半租工局,每年得租四十千。未租之半约可得租三十千,以上二处归根书根礼二孙官同执业,租息两房均分。

恕借项买受仍归恕名下出售还款。

一议天邑俞家洼店屋一所、木香园住宅一所,议归高何两姨娘出租,以为针线之用。

护根堂田种八房受分。

一许庄民田一分,计种一百石,议归长房大宗养赡。

一民田坐落旧铺后西营三庄,五佃,计种叁拾四石、叁拾二石,共民种六拾六石。又军田一分,坐落黎庄,计种叁拾四石,共军民种壹百石,归根敬执业。

一民田坐落旧铺西马桥恒小新庄,计种叁拾式石、拾式八石,连园在内。

一民田坐落旧铺耿庄及散分种四十石(大树王小柳庄),种二十石,军民共种六拾石。又军田半分,坐落在果园连山场,在内计种四十石,共军民种壹百石,归根兰执业。

一民田坐落在张洪营大潘庄,四佃,种六十八石,又军田二分,坐落郭圩、罗田,计种四十石,共军民种壹百零八石,归根荷执业。

一民田坐落义井赵庄,三佃,黄庄二佃,共民种六十石。又军田坐落红石嘴庄,计种四十石,共军民种壹百石,归根梓执业。

道光拾六年二月拾八日

汪云佺　汪云任　汪云倬

根荷　根芝　根书　根敬　根恕　根礼　根兰　根梓

道光十七年,1837年,54岁

英国再次爆发资本主义经济危机,更疯狂地以武力来保护鸦片走私,用贿赂手段腐蚀中国当局、海关职员和一般官员。这年英美鸦片贩子将价值二千五百万美元的三万九千箱鸦片顺利地偷运入中国。

正月,清政府命林则徐任湖广总督。六月,命沿海各省严堵纹银出洋。九月,邓廷桢奏准《逐英吉利趸船及拿办窑口走私鸦片章程》。

九月,汪云任担任苏州知府。

两江总督陶澍会同江苏巡抚陈銮研究后上奏朝廷,以汪云任为苏州知府。《请以汪云任补授苏州府知府折子会苏抚衔》:

"奏为省会首府要缺需员,恳恩俯准补授,仰祈圣鉴事。

窃照苏州府知府汪忠增患病,恳请开缺调理。奏奉上谕:江苏苏州府知府员缺紧要,著该督等于通省知府内拣员调补。所遗员缺,著汪云任补授等因。钦此。

查苏州府,系省会要缺,政务殷繁,且时有发审案件,非精明历练之员,不足以资治理。臣等与藩、臬两司,于通省知府内逐加遴选,非现居要缺,即莅任未久。

惟查候补苏州府遗缺知府汪云任,年五十四岁,安徽盱眙县人,嘉庆丁丑科进士,引见,以知县即用。签发广东,补授三水县,调补番禺县。道光元年,奉旨升授广西归顺州知州。因在广东获盗,引见加一级回任,奏署思恩府知府,旋告病回籍。遵酌增常例,捐升知府,签发江西,奏补赣州府知府。丁忧服满,赴部奉旨,补授苏州府遗缺知府。该员勤明干练,有守有为。臣陶澍素知其在赣州府时,极能任事,胆识俱优,地方一切,深资整顿。臣陈銮前在江西巡抚任内,该员已经回籍,亦闻其官声素优,舆情爱戴。兹因奉旨补授遗缺来苏。查赣州与苏州,同系四项兼全要缺,若以之请补苏州府缺,足资胜任,毋庸展转更调。臣等面为商榷,意见相同,并据藩、臬两司会详,请奏前来。合无仰恳天恩,俯念员缺紧要,即准以汪云任补授苏州府知府,实于要缺有裨。如蒙俞允,该员系补授苏州府遗缺知府,今请即补苏州府知府,衔缺相当,毋庸送部引见。臣等谨合词恭折

具奏，伏乞

皇上圣鉴训示。谨奏。道光十七年八月十八日具奏。"

九月十三日奉到朱批："另有旨。钦此。"

同日奉到道光十七年九月初二日内阁奉上谕："陶澍等奏补省会首府一折。著照所请。江苏苏州府知府员缺，准其即以汪云任补授。该部知道。钦此。"①

陈銮，字仲和，湖北江夏（今武昌）人，嘉庆二十五年探花，授编修，历任苏州知府、浙江按察使、江苏布政使、江西巡抚，署两江总督兼署江南河道总督署。十九年，冒暑行阅，病卒。著有《耕心书屋诗文集》《楚名臣言行录》等.

白居易曾在苏州为官，汪云任仰慕他，曾摹他的手书"木兰堂"三字，镌于石上，并赋诗一首："千载风流刺史贤，木兰题字尚依然。恰当贱子宫吴日，正合香山领郡年。拟绩新诗镌石上，归将遗迹榜堂前。他时得占园林乐，定和先生池上篇。"这块诗石后来运回家乡汪园，嵌于木兰堂上，保存至今。

九月，次子汪根恕中举，后任国子监监丞，江苏即补道，署苏州织造兼浒墅关监督。

道光十八年，1838 年，55 岁

此年鸦片输入增到 40200 箱，超过禁烟开始时的二十倍以上。这些鸦片，除少部分属于美国和葡萄牙的以外，大部分是英国在印度制造输入的。清朝统治阶级内部对烟毒泛滥、白银外流问题争论更加激烈。林则徐上《筹议严禁鸦片章程折》《查拿大烟贩收缴烟具情形折》《钱票无甚关碍宜重禁吃烟以杜弊源折》，主张严禁鸦片。陶澍上《覆奏筹议严禁鸦片章程以塞漏卮折子》，称"臣伏思，鸦片烟之害，起自粤洋，流素内地。中其瘾者，殃身废务，如醉如迷。久且竭中国之资财，贻害及于国计。苟有人心，孰不切齿痛恨？……"深刻分析吸食鸦片的严重危害，赞成黄爵滋等严禁派的主张，并提出八条禁烟措施。道光帝感到危机四伏，于是下决心禁烟，九月招林则徐进京讨论禁烟问题。十月下令各省认真查禁鸦片，并在全国各地逐步掀起大范围的禁烟活动。陶澍迅速行动，下令禁烟，在扬州、苏州、江宁、上海东关等地缴获大量的鸦片，总数有十五万量之多，并将烟土全部销毁，震动朝野，开全国大规模禁烟销烟之先河。

十一月，林则徐任钦差大臣，前往广东禁烟，并节制广东水师，查办海口。十

---

① 陶澍：《陶澍全集·奏疏 3》，岳麓书社，2010 年 1 月，第 275—276 页。

二月十二日,英美鸦片贩子破坏广州当局在外国商馆前处决中国烟贩,捣毁刑场,侵犯中国主权,激起广州人民的极大愤慨,暴发了万人包围商馆的示威活动。

苏州人吸食鸦片现象非常严重,耗费的钱财十分惊人。包世臣指出:"即以苏州一城计之,吃鸦片者不下十数万人。鸦片之价较银四倍。牵算每人每日至少需银一钱,则苏城每日即费银万余两,每岁即费银三四百万两,统各省各城大镇,每年所费,不下万万。①"

在担任苏州知府期间,汪云任严厉打击走私鸦片行为,苏州府所属各县的禁烟工作取得了显著的成效,受到两江总督的称赞。"苏州府知府汪云任于兼护道篆任内,督同各委员迭次访拿兴贩烟土多案,获犯四十余名,月余之内,搜缴烟土数万余两,实属督办有方,实心整顿。……道光十八年十月十七日内阁奉上谕:苏州府知府汪云任,著赏加道衔。②"因禁烟得力,汪云任被赏给道台衔。

汪云任兼任苏松太兵备道、兼护江海关道,一年期满,江苏巡抚陈銮向朝廷上报奏折,称:"今江海关自道光十八年正月初一日起,连闰至十一月底止,已届1年期满。饬据委管江海关事苏松太道王胡详报,前管关道周祖植暨护关道、苏州府知府汪云任及该道管关任内,合计1年期满,共征收税钞银73683两2钱8分5厘,内除正额铜斤脚价各银两外,计盈余银49702两9钱5分5厘。详请核奏前来。臣复加查核,该关征收税钞,除正额铜斤脚价各银两外,核计盈余银49702两9钱零,查照往年盈余数目,有盈无绌,尚无征多报少,自应尽数分别报解,以重国课。除饬将解支各项分别查明详咨外,理合循例恭折具奏。道光十九年二月三十日奏,三月十六日奉殊批:户部知道。钦此。③"在任期内,汪云任圆满地完成了江海关关税征收任务,且有盈余,账目清楚,上司很满意。

道光十九年,1839年,56岁

正月二十五日,林则徐到达广州,宣布禁绝烟毒的决心,命令洋商限期消缴存烟,并捕拿烟贩,共缴获鸦片烟土二百三十七万六千二百五十四斤,从四月二十日到五月十五日将收缴的鸦片全部在虎门海滩公开彻底销毁。八月,英内阁

---

① 包世臣:《安吴四种·齐民四述》卷二《庚辰杂著》,同治十一年刻本。
② 两江总督陶澍等:《奏为办理续获烟犯情形折》,中国第一历史档案馆编《鸦片战争档案史料》第一册,上海人民出版社,1987年7月。
③ 江苏巡抚陈銮:《海关道光十八年关期征收税课银两折》,江苏省财政志编辑办公室编《江苏财政史料丛书》第一辑第三册,方志出版社,1999年12月,第300页。

会议决定对华发动侵略战争。十一月清政府下令断绝中英贸易。十二月,英船封锁广州海口。林则徐任两广总督,邓廷桢调任闽浙总督。

汪云任为严保庸《盂兰梦传奇》作跋:"仆耳闻问樵先生名久矣,己亥正月,吴门枉顾,始识荆州。出示《盂兰梦传奇》,读之,缠绵悱恻,一往情深。仆侧听新声,触旧事,谁能遣此,是用作歌。"①该剧演地藏王发放张佩珊女鬼魂,与庄守中梦中相会事。严保庸,字伯常,号问樵,江苏丹徒人。嘉庆二十四年解元,道光九年(1829)进士,入翰林、改官山东栖霞知县。笃志好学,自以为传奇无愧作者。

汪云任为苏州慈善机构普济堂开辟财源。"聚龙桥方基渡船,道光十九年,郡绅顾宗淯呈请知府汪云任创设。以渡息充普济堂中,每月初二、十六二日每人给钱八文,为助膳菜,立案勒石。"②

三月,陶澍以病免,调林则徐督两江。六月二日,陶澍病逝于两江督署,赠太子太保衔,谥文毅。陈銮署理两江总督兼江南河道总督,不久病逝。

裕谦任江苏布政使,又署江苏巡抚,不久实授。

汪云任调任山东督粮道。为山东省管理漕粮的行政机关,于顺治五年(1648)成立,驻德州。其行政长官督粮道(又称粮储道),是漕运总督统辖之下负责管理山东省内漕粮的监察兑收和督押运船的专职道员,官秩正四品。

道光二十年,1840 年,57 岁

正月十八日,英国任命驻好望角海军司令乔治·懿律为对华谈判全权公使,查理·义律为副,并由外交大臣巴麦尊发交《致满清宰相的抗议书》,提出通商、割地、赔烟价和待遇平等等要求。③ 二月,英国会正式通过对华战争决议案,派兵远征中国。五月,英国军队抵广东海面。鸦片战争爆发,标志着中国近代史的开端。

六月,英军强占定海,直接威胁江、浙。裕谦以江苏巡抚兼署两江总督,反对妥协,奏请添铸火炮,建造炮台,加强江苏沿海防御。

经过十年精心准备,汪云任于斯年终于将亡友王笠舫的《绿雪堂遗集》刻印出来。此书共二十卷,收诗词两千多首,具有重要的文献价值。汪云任还写了一

---

① 汪云任:《跋》,载蔡毅编著《中国古典戏曲序跋汇编》(1—4 册),齐鲁书社,1989 年 10 月,第 1101 页。

② 顾震涛:《吴门表隐》,江苏古籍出版社,1999 年 8 月,第 137 页。

③ 齐思和等整理:《道光朝筹办夷务始末》卷一二,中华书局,1964 年 3 月,第 30—38 页。

篇序："会稽王笠舫同年,以才子名海内数十年,余在都门曾读其诗而未及相见也。迨捧檄珠江,适君佐方伯赵文恪师记室,得叙同谱之雅,执手甚欢。次年,余调禺山,君为六县掌骈体文字,春秋佳日,选幽探胜,时一倾谭所作诗文,倚马万言,令人舌挢不下。顾余簿书繁冗,君又无事不踏县衙,犹未得数数见也。丙戌春,君以武宣令至粤,先事牵涉,留滞会垣,余方由邕郡移疾将归,话旧天涯,各深狂喜。八桂故饶奇山水,携壶挈榼,几于无日不并辔以游。时君主李芸甫水部家,而襆被常留余寓,性情惬洽,虽昆仲蔑以加矣。庚寅冬,余典虔州,闻君殒于桂管。越一年,哲嗣窗山抱遗稿尺许而至,具述濒危之语,谆谆以传世之业为托,乃著作多所散佚,尚需抄补。今年,余守吴郡,而窗山亦排次成编,值同里王味兰孝廉在署中,昔与君诗札往还,为未谋面之知己,因悉力考核,儿子根恕则随同校雠,凡数阅月而剞氏告竣焉。君幼有异禀,读书十行俱下,父冠英先生督课甚严,每日抽取十三经,令背诵,不遗只字。年十七应县试,邑宰王公锟渠惊赏其文,拔置第一,欲妻以而忘为同姓越人,艳之。辛酉贡成,均出仪征阮相国、诸城刘文恭公门下,名噪一时,江浙耆儒交相引重,而君性高旷,尤嗜酒,喜与一二同志酣饮市楼。在岭南时,量渐减而兴益增,冠盖踵门,多谢却弗见。阮相国为两广制府,非折柬相招,亦不往。寓斋遍植花木,暇则手一编编默坐,览毕即弃之,筐中仅残书百十册,而属词比事贯串古今,它人不能窥其涯际。酒酣耳热,俯视尘俗,成进士则忤要津,失高等,及授县令,改广文,迄无所就而罢。平居既厌治生人产,而笔所入缘手则辄尽。晚年思归不得,倦倦言表,才丰遇啬,岂文人赋命例然软?越中称君者,皆以为徐天池复生,余谓才之奇,人之奇,固与青藤异世相肖,惟君诗天才横逸,不可方物,合李杜韩白温李苏黄,奄有其胜,沉博绝丽,自成一家。以视其体,昌谷遁作别调,以争雄者,区以别矣。古文学家昌黎,中年所作则与欧曾相近,骈文尤精警,得六朝、初唐之选,恐青藤翁亦当望而却步。寿言存稿,并为屡人残膏剩馥,可以沾丐后人矣。昔袁中郎游越,青藤已前卒,仅得见文长集阙编二种。余于中郎无能为役,而诗君诗如是之富,论交又如是之深,不期新幸哉!忆丙戌重九,余买棹漓江,君与芸甫送到碧崖阁,置酒言别,君往时豪兴勃发,从不作愁苦之色,独尔日夕阳帆影,黯然神伤。今梨枣讫工,而故人之墓草已宿,感念畴曩,不禁掩卷而太息也。时道光二十年岁在庚子三月既望年愚弟盱眙汪云任序。"

　　是年春天,汪云任请假返回盱眙,住南园八十八日,作《春游南园》诗十二首,并于三月三日作"先大夫修禊处"石碑。诗序云:"余庚子春假,返盱山,住南园凡八十八日,闺中人以园林诸胜事按日纪游,歌声萦耳,绮思如云,因赋诗十二首,以纪其胜。"

二月初四,"新粮储汪孟棠云任久未到任,岂以俟应出运,故珊珊来迟耶? 当发令箭饬宛弁前途催攒,俟六军邦过关即专禀闻。"①

杨殿邦充山东正考官,晋升内阁学士,兼礼部侍郎。

道光二十一年,1841 年,58 岁

正月初四(公历 1 月 26 日),英军侵占香港。朝廷派奕山、杨芳等带兵驰援广州。二月初六,英军攻陷虎门炮台,水师提督关天培、副将刘大忠、游击麦廷章率部英勇抗击,壮烈牺牲。琦善被革职解京。三月,林则徐受命赴浙江协办海防,在浙积极筹议战守,提供炮书,帮助研制新式炮车和车轮战船。四月,英军炮攻广州城,奕山竖官旗投降,和英军订立《广州和约》。邓廷桢奉旨遣戍伊犁。五月,道光帝以林则徐"办理殊未妥协,深负委任"和"废弛营务"②罪名,革去其四品卿衔,从重发往伊犁效力赎罪。七月,英军攻占厦门,八月二十六日,英国侵略军攻占镇海,两江总督裕谦(1793—1841)便令江宁副将丰申泰护理钦差关防各印迅离镇海,将关防各印送交浙江巡抚衙署,向西北朝廷叩头谢罪后,跳入沉泮池,以身殉国。后来追赠太子太保,谥靖节。

漕运总督朱澍保举汪云任,道光帝朱笔圈出,调取引见。四月二十三日,由吏部带领引见,奉旨著回任。

五月,李星沅调任江苏按察使,十二月升江西布政使,旋任江苏布政使。李星沅(1797—1851),字子湘,号石梧。湖南湘阴人。道光十二年进士。曾任四川按察使、陕西巡抚署陕甘总督、江苏巡抚、两江总督等职。有《李文恭公全集》《李星沅日记》等存世。

十月初十(11 月 22 日),"舒自庵馈莱赴登州,见爱翁、汪孟棠赴临清催闸内粮船,均以未晤为怅。"③

道光二十二年,1842 年,59 岁

二月,奕山出兵企图收复被英军侵占的宁波等三城,大败,逃回杭州。五月,

---

① 李星沅著,袁英光、童浩整理:《李星沅日记·道光二十年》,中华书局,1987 年 6 月。
② 齐思和等整理:《道光朝筹办夷务始末》卷二九,中华书局,1964 年 3 月,第 22 页。
③ 李星沅著,袁英光、童浩整理,《李星沅日记·道光二十一年》,中华书局,1987 年 6 月。

英军进攻吴淞炮台,江南提督陈化成牺牲。宝山、上海沦陷。六月,镇江失守,镇江军民受损严重。七月,英舰兵临南京城下,耆英等奉旨议和,与英国璞鼎查签订中国近代史上第一个不平等条约《中英江宁条约》十三款,割让香港岛给英国,向英国赔款二千一百万银圆。

汪云任调任通政司参议。通政司为收受、检查内外奏章和申诉文书的中央机构,其长官为通政使。通政司设左、右参议各一人,正五品,佐通政使,受理四方章奏。

汪云任游潞河,为张瑶娘画像,邮寄王荫槐索诗,王作《云堂唤铁图》四首。

蒋琦龄作《汪孟棠云任廉使〈唤铁图〉》(图为其亡姬铁卿作):"方响声声出芰荷,芦帘高卷对庭柯。花笺语好原如铸,玉杵缘深不待磨。真意每于喧处冷,柔情偏觉炼来多。广平自有寒梅赋,绝胜三郎得宝歌。异质才看出水殊,白云亭下又荒芜。空余博识段柯古,尚忆高情郭退夫。(图取唐人郭休唤铁故事)百日采厌浇画障,卅年红泪结冰壶。何时重侍南康节,约指金环认有无。"[1]　蒋琦龄(1816—1876),字申甫,广西全州人,道光二十年(1840)进士。道光二十七年起,历任汉中知府、西安知府、四川盐茶道、顺天府尹。著有《空清水碧斋涛集》《空清水碧斋文集》,

姚莹作《汪孟棠云堂唤铁图》。[2]

李星沅擢任陕西巡抚。

南河道部督麟庆祭祀淮渎庙之后,赴盱眙游览汪云任在家乡建造的汪园,并作游记云:"壬寅春,元宵节后七日,余以事夜渡洪泽湖,舣舟龟山。越月,荐馨淮渎庙,礼毕,将移棹第一山。适虹乡广文陈铁斋至,盛称盱眙南园,犹末之奇也。以抵盱眙,遥望赤壁千尺,翠屏如画。爰就玻璃泉煮茗饮,甚清冽。返而登舟,听龟山晚钟,月色微茫,烟波浩渺,心物两忘。翌辰将返,为逆风所阻,越两日夜。风号雨跳,掩蓬危坐意,谓游宴之缘亦有分限,而以云水洗我尘垢,亦足乐矣。适夏,广文鳜庐至,亦称南园盛。铁斋、鳜庐均博雅清修,非漫许可者,投明开霁,遂偕游焉。至则倚山架楹,决泉成沼,禽张起伏之势,霞沈锦舒,各构其巧。铁杆红萼,横斜穿插,蔽岩而抱阁者梅三百树叶。萧疏披拂,舞风捎云,迸石而荫檐者,竹万竿也。杂卉名花,不可悉数,樱桃更成茂林,闻花时剪绒错绣,飞屑满径。仰

---

① 蒋琦龄:《空青水碧斋诗文集》,广西人民出版社,2001年5月,第281页。

② 施立业:《姚莹年谱》,黄山书社,2004年11月,第310页。

望笠山，耸崎东南，与第一山峦相延属。环青紫翠，若为园树作障幄者，江北名园，允推第一。独惜不得久留。夕阳在山，横射楼台竹木间，金碧照耀，回望若蓬莱，可接不可接，而余已在舟中矣。微风无浪，一帆正悬，又与向之停泊山上时情殊趣异。归而有余乐，行将摹绘园图，入余《鸿雪因缘》第三册中，以传快游，以志奇缘。因先点笔略述梗概，以寄主人昆季。道光壬寅季春，长白麟庆记。"

麟庆又作《汪园问花记》："汪园在第一山东八里，为孟棠观察别墅，余同王莲舟太守、蔡石渠游戎往游焉，仰而登山，俯而涉溪，凡数折，始至园门。则见倚门架楹，决泉成沼，台榭亭宇，制作合度。其铁干红萼，横斜穿插，蔽岩而抱阁者，梅三百树也。萧疏披拂，舞风捎云，进石而荫檐者，竹万竿也。杂草名目，不可悉数。樱桃成林，花时剪绒错绣，飞屑满径。仰见笠山，蠹崎东南，与第一山峦岫相延属，环青紫翠，若为园树作屏障者。江北名园，允称第一。《蟪庐诗钞》尝记南园诸景而系以诗：曰梅坪早春，曰兰田晓露，曰斗笠山种松，日双海棠巢夜饮，曰今桃花潭修禊，曰樱桃湾消夏，曰柳桥烟雨，曰白云台独立，日藕泮风香，曰鹤砦携琴，曰孔雀栏日影，日双桂坡秋月，日清听楼晓钟，曰红叶村望淮，曰竹径归樵，曰小珊瑚斋看雪，想见当时林壑之盛。园主研云（名云倬，邑诸生）为梦塘介弟，余曾与梦塘一晤，兹复与研云款洽，独惜不得久留。既而夕阳在山，横射楼台竹木间，金碧照耀，四望若蓬莱，可接不可接，而余已返舟中矣。微风无浪，一帆正悬，夜过龟山，钟声依旧。黎明，抵武家墩，验船坞工。先是，石坞可御高堰志桩水二丈，近因连年异涨，半被冲圮，难抵风浪，余特捐金十有六镒，嘱黄兰渠游戎（名佩）加砌碎石修复之。"①

麟庆（1791—1846）字伯余，别字振祥，号见亭，满洲镶黄旗人。嘉庆十四年进士。历安徽徽州知府、河南按察使、贵州布政使、湖北巡抚、江南河道总督，后以河决革职，旋再起，官四品京堂。著《鸿雪因缘记》《黄运河口古今图说》《河工器具图说》《凝香室集》。

汪孟棠把外国传入的一种形似玫瑰能散发出香味的花称为扇香花，得到一些文人的认同，并在一起以此花为对象进行唱和。受到汪孟棠赏识的青年周寿昌（1814—1884）作《扇香花歌》，并撰小序说："洋玫瑰者，叶类蒿艾，触以物，或扇之，香满室，移时乃止；再触之，复然。入夏始花，花似玫瑰，香亦如之。故外洋产新来都下者也。汪孟棠年丈以其名不俪实，易称之曰'扇香花'，并欲移植南中。

---

① 麟庆：《鸿雪姻缘图记》卷三，北京图书馆出版社，2011 年 11 月。

为歌以赞其说。"此诗引用了孟棠的话"瞢腾一觉堕香海,绮梦惊人还少年",称赞孟棠"先生爱花如爱才,搜采未肯遗蒿莱"。周又作《扇香花和梦棠年丈韵》,与汪孟棠唱和:"名花莫惜赏音迟,海雾江云态总宜。翠袖娟娟同竹倚,清襟冉冉袭兰吹。画帘春静烟无迹,罗扇风轻蝶早知。似共优昙参妙谛,闻根微触澹忘时。"①两年后,周寿昌中进士,点翰林,后任迁内阁学士兼礼部侍郎,著述丰富。

杨殿邦署总督仓场兼户部侍郎。

道光二十三年,1843 年,60 岁

闰七月,洪秀全砸碎孔子牌位,和冯云山、洪仁玕等人组织拜上帝会,进行反政府宣传活动。

杨殿邦、汪孟棠两人首倡捐修敬一书院,在盱眙引起热烈反响,纷纭解囊出资出力,改善了盱眙的办学条件,对教育事业的发展是一大贡献。训导哈晋丰作《重修敬一书院记》,并勒石记述此事:"敬一书院者,崇圣书院故址也,地在盱眙治南,玻璃泉上。康熙间,翠华南巡,邑令周振举增饰备幸。乾隆九年,郭令起元更新之,造土其间,改名敬一。岁久倾圮,讲堂、生舍、阁、台榭浸咸墟矣。癸卯春,邑绅杨侍郎叠云、汪廉访孟棠首捐倡修,邑之人方奋兴赞成是役,而晋丰适于斯年选盱眙训导,因得奔走捐输,经营土木,肩随二三君子后襄盛举焉。谨案是役,起自二十三年五月,咸至二十五年三月。统计捐钱万数千千有奇,兴作工用数千千有奇,薪水膏火之资如之。亭宇堂舍重建者凡几,增设者凡几,其间庀材、鸠工、董督诸务,则廉访公仲弟问松封君也。劝输多士,鞅掌四郊,则侍郎公族侄厚村、学博小山文学也。参机助理惟王学博味兰,分喻输将惟戴学博铁夫、惟傅明经粹亭、沈文学叔坚。人忘劳,费忘钜,凡二十余月而工竣。夫名胜之地,有废必兴;文教之修,有倡斯应。晋丰秉铎于兹,躬逢其盛,目睹名公卿倡义于上,贤有力者争输于下,其兴教劝学之意,皆不可以不志。至晋丰忝任师儒,于诸生无毫发助,勉分俸三百千文增膏火之资,固有教士之责者所能自己,而非敢与此邦人士争好义之名也。道光岁次乙巳三月朔日,江宁哈晋丰记。"碑刻原在第一山清心亭,高 39 厘米,宽 9S 厘米,楷书 27 行。②

台湾兵备道姚莹在台湾率领士民严守海关,盘查走私,严禁鸦片入境,"犯者

---

① 周寿昌:《周寿昌集》,岳麓书社,2011 年 2 月,第 34 页。
② 中国人民政治协商会议盱眙县委员会文史资料委员会:《第一山题刻选》,第 64—65 页,自印。

刑,再犯者死",令英国鸦片商望而生畏。道光二十一年(1841),姚莹与总兵达洪阿密切配合,两次击退英军的进犯。道光二十二年三月,英国舰艇阿安号入侵台湾大安港。姚莹依靠渔民诱敌深入,一举歼敌100多人,缴获大炮13门。但是,《南京条约》签订后,姚莹受到侵略者的讹诈和投降派的迫害,于道光二十三年(1843)三月被解押内渡,送京都入狱治罪。七月,姚莹解京过淮上,诗人张际亮陪同姚莹上京都,并代姚莹作《狱中辨冤疏》。姚莹事白,八月二十五日,一时名满京师。汪云任等朝中清流分别宴请慰问姚莹,畅论时务,姚莹非常感动。姚莹(1785—1853)字石甫,号明叔,安徽桐城人,嘉庆十三年进士,道光十七年授台湾兵备道,赏加按察使衔。

汪云任同年王植提督江苏学政,九月任浙江巡抚,寻改任安徽巡抚。

道光二十四,1844 年,61 岁

杨殿邦任漕运总督。

二月,洪秀全、冯云山离花县出游,宣传拜上帝会教义,进行革命活动。五月,《中美望厦条约》签订。九月,《中法黄埔条约》签订。

二月,汪云任调任陕西按察使。"以陕西按察使傅绳勋为云南布政使,通政使司参议汪云任为陕西按察使。"①

陕西巡抚李星沅日记载:"三月二十一日(4月8日)辰初起,首府李芋村堂上双寿,因留与将军、两都统及司道小集。申刻正月杪折差朱桩回,奉殊批如例,所请给延川帮费及大炮补造药铅共需银九百两奉旨准发。鹤师书来,言仿铸系司农定议,亦无成见,如万不可行,不妨据实复奏,无须迁就,并以前书论利弊极透,能变通固好,否则不如仍旧也。衡甫书则谓汪孟棠、陈枭先因误记,故有此举。"②

七月十六日,汪云任整理祖父汪汇等人的诗稿,并作《汪汇等清心亭观淮诗跋》,由弟弟汪云伭负责刊刻清心亭碑石上,此诗碑现保存良好,碑刻原在第一山清心亭,高44厘米,宽106厘米,楷书35行:

清心亭观淮   汪汇东川

筇扶直上倚来栏,文境天开愈可观。千里澄波云外涌,万家烟火镜中看。独

① 贾桢、花沙纳、阿灵阿、周祖培奉敕修:《大清宣宗成皇帝(道光朝)实录》卷四百一,中华书局影印,1986 年 11 月。
② 袁英光、童浩整理:《李星沅日记》,中华书局,1987 年 6 月,第 551 页。

留古塔冲寒浪,移得丹霞染碧峦。最爱征帆归去稳,乘槎如在斗牛端。

又　　王卫道敬传

千里长流绕翠屏,澄澜浩渺敞空亭。依山波影迢迢白,隔岸人家点点青。晚泛夕阳烘石壁,晴涌秋色接苍冥。水云漫引闲心远,遥指轻鸥上野汀。

又　　李溥介远

曲栏遥对水盈盈,一片玻璃万象生。风动淮流分两岸,月明渔唱度三更。波涵古塔云俱湿,人醉冰壶梦亦清。更爱半山亭子上,松涛和浪写秋声。

又　　柳墀柳村

亭面长淮烟水侵,晴光满目快登临。片帆遥带千峰翠,一塔常留万古心。秋影落将平浦尽,河源穷处白云深。夕阳无限空明景,拟取蓬瀛次第寻。

又　　唐振雪床

高亭直与斗牛偕,万里空明烟水涯。古塔残霞飞绿浦,长天秋影落清淮。漫从瀛海舒青眼,却遣风涛入壮怀,咫尺河源犹可溯,昆仑山外白云阶。

和作　　朱榣葭林

群贤雅会继兰亭,惭愧无缘奉德馨。孤馆独吟秋月白,高朋极目晚峰青。诗成珠玉空千载,觞泛玻璃泻百瓶。昨夜斗奎光倍炯,可知淮浦聚文星。

汪云任跋云:玻璃泉在我邑第一山之麓,泉上有亭,曰清心亭。长淮襟左,洪湖环右,访奇探胜者必题名赋诗。庚子春,余乞假旋里,见亭日倾圮,因将各石刻异寄学舍,俾免毁坏。今年春,邑中诸同志集资重葺。余适奉命秉臬关中,不克共襄是役。知家仲云佺独任监修之责,心窃喜之。于行箧中检得先大父东川公、先外祖王敬传先生及诸前辈游清心亭长律六首,吉光片羽,诚可宝爱,即丐同年友海盐吾德涵楷书刊石,寄付家仲,附于亭壁旧时各石刻之后,志先世手泽之犹存,幸前哲风流之未坠,并以示后之登斯亭者。时道光甲辰七月既望,里人汪云任谨识。①

弟弟汪云佺重刻宋米芾第一山碑:高265.5(含碑一座,高49.5)厘米,宽97厘米,字径74厘米,行书。位于第一山上方,面对淮河,字为米芾手笔。其左刻有小字:"米元章名此山,勒书于石,兵燹其碑。吾乡先达曾摹勒于道山,世传为簪花家法。今创第一山亭,因吾乡墨榻复钩勒石亭中。此山之灵,应珍重保护为镇也。乾隆十年九月,普安郭起元记。"字径3厘米。末书:"道光甲辰汪云佺重

---

① 中国人民政治协商会议盱眙县委员会文史资料委员会:《第一山题刻选》,第59－61页,自印。

刻。"字径2厘米。以上均为正楷。①

汪云佺重刻魁星碑,碑在第一山玻璃泉,其旁刻有小字:"尔何名耶,非字非画,异态异形,吾不知谁之子,尽道文宿之精。运帝车兮酌元气,蹈瑶光兮耀王绳,浑天得之而文明天下,傅说得之而辅相武丁,吾发尔秘,尔显吾灵,屈伸精华之堂,舞蹈敬一之亭。兆九重梦寐,图惟肖之丹青。史臣占之夫曰:天开文运,贤俊汇征。龙游洞人林楚书,万历十一年癸未孟春之吉,雷州府儒学教授陈谏、训导刑掌修,何继宇迁立。魁碑者,粤东琼州府文昌县所立石也,不知镌于何年,继迁于雷州府学。嘉庆戊寅,余随伯兄之官岭南,友人见赠期图,携归装拱书斋。今值吾邑重修书院魁星亭,旧像待塑,恍然感斯图语有'敬一'二字,适符书院旧名,其二百数十年得为之光欤? 爰告同人,遂摹石敬立于亭。并携雷州府、文昌县两犯,冀文运昌明,迅如雷奋。仡见盱山多士,高掇巍科,振声文路,斯见先机云尔。道光甲辰仲秋邑人汪云佺谨识。"

《李星沅日记·道光二十四年》关于汪云任有如下记载:

四月十一日(5月27日)卯刻起,德珠布来谢。新臬汪孟棠(方任)入见,丁丑进士,安徽人,夙以能名,大约体多于用,谈悉造膝三次,均蒙谕及星沅年力强壮,熟悉情形,局度宽博,学问纯雅,果如所述,弥深惶汗。

四月十二日(5月28日)卯刻起,拜会汪孟棠及傅秋屏,谈少许,孟棠述其第三面奉谕陶廷杰才具太不开展,似有所闻,尚未即灼知也。

四月十四日(5月30日)卯刻起,复监泉书,邀秋屏、孟棠小集。孟棠云王宝珊在山左滥于放款以示宽大,地方必受其敝,待雨龄以师道自居,亦从前执礼甚恭之过。神木县王致云办案错谬,具疏稿劾之.

五月十五日(6月30日)卯刻起,补服诣文昌宫行香,司道以次均贺,出夹片示孟棠属为加札北山认真督办,子俊默无一语,似不愿人得好处也。

五月十六日(7月1日)卯刻答拜满城及司道,子俊谈及郝州缺专属蒲城朱大源,予告以现为社谷一节即甚含糊,未可升任,或安康陈仅、华州郝升荣尚可商,孟棠云徐显智官声劣,诚然。

十一月二十九日(1月7日)辰起,……芋村来,谈及俊翁前岁已付十草归黔,以今计之恐又将倍,惜无嗣息享此,高升专权人固伶俐,孟棠家累甚重,应酬颇廓,非俭无以养廉。

---

① 盱眙县县志编纂委员会:《盱眙县志》,江苏科学技术出版社,1993年2月,第697页。

十二月二十日(1 月 27 日)辰起,作京信,孟棠以诗屏为老母补祝,义不能辞,诗百韵亦稳。止院,作海翁复书并湘林、海阳各信。

十一月二十三日(1845 年 1 月 1 日),已在新疆充军三年的林则徐给汪云任写了一封充满感激之情的书信:"致陕西臬台汪孟棠　道光二十四年(乙巳)十一月二十三日于伊犁。忆自金陵握晤,瞬已十年。在楚粤时,鳞羽虽通,无由□□□,至随风萍梗,飘泊频年。雁帛数行,遂亦无从觅达。□□大兄大人秉臬关中之喜,庆抃在心。比接家言,知敝寓频枉高轩,小儿屡叨倒屣。具佩推乌之爱,弥增别鹤之怀。际兹寅谷迎年,辛盘饯岁,缅维履端辑祜,泰筮延禧。紫气东来,坐领关山之胜,青阳左个,思颂节钺之华。引跂祥,曷胜摅颂。弟荷戈绝塞,岁序三移,马角(云云,同李芋邨)至记注耳。专此布臆,即贺崇禧,并请台安。不一。愚弟顿首。"[1]

道光二十五年,1845 年,62 岁

本年度广西、四川、直隶、山东、河南、广东等省先后爆发反清起义。十一月,英国驻沪领事巴富尔和清上海道宫慕久订立《地皮章程二十三条》,是外国侵略者在华强划"租界"的开始。

清政府起用林则徐,命署理陕甘总督。十二月,广州人民为反对英人入城,驱逐广州知府,捣毁知府衙门,取得反入城斗争第一次胜利。洪秀全写《原道救世歌》《原道醒世训》,冯云山在广西桂平紫荆山区传教,组织农民群众,发动反清起义。

春,汪云任倡修家乡名胜清心亭,并请人摹刻陶澍诗于石上。刊刻陶澍诗《登第一山》《盱眙览古》《晚发盱眙望玻璃亭》,高 38 厘米、宽 82 厘米,字径 2.5 厘米,行书。石镶嵌室内壁上[2]。刊刻陶澍诗《登盱眙远眺作歌示兰卿》,碑刻在第一山淮山堂,高 38 厘米,宽 145 厘米,行书 32 行。[3]

正月,李星沅调任江苏巡抚,四月署陕甘总督。汪云任署陕西布政使。"奏为遵旨委署藩司北递署臬司道篆仰祈圣鉴事。臣接准吏部咨开本年正月初六日,奉上谕著陶廷杰来京陛见,陕西布政使著李星沅派员署理,钦此。当即恭录

① 林则徐全集编辑委员会编:《林则徐全集》第七册信札卷,海峡文艺出版社,2002 年 10 月,第 3679 页。
② 盱眙县县志编纂委员会:《盱眙县志》,江苏科学技术出版社,1993 年 2 月,第 697 页
③ 中国人民政治协商会议盱眙县委员会文史资料委员会:《第一山题刻选》,第 57 页,自印。

转行陶廷杰,遵北上,所遗藩司印务,臣杳臬司汪云任才猷干练,识力精详,堪以派令署理。"①

三月十六日,汪云任接到家信,知继母周氏于本年二月十四日在籍病故,立即向李星沅报告,请辞官回籍丁忧。周氏(1761—1845)在汪云任 15 岁时来到汪家,"佐公内政,克勤克俭"②,在汪家生活近半个世纪,有功于汪氏。

李星沅当日即上书朝廷报告此事,并请求派人接替汪云任的职位。"奏为臬司丁艰循例由驿奏闻请旨简放仰祈圣鉴事。臣接据臬司汪云任报称,该司系安徽盱眙县人,今于道光二十五年三月十六日按到家信,知继母周氏于本年二月十四日在籍病故,故该司例应丁忧守制等情具详请奏前来。该司汪云任经臣委署藩司印务,兹所详报,丁忧应却委员接署。"③

《李星沅日记·道光二十五年》记载了汪孟棠的许多事情:

正月十八(2 月 24 日),辰起,子俊来,因告以藩司篆务臬司汪孟棠署,臬司篆务潼商道刘监泉署,潼商道篆凤分道崇贺卿署,凤分道篆西安府李芋村兼护,亦人人意中所拟及也。

十九日(2 月 25 日)辰起拜晤镜帆、云貉、润斋、子俊,即扎委司道署篆,孟棠、贺卿来谢。

二十日(2 月 26 日)卯起,朝服开印九叩谢恩,三拜王命旗牌即发红文,文武官署及兵弁吏役均叩贺,司道以次均蟒服来贺。午问答拜,惟晤谈孟棠、贺卿。孟棠以苏省实在情形陶林前已备陈,此次召对当上达,庶他日办理不至掣肘。贺卿则云惠施塘于其父叔皆不相能,恐报复以修怨。予告以尽其在我,不须无故自恐也。

二十二日(2 月 28 日)辰起,天颇寒,两首县见,得甘省书以查获青莲教内有西安一号、汉中一号,即函属孟棠密饬查拿。

三月初二日(4 月 8 日)寅起,朝服诣先农坛主祭,即行耕藉九推,蟒服望阙九叩,满营随班。孟棠以书院点名匆匆先去,似神不守舍。

三月十二(4 月 18 日),芋村来说孟棠得盱眙家信,闻母病甚危,即乞病假未出。

三月十四(4 月 20 日)卯起,出北门至蒿滩验炮遇雨,孟棠来请终养,乞月折

<hr/>

① 李星沅:《李星沅集》,岳麓书社:2013 年 5 月,第 157 页。
②《汪氏家谱》,清末抄本,汪云任六世孙汪毓葆家藏。
③ 李星沅:《李星沅集》,岳麓书社:2013 年 5 月,第 157 页。

随发。

三月十六日（4月22日）卯起，孟棠闻讯，往唁之，即至监泉、树云答贺，以是日接卸粮篆也，灯下缮折以监泉兼署藩篆，仲鸿一去物议沸然，弊在自雄而不能容人，即妾媵仆隶皆有怨怼之声，非骄吝不足观邪！

十八日（4月24日）卯起，司道以次见，复惭丈书，往视孟棠成礼，孟棠盼监泉权藩如李梦韶故事，似不必行。

二十三日（4月29日）卯起，首县以次见，题《汪孟棠南园图》未录。

二十四日（4月30日）卯起，复璧星泉书，许以兄弟相谓，各从其实。申刻饮冠小堂，谈悉孟棠临去秋波颇不耐人看，非利令智昏耶？

二十五日（5月1日）卯起，各州县见，复周介夫亲家书并谢文绮之赠，题徐秋士八世祖明太仆名宾卿字太掖小像。孟棠以所修零星小屋作银一千二百两，请入流摊逼，真州县恶习，无怪为櫵翁所却也。

四月二十六（5月2日），卯起，至孟棠署公祭。

二十八日（5月4日）卯起，司道以次见，梦白谢折稿略嫌冗长，孟棠议详修署摊捐银千二百两，并原数展摊，事太支离，却之。

五月初三日（5月8日）卯起，致杨至堂书及臬幕。司道以次见。午刻过送孟棠，似有愧色，然闻其语芊村云，修理衔署实用银七百两、钱四百串，则居之不疑，几忘为州县恶习矣。过布东山小坐，芊村语及馈赆，执意甚坚，以向例不受拒之。

五月初七日（5月12日）卯起，两司首领见，知孟棠收二十四万，所入七八竿奠分亦称是，其修造书房前后共用六百余金，殆以此留遗爱且饰其请摊之过也。

李星沅调任江苏巡抚，复调云贵总督，并署云南巡抚。

十二月初十（1月7日）辰起，午刻大座接印，藩司文东川，署藩郭次虎、署臬积淳埔、候补道汪小棠禀贺见。

十六日（1月13日）辰起，天仍东风。粮道倪廉舫见。候补道汪小棠辞赴江宁，又寄南信。

林则徐被重新起用署陕甘总督，次年转任陕西巡抚。

九月初九，与好友王荫槐等人登盱眙第一山，游会景亭。王荫槐作诗《会景亭登高即事题壁诗》记其事："长林啸鸾鹤，万里来金焱。杖履近青云，未觉龙山高。（第一山名龙山，亭在其麓）回首塞雁飞，秋色秦关遥。慨然童丱游，素友俱飘萧。茱萸插兄弟，何如节与旄？（时方伯从兄春亭、哲弟问松同游）长准织估帆，白日口（去）滔滔。天地此芥舟，杯水覆堂坳。妙理悟蒙叟，无为情郁陶。明年吹帽凤,孙盛还相嘲。短歌志佳日,聊用付诗瓢。 偕邑潘南谿布衣,杨若农明经,沈星楼、杨小山、孙晋原三茂才陪汪孟棠方伯今会景亭登高即事题壁,道光乙巳重九日子和王荫槐。"此诗勒于碑,碑刻镶嵌在第一山碑右侧,高? 2厘米,宽100厘米,隶书18行。①

十二月初十日,林则徐在凉州署理陕甘总督,指挥镇压藏民叛乱。

道光二十六年,1846年,63岁

三月三十日,林则徐任陕西巡抚,但仍留甘肃,与布彦泰会同对付藏民反抗。直至六月二十四日,林则徐才离兰州赴陕抚任。

七月,赋闲六年的陶澍女婿胡林翼决定出山,门生故旧集资一万五千两银子,由林则徐专折奏办,在陕西捐输案内为胡林翼报捐内阁中书,并捐升知府,分发贵州补用,后来成为湘军的第二大巨魁。

八月,李星沅擢云贵总督,兼署云南巡抚,因镇压云南缅宁回民起义有功,授兵部尚书,加太子太保衔,赏戴花翎。

十月二十八日,六名英人驾船闯入南海县黄竹岐,擅自登岸,撞入村中栅闸,肆行无忌地放枪打雀,村民上前拦阻,遭英人枪击,村民二人丧命。愤怒群众打死此六名英人。耆英竟无耻媚敌,捕捉村民十余人,处死四人,其余拟绞、充军或判刑。同时,并"令府县集省绅于大佛寺,合拟函词,刻而遍贴,以慰夷心"②。

汪云任捐资修建淮河防洪大堤:"护城堤沿淮南岸,明万历五年巡按御史邵陛筑,名邵公堤,后有张公堤,日久并圮。道光二十六年,邑绅汪云任等以水患日甚,因张堤遗址请宪奏准捐修南自奎宿门北至翟家桥,计筑长堤七百丈,又于学宫淮岸筑堤一道,长一百三十余丈。"③

三月十七日(4月12日)"辰起,小雨,汪小棠(汪孟棠次子)自江宁来述,星翁之意以予为州县负重,恐启推过于上之弊,此间积习诚然,若上海贩运虽无补于仓储,而有济于民食,不得谓为闲文,星翁驭下不密,往来书问当留神。"(《李星沅日记·道光二十六年》)

---

① 中国人民政治协商会议盱眙县委员会文史资料委员会:《第一山题刻选》,第65页,自印。
② 梁廷枏:《夷氛闻记》卷五;旧藏故宫大高殿军机处档案(钞本),道光二十七年十二月二十八日耆英等奏。
③ 王锡元:《盱眙县志稿》卷二,光绪辛卯刻本。

道光二十七年,1847 年,64 岁

二月,英船闯进广东省河,强求入城,广州人民举行武装示威活动,迫使英船退去,取得反入城斗争第二次胜利。三月,李星沅调任两江总督。

淮河发大水,河水溢入县城,居民多受灾,"孟棠公力陈诸当道,议重修,苦乏费"[①],在河南担任知府的汪根敬"首捐廉,博堂上欢,得集事"[②]。汪根敬理解父亲的一片苦心,捐修这道河堤,让父亲的心愿得以满足。县志对此亦有记载:"盱眙安乐桥旧有石堤,年久倾圮,根敬捐廉重修,今所谓小汪公堤也。"[③]乡亲们称汪根敬捐修的这道河堤为"小汪公堤",后来成为盱眙一景,载入地方志。

"十月二十三日(11 月 30 日),辰起复立夫、吉人数行,累及捐米有物议,随与司道谈及孟棠,颇悔形人之短。"(《李星沅日记·道光二十七年》)

林则徐升云贵总督。曾先后平息、镇压西北、西南民族冲突和人民起义,整顿云南矿政。

道光二十八年,1848 年,65 岁

李星沅调任两江总督兼管盐政河务,与江苏巡抚联名上奏,筹建外海水师,办理苏松太漕白粮海运,处理盐务积弊。后兼河道总督,旋因姑息下属劣迹,被降四级留任。

正月十六日,长子汪根敬卒于彰德知府任上,归葬汪家花园斗笠山巅。根敬廪贡生,曾在河南祥符、许昌、开封、商丘等地任知县、知府,政绩突出,多次受到朝廷嘉奖,死后朝廷令在许昌名宦祠设位祭祀,以示尊宠。《许昌州志》有传记,评价甚高。

六月,次子汪根恕署苏州织造,兼浒墅关监督。

十一月二十六日(12 月 21 日)"巳刻拜折,内密片有关系,余皆例件。前陕臬汪天任(汪云任)来见。十一月二十八日(12 月 23 日),招汪孟棠、麟月舫同司道小集。"(《李星沅日记·道光二十八年》)

道光二十九年,1849 年,66 岁

四月,广州十万余群众武装守卫珠江两岸,坚拒英国侵略者入城,迫使英使

---

① 《汪氏家谱·汪根敬传》,清末抄本,汪云任六世孙汪毓葆家藏。
② 《汪氏家谱·汪根敬传》,清末抄本,汪云任六世孙汪毓葆家藏。
③ 王锡元:《盱眙县志稿》卷五,光绪辛卯刻本。

文翰宣布"罢进城议",取得反入城斗争第三次胜利。李星沅因病告假归里。十月十三日,阮元卒于扬州康山私宅。林则徐因病辞职归籍。

五月,"以捐办堤工。予安徽巡抚王植、前任陕西按察使汪云任等议叙有差。"①因捐办淮河大堤有功,道光帝令汪云任进京,拟论功行赏。

王植(1792—1852),汪云任同年,字叔培,号晓林,直隶清苑人,有《经解述》《深柳读书堂诗文集》《抚皖奏议》等著作,自道光二十四年任安徽巡抚,多有善举,"捐赏修复盱眙张公、邵公、大王庙诸堤,以防水患。……咸丰元年入觐,召对八次,皆称旨。"②

道光三十年,1850 年,67 岁

正月,道光帝病死,四子爱新觉罗·奕詝即位,以明年为咸丰元年。

五月初七,汪云任卒于北京,归葬盱眙汪家花园。诰授通议大夫,晋封资政大夫。

六月,洪秀全号召各地拜上帝会众齐集金田村"团营",准备发动正式起义。

九月,清政府命林则徐为钦差大臣,赶赴广西进行镇压,林则徐在赴桂途中病死。朝廷特授李星沅为钦差大臣,前去镇压,因与广西巡抚周天爵、提督向荣有隙,在军事上受到牵制,屡战皆败。次年四月,李星沅旧疾复发,卒于武宣军中,年仅 54 岁。

十二月二十九日,在金田村韦氏大宗祠举行拜上帝仪式,是为金田起义。洪秀全称天王,建立太平天国,讨伐清王朝。

附录:

1. 汪云任传

汪云任,字孟棠,安徽盱眙人,嘉庆二十二年进士,道光十年知赣州府事,惩奸剔蠹,纲纪肃然。偿倡建府、盐、商、民义仓,造仓廒数十所,积谷三万馀石,十四年大饥,城中我赖以济。试院火,劝谕重修,规模宏敞,丽泽山斋及廉饮堂之建,兴废举坠,士民犹咏歌之,寻以忧去。(同治《赣州府志·汪云任传》)

汪云任,号孟棠,盱眙人,嘉庆进士,道光十年知赣州府,严治讼棍,爬剔胥

---

① 贾桢、花沙纳、阿灵阿、周祖培奉敕修:《大清宣宗成皇帝(道光朝)实录》卷四百六十八,中华书局影印,1986 年 11 月。

② 徐世昌:《大清畿辅先哲传一》,大通书局,1968 年 10 月,第 407 页。

蠹,有奸民藉饥哄署,置之法。倡建府、盐、商、民义仓,构造仓廒数十所,积谷三万馀石,甲午大饥,城中民赖以济。试院火,劝督新修,规模宏敞,葺丽泽山斋、廉饮堂、夜话亭诸外,兴废举坠,纪纲肃然,以丁忧去任。(同治《赣县志·汪云任传》)

汪云任,字孟棠,父景福,字介夫,廪贡生。云任以进士任广东三水知县,移番禺,办理华洋交涉事,力持大体。擢广西归顺州,摄思恩知府,抚土司有体。移江西赣州府。赣界粤东,素喜械斗,巨案叠出。云任捕渠魁,置诸法,一郡肃然。创设义仓,凶札有备。以父忧去职,服阕,授苏州知府,兼护苏松太道,擢山东督粮道,督粮称最,内擢通政司参议,简授陕西按察使,权布政使,复以继母忧去。服阕入都,卒。(光绪《盱眙县志稿·汪云任传》)

2. 重修汪云任墓记

孟棠生而颖悟,高蹈豪迈,敢做敢当,俗惊世骇。蟾宫折桂,举县为之喝彩;天台慕伎,一州因此愕呆[1]。京城赶考,红袖添香,瑶娘命殒宣街[2],千里抚棺泣血,《秋舫吟》唱遍三淮[3];南粤赴任,青衿断魂,明府情满楼台[4],万回捧图落泪[5],《冰绡帕》传观四海[6]。

采奇葩异石,构筑汪园;酬红颜知己,情义薄天。巧亭连阁,虹桥柳烟,桃花潭边,处处有景入画;飞瀑成溪,梅坪兰田,海棠湾畔,四季无时不花。藕泮风香,红叶望淮,双桂坡朗朗秋月;钟楼声隆,竹径归樵,珊瑚斋皑皑白雪。云雾娆娆,泉流潺潺。青山隐隐,翠柏绵绵。孔雀呖呖,丹鹤翩翩[7]。允推第一,江北名园[8]。

依清律洋人伏法,震惊中外[9];秉公心沉冤昭雪,壮乡拥戴[10]。紫蝴蝶花馆吟草,陆小姑黄泉感怀[11]。剿灭悍匪,惩治滑吏,赣州额首称快;修缮书院,建立义仓,客家顶礼膜拜[12]。怀亡友,刻诗集,太守不遗余力[13];禁鸦片,督漕运,观察废寝忘食[14]。扶危济困,林则徐婆娑泪眼,风雪夜致书秦关[15];捐资兴学,哈晋丰嘻嘻开颜,仲春日挥毫淮山[16]。闻母病,辞官千里驰归,孝及曾参[17];见淮溢,筑堤百丈御浪,义惊皇宸[18]。书香门第,佳作叠现,《子虚记》荣登国宝[19];积善之家,名宦辈出,《麓云楼》高居楚翘[20]。

膺帝之命,庚戌入都,不禄京邸,归葬故土[21]。土匪乱军,见而敬之;倭寇焚城,未曾动之[22]。丙申季秋,扩城乱拆,砸碑毁坟,开棺戳骸。一弃小平山之荒野,再抛穆山西之乱冈,三扔笠山下之莽莱[23]。风雨剥蚀,寿方裸露。鼠啮朽木,狐衔尸布。半个世纪,野彪营窟。一片荆棘,寒鸦噪暮。

辛卯暮冬，余访旧闻，相识少茹，提及寻坟。少茹乃孟棠六世，年老体迈，走巷串街，咨耆询艾，奔波数月，探清方位之所在。庚寅清明，汪氏后裔祭拜，余亦有幸预之。都梁公园，汪园一角，近在咫尺，商之当道，借一竿地让孟棠安息，推诿三载而徒增烦恼。遂出资修墓，出于敬爱；就地维护，实属无奈，聊述数语，记其来龙去脉。

注释：

［1］孟棠少小聪明过人，十六岁中秀才，二十三岁中举人，三十三岁中进士，扬名四方。"蟾宫折桂"指科举考试获得成功。嘉庆十一年春天，汪孟棠在天台山庙会上结识歌女张瑶娘，一见钟情，且不顾家庭反对，邻里嘲笑，坚持要娶她，舆论哗然。

［2］嘉庆十六年，汪孟棠赴京赶考，张瑶娘陪同，未中，瑶娘病逝于北京宣南旅舍。

［3］汪孟棠沿运河抚棺归葬故里，极度哀伤，以血泪写下悼亡诗《秋舫吟》三十首。此诗在江淮一带流传甚广，被誉为"悼亡之绝唱"。

［4］嘉庆二十三年，汪孟棠中进士后赴广东担任广州府三水县知县，建襟江阁，常登台北望，遥望家乡，思念瑶娘，曾在此向剧作家仲振履倾诉自己对瑶娘的怀念，引发仲以此为题材创作剧本的愿望。"青衿"指青年才子。"明府"指知县。

［5］汪孟棠十分痴情，忘不了张瑶娘，当时友人称他为"茧子"，于是自号"茧园"。他请人画了一幅瑶娘像，随身带着，时常一边观看，一边流泪。

［6］嘉庆二十四年，汪云任担任番禺县知县。泰州籍剧作家、东莞县令仲振履以汪云任与张瑶娘故事为原型创作了二十四出戏剧《冰绡帕传奇》，并搬上舞台演出，一时传为佳话。

［7］为纪念张瑶娘，汪孟棠以张墓为中心修建花园。这个庞大的私家花园东起今盱眙县第二中学附近的花木公司，西至淮河，北邻天台山，南界斗笠山，始建于道光七年（1827），建成于道光二十一年，前后达十五年。园中建有木兰堂、玉成宫、逍遥楼、思贤堂、汪氏祠堂、雁门关、红叶村、双桂坡、珊瑚斋等景点，规模宏伟，耗资巨大。汪园中养有一对仙鹤，时常鸣叫，声闻数里。

［8］道光二十二年春天，时任南河道总督兼署两江总督的麟庆游览汪家花园，作《汪园问花记》，称汪园"江北名园，允推第一。"

［9］道光元年，汪孟棠审理一件涉外案件，判处肇事的美国水手德兰诺瓦绞刑，引发了中美两国之间的第一次严重的冲突，史称"德兰诺瓦事件"。此事轰动中外，争议至今，对中美两国关系的发展走向产生了很大的影响。

［10］道光二年，汪孟堂任广西归顺州知州、署思恩知府，平反冤案，安抚土司，促进民族同结。

［11］汪孟棠署思恩知府期间，读了宾州女诗人陆小姑的诗歌，击节称赏，认为她的诗有

盛唐气息。道光六年,他抱病为陆小姑改诗,选取其中的89首,并写了一篇热情洋溢的序言,以《紫蝴蝶花馆吟草》为名刊刻出版,让一个被夫家休弃早亡的边疆女子得以传名,此事至今在广西还传为佳话。

[12]道光十年,汪云任赣州知府。剿灭土匪,惩治讼棍,处罚贪官污吏,清查屯田,建立义仓,救济穷困,修复书院,发展文化教育事业,得到朝廷表彰。"以清查屯田出力。予江西知府汪云任等议叙有差。"(《道光实录》卷三百五)赣州居民多为客家人。如今,赣州把他列为对赣州发展有重大贡献的历史文化名人。

[13]道光二十年,他为去世的好友、会稽籍进士王衍梅校对、刊刻《绿雪堂遗集》十册二十卷,亲自作序,花费颇大。

[14]道光十七年九月,汪孟棠任苏州知府。在担任苏州知府期间,他严厉打击走私鸦片行为,苏州府所属各县的禁烟工作取得了显著的成效,朝廷赏"道台"官衔,兼任苏松太兵备道。道光二十年,任山东督粮道,政绩突出,由总督陶澍保举,道光帝朱笔圈出,调取引见。"太守"指"知府","观察"指"道台"。

[15]道光二十四年二月,1844年,汪孟棠任陕西按察使。十一月二十三日,已在新疆充军三年的林则徐含着热泪给汪云任写信,称"比接家言,知敝寓频枉高轩,小儿屡叼倒屣,具佩推乌之爱",衷心感谢汪孟棠对其妻儿的照顾。

[16]道光二十三年,汪孟棠与杨殿邦两人首倡捐修敬一书院,在盱眙引起强烈反响。盱眙训导哈晋丰作《重修敬一书院记》,并勒石记载此事。

[17]道光二十五年五月,汪孟棠接盱眙家信,闻母病危,立即辞去布政使职务归乡。

[18]道光二十六年,《光绪盱眙县志稿》记载,道光二十六年,邑绅汪孟棠等为防水患,就张公堤旧址"请宪奏准捐修南自奎宿门北至翟家桥,计筑长堤七百丈,又于学宫淮岸筑堤一道,长一百三十余丈。"

[19]孟棠孙女汪藕裳著有两部长篇弹词小说《群英传》《子虚记》,共计四百多万字。《子虚记》是中国弹词小说四大名著之一,其手稿在外流浪了一百三十年,2011年由其后裔捐献给淮安博物馆,已经被评为国家一级文物,即人们常说的国宝。

[20]汪氏自孟棠公起,一共有六个人中举、中进士,从政的人很多,级别在知县以上的共有十一位。玄孙汪士元进士出身,曾任民国政府财政部次长、代理总长等职,近代著名的收藏家、书画家,著有《麓云楼书画记略》。

[21]道光二十九年五月,"以捐办堤工。予安徽巡抚王植、前任陕西按察使汪云任等议叙有差。"(《道光实录》卷四百六十八)即汪孟棠和安徽省巡抚王植一起因捐修河堤有功,被皇帝召见,论功行赏。次年五月初七,他不幸在北京去世。"不禄"指去世。

[22]捻军、北洋军、国民党军、汪伪军及地方土匪都曾侵占盱眙,烧杀抢劫,无恶不作,但没有毁汪孟棠坟墓。1938年元月2日至14日,日军侵占盱眙县城,近2000人被屠杀,大火焚烧数日,8000余间房屋化为灰烬,但汪坟没有人去动它。

　　[23] 1956 年深秋,盱城南扩,在汪园旧址修建邮局、新华书店、医院、汽车站、县政府。汪孟堂、张瑶娘等坟墓被挖开,取走寥寥数件陪葬品。因张瑶娘尸体(一说是吴氏夫人)完好,好事者请来医生剖尸查看有什么秘密,轰动十里八乡,观者云集。

（原载 2013 年 11 月 23 日《淮海晚报》)

第三章　彰德知府汪根敬

汪根敬(1808——1848),字小孟,一字筱孟,廪贡生,著有《桃花潭馆笔记》、《六经图说》,历任河南泌阳、镇坪、祥符知县,许州直隶州知州,归德、彰德知府,政声卓著,深得中原地区百姓的爱戴。汪根敬去世后,朝廷下令,入祀许州名宦祠,生平事迹载入地方志,评价很高。

第一节　聪明好学,入国子监读书

汪根敬为汪云任长子,自幼受到良好的家庭教育,十六岁考中秀才,名列县学第一名,属于廪生,即公费生,每月享受廪米六斗待遇。但是,乡试屡考屡败,久困棘闱,考不上举人。科举时代,挑选府、州、县生员(秀才)中成绩或资格优异者,升入京师的国子监读书,称为贡生。汪根敬以廪生资格入选,因此称廪贡生。官场上已有相当人脉的父亲为他到京城活动,曾作诗《示敬儿二首》记载此事:

> 携汝长安道,朝天父子同。驰驱仍膝下,欢庆似家中。妙擅青年选,宜持白璧躬。老夫让头地,三载两呼嵩。
>
> 老鹤闻天久,雄飞有鹄鸿。声名艳乡里,宦职等嶙幪。祖德绳今日,清门有古风。护根堂下树,茂豫早生桐。

从这两首诗可以了解到,汪根敬在国子监三年读书。汪云任以老鹤自比,以鹄鸿喻汪根敬,希望儿子能超过自己,振兴家门。他对儿子的前程充满信心,认为儿子终将出人头地,能像大雁一样一飞冲天,大展宏图。最终,汪根敬通过了吏部的考核,拿到了进入官场的通行证。他在基层担任十多年官员,做出了不平凡的业绩。

汪根敬著有《桃花潭馆笔记》，见解精辟，其学养可见一斑。如：

> 王笠舫年丈《绿雪堂诗》有随园之华肆，而加以工练；有藏园之苍坚而去其板腐，晚近一大家也。集中古赋一卷，尤能别开生面。前从缪君莲仙处得见《怜香赋》，色香俱古，入之齐梁人集，可乱楮矣。今录之。……，诗文集为令嗣窗山大令所编，已载《怜香集序》而献遗此赋，何也？暇当作书询之。①

王笠舫，即王衍梅（1776—1830），字律芳，号笠舫，会稽（今绍兴）人。嘉庆十年进士，选广西武宣令，因招同人集戏园观乐而遭言官弹劾而去官，诗文集《绿雪堂遗集》由汪云任刻印、作序。汪根敬对王笠舫诗文特色的概括很有见地，说其诗歌有随园先生袁枚诗歌优美畅达的风格，但比袁枚诗歌精工；有蒋士铨（号藏园）诗歌苍劲坚实的特点，但摒弃蒋诗呆板陈腐的缺点，可谓一家之言，受到后世学者的重视。

道光二十五年，汪根敬校补刊刻《六经图说》，包括《周易图》《书经图》《诗经图》《春秋图》《礼记图》《周礼图》，署名：致用堂盱眙汪根敬，今国家图书馆有藏本，为研究六经的重要文献。

第二节　执政为民　鞠躬尽瘁

汪根敬在河南担任基层官员十多年，治理过的州县有二十多个，秉持为官一任，造福一方的理念，勤政爱民，移风易俗，领导百姓抗击自然灾害，发展文化教育事业，取得多方面的成就。

能文能武，移风易俗

在担任知县的佐贰之职期间，汪根敬工作十分出色，深得上司赏识。道光十八年（1838），他被破格提拔，署河南泌阳县知县。汪根敬"以廪贡署泌阳，练兵禁

---

① 《中华大典》编纂委员会编：《中华大典明清文学分典4》，凤凰出版社，2005年12月，第947页。

暴有能声"①。可见汪根敬能文能武，懂军事。当时，湖南新宁瑶族兰正樽发动起义，得到新宁、城步、武冈三县及广西接壤地区瑶汉万余名农民的热烈相应，震动全国。四川綦江穆继贤发动起义，清廷调集云、贵、川三省 4000 余官兵才将其镇压。河南也时有百姓聚众闹事，占山为王，与官府对抗。汪根敬训练一支地方武装，镇压暴民，维护一方安定，颇有成效。

不久，汪根敬调任镇坪知县，"补镇坪，俗惑形家言，厝馆多不葬。禁限三月，积枢一空。"②当地许多人相信迷信方术，"越是富贵人，越喜厝棺不葬，彼意谓得力于远坟，姑厝新棺，或在野，或在家"③，有厝棺不葬的习俗，既有碍观瞻，助长迷信之风，又占用耕地，浪费人力物力，还可能传播疾病。前任知县对此无计可施。汪根敬了解情况后，采取断然措施，发布公告，要求往年还没安葬的棺材在三个月之内必须埋入土中，违者由官府强制执行，同时其主人既要被罚款还要坐牢；新死的人三日之内必须入土，违者严惩不贷；买不起棺材的由官府提供。令初下，有地方豪强仗势不从，汪知县带着衙役现场办公，抓捕了历任知县都不敢得罪的一个自诩朝中有靠山的地方霸王，极大地震撼了各方的地头蛇，在社会上造成了强烈的反响，终于顺利地完成了预定任务，一举扭转了已延续数代的地方陋习。

道光二十七年十一月，因政绩显著，汪根敬升彰德(今安阳)知府，辖境相当于今河南省鹤壁、林州、汤阴、安阳及河北省涉县、磁县、临漳、武安等市县地。他暗中查访当地种种陈规陋习，"守彰德，秘访地方积弊，如私造闷室等事共四十条，严行禁革，赈粥散祆，加意抚绥。"④移风易俗，民风为之大变。他还查禁邪教，法办黑恶势力头领，维护一方平安。他关注民生疾苦，救济贫民，爱护寒士，深得当地百姓的爱戴。

查禁鸦片

清朝晚期，河南吸食鸦片现象十分严重，屡禁不止。汪根敬署祥符县知县期间严查鸦片，有一件档案对此做了记载：

---

① 崔秀春、傅绍曾等纂修：同治《盱眙县志·汪根敬传》，同治十二年刊本。
② 崔秀春、傅绍曾等纂修：同治《盱眙县志·汪根敬传》，同治十二年刊本。
③ 马泰青：《地理辨惑·五十一问》，台湾集文书局，1991 年 5 月。
④ 崔秀春、傅绍曾等纂修：同治《盱眙县志·汪根敬传》，同治十二年刊本。

河南巡抚牛鉴奏请饬闽抚拿解烟犯供出之丁忧回籍官员林荣等折

河南巡抚臣牛鉴跪奏,为访获烟犯,供出丁忧回籍官员,应请提解究办,恭折奏祈圣鉴事。

窃查鸦片烟土例禁綦严,臣到任后,节次饬属访获烟犯多起,照例问拟,仍饬随时查拿.勿稍松懈在案。兹据署祥符县知县汪根敬先后具禀,该署令协前祥符令邹尧廷家人.于本年六月三十日访获烟犯胡玉、林瑞南,又于七月初二日续获烟犯杨绅,并起获土两次,共有一百三十余两之多。讯据胡玉、杨绅各供认吸食鸦片,并向在逃之谢贵、何春林、李千山等买得烟土,转卖渔利属实。并据胡玉供出,伊妹嫁与福建永定县人林荣为妻,林荣系分发四川试用未入流。其胞弟林丹系捐知府经历,向俱在豫寄住吸食鸦片,并兴贩烟土,令其堂侄林瑞南帮同将烟土卖钱分用。林荣、林丹均已丁忧回籍等。质之林瑞南,亦供认不讳。

臣查鸦片烟叠奉谕旨拿禁,并复钦颁新例,从重治罪。正当功令森严之际,该犯胡玉等尚敢吸食贩卖,既属瞻玩;林荣、林丹为职官,乃敢盘踞豫省作此不法之事,尤堪痛恨。该员等现因丁忧均回福建原籍,除飞咨福建抚臣密拿解究外,诚恐该犯等闻风远扬,仍请旨敕下福建抚臣,将永定县人分发四川未入流林荣及其胞弟捐职府经历林丹迅拿来豫,归案讯办,勿令逃匿。

理合恭折具奏,伏乞皇上圣鉴。谨奏。

道光二十年八月二十七日奉朱批:另有旨。钦此。[1]

三天之内,汪根敬抓获两批烟犯,并起获烟土两次,共有一百三十余两之多,吸食者有百姓,也有官员;有本地人,也有外省人。由于资料的缺乏,汪根敬任职期间查禁鸦片的情况不能全面掌握,但由此可见一斑。

抗洪抗旱,防风治沙

黄河贯穿河南,时常泛滥,给当地人民带来深重的灾难,汪根敬任职期间多次带领百姓抗洪救灾。道光二十年,汪根敬调署河南祥符知县(今开封)。当时省治、府治、县治均设于祥符城。次年夏六月十六日,河南境内三十一堡黄河大

---

① 中国第一历史档案馆编:《鸦片战争档案史料2》,天津古籍出版社,1992年12月,第344页。

堤决口,洪水围困开封达八个月之久,多次冲开城墙。当年写成的《汴梁水灾纪略》对此有记载:

> 阴雨不止,南门内水势愈涌,声喊数里,铁裹门扇冲漂至雷家桥,城内除数大街及布政司署、粮道署、开归道署、开封府署无水,余如行宫及巡抚署、按察司署。祥符县署、参游守各署、驻防满营、龙亭(即宋故宫、明周藩故址,今名万寿宫)各处,皆深八九尺、四五尺、二三尺不等,民房倒塌无算。盖城内形势,中高四洼,而西南尤洼,东北隅独高。故水入城内,四面环绕,独东北隅一角自铁塔寺至贡院前,为水所不至。后日西北隅抢险取土,全赖有此,亦天意也……二十二日是时城内秸料愈少,搜买民间床箔几尽,亦不敷用,派镇坪县知县汪根敬于铁塔寺设买柳枝厂,各街悬招,每斤钱一奇。①

波涛汹涌的洪水冲破大堤,围困开封城,十多万居民的性命和财产受到严重威胁。在这关键时刻,“祥符城被水围,(汪根敬)首先抢杜”②。汪根敬身先士卒,率领民众日夜奋战在抗洪救灾第一线,抢堵缺口,终于化险为夷,保住了古老的开封城和当地官民的性命。

道光二十三年,六月二十六日,中牟县李庄口东北一带黄河溃堤,“地尽成沙,死人无算,村庄数百同时覆没”③,“中牟溢口,(汪根敬)查办灾赈,活难民数万。”④汪根敬组织人员救灾,赈济难民,拯救数万人性命,受到了朝廷的嘉奖。

中原地区,常常洪灾、旱灾交替,州县官十分难当,汪根敬在抗旱救灾上也取得了成就。“二十七年,许大旱,劝民凿井三万余口,复捐资购蔓菁种数十石,交各保富户遍撒畦塍,听民众采食。并劝富绅捐粟施粥。时流民多鬻女度荒,旋访得数十名,询其父母居址,有夫家者给资遣回;无归者,给衣饰相年择配,俱得全活”⑤。许州缺水严重,百姓生活和生产都很困难,他带领百姓在各地先后开凿了三万多眼水井,解决了长期以来一直困扰百姓的干旱问题,功在当时,泽被后世,至今还有人在称颂他的业绩。⑥

① 痛定思痛居士:《汴梁水灾纪略》(道光廿一年),抄本,藏河南师范大学图书馆。
② 崔秀春、傅绍曾等纂修:同治《盱眙县志·汪根敬传》,同治十二年刊本。
③ 吴若烺、路春林:《同治中牟县志》,中州古籍出版社,2007年11月,第421页。
④ 崔秀春、傅绍曾等纂修:同治《盱眙县志·汪根敬传》,同治十二年刊本。
⑤ 朱又廉等纂修:《许昌县志·汪根敬传》,中州古籍出版社,1987年3月,第517页。
⑥ 吴芳:《清代北方井灌的发展及作用》,载《清代区域社会经济研究》,中华书局,1992年8月。

当地风沙大,土壤沙化严重,粮食产量极低,农民的生活极为困难。汪根敬"广劝种树,邑人利之"①。他从外地购进大批树苗,分发给农民,引导他们种树防沙固土,不到三年就取得了显著的效益,农民的生活得到了极大的改善,农民自发地到州府为他请功,到处传颂他的功德。

整顿吏治,重视文教

汪根敬两次担任许州直隶州知州,下辖临颍、郾城、襄城、长葛等四个县,"许人食其德者远矣"②,"平反张姓冤狱,邑称神明。"③许州(今许昌)人称颂至今。他在许州的政绩主要有以下几个方面:

一、整顿吏治,重视德治。汪根敬"在许前后凡五载,勤政爱民,移风易俗,署中关防严,幕友仆从无事不得轻出。胥吏公事不得与民接。凡案牍未发签,虽承行吏没由知,其谨以自持如此。及接见士绅,议公后,恒以孝悌廉隅相告诫。或因公赴乡,必集耆老讲圣谕。遇词讼,立判决。又行保甲法,申明约束,盗贼敛迹。赌棍地痞,访知不少贷。严禁娼妓,为择配,令嫁人"④。经过治理,许州官风、民风大变,赌棍地痞匿迹,娼妓消亡,社会安定。

二、修缮文庙、学宫、书院,延聘名师,振兴当地的文化教育事业,当地科举考试成绩得到明显提高,受到当地士绅的高度评价。"尤复自捐廉俸,修茸学宫、武庙以及陈太邱、黄公、邵公、汪公(即汪潜)各祠。聚星书院久失修,斋舍讲堂多倾圮,醵金筑斋舍70余间,诚敬、严师两堂焕然一新。复捐膏火千余金,延名师主将讲,每月除例课外,复添两课。署中西偏院,筑室凿池,栽花植竹,名曰'桃花潭馆'。选书院常列前茅者会文于此,供馔加奖,示优异,文风于以丕振。"⑤"二十二年(1842年)知州汪根敬又进行重修,形成了许昌文庙的基本格局。"⑥

三、修缮城墙,保一方平安。据民国《许昌县志》记载:"乾隆四年,淫雨连绵,大水冲决,内外倾圮,城八百余丈,土城六百五十余丈,其余雉堞基址亦多缺坏。乾隆二十九年,知州罗士昂重修后时久又坏。道光年间知州汪根敬再修,增

---

① 崔秀春、傅绍曾等纂修:同治《盱眙县志·汪根敬传》,同治十二年刊本。
② 朱又廉等纂修:《许昌县志·汪根敬传》,中州古籍出版社,1987年3月,第517页。
③ 《汪氏家谱·汪根敬传》,清末抄本,盱眙汪毓葆家藏。
④ 朱又廉等编:《许昌县志·汪根敬传》,中州古籍出版社,1987年3月,第517页。
⑤ 朱又廉等编:《许昌县志·汪根敬传》,中州古籍出版社,1987年3月,第517页。
⑥ 朱又廉等编:《许昌县志·汪根敬传》,中州古籍出版社,1987年3月,第460页。

建敌楼更房。咸丰三年,发匪围许,攻三日城未下,虽当时守筑有方,而城坚可知。"①

"清道光时,知州汪根敬将年久失修的坍塌城墙修复,又增建敌楼 24 座,更楼、角楼齐备,整修四门并加写匾额:东门为'东联江汉',西门为'西瞻嵩洛',南门为'南望衡湘',北门为'北拱神京'。州衙建筑,有古颍川郡坊,大堂、二堂、三堂、后堂等。胜迹有文庙、春秋楼、关帝庙、文明寺塔等。"②

"发匪"指太平天国军队,因汪根敬修复的城墙十分牢固,围攻多日没能攻破,离去,许昌城得以保全。其时,汪根敬已去世多年,可谓功德无量。

英年早逝,入祀名宦祠

道光二十八年(1848),正月十六日,汪根敬任河南彰德知府刚满二个月,因积劳成疾,病逝于任上,年仅 41 岁,英年早逝,归葬盱眙汪家花园。据《汪氏家谱》记载,汪根敬去世后,彰德人民十分痛心,纷纷前往哭奠祭祀,街市为之一空,有"两月抚绥思入骨,万家香火泪倾城"③之挽联。咸丰三年十二月,朝廷通令表彰汪根敬,"予故河南彰德府知府汪根敬入祀名宦祠,从巡抚陆应谷请也④",令在许州名宦祠设牌位以示尊崇。

陆应谷(1804—1857),云南蒙自人,道光十二年进士,咸丰二年任河南巡抚兼河东河道总督,与汪根敬没有交集。汪根敬已经去世四年多,他请求把汪根敬入祀名宦祠,完全出于公心,顺应民心。《许昌县志》详细记载了汪根敬的事迹,充满感恩戴德之情,许昌名宦祠里有汪根敬的塑像和事迹介绍;《盱眙县志》也把他作为名宦予以记载。

汪根敬有着浓郁的乡梓之情,虽然长期远在他乡为官,一直没有忘记家乡的公益事业,曾为家乡修桥铺路捐献钱物,为家乡的校舍修缮出钱出力。淮河发大水,河水溢入县城,居民多受灾,"孟棠公力陈诸当道,议重修,苦乏费"⑤。在河

---

① 朱又廉等编:《许昌县志·汪根敬传》,中州古籍出版社,1987 年 3 月,第 460 页。
② 许昌县志编纂委员会编:《许昌志》,南开大学出版社,1993 年 5 月,第 460 页。
③ 《汪氏家谱·汪根敬传》,清末抄本,盱眙汪毓葆家藏。
④ 贾桢、花沙纳、阿灵阿、周祖培奉敕修:《大清宣宗成皇帝(咸丰朝)实录》卷一百一十五,台湾华文书局,1964 年 2 月。
⑤ 《汪氏家谱·汪根敬传》,清末抄本,盱眙汪毓葆家藏。

南担任知府的汪根敬"首捐廉,博堂上欢,得集事"①。汪根敬理解父亲的一片苦心,捐修这道河堤,让父亲的心愿得以满足。县志对此亦有记载:"盱眙安乐桥旧有石堤,年久倾圮,根敬捐廉重修,今所谓小汪公堤也。"②乡亲们称汪根敬捐修的这道河堤为"小汪公堤",后来成为盱眙一景,载入地方志。

积善之家有余庆,汪根敬的大儿子汪祖茂以知府衔候补江苏直隶州知州,小儿子汪祖亮为太常寺博士;二个女儿都能诗善文,其中大女儿汪藕裳文才最为突出,著有弹长篇弹词体小说《子虚记》《群英传》,是清代著名的女作家。

---

① 汪氏家谱·汪根敬传》,清末抄本,盱眙汪毓葆家藏。
② 王锡元:《盱眙县志稿》卷五,光绪辛卯刻本。

第四章　近代词人、书画家汪根兰

汪根兰(1821—1879),字稚松,道光癸卯优贡,早年在盱眙读书,太平天国时期曾举家迁居兴化避难,后赴上海加入淮军,随同李鸿章与太平军作战,立功受奖。晚年定居苏州。咸丰元年举孝廉方正,获得知州衔河南候补知县加运同衔。好填词,精绘画,尤其擅长隶书及篆刻,著有《秋柳词人稿》《绿阴琴馆印谱》。

第一节　候补知县,参军立功

汪根兰祖父汪景福,廪贡生,地方名师,著有《护根堂诗文集》《晴川诗稿》等著作。伯父即近代名人汪云任,父亲汪云佺,邑庠生,生二子:汪根芝、汪根兰。汪根芝,附贡生,官高邮训导,不幸早逝。

汪根兰自幼聪明过人,中秀才,入县学,每年考核均名列前茅。当时除举人、进士外,读书人进入官场还有一条路,即三年一考的优贡和十二年一考的拔贡,优贡和拔贡都有机会做官,所以也被世人看重。道光癸卯(1843)年,在由安徽学政主持的优贡选拔考试中,汪根兰脱颖而出,取得国子监生员资格,全省只有六个名额,竞争十分激烈。同乡王伯恭对此有记载:

> 国朝定制,取士之法,乡会试外,优行选拔两途为贵。优行三年一次,选拔十二年一次,优则各省人数不同,吾皖每次六人,选拔则各省每学一人,似难实易,而优行则似易实难。道光癸卯,吾皖所举之六人,皆在皖北,尤为佳话。第一为泗州邓贤芬,次则桐城许廷宾、天长戴金榜、定远凌焕、合肥李鸿

章、盱眙汪根兰。"①

此次一同入选的六人中,除戴金榜情况不明外,邓贤芬为咸丰二年(1852)进士,官至江苏南汇知县;许廷宾朝考八旗教习,后来任江苏金匮知县;凌焕,道光甲辰(1844)举人,署江南盐巡道,著有《损诗钞》;李鸿章,道光二十七年(1847)进士,后来位极人臣,成为影响深远的历史巨人。汪根兰没能在科举场上更进一步,虽然在咸丰元年得荐孝廉方正,捞了个候补知县,那只是水中月镜中花,没有实际用处。

经过几代人的奋斗,盱眙汪氏积聚了相当的财富和人脉,在当地是十分显赫的官僚地主家庭,道光十六年(1836)二月二十八日,汪云佺、汪云任、汪云倬及汪根荷、汪根芝、汪根书、汪根敬、汪根恕、汪根礼、汪根兰、汪根梓签订分家协议,根据协议,年仅15岁的汪根兰除分得位于县城的房产外,还分得大片的土地,成为可以坐享其成的地主:"民田坐落旧铺耿庄及散分种四十石(大树王小柳庄),种二十石,军民共种六拾石。又军田半分,坐落在果园连山场,在内计种四十石,共军民种壹百石,归根兰执业。"②有了土地收入,汪根兰过着衣食无忧的公子哥儿生活,有时间读书求学。

然而,随着太平天国运动的暴发,汪根兰平静悠闲富足的生活戛然而止。咸丰九年(1859)五月二十六日,陈玉成率太平军攻占盱眙县城,杀死知县许垣等官民千余人,县城被洗劫一空,汪家被抢劫、焚烧,几代积聚的财富被洗劫一空。汪氏分头逃离家园,汪云佺、汪根兰一家逃往兴化避难。不久,汪云佺夫妇相继客死他乡,因战火及水患阻隔,夫妇棺材一直暂停在一所破庙里,直到同治丙寅年(1866)才归葬家乡。到达兴化,断了生活来源,一家陷入困境。当时,侄儿汪祖绶为新科进士,授新阳(江苏昆山)知县,赴任时新阳已经被太平军占领,又被分到上海办理上海县发审军务及外国案件兼厘捐事务,不久入曾国藩幕,与李鸿章为同事。因在诸翟等处围剿太平军有功,经江苏巡抚薛焕保奏,奉上谕,汪祖绶著赏加同知衔并赏戴花翎。得悉此事,汪根兰只身前往上海投奔侄儿,随即参军。此时,同年李鸿章在曾国藩幕掌管文案,不久就统带淮扬水师。湘军占领安庆后,李鸿章被曾国藩奏荐才可大用,命他回合肥一带招兵买马。李鸿章把家乡

---

① 王伯恭、江庸:《蜷庐随笔·趋庭随笔》,山西古籍出版社,1999年9月,第30—31页。
② 《道光拾六年护根堂住房、田地及市房分家契约》,抄本,今藏山东荷泽一私家手中。

子弟兵编成淮勇五营,自成一军,称为淮军。自此,李鸿章飞黄腾达。汪根兰投笔从戎,立下战功,同治四年九月八日(1865),官至两江总督的李鸿章曾为同年请功:"知州衔河南候补知县汪根兰,运同衔湖南候补知县唐晋,随同攻剿,战守攻多,均请赏戴花翎,汪根兰并加运同衔。"①汪根兰出生入死,得到的是"戴花翎"的荣誉,又封了个"运同衔",秩从四品,相当于现在的副厅级,这是个兑现不了的安慰奖。清末公开卖官鬻爵,官场候补官员严重过剩,仕途杜塞严重,候补知县基本没有机会得到实职,汪根兰在等待中度过了一生。

第二节　误了内名，总为填词

汪根兰曾自嘲说:"笑煞浮生,误了内名,总为填词。……柎髀空负须眉,恨少不如人壮可知。"②(《消夏词序》)认为一生不得志的原因在于把大量精力花在了填词上,有几分道理。科举考试不考填词,词写得再好也不能博得功名,当年一起被选为优贡的人大多数考上举人或进士,谋得一官半职,汪根兰则停滞不前,有这方面的原因。

汪根兰好词,曾与几位朋友结成"消夏填词会","丙辰(1856)夏日,余邀同里杨厚村丈、真州吴山农、毗陵汤春舫、同里王兰生、王小研为消夏填词会"(《消夏词序》)。炎炎盛夏,一班人在一起互相切磋技艺,吟咏词作,确是高雅行为。这些人中,杨厚村,名保,拔贡,官教谕,著有《池南小草》诗集。吴昌烈,字山农,官县丞,善画,工山水、人物,其诗亦多题画作,七绝最有神韵,著有《鸿雪堂剩稿》。汤春舫,官江苏甘泉知县。王兰生,即王锡元(1824—1911),进士,曾任吏部文选司主事、淮安里河同知,博学多闻,著有《光绪盱眙县志稿》《梦影词》《隅园隐语》等书。《梦影词》中有《江南好》词称赞汪根兰:"家山忆,排日集词人,大有篇章酬白石,非无文字醉红裙,风调数汪伦(填词会,汪谓稚松)。"当时汪根兰的词很突出,得到大家的推崇。可见,"清夏填词会"的门槛还是较高的,其成员有一定的社会地位和文化修养。

汪根兰生于乱世,虽然四处飘零,仍然倾心填词,生前没能将词集出版,其后

---

① 顾廷龙、戴逸主编:《李鸿章全集·奏议二》,安徽教育出版社,2008年1月,第255页。

② 王欣夫:《蛾术轩箧存善本书录》,上海古籍出版社,2002年12月,第687页。

裔为平庸人,生计尚且困难,哪管父亲的遗著? 其作品遂被埋没,无人知晓。半个世纪后,其残破的手稿被苏州少年王欣夫在地摊上发现,"存词六十九阕。均书于片纸……此余十四五岁时拾诸冷摊,片片作蝴蝶飞,为粘连成册。怜其辛苦填词,终归零落,姑存数阕于此。"①王欣夫根据作品内容考证出汪根兰的籍贯、家世和交游情况,并出于同情抄录了四首词。王欣夫后来成为现代最著名的古籍收藏、整理学者之一,目光敏锐,发现了汪根兰词,可惜没能将其残稿全文收录。

其实,汪根兰的词在当时就受到好评,《长亭怨慢》题云:"旧咏鹧鸪天秋柳词,极为雨生都督所赏,呼余为秋柳词人。"②"雨生都督"指汤贻汾(1778—1853),字若仪,号雨生,江苏武进人,曾官温州镇副总兵,后寓居南京,工诗文书画,精于山水,亦能花卉松柏。汪根兰曾到南京拜见汤贻汾,汤贻汾《琴隐园诗集》卷二十九有《与根兰同集随园》诗。两人相见甚欢,在一起饮酒赋诗。此外,《长亭怨慢》还云:"南陵牧友山属王小梅为秋柳小幅,索题前词,复续此阕。"汪根兰应邀为朋友画作题词,可见他已经有一定的名气。汪根兰幸存的四首词是③:

牛渚大江月,照客上江楼。行踪到处萍梗,随地等闲鸥。此夕翠螺亭上,四顾苍茫烟水,颇抱古人愁。谁念谢安石,遗恨在西州。

一樽酒,聊且饮,可忘忧,捉月仙人,呼起同作广寒游。我自凄然高咏,只有空山响应,长啸最高头。铁笛不可听,星斗一天秋。(《水调歌头·九秋既望登采石太白楼题壁》)

江山百战,胜蒌蒌芳草,直下金陵涛一线,形胜三吴门户。黛拥螺青,波掀鸭绿,城廓春如故。大江东去,夕阳征棹屯驻。

当年一炬通天,百怪潜形,寂寞知何处,人世几回伤往事,愁听声声邪许。祠宇凋零,春秋代谢,遗迹空千古。香醪堪买,一樽聊慰行旅。(《百字令·泊舟燃犀亭下吊温太真》)

荒塞野渡平津近,风飐桅灯,星闪渔灯,今夕孤舟梦不成。

---

① 王欣夫:《蛾术轩箧存善本书录》,上海古籍出版社,2002 年 12 月,第 687—688 页。
② 王欣夫:《蛾术轩箧存善本书录》,上海古籍出版社,2002 年 12 月,第 687—688 页。
③ 王欣夫:《蛾术轩箧存善本书录》,上海古籍出版社,2002 年 12 月,第 687—688 页。

红蚕碧藕心思滚，乍是离情，又是乡情，恁我归人仔细分。(《丑奴儿令》)

澎湃走惊雷，势若千崖万壑摧，日忽不明云又暗，腥霾，知是江豚拜浪来。

搔首忆雄才，壮士旌旗安在哉？(靖南侯黄得功驻军于矶下，卒殉难于扳子矶之战)上下悲凉千载思，漾洄，不尽寒湍滚滚哀。(《南乡子》)

第一、二首词均为怀古词，写作时间相近，都作于安徽当涂采石矶。第一首题写在当涂名胜太白楼墙壁上，开头就描写月光下牛渚山的美景。牛渚突出江中，对着采石渡口。秦始皇东巡会稽，取道丹阳至钱塘，即由此渡江。三国时周瑜自溧阳移兵屯牛渚(即采石矶)，东晋征西将军谢尚在此筑城驻守，此后牛渚成为兵家必争之地，也成为文人墨客游览的地方。白居易、王安石、苏东坡、陆游、文天祥等都曾来此题诗咏唱。李白曾作《夜泊牛渚怀古》《牛渚矶》等诗，相传李白最后因酒醉在此赴水中捉月而淹死，更增添了此地神秘的色彩，后人在此建立了纪念李白的太白楼、捉月亭、翠螺轩。作者月夜登太白楼，触景生情，睹物思人，发思古之幽情，抒胸中之苦闷。这首词的上阕先描写月光下的牛渚山，再叙说自己行踪如萍梗，闲鸥，四处飘浮，一事无成，又联想到东晋谢安，官至丞相，战功赫赫，却被皇帝猜忌，只好往广陵避祸，后病死，顿时更加悲伤。下阕怀念李白，恨不能与之同代，不能与之对月畅饮以消解胸中的忧愁。"铁笛"用的是性空禅师典故。南宋初年，性空禅师获悟证后，来到秀水，追慕唐代著名高僧船子和尚的遗风，山野之中结茅而居，每天吹铁笛自娱自乐。汪根敬在词中用此典表达的是欲隐居而不成的遗憾。第二首词主要怀念东晋名臣温峤，当年传说名臣温峤到牛渚矶，听人说水下有很多怪物，就令人点起犀角来照江水，只见水中怪物纷纷向犀火扑来。这些动物奇形怪状，有的乘着马车，穿着红衣。当天夜里，温峤梦见有人对他说我们和你阴阳各路，你为什么要来照我们呢？不久，温峤病逝，年仅四十二岁。汪根敬来到燃犀亭见到破败的祠堂，追忆往事，感慨万分。从词中所用"寂寞""愁""伤""空""凋零"等词语可见作者当时的落寞心态。第三首词抒发游子的思亲思乡之情，第四首词上阕描写长江壮观的景象，尤其是写江豚逆流而上掀起冲天巨浪的雄奇景观，气势豪迈。下阕追忆南明靖南侯黄得功。黄得功曾追降五营兵，擒马武，杀王兴国，破张献忠，封靖南伯。明朝灭亡后，参与拥立福王朱由崧，晋为侯爵，与刘良佐、刘泽清、高杰并称为江北四镇。清军南下后，朱由菘逃入芜湖黄得功营中,清兵分兵来袭,得功率军在荻港与清兵大战,受重伤后自杀。对于这样一位抗清名将,汪根兰的心情十分复杂,称他为雄才、壮士,可见对他十分敬重,同时又为他的悲剧结局十分痛惜。

从以上几首词不难看出,汪根兰的词内容充实,有感而发,而且写景状物十分生动传神,有东坡词的豪放气象,一方面表明他有着很丰厚的文化修养,另一方面可能与他从军的经历有关,沙场冲锋陷阵的豪情移植于词作之中,他的作品因此有几分雄壮之气。

汪根兰不仅能填词,也通理论,精鉴赏,对当时词坛流派有独到的评论。他曾评价吴中词派代表人物戈载的作品,"亡友汪稚松(根兰)大令云:'吴门戈顺卿为近时作者,其所作必协宫商,于律韵则诚精矣,但少生趣耳。陶凫芗太常为余言,戈词如塑像一般,非有神气骨血者。并云:词者,天籁也。诗所不得而达,词得而达之。好词自合宫商,若刻意求之,恐所合者仅宫商耳'"①。汪根兰认为戈载在创作上主张严守律韵,以声韵达词情,声情并美,但实际上做不到,因为过分拘泥于声律,限制了情感的抒发。的确如此,吴中词派的创作在不同程度上存有以律害情的弊病。汪根兰的观点得到了时任太常寺太常寺卿陶梁的赞同。陶梁,字凫芗,苏州人,嘉庆十三年进士,著有《红豆树馆诗稿》,诗词俱擅。陶梁对汪根兰打了一比喻,"戈词如塑像一般,非有神气骨血者",即看上去五彩俱备,十分好看,但内里是空的,没有实在的内容。陶梁对吴中词派过于强调韵律不满,主张"天籁",与汪根兰的词学观点相同。

对于当时影响颇大的另一家词派——常州词派,汪根兰说:"茗柯词选,张皋文先生意在尊美成,而薄姜、张。至苏、辛仅为小家,朱、厉又其次者。其词贵能有气,以气承接,通首如歌行然。又要有转无竭,全用缩笔包举时事,诚是难臻之诣"②,批评张惠言(字皋文,号茗柯)编的《词选》选择不当,这部词选意在推崇北宋周邦彦的词风,鄙薄姜夔、张炎,把苏轼、辛弃疾当作小家,至于浙西派二宗朱彝尊、厉樊榭最受轻视,显然失之偏颇。汪根兰还认为词"贵能有气,以气承接",即好的词在语气上要达到前后呼应、流走自如的地步,要经过精心构思,通篇一气盘旋,波涛起伏,又围绕着一个中心思想,形成谐和协调的艺术整体,而常州词派主张用"缩笔包举时事",即文笔要纡余顿宕,倡导意内言外、比兴寄托和深美

① 江顺诒:《词学集成》卷五,光绪七年刊本。
② 江顺诒:《词学集成》卷五,光绪七年刊本。

宏约之致,理论完美,事实上很难做到,因为过度讲究反而会妨碍文气的通畅。汪根兰的这些词学观点至今受到学者的重视,屡屡被引用。

此外,汪根兰还通诗,常与朋友在一起唱和。名诗人王荫槐《蟫庐诗钞》集出版,汪根兰为其题写了四首诗:"寂寂偶园叟,湖干穷著书。扶轮推大雅,小筑爱吾庐。白雪垂双鬓,青山荷一锄(先生自号偶园荷锄者)。老蟫光怪吐,珠采夺蟾蜍。""支祁深锁地,得句怒涛奔。淮月心空朗,湖云气吐吞。山川清秘发,诗卷性情敦。他日传耆旧,还应并笑门。""忆昔白门去,曾随八月槎。仙人狂太白(谓子颐明经),高咏放天葩。起舞夜方半,联床与倍赊。诗成看属和,秋满赤松家。""主我名园里,恩恩三载过,那堪当盼睐?只自愧蹉跎,学业劳良勖,年华叹逝波。风人敦厚旨,可许共追摩?"从这些诗可以得知,王荫槐曾在汪家坐馆,汪根兰从其学诗,知人论事,对其诗歌的评价很高。曾任内阁学士兼礼部侍郎的周寿昌(1814—1884)文集中保留了一首诗,名为《病中汪稚松用杜老宾至韵见赠,次韵奉酬,并柬杨厚村、傅味琴、徐易斋》,就是回赠汪根兰的诗:"因病得闲殊不恶(东坡句),频来风雨话尤难。菌丁供馔浮连鼓,药甲烹茶养射干。屡费青经苏积痼(谓厚村),更贻白鲜助朝餐(前日承惠湖鱼)。前宵碧藕香中梦,水榭从君话曲阑。(梦与稚松游江南,有'碧藕香中,两叶抵敲万叶'句)"①诗中提到的杨厚村、傅味琴等人均是盱眙籍诗人。周寿昌诗文、书、画,俱负重名,山水极秀润,有文士气,又富收藏,著有《思益堂集》《汉书注校补》,在当时是位高权重有影响的人物。汪根兰能与之唱和,可见其诗歌水平不一般。

第三节　精画梅花,兼擅八分书及篆刻

汪根兰不仅用心创作词,还潜心书画艺术,"生平工绘事,尤精画梅,兼擅八分书及篆刻。"②笔者至今没看到他的梅画,可能已经失传,而书法作品尚有多幅出现在各地的拍卖市场上,受到藏家的欢迎。去世一个半世纪后,其作品能流传下来,表明其有一定收藏价值。

2013年9月14日,中国嘉德国际拍卖有限公司在北京公开拍卖汪根兰的

---

① 周寿昌:《周寿昌集》,岳麓书社,2011年2月,第32页。
② 《盱眙汪氏家谱·汪根兰传》,清末抄本,盱眙汪毓葆家藏。

一幅书法："隶书，镜心，金笺，题识：宾四大兄大雅属。汪根兰。钤印：稚松八分。内容：国之良干，垂爱在民。蔽芾棠树，温温恭人。利器不觌，鱼不出渊。"从这幅作品得知，汪根兰有一枚印章就称"稚松八分"，由此可能看出他专攻八分书，这与家谱的记载是一致的。2012 年 11 月 25 日，辽宁建投拍卖公司在沈阳公开拍卖一幅书法："曹喜羊欣书得意，赵深马远画专家。款识：铁耕大兄先生法家雅属即正，稺松汪根兰制。钤印：稺松、寄廉书巢、十四万松园祖。高 104厘米，宽 10 厘米。"这幅书法也是八分体。2014 年 12 月 15 日，上海泓盛拍卖有限公司在上海公开拍卖汪根兰与王礼 1872 年合作的一幅书画，"花鸟，书法，成扇，泥金，纸本。正面：梅孙大兄大人雅属，时壬申之秋，拟北宋人笔意，白蕉研主礼。钤印：秋言（朱文）。反面：叔达变为子久，海岳化为房山，梅花师巨然而自具苍深，黄鹤祖荆关而独称浑厚，至若方壶之逸致，松雪之精研，要能各启一家并传千古。书奉梅孙一兄先生属正，汪根兰。钤印：稺松（朱文）。高 18 厘米，宽 50 厘米。"王礼（1813—1879），字秋言，号秋道人，别署白蕉研主，江苏吴江人，寓居上海，幼嗜笔墨，从沈石芗学写花鸟，劲秀洒落，笔如刻铁，隽逸之气，令人意爽，人物宗陈洪绶，是近代海派著名画家。这幅汪根兰题隶书、王礼绘花鸟的作品表明两人有一定的交情，同时也表明汪根兰的书法得到了沪上名家王礼的首肯。

汪根兰在篆刻上下的功夫也很大，曾精心编撰了一部书叫《绿阴琴馆印谱》，这部书是否出版如今已不得而知，但同乡傅桐写的序言保存了下来："粤自八体秦肇，既载摹印；六书汉垂，亦详缪篆。故陈彝得鼎，著录于吉贞；镂法刻形，申契于金石。若乃文释云雷，制通歪扁，缄香千里之封，寿迹百祀之后。奏刀眘然，窥古独笑焉。夫南阁祭酒，摭苍公之书；临淮太守，传素王之学。标奇《坟》《索》，甄异轩黄。蟠科斗而疑生，挟螭虯而欬走。可知独擅胜场，奄有千古，必无乖谬相乘，同于白羊之玺；传写致误，昧于乌焉之真者也。盖权舆六籍，慎点画之差；俎豆三仓，析通借之例。笔森玉筋，匣烂铜花。虽随手而成，任心所适，犹足悟流峙于山川，会方圆于天地。况三十五举不歧其源派，八十一家咸资之准的，陵杨跞颜，含晁孕赵者乎？吾友汪稚松《绿阴琴馆印谱》，神集郢斤，精蜇倕指。敏妙藏于胸臆，波磔带于豪锸。螺书深刻，披同宛委之编；龙画斜分，读胜琅环之秘。滂喜《凡将》，庶同斯作。昔阳冰论古篆，常痛蔡中郎以豊同丰，李丞相将束为宋。俗书既逞，体制斯乖。舌配乱旁，耳芟揖下。著恶则署西于上，言席则加带于中。经半混巫，已多其纰紊；离边置禹，更滋之舛讹。岂徒遭转为姤，修误为偹？群致熹平之疑,竞议开成之失。是知篆刻虽小,非造问字之亭,必丛豕鱼之惑,非究结绳之学,必杂虫鸟之文也。稚松家承素业,囊有异书。从此雠校往训,是正昔贤。斯文未丧,则义可翼经;惟古敏求,则情殊玩物,非仅姜夔、吾衍之能事矣。他日取式史籀,述彼爱历之篇;秉制许书,成其通释之传。挂名篇末,泚笔俟之。"①从这篇序言得知,汪根兰好篆书,有家学渊源,家中这方面的书籍较多,曾精心研究过文字学,功底深厚。可惜这部凝聚他多年心血的作品没能传下来,我们无法了解他的艺术成就。

综上所述,汪根兰一生虽然没有做官,交游却很广泛,与李鸿章、汤贻芬、周寿昌、陶梁、江顺诒、王礼等在近代政界、文艺界名人都有来往,在词、书法、绘画及篆刻上用心良苦,且取得一定的成就,并能在国家战乱时期投笔从戎,立下战功,理应受到后人的敬重。

---

① 任继愈主编:中华传世文选《骈文类纂》,吉林人民出版社,1998 年 10 月第 1 版,第 190 页。

第五章 翰林院庶吉士汪祖绶

汪祖绶(1829—1886)，字汉青，又作岸青、岸卿，安徽泗州直隶州盱眙县(今属江苏)人，咸丰六年进士，翰林院庶吉士。先后任新阳、常熟、川沙、金山、青浦、无锡、吴县、江阴等八县知县二十多年，"所至多惠政，如掩骨骼，赈饥施衣诸善举，汲汲为之，不遗余力。宰金山时，平反胡氏冤狱；令青浦，以淫祠惑众，潜毁其像，改建书院，皆不动声色，措置裕如，士民悦服。平生无他嗜好，惟日手一卷；遇疑狱，必往复详求，事关民命出入者，微行密访，务得其实"[①]，家谱记载均属实情。这位翰林院出身的才子，翁同龢的同年，曾国藩的幕僚，李鸿章的同事，当了一辈子七品芝麻官，苏南、上海大地上留下了他无数勤政的足迹，也留下了许多闪耀他聪明才智的文化遗迹。著有《汪岸卿太史诗稿》《青浦县志》。

第一节 翰林院庶吉士，国破家亡

道光九年(1829)十月初三，汪祖绶出生于安徽泗州直隶州盱眙县(今属江苏)一个富裕的官僚地主家庭。祖父汪云任，进士，曾任苏州知府、山东粮道、陕西按察使署布政使等职。父亲汪根恕，举人，曾任国子监监丞、署苏州织造兼浒墅关监督。出生在这样的官僚书香家庭，汪祖绶受到了良好的教育。

汪祖绶十二岁时，第一次鸦片战争爆发，国家遭受大难，但是汪祖绶的生活没有受到影响。整个青少年时代，他都生活在安定幸福之中。道光二十五年，祖父汪云任因继母病故，辞去陕西布政使职务，回盱眙丁忧。汪祖绶十七岁，汪云任亲自过问他的学习，每日指导汪祖绶读书、作文，汪祖绶进步很快，中了秀才，

---

① 《汪氏家谱·汪祖绶传》，清末抄本，盱眙汪毓葆家藏。

在县学每次考试都是第一名。就在他满怀信心冲击乡试的时候,厄运接踵而至:道光二十八年,伯父汪根敬任河南彰德(今安阳)知府刚满二个月,就突然病逝;父亲罢官。两年后,祖父在北京突然去世,家道开始衰落。

家难未完,国难当头,源自安徽盱眙的洪秀全①领导的太平军起义席卷十几个省,势不可挡,造成千百万人流离失所,家破人亡。安徽是受害最严重的省之一,盱眙是受害最严重的县之一。咸丰三年正月,太平军沿长江东下,占领九江后大举入皖,攻破安徽省城安庆,杀死巡抚蒋文庆等官员,又连克安徽池州、铜陵、芜湖、太平府及和州。二月二十日,太平军攻占南京,两江总督陆建瀛、江宁将军祥厚、副都统霍隆武等官员被杀。太平军定都江宁,改名天京,建立太平天国。四月,太平军攻占扬州;十月,胡以晃、曾天养率太平军攻占桐城,击毙守城清军一千余人,堂妹汪藕裳和丈夫逃到盱眙避难。盱眙离江宁、扬州很近,危在旦夕,警报一日三至,居民终日生活在惶恐之中。尽管如此,汪祖绶一直没有放松学习。

安徽、江苏两省自康熙六年分成两省,但乡试并未分开,安徽士子仍到江宁参加乡试。自从咸丰二年底,太平天国占领江宁以后,苏、皖两省的乡试便中断了,两省士子便眼睁睁地错过一次又一次机会。曾任国子监监丞的汪根恕比儿子还着急,他把汪祖绶带到北京,设法让他参加顺天乡试。咸丰五年,27岁的汪祖绶中举,次年中进士,名列第12名,入翰林院为庶吉士,汪氏家族又创了一个新纪录,实现了三世联科的佳绩。此科状元为翁同龢,字叔平,江苏常熟人,大学士翁心存之子,官至协办大学士,户部尚书,参机务。先后担任同治、光绪两代帝师,为朝廷重臣。汪祖绶与翁同龢关系很好,保持了终生的友谊。

咸丰九年四月,在翰林院已深造三年的汪祖绶结束学业,通过考核,被授予江苏新阳(今属昆山)知县。当时江南许多地方为太平军占领,新授官员多不敢上任。汪祖绶不畏艰险,毅然前往新阳就任。此年五月二十六日,陈玉成率太平军攻占盱眙县城,实行三光政策,杀死知县许垣等官民千余人,小县城化为灰烬。汪家几代人苦心经营的家园被抢劫、焚烧。此前,祖母率领一大家人突破太平军防线到苏南投奔汪祖绶。

内忧未除,外患又至。咸丰四年,英国向清政府提出全面修改《南京条约》的

---

① 《洪氏家谱》:"远祖自皖盱眙,迁婺源,转江西铙州,又转闽晋江,才迁广东丰顺。再由丰顺迁到嘉应州定居,后迁花县官禄埔。"此家谱现藏广州博物馆。

要求：中国全境开放通商，鸦片贸易合法化，进出口货物免交子口税，外国公使常驻北京等。法、美两国也分别要求修改条约。清政府拒绝了。六年，英国借口广东水师在广州黄埔捕捉中国船"亚罗"号上的海盗，派兵进攻广州；法国借口法籍天主教神父马赖在广西西林被杀，亦出兵入侵，第二次鸦片战争爆发。十年八月二十九日，英法联军占领北京，在北京城郊抢掠烧杀近50天，京郊皇家园林如圆明园、清漪园、静明园、静宜园、畅春园等均被付之一炬。此前，咸丰帝携皇后、懿贵妃等离京逃往热河避暑山庄。清廷派奕䜣为全权大臣议和，签订中英、中法《北京条约》，割地赔款，丧权辱国。战争中，沙俄出兵后以"调停有功"自居，胁迫清政府签订《瑷珲条约》《北京条约》，窃取中国150多万平方公里的领土。

对汪祖绶来说，到了国破家亡的危急关头！

第二节　投笔从戎，攻诸翟，保常熟

咸丰十年闰三月十六日，陈玉成、李秀成等攻陷包围天京的江南大营，清将张国操等败退。四月，太平军攻取昆山、新阳两县。六月二日，太平军轻取苏州城，杀死江苏巡抚徐有壬、署按察使朱钧等多人，收降清军五六万，并缴获大批洋枪洋炮。新阳失守后，汪祖绶受命前往上海，负责当地军务、外国案件及厘捐事务。太平军在苏州建立苏福省，以此作为进攻上海的基地。六月底，太平军攻占嘉定、松江、青浦，形成了对上海的包围圈，清政府及盘踞上海的外国势力大为惊恐，联合起来进行反击，双方展开了殊死的较量，都付出了沉重的代价。

此时，汪祖绶拍案而起，投笔从戎。诸翟镇地处上海、嘉定、青浦三县交界处，为军事要冲，俗称"三界司"。此前嘉定候选县丞顾秉枢、上海六品军功侯一谔率清军、团练以诸翟为据点，袭击太平军黄渡营垒，太平军反击诸翟清军，侯一谔等200余人被杀，诸翟失守。汪祖绶奉命率领军民与太平军作战，一举收复诸翟。他坚守诸翟，击退太平军一次又一次的进攻。清兵最终收复了嘉定、青浦，保住了上海，汪祖绶立了大功，江苏巡抚薛焕为他请功，朝廷通令嘉奖："嗣因诸翟等处剿贼出力，经前抚臣保奏，奉上谕，汪祖绶著赏加同知衔并赏戴花翎。"①汪祖绶赏加同知衔，即由七品升为五品。在清朝，顶戴花翎非常高贵，特别被人重

---

① 顾廷龙、戴逸主编：《李鸿章全集·奏议一》，安徽教育出版社，2008年1月，第538—539页。

视、向往，因为花翎原来是清朝居高位的王公贵族特有的冠饰，后来对国家有功的人也可赏戴花翎。汪祖绶因诸翟之战立功，从此拥有佩戴顶戴花翎的资格。

同治元年三月三十日，汪祖绶母亲宋氏病逝，因南京一带被太平军控制，无法回盱眙丁忧守孝，只好在上海住所设灵位"随庐守制"。当时李鸿章率淮勇五营奉曾国藩之命乘英国轮船抵达上海，不久经曾国藩推荐就任江苏巡抚，开始大力扩军，并采用西方新式枪炮，淮军在二年内由六千多人增至六七万人，成为清军中装备精良、战斗力较强的一支地方武装。李鸿章在上海招揽人才，汪祖绶以文武全才受到重用，成为幕府中的一位干将，深受李鸿章青睐，给曾国藩留下很深的印象，后来特地在日记中对他作了记载："汪祖绶，盱眙人。乙卯北榜，丙辰庶常，改知县，选新阳县。丁忧后，奏留补金山县，署常熟、川沙二任。"①

淮军与太平军为争夺常熟曾展开多年激战。咸丰十年八月，太平军攻占常熟县治所在地福山，常熟知县周沐润及昭文知县王庆元弃城逃逸。两年后，驻守常熟的太平军守将骆国忠、董正勤叛变举城降清，清政府派官员接管常熟，太平天国派重兵进攻，双方开展了拉锯战，互有胜负。同治二年一月十三日，淮军道员潘鼎新、副将刘铭传率淮军四千人自上海水道到达福山（常熟）。二十一日，太平天国忠王李秀成到福山督战，听王陈炳文败清淮军潘鼎新部于铜官山。二十五日，清常胜军六百人由吴淞到福山。二月初四日，太平军陈炳文部攻克福山。十二月二十四日，陈炳文部击败清常胜军及湘淮军于福山。二十八日，清将戈登率常胜军会同湘淮军复克福山。随后，汪祖绶署理常熟知县，冒着隆隆炮火前往福山就任。同治三年二月十一日，太平天国格王陈时永、国宗陈承琦攻占福山。二月十六日，汪祖绶率军民大败太平军，常熟重新被清军控制。事后，李鸿章为汪祖绶向朝廷请功："署常熟县事即补知县汪祖绶，力捍贼锋，保全境土；江苏候补知县董廷策，制造火药出力，均请补缺后以直隶州知州升用。"②可见，汪祖绶在保卫常熟的战斗中发挥了重要的作用，已经成长为一名有战斗经验的武将。

第三节　施政江南，克尽厥职

同治三年四月二十七日，洪秀全病死，年仅五十二岁。六月十六日，湘军攻

---

① 曾国藩：《曾国藩日记下册》，宗教文化出版社，1999年9月，第581页。
② 顾廷龙、戴逸主编：《李鸿章全集·奏议二》，安徽教育出版社，2008年1月，第254页。

占天京,太平天国灭亡,李鸿章以显著的功勋受封一等肃毅伯,赏戴双眼花翎。对这些年跟随他作战的文武百官,李鸿章没有忘记他们,论功行赏,上书朝廷,给予封官晋爵。他特地为汪祖绶上了一个奏章①,这份奏章保存了许多关于汪祖绶生平重要史料,李鸿章称赞汪祖绶"殊为得力""廉明干练",为他争取知县职位。当时候选官员很多,僧多粥少,即使一个知县也有很多人在排队等待。汪祖绶系科班正途出身,原来就是朝廷派来的知县,又有战功,还需要等待空缺,可见职位多么紧张。从史料来看,汪祖绶先屈就负责治安的巡检,"同治六年,署知县朱凰梯议浚,委巡检汪祖绶督其役,计工长一千八百五十一丈。面宽三丈,底宽一丈,挑深四尺,合四千二百五十一方零。"②曾因主持疏浚河道,方志留下记录。

两江总督曾国藩关心他,为他呈书朝廷:"六月十八日,再,松江府川沙抚民同知张应济,在任因病出缺,除另行恭疏具题开缺外,所遗川沙同知系沿海要缺,有管理民事、经征钱粮之责,必须干练之员接署,方足胜任。查有现署常熟县事准补金山县知县汪祖绶,心地笃实,处事安详,堪以调署。据藩、臬两司会详前来,除批饬遵照外,谨合词附片陈明,伏乞圣鉴。谨奏"③。曾国藩是平定太平天国的大功臣,担任两江总督,一言九鼎,朝廷立即批准,汪祖绶于是出任准知县——川沙抚民同知。汪祖绶给曾国藩留下的印象很好,曾对汪祖绶的评价是"心地笃实,处事安详",属于干练之员。在任期间,他倡捐举办恤嫠,救济因战乱而产生的众多贫苦寡妇。他在节孝祠内设局,按月给恤孤苦伶仃的寡妇,经费主要靠收取户捐和米捐。当时江苏巡抚丁日昌在江苏开展宣讲圣谕活动,强化封建统治,并对宣讲有功的人员给予表彰,对宣讲不力的官员给予记过处分。汪祖绶做事认真,宣讲圣谕有功,获得二次一等奖、记大功一次的嘉奖。④

同治八年七月至同治十一年九月,汪祖绶任金山知县,在任期间,他筹措资金,兴修水利,为民造福。他主持疏浚了周家埭河、邵家塘及朱泾市河⑤,为当地农业生产、交通运输提供了便利,改善了当地百姓的日常生活。同治十一年至光绪三年,他调任青浦知县。青浦县在太平天国运动时期屡遭战火侵袭,县署建筑毁于战乱,又无资金修复,只好租赁大西门顾氏屋舍为衙署。《青浦县志》自乾隆

① 顾廷龙、戴逸主编:《李鸿章全集·奏议一》,安徽教育出版社,2008年1月,第538—539页。
② 上海市地方志办公室:《法华镇志》,上海社会科学院出版社,2006年1月。
③ 《汪祖绶调署川沙同知一缺片》,梁勤:《曾国藩用人经》下,远方出版社,2005年11月,第577—578页,
④ 赵春晨编:《丁日昌集》上,上海古籍出版社,2010年12月。
⑤ 朱栋:《朱泾志》,上海社会科学院出版社,2005年1月,第52页。

以来,九十年未有续纂,在汪祖绶之前的几任知县都曾想修志,因多种原因未果。他一上任,就组织人马编纂《青浦县志》。他在丰备仓设修志局,延请采访人员,聘熊其英、邱式金负责此事,由钱宝佺、黎庶昌筹捐经费。他先厘定修志章程,并经常与修志人员商讨志书内容,付出了很多心血。至光绪三年,下限为光绪二年的《青浦县志》修成,全志 30 卷,另有卷首 2 卷,卷末 1 卷,保存了许多重要的地方文献史料,一直流传至今。1875 年,汪祖绶扩建朱家镇环溪书院。此书院首建于咸丰元年(1851),太平天国运动期间被焚毁,同治七年知县钱宝传募捐重修,但规模较小。经过汪祖绶的扩建,此书院成为当地最大书院,并拥有 575 亩田地作为经济后盾,同时当铺每月为书院提供 3600 文资金。每月举行赛文活动,即由书院提供试卷,书院内外的人均可参加比赛,由书院评定名次,并依名次给予多少不等的钱财奖励,此举丰富了当地读书人的精神生活,同时营造了一个竞争向上的文化氛围,极大地促进了地方文化教育事业的发展。

在青浦知县任上,汪祖绶还为当地造桥修路,留下许多故事,如"百聚报本桥,俗名柏树桥。民间有建造此桥的传说,传说中的那位县官,指的是青浦知县汪祖绶。"[1]《百聚桥的故事》[2]流传至今,汪祖绶利用激将法,在很短的时间内让工匠在大盈江上造好一座坚固的石桥,为当地百姓出行提供了便利。

光绪三年五月至光绪六年,汪祖绶调任吴县知县,此后又曾署理江阴知县,旋因病去职。虽然才华满腹,终身只是个七品芝麻官,但是他位卑不敢忘忧国,尽心尽力为民做了许多有益的事情。他在官场极不得志,并非没有关系,只不过他不善于钻营罢了。当年赏识他的李鸿章长期任直隶总督兼北洋大臣,系朝廷重臣,炙手可热。李鸿章有给汪祖绶的信函《复江苏金山县汪祖绶》(同治十年二月十四日):"翰卿世尊兄馆丈阁下:哲嗣过津,奉到华笺,具纫藻饰,桃花潭水,驰溯同深。就谂政与时新,福偕春至。执事凫趋鸾披,出试牛刀;吏固称仙,经尤满笥;广青箱之万卷,植元圃之双珠。两郎文雅翩翩,自是承家令器,转瞬春风得意,大宋知名,象笏传家,凤池还我,德门在望,抃颂曷任。鸿章驻节丁沽,薪劳如昨。燕郊日暖,蜃市波恬;欣扶苍赤以登台,更喜梯航之向化。专此. 复颂升祺,诸惟雅照,不具。馆世愚弟。"[3]从这封热情洋溢的书信可以看出,位居国家权力中枢的李鸿章对昔日的幕僚、现任基层小官汪祖绶没有摆任何架子,言词十分诚

---

① 谢天祥:《青浦古桥:江南古桥之萃》,百家出版社,2000 年 10 月,第 22 页。
② 钱昌萍主编:《中国民间故事全书·上海·青浦卷》,知识产权出版社,2011 年 5 月,第 230 页。
③ 顾廷龙、戴逸主编:《李鸿章全集·信函二》,安徽教育出版社,2008 年 1 月,第 188 页。

恳。书信中的"哲嗣"指汪祖绶的两个儿子汪瑞曾、汪瑞高,给李鸿章留下了极好的印象。后来,汪瑞曾出任青浦知县,汪瑞高出任李鸿章的北洋支应局总办,成为李鸿章的心腹、钱粮总管。

汪祖绶在翰林院的同窗好友翁同龢,当时担任光绪老师、军机大臣,《翁同龢日记》保存了两人多年通信和来往的记录,如:"同治十年,二十二日(4月11日)汪汉青同年之子瑞云拔贡,户部小京官,来见。其兄瑞曾新中举人。得汉青函,赠五十金。……同治十一年,二十九日(1月27日)晴,风,接京中十一月二十七日业信。得汪汉青同年信并赠百番,受之。罗少耕送米百担,辞之。"①从这些文献来年看,翁同龢与同年汪祖绶关系一直没中断,汪祖绶还曾派儿子去京城拜见翁同龢,并赠送薄礼。以李、翁二人的地位和影响,汪祖绶若跑官要官简直是易如反掌,只不过他不汲汲于功名利禄,而是安心为民做实事罢了。

光绪九年,汪祖绶替人代呈节略,被人告发说干预地方公事,两江总督兼南洋通商大臣左宗棠上奏朝廷,要求查处:"查朱寿镛以在籍道员,于童生王寿民被控冒考一事,自有地方官及学臣裁夺,乃辄浼其亲串无锡县汪祖绶代递节略,详述王寿民之文,王汇川素与教官往来,且为皂役王松之兄,系属身家不清,任意擦砌,似此职官干预地方公事,殊有不合。署无锡县知县汪祖绶率为代呈节略,亦属非是。相应请旨,将盐运使衔河南候补道朱寿镛、前署无锡县、正任吴县知县汪祖绶,交部分别议处,以示惩儆。"②汪祖绶正好生病,于是辞职,结束了二十多年县官生涯。

第四节　多才多艺,对联诗词留墨宝

汪祖绶多才多艺,诗词书法均有相当的造诣,在近年来的拍卖市场上,他的墨宝《千里有人共明月,群贤入座来春风》《梨花明白夜东风,杨柳昏黄晓西月》《有诗书气生子必才,得山水心其人多寿》等受到了收藏家的青睐,拍出了不错的价格。同时,这些书联的文化内涵十分丰厚,富有哲理,受到学者的较高评价。

---

① 翁同龢著,陈义杰整理:《翁同龢日记》第3册,上海百家出版社,1993年。
② 《遵旨查明干预公事之官员请交部分别议处折》,《左宗棠全集》第三册,岳麓书社,1996年7月,第3082页.

无锡惠山有座祝太守祠,祠堂楹联出自汪祖绶之手①:

> 美哉轮奂,此日馨香俎豆,常留守泽裕孙曾。
> 允矣循良,迄今岭峤河阳,犹听口碑传父老

祝太守祠在惠山宝善桥北塊,清朝光绪三年,祝亮寅、祝继勋等筹建,纪念先祖、东汉九真太守祝良,请署理无锡知县汪祖绶题词。祝良是临湘人,勇猛果敢,善于决断。永和(136—141)时,岭南边将勾结外族人反叛,李固推荐祝良以九真太守身份率兵平叛。到达岭南后,祝良单枪匹马闯入敌人阵地,晓之以利害,瓦解了叛军的军心,一时间降者数万,岭南叛乱得以平息,边境得以安定,他因此受到朝廷表彰。上联中的"美哉,轮奂此日"出自《礼记·檀弓》,原文为"美哉轮焉,美哉奂焉",借以称赞祝太守祠建筑高大雄伟。"馨香俎豆"指祝良声名远播,芬芳馨香,源远流长;"常留守泽裕孙曾",意思是祝良功德无量,泽被子孙。下联中的"循良"古代指守法且政绩突出的好官,"岭峤"指两广一带,"河阳"指河阳县,暗用晋人潘岳典故。潘岳在河南河阳县作县令,绿化河阳县,在全县境内遍植林木,桃李成林,使得河阳当时有"花县"之称。后世文人骚客对此追思不已,诗仙李白有诗:"河阳花作县,秋浦玉为人。地逐名贤好,风随惠花春"(《赠崔秋浦二首》之三)。下联意思是说祝良为官有恩于民,百姓世代怀念他。这副楹联巧用典故,对祠堂的规模、作用及祝良的功业、影响都做了恰当的评述。

松江古镇广富林曾有座气势不凡的"双忠祠",毗邻陈子龙墓,堂内因供奉陈子龙、夏完淳两位明末抗清忠烈义士而得名。此祠是青浦人、著名学者、刑部侍郎王昶在嘉庆年间倡导修建的,有祭田十余亩。此后,春秋两季松江、青浦地方绅士都要来举行公祭,影响很大。汪祖绶任青浦知县时曾去祭拜,并作《祭双忠祠》诗:

> 毅魄沉沦二百年,馨香俎豆慰重泉。秦弓长剑迎神曲,寒食清明绝命篇。碧血迷离乾净土,青山黯淡夕阳天。墓前漫说南朝事,恐有灵鸦叫树颠。

---

① 孙士良、许荣海、廉明整理:《惠山祠堂群楹联》,时代文艺出版社,2004 年 9 月,第 230—231 页。

汪祖绶自注云："《忠裕公年谱》云：绝笔於《寒食》《清明》二赋。"汪祖绶对陈、夏二公的义举深表敬佩，同时又有所顾虑，欲言又止，劝人们不要对史事发表议论，毕竟二公对抗的是满人，满人还在当政。民国八年（1919）春天，松江诗人耿伯齐到双公祠祭祀，想起汪祖绶的诗，有感而发，作《追次汪诗元韵》云："祠堂起建几何年，矫矫双忠表九泉。怕话前朝兴废事，好披几社短长篇。春来扫墓重三日，风定迎神卅六天。气节而今尤足贵，无穷感慨集毫颠。"①此事载入文学史，成为诗坛佳话。

汪祖绶不仅能写诗，还会填词。近代著名词人姚燮的《疏影楼词》卷八收录了汪祖绶的一首《昼夜乐》词②：

> 明珠款实还收取。况缥缈、华胥路。蛾眉泥彼联娟，蝶意恼人惊寤。果托微波通一语。又底事、整衣颊怒。是否便销魂、问窥墙邻女。
>
> 游龙翔鹤飘然去。尽描撫，玉墀步。莫教翠被寻春，不惯羊车引驻，回首章华歌与舞。恐惹得，细腰人妒。巫峡尚苍茫，问朝云何处。

这是汪祖绶与姚燮唱和时留下来的。姚燮比汪祖绶大 24 岁，属于长辈。两相对照，汪作水平不在姚作之下，可见汪祖绶是精通词艺的。可惜，他没有为自己刻印一部诗词集，作品大都散失。

癸未（1883）年秋，汪祖绶因病离职，在苏州休养，堂妹汪藕裳送来二百多万字的书稿《子虚记》，请他写序。他抱病细读，写了一篇言辞中肯的序言，称"《子虚记》者，为吾藕裳三妹所作，事由意造，语出心裁，其名为子虚者，则骋词于风云月露之中，寄兴于儿女英雄之列。兹则前半部属意在英雄，后半部属意在儿女，选词命意，按部就班，绝无浅率重复之迹。其写悲欢离合处，娓娓动人，使阅者不以为虚，竟以为实。吾妹以咏絮清才，遭茹药苦境，幼随侍先世父彰德公署中，最为钟爱，其时亦不过知书识字而已。及十七岁，失怙旋里，归桐城胡松岩妹丈。咸丰九年，赭匪阑入吾盱，举家南徙时同寓吴中，吾妹于史学及书古文词无不留览，诚可谓博闻强记者矣。复随大先兄侨寓安宜，暇辄搦管为此书，迄今几二十年，裒然成册，借观者无不以先睹为快……"，介绍了《子虚记》作者生平、写作时

---

① 沈其光：《瓶粟斋诗话续编》卷六，民国云间印刷所承所印。
② 姚燮：《疏影楼词》卷八，浙江古籍出版社，1986 年 06 月第 1 版，第 219 页。

间、写作背景,并对《子虚记》的内容和特色作了点评,为后世了解《子虚记》及其作者留下了宝贵的史料。

光绪十二年(1886)八月十六日,58岁的汪祖绶病逝。他没有归葬故乡盱眙,而是选择吴县胥门外小鸟山璦碑岭作为归宿地,那里安葬着六年前去世的爱子汪瑞昌。汪瑞昌是他的四儿子,自幼聪明可爱,工诗文,下笔千言,不落窠臼,常常引来众人的啧啧称赏。十六岁时,汪瑞昌参加郡试,获得第一名的好成绩,名噪一时。光绪六年秋,汪瑞昌回乡参加贡试,在返家途中得急病暴亡,年仅26岁。消息传来,全族悲痛不已,汪祖绶更是伤心欲绝,含着泪把这个英年早逝的儿子葬在太湖之滨风景秀丽的璦碑岭上,六年后又在此永远相伴。后来,陈夫人、长子汪瑞曾又来相陪,一家四口长眠于此。如今,璦碑岭已成为风景名胜区,每到春秋旺季,游人如织,当地已没人知道汪知县及其家人的故事了。

第五节　汪祖绶年谱

道光九年,1829年,1岁

十月初三,汪祖绶生。

祖父汪云任,进士,曾任苏州知府、山东粮道、陕西按察使署布政使等职。父亲汪根恕,字小棠,举人,曾任国子监监丞、署苏州织造兼浒墅关监督。根恕共生六子:祖绶、祖龄、祖立、祖越、祖馨、祖祺。

道光十年,1830年,2岁

祖父汪云任升赣州知府。期间,剿灭土匪,惩治讼棍,处罚贪官污吏,清查屯田,建立义仓,救济穷困,修复书院,发展文化教育事业,得到了地方官民的称赞。生平事迹载入当时的《赣州府志》《赣州县志》。

道光十二年,1832年,4岁

是年,堂妹汪藕裳出生。

道光十三年,1833年,5岁

汪云任和同乡好友、贵州按察使杨殿邦首捐银两,倡修盱眙泗州试院。

道光十四年,1834 年,6 岁

二月十八日,曾祖父汪景福(1761—1834)病故,汪云任辞去赣州知府职务,丁忧回乡。汪景福,禀贡生,地方名儒,著有《护根堂诗文集》《晴川诗稿》等著作,教出许多有成就的学生。

道光十六年,1836 年,8 岁

二月十八日,汪云佺、汪云任、汪云倬及汪根荷、汪根芝、汪根书、汪根敬、汪根恕、汪根礼、汪根兰、汪根梓兄弟八人签订分家协议,《道光拾六年护根堂住房、田地及市房分家契约》保存至今。

道光十七年,1837 年,9 岁

父亲汪根恕中举。

两江总督陶澍会同江苏巡抚研究后上奏朝廷,以汪云任为苏州知府。

道光十八年,1838 年,10 岁

汪云任兼任苏松太兵备道、兼护江海关道。

伯父汪根敬任河南署泌阳知县。

曾国藩中进士,为翰林院庶吉士,散馆后授翰林院检讨。

道光十九年,1839 年,11 岁

汪根敬任河南镇坪知县。汪云任调任山东督粮道。

林则徐广东禁烟,共收缴鸦片二万二百八十三箱又二千一百十九麻袋,合计重二百三十七万六千二百五十四斤。经道光帝批准,四月二十二日,就地在虎门销毁。

道光二十年,1840 年,12 岁

五月二十九日,英国军舰封锁广州珠江口,第一次鸦片战争正式爆发。

汪根敬调署河南祥符知县(今开封)。

道光二十一年,1841 年,13 岁

二月初六,英军攻陷虎门炮台,水师提督关天培、副将刘大忠、游击麦廷章率部英勇抗击,壮烈牺牲。琦善被革职解京。五月,道光帝以林则徐"办理殊未妥协,深负委任"和"废弛营务"①罪名,革去其四品卿衔,从重发往伊犁效力赎罪。八月二十六日,英国侵略军攻占镇海,两江总督裕谦以身殉国。

道光二十二年,1842 年,14 岁

汪云任调任通政司参议,汪根敬调任河南许州知州。

五月宝山、上海沦陷。六月镇江失守,七月英舰兵临南京城下,七月二十四日,清朝钦差大臣耆英、伊里布与英国全权代表璞鼎查在英舰"皋华丽"号上,签订了结束鸦片战争的中英《南京条约》,割让香港岛给英国;向英国赔款二千一百万银圆。

道光二十三年,1843 年,15 岁

汪云任为修葺盱眙敬一书院奔走呼号,首捐倡修,

道光二十四年,1844 年,16 岁

二月,汪云任任陕西按察使。

汪根恕由东河试用同知捐升知府,呈请会试,吏部批准②。

道光二十五年,1845 年,17 岁

正月,汪云任署陕西布政使,三月十六日接到家信,知继母周氏于本年二月十四日在籍病故,立即辞官,回籍丁忧。

汪根敬奉旨以知府用,是年署归德(商丘)知府.

道光二十六年,1846 年,18 岁

汪云任捐资修建淮河防洪大堤:"护城堤沿淮南岸,明万历五年巡按御史邵陛筑,名邵公堤,后有张公堤,日久并圮。道光二十六年,邑绅汪云任等以水患日甚,因张堤遗址请宪奏准捐修南自奎宿门北至翟家桥,计筑长堤七百丈,又于学宫淮岸筑堤一道,长一百三十余丈。"③乡亲把这两道堤称为"汪公堤"。

---

① 齐思和等整理:《道光朝筹办夷务始末》卷二九,中华书局,1964 年 3 月,第 22 页。

② 礼部纂辑:近代中国史料丛刊三编四十九辑,《续增科场条例》第一册,文海出版社,1989 年 4 月,第 426—427 页)。

③ 王锡元:《盱眙县志稿》卷二,光绪辛卯刻本。

汪根敬奉旨回任许州知州。

道光二十七年,1847 年,19 岁

夏,汪根敬捐资修筑河堤。"盱眙安乐桥旧有石堤,年久倾圮,根敬捐廉重修,今所谓小汪公堤也"①。"汪公堤"与"小汪公堤"曾是盱眙重要的人文景观。

十一月初二,汪根敬署河南彰德(今安阳)知府。

道光二十八年,1848 年,20 岁

正月十六日,汪根敬任河南彰德(今安阳)知府刚满二个月,就突然病逝,归葬盱眙汪家花园。《许昌州志》有其传记,评价甚高。

汪根恕署苏州织造兼浒墅关监督:

署任织造汪根恕,于六月十七日接征起,截至八月初二日交卸关期报满止,经征 1 个月零 16 日,收银 3776 两 8 钱厘。②

又管理浒墅关税务,每年例于养廉银 12000 两内节减 6000 两,按年奏解。今节存道光二十八年三月初九日起至二十九年三月初八日止,1 年管关养廉银 6000 两。又署任织造候补道汪根恕,自道光二十八年六月十日起至八月初二日止,计署事 46 天,照例扣存一半织造养廉银 638 两 8 钱 8 分 9 厘,一半管关养廉银 383 两 3 钱 3 分 3 厘。以上统计共应解交银 7161 两 1 钱 1 分 6 厘,相应循例一并解交内务府银库交纳谨恭折具奏。

咸丰元年六月二十八日奏,七月十五日奉朱批:该衙门知道。

钦此。③

道光二十九年,1849 年,21 岁

"以捐办堤工。予安徽巡抚王植、前任陕西按察使汪云任等议叙有差④。"因捐办堤工有功,道光帝令汪云任进京,拟论功行赏。

---

① 王锡元:《盱眙县志稿》卷九,光绪辛卯刻本。

② 江苏省财政志编辑办公室编:《江苏财政史料丛书》第一辑第三分册,方志出版社,1999 年 12 月,第 427 页。

③ 江苏省财政志编辑办公室编:《江苏财政史料丛书》第一辑第三分册,方志出版社,1999 年 12 月,第 432 页。

④ 贾桢、花沙纳、阿灵阿、周祖培奉敕修:《大清宣宗成皇帝(道光朝)实录》卷四百六十八,台湾华文书局,1964 年 2 月。

曾国藩授礼部右侍郎。不久署兵部右侍郎。

道光三十年,1850 年,22 岁

正月十四日,道光帝崩。二十六日,皇太子爱新觉罗·奕詝,20 岁,登基即位,明年改元咸丰元年。

四月,李鸿章在翰林院散馆后授编修,受曾国藩器重。

五月初七,汪云任赴北京受赏,逝世于北京旅馆中,归葬盱眙汪家花园。诰授通议大夫,晋资政大夫。

十月,洪秀全发布总动员令,会众立即到金田团营编伍,达两万人。十一月,太平军在蓉村江木桥伏击清军成功。十二月二十九日,在金田村韦氏大宗祠举行拜上帝仪式,是为金田起义。洪秀全称天王,建立太平天国。

咸丰元年,1851 年,23 岁

李鸿章任光武英殿纂修,国史馆协修。

河南南阳等地捻军起义。

咸丰二年,1852 年,24 岁

二月十六日,太平军从永安突围。十一月初七日,太平军水旱两路从岳州起程进军湖北,直趋武汉。十二月初四日,太平军攻占武昌城。

十二月二十二日,丁忧在籍的曾国藩奏请训练一支军队以讨伐太平军,此为湘军开端。

咸丰三年,1853 年,25 岁

正月,太平军弃武汉,沿长江东下,占领九江后大举入皖。二月二十日,太平军占领南京,定为都城,改名天京。

四月,太平军攻占扬州,历时 8 个多月。汪云任师兄、77 岁漕运总督杨殿邦率领官兵在扬州瓜洲一带抵御太平军,失利,被免职,在军中戴罪立功。

十二月十七日,太平军攻陷庐州省城,巡抚江忠源、布政使刘裕珍战死。李鸿章因请援兵在外免难。

安徽、江苏两省自康熙六年分成两省,但乡试并未分开。安徽省士子每到大比之年仍到江宁来参加乡试。自从咸丰二年底,太平天国将都城定在此以后,

苏、皖两省的乡试便中断了。只有咸丰九年(1859)恩科借用在杭州的浙闱考场，但只有部分考生参考。十二年多时间里，安徽、江苏两省士子便眼睁睁地失去三次机会。

曾国藩在其家乡湖南一带，依靠师徒、亲戚、好友等复杂的人际关系，建立了一支地方团练，将5000人的队伍分为塔、罗、王、李等十营，称为湘勇。

咸丰四年1854年，26岁

正月，曾国藩发布"讨粤匪檄"，督湘军自衡州出发讨伐太平军。

十二月，李鸿章攻克安徽含山县城，自此有知兵之名，后以功赏加知府衔，换花翎。

咸丰五年，1855年，27岁

汪祖绶在顺天考试中举。

四月十六日，退守山东荏平冯官屯的李开芳被僧格林沁擒杀，北伐太平军全溃。

咸丰六年，1856年，28岁

五月，汪祖绶中进士，名列第12名，入翰林院为庶吉士。此科状元为翁同龢，字叔平，江苏常熟人，大学士翁心存之子，官至协办大学士，户部尚书，参机务。先后担任同治、光绪两代帝师。

八月四日，太平天国内讧：北王韦昌辉、燕王秦日纲杀东王杨秀清及其党属三千余人。秋，汪祖绶请假出都，游大梁，经相州，宿宜沟驿。

九月，李鸿章随福济等先后克巢县、和州、东关等地。后叙功赏加按察使衔。

咸丰七年，1857年，29岁

二月，太平军李秀成、陈玉成合师追击清军于桐城、舒城，李鸿章部团练败散，奉母北逃。十一月十四日，英法联军五千六百余人攻陷广州，两广总督叶名琛被俘。第二次鸦片战争爆发。

咸丰八年，1858年，30岁

四月初八，英法舰队在美、俄两国支持下，袭击大沽口。大沽炮台失陷，英法联军进犯天津。清政府派钦差大臣桂良、花沙纳与俄、美、英、法各国代表分别签订《天津条约》。沙皇俄国以武力胁迫清政府签订《瑷珲条约》。

汪祖绶与姚燮唱和:[①]

姚燮《阳台路为汪渔坨题〈宋玉赋神女图〉,汪罕青同作》:

梦潜寐。感倪装媠服,荒唐云雨。问含波、媚盼春莹,可解佩兰贻汝。依约烟心,翡翠正翔,玉荷羞语。剩一眉、山痕遥黛横浦。　但婳秋虹天际,枉凤辇、寻香晚驻。大夫才谲,要赚得、宠恩私与。曾姑射、娟魂雪抱,也惯碧猜红妒。何如不惑阳城,蓬辇南楚。

昼夜乐　同作盱眙汪祖绶:

明珠款实还收取。况缥缈、华胥路。蛾眉泥彼联娟,蝶意恼人惊寐。果托微波通一语。又底事、整衣赪怒。是否便销魂、问窥墙邻女。　游龙翔鹤飘然去。尽描橅、玉墀步。莫教翠被寻春,不惯羊车引驻。回首章华歌与舞。恐惹得、细腰人妒。巫峡尚苍茫,问朝云何处。

姚燮(1805—1864):晚清文学家、画家。字梅伯,号复庄,浙江镇海人。道光举人,工诗画,著有《大梅山馆集》《疏影楼词》。

咸丰九年,1859 年,31 岁

汪祖绶在翰林院散馆时考核定为二等,授新阳县知县。

五月二十六日,陈玉成率太平军攻占盱眙县城,杀死知县许垣等官民千余人,汪家被焚烧、抢劫。汪藕裳随家人逃到苏南,投奔汪祖绶。

七月,李鸿章在曾国藩幕掌管文案。

咸丰十年,1860 年,32 岁

闰三月十六日,陈玉城、李秀成等攻陷包围天京的江南大营,清将张国操等败退。四月,太平军取昆山、新阳两县。太平军轻取苏州城,杀死江苏巡抚徐有壬,署按察使朱钧等多人,收降清军五六万,并缴获大批洋枪洋炮,建立了苏福省,并乘胜攻占太仓、嘉定、青浦等县。七月,太平军分路进攻常熟,八月初二汇集湖桥,突入虞山门,常熟知县周沐润及昭文知县王庆元弃城逃逸,遂占据常、昭县署。至同治元年(1862)十一月,太平军守将骆国忠、董正勤叛变举城降清止,

---

① 姚燮:《疏影楼词》,浙江古籍出版社,1986 年 6 月,第 219 页。

太平天国共占据常、昭建立政权约两年半。

汪藕裳随家人离开苏州，逃到苏北宝应，投靠大哥汪祖茂。秋天，丈夫胡松岩病逝。

汪祖绶携家人到浙江萧山涝湖村避乱，后到上海，办理上海县发审军务及外国案件兼厘捐事务。因在诸翟等处围剿太平军出力，经江苏巡抚薛焕保奏，奉上谕，汪祖绶著赏加同知衔并赏戴花翎。

六月二十四日，实授曾国藩为两江总督，并命为钦差大臣，督办江南军务，大江南北水陆各军皆归曾节制。

李鸿章统带淮扬水师。湘军占领安庆后，被曾国藩奏荐才可大用，命回合肥一带募勇。

八月二十九日，英法联军占领北京，抢劫焚毁圆明园。英法联军在北京城郊抢掠烧杀近 50 天，京郊皇家园林如圆明园、清漪园、静明园（玉泉山）、静宜园（香山）、畅春园等均被付之一炬。九月，清廷派奕䜣为全权大臣议和，签订中英、中法《北京条约》。沙俄又胁迫清政府签订中俄《瑷珲条约》《北京条约》，窃取中国 150 多万平方公里的领土。

八月间，洪秀全令李秀成率主力西进。十月初四，嘉定候选县丞顾秉枢、上海六品军功侯一谔率清军、团练以诸翟为据点，袭击太平军黄渡营垒。十二月初六，太平军反击诸翟清军，杀候补县丞章棠、侯一谔等 200 余名。

汪祖绶奉命率领军队，击败太平军，一举收复诸翟，立功受奖。江苏巡抚薛焕为他请功，朝廷通令嘉奖："嗣因诸翟等处剿匪出力，经前抚医保奏，奉上谕：汪祖绶著赏加同知衔并赏戴花翎。"[①]

同治元年，1862 年，34 岁

农历三月三十日，母亲病逝，因交通受阻，汪祖绶在上海随庐守制。

长子汪瑞曾中举。

汪祖绶入曾国藩幕，与李鸿章共事，受李鸿章赏识。李鸿章把军队编成淮勇五营，曾国藩以上海系"筹饷膏腴之地"，命淮勇乘英国轮船抵达上海，自成一军，称为淮军。旋经曾国藩推荐任江苏巡抚，大力扩军，采用西方新式枪炮，使淮军在二年内由六千多人增至六七万人，成为清军中装备精良、战斗力较强的一支地

---

① 顾廷龙、戴逸主编：《李鸿章全集·奏议一》，安徽教育出版社，2008 年 1 月，第 338—339 页。

方武装。4月,李鸿章率军抵上海,同外国雇佣军(后组建为常胜军)进攻太平军。此后两年,李鸿章率淮军攻陷苏州、常州等地,和湘军一起基本剿灭太平天国。

同治二年,1863年,35岁

淮军与太平军为争夺常熟展开激战。一月十三日,清淮军道员潘鼎新、副将刘铭传率淮军4000人自上海水道到达福山(常熟)。二十一日,太平天国忠王李秀成到福山督战,听王陈炳文败清淮军潘鼎新部于铜官山。二十五日,清常胜军600人由吴淞到福山。二月初四日,太平军陈炳文部攻克福山。十二月二十四日,陈炳文部击败清常胜军及湘淮军于福山。二十八日,清将戈登率常胜军会同湘淮军复克福山。

同治三年,1864年,36岁

二月十一日,太平天国格王陈时永、国宗陈承琦攻占福山。二月十六日,清军大败太平军,福山太平军丧师殆尽。

汪祖绶署常熟知县,立功受奖。

"五品衔江苏即补知县何锡之,江苏候补知县赵德蕴、褚玑,随营攻剿,所向有功;署常熟县事即补知县汪祖绶,力捍贼锋,保全境土;江苏候补知县董廷策,制造火药出力,均请补缺后以直隶州知州升用。"①

三年七月十六日,李鸿章上《汪祖绶请以繁缺知县补用片》:"再,臣上年奏请拣发科甲出身州县人员来苏差委,半载以来,陆续到省者尚未及半。现在新复州县蹂躏已极,尤须廉干贤员善为抚字。查有前任新阳县知县汪祖绶,由庶吉士散馆改官选授斯缺。到省后委办上海县发审军务及外国案件兼厘捐事务。嗣因诸翟等处剿贼出力,经前抚臣保奏,奉上谕,汪祖绶著赏加同知衔并赏戴花翎。钦此。该员于同治元年三月间丁母忧卸事,因道路梗阻,在上海随庐守制。现届服满,例应由原籍请咨赴部候选,惟臣督军来沪时,曾将该员调营当差,殊为得力。该员廉明干练,熟悉情形,本系实缺人员,可否仍留江苏以繁缺知县尽先补用之处,出自皇上天恩。臣为地方需才起见,附片具陈,伏乞圣鉴。谨奏。"

同治三年七月二十三日,议政王军机大臣奉旨:"汪祖绶著仍留江苏以繁缺

---

① 顾廷龙、戴逸主编:《李鸿章全集1奏议一》,安徽教育出版社,2008年1月,第254页。

知县尽先补用。该部知道。钦此。"①

四月二十七日,洪秀全死,年五十二。

六月十六日,南京被攻克,太平天国运动失败。二十九日廷旨赐封李鸿章一等伯爵,赏戴双眼花翎。曾国藩加太子太保衔,封一等侯爵,世袭罔替。曾国荃加太子少保衔,封一等威毅伯爵。

同治四年,1865 年,37 岁

次子汪瑞高考取拔贡。

李鸿章署两江总督,设江南机器局于上海。

同治五年,1866 年,38 岁

八月二十六日,莫友芝拜访汪祖绶。《郘亭日记》:"食后访常熟大令汪汉青祖绶,丙辰庶常,盱眙。"②

莫友芝(1811—1871)字子偲,自号郘亭,又号紫泉,贵州独山人。清道光十一年中举人。晚清金石学家、目录版本学家、书法家,宋诗派重要成员。家世传业,通文字训诂之学,与遵义郑珍并称"西南巨儒"。

同治六年,1867 年,39 岁

汪祖绶任吴淞巡检司巡检,驻法华镇,专司捕盗,负责治安。"同治六年,署知县朱凰梯议浚,委巡检汪祖绶督其役,计工长一千八百五十一丈。面宽三丈,底宽一丈,挑深四尺,合四千二百五十一方零。"③

正月二十九日,李鸿章授湖广总督,李翰章为江苏巡抚。

十二月十一日,东捻赖文光突过六塘河防至扬州,为道员吴毓兰所擒,十六日被害于扬州,东捻平。

同治七年,1868 年,40 岁

汪祖绶调署川沙同知。清嘉庆十年设川沙抚民厅,十五年川沙厅独立,隶属松江府。川沙以抚民同知总掌厅政,下设礼户礼兵刑工及三班六房。另设司狱

---

① 顾廷龙、戴逸主编《李鸿章全集 1 奏议一》,安徽教育出版社,2008 年 1 月,第 538—539 页。
② 张剑:《莫友芝年谱长编》,中华书局,2008 年 11 月,第 413 页。
③ 上海市地方志办公室:《法华镇志》,上海社会科学院出版社,2006 年 1 月,第 23 页。

署,同知兼理司法,配司狱兼看守所长,佐理民刑诉讼。

曾国藩上《汪祖绶调署川沙同知一缺片》:"六月十八日,再,松江府川沙抚民同知张应济,在任因病出缺,除另行恭疏具题开缺外,所遗川沙同知系沿海要缺,有管理民事、经征钱粮之责,必须干练之员接署,方足胜任。查有现署常熟县事准补金山县知县汪祖绶,心地笃实,处事安详,堪以调署。据藩、臬两司会详前来,除批饬遵照外,谨合词附片陈明,伏乞圣鉴。谨奏。"①

江苏巡抚丁日昌通饬各州县及所属教职按月督率讲生,宣讲圣谕,并规定自戊辰年(1868年)九月起,每月终逐一胪开清折二分,送交该州县转报,因宣讲尽职,汪祖绶被记二次一等功。"其新阳县训导殷元善、奉贤县训导黄振均,三次一等,应各记大功一次;南汇县训导杨骧、川沙厅汪祖绶,二次一等,应各记大功一次;武进县教谕范培,二次一等,原应记功,惟九月折未送。"②

川沙抚民同知汪祖绶倡捐举办恤嫠,在节孝祠内设局按月给恤,经费主要靠收取户捐和米捐。

次子汪瑞高朝考取列一等第一名,奉旨以七品小京官分部学习,签分户部山东司行走。

同治八年,1869年,41岁
本年七月到同治十一年九月,汪祖绶任金山县知县,平反胡性冤狱。

同治九年,1870年,42岁
两江总督马新贻在总督府被平民张汶祥刺杀,震惊全国。
曾国藩回任两江总督。
《翁同龢日记》中有关汪祖绶的记载:
同治九年,得汪汉青信。
同治十年,二十二日(4月11日)汪汉青同年之子瑞云拔贡,户部小京官。来见,其兄瑞曾新中举人。得汉青函,赠五十金。
同治十一年,二十九日(1月27日)晴,风,接京中十一月二十七日业信。得汪汉青同年信并赠百番,受之。罗少耕送米百担,辞之。

① 梁勤主编:《曾国藩用人经》下,远方出版社,2005年11月,第577—578页。
② 赵春晨编:《丁日昌集上》,上海古籍出版社,2010年12月。

光绪二年丙子(1876),记"得同年汪汉青祖绶函"。

光绪三年九月二十三日(10月29日)到苏州,汪祖绶等人到码头迎接。

同治十年,1871年,43岁

汪祖绶兴修水利:"同治十年,知县汪祖绶协同委虽鲍敷佑、隙楷浚张泾。新《邑志》:张泾为全邑之干河。开浚自张堰镇南潘家桥起,迄松隐北塔港口止。由一百零五图出夫承役,业食佃力。其筑坝及局用之费,则另行筹措。时方筑海塘,而张泾淤甚,木石难运。祖绶请借海塘捐钱五千串文,拨充经费。"①

二月十四日,李鸿章作《复江苏金山县汪祖绶》:"翰卿世尊兄馆丈阁下:哲嗣过津,奉到华笺,具纫藻饰,桃花潭水,驰溯同深。就诹政与时新,福偕春至。执事凤趋鸾披,初试牛刀;吏固称仙,经尤满笥;广青箱之万卷,植元圃之双珠。两郎文雅翩翩,自是承家令器,转瞬春风得意,大宋知名,象笏传家,凤池还我,德门在望,抃颂曷任。鸿章驻节丁沽,薪劳如昨。燕郊日暖,蜃市波恬;欣扶苍赤以登台,更喜梯航之向化。专此.复颂升祺,诸惟雅照,不具。馆世愚弟。"②

曾国藩在日记中对汪祖绶有记载:"同治十年十月初四日。金山汪祖绶,盱胎人。乙卯北榜,丙辰庶常,改知县,选新阳县。丁忧后,奏留补金山县,署常熟、川沙二任。"③

同治十一年,1872年,44岁

此年至光绪三年,汪祖绶任青浦县知县。上任即组织人马编纂《青浦县志》,此志始于同治九年,陈其元任青浦县知县时,其时因续修《江南通志》,令各县先成县志。而本县县志自乾隆以来,九十年未有续纂,乃集邑士进行编纂。但因邑令频更,濡滞日久。同治十一年汪祖绶任知县时,厘定修志章程,始"局设丰备仓,延请采访诸人","规模粗备,遂聘熊其英领其事"。光绪三年修成,五年刻竣。先后历经7任知县,为时近10年。全志30卷,另有卷首2卷(上下),卷末1卷。由知县汪祖绶等领修,熊其英、邱式金等纂修,断限于光绪二年,刻成时增入补遗。

1875年,汪祖绶扩建朱家镇环溪书院。此书院首建于咸丰元年(1851),太

---

① 朱栋:《朱泾志》,上海社会科学院出版社,2005年1月,第52页。
② 顾廷龙、戴逸主编:《李鸿章全集30函二》,安徽教育出版社,2008年1月,第188页。
③ 曾国藩:《曾国藩日记》下册,宗教文化出版社,1999年9月第1版,第581页。

平天国运动期间被焚毁，同治七年知县钱宝传募捐重修，但规模较小。经过汪祖绶扩建，此书院成为当地最大书院，并拥有 575 亩田地作为经济后盾，同时当铺每月为书院提供 3600 文资金。每月举行赛文活动，即由书院提供试卷，书院内外的人均可参加比赛，由书院评定名次，并依名次给予多少不等的钱财奖励，此举丰富了当地读书人的精神生活，同时营造了一个竞争向上的文化氛围，极大地促进了地方文化教育事业的发展。

汪祖绶作《祭双忠祠》诗："陈卧子先生墓在广富林。嘉庆乙丑，我邑王兰泉司寇、奉贤陈桂堂太守纠合一郡士绅，就墓傍建祠，并祀夏瑗公父子，而以死难诸人柑享，（陈、夏皆几社创始人也）名曰陈夏二公祠。并酌定仪制，春秋致祭。厥后寝就衰歇，乃移祀於松江直指庵，见藏斋诗注。考其时，为道光十九年也。光绪初，知县汪祖绶有《祭双忠祠》诗，则知复祀广富林矣。"汪诗云："毅魄沉沦二百年，馨香俎豆慰重泉。秦弓长剑迎神曲，寒食清明绝命篇。碧血迷离乾净土，青山黯淡夕阳天。墓前漫说南朝事，恐有灵鸦叫树颠。"自注："《忠裕公年谱》云：绝笔於《寒食》《清明》二赋。"祠有祭田十余亩，光绪中叶后，由陈坊桥董事。陈氏执管春秋两祀，先期发柬，到者大都为松、青两县人士。民国十年以后，阙而勿行焉。己未春，耿伯齐先生亦来与祭，有《追次汪诗元韵》云："祠堂起建几何年，矫矫双忠表九泉。怕话前朝兴废事，好披几社短长篇。春来扫墓重三日，风定迎神卅六天。气节而今尤足贵，无穷感慨集毫颠。"[1]

陈卧子，即陈子龙（1608—1647），字卧子，号大樽，松江府华亭县（今松江区）人，曾参加"复社"，为该社后期共戴的领袖，明末诗人，与钱谦益、吴梅村齐名。陈子龙，字人中，顺治元年南明福王政权建立后，他任兵科给事中，上疏革除弊政，引起群小侧目。次年五、六月间，清廷剃发令传到松江府，松江人民举兵抗清。陈子龙与陈湖诸生陆世钥等起义，兵败，被清军杀害。著有《陈忠裕公全集》。

夏完淳（1631—1647）原名复，字存古，明松江府华亭县人，明末著名诗人，少年抗清英雄。夏允彝子。七岁能诗文。十四岁从父及陈子龙参加抗清活动。鲁王监国，授中书舍人。事败被捕，就义于南京，年仅十七岁。著有《南冠草》《续幸存录》《别云间》等。

曾国藩逝世。朝廷闻讯，辍朝三日。追赠太傅，谥文正，祀京师昭忠、贤良祠。

---

[1] 沈其光：《瓶粟斋诗话续编》卷六，民国云间印刷所承所印。

光绪三年，1877 年，49 岁

汪祖绶署无锡知县，今存他作的惠山浜祝太守祠堂楹联："美哉轮奂，此日馨香俎豆，常留守泽裕孙曾。允矣循良，迄今岭峤河阳，犹听口碑传父老。"祝太守祠，在惠山宝善桥北堍，现惠山浜九号。祀汉九真太守祝良。清光绪三年裔孙祝亮寅、祝继勋等建。原祠前有坊，额曰：乐善好施。坊前后各有一对大石狮及若干小石狮。坊后有轩三间，为接待春秋两祭宾客用。轩右为正五间享堂。现改为民居。祝良，后汉临湘人，性勇而果敢，有决断。永和时，岭南边将结交蛮人反叛，祝被李固推荐拜授九真太守职，率兵平叛。祝良身先士卒，只身匹马冲入敌阵，晓以利害，瓦解叛军军心，降者数万。岭南之乱得以平息，边地得以安定。①

本年五月到光绪六年，汪祖绶任吴县知县。

光绪六年，1880 年，52 岁

汪祖绶署江阴知县。

长子汪瑞曾庚午乡试举人，会试大挑一等，本年四月初五日经大臣验放，以知县分发湖北试用。

四子汪瑞昌参加贡试，在返家途中得急病暴亡，年仅 26 岁。

光绪七年，1881 年，53 岁

左宗棠调任两江总督兼南洋通商大臣。

光绪九年，1883 年，55 岁

汪祖绶被人告发，左宗棠要求查处：

奏为遵旨查明，请将干预公事之在籍道员，并代递节略之知县，及不能审出实情之承审官，一并交部分别议处，恭折具陈，仰祈圣鉴事。窃臣等承准军机大臣字寄，光绪九年七月十九日奉上谕："黄体芳奏在籍道员把持童试，承审官过涉含糊，请饬核议一折。"等因。钦此。遵即咨行饬调各卷查核。缘此案先据宝应县附贡生祁炳文以朱寿镛依势弄权等词控经学臣饬司提讯，旋据臬司札委候补知府杨岘，会同署扬州府知府黄波，讯得祁炳文与朱寿镛素无嫌怨，因有原籍高邮州、寄居宝应县民人王汇川之子王寿民，向从祁炳文受业，已由宝应籍贯应试

---

① 孙士良、许荣海，廉明整理：《惠山祠堂群楹联》，时代文艺出版社，2004 年 9 月，第 231 页。

三次，被童生朱昭煌、廪生耿植等先后禀讦。嗣由臬司访闻祁炳文及范观生等有教唆词讼情事，饬县查究，收押招告。适祁炳文之侄祁汝楫在途拾获朱寿镛家信一封，送交祁炳文拆阅，内有嘱托公事之语，祁炳文心疑伊被访办系由朱寿镛播弄，并以王寿民应试[受]阻亦系朱寿镛从中主使，遣抱具控。经该委员等提集研讯。据祁炳文当堂交出原信。而朱寿镛遣丁投具亲供并不承认，核对笔迹亦不相符。诘之祁炳文，未能指出确据。拟议详由臬司许应锛会同江宁藩司梁肇煌复核转详在案。

臣复饬据苏州藩司谭钧培会同署淮扬海道徐文达确查妥议。兹据查明会详前来。除先行指控冒籍阻考之童生朱昭煌及援案具禀之廪生耿植，暨同府不应跨考之童生王寿民，已由学臣分别核准批结毋庸置疑，祁炳文身在押所，辄令其侄祁汝楫截人家信，以图攻讦，情殊阴险，继称在途拾获，亦涉含糊，惟既经臬司访有唆讼情事，应饬该县先将其附贡生通详斥革，归于访案，另行从重拟办外，查朱寿镛以在籍道员，于童生王寿民被控冒考一事，自有地方官及学臣裁夺，乃辄浼其亲串无锡县汪祖绶代递节略，详述王寿民之文，王汇川素与教官往来，且为皂役王松之兄，系属身家不清，任意撖砌，似此职官干预地方公事，殊有不合。署无锡县知县汪祖绶率为代呈节略，亦属非是。相应请旨，将盐运使衔河南候补道朱寿镛，前署无锡县、正任吴县知县汪祖绶，交部分别议处，以示惩儆。承审官于朱寿镛先在学臣处呈递节略，未奉饬知，以致无从追诘，尚非有意祖护，但奉委提讯，不能审出实情，又不详细确察，于祁炳文呈出家信并不令朱寿镛面写核对，仅称于亲供内笔迹不符，又不追究捏造假信之人，办理究属草率。应请将呈审此案之署扬州府知府黄波、候补知府杨岘，一并交部议处。所有臣等复核拟议缘由，是否有当，谨合词恭折复奏，伏乞皇太后、皇上圣鉴。谨奏。军机大臣奉旨："着照所请。该部知道。"钦此。

查朱寿镛以在籍道员，于童生王寿民被控冒考一事，自有地方官及学臣裁夺，乃辄浼其亲串无锡县汪祖绶代递节略，详述王寿民之文，王汇川素与教官往来，且为皂役王松之兄，系属身家不清，任意撖砌，似此职官干预地方公事，殊有不合。署无锡县知县汪祖绶率为代呈节略，亦属非是。相应请旨，将盐运使衔河南候补道朱寿镛，前署无锡县、正任吴县知县汪祖绶，交部分别议处，以示惩儆。①

---

① 《遵旨查明干预公事之官员请交部分别议处折》，《左宗棠全集》第三册，岳麓书社，1996 年 7 月，第3082 页.

七月,历经 20 余年,堂妹汪藕裳完成了二百多万字的弹词体小说巨著《子虚记》。汪祖绶作序:"盲词小说不知起于何时,而小说必以七字为准,且协以韵语者,所以逞词人之手笔,顺闺阁之口音也。然如《天雨花》《再生缘》诸书,非不立意清真,措辞雅正,而浅率之处有不能自圆其说者,可见小说之易率而易复也。《子虚记》者,为吾藕裳三妹所作,事由意造,语出心裁,其名为"子虚"者,则骋词于风云月露之中,寄兴于儿女英雄之列。兹则前半部属意在英雄,后半部属意在儿女,选词命意,按部就班,绝无浅率重复之迹。其写悲欢离合处,娓娓动人,使阅者不以为虚,竟以为实。吾妹以咏絮清才,遭茹药苦境,幼随侍先世父彰德公署中,最为钟爱,其时亦不过知书识字而已。及十七岁,失怙旋里,归桐城胡松岩丈。咸丰九年,赭匪阑入吾盱,举家南徙时同寓吴中,吾妹于史学及书古文词无不留览,诚可谓博闻强记者矣。复随大先兄侨寓安宜,暇辄搦管为此书,迄今几二十年,裒然成册,借观者无不以先睹为快。癸未秋,将付剞劂氏,余适因病乞假省垣,雨窗无事,爰为叙其颠末如此。兄祖绶书。"[1]

光绪十一年,1885 年,56 岁

四月二十七日,李鸿章与巴德诺签署《中法新约》,清朝承认越南为法国殖民地,中法战争宣告结束。

八月,左宗棠病故于福州,谥文襄。

光绪十二年,1886 年,58 岁

正月二十九,父亲汪根恕去世,葬于盱眙南园双桂坡。

八月十六,汪祖绶病逝,葬于吴县胥门外三都五图之小鸟山之礘碅岭。

光绪十三年,1887 年

九月初八,妻子陈氏(1831—1887)病逝,与汪祖绶合葬。

汪祖绶生六子:瑞曾、瑞高、瑞昌、瑞保、瑞昆、瑞闿。瑞昌、瑞保早卒。瑞曾,举人,任青浦知县。瑞高,拔贡,历任北洋机器局总办、直隶通永道道台、北洋支应局总办、长芦盐运使等职。瑞昆,监生,监名准,光绪十八年以候补知县身份随巡抚邵友濂赴台湾,办理台北抚垦、脑务釐金等事务,稽查全台营务。十九年十月担任台东军事将领。瑞闿,举人,曾任江西按察使、江西省长、民国参政院参议等职。

---

① 汪藕裳:《子虚记》,王泽强校点,中华书局,2013 年 3 月,第一册第 1 页。

第六章 长芦盐运使汪瑞高

汪瑞高(1849—1905),字君牧,清末安徽泗州直隶州盱眙县(今属江苏)人,同治辛丑科拔贡,历任户部山东司行走、北洋机器局总办、直隶通永道道台、北洋支应局总办、长芦盐运使、德州制造局总办等职,授二品顶戴,精通财务,能诗擅画,多才多艺,得到李鸿章、王文韶、那桐、荣禄、裕禄、袁世凯等政坛巨擘的赏识,是许多重大历史事件的见证人。

第一节 受到李鸿章的赏识、荐举

汪瑞高的曾祖父就是近代名人汪云任。祖父汪根恕,道光丁酉科举人,历任国子监丞、署苏州织造兼任浒墅关监督等职。父亲汪祖绶,字汉青,咸丰丙辰科进士,翰林院庶吉士,历任吴县、无锡、常熟等地知县。汪瑞高兄弟四人,哥哥瑞曾长他一岁,举人,任青浦知县。大弟瑞昆,监生,曾任台东军事将领。小弟瑞闿,举人,曾任江西按察使、江西省长、民国参政院参议等职。虽说出生于官宦世家,但汪瑞高幼年时就遭遇太平天国起义,家园被毁,随家人流浪江南,在动荡中度过青少年时期。

汪瑞高曾跟随钱唐张寅伯读书,非常聪明,同乡王伯恭有记载:"钱唐张寅伯先生景云,余儿时受业师也。咸丰中,先生叔侄三人,与董慎言、慎行兄弟,同负文坛虎将之誉,杭人推为三张两董。余及门时,年甫十四,先生见所作文字诗赋,极口欣赏,尝曰:吾课徒数十年,惟濮子潼、汪瑞高两人为吾门之望,才亦相埒,今并尔为三矣。"[①]张寅伯举人出身,当时杭州文坛名人,从教几十年,最赏识的

---

① 王伯恭:《蜷庐随笔·六三张寅伯》,山西古籍出版社,1999年9月。

学生就是汪瑞高和濮子潼,后来,汪官至长芦盐运使,濮官至江苏巡抚。

同治三年六月十六日,南京被攻克,太平天国运动失败,中断十多年的安徽科举考试恢复了。次年,汪瑞高和哥哥汪瑞曾回盱眙考秀才,皆中。汪瑞高又接着参加十二年才举办一次的拔贡考试(补咸丰十一年辛酉科被太平天国运动耽搁的一场考试),名列第一,得到主考官们的高度称赞。安徽学政朱兰批语为:"笔歌墨舞,机畅神流"。安徽巡抚乔松年批语为:"胸中浣雪,腕下生风"。钦差大臣李鸿章的批语为:"刊落肤词,独标真谛"。四场考试的总批语为:"润舍朝露,鲜侔晨葩;琦思珠串,才锋若发。律赋夺三唐之席,绣口锦心,字画推两晋之波,惊鸾顾鹊。策阐丁鸿之秘,经刊亥豕之讹,洵所谓亶亶逼人,戛戛独造者矣。揭晓来谒,知生金貂华胄,荣戴名家,玉映触年,兰森髫序。泮林报捷,凤鸣喜双翮齐飞;贡树扬辉,鹑荐先一头放出。媲终军之弱冠,尚少二龄;卜王训之相才,恰称同岁。崔瞻乃后生第一,黄童洵江夏无双。他年桂阙香霏,定欣联夫雁序;指顾杏林宴启,看稳步乎螭坳。勖尔鹏程,慰予鹤望。"①评价之高,令人咋舌,尤其是得到当时如日中天的李鸿章的赞扬,年仅十七的汪瑞高一时声誉鹊起,名扬皖东大地。事实上,拔贡在清代政治地位较高,几与乡试相伯仲,是科目的重要补充,汪瑞高凭拔贡身份步入官场。

同治七年,哥哥汪瑞曾中举。汪瑞高在国子监学习期满,通过朝考,由吏部引见皇帝,奉旨以七品小京官分部学习,分到户部任山东司行走,正式踏上仕途。同治九年八月,李鸿章调任直隶总督,兼任北洋通商事务大臣,专办清政府外交,兴办北洋海陆军,并在北方兼长江流域筹办轮船、电报、煤铁、纺织等企业,权倾朝野,炙手可热。汪瑞高初生牛犊不怕虎,主动结交李鸿章,再次引起李鸿章的关注。同治十一年正月初八日,李鸿章作《复七品小京官汪瑞高》②:

> 远承梅使,递到华笺,猥以贱辰,重劳吉语。就维君牧世二兄功深枕菲,颂洽陔兰。本来潭水桃花,情深千尺;况是春风棣萼,誉满双珠。诗礼趋庭,缥缃济美。遥瞻吉采,适飓揄私。弟承乏燕台,徒增马齿,抚髀易老,殊惭艾岁之知非;与物同春,差幸荐丰之无恙。专此,复颂侍祺.并祝春祉,不具。世愚弟。

---

① 顾廷龙主编:《清代朱卷集成383》,台北成文出版社出版,1992年,第305—321页。
② 顾廷龙、戴逸主编:《李鸿章全集30信函二》,安徽教育出版社,2008年1月,第405页。

从此信得知,在李鸿章生日,汪瑞高致函祝贺,李鸿章回信表示感谢,语气极为谦卑。李鸿章叙说了与汪家的交情,称赞汪瑞高读书用功,孝顺父母;汪瑞曾富有才华,兄弟两能光宗耀祖。

尽管如此,汪瑞高在仕途上极为不顺。光绪四年、光绪五年,汪瑞高连续在湖北协黔捐局、上海晋赈捐局两次报捐知府,花了大把的银子。当时候补官员数量太多,安排不了,汪瑞高长期处于候补状态。光绪十二年,父亲去世。父亲临死前曾嘱咐儿子,必要时可以去找他的同年、时任帝师的朝廷重臣翁同龢。对此,翁同龢在日记中做了记载:"光绪十三年丁亥(1887年)初二日(5月26日)晴,暖。……汪君牧瑞高,浙江府。故人汉青之子也。汉青既卒,其家七十人,贫无所依,来京求为荐李相处馆席。"①汪祖绶,字汉青,与翁同龢是同榜进士。从翁同龢日记,我们得知,汪祖绶去世时,汪家老少有七十口之多,汪祖绶的四个儿子都没做官,汪瑞高的负担之重是可想而知的了。一直在等候官职的汪瑞高请翁同龢帮助,让他到当朝宰相李鸿章家做馆,即给李家少爷当老师。太平天国时期,翁同龢父亲翁心存任帝师,哥哥翁同书为安徽巡抚。因平叛失误,曾国藩令李鸿章弹劾翁同书,翁同书被判斩刑,翁心存气急身亡,翁同龢与李鸿章从此成为不共戴天的冤家对头。因此,翁不可能向李鸿章推荐汪瑞高。再说,太平天国时期,汪祖绶入曾国藩幕,在李鸿章军中当差,受李鸿章赏识,李鸿章曾向朝廷推荐过汪祖绶,汪、李两家算旧交。李鸿章若知亡友后人生活有困难,不会袖手旁观的。

光绪十四至十六年,汪瑞高丁母忧,居家守孝,服阕后,被李鸿章直接调到自己掌控的北洋通商大臣衙门任职。光绪十六年九月,汪瑞高因办理北洋海军出力,李鸿章奏保归候补班补用。九月初六日,李鸿章上《办理海军请奖折》,建议对包括汪瑞高在内的出力员弁,"照章择尤酌拟奖叙"②。次年,李鸿章又向皇帝保举了汪瑞高③:

> 光绪十七年十二月十九日再,三品衔浙江候补知府汪瑞高,安徽拔贡,由户部七品小京官于光绪四年报捐知府,指分浙江试用,十六年经臣奏调北

---

① 翁同龢著,陈义杰整理:《翁同龢日记》四,中华书局,2006年12月第2版,第2093页。

② 顾廷龙、戴逸主编:《李鸿章全集14奏议十四》,安徽教育出版社,2008年1月。

③ 《汪瑞高白冠瀛留直序补片》,载顾廷龙、戴逸主编《李鸿章全集14奏议十四》,安徽教育出版社,2008年1月。

洋差遣，十七年海军校阅案内保归候补班补用。……，臣查汪瑞高器识闳通，才堪肆应。白冠瀛才长识粹，留心吏治。该二员自调直以后委办各事，精核得力，于地方利弊均能切实讲求，足备器使。合无仰恳天恩，俯准将汪瑞高、白冠瀛留于直隶各按原班序补。汪瑞高系原捐指省人员，应补交离省银两。白冠瀛系保归候补班人员，应补交分发银两。俟奉旨后饬令照数补缴，以符例章。理合附片具陈，伏乞圣鉴训示。谨奏。

　　光绪十七年十二月二十二日，奉朱批：著照所请。吏部知道。钦此。

李鸿章十分赏识他的才干，称赞他"器识闳通，才堪肆应。……调直以后委办各事，精核得力，于地方利弊均能切实讲求，足备器使。"极力向皇帝推荐他。可见，汪瑞高与李鸿章关系已经较为密切。

　　《李鸿章全集》中还保存了一封信《复直隶存记道汪瑞高》（光绪二十五年八月二十一日）。李鸿章哥哥李翰章病逝，汪瑞高前往吊唁，事后李鸿章致函称谢[①]：

　　　　君牧世仁弟大人阁下：

　　　　春明握别，自夏徂秋，遥审绩懋军储，勤宣营建，贤劳在望，企祝良殷。顷奉惠书，以先兄之丧，远承慰问，情真语挚，循诵增凄。先兄晚得优闲，年登耄耋，人称全福，亦奚足憾。惟念白头兄弟，只馀两人，始自兵间，患难与同，迄于暮景，南北相望，顿成永诀，情何以堪，追溯生平，惟增惨恻。遗疏于十九日递至皖省，由中丞胪叙上闻，九月内当可到京，知念并及。专泐复谢，顺颂筹祺，诸惟爱照。不具。

　　　　世愚兄期鸿章顿首。

当时趋炎附势乘机登门拉关系的人很多，李不一定亲自致函表示谢意，汪瑞高此时只不过是候补道员，因俩人关系亲近，李鸿章才会专门写信表示感谢。

　　汪瑞高在官场打拼了三十年，有李鸿章的赏识、荐举，也没能谋得州县实职，可见官场职位竞争多么激烈。靠此关系，汪瑞高在北洋通商大臣衙门得一职位，得以养家糊口。

---

① 顾廷龙、戴逸主编：《李鸿章全集 30 信函八》，安徽教育出版社，2008 年版，第 237 页。

第二节　北洋机器局总办

光绪二十一年正月十八日，丁汝昌、张文宣等自杀，威海卫海军及刘公岛守军投降，北洋舰队覆灭，甲午战争中国大败。十九日，清廷派李鸿章为头等全权大臣与日本商议和约。三月二十三日在日本马关签订丧权辱国的《马关条约》。李鸿章回京，王文韶由云贵总督调任直隶总督。

三月，汪瑞高署理易州直隶州知州，四月交卸。仅当了一个月的州官，就被人告到朝廷，说他纵容部下勒索、刁难船民："谕军机大臣等有人奏、知州纵容幕吏需索官运船户。请旨查办一折。据称易州知州汪瑞高接受转运泰宁镇兵糈。该州幕友章献琳、洪金铭、书吏魏元恺即升之等、百计刁难。踢斛淋尖，任意扬洒。魏元恺在白沟河地方开设德兴隆钱铺所得之赃，俱由此铺曹朵臣等经手。请饬查办等语。著王文韶按照所参各节，确切查明据实覆奏。毋稍徇隐。"①事后，王文韶派人查明此举报不实，"并无藉端勒索情弊。请免置议。"②

六月，汪瑞高又在直隶新海防捐局报捐，朝廷答应他免归本班，以道员用，仍留本省归候补班补用。本月十　日，汪瑞高经吏部带领引见皇帝，奉旨着照例发往，还得等待！汪瑞高把目光瞄向了甲午战争爆发后被再次复起的荣禄，荣禄任兵部尚书兼步军统领、总理衙门大臣、协办大学士，手握重权。汪瑞高投拜荣禄为门生，一次送上"九如全盒花瓶一座""如意平安"一个，"另具赘仪一千两"，这是《荣禄存札》中能见到的最大一笔"见面礼"③。次年五月，汪瑞高主持北洋机器局，成为北方最大的兵工厂的厂长。

北洋机器局，即天津军火机器总局，创办于1867年4月，1870年改名为天津机器局，1895年8月，李鸿章奉调入阁。王文韶接任直隶总督，并接办天津机器局，改名为北洋机器局。该局分为东、西两局。东局设城东贾家沽，以制造火药、枪炮、子弹和水雷为主。西局设城南海光寺，以制造军用器具、开花子弹及布

① 世续、陆润庠、张之洞、那桐等人奉敕修：《大清德宗景(光绪)皇帝实录》卷之三百八十二，中华书局影印，1986年11月。

② 世续、陆润庠、张之洞、那桐等人奉敕修：《大清德宗景(光绪)皇帝实录》卷之三百八十七，中华书局影印，1986年11月。

③ 冬烘刚：《从荣禄存札看晚清官场请托》，《历史档案》2013年4期。

置水雷用的轮船和挖河船为主。东、西两局所产军火除供应本省淮练各军、兵轮、炮船外，还按时拨给吉林、奉天、察哈尔、热河及分防在江南的水陆淮军。此外，东局还附设有水师、水雷、电报学堂。曾建造中国第一艘潜水艇、挖泥船、舟桥船，并于世界上最早研制出硝化棉无烟火药。该机器局是清末洋务运动时期继江南机器制造总局、福州船政局之后兴建的又一家制造军火和修造舰船的大型军事工厂。

北洋机器局总办是个肥缺，原总办傅云龙被调离，认为是汪瑞高捣鬼，傅云龙后人在傅云龙墓志及传记中对汪瑞高大肆抨击：

> 皖人某，垂涎铸银圆久。二十四年夏五月，府君以王公奏保使才召见至京师。时王公入军机，代任直督北洋大臣者，实惟裕禄公。某因私人言于裕禄公曰：傅亏空局费且二十万。裕禄公立檄某总办局事。……比莅局检簿册，则清如列看，伺隙不得。以银四百贿段口屏，改簿以实其言。口屏故厂吏，为人慧黠。府君所用以识簿册小印多刊自口屏，遂摹刻以识于假册。既簿册多存不能遍改，局员又有曲之者，乃复还其所改者如初。自五月至十一月不上迭，府君迫办交代，乃具白于北洋大臣：除赢馀若干外，亏空凡七钱二分。……自某总办局事，凡铸钢炮枪炮弹、无烟火药枪弹诸事之创自府君者，疾如仇；废电灯巡夫，制造窳不问，员匠悉易其人。府君所为数年废眠忘餐经营缔造者，荡然俱尽。某本注意银钱，银搀铜质多于部定率数，北洋银圆始不通行于他省及汇丰麦加（利）银行，仅天津一隅（傅范淑撰《傅云龙墓志铭》）。[①]

文中"皖人某"即汪瑞高，傅云龙后人认为汪瑞高得到裕禄信任，夺取北洋机器局总办职务，说汪瑞高"为所欲为，所有傅云龙采取的革新措施，一概以仇视的态度对待之：工匠全都撤换了，电灯统统拆除，巡逻制度一律废掉，产品质量好坏全然不顾。铸造银圆的银铜比例低于规定，成色低劣的北洋银圆失去了商务上的信誉，外国银行再也不来问津，原来使用北洋银圆的几个省份也纷纷拒绝使用。弄到后来，北洋银圆只有在天津还能流通。一个兴旺的军工企业就这么走向了衰败。眼看着形势每况愈下，汪某倒也无所谓——他本来就只奔着银子来。此

---

① 傅祖熙、傅训成，傅训淳：《傅云龙传》，浙江古籍出版社，2003年9月，第263—267页。

地没有利,自有有利处。库里的七万七千两银子取出来了,局里向着我的人多少要给一点,患难之交嘛,也许以后还有用得着的时候。其余的么,当然是归我汪某。然后备了厚礼,请裕大人再帮一次忙。此人不久就拿着北洋支应局总办的委任札子上任去了。这支应局是各省督抚就地筹款以应付特殊用途的非正式的财务机构,更是个美差。"①

傅云龙后人把时间、对象都搞错了。不是二十四年夏五月,而是二十一年夏五月;汪瑞高的靠山不是裕禄,而是荣禄。其实,傅云龙任职已达六年,要赶他走的人不是汪瑞高,而是新任直隶总督王文韶。傅云龙后人说汪瑞高上台后,"工匠全都撤换了,电灯统统拆除,巡逻制度一律废掉,产品质量好坏全然不顾。铸造银圆的银铜比例低于规定",还"把库里的七万七千两银子取出来"分了。汪瑞高任总办,进行一些人事及制度方面的改革,这是职权范围内的事情,无可厚非。至于产品质量,主要由外聘的苏格兰裔专家史迪特先生(Mr. Stewart)负责,汪瑞高是外行,不能多过问。再说,傅云龙后人只说"银圆的银铜比例低于规定"没说军工产品存在质量下降问题,铸造银圆是副业,即使有点问题无关大碍。

走了傅云龙,来了汪瑞高,北洋机器局依旧红火,英国人贝思福爵士(Lord Charles Beresford)在1898年访问了北洋机器局,他说:"这个兵工厂由直隶总督管辖。看起来在兴建时花了许多钱。工作场所的建设非常良好。有一个1200吨的冲压机,4个铸造容量20吨的熔炉,以及许多熔矿炉,用的是西门子建造的锻床。另外还有一个12吨的吊炉和一个40匹马力的驱动引擎,是由兵工厂自行建造的。当我访问天津兵工厂时,有一个130匹马力的引擎正在制造中。工具非常良好,多是英国或德国制造的现代化产品,而且带有维修及制造小炮所需的所有器材。我亲见他们在制造4个160磅压力的圆形锅炉。该厂有足够的扩建空间,可以生产足够全中国陆军使用的武器装备。深水渠道可以直通厂边。"②可见,傅云龙及其后人的言论完全系攻击、牢骚之辞。

汪瑞高担任北洋机器总办局不到一年,就调到更重要的岗位——北洋支应局总办,可见王文韶对他的工作是满意的,对他的才能是赏识的。

---

① 傅祖熙、傅训成、傅训淳:《傅云龙传》,浙江古籍出版社,2003年9月,第263—267页。
② The Break—up of China, Harper Brothers Publisher,1899, pp. 292—293.

第三节　北洋支应局总办

光绪二十三年,汪瑞高调任北洋支应局总办。北洋支应局专管北洋海军俸饷、工需及北洋各海口陆军兵饷并各局、各学堂、船坞、库厂薪粮经费暨一切工程修制、采办价值收支报销事宜,应用员弁、司事、书役人等薪工等费(《北洋海军章程第八》)。手握重金,位高权重,历来由直隶总督兼北洋大臣的心腹担任。汪瑞高正式成为北洋财政的掌门人。此年,袁世凯任直隶按察使。

在这个平台上,汪瑞高的交际面更广阔了,与王公大臣、达官贵族、社会名流直接交往,出席重大社会活动。二十四年七月二十七日下午六点,袁世凯在北洋医学堂举行盛大宴会,款待来华访问的日本首相伊藤博文一行,天津十九位高官陪坐,汪瑞高荣列其中(七月二十八日《国闻报》)。汪瑞高与袁世凯建立了密切的关系。

叶赫那拉·那桐,曾任户部尚书、外务部尚书、总理衙门大臣、军机大臣、内阁协理大臣等,为朝廷重臣,与汪瑞高有来往:

> 二十五年五月十一日卯刻进内值日。巳刻到营,未刻饭。未正拜汪君牧观察,申初归。十二日卯刻到庆邸府回事,赴别墅请客,端邸先到,仲路、梦琴、卓云。(《那桐日记》第 312 页)
>
> 九月初二日早袁制台来谈五刻,唐少川、汪君牧来晤谈。(《那桐日记》第 481 页)

那桐主动登门拜访汪瑞高,两人谈了很久;汪瑞高也到那桐处晤谈,看来关系不错。

洋务派代表人物,著名的政治家、企业家盛宣怀,光绪二十三年在上海外滩开办中国通商银行,找汪瑞高拉商务关系,两人来往多年,现存多份文献表明他们关系很密切[①]:

---

① 陈旭麓、顾廷龙、汪熙主编:《盛宣怀档案资料选辑 5 中国通商银行》,上海人民出版社,2000 年 10 月,第 601 页。

杏荪廷尉大人阁下：远违钧范，时切驰忱。昨奉惠函，只聆一是。就谂荩猷，日著萨履，春和惬符，臆颂中国通商银行自开办以来，渐有成效，富强之本实基于此，具征擘画精详，曷胜钦佩，承嘱一节，理应遵行。惟近来局库异常支绌，并无可以发存之款。至各省关应解北洋防费，向由各该省自行发商汇解敝处，未便与谋。倘将来库帑充裕，有发商生息款项，再当随时禀商北洋大臣，就近存交天津通商银行生息，以副台命。肃此奉复，敬请勋安，伏惟垂照不庄。汪瑞高谨肃。(《二十四年二月二十六日汪瑞高致函盛宣怀》)

沈道交阅尊电，已商通商银行先措银六万两听候军米委员求取。其余六万两，年内尊处上海有用处，即当措缴，决不迟误。乞费神婉回帅座，至以为感。宣。勘。(《天津汪君谟观察去电二十八年八月二十八》)

电谕谨悉。银行款十二万余，沪上别无用项，只能全拨米价，必须九月中旬给领，张道始可仰赖保全。乞饬银行照数筹备，并赐电复为祷。瑞高。(《天津来电八月三十》)

荣补通永欣贺。张道款已备齐，并有纱厂缴息一万两，商局缴报效六万两，均请购米拨用，以省汇兑，至感。支应局何人接替？公何日履新？宣。卦。(《津汪道去电九月初十》)

上述第一封信是汪瑞高的回函，答应盛宣怀，如有款项，将存入中国通商银行。第二封信，盛宣怀答应提供一笔贷款供北洋购买军粮。第三封信，汪瑞高回复说用款时间，请银行做好准备。第四封信，盛宣怀祝贺汪瑞高荣升直隶通永道员，打听接替汪瑞高担任支应局总办的人选，并告知购粮款已备好，可以支用。两人业务上有来往，私交也不断加深。

光绪二十四年四月二十三日，从御史杨深秀奏，光绪帝接受了维新派的改革方案，下诏更新国是，正式推行新政。三个多月共发布几十道政令，内容涉及经济、文教、政治、军事诸方面。包括废除科举，兴办学校，奖励工商，整顿吏治，设立矿务铁路总局、农工商总局，筹办京师大学堂等。新政推行仅 103 天，八月五日，袁世凯持光绪密诏返天津向荣禄告密。八月初六，慈禧太后发动宫廷政变，幽禁光绪帝，废除全部新政法令。在菜市口杀害谭嗣同等人。八月十三日，命荣禄在军机大臣上行走。授裕禄为直隶总督，北洋各军仍归荣禄节制，以裕禄为帮办。

戊戌政变后，荣禄内调，直隶总督改由裕禄担任。汪瑞高得到裕禄信任，被举荐,光绪皇帝下诏引见汪瑞高等人:"裕禄奏,敬举贤能各员请旨录用一折。除道员杨文鼎业经记存外,直隶试用道任之骅,候补道汪瑞高、黄建笵、吴廷斌、王仁宝,保定府知府沈家本,天津府知府荣铨,候补知府李荫梧,候补知州秦奎良,候补知县曹景郎,记名提督郑才盛、梅东益,大沽协副将韩照琦,著分次给咨送部带领引见[①]","谕内阁,本日召见之直隶候补道汪瑞高、著交军机处存记。"[②]就在汪瑞高踌躇满志,即将高升之时,发生了八国联军入侵中国的大事。

光绪二十六年六月,天津被攻占,直隶总督裕禄兵败自杀,八国联军在天津烧杀抢掠,繁华街市变成一片瓦砾废墟,官民逃亡、死伤的占十分之九。汪瑞高曾担任总办的北方最大的兵工厂北洋机器局被摧毁。"俄军占据天津总督衙门,把它作为兵营,将衙门里的档案文件书籍全部毁掉。日军抢劫长芦盐运使署白银 200 多万两。美军从该处地下挖掘出价值几百万元的纹银,悉数囊括而去。俄、英、法军也从该处抢走难以数计的银两。俄军把天津造币厂的几百吨存银抢劫一空。美军劫取天津铸造局价值 37.6 万余美元的白银。八国联军将天津道署、天津府署、天津县署及其他各官署的银库存银洗劫一空。俄军在所占据的天津炮台、火药库、营盘、东局子以及李鸿章的宅邸内掠获了 300 余门火炮、大批弹药和各种有相当价值的财物。美军在天津南门军械所内掠获了 40 门克虏伯炮和新式鲁登佛特炮、大量的小武器及包括各种口径炮弹在内的大量弹药。日军在天津水师营及海关道衙等处抢获各种枪支 800 多条、火炮 8 门及大量的弹药。"[③]"天津陷落后第二天,阿列克谢耶夫召集各国高级军官开会,提议成立'天津临时政府'(即"天津都统衙门"),由俄军上校担任这个殖民机构的行政首脑。由于其他各国反对俄国独掌大权,于是改为俄、英、日三国(后来加上德国)各派军官一名,组成委员会。这个机构从 1900 年 7 月成立到 1902 年 8 月撤销,对天津城、天津县、宁河县全境,以及塘沽和北塘进行了长达两年的统治。"[④]次年七月二十五日,奕劻和李鸿章代表清廷与联军签订《辛丑条约》,中国赔银四亿五千万两,中国彻底沦为半殖民地半封建社会,中国人民遭遇空前的灾难。

等到战争结束,汪瑞高回到天津,虽说官复原位,但衙门也是一贫如洗,靠借

---

① 世续、陆润庠、张之洞、那桐等人奉敕修:《大清德宗景(光绪)皇帝实录》卷之四百四十一,中华书局影印,1986 年 11 月。

② 世续、陆润庠、张之洞、那桐等人奉敕修:《大清德宗景(光绪)皇帝实录》卷之四百四十四,中华书局影印,1986 年 11 月。

③ 王建平:《国耻事典》(1840—1949),成都出版社,1992 年 9 月,第 692 页。

④ 丁名楠、余绳武:《帝国主义侵华史》第一卷,人民出版社 1973 年 12 月。

贷度日。"四月,朝廷批准使用由直隶赈捐局发行的百万两银票。这批资金很快花费一空。其中 64 万两交给都统衙门用来赎回被法国人掠走的盐斤,其余由盐商用作周转资金"①。实际上,整个国家都是这样,中华民族到了生死存亡的关头。

第四节　长芦盐运使

光绪二十七年九月二十七日,李鸿章去世,袁世凯署理直隶总督兼充北洋大臣,次年实授,成为中外瞩目的实力人物。汪瑞高的才能又得到袁世凯的赏识。袁世凯先后委任他办理支应、筹款、善后等各项事务,他都能扫除积习,厘剔蠹奸,凡是应付军需款项,无不细心筹划,账目清晰,纲举目张,十分有条理,袁世凯非常满意,认为他是一位得力的助手。

二十八年九月,在袁世凯的建议下,朝廷把直隶长芦盐运使杨宗濂调离,命其督办顺直机器纺织局事宜,盐运使一职由直隶候补道汪瑞高接替。袁世凯《明保道员汪瑞高请破格擢用折》云:

> 光绪二十八年九月初六日奏。为敬举贤能,恳恩擢用,以资激劝恭折,仰祈圣鉴事。窃查直隶本系缺额省分,自经兵燹以后,民物凋残,公私地赤立,重以摊还洋款,赔偿教案,以及创行一切新政,办理地方善后,各事交迫迭起,百废待兴。经费则艰绌异常,而用度则浩繁倍昔,以故理财筹款尤为目前切要之端。然非经理得人,则丛弊长奸,罅漏百出,而莫可究诘。其间有素行廉谨者,又或休于身为怨府,不免瞻徇以便其私,比实心任事者所以不可多得也。
>
> 兹查有军机处记名直隶候补道汪瑞高,学优操洁,心细才长,在直多年,情形熟悉。臣抵任以来,先后委办支应、筹款、善后各局务,皆能扫除积习,厘剔蠹奸,举凡应付军需钩稽饷项,综核出入款目,莫不悉心擘划,纲举目张,虽众谤群疑,而该员核实认真,力任劳怨,绝不因之稍改其度,洵所谓公家之利,知无不为,有禆时局,殊非浅鲜。现值时艰方殷,需才孔亟,臣既深

① 《长芦盐运使司档》,存第一历史档案馆,第 173 页、132 页。

资臂助,不敢壅于上闻,可否仰恳天恩,破格擢用,以励贤能而资激劝之处,出自圣裁,谨恭折密陈。伏乞皇太后、皇上圣鉴、训示。谨奏。

光绪二十八年九月十一日奉朱批:另有旨。钦此。①

九月初九日奉上谕:直隶长芦盐运使缺,著汪瑞高补授。钦此。②

在奏折中,袁世凯列举了汪瑞高有许多优点:一是品德好,"学优操洁,心细才长",二是业务熟,"在直多年,情形熟悉";三是办事认真,信得过,交办的事情"莫不悉心擘划,纲举目张,虽众谤群疑,而该员核实认真,力任劳怨",认为他是不可多得的人才。朝廷很快批复同意。

汪瑞高候补多年,现在终于成为得到了许多人都梦寐以求的肥差长芦盐运使职位。这个北方最大的盐官管辖着我国最大的盐区,地处渤海西岸,南起河北海兴,中经天津塘沽、汉沽,东至河北秦皇岛山海关,蜿蜒千里,盐场众多,在全国盐产总量中占有很大比重,长芦盐税在国家财政收入中占有重要地位。因此,长芦盐运使一直是位高权重,备受瞩目,历来都是直隶总督的心腹干将才能得到此位子,而且此后前途远大。直到民国初年,这个位置仍然十分重要,如由长芦盐运使升任为政府要员的达十多人,如周学熙(北洋财政总长)、凌福彭(天津知府、直隶布政使)、张镇芳(袁世凯表弟、直隶总督)等等。但汪瑞高是个例外,因为长芦盐业已遭到八国联军的严重破坏,处于举步维艰的境地。可以说,汪瑞高受命于危难之际,百废待兴。

李鸿章死后,袁世凯如日中天,御史黄昌年不识时务,弹劾袁世凯,说袁世凯有八大罪,还涉及汪瑞高:"袁世凯有大罪八……大罪四:孙廷杰于庚子勾结洋人,占据盐场,以为可索重偿,前大学士李鸿章欲杀之而扬去,现任盐法道汪瑞高,当庚子乱时,正充支应局提调,胆敢将存余巨款搬运寄家,李鸿章亦欲杀之,当李鸿章在世,两人皆不敢到天津,袁世凯利其重赂,反相依倚,不加参处,庇护奸人。"③黄昌年把汪瑞高的官职搞错了,汪的现职是盐运使,不是盐法道;以前的职务是支应局总办,不是提调。黄昌年说八国联军入侵天津时,汪瑞高把"存

---

① 天津图书馆、天津社科院历史研究所编:《袁世凯奏议》中册,天津古籍出版社,1987 年 3 月,第640 页。

② 中国第一历史档案馆编:《光绪宣统两朝上谕档第 28 册光绪二十八年》,广西师范大学出版社,1996 年 10 月,第 225 页。

③ 王觉源:《金刚御史黄昌年》,《忘机随笔》第 176 篇,东大图书股份有限公司,1993 年 11 月,第 776页。

余巨款搬运寄家",李鸿章想杀他,事后他又重金贿赂袁世凯,不但逃脱罪责,还受到重用。袁世凯是弹劾不倒的,汪瑞高也毫发未损。此事是否属实,已很难说得清,在没有发现新史料之前姑且存疑。

实际上,汪瑞高接管的是个烂摊子。八国联军进入天津城曾将长芦盐运使衙门洗劫一空,还将大量的坨盐据为己有,因此洋盐、私盐一时遍于四境。和议达成后,汪瑞高鉴于惨遭劫掠的盐署已不堪复用,遂将盐署迁至文昌阁西的旧县署,盐务监管开始恢复。汪瑞高与俄、法两国多次磋商,议定由盐商出价收回被强占的坨盐,盐商没钱,只好向外国银行贷款。二十九年初,因财政拮据,汪瑞高逼着盐商用现金偿还债务,商人们请求暂缓,因为首先应偿还华俄道胜银行的贷款,汪瑞高只好默许,给予盐商两个多月的宽限期,这也开了个先例:偿还外国银行的贷款优先于国内银行。秋天,长芦盐运因运费拮据发生困难,"曾拟借公款,而库储奇绌,无可腾挪;向商铺支借运本,则各商号因兵燹后物力凋敝,银根短缺。盐课为国家兵饷所系,燃眉之际,长芦盐运使汪瑞高向海关道唐绍仪求援。经唐出面,向日本正金银行借银四十五万两,按八厘五毫付息,终使长芦盐应时办运"[①]。可见,汪瑞高这个官当得很艰难。

二十九年春天,慈禧太后和光绪帝去谒拜西陵,旅途主要由胡燏棻、盛宣怀负责。袁世凯派汪瑞高、杨士骧做接待工作。杨士骧时任直隶按察使,精于逢迎。汪瑞高负责筹款,向长芦盐商摊派,募得巨资。二位不惜代价四处采购珍馐美馔,请京师名厨掌勺。慈禧太后和光绪帝在保定停留三日,被侍候得舒舒服服,非常开心,回京后就发布圣谕:"谕内阁:朕钦奉皇太后懿旨,此次祗谒西陵,乘坐轮车,胡燏棻、盛宣怀备办一切,甚属周妥,著交部从优议叙。直隶按察使杨士骧、盐运使汪瑞高办理差务,诸臻妥洽,著以应升之缺升用,以示奖励。"立即公开许诺提拔有功人员。胡燏棻为汪瑞高同乡,进士,后官至邮传部侍郎。盛宣怀,秀才出身,亦官亦商,汪瑞高的朋友,后官至邮传部尚书。杨士骧,汪瑞高同乡,进士,后来升任山东巡抚,并于光绪三十三年接替袁世凯任直隶总督兼北洋大臣,成为朝廷重臣,封疆大吏。汪瑞高不但没有提拔,还被免职,宦海沉浮,结果难以预测。

三十年五月,在袁世凯的建议下,朝廷免去汪瑞高的职务,盐运使一职由直隶候补道陆嘉谷接替。汪瑞高被调到新建的德州制造局担任总办。战乱后,袁

---

① 焦静宜:《星点集》,南开大学出版社,2006 年 7 月,第 339—340 页。

世凯将被八国联军毁坏的北洋机器局残存的机器搬到天津租界内修理,同时派员赴山东德州,在西南城外花园地方购地建厂。以银 45.2 万两从英、德等国购进机器设备,加上修理好的机器,建立新机器局。直至 1904 年 10 月,新厂才建成投产,名北洋机器制造局。该局下设快枪子厂、新枪子厂、机器厂、无烟药厂、棉药厂、镪水厂、淋硝厂、木样厂、铸铁厂、熟铁厂、锅炉厂、卷铜厂等 12 个厂。后又建造纸厂,以制装枪弹的纸盒,并酿酒以供制无烟火药的需要。有员工 3000 人左右,机器设备 760 余部。主要生产 7.9 毫米枪弹,年产 600 万发。该局是清末五大兵工厂之一。汪瑞高有管理兵工厂的经验,完全胜任此项工作,袁世凯才让他担任这个新兵工厂的第一任厂长。可惜,次年八月十七日,汪瑞高就去世了,未尽其才。

第五节　通诗歌,擅书画,多才多艺

汪瑞高能写诗歌,擅长书画,多才多艺。同治四年,汪瑞高 17 岁,回盱眙考秀才、参加拔贡考试,均名列第一。所作诗歌得到主考大人的一致好评:

> 赋得绿树荫浓夏日长,得浓字五言六韵
> 何处消长夏,阴阴树荫重。不教红日漏,但觉绿云浓。翠映千竿竹,凉生百尺松。垂垂笼锦鸭,缓缓滴铜龙。泼黛痕疑染,抛书梦未慵。御园宜避暑,佳气郁葱茏。

> 赋得数家烟火自成邻,得家字五言八韵
> 不用多烟火,芳邻自足夸。数椽高士宅,一带野人家。曲突晨炊早,团焦夕照斜。稀疏围竹树,洽比话桑麻。鸡犬前村应,云山隔坞遮。姓才两三问,价合万千赊。扑枣情偏重,樵薪语正哗。皇都廛闬密,风景乐无涯。[①]

前一首为考秀才写的诗,原批语为"雅韵欲流",即典雅,有古人遗风,有独特的韵味。后一首是考取拔贡写的诗,原批语为"情景如绘",即情景交融,描绘如画,评价比较中肯。这两首诗是在考场上的命题作文,题目、韵脚、时间都有限定,能写

---

① 顾廷龙主编:《清代硃(朱)卷集成 383》,台北成文出版社,1992 年,第 305—321 页。

到这种水平真是不易,可见其功底很扎实。

浙江舟山市博物馆收藏着一对精美的屏风,上面镌刻有汪瑞高的《赠章次柯》千字长诗及题跋。根据跋文,此组诗写于光绪二年(1876),先是汪瑞高手书册页赠予章次柯,章氏转赠给女婿张声驰,十八年后由顾青莲双钩刊揭。所谓"双钩"就是以书摹刻木石上,沿其笔墨痕迹,两边用细线钩出,使穠纤肥瘦,不失其真,书法也出自汪瑞高笔下。张谦甫,名声驰,华亭南塘(今上海金山山阳乡中兴村)名医,著有《医学举要》。章次柯是张声驰的岳父,擅长诗词,清末曾与杨葆光、沈祥龙、蒋迂石、贾芝房等组"钧诗馆吟社",为近代上海最重要的诗词社团之一。这组诗以浪漫主义的手法,将神话故事、历史传说与现实生活相结合,描绘了一位忠于爱情的绝代佳人形象。这首长诗可以分为四个部分,第一部分总写女子的美丽,"蓓蕾如珠欲吐苞,风情隐隐露春梢。艳真恐惹榴裙妒,暖更防随柳絮抛",比喻生动,形神兼顾,风情万种的女子形象跃然纸上。第二部分写女子醉酒睡醒后的神态,"东墙羞颊艳于霞,压到长安一路花。未诉石崇夸列锦,倘来卫玠准停车。相携水榭亭亭立,消得金屏密密遮",并且以居处环境的豪华奢侈衬托女子的雍容华贵。第三部分写分别后女子的刻骨相思之情,"镇日银床捧宝笙,闷嫌按谱自成声。泪和夜雨啼难住,愁逐春波去不平。玉骨尚存期独守,铁心未转誓他生。天涯知有萧郎恨,欲付江鱼寄远情",奏琴消恨,无法排解满腹的孤独、苦闷;情郎远去,无法相见,但心还是永远向着他的,"但愿与卿俱化蝶,双飞双宿永无愁"一句十分传神地写出了女子的忠贞。第四部分写梦幻中欢度良宵的幸福时光,"纸帐横陈睡半酣,丰神宜向画中参。还如西子颦含媚,更以杨妃醉带憨",以西子颦眉、杨贵醉酒典故描写女子睡态美。最后又补作两首无题诗,写雨夜独空房的惆怅与相思之情,表达"但教七夕能相见,纵到秋风亦未迟"的愿望,盼望人间分离的夫妻都能早日团圆,格调较前面要提高不少。诗歌把情人之间的追寻和相思的缠绵悱恻之情演绎得十分细腻,感情真挚动人,显示出汪瑞高不寻常的才情。

光绪九年七月,历经20余年,汪瑞高的堂姑汪藕裳完成了二百多万字的弹词体小说巨著《子虚记》。汪瑞高为之题诗云:

才思岂输香茗集,词华尽拟小山篇。却弹别调随巴曲,怕少知音白雪弦。

梦中应食茂陵书,绮丽缘情托子虚。漫说绛仙才调好,清名犹愧女相如。

　　纱幔春风拂绛云，传抄夜校鲁鱼文。最怜小妹簪花格，书遍双鬟白练裙。

　　为砭俗耳说南柯，心事能传春梦婆。装出琉璃空世界，月明古井自无波。

　　第一首诗中用了四个典故称赞汪藕裳的创作才华及创作弹词的原因。《香茗集》是南朝才女鲍令晖的作品集，《拟小山篇》是唐太宗贤妃徐惠仿汉代淮南小山《招隐士》而写的作品。文笔娴熟，运用多种意象，表达了学识出众的女子无法实现心志的孤寂。"巴曲"，即"下里巴人"，指民间通俗艺术，这里指弹词小说；"白雪"，阳春白雪，指高雅艺术。汪瑞高说汪藕裳才华出众，超过鲍令晖和徐惠，有能力写作高雅的诗文，之所以创作弹词小说，因为弹词小说属于民间通俗艺术，读者多，影响大。第二首诗用三个典故说汪藕裳富有才学，并指出《子虚记》的特点是绮丽缘情。诗中"茂陵"指汉代司马相如，司马相如病免后家居茂陵。司马相如作《子虚赋》，假托子虚、乌有先生、亡是公三人互相问答。后因称虚构事情为"子虚"。"绛仙"指隋炀帝的妃子，人极美，能写诗。《南部烟花记》云："炀帝以合欢水果赐吴绛仙，绛仙以红笺进诗谢。帝曰：绛仙才调，女相如也。"汪瑞高说吴绛仙不配女相如的称号，汪藕裳才是真正的女相如。第三首诗用四个典故。"纱幔"，即纱帐，指设帐授徒，这里指汪藕裳在汪瑞高家当塾师。"传抄夜校鲁鱼"，即校对文字。"鲁鱼"，即把"鲁"字错成"鱼"字，指书籍在传写或刻印过程中的文字错误。"小妹簪花格"，指西晋卫夫人传下的美女簪花格体书法。"白练裙"的典故指南朝宋羊欣年十二作隶书，为王献之所爱重。羊欣夏天穿新绢裙昼寝，献之见之，书裙数幅而去。清代女书法家姜淑斋书法圆融温雅中有遒劲之气，为时所重。朱彝尊题其手书诗卷云："三真六草写朝云，几股玉钗分，仿佛卫夫人，问何似当年右军，郁金堂外，青绫帐里，小字讶初闻，门掩谢池春草，书遍双鬟练裙。"这几个典故用来形容汪藕裳书法娟秀。第四首诗用四个典故。"砭俗耳"，旧时指医治庸俗的听觉而使之高雅。"南柯"，即成语"南柯一梦"，比喻世事如梦，富贵易失，一切都是空欢喜。"春梦婆"，旧说曾有老妇人，言人世繁华富贵犹如一场春梦，转瞬即逝，此妇人被称为春梦婆。各朝代诗人作品中多有引用，借指人生易逝，富贵如梦。"琉璃世界"是指佛教药师佛的净土，琉璃指一尘不染，干干净净。"古井自无波"，比喻内心恬静，情感不为外界事物所动。这几个典故用来点明《子虚记》的创作意图，即警醒世人，要明白功名富贵转瞬即逝的道理，不必过分追求；还赞扬汪藕裳大半生守寡，养心修性，清贫自守，在乱世中不为外物困扰，保持一颗恬静的心，数十年如一日，创作了这样一部对世人有启示作用的作品。四首诗引经据典，分别从才华、特色、书法、主题等不同角度，评价作者及其作品，典雅精当，十分老到。

汪瑞高不仅能写诗，同时也是一位艺术家，留下的字画如今在拍卖市场上也拍出了不错的价格。2009 年 12 月 3 日，他的《栢荫傅经》图在福建省拍卖行十五周年艺术品拍卖庆典拍卖会上，拍得 21280 元。2011 后 12 月 19 日，他的《老子出关图》在中国嘉德四季第二十八期拍卖会上的成交价为 40250 元。他的其他字画还在陆续被发现、上拍，产生了一定的影响。

第六节　汪瑞高年谱

道光二十九年，1849 年，1 岁

十月初十日，汪瑞高出生。

祖父汪根恕，举人，曾任国子监监丞、署苏州织造兼浒墅关监督。父亲汪祖绶，进士，翰林院庶吉士，曾任曾国藩幕僚，历任新阳、吴县、青浦等地知县。汪祖绶生六子：瑞曾、瑞高、瑞昌、瑞保、瑞昆、瑞闿。瑞昌、瑞保早卒。瑞曾，举人，青浦知县。瑞昆，监生，台东军事将领。瑞闿，举人，曾任江西按察使、江西省省长、民国参政院参议等职。

道光三十年，1850 年，2 岁

五月初七日，曾祖父汪云任丁忧期满赴北京带职期间病逝于北京旅馆中，归葬盱眙汪家花园。诰授通议大夫，晋资政大夫。

十二月二十九日，在金田村韦氏大宗祠举行拜上帝仪式，是为金田起义。洪秀全称天王，建立太平天国。国号为太平天国。

咸丰五年，1855 年，7 岁

九月，父亲汪祖绶中举。

是年，汪瑞高跟随叔父汪祖龄读书。

咸丰六年,1856年,8岁

五月,汪祖绶中进士,入翰林院,为庶吉士。此科状元为常熟人翁同龢。

咸丰九年,1859年,11岁

四月,汪祖绶在翰林院散馆后授新阳知县。

五月二十六日,陈玉成率太平军攻占盱眙县城,杀死知县许垣等官民千余人,汪家被焚烧、抢劫。

七月,李鸿章在曾国藩幕掌管文案。

八月二十日,袁世凯出生于河南省陈州府项城县袁寨的一个封建官僚地主家庭。

汪瑞高以钱唐张寅伯为师,非常聪明,同乡王伯恭有记载:"钱唐张寅伯先生景云,余儿时受业师也。咸丰中,先生叔侄三人,与董慎言、慎行兄弟,同负文坛虎将之誉,杭人推为三张两董。余及门时,年甫十四,先生见所作文字诗赋,极口欣赏,尝日:'吾课徒数十年,惟濮子潼、汪瑞高两人为吾门之望,才亦相埒,今并尔为三矣。'潼后由翰林出守,荐至江苏巡抚,汪由拔贡部曹,官至长芦运使,独吾浮沉尘俗,了无所成,为羊公不舞之鹤,可愧也。当时荫椿世兄,尚在乳哺,后乃与余同举戊子贤书,年尚未冠。己丑,先生送其计偕入都,寓仁钱馆,每见余必追道往事,其欣快可知也。"①

王伯恭(1857—1921),原名锡嘼,字伯恭,亦字伯弓。后名仪郑,字公之侨。出身江苏盱眙名族。十四岁为何绍基所激赏。光绪壬午(1882)随马相伯赴朝鲜,入吴长庆幕。丙戌(1886)谒潘文勤公(祖荫,1830—1890)于京邸,许为今之王景略(王猛,325—375,前秦苻坚之谋臣)。戊子(1888)乡试中举。庚寅(1890)官国子监学正。秩满外任,为湖北宜昌府通判,旋入张之洞幕。又调署归州知州。辛亥革命后避居沪上。袁世凯任总统招之入幕,后任陆军部秘书。辛酉(1921)冬卒于京师。

濮子潼(1848—1909),字紫铨,号止潜,浙江钱塘县人。同治九年乡试中举。光绪三年登进士;同年五月,改翰林院庶吉士。光绪九年四月散馆,著以部属用,任兵部主事、兵部职方司员外郎等职。光绪二十四年,任江苏松江府知府,后升

---

① 王伯恭:《蜷庐随笔·六三张寅伯》,山西古籍出版社,1999年9月。

任湖北荆宜施道。光绪二十九年,任安徽按察使。光绪三十一年,任广东按察使、江苏布政使。光绪三十二年护江苏巡抚。

咸丰十一年,1861 年,13 岁

三月三十日,祖母病逝,因战争阻隔,父亲汪祖绶在上海守制。

汪祖绶入曾国藩幕。

七月十七日,咸丰帝崩于热河避暑山庄行宫,年三十一。

十一月一日,两宫皇太后御养心殿,垂帘听政。

十一月,曾国藩募练皖北之勇,名曰淮军。

同治元年,1862 年,14 岁

正月二十四日,李鸿章组成淮军数营,集合于安庆,仿湘军成规,定立营制。

汪祖绶在李鸿章军中任职。

十月十二日,李鸿章任江苏巡抚。

同治二年,1863 年,15 岁

李鸿章兼署五口通商大臣。奏设外国语言文字学馆于上海。是创办洋务之始。

同治三年,1864 年,16 岁

四月二十七日,洪秀全死,年五十二。

六月十六日,南京被攻克,太平天国运动失败。二十九日廷旨赐封李鸿章一等伯爵,赏戴双眼花翎。曾国藩加太子太保衔,封一等侯爵,世袭罔替。曾国荃加太子少保衔,封一等威毅伯爵。

汪祖绶署常熟知县。

同治四年,1865 年,17 岁

汪瑞曾、汪瑞高回盱眙考秀才,皆中。汪瑞高又参加拔贡考试(补咸丰十一年辛酉科),名列第一。

汪瑞高选拔贡卷[1]，同治乙丑年补行咸丰辛酉科

选拔贡生第一名汪瑞高，江南泗州直隶州盱眙县廪膳生，民籍。

钦命詹事府詹事提督安徽全省学政朱批取，又批：笔歌墨舞，机畅神流。

钦命兵部侍郎兼都察院右副都御史安徽巡抚提督军务粮饷兼提都军门乔批取，又批：胸中浣雪，腕下生风。

钦差大臣太少保兵部尚书兼督察院右督御史代理两江总督提督军务粮饷操江南河督理两淮兼军务江苏巡抚李批取，又批：刊落肤词，独标真谛。

总批：润舍朝露，鲜侔晨葩；琦思珠串，才锋苕发。律赋夺三唐之席，绣口锦心，字画推两晋之波，惊鸾顾鹊。策阐丁鸿之秘，经刊亥豕之讹，洵所谓亹亹逼人，夏夏独造者矣。揭晓来谒，知生金貂华胄，荣戟名家，玉映触年，兰森髫序。泮林报捷，凤鸣喜双翮齐飞；贡树扬辉，鹗荐先一头放出。媲终军之弱冠，尚少二龄；卜王训之相才，恰称同岁。崔瞻乃后生第一，黄童洵江夏无双。他年桂阙香霏，定欣联夫雁序；指顾杏林宴启，看稳步乎螭坳。勖尔鹏程，慰予鹤望。

由也千乘之国可使治其赋也

许勇士以将才，治赋则有矣。夫赋者，均田定额寓兵于农之谓也。由也可使，殆仅许其治千乘耳。从来能治身者，鲜能治国，能治国者，鲜能治兵。此其人谓之修士则可，谓之将才则不可。苟能得果敢强毅之概以树伟望而宣壮，犹有不必侈言兵而兵威已立，不必讳言兵而兵律愈严者，地广而量足以统之，人众而气足以帅之，勿谓韦布儒生弗娴武事也。子问由，由固有志行军，而尝以千乘之国自期者也。今夫临事而决胜疆场，则为兵先事而简阅车徒，则为赋井开十万，而与之课农桑则难，地拓十同而与之言忠义则尤难，处可安耕作，出可荷戈矛，人四鬴，人三鬴，人二鬴，足兵本之足食，国与野胥联臂指，岂策士所得奏其功？征公徒三万而使之辨车旗不易，练甲士三千而使之习戎马亦不易，谊苟洽比闾，仇自协五两，家三人，家二人，家一人，有勇兼以有谋，战与守悉协机宜，惟硕儒斯能肩厥任。甚矣，治千乘之赋之难！其人也，性情非不谨愿，一侧身于帷幄，则张皇与

---

① 顾廷龙主编：《清代硃卷集成383》，台北成文出版社，1992年，第311—327页。

畏蒽交讯,对琴书则神倾,谈锋刃则色变,处常而安,处危而扰,三代下少全才,庸庸者谁谙韬略? 志气夙号刚方,得备列于戎行,则训练与抚绥并至,有事统诸司马,无事属在司徒,将作士气,士识将心,吾党中求硕彦行行者,足备干城。吾且为由也,虚拟所使,吾且为由也,实征其可。夫春秋争战二百四十年矣,驱苍赤以蹈凶危,畴则愿为敢死士,况颠连日甚,有按图籍而半即流亡者,诚得吾党果敢之才茂之将,家有羡卒,无烦召募以增兵,行有余粮,奚事捐输以助饷? 我周之创国也,三单誓众,早端根本于彻田,其治赋原有定额也,圣天子命将出师,由当闻而起舞耳。夫府库空虚,七十有二国矣,忍饥寒而冒锋镝,且将转为不良民,况恩谊未深,有玩简书而不奉征调者,苟以吾徒强毅之质从之,将国无告枭,量贷非出自私门,乡兔乞师,敌忾攸资夫宗祐。我鲁之建国也,三遂即戎,不藉糗粮于税亩,其治赋无过正供也。古大臣振军经旅,由也遑云多让哉。决策自堪济变,无其遇者不可无其材,奋武亦足匡时,优于才者,奚必优于德,子可以知由矣。

原批:树骨训典之区,选言宏富之域,实意虚神,两无遗憾,稚年得此,的未易才。

反求诸己而已矣

拟仁者,内返之功求乎己,不役乎人也。夫舍己怼人,必其耻为人役也,而于己究何神? 为仁在返求,盍即射者而拟之? 尝思失诸正鹄,反求诸其身,明乎众。人各有一身,即一人独有一己也,顾即君子,以形射不必虚拟之曰己,但当实求之于身,即射事以例仁,非第泛言之曰身,还当切求之于己,责无旁贷,力有专营,事内省而不事外驰,如是焉而已。射者,正己而后发,不中不怨胜己者,孰发之,己发之也,孰不胜,己不胜也。君子曰: 此其道无他求,此其功在自反。原降衷之始未有己,已有仁,仁之先己,而具者本无向背合离之致。己之知识所开,皆仁之灵明所发,舍己无仁,舍人无己,此不待反而性命各足者,其德全。论践形之初,既有己,即有仁,己之缘仁而立者,亦非迷离恍惚之端,仁之运量所至,即己之气质所凝,仁外无己,己外无仁,此不待求而物欲自消者其诣粹,而奈何昧昧者渐忘乎己也? 忘乎己而妄有所怨,己固与仁离,忘乎己而别用其求仁,即与己距,往往薄物细故之遗忘,不惜探索焉,而务期捷获,何独于尊爵之渐灭而偏弃之弗求也? 然而艺成可喻德成也,而奈何逐逐者致薄乎己也? 薄乎己而不知所耻,己将奚从而达? 薄乎己而不思所反,仁究何自而归? 往往井里乡闾之久旷,且将倦顾焉,而急欲言旋,何独于安宅之宏深而偏去焉？不反也？然而,观人何如观我也？射之形由外著,仁之理自内存,精粗殊焉,而不知殊焉者,其事同焉者,其情也悬,己以为之的,仁有己其克诸仁,有礼其复诸知射,无卤莽灭裂之为,知仁无造作矫揉之用,己在是,求在是,亦即仁在是也,而此外己无余事矣。射之功渐臻而渐进,仁之道弥勘而弥深,难易判焉而不知判焉者,其貌合焉者,其神也援己以树之程,仁器重敢忽诸,仁道远敢置诸,于射得志,正体方之趣,于仁得理,纯欲净之征,仁在是,己在是,亦即求在是也,而此中正有实功矣,人亦反求诸己而已矣,何患为人役哉？

原批:精深刻露,箭发的破。中比于反求二字颇见洗伐,尤为独辟町畦。

赋得数家烟火自成邻　得家字五言八韵

不用多烟火,芳邻自足夸。数椽高士宅,一带野人家。曲突晨炊早,团焦夕照斜。稀疏围竹树,洽比话桑麻。鸡犬前村应,云山隔坞遮。姓才两三问,价合万千赊。扑枣情偏重,樵薪语正哗。皇都廛闬密,风景乐无涯。

原批:情景如绘。

汪瑞曾考中秀才试卷[①]
他日又独立

同治四年,朱大宗师补行咸丰五年科试,入盱眙县学。

汪瑞曾陕

立而又见为独也,可于他日验之焉。夫独立亦何足异？异乎其又遇诸他日也。伯鱼为亢述之,岂偶然者哉？且事苟偶焉,相值亦几淡焉,若忘所最难豁置者,忘诸怀而复值诸目耳,不必确有定候,而时事若可追,未尝豫设成心,而形神宛如昨。虽今日者境已过,情已迁,而畴昔之丰标殊令人覆按焉,而不能置学诗之教。既尝于独立验之矣,然此第见于前日而未可期诸他日也,而孰知他日适相值也,不必以有心期之而直以无意遇之,在当时初不自觉也,一经事后之推详,宛若有时之可指,而孰知他日默相期也,非必有所为而为,直若莫之致,而致在局

---

① 顾廷龙主编:《清代硃卷集成383》,台北成文出版社,1992年,第323—327页。

中，初无定见也，一动旁观之，究察弥觉有，候之可稽，犹是独立也，不又于他日见之耶？独往独来，几获此安闲之岁月，第非又值之他日，则暂时之景象，亦不过偶尔相遭，乃自今思之，而跬步何未离乎？故步独歌独咏，岂乐为离所之居诸？第非又逢之他日，则囊者之流连，亦只是适逢其会，乃由今述之，难暂忘而未许以共，忘杏坛设教应有年矣。独立者，原无多日，而他日则殊堪屈指也。虽时移势易，曾不得与俦类共观摩，而尔时杖履优游，偏又得此雍容之态度，目为想而神为追，正可于侍侧无人晤对无人之候而回溯及之，洙泗从游亦云众矣。独立者仅此片时，而他日则依然无侣也，难请业执经，何必不藉同堂相质证，而此际琴书潇洒，恍又遇，兹岑寂之襟期，瞻为钦而瞩为仰，能弗于影见为只形见为单之境，而想象深之，趋而过庭，鲤又难忘礼训矣。

原批：清新俊逸，不着尘氛，恰合当下口吻。

赋得綠树阴浓夏日长　得浓字五言六韵

汪瑞曾南陔

长昼逢初夏，清阴树几重。日行红已暗，雨过綠偏浓。宫漏迟迟出，湘帘密密封。

黛痕遮覆叠，砖影度从容。向晚蝉吟柳，消闲鹤绕松。上林嘉卉满，响报候辰钟。

原批：细腻风光。

汪瑞高考中秀才试卷①

同治四年，朱大宗师补行咸丰五年科试，入盱眙县学。

汪瑞高郡牧

他日又独立

犹是独立也，可别之他日焉。夫他日亦常耳，夫子又独立焉，则他日难忘矣，

---

① 顾廷龙主编：《清代硃卷集成383》，台北成文出版社，1992年，第328—334页。

故为陈亢复述之。伯鱼若日不解函丈之仪容,若是其易亲也。今而知片时之道貌,宛然其复睹也。盖由前而论,因心不设以成心,由后而观,跬步适循乎故步,在当其境者原不自知。一经局外之推详,觉尔日之情形,又可仪而可象矣。独立而诏以学诗,岂有定候之可稽哉?是第适逢其会耳。侍坐有名贤,何难请益而请业?一自偶返蓬庐,得从杏坛,泗水以还,独博琴书之雅趣,以有此立也,未可知也。是特偶尔相遭耳,从游有诸子,岂少辨难而析疑?一自言旋故里得从,车殆马烦以后,独耽杖履之宽闲,以有此立也,未可知也,而不谓其忽忽至于他日也。人情苟获意外之提撕,斯不觉心写心藏计日焉,而犹堪屈指若约略计之,曰:他日似亦等诸囊时之常例而渺不关怀,况吾人春秋代序,几多虚掷之光阴矣,何独于他日而忽计之?人情苟惬意中之人期望,自不禁斯陶斯咏,按日焉而倍切经心,若反覆思之。曰:他日要亦等诸逝者之如斯而安之若素,况同堂聚处,有年悉受平时之乐育矣,何必于他日而独思之,而孰意夫子又从而独立哉?独立,其暂也,核之以他日,则暂者适见为常,而亦究非常也。昔者之独立,既若即而若离,他日之独立,亦可钦而可敬从前之意态。一设想而殊在目前也,则暂而仍不失其当者,有如此独立,夫他日所同也。验之于独立,则同者有时而异,而亦正无异也。共聚于他日,不过春风化雨之情;独立于他日,犹是时行物生之妙,此后之居诸欲豫,必而似难再遇也,则同而容,或见为异者,有如此他日夫,然而子则无心也,然而鲤犹不察也。自吾子言之,不禁情为动神为往矣,盖他日又独立云。

原批　亦轻亦俊,不即不离,体贴前后,语气丝毫无负,知非率尔操觚。

赋得丝树阴浓夏日长　得浓字五言六韵

何处消长夏,阴阴树影重。不教红日漏,但觉绿云浓。翠映千竿竹,凉生百尺松。

垂垂笼锦鸭,缓缓滴铜龙。泼黛痕疑染,抛书梦未慵。御园宜避暑,佳气郁葱茏。

原批:雅韵欲流。

南陔、君牧两生旋里应试,余偕往焉,揽盱山洪湖诸胜,两生又皆获隽且拔帜先登,兹游亦快矣哉,从此奋力精进,以继累世甲科,勿沾沾目前也,两生勉旃!友生徐斗文识。

汉青司马以名翰林出宰南武,檄署虞山,今夏哲嗣南陔、君牧两昆仲旋里应试,同采泮芹。君牧以髫年连获选拔,适吴太夫人,小棠观察迎养在署,蝉联鹊报,喜慰交加。忆昔丁亥年观察与令兄小孟太守同案入学,有同怀试艺之刻,未几而孙枝竞秀,贡树扬辉,令人艳羡,无似行见鹏抟万里,两宋齐名。兹刻特云程发韧耳。君家阴德绵远,累叶科名,余为同里世亲,近复下榻官舍,敢缀数语以志欣幸之忱。姻弟王锡麟拜识。

临顿路任蒋桥南徐元圃刊刻刷印。

李鸿章暂署两江总督。设江南机器局于上海。

同治五年,1866 年,18 岁

七月,河水泛滥,朝廷命李鸿章会同漕运总督吴棠勘修工程,予优叙。

同治七年,1868 年,20 岁

汪瑞高在国子监学习期满,通过朝考,由吏部引见皇帝,奉旨以七品小京官分部学习,分到户部任山东司行走。

汪祖绶调署川沙同知。

正月,西捻张总愚忽自山右渡河北窜,直逼畿辅,京师大震。五月二十八日,张总愚战败沉河以死,西捻肃清,中原平。赏李鸿章太子太保衔,协办大学,李鸿章入觐京师,赐紫禁城骑马。

同治八年,1869 年,21 岁

汪祖绶任金山县知县。

汪瑞高作《闻香小坐》图,题识:己巳首夏。恭奉四舅父大人命绘伏求钧政。甥瑞高恭作于鹤沙官廨之梅修馆。钤印:臣高、君牧。此图今存。

汪瑞高作《临金冬心画册》,陈宝琛《沧趣楼诗集》中有《汪君牧临金冬心画册》诗。陈宝琛(1848—1935 年),字伯潜,号弢庵,福建闽县(今福州市)螺洲人,同治戊辰(1868)科进士,翰林院庶吉士,历任编修、侍讲、日讲起居注官、内阁学士兼礼部侍郎等职。

同治九年,1870 年,22 岁

汪瑞曾中举。

汪瑞曾乡试硃卷①

同治庚午科并补行壬戌恩科,中式第一百八十三名举人。

同考试官安徽候补直隶州知州胡阅荐。

大主考詹事府右春坊右赞善上书房行走林批:取,佩实衔华。

大主考内阁学士兼礼部侍郎衔正白旗汉军副都统铭批:中,禀经酌雅。

本房原荐批:第一场,首艺词丰条蔚,响切光坚,具见木鸡养到次,理境莹沏,三截上有法,神旺机流,诗工稳。第二场五艺纷纶,古雅亦典切。第三场赅博精严,笔有断制。

周公谓鲁公曰:"君子不施其亲,
不使大臣怨乎不以,故旧无大故,则不弃也,无求备于一人。"

训鲁公以法君子,其词可备述也。夫伯禽封鲁,而公训以君子之事,皆忠厚之德也。轶于史,而鲁论述之意深哉。且鲁至今日,两社之忠莫溯,而室慨四分二勋之旧莫酬,而射遗三耦,有心人几莫睹开国之盛矣。然溯锡命于东藩,宽厚早衍灵长之祚,缅仪型于西土,殷勤聿培肇造之基。夫是以建乃家,匡乃辟,缵乃服,简乃僚,百代下犹想见用意美而立法良焉。当日者,封建海邦,规模初创,我鲁公果何所遵守,而使宗盟永笃,异姓咸登,雍雍乎,臻上理而膺多祜哉,蓋周公所以谓之者,至深切矣。

分器分民之典类,皆由史笔铺张,而数语开基,已早体前王忠厚之心,特切贻谋于燕翼。《周官》《周礼》之精,悉出自元公缔造,故三年报政,亦祇承厥考勤施之意,永绵世德于龟蒙。吾于是述公之训,而知公之惓惓于鲁者,极不能忘情于君子矣。

君子之于其亲也,季舞伯歌,埙篪有和气,肆筵设席,边豆有余欢,常棣也而蔓草图之,其如本宝先拨,何慎勿施。君子之于大臣也,隆以坛席黼座,亦改容宠以笙簧,嘉宾有加礼,补衮也,而襁带辱之,其如堂廉不洽,何无使怨?自其亲而推之,倚赖者厥惟故旧。昔则勋勒鼎钟,今则门寒阀阅,无大故而弃,忍孰甚焉?

---

① 顾廷龙主编:《清代硃卷集成 153》,台北成文出版社,1992 年,第 329—343 页。

而君子不敢以一省掩大德。由大臣而下之，奔走者则又有人兵刑也，责以钱谷筐绩也，畀以钧衡，求备于一人，苟孰甚焉？而君子不妨以短驭试长材，公训如此，固至厚之德也，亦极盛之时也，吾用是有慨焉。

古训既销沉矣，考《明堂》一册，未详启宇之箴；读《费誓》一篇，不载造邦之典，考古者至此不无散逸之虞，然国史不得而掌者，遗献犹得而征也。想当年瓜瓞恩绵，栋梁任重，而怀苗黍，先畴可溯，采葑菲，下体无遗，培厚德以固人心，遗徽其可再乎？茫茫坠绪，谁为补其缺文也哉？斯文既得与矣，典溯观桥，恍与夏璜而并重，谋深肯构，直参鲁史所未详，阐幽者，至斯不尽导扬之意，盖强侯既去其籍者，学士犹能述其详也。

想当年祥符麟定，望著鹰扬，而牡之肥速。舅联欢凤之翔，分官效职，抚祖训以维国本，盛烈其能忘乎？洋洋圣谟，能勿为之纪美也哉？有君子之责者，盍鉴诸。

本房加批：选辞考羲按部就班朗润清华兼擅其胜。

修道之谓教，道也者。不可须臾离也，可离，非道也

教不外道，离道者，不知道也。夫教所以明道，修道所以立教也，若其可离，尚得谓之道哉？求道者思之，且天下无在非道，即天下无在非教，教不可偶讳，故道不可暂释也。

盖教从道出，原非有异术以相参，而道从性来，不能以片时而或间，道外无所为教，亦天性外无所为道，而天下之背道而驰者，可破其迷而返其误矣。天命谓性，率性谓道，盖谓离性即非道也。道也者，非修无以明，亦非教无以立，则修道之教尚焉。

昔先王隆学校之规，统灵蠢而喻以当行之路，教愈溥，脩愈明也。脩以昭君臣父子之经，而命返乎正。脩以示日用伦常之则，而性复其初，则教之所成者纯而备后，圣人膺师儒之责，合贤否而导以固有之良，教弥宏，脩弥切也。脩以诗书弦诵而感通，各动于天，脩以礼乐政刑而陶融，咸淑其性，则教之所及者约而该。

今夫道不脩，所以教不立；教不立，所以道可离。彼离道以为道者，其谓之何？彼离道以为道者，又谓之何？盖道心惟微，圣愚共懔，理欲之所争有几，而率循在庸行受裁，只此范围而道体不息。今古同流，方寸之为地无多，而物则在民彝，转瞬讵留间隙，而奈何其离之也？离则悖所脩矣；离则昧所教矣。如谓可须臾离，则必非道而后可。材质有高下，而道无高下，造道者可先，可后，可速，可

迟,而不可须臾离,离犹得目之为道乎?夫天下惟相合之物可以言离,而道则本无彼此,亦惟两分之物,而道则何有始终?籍曰可离,是必囿识德修。作虚骄以达天,逞诞妄以梏性,即暂时偶失而还,而求诸生初之理,当恍然于非义之为矣。境遇有通塞,而道无通塞,守道者,可常,可变,可顺,可逆,而不可须臾离,离犹得,名之为道乎?夫天下惟外至之缘可以言离,而道则存之于内,亦惟后起之事。可以言离,而道则禀之于先,籍曰可离,则必负惭名教,亵乎天以自弃,泊其性以自诬,即俄顷偶违而实而按诸秩序之常,当幡然于非几之贡矣。

要之,及其至,虽圣人有所不能言乎?近则夫妇,亦可与之,故保合太和基于各正人,可百年无民物之权,不可一日无伦纪之责,故动静交养,理本常存,此戒慎恐惧之君子所以不离道而能尽性以合天也。

本房加批:说理清真,措辞精密,上下融成一片,亦复善于抟题。

而况于亲炙之者乎

悬想亲炙之人,而圣教益神矣。夫亲炙夷惠者,非无人也,悬想及之,不愈见兴起之难已耶?且吾不解生圣人之世,游圣人之门者,何亦依附末光,动人倾想哉?使必欲求其人以实之,则涵育熏陶,转莫征其广被,惟不妨悬其境以拟之,则流连景慕,益难罄其遐思。

噫!圣人远矣,而望古遥集之馀,不啻与接为构焉,则当时之景象尚如悬心目间也,百世下莫不兴起,是圣人之所以感人者为甚深矣,而人之所以慕圣人者更无尽矣。吾于是为闻风者幸,吾于是犹为闻风者惜,圣人孤芳自赏而望尘莫及者,或且以识面为荣,

故吾儒追念前徽,溯之同时,更切于求之异代也,则欣羡当复何如也?圣人乐育为怀,而慕道而来者,尤愿以执鞭为幸,故后生抗怀畸节,验之目见,更深于征之耳闻也,则爱慕当又奚若也?然则即亲炙以观圣人,而人之所以慕圣人者,诚无尽矣。而圣人之所以感人者,为更深矣,吾重思之。夫人有拟议之端,非极意以求无,以罄形容于当境,试思北海之高蹈,卓立东邦之直道,常存其亲受裁成者,固不知若何满志,而今则风微人往,仅心仪于馨香俎豆之间,则观感未必甚速也,而观感又何以如是之速乎?抑人有依归之愿,非设身以处,无由慰忻慕于生平,试思望望,若浼之,怀油油与偕之度,其亲瞻丰采者,固不知若何快心,而今则山高水长,徒神往于几杖琴书之侧,则鼓舞为必甚神也,而鼓舞又何以若是之神

乎？而况于亲炙之者乎？是不必问亲炙夷者为何如人，亲炙惠者为何如人，而第以怀思倍切，不觉凭虚想象，以为欣喜过望之谈。

想当日者，黄农虞夏，有其歌，谁为属和？孝恭慈仁，有其行，谁与称扬？侪辈之交游，诚为千载一时之幸，其精神亦何自追摹也？予生已晚，不依然謦欬如闻哉？亦不必论亲炙夷者能否如夷，亲炙惠者能否如惠，而第以向往维殷，不妨过事推崇，以副私淑诸人之愿。即今日者，抚首阳之片石，清操与皦日争光；过柳下之遗居，和气尚春风入坐，仪型之钦仰弥深，居今稽古之情，其气象更何从体验也？尚友非难，又奚识甄陶所被哉？信乎，圣人足以师百世也！

本房加批：处处划清界限，恰将通章神理纳入此题，八字之中心细手和，毫发无憾。

赋得千古江山北固多
得多字五言八韵

山色江声里，扁舟北固过。诗怀千古壮，形胜六朝多。影落长空雁，痕连隔岸螺。瓮城都合抱，带水尚斜挖。郁律围屏势，苍凉击楫歌，战枋谁布置？画稿不消磨。吴楚含烟树，金焦汤月波。幸逢川岳静，威德戢干戈。

本房加批：格律精细，气魄沉雄。

四月初九在京考试，应邀到翁同龢家吃饭（《翁同龢日记》第1卷）

八月，李鸿章调任直隶总督。十月撤三口通商大臣，以总督兼任，改为北洋通商事务大臣。设机器局于天津。李鸿章担任直隶总督兼北洋大臣达25年之久，专办清政府外交，兴办北洋海陆军。并在北方兼长江流域筹办轮船、电报、煤铁、纺织等企业。

曾国藩逝世。朝廷闻讯，辍朝三日。追赠太傅，谥文正，祀京师昭忠、贤良祠。

同治十一年，1872年，24岁

汪祖绶任青浦县知县。

汪瑞高作《老子出关图》，立轴，设色绢本，钤印：高印、菜根家范、研田农；款识：同治壬申三月七日，摹章侯法奉久香夫子大人诲政，都梁门人汪瑞高谨作于拓湖署中之太古室。此图今存。柘湖，人称"上海史上第一湖"，主体在金山，包括周边奉贤、平湖等。久香夫子，即朱兰，道光九年(1829)探花，历任詹事府詹事、安徽学政、内阁学士等职。

正月初八日，李鸿章作《复七品小京官汪瑞高》："远承梅使，递到华笺，猥以贱辰，重劳吉语。就维君牧世二兄功深枕葄，颂洽陔兰。本来潭水桃花，情深千尺；况是春风棣萼，誉满双珠。诗礼趋庭，缣缃济美。遥詹吉采，适翘揄私。弟承乏燕台，徒增马齿。抚髀易老，殊惭艾岁之知非；与物同春，差幸葊丰之无恙。专此，复颂侍祺. 并祝春祉，不具。世愚弟。"[1]

六月，李鸿章授武英殿大学士。

同治十二年，1873年，25岁

十月，因英使调停，日本索要以五十万两为赔偿费，从台湾撤兵。

同治十三年，1874年，26岁

十二月，李鸿章调任文华殿大学士，仍驻保津，以直隶总督摄行。

李鸿章在海防大筹议中上奏，系统提出以定购铁甲舰、组建北、东、南三洋舰队的设想，并辅以沿海陆防，形成了中国近代海防战略。

光绪元年，1875年，27岁

十二月，李鸿章请设洋学局于各省，并于考试功名稍加变通，另开洋务进取一格。

慈禧太后垂帘听政，恭亲王摄政。

光绪二年，1876年，28岁

汪瑞高作《赠章次柯》诗。章氏转赠给女婿张声驰，十八年后由顾青莲双钩刊榻。今浙江舟山博物馆收藏的一对屏风上刻有此诗及题跋："□□□□□□□，□□□□□□□。□□□□常窥面，更作轻罗好系腰。忍负光阴随水逝，羞将颜色向人娇。明珠千斛真聊仦，莫与江妃慰寂寥。蓓蕾如珠欲吐苞，风情隐隐露春梢。艳真恐惹榴裙妒，暖更防随柳絮抛。幸获名花云作幕，不闻野树凤来巢。自知骨里无仙气，阿母神方未肯教。一枕悠然到汉皋，双双翠羽互啾嘈。醉余锦箪

① 顾廷龙、戴逸主编：《李鸿章全集 30 信函二》，安徽教育出版社，2008年1月，第405页.。

风大好，睡起晶簾日已高。无语自翻雕玉珮，有情偏近郁金袍。若教方朔曾相识，不向西池窃碧桃。群山低眼步虚歌，冉冉声飘出大罗。不觉寒襟受风露，那知高阁傍星河。天香闻道无人至，春色分明此夜多。留待他年寻旧约，彩毫题处湿红靴。东墙羞颊艳于霞，压倒长安一路花。未诉石崇夸列锦，倘来卫玠准停车。相携水榭亭亭立，消得金屏密密遮。此地宝儿曾管领，不知仙籍属谁家。欢极方惊岁月长，骊驹一曲九回肠。别惟今日悲江令，瘦更何人慰沈郎？冻柳舒时空自忆，平芜尽处久相望。凤城迢递音书断，犹欲含情问寿阳。镇日银床捧宝笙，闷嫌按谱自成声。泪和夜雨啼难住，愁逐春波去不平。玉骨尚存期独守，铁心未转誓他生。天涯知有萧郎恨，欲付江鱼寄远情。枯坐时闻索上锦，兰闺遥忆影伶俜。描神不信丝能绣，补恨谁言石有灵？若使多愁成庾信，何如沉醉学刘伶？芒鞋藤杖相寻去，泛泛西湖一叶萍。探幽此地昔年曾，细腻风光十倍增。偎去早知肩似玉，熨来犹是骨如冰。欢期永合应铭枕，誓恐终虚更祝镫。相见重思相别后，那禁珠溜粉腮凝？何郎重作广陵游，壁上笼纱旧句留。脉脉人怀前度意，茫茫身待几生修？不妨且醉销金帐，况诉同登结绮楼。但愿与卿俱化蝶，双飞双宿永无愁。堕髻斜垂伴夜吟，回眸含笑说更深。春情已觉鸳鸯荐，暖意先知翡翠衾。入梦雨声时断续，养花云气半晴阴。良宵好景休孤负，须解东皇一片心。纸帐横陈睡半酣，丰神宜向画中参。还如西子颦含媚，更以杨妃醉带憨。龙笛莫教吹塞北，风箫正好度楼南。东风烂漫今朝意，容易红飞月到三。我身无术化银蟾，留得常仪住锦幨。空倩徐熙描粉本，聊凭韩偓赋香奁。水中云影终成幻，镜里花光那得沾。但与林逋既相识，凤缘难免此生□。十幅蛮笺珍重缄，玉壶清韵满琅函。心难尽审凭犀照，书更谁传待凤衔。笑我衣簪满尘土，醒人钟磬出泉岩。一篇秋水从教悟，身世何须问季咸？拙作殊不足观，以大雅不弃，故敢奉呈。吹芦管而欲引蟭竹之音，多见其不自量也，勿哂为幸。君牧汪瑞高并识。于清溪官舍之二补斋。时光绪二年二月五日。钤印：侍良，情潭，臣高之印此册汪公书赠外舅章次柯先生，先生转赐驰十八年矣，今由顾青莲双钩刊榻以志文字因缘，华亭张声驰藏。钤印：声驰，谦甫。雨急灯昏夜深长，卧闻风竹扫空墙。红楼纵有今宵梦，碧海难将此恨量。便欲求仙非道骨，尚能写怨赖诗肠。鄂君被冷增惆怅，枕畔秋云帕自香。独处黄姑半世痴，朝朝自写断肠辞。但教七夕能相见，纵到秋风亦未迟。燕认珠帘非旧日，鸾归宝镜更何时。天涯应忆江郎别，眉样无心学月支。不寐有感，即步章尊洲无题韵二律，前诗计十九页，补此一纸以足数，仍求方家政之。高并识。钤印：平阳，君牧私印。"

此诗开头两句缺,诗中提及的张谦甫,名声驰,华亭南塘(今上海金山山阳乡中兴村)名医,校有《医学举要》。章次柯是张声驰的岳父,有词名,清末曾与杨葆光、沈祥龙、蒋迁石、贾芝房等组"钧诗馆吟社",为近代上海最重要的诗词社团之一。顾青莲是将诗文刻于屏上的匠人。

光绪三年,1877 年,29 岁
汪祖绶署无锡知县,五月任吴县知县。

光绪四年,1878 年,30 岁
汪瑞高在湖北协黔捐局,报捐三品衔以知府分发省分试用。

光绪五年,1879 年,31 岁
汪瑞高在上海晋赈捐局捐指浙江。

光绪六年,1880 年,32 岁
汪祖绶署江阴知县。

七月,海军始创,立水师学堂于天津。八月设南北洋电报。自天津达上海,长三千里。

弟汪瑞昌(1855—1880)英年早逝。

汪瑞曾庚辰科会试,大挑一等。四月初五日经钦派王大臣验放,以知县分发试用,复奏奉旨依议。

光绪七年,1881 年,33 岁
袁世凯至山东登州,进入帮办山东防务浙江提督吴长庆幕,任帮办文案,吴让幕僚张謇指导袁世凯学习作文。

光绪八年,1882 年,34 岁
汪瑞高上履历表:汪瑞高现年三十四,系安徽盱眙县人,由拔贡生应同治七年朝考,取列二等,引见,奉旨以七品小京官分部学习,签分户部山东司行走。光绪四年在湖北协黔捐局,报捐三品衔以知府分发省分试用。五年在晋豫赈捐局报捐指省浙江。

九年五月赴部,二十八日经钦派大臣验看。六月初十日经钦派大臣验放。十一日复奏,堪以发往,奉旨依议。[①] 翁同龢任军机大臣。

袁世凯随吴长庆到达朝鲜,朝鲜内乱平定,朝鲜国王召见袁世凯,大加褒奖。袁世凯应朝鲜国王之请,为朝鲜练兵。

光绪九年,1883 年,35 岁

六月,汪瑞高蒙钦差大臣验放。九月,领照到省。

七月,历经 20 余年,堂姑汪藕裳完成了二百多万字的弹词体小说巨著《子虚记》。她请堂兄汪祖绥、弟弟汪祖亮、堂弟汪祖馨及汪祖鼎、堂侄汪瑞曾及汪瑞高等人写序、题词。汪瑞高的题词:"才思岂输香茗集,词华尽拟小山篇。却弹别调随巴曲,怕少知音白雪弦。梦中应食茂陵书,绮丽缘情托子虚。漫说绛仙才调好,清名犹愧女相如。纱幔春风拂绛云,传抄夜校鲁鱼文。最怜小妹簪花格,书遍双鬟白练裙。为砭俗耳说南柯,心事能传春梦婆。装出琉璃空世界,月明古井自无波。"

刘秉璋任浙江巡抚,委任汪瑞高办广信督销局,又调办嘉兴盐里局。刘秉璋(1826—1905)字仲良,安徽庐江人,咸丰十年进士,选翰林院庶吉士,授编修。历任江西布政使、巡抚、浙江巡抚、四川总督等职。

光绪十年,1884 年,36 岁

七月初三日,法军突袭福州马尾军港,福建水师全军覆没,福州船政局被毁。七月初六日,清廷下诏与法国宣战。十九日授左宗棠为钦差大臣,督办福州军务,福州将军穆图善、漕运总督杨昌浚协办军务。

光绪十一年,1885 年,37 岁

二月十三日,冯子材、苏元春大败法军,克复谅山。二月十九日,金登干在巴黎与法代表毕乐签订中法和平条约。

四月二十七日,李鸿章与法使巴德纳在天津订立中法新约十款。

成立海军衙门,醇亲王总理海军事务,李鸿章为会办。利用这个机会,北洋水师建设成军。

---

① 秦国经主编,唐益年、叶秀云副主编:中国第一历史档案馆藏《清代官员履历档案全编》,华东师范大学出版社,1997 年,第 145 页。

光绪十二年,1886 年,38 岁

正月二十九日,祖父汪根恕(1810—1886)去世,归葬盱眙汪家花园。

八月十六日,父亲汪祖绶(1829—1886)去世,葬于吴县小鸟山之㬊㟍岭。汪瑞高丁父忧,回籍。

杨士骧(1860—1909)中进士,入翰林院,选庶吉士,授编修,历任直隶按察使、直隶布政使、山东巡抚、直隶总督兼北洋大臣等职。汪、杨为同乡世交。

光绪十三年,1887 年,39 岁

汪瑞高赴京拜访父亲同年翁同龢。翁同龢在日记中作了记载:"光绪十三年丁亥(1887 年)初二日,晴,暖。……汪君牧瑞高,浙江府。故人汉青之子也。汉青既卒,其家七十人,贫无所依,来京求为荐李相处馆席。"①

光绪十四年,1888 年,40 岁

九月初八,母亲陈氏(1831—1888)去世。汪瑞高接丁母忧。

北洋海军形成规模,有船二十八艘,由海军提督丁汝昌统率。

五月二十四日,汪瑞曾丁忧在籍劝捐有功,李鸿章为其申请加同知衔。

光绪十五年,1889 年,41 岁

二月三日,光绪帝亲政。宣诏颁行天下。二十八日,帝奉太后驻跸西苑。

吴县张一麐,光绪十一年举人,光绪十五年至十七年汪瑞曾受汪瑞曾之聘在汪家任私塾教师,教授汪瑞闾及汪瑞高儿子骏孙、祜孙。

光绪十六年,1890 年,42 岁

十二月,汪瑞高服阕起复,经大学士李鸿章奏调北洋使用,任支应局提调。"……浙江补用知府汪瑞高器通敏,长于肆应。以上五员仰恳天恩,交臣处差委。"②

李鸿章奏,袁世凯驻韩三年期满,实心办事,操纵得宜,请以道员尽先补用,另赏加二品衔。

---

① 翁同龢著,陈义杰整理:《翁同龢日记》四,中华书局,2006 年 1 月第 2 版,第 2093 页。

② 中国第一历史档案馆:《光绪朝朱批奏折第七辑 内政 职官》十六年八月至十八年正月,中华书局,1995 年 2 月,第 153 页。

光绪十七年,1891 年,43 岁

五月,浙江巡抚崧骏以汪瑞高勘办浙赈出力,奏保俟补缺后以道员用。

九月,汪瑞高因办理北洋海军出力,李鸿章奏保归候补班补用。九月初六日,李鸿章上《办理海军请奖折》,建议对包括汪瑞高在内的出力员弁照章择优酌拟奖叙。①

九月十六日,长兄汪瑞曾接到随邵友濂赴台湾的朝命。

九月,三哥汪瑞昆,监生,以知县身份随台湾巡府邵友濂赴台。

十二月十九日,李鸿章上《汪瑞高白冠瀛留直序补片》:"再,三品衔浙江候补知府汪瑞高,安徽拔贡,由户部七品小京官于光绪四年报捐知府,指分浙江试用,十六年经臣奏调北洋差遣,十七年海军校阅案内保归候补班补用。又,四品衔分省后候补直隶州知州白冠瀛,山西附贡,由兵部候补员外郎。光绪十四年经臣奏调北洋差遣,十七年海军校阅案内保以直隶州知州,俟分省后归候补班补用。臣查汪瑞高器识闳通,才堪肆应。白冠瀛才长识粹,留心吏治。该员自调直以后委办各事,精核得力,于地方利弊均能切实讲求,足备器使。合无仰恳天恩,俯准将汪瑞高、白冠瀛留于直隶各按原班序补。汪瑞高系原捐指省人员,应补交离省银两。白冠瀛系保归候补班人员,应补交分发银两。俟奉旨后饬令照数补缴,以符例章。理合附片具陈,伏乞圣鉴训示。谨奏。"②

十二月,江苏巡抚刚毅《为请准将候补直隶州知州胡传候补知县汪瑞曾免其调赴台湾仍留江苏照例序补事》③(附片):"刚毅片。再,臣恭阅邸抄,光绪十七年九月十六日奉上谕《邵友濂奏请调员差委》一折:江苏候补直隶州知州胡传、候补知县汪瑞曾、叶意深,均着发往台湾交邵友濂差遣委用。该部知道,等因,钦此。"臣查台湾初设行省,事多创始,需员经理,自是实情,惟江苏亦属海疆,且为财赋繁盛之区,在国家一视同仁,岂分彼此?而地方均关紧要,缓急无殊。方今时务艰难,厘务、洋务概须遴员办理,虽苏省需次人员多于他省,而忠诚勤能者颇不易得。伏查候补直隶州知州胡传,现充松沪厘局总巡差使,周历各卡,劳瘁不辞,汇核稽征整顿,渐有起色,未便递更生手。候补知县汪瑞曾,自到省即委办洋务分局文案,悉心考求,颇知条理。且该员等于江苏情形颇甚熟悉,今若调往台

① 顾廷龙、戴逸主编:《李鸿章全集 14 奏议十四》,安徽教育出版社,2008 年 1 月。

② 顾廷龙、戴逸主编:《李鸿章全集 14 奏议十四》,安徽教育出版社,2008 年 1 月。

③ 台湾史料集成编辑委员会编:《明清台湾档案汇编 第 5 辑 第 98 册 清光绪十六年十一月至十七年》,远流出版事业股份有限公司,2009 年 10 月,第 505 页。

湾,彼处事件俱非素所谙习,转于苏省减去得力之员,未免迁地不良,两无裨益。臣愚以为就地取材,因材器使,必有驾轻就熟之观,可收事半功倍之效。合无仰恳天恩,俯准将候补直隶州知州胡传、候补知县汪瑞曾免其调赴台湾,仍留江苏照例序补,俾臣常资臂助,出自鸿施逾格。除咨会台湾抚臣查照,叶意深一员业经饬令驰赴台湾差遣外,谨附片陈情,伏乞圣鉴训示。光绪十七年十二月二十八日朱批:台湾差委需人,胡传等仍遵前旨发往,钦此。"

光绪十八年,1892 年,44 岁

三月初一日,汪瑞曾到达台湾。

汪瑞曾到台湾后水土不服,一直生病,带病处理公务,数月后,经邵友濂奏知朝廷,准其回江苏待命。福建台湾巡抚邵友濂光绪十八年七月十九日《为奏明江苏候补知县汪瑞曾调台不适事》附片:"再江苏候补知县汪瑞曾经臣奏调差遣委用,于本年三月初一日到台,即委赴台南北办理地方事宜。数月以来,正资臂助。兹据票称不服水土,脾湿困顿,恳求仍回原省等语,复加查察,委系实情。臣查该员汪瑞曾谨饬安详,通达治体,才识志趣不同流俗,实为牧令中不可多得之员。无如台地水土与内地迥殊,该员既不服习,若复强留亦非爱惜人才之道。除给咨仍回江苏原省补用,并咨部外理合附片具陈,伏乞圣鉴,谨奏。"①

瓜尔佳·奎俊(1843—1916)任江苏巡抚,汪瑞曾入幕为文案,得到奎俊赏识。

光绪十九年,1893 年,45 岁

五月,奎俊保举汪瑞曾。

光绪二十年,1894 年,46 岁

五月二十五日,袁世凯自汉城发来急电,日本添兵三千,照会逼韩国承认不是中国附属国。六月二十三日,日舰击沉中国所雇运兵船高升号于丰岛海面,伤济远、广乙两舰,俘运军械之操江炮舰。中日甲午战争爆发。

八月十八日(公历 9 月 17 日),北洋舰队与日本海军主力在黄海大东沟附近海域遭遇,丁汝昌执行李鸿章"保船制敌"的方针,但北洋海军弹药不足,在此情

① 中国第一历史档案馆编:《光绪朝朱批奏折第八辑内政职官》,中华书局,1995 年 2 月,第 699 页。

况下与日本舰队进行了一场长达 5 个小时的海上会战,结果极大地影响了战斗力的发挥,也加重了损失的程度。中国军舰沉没 4 艘,日本舰队亦遭重创。此后,清军在鸭绿江、九连城等战场与日军激烈交战,但终未能挡住日军的攻势。最终,旅顺、威海等重要海军基地失守,北洋水师覆灭。

十月十五日,两江总督刘坤一保举汪瑞曾为青浦知县,称他才具稳练,公事勤明。

光绪二十一年,1895 年,47 岁

甲午战争中国大败。

正月十八日,丁汝昌、张文宣等自杀,威海卫海军及刘公岛守军降,北洋舰队覆灭。正月十九日清廷派李鸿章为头等全权大臣与日本商议和约。三月二十三日在日本马关签订《马关条约》。根据条约规定,中国割让辽东半岛(后因三国干涉还辽而未能得逞)、台湾岛及其附属各岛屿、澎湖列岛给日本,赔偿日本 2 亿两白银。中国还增开沙市、重庆、苏州、杭州为商埠,并允许日本在中国的通商口岸投资办厂。

正月,王文韶(1830—1908)由云贵总督调任直隶总督,二十四年四月召回京。

汪瑞曾出仟青浦知县。

汪瑞高上履历表:"汪瑞高现年四十七,系安徽盱眙县人,由廪生于同治四年考取拔贡生,七年朝考取列一等第一名,以七品小京官用签分部。光绪四年在湖北协黔捐局捐升如府扣省试用并三品衔。五年在上海晋赈捐局捐指浙江。九年六月蒙钦差大臣验放。九月领照到省。十二年八月丁父忧,回籍。十四年九月接丁母忧,十六年十二月服阙起复,经大学士前直隶总督李鸿章奏调北洋差委。十七年五月经原任浙江巡抚崧骏以勘办浙赈出力,奏保俟补缺后以道员用。十七年九月因办理北洋海军出力奏保归候补班补用。二十一年三月署理易州直隶州知州,本年四月交卸。六月在直隶新海防捐局报捐,免归本班,以道员用,仍留本省归候补班补用。领咨赴部。本月十一日经吏部带领引见,奉旨著照例发往。"[①]

汪瑞高任马探。"署北洋大臣王文韶来电三:章高元八营已到津,约初三四

① 秦国经主编,唐益年、叶秀云副主编:中国第一历史档案馆藏《清代官员履历档案全编》,华东师范大学出版社,第 48 页。

可抵呈子口。聂士成昨石山站，约初一可入关。南北有此两军防防务较有把握。磊到，拟令总统津防各军惟曹克忠一营，仍须令其专将耳。马探，派候补知府汪瑞高会同吴育仁办；渔团，派候补知府吴积箆会督各州县办，庶期核实，请代奏。王文韶。勘（二六七九，署北洋大臣王文韶来电三，光绪二十一年正月二十八日电报）。"①

三月，汪瑞高署理易州直隶州知州。本年四月交卸。

汪瑞高被弹劾。"谕军机大臣等：有人奏知州纵容幕吏需索官运船户请旨查办一折。据称易州知州汪瑞高接受转运泰宁镇兵糈，该州幕友章献琳、洪金铭、书吏魏元恺即升之等百计刁难，踢斛淋尖，任意扬洒。魏元恺在白沟河地方，开设德兴隆钱铺所得之赃，俱由此铺曹朵臣等经手，请饬查办等语，著王文韶按照所参各节，确切查明据实覆奏，毋稍徇隐。另片奏泰宁镇兵米，请仿照马兰镇章程，由该镇自行收放等语，著王文韶酌量情形，奏明办理。原折片均著钞给阅看，将此谕令知之。"②事后王文韶查明此举报不实，"并无藉端勒索情弊，请免置议。"③

何道生作诗歌颂汪瑞高："忻州牧汪君（本直）重修元遗山墓立祠访其裔孙主之盛举也赋寄二律其二。遗迹重寻野史亭，秀容城畔草青青。剧怜抔土余荒陇，特洗残碑认旧铭。此事使君堪不朽，谁言词客竟无灵。云礽今日还祠庙，应有精魂下杳冥。"

六月，汪瑞高在直隶新海防捐局报捐，免归本班，以道员用，仍留本省归候补班补用。领咨赴部。本月十一日，汪瑞高经吏部带领引见，奉旨著照例发往。

年底，袁世凯至天津小站接练新军，自任督练官，设立机关，制订章程，网罗军官，招募壮丁，改定武军名为新建陆军。袁世凯在小站练兵中，创建同文、炮队、马队、步队四项武备学堂。

光绪二十二年，1896年，48岁

汪瑞高投拜荣禄为门生④，一次送上"九如全盒花瓶一座""如意平安"一个，

① 杨家骆主编：《中日战争文献汇编》第三册，鼎文书局，1973年9月，第467页。
② 世续、陆润庠、张之洞、那桐等人奉敕修：《大清德宗景（光绪）皇帝实录》卷之三百八十二，中华书局影印，1986年11月。
③ 世续、陆润庠、张之洞、那桐等人奉敕修：《大清德宗景（光绪）皇帝实录》卷之三百八十七，中华书局影印，1986年11月。
④ 《汪瑞高致荣禄札》，第3函宿字第18—19页（《荣禄存札》目前保存在中国社科院近代史研究所）。

"另具赆仪一千两",这是《荣禄存札》中能见到的最大一笔"见面礼"①。荣禄(1836—1903),满洲瓜尔佳氏,字仲华,光绪二十四年四月以大学士署理直隶总督,五月授,八月召回京。庚子后因"匡扶大局",又加封太子太保衔,累官至文华殿大学士、领班军机大臣。

五月,汪瑞高主持北洋机器局。北洋机器局,即天津军火机器总局。该局分为东、西两局。东局设城东贾家沽,以制造火药、枪炮、子弹和水雷为主。西局设城南海光寺,以制造军用器具、开花子弹及布置水雷用的轮船和挖河船为主。此外,东局还附设有水师、水雷、电报学堂。二十一年(1895)改称"北洋机器制造局"(又名"总理北洋机器局")。二十六年(1900),八国联军侵占天津时,被破坏。该机器局是清末洋务运动时期继江南机器制造总局、福州船政局之后兴建的又一家制造军火和修造舰船的大型军事工厂。

光绪二十三年,1897 年,49 岁

袁世凯任直隶按察使,仍归督办军务处王大臣节制。

五月二十一日,上海地区"下咸雨",树木、禾苗黄萎,顿时造成饥荒,米价昂贵,人心惶惶。六月十五日,大批饥民一起涌到南张村,砸开张渠卿家中米仓,哄然分粮。青浦知县汪瑞曾、娄县知县屈泰清、华亭知县刘有光联合在三县名镇勒石立《永禁饥民抢粮碑》,明令"自勒石之后,如再有恶丐逗留在境,立即随时鸣保,协同该处实力驱逐,不准片刻停留。"(立于七宝镇的碑石,今存闵行区博物馆)

汪瑞高任北洋支应局总办。北洋支应局专管北洋海军俸饷、工需及北洋各海口陆军兵饷并各局、各学堂、船坞、库厂薪粮经费暨一切工程修制、采办价值收支报销事宜,应用员弁、司事、书役人等薪工等费。(《北洋海军章程第八》)

七月十七日,水师营务处、北洋水师学堂及支应局总办、会办汪瑞高、潘志俊、严复等商议水师学堂增加学额,添制练船问题。天津县已查明一些不在祀典的庙宇,禀请改为学堂。

九月,汪瑞闿中丁酉科顺天举人。

汪瑞曾疏浚青、嘉连界之青龙江口。

---

① 冬烘刚:《从荣禄存札看晚清官场请托》,《历史档案》,2013 年 4 期。

光绪二十四年,1898 年,50 岁

正月三日,康有为与翁同龢、李鸿章等商谈变法,主张立制度局、新政局,练民兵,开铁路,广借洋债。康并通过翁进呈《日本明治变政考》及《俄罗斯大彼得变政记》,以资借鉴。

四月二十三日,从御史杨深秀奏,光绪帝接受了维新派的改革方案,下诏更新国是,正式推行新政。三个多月共发布几十道政令,内容涉及经济、文教、政治、军事诸方面。包括废除科举,兴办学校,奖励工商,整顿吏治,设立矿务铁路总局、农工商总局,筹办京师大学堂等。新政推行仅 103 天,八月五日,袁世凯持光绪密诏返天津向荣禄告密。八月初六慈禧太后发动宫廷政变,幽禁光绪帝,废除全部新政法令。在菜市口杀害谭嗣同等人。八月十三日,命荣禄在军机大臣上行走。授裕禄为直隶总督,北洋各军仍归荣禄节制,以裕禄为帮办。

二月二十六日,汪瑞高致函盛宣怀:"杏荪廷尉大人阁下:远违钧范,时切驰忱。昨奉惠函,只聆一是。就谂荩猷,日著茆履,春和惬符,臆颂中国通商银行自开办以来,渐有成效,富强之本实基于此,具征擘画精详,曷胜钦佩,承嘱一节,理应遵行。惟近来局库异常支绌,并无可以发存之款。至各省关应解北洋防费,向由各该省自行发商汇解敝处,未便与谋。倘将来库帑充裕,有发商生息款项,再当随时禀商北洋大臣,就近存交天津通商银行生息,以副台命。肃此奉复,敬请勋安,伏惟垂照不庄。汪瑞高谨肃。"[1]

盛宣怀(1844—1916),字杏荪(杏生、荇生)、幼勖,号补楼愚斋、次沂、止叟等,江苏武进县人,清末政治家、实业家,洋务运动的代表人物。

七月二十七日下午六点,袁世凯在北洋医学堂举行宴会款待来华访问的伊藤博文一行,天津十九位高官陪坐,汪瑞高名列第十。[2]

八月,裕禄(1840—1900)以礼部尚书授直隶总督,二十六年七月八国联军攻陷天津后自杀身亡。

二十四年,奉朱谕:翁同龢著革职,永不叙用,交地方官严加管束。

光绪二十五年,1899 年,51 岁

三月,光绪皇帝下诏引见汪瑞高等人。

① 陈旭麓、顾廷龙、汪熙主编:《盛宣怀档案资料选辑 5 中国通商银行》,上海人民出版社,2000 年 10 月,第 601 页。
② 《国闻报》,光绪二十四年七月二十八日。

戊戌政变后，荣禄内调，直隶总督改由裕禄担任。汪瑞高得裕禄信任，被举荐。《裕禄奏敬举贤能各员请旨录用一折》："除道员杨文鼎业经记存外，直隶试用道任之骅，候补道汪瑞高、黄建笁、吴廷斌、王仁宝，保定府知府沈家本、天津府知府荣铨、候补知府李荫梧、候补知州秦奎良、候补知县曹景郎，记名提督郑才盛、梅东益，大沽协副将韩照琦，著分次给咨送部带领引见。"①

"谕内阁：本日召见之直隶候补道汪瑞高，著交军机处存记。"②

五月初四，上《直隶尽先即补道汪瑞高折》③。

五月初十，上《军机处记存直隶尽先即补道汪瑞高折》④。

那桐见汪瑞高。"五月十一日卯刻进内值日。巳刻到营，未刻饭。未正拜汪君牧观察，申初归。十二日卯刻到庆邸府回事，赴别墅请客，端邸先到，仲路、梦琴、卓云。"⑤

叶赫那拉·那桐（1856—1925）字琴轩，曾任户部尚书、外务部尚书、总理衙门大臣、军机大臣、内阁协理大臣等。

五月初十，严复晤直隶总督裕禄，请开办译局于天津。"先陈明大旨，而（寿）帅（裕禄，字寿山）则谓月费七八百金，恐经费之难出，云俟汪君牧出京后细商筹法"⑥。八月十七日，上《直隶候补道汪瑞高折》⑦。

八月二十一日，李鸿章作《复直隶存记道汪瑞高》："君牧世仁弟大人阁下：春明握别，自夏徂秋，遥审绩懋军储，勤宣莒建，贤劳任望，企祝良殷。顷奉惠书，以先兄之丧，远承慰问，情真语挚，循诵增凄。先兄晚得优闲，年登耄耋，人称全福，亦奚足憾。惟念白头兄弟，只馀两人，始自兵间，患难与同，迄于暮景，南北相望，顿成永诀，情何以堪，追溯生平，惟增惨恻。遗疏于十九日递至皖省，由中丞胪叙上闻，九月内当可到京，知念并及。专泐复谢，顺颂筹祺，诸惟爱照。不具。世愚兄期鸿章顿首。"⑧

① 世续、陆润庠、张之洞、那桐等人奉敕修：《大清德宗景（光绪）皇帝实录》卷之四百四十一，中华书局影印，1986 年 11 月。
② 世续、陆润庠、张之洞、那桐等人奉敕修：《大清德宗景（光绪）皇帝实录》卷之四百四十四，中华书局影印，1986 年 11 月。
③ 中国第一历史档案馆：《光绪朝朱批奏折第一四辑内政》，中华书局，1995 年 2 月，第 168 页。
④ 中国第一历史档案馆：《光绪朝朱批奏折第一四辑内政》，中华书局，1995 年 2 月，第 168 页。
⑤ 北京市档案馆编：《那桐日记》，新华出版社，2006 年 3 月 1 日，第 481 页。
⑥ 严复：《严复集》第三册，中华书局，1986 年，第 530 页。
⑦ 中国第一历史档案馆：《光绪朝朱批奏折第一四辑内政》，中华书局，1995 年 2 月，第 719 页。
⑧ 顾廷龙、戴逸主编：《李鸿章全集 30 信函八》，安徽教育出版社，2008 年，第 237 页。

汪瑞高拜见那桐。"九月初二日早袁制台来谈五刻,唐少川、汪君牧来晤谈。"①

十一月初四,清廷屈从各帝国主义国家的意旨,撤换毓贤,改派袁世凯署山东巡抚。

十二月十八日,李鸿章接任两广总督。

光绪二十六年,1900 年,52 岁

英、法、德、美、日、俄、意、奥等八国联军入侵中国。

五月十七日,义和团开始在北京大肆焚掠屠杀。十九日,命李鸿章迅速来京,两广总督派德寿兼署。西太后在流亡途中,指定李鸿章为与列强议和全权代表,发布彻底铲除义和团的命令。三十一日清政府同意各国派兵入京保卫使馆。当晚,英美俄日法意等国官兵 300 多人,自天津抵达北京。

光绪二十六年六月十八日(1900 年 7 月 14 日),八国联军攻占了天津城。

俄军占据天津总督衙门作为兵营,将衙门里的档案文件书籍全部毁掉。日军抢劫长芦盐运使署白银 200 多万两。美军从该处地下挖掘出价值几百万元的纹银,悉数囊括而去。俄、英、法军也从该处抢走难以数计的银两。俄军把天津造币厂的几百吨存银抢劫一空。美军劫取天津铸造局价值 37.6 万余美元的白银。八国联军将天津道署、天津府署、天津县署及其他各官署的银库存银洗劫一空。俄军在所占据的天津炮台、火药库、营盘、东局子以及李鸿章的宅邸内掠获了 300 余门火炮、大批弹药和各种有相当价值的财物。美军在天津南门军械所内掠获了 40 门克虏伯炮和新式鲁登佛特炮、大量的小武器及包括各种口径炮弹在内的大量弹药。日军在天津水师营及海关道衙等处抢获各种枪支 800 多条、火炮 8 门及大量的弹药。②

天津陷落后第二天,阿列克谢耶夫召集各国高级军官开会,提议成立"天津临时政府"(即"天津都统衙门"),由俄军上校担任这个殖民机构的行政首脑。由于其他各国反对俄国独掌大权,于是改为俄、英、日三国(后来加上德国)各派军官一名,组成委员会。这个机构从 1900 年 7 月成立到 1902 年 8 月撤销,对天津城、天津县、宁河县全境,以及塘沽和北塘进行了长达两年的统治。③

---

① 北京市档案馆编:《那桐日记》,新华出版社,2006 年 3 月 1 日,第 481 页。
② 王建平:《国耻事典》(1840—1949),成都出版社,1992 年 9 月,第 692 页。
③ 丁名楠、余绳武等:《帝国主义侵华史》第一卷,人民出版社,1973 年 12 月。

7月20日,侵略军攻入东便门,王懿荣率团练奋勇抵抗,寡难敌众,遂书绝命词:"主忧臣辱,主辱臣死。于止知其所止,此为近之。"偕继室谢夫人、长媳张夫人,从容投井殉国,时年55岁。汪瑞高为王懿荣的绝笔书《王文敏公绝笔》题诗。樊增祥、张之洞、康有为、端方、徐世昌、叶恭绰等均为其题诗题跋。一册,经折装,共二十七开半,现藏于北京图书馆善本特藏部。

七月,李鸿章以两广总督调补直隶总署。

光绪二十七年,1901 年,53 岁

七月十四日,大哥汪瑞曾(1848—1901)在青浦知县任上去世,葬于苏州吴邑硙碛山汪祖绶墓侧。

七月二十五日,奕劻和李鸿章代表清廷与联军签订《辛丑条约》。条约规定:中国赔银四亿五千万两;北京使馆区及北京至山海关铁路沿线交由外国驻军;禁止中国人民组织反帝组织等。

八月五日,八国联军退出北京。

九月二十七日午刻,李鸿章卒,年七十九。诏赠太傅,予谥文忠,晋封一等侯爵,入祀贤良祠。同日,命王文韶署理全权大臣,袁世凯署理直隶总署,兼充北洋大臣。汪瑞高的才能又得到袁世凯的赏识。

柯逢时任广西巡抚,调汪瑞闿到广西,让他统领五个营,专门负护卫巡抚衙门之责。虽是文官,颇能带兵。

光绪二十八年,1902 年,54 岁

四月,朝廷批准使用由直隶赈捐局发行的百万两银票。这批资金很快花费一空。其中64万两交给都统衙门用来赎回被法国人掠走的盐斤,其余由盐商用作周转资金。[1]

御史黄昌年弹劾袁世凯,涉及汪瑞高:"袁世凯有大罪八……大罪四:孙廷杰于庚子勾结洋人,占据盐场,以为可索重偿,前大学士李鸿章欲杀之而扬去,现任盐法道汪瑞高,当庚子乱时,正充支应局提调,胆敢将存余巨款搬运寄家,李鸿章亦欲杀之,当李鸿章在世,两人皆不敢到天津,袁世凯利其重赂,反相依倚,不

---

① 《长芦盐运使司档》,存第一历史档案馆,第173页、132页。

加参处,庇护奸人。"①

黄昌年,原名经学,字籽舆,号履初,晚号蜕庵,湖南长沙人,清光绪十六年(1890)进士,历官翰林院检讨,京畿河南、河北、陕西、山西诸道御史,天津府、河间府知府。进入民国后还曾任湖南船山学社社长。

汪瑞高与盛宣怀来往电文:《天津汪君谟观察去电八月二十八》:"沈道交阅尊电,已商通商银行先措银六万两听候军米委员求取。其余六万两,年内尊处上海有用处,即当措缴,决不迟误。乞费神婉回帅座,至以为感。宣。勘。"《天津来电八月三十》:"电谕谨悉。银行款十二万余,沪上别无用项,只能全拨米价,必须九月中旬给领,张道始可仰赖保全。乞饬银行照数筹备,并赐电复为祷。瑞高。"《津汪道去电九月初十》:"荣补通永欣贺。张道款已备齐,并有纱厂缴息一万两,商局缴报效六万两,均请购米拨用,以省汇兑,至感。支应局何人接替?公何日履新?宣。卦。"②

九月初,袁世凯上《明保道员汪瑞高请破格擢用折》:"光绪二十八年九月初六日奏。为敬举贤能,恳恩擢用以资激劝,恭折仰祈圣鉴事。窃查直隶本系缺额省分,自经兵燹以后,民物凋残,公私地赤立,重以摊还洋款,赔偿教案,以及创行一切新政,办理地方善后,各事交迫迭起,百废待兴。经费则艰绌异常,而用度则浩繁倍昔,以故理财筹款尤为目前切要之端。然非经理得人,则丛弊长奸,罅漏百出,而莫可究诘。其间有素行廉谨者,又或休于身为怨府,不免瞻徇以便其私,比实心任事者所以不可多得也。兹查有军机处记名直隶候补道汪瑞高,学优操洁,心细才长,在直多年,情形熟悉。臣抵任以来,先后委办支应、筹款、善后各局务,皆能扫除积习,厘剔蠹奸,举凡应付军需钩稽饷项,综核出入款目,莫不悉心擘划,纲举目张,虽众谤群疑,而该员核实认真,力任劳怨,绝不因之稍改其度,洵所谓公家之利,知无不为,有裨时局,殊非浅鲜。现值时艰方殷,需才孔亟,臣既深资臂助,不敢壅于上闻,可否仰恳天恩,破格擢用,以励贤能而资激劝之处,出自圣裁,谨恭折密陈。伏乞皇太后、皇上圣鉴、训示。谨奏。光绪二十八年九月十一日奉朱批:另有旨。钦此③。九月初九日奉上谕:直隶长芦盐运使缺,著汪

---

① 王觉源:《金刚御史黄昌年》,《忘机随笔》第 176 篇,东大图书股份有限公司,1993 年 11 月,第 776 页。

② 陈旭麓、顾廷龙、汪熙主编:《盛宣怀档案资料选辑 5 中国通商银行》,上海人民出版社,2000 年 10 月,第 601 页。

③ 天津图书馆、天津社科院历史研究所编:《袁世凯奏议》中册,天津古籍出版社,1987 年 3 月,第 640 页。

瑞高补授。钦此。"①

九月二十五日，汪瑞高通过袁世凯上谢恩折："光绪二十八年九月初九日，钦奉上谕：长芦盐运使员缺，着汪瑞高补授。钦此。旋奉饬知赴任，即于十九日恭设香案，望阙叩头，敬谨任事。查长芦为海滨要区，运司乃盐务总汇，自经兵燹以后，库储匮乏，商引滞销，疲惫更甚于前，补救宜图于后。兹当整顿鹾纲之际，必须严除积弊，裕岁课以济时艰；更期广浚利源，通商情以培元气。伏念瑞高才轻责重，惧弗克胜，惟有矢慎矢勤，悉心筹画，不敢因循废事，更不敢操切图功，以冀仰答圣主高厚鸿慈于万一。所有感激下忱，并任事日期，请代奏，叩谢天恩。"②

十月初六，上谕之直隶通永道员缺由汪瑞高补授。

十二月初一，汪瑞高通过袁世凯上《长芦运库钱粮交代折》："该司于光绪二十八年九月十九日到任，查明前任长芦运司杨宗濂，自光绪二十五年十一月初九日接印任事起，至光绪二十八年九月十九卸事之前一日止，任内征收正杂课，除光绪二十六年六月十八日以前收支银两，因津城沦陷，运署被焚，库藏册籍全行遗失无凭造报外，兹将征收各年灶课、包课，并本年开办秋关征收各商随引完交正杂课银两，分款开报。旧管无项，新收银六万六千一百六两五钱八分一厘，开除无项，实在存银六万六千一百六两五钱八分一厘。又，征收盐斤复价旧管无项，新收银四万九千一百九十八两四钱。又，借款凑解防饷、省饷银五万八百一两六钱，开除银十万两，实在无项。又，馀平一款，管、收、开除、实在俱各无项。均已按款接收清楚.造具册结.详请加结具奏声明。此案交代，系于两个月月限内结报。"③

十二月十三日，汪瑞高通过袁世凯上《豫岸加价饬商包缴折》："据南引商人振德等禀称：长芦行销豫岸额引，每年应领十九万三千馀道，在未加价以前，各引畅滞牵算，尚可销及额数。自光绪二十二年加价二文，初由豫省抽收，销数顿形疲滞。幸蒙奏请，改由运库包缴十二万两，销数虽不如前，然已逐渐起色。通年核计，尚可销至十五六万包。缘芦纲引岸向系包额，如遇丰稔之年，虽照加价，实盐亦不见滞，一遇灾歉，即须权宜办理，以顾销数。否则，少卖一包，即少领一

① 中国第一历史档案馆编：《光绪宣统两朝上谕档》第28册光绪二十八年，广西师范大学出版社，1996年10月，第225页。
② 骆宝善、刘路生主编：《袁世凯全集》第十卷，河南大学出版社，2013年7月，第514页。
③ 骆宝善、刘路生主编：《袁世凯全集》第十卷，河南大学出版社，2013年7月，第562页。

包之引。在豫省少收一包加价，为数尚微，在运库少征一包课款，为数甚钜。历溯同治六年荥工加价，光绪二十二年筹饷加价，皆系初由豫省征收，嗣因商情疲累，奏请改由运库包缴，是其明证。此次豫省原定章程，每年额销盐十九万馀引，每年应收钱四十二万四千馀串，照现定银数折算，应收银三十万五馀两，责令各州县督销八成，以每年应收银三十万五千馀两，按八成核计，适符商等包缴二十四万两之数。况加价由商等包缴，盐引可望多销，库款亦可渐裕，商等亦无赔课意外之虞等情。该司查光绪二十三年行豫芦盐，每斤加价制钱二文，详定每年各商包缴银十二万两，随引交由运库代解豫省铜项。今奉饬每斤加价四文，比照成案，应令豫商每年包缴银二十四万两，核与河南省奏明银数亦属相符，应请准如所禀办理①。"

十二月十七日，汪瑞高发文《为查办张云霈等禀房地划归租界一案移钱荣为移会事》："本年十二月十一日奉督盐宪袁批：据盐坨俄界居民张云霈等禀房地划归租界一案，奉批，仰长芦汪运司详细查明，认真办理，以恤灾黎为要，钞禀批发。附钞禀稿。此批。等因。奉此，相应移会贵道，请烦查明见复，以凭详办施行。须至移者。计粘抄禀右移候补道钱，附：照录抄禀具公禀盐坨俄租界居民张云霈、罗宗汉、萧景云、王恩贵、张廷槐、张孔绪、刘世杰、陈善数百户等禀，为借势营私，损民肥己，恳恩彻究，以救灾庶事。窃民等前以地价太瘠，物价复空，一再泣陈，禀求酌办。蒙批，仰津海关唐道会同钱道查照，妥办具报。仰见我官保惠此穷黎毋任失所之至意。钱道宪倘恤民隐，当如何遵谕速办，乃号延数旬之久，以至于今，尚无妥办确章，灾民其何能待？伏念民等房地，既经划归俄国租界，钱道宪会勘来津，小民引领而望，方谓有不便民之端，必能向俄国请命，乃订地价、分等级，一一诿诸俄国，势之所迫，小民莫如之何。然使钱道宪果公而无私，自可将小民地基若干？俄国价银若干？按亩核分，榜诸通衢，俾中外咸知。则地价虽瘠，小民亦死而无怨。乃去年十月十三日出示晓谕，内有所收地价悉数提存局库等语。初不言价银之数目，夫造册给价本届局员之责，今乃检派王庆远为绅董，而给以洋银五十圆，则此中不无羡余，于此可证。谓非借以营私乎？且砖石等物莫非小民脂膏，脱令准其自卖，则灰烬之余，亦足以济涸辙之困。乃去秋堆积如山，皆运往他处，砖数有二千四五百万之多，砖价有十五六万洋圆之巨，将谓系局员与工头串卖。拆砖时张廷槐曾亲赴租界分局面求，胡为钱道宪竟置

---

① 骆宝善、刘路生主编：《袁世凯全集》第十卷，河南大学出版社，2013 年 7 月，第 581 页。

诸不管。且租界之内诸事躬亲,焉有目睹多砖拆运他往,直至化房基为平地而初不问不知之理? 况自本年五月以来,屡次禀求物价,始终谓此事已晚,不能再办。绝未闻向局员追询,是不得诿诸局员可知也。将谓系俄国拆卖,而俄领事官前曾有若用砖必须给价之语。且前月十一日民等具禀请示,果系俄国拆卖,钱道宪何以不收不批此禀? 现附呈海关道宪,是不得诿诸俄国可知也。如此巨款,断不能消归乌有,非用以肥己而何? 夫灾民当兵燹之余,生机已蹙,朝廷设官所以为民也。钱道宪奉委会勘,乃乘地面未交,呼吁无门之际,不为矜恤灾民而反胺削灾民,以至困阴至今流离颠沛。是远既不能恪守李文忠公毋任失所之批,近又不思檩遵宫保妥办具报之示,显违宪谕即深负皇恩,而灾民之陷诸水火者无由登诸衽席矣。为此冤抑莫伸,公同叩乞总督部堂宫保六人恩准彻究,将所收俄国三百余亩之地价,其银果属若干? 所卖小民二千五六百万之砖价其银果系何往? 俾将此款退出,以偿灾庶而救残生。则感鸿慈于生生世世矣。上禀。另有请示钱道宪禀稿抄粘于后,以备钧览。"[1]

汪瑞阊任江西武备学堂总监。

光绪二十九年,1903 年,55 岁

年初,财政拮据的运使就逼着盐商用现金偿还债务。汪瑞高不情愿地收下了由华俄道胜银行签发,用来代替现金 6 万两的银帖,这是所要求的 11.2 万两分期付款中的一部分。[2] 但很快长芦运使又进一步提出更多要求,商人们请求暂缓,因为首先应偿还华俄道胜银行的贷款。运使默许了,给予盐商两个多月的宽限期,这也开了个先例:偿还外国银行的贷款优先于国内银行。[3]

二月初八日,汪瑞高奏请在拟请于万全县属张家口镇设立督销总局,赤城县城设立分局。并于张家口厅界之十八尔台,独石口厅界之单巴诺尔,及距产盐相近之才得木等处,设立收盐厂三座,招商收买,分运销售。

慈禧太后和光绪帝去谒拜西陵,让袁世凯随驾。袁世凯特地派了长芦盐运使汪瑞高和直隶按察使杨士骧侍奉慈禧太后。汪、杨是同乡,杨士骧是美食家,

---

① 天津档案馆、南开大学分校档案系编:《天津租界档案选编》,天津人民出版社,1992 年 4 月,第 363—364 页。

② 《长芦盐运使司档》(存第一历史档案馆)第 173 页、132 页。汪瑞高 1903 年 1 月 21 日的命令及盐商 1903 年 1 月 22 日的呈文。

③ 关文斌:《文明初曙──近代天津盐商与社会》,天津人民出版社,1999 年 4 月。

精于逢迎，汪瑞高向长芦盐商摊派，募得巨资。春天，二位不惜代价四处采购珍馐美馔，请京师名厨掌勺。慈禧太后和光绪帝在保定停留三日，被侍候得舒舒服服，非常开心。回京后（三月二十日）就发布圣谕："谕内阁：朕钦奉皇太后懿旨，此次祗谒西陵，乘坐轮车，胡燏棻、盛宣怀备办一切，甚属周妥，著交部从优议叙。直隶按察使杨士骧、盐运使汪瑞高办理差务，诸臻妥洽，著以应升之缺升用，以示奖励①。"公开许诺提拔汪、杨等人。

四月初四，汪瑞高通过袁世凯上谢恩折："窃瑞高恭阅邸钞，光绪二十九年三月二十日，奉上谕：敛奉慈禧端佑康颐昭豫庄诚寿恭钦献崇熙皇太后懿旨，此次祗褐西陵，盐运使汪瑞高办理差务，诸臻妥洽，著以应升之缺升用，以示鼓励，等因。钦此。跪聆之下，惶悚莫名。伏念瑞高皖江下士，畿辅备员。矛绣晋领夫磋纲，涓埃未报；骏奔勉襄夫钜典，陨越时虞。乃以供奉鸾舆，特颁凤藻，宠贵协九畴吉语，天章焕五色祥辉。湛露渥承，锡祉福而恩沾奴幄；慈云广被，登仁寿而泽尧衢。凡此逾格之殊荣，已非臣下所敢冀。兹复重申巽命，优予升阶，沐非分之鸿施，弥难胜夫鳌戴。惟有愈加策励，益矢靖共，冀答高厚生成于万一。所有瑞高感激下忱，理合具文呈请据情代奏，叩谢天恩。"②

四月，因陈观察伯平之荐，应长芦盐运使盱眙汪君牧都转瑞高聘，修《盐法志》，北上。遏陈观察北通州道署，留旬日，至津。③

四月十八日，汪瑞高通过袁世凯上《参追盐巡检迟交课税片》："盐官交代，向照州县交代例限办理。今查前署石碑场大使、候补盐巡检蒋焕文交代案内，征起光绪二十八年灶课银八百四十四两八钱五分一厘，平饭银四十八两三钱九分七厘，白盐折色银二十九两五钱六分七厘，部钣银四两，屡催未交，二参例限已逾，现任不克造册结报，实属任意迟延，详请参追。声明该员有应领津贴银二百两，业已扣抵。"④

四月二十二日，汪瑞高通过袁世凯上《长芦拨册无凭查造折》："查春秋拨册，原为造报存款，必有实存款项，始能报部候拨。长芦运署，自光绪二十六年兵燹以后，案卷毁失，库储荡然。二十八年七月，收回天津，各商因坨地归入租界，无

① 《大清德宗景皇帝（光绪朝）实录》第513卷，又载中国第一历史档案馆编《光绪宣统两朝上谕档第29册光绪二十九年》，广西师范大学出版社，1996年10月，第69页。
② 骆宝善、刘路生主编：《袁世凯全集》第十一卷，河南大学出版社，2013年7月，第132页。
③ 皮锡瑞：《皮锡瑞儒学论集》，四川大学出版社，2010年6月，第359页。
④ 骆宝善、刘路生主编：《袁世凯全集》第十一卷，河南大学出版社，2013年7月，第157页。

处筑盐,禀经前司详明,暂行就场筑运。事事皆属创办,所有租赁筑运地基、置买筑盐家具、盐运绳席,并调取东关砝码,往返航延,至九月始开秋关。维时已近封河,迭经饬催,仅据各商运盐十七万三百馀包,征课银七万四十馀两。内除上年年底照案拨解支应局铜银二万两,又本年二月遵奉部示拨解围差经费银四万两,所馀无几,亦仅数凑解。围差经费不敷之款,分毫无存,并用带征历年商灶欠课,册籍皆已毁失,分别行查,尚未覆到。所有本年春季拨册,实因并无存款,未能造报,并非无故迟延,请奏明免予议处。至本年春关征收课银,以及开除各款并查催节年旧欠款目,请俟八月间办理秋拨时,再行造册报拨,以复旧制而符名实。"①

五月二十日,汪瑞高通过袁世凯上《请展现办理长芦灶课奏销折》:"长芦各州县场应征灶课银两,向由天津、蓟永两分司于次年五月内汇造款册,申司造具奏销总册,详请题咨,历经照办在案。自光绪二十六年六月津城沦陷以后,至二十八年七月始行收回,此三年中,应征灶课银两,均未据造报奏销,叠经勒限札催分年造送。兹据署天津分司谢廷恩详称:该署卷册,庚子兵燹,毁失无存。各州县场呈送光绪二十六、七、八等年经应证灶课奏销款册,因无底册可查,必须逐细核封无讹,方敢汇造详办。无如送到各册,舛误甚多,往返驳查,致稽时日。且光绪二十六年各属灶地因被兵灾摊交赔款案内,奉文豁免下忙灶课银数,应造清册,亦未到齐。所有应造光绪二十六、七、八等三年督征本、节年灶课奏销总册,应请展缓限期,赶紧造送等情。该司查明天津分司卷册,前因被兵毁失,据称各属造册多有舛误,驳查需时,确系实情。请将光绪二十六、七、八等三年灶裸奏销,展至本年八月内办理,期无舛错。"②

闰五月初八日,汪瑞高通过袁世凯上《长芦拨解京饷片》:"案查户部奏拨光绪二十九年长芦盐课,解充京饷银二十五万两,内除划抵陵差经费银七万两,尚应解银十八万两。遵即动拨第一批银五万两,随解加平银七百五十两,委候被盐大使陆炳奎、卓德征、陈友瑛、候补盐巡检孟庆漤、项寿增管解。又,二十八年分荥工加价银五万两,因是年开纲较迟,各商领引无多,仅征起二成银一万两,业于请免旧课案内详经奏咨在案。兹将应解前项二成银一万两、随解加平银一百五十两委候补盐经历陆德锺管解。又,二十九年分荥工加价银五万两,遵先接解银

① 骆宝善、刘路生主编:《袁世凯全集》第十一卷,河南大学出版社,2013年7月,第161页。
② 骆宝善、刘路生主编:《袁世凯全集》第十一卷,河南大学出版社,2013年7月,第215页。

一万两,随解加平银一百五十两,并委候补盐经历陆德锺管解。均于本年五月十九日起程,前赴户部交纳。分造拨解款册,详请奏咨前来。"①

六月十六日,汪瑞高通过袁世凯上《直豫岸商包缴盐斤加价折》:"直岸各商,以乱后苦累,仍请按照原禀包缴。兹司以直、豫虽分两岸,同隶芦纲,谕饬豫岸各商通力合作,妥议具复。兹据通纲直、豫各商杨成源等禀称:查豫商前按销引八成,每年包缴加价银二十四万两,实已不遗馀力,无可增加。直商前按销引三十五万道核计,每年包缴加价银四十四万两,亦系勉力筹维.岂知今春津市枯竭,周转维艰,春运无多,生机已绝。乃更有出于意料之外者,直境自春及夏,天时亢旱,硝盐畅旺,官引停销。虽春运不能及时,而民间不虞淡食,其销滞私多,概可想见。所有前禀包缴之数,非特无力增加,更恐不能缴足。实缘长芦各岸畅少滞多,官价愈昂,私贩愈盛,销引愈滞,不但亏额之课款无力包赔,即随引完交之加价亦必因之减少:彼时即予参追,于事无济。是以各岸盐价有酌量少加者,有一文未加者,实因减价敌私,出于万不得已。况盐店买银,向于起标时先在钱铺提用现银后,以实进盐价陆续归补,而钱铺遂得居奇抬价。又兼亏平、耗色、汇费、川资,皆须核入钱盘之内,比较市价,所增甚多。且领引时预将加价垫交,及盐包全数销竣,收回民价,少则数月,多则一二年,压本赔息,为数甚钜。若一文不加及酌量少加,各引岸全归商人包缴,亏折更不待言。此加价难以钱盘核计之实情也。惟此项加价,专为偿款而设,关系重要,不得不统计兼筹,以期稍裨时艰。拟请直、豫两岸商人,通力合作,无论销引畅滞,钱盘大小,每年统共包缴银七十万两,均于领引时先按每引交银一两二钱,存储运库。俟封关时,如有不敷,再由直、豫众商按领引数目均摊,照数交足。仍每年提出银二十四万两拨归豫省,其馀银四十六万两专借直省之用。豫盐加价,既在运署随引包交,豫省抽收应请停止,以免重复而复旧章等情。该司查此项加价,出自民间买价之中,诚如部议,原应由官经征,按斤核钱,以杜取巧。必所卖之盐实能一律加价,计斤核算,分毫无缺,方能照此办理。直、豫两岸向多硝私,官引梗滞,本非他省情形可比。各商欲保引岸,不得不亏本减价,以冀相敌。故历来加价,名为加之于民,实则豫岸可加之处不过十之六七,直岸可加之处不过十之二三,且皆酌量加增,从未如数加足。其短收之数,向系由商认缴,久成摊款。从前加价一文,每引交银三钱;加价二文,每引交银六钱。均按实销引数完交,未按额引包缴。虽光绪二十三年豫岸加

---

① 骆宝善、刘路生主编:《袁世凯全集》第十一卷,河南大学出版社,2013年7月,第245页。

价，每引六钱，有照额认包之案，而直岸加价，仍系循旧办理，并未包缴，均经户部核准在案。诚以两岸情形不同，未能强归一律。此次加价四文，每引包交银一两二钱，核与历届成案相符。直岸原额引四十六万九千馀道，除永平七属及天津口岸并悬引外，其应加价之引，实只四十二万二千馀道。历年实销之数不过二十八九万道，至多亦不过三十一万馀道。若照成案，只应包缴此数，故该纲总等原禀有按三十万引包交之请。该司因仅及额引七成，为数太少，令按三十五万引，包缴银四十二万馀两，复酌加银一万馀两，共包交银四十四万两，虽较豫岸包交之数为少，然按每引一两二钱核计，已逾额引八成之数，并非不及七成，任其亏短取巧。豫岸额引十九万三千馀道，除悬引外，实应领引十九万二百馀道，按八折核计，实应销引十五万二千馀道，每引包交银一两二钱，共应包交银十八万二千馀两。前因豫岸尚系完善之区，所收加价既较直岸为多，所销引数亦较直岸为畅，迥与直岸兵灾以后，元气大伤者情形有别。且二十三年每引包交六钱，本系按额包交，亦未便先后两歧，当令按照额引十九万二百馀道，包交价银二十二万馀两，后加增银一万馀两，共包交银二十四万两以上。两岸加价，较之历届成案，均属加增。当时该商等本不敢认包此数，只因借款攸关，勉遵办理。兹据禀称：直岸甫遭兵燹，继以旱炎，官价愈昂，私盐愈盛，销引愈滞，力虽包赔。即使参追，无济于事。该司详加体察，均系实在情形。所请直、豫两岸商人通力合作，无愉销数畅滞，钱盘涨落，每年统共包交银七十万两，除提银二十四万两拨作豫岸加价外，其馀银四十六万两，专备直岸加价之用。计较原包之数，加银二万两。即照部议，计斤加钱，折银合算，直岸额引四十二万二千馀道，按实销七成，合引二十九万五千道，每包按五百五十斤，应加制钱二千二百文，共应加制钱六十四万九千馀千；照河南办法，按一千四百文合银一两，共应缴银四十六万馀两，今包缴银四十六万两，正与此数相符。"[1]

八月，汪瑞高代表中国同日本签署《北洋支应局北洋兵备处向日商三井大仓洋行购买军火合同》[2]。

九月二十一日，汪瑞高通过袁世凯上《光绪二十六年分长芦灶课奏销折》："长芦应征灶课银两，向由天津、蓟永两分司于次年五月汇造款册，申司造具奏销总册，详请题咨，历经照办在案。自光绪二十六年津城沦陷，至二十八年七

---

① 骆宝善、刘路生主编：《袁世凯全集》第十一卷，河南大学出版社，2013年7月，第299—300页。
② 林开明、陈瑞芳、陈克、王会娟：《北洋军阀史料》徐世昌卷一，天津古籍出版社，1996年2月。

月始行收回,此三年中,应征灶课银两,均未造报奏销。前据天津分司具详,卷册被兵毁失,各属造册多有舛误,驳查需时,请将光绪二十六、七、八等年灶裸奏销,展至本年八月办理。详经奏奉殊批:著照所请,户部知道,钦此。行司钦遵在案。

"兹查应征光绪二十六年分连闰灶课,除海丰县海丰场灶地被潮碱废豁除外.净额征银一万三千二百三十四两四钱二分八厘。内除静海、沧州、南皮、青县、宁河、海丰六州县,并丰财、芦台、严镇三场,秋禾被旱、被水、被扰、被兵,随同民粮之例,缓至光绪二十七年秋后启征银一千一百五十四两一钱一厘。又,缓至光绪二十八年秋后启征银一百三十一两一钱九分。又,天津、静海、宝坻、南皮、盐山、青县、交河、东光、河间、宁河、衡水等十一县,丰财、芦台、严镇、海丰四场,因兵灾损失,遵奉豁免银三千二百七十三两四钱五分二厘。又,庆云县已解运库因乱遗失银一百九十九两三分三厘,净征银八千四百七十六两六钱五分二厘。旧管无项。新收银八千四百五十五两九钱三分四厘,开除银一千七百四十九两一钱三分六厘,实在存银六千七百六两七钱九分八厘,照数征解司库,并无随解耗羡银两。未完银二十两七钱一分八厘,系南皮、庆云二县未完,业经另案详参,照例严追。至催征灶课全完各官,例应议叙。除有蠲免处所并额征课银不及三百两,及三官、二官全完者,均无庸议叙外,其督征各场全完之蓟永分司运判谢廷恩,一官全完,应请照例议叙。"①

九月二十一日,汪瑞高通过袁世凯上《光绪二十七年分长芦灶课奏销折》:"长芦应征灶课银两,向由天津、蓟永两分司于次年五月汇造款册,申司造具奏销总册,详请题咨,历经照办在案。自光绪二十六年津城沦陷,至二十八年七月始行收回,此三年中,应征灶课银两,均未造报奏销。前据天津分司具详,卷册被兵毁失,各属造册多有舛误,驳查需时,希将光绪二十六、七、八等三年灶课奏销,展至本年八月办理。详蒙奏奉殊批:著照所请,户部知道,钦此。行司钦遵在案。兹查应征光绪二十七年分灶课,除海丰县海丰场灶地被潮碱废豁除外,净额征银一万三千一百三两一钱五分四厘。内除静海、宝坻、沧州、南皮、盐山、庆云、宁河、海丰、乐陵九州县,并丰财、芦台、严镇、海丰四场,秋禾被水勘不成灾,及较轻较重,照例缓至光绪二十八年秋后启征银二千四百七两五钱九分八厘,内静海、庆云二县已征完银四十九两二钱八分六厘。又,宝坻县因二十六年海洋滋扰,经

① 骆宝善、刘路生主编:《袁世凯全集》第十一卷,河南大学出版社,2013 年 7 月,第 434 页。

该县禀准,缓至光绪二十八年秋后启征银一两九钱二分四厘。又,盐山县成熟村庄,因教案赔款,禀准应征下忙五成灶课,缓至光绪二十八年秋后启征银三百两九分二厘。又,静海县丰财、芦台、严镇三场,被水成灾,照例蠲免银十六两八钱二分七厘,分限二年带征银一百二十八两四钱二分三厘,内静海县已征完银二两四钱二分九厘。又,严镇场被水成灾,照例蠲免银二十一两二钱九分三厘,分限三年带征银十四两五钱六分一厘。又,天津县因被兵灾,丰财场因乱被攫成灾,豁免银八百三十五两九钱三厘,净征银九千三百七十六两五钱三分三厘。又,静海、庆云、乐陵三县已征完银五十一两七钱一分五厘。共银九千四百二十八两二钱四分八厘。旧管存银六千七百六两七钱九分八厘。新收银九千三百五十九两八钱九厘。管、收共银一万六千六十六两六钱七厘。开除银一千七百四十九两一钱三分六厘。实在存银一万四千三百十七两四钱七分一厘,照数征解司库,并无随解耗羡银两。未完银六十八两四钱三分九厘,系南皮、庆云二县未解,业经另案详参,照例严追。至催征灶课全完各官,例应议叙。除有蠲、缓、带征、豁免处所,并额征课银不及三百两及二官全完者,无庸议叙外。查衡水县知县赵锷,征完银五百一两一钱一分二厘。石碑场大使蒋焕文,征完银九百七十九两四钱八分五厘。归化场大使寿康,征完银四百六十七两五钱三分三厘。均系一官经征全完,数在三百两以上,核与议叙之例相符,应请同督征全完之蓟永分司运判谢廷恩一并照例议叙。"[①]

九月二十一日,汪瑞高通过袁世凯上《光绪二十八年长芦灶课奏销折》:"长芦应征灶课银两,向由天津、蓟永两分司于次年五月汇造款册,申司造具奏销总册,详请题咨,历经照办在案。自光绪二十六年津城沦陷,至二十八年七月始行收回,此三年中,应征灶课银两,均未造报奏销。前据天津分司具详,卷册被兵毁失,各属造册多有舛误,驳查需时,请将光绪二十六、七、八等年灶课奏销,展至本年八月办理。详经奏奉殊批:著照所请。户部知道。钦此。行司钦遵在案。兹查应征光绪二十八年分灶课,除海丰盐海丰场灶地被潮醎废豁除外,净额征银一万三千一百三两一钱五分四厘。内除天津、沧州、南皮、盐山、青县、海丰六州县,并丰财、严镇、海丰三场,秋禾被水、被旱,勘不成灾,照例缓至光绪二十九年秋后启征银一千五百三十五两七钱七分八厘。又,天津县并丰财、严镇二场,被水、被旱成灾,照例蠲免银十六两一钱一分八厘,分限二年带征银一百二两七钱五分四

---

① 骆宝善、刘路生主编:《袁世凯全集》第十一卷,河南大学出版社,2013 年 7 月,第 435 页。

厘。又，严镇场被水成灾，照例蠲免银九钱五分八厘，分限三年带征银六钱三分九厘。又，天津县因被兵灾，并丰财场因乱被扰成灾，豁免银四百十七两九钱五分一厘。净征银一万一千二十八两九钱五分六厘。旧管存银一万四千三百十七两四钱七分一厘，新收银一万九百八十四两七钱五分三厘。管、收共银二万五千三百二两二钱二分四厘。开除银一千五百九十一两二钱。实在存银二万三千七百十一两二分四厘，照数征解司库，并无随解耗羡银两。未完银四十四两二钱三厘，系南皮县未解，业经另案详参，照例严追。至催征灶课全完各官，例应议叙。除有蠲、豁、缓、带征处所，并额征课银不及三百两及二官全完者，均毋庸议叙外，查芦台场大使周德钊，征完银八百三十一两六钱八分九厘。越支场大使潘廷杰，征完银一千二百十四两七钱四分五厘。归化场大使寿康，征完银四百六十七两五钱三分三厘。均系一官催征全完，核与议叙之例相符，应请照例议叙。"①

九月二十四日，汪瑞高通过袁世凯上《长芦历年灶课奏销折》："案查长芦应征历年灶课银两，自光绪二十六年六月津城沦陷以后，至二十八年七月始行收回，此三年中，均未能造报奏销。前经详请，将光绪二十六、七、八等三年灶课奏销，展至本年八月办理，详经奏奉殊批：著照所请，户部知道，钦此。行司遵照在案。兹届奏销灶课钱粮之时，查得光绪二十六、七、八等年以前历年灶裸钱粮，均已迟缓至光绪二十九年秋后启征，遵即汇造一册，共额征银一万一千五百九两一钱三分二厘。内芦台场银九百四十二两三钱一分，静海县银三百二十六两五钱四分四厘，宝坻县银四两八钱七分五厘，是否征完，未据解到，亦未具复。现在饬查，一俟复到另行续报外，净征银一万二百三十五两四钱三厘。旧管无项，新收银一万二百三十五两四钱三厘，开除无项，实在存银一万二百三十五两四钱三厘。"②

九月三十日，汪瑞高通过袁世凯上《芦商暂借洋款办运折》："芦纲各岸引盐最重秋运，盖每年春运不过三四成，秋运总在六成以上。其上下西河艰阻之岸，必趁秋水畅旺，将统年应销之盐一次运出，方不误销。故秋运实为通纲紧要关键，而各商告筑，亦以秋运为最急。长芦殷商无几，累商甚多，应届秋运，往往向钱铺通融，以作运本，多者借贷数万金，少者亦数千两，用能迅速赶运，无误行销。迨兵燹以后，殷商多变而为累，累商更困莫能及。重以津市元气大亏，物力凋敝，

---

① 骆宝善、刘路生主编：《袁世凯全集》第十一卷，河南大学出版社，2013年7月，第436页。
② 骆宝善、刘路生主编：《袁世凯全集》第十一卷，河南大学出版社，2013年7月，第440页。

银根短绌,周转不开,该商等称贷艰难,仅恃搜括家财,竭蹶徒事,而力量微薄,筹运无多。近虽市面稍稍疏通,但积困之后,骤难复元,彼此挪借钜赀,仍不能如从前方便。叠据各商以秋运期迫,运本难筹,吁恳拨借公款,以资接济而解眉急。惟库储奇绌,无可腾挪,而环顾商艰,亟须设法。现由该商等禀经该司,邀同津海关道唐绍仪,向日本正金银行商允借银四十万两,议定每年按八厘五毫行息,约期两年,陆续归还。饬据纲总拟具合同,呈由该司签字盖印,分别存执,即作为该司衙门担保,藉以纾商力而维鹾务。"①

十月十五日,汪瑞高通过袁世凯上《芦商课银按引摊完暨请豁课款折》:"据纲总商人杨俊元等沥陈苦况,禀覆核办,等情。该司查二十八年九月开纲以后,应交正课,既奉户部一再行令,按照引额扣算,自应饬商勉力遵办,查长芦原额引六十六万二千四百九十七道,计二十八年额征正课银四十五万四千四百五十一两八分。内除永七官办各岸引一万七千二百十道,应征课银一万一千八百五两四钱八分七厘。又,直豫悬岸引三万七百道,应征课银二万一千五十九两一钱八分六厘外,实计通纲现商额引六十一万四千五百八十七道,应完课银四十二万一千五百八十六两四钱七厘。自上年九月开纲起,至十二月底止,按额扣算,共应领引二十万四千八百六十二道,应交课银十四万五百二十八两八钱二厘。内除各商实领引十七万三百三十四道,共计先后交过银十一万六千八百四十三两五钱三厘,尚短额引三万四千五百二十八道,计应补交银二万三千六百八十五两二线九分九厘。本应饬令即速清完,以供报解,惟本年秋关已迫,运本难筹,现已详请奏明,息借洋款四十万两,赶办秋运,以顾根本,势难兼顾此项课银。拟请自三十年春关起,随引分摊,每引交银一钱,约计半年,即可全数摊足。似此设法通融,在各商既力轻而易举,在课款亦数足而无亏。至二十六年正月至五月以前课款,既奉户部行令,体察情形,奏明办理。该司覆查,课自盐出,必卖盐始能征课。光绪二十六年,春旱河浅,各商领引有限,夏初甫得透雨,运路渐通,而衅端猝起,其无力之商,固有领引而尚未办运,即已运者亦被败兵、土匪沿途劫船,弃盐于河,多未到岸,家又被兵。加以洋盐、私盐肆行充斥,芦岸到处停秤,各商既无办运之资,又无办运之地,困惫已难言喻。嗣复赎回俄、法占盐,息借钜款,更属力尽筋疲。该司目睹浩劫馀生,资财荡尽,若再征此无盐之课,商力万不能支。是以原详请将二十六年正月至五月应交正课一并豁免,以恤商艰。今前后四年,请

① 骆宝善、刘路生主编:《袁世凯全集》第十一卷,河南大学出版社,2013年7月,第456页。

免课款,已蒙户部核准,此数月间,事同一律,应请一并蠲除。"①

十一月初七日,汪瑞高通过袁世凯上《长芦拨解打牲乌拉俸饷片》:"案查户部咨拨长芦癸卯年应征盐课,拨给打牲乌拉俸饷银三万七千四百八十三两零,解交盛京户部交纳,等因。查此项银两,前于六月内经打牲乌拉总管派员守领,当经设法腾挪银一万两,发交来员领运回乌交纳,详请奏咨在案。兹复准打牲岛拉总管派委章京、骁骑校海珠,印领长芦欠解银二万七千四百八十三两三钱前来。并准北洋海防支应局函称:光绪二十六年间,山海关道拨解北洋防费银八万两,解交沈阳存储,除割抵外,尚存库平银五千三百三十三两三钱三分四厘,拟请于应解奉饷内照数留抵,等因。查长芦拨解奉饷银两,向由盐课项动拨,本年所收课银,积存无多,实因兵燹以后,各商元气未复,交课未能踊跃,此项饷银,本难照数拨解。惟打牲乌拉俸饷待用孔亟,不得不设法腾挪,以资接济。至盛京所存银两,系应解北洋海军饷需。现在北洋万分竭蹶,亟待拨还,自应照数留抵,以省互解之烦。兹在商课项下动拨银二万七千四百八十三两三钱,内除前项奉省欠解山海关解存北洋防费尾款库平银五千三百三十三两三钱三分四厘,照数划解,列收清款外,净解交银二万二千一百四十九两九钱六分六厘,于十月十九日发交来员章京、骁骑校海珠领解回乌交纳。"②

十二月二十一日,汪瑞高通过袁世凯上《请展限补征长芦欠款折》:"此项补欠、积欠,虽系远年参商悬欠之款,究关课项。现值时艰帑绌,芦商苟能勉力完交,原难再准展缓。惟自道光二十八年厘定科则以后,加征各项加价,均于领引时先行筹垫,运本增重,领引维艰,每多误运之虞。现值大灾甫定,元气未复,又值津市银根枯竭,应交课帑,尚属筹措艰难,若再将远年系商旧欠责令代还,商力有限,转恐于现年课款有碍,徒事参悬,无补实际。据通纲商人沥情吁请推展,该司群加体察,确系实在情形,请照案自光绪三十年起,展限五年,俟限满再行察酌核办。"③

十二月二十三日,汪瑞高通过袁世凯上《本年长芦奉拨京饷解清片》:"本年长芦应解京饷户部原拨盐课银二十五万两,续拨豫岸荥工加价银五万两,添拨内务府常年经费银一万两,共银三十一万两。内除盐课项下划抵陵差经费银七万两,银圆局代户部鼓铸铜圆价银三万一千五百二十三两七钱二分九厘,又在盐课

① 骆宝善、刘路生主编:《袁世凯全集》第十一卷,河南大学出版社,2013年7月,第467页。
② 骆宝善、刘路生主编:《袁世凯全集》第十一卷,河南大学出版社,2013年7月,第529页。
③ 骆宝善、刘路生主编:《袁世凯全集》第十一卷,河南大学出版社,2013年7月,第632页。

项下于五月间委解内携府经费银一万两,又于五月间委解荣工加价银一万两、盐课银五万两,又于十一月间委解盐课银八千四百七十六两二钱七分一厘,又于十二月间委解盐课银九万两、荣工加价银四万两,均赴户部交收。计本年奉拨京饷共银三十一万两,均已如数解清。"①

十二月二十三日,汪瑞高通过袁世凯上《长芦各款依限全解片》:"案查户部奏拨长芦光绪二十九年盐课银二十五万两,解充京饷,等因。内除五月间批解银五万两,并划抵陵差经费银七万两,银圆局代户部鼓铸铜圆价银三万一千五百二十三两七钱二分九厘,尚应解银九万八千四百七十六两二钱七分一厘。又,荣工加价银五万两,除已批解银一万两,尚应解银四万两。共计应解银十三万八千四百七十六两二钱七分一厘。嗣奉札饬,山海关应解光绪二十九年北洋海防经费,因营口地面尚未收回,无款可解,由运库拨抵银十三万. 尚馀银八千馀两,尽数解部。奏奉殊批:户部知道。钦此。行司钦遵在案。今该司遵即拨解盐课银八千四百七十六两二钱七分一厘,随解加平银一百二十七两一钱四分四整。又,奉饬划拨前项陵差经费银七万两,铜圆价银三万一千五百二十三两七钱二分九厘,北洋防费银十三万两,共银二十三万一千五百二十三两七钱二分九厘,尚应补解加平银三千四百七十二两八钱五分六厘。又,划抵陵差经费,作为补解上年京饷,前后共银七万两,应补解加平银一百五十两,委候补盐经历陆德锺管解,干本年十一月二十三日起程,前赴户部交纳。海防支应局拨还划抵山海关应解北洋防费银十三万两,仍由长芦解部。计应找解盐课银九万两,荣工加价银四万两,共银十三万两,委候补运判郭曾钧,盐经历祁仲璋,候补盐大使陆炳奎、吴德煨,候补盐经历陆德锺,候补盐巡检张曾志,管解盐课银七万两。又委候补运通判汪昭昂、盐知事桂先培、库大使孔庆霄、候补盐大使陆培馀、候补盐巡检陈守文,管解盐课银二万两、荣工加价银四万两。于本年十二月十六日分批起程,均赴户部交纳。所有本年原拨盐课、续拨荣工加价,共银三十万两,除划抵外,均已依限全数解交清楚。"②

本年秋,长芦盐运因运费拮据发生困难,曾拟借公款,而"库储奇绌,无可腾挪";向商铺支借运本,则各商号因兵燹后"物力凋敝,银根短缺"。盐课为国家饷源所系,燃眉之际,长芦盐运使汪瑞高向海关道唐绍仪求援。经唐出面,向日本

① 骆宝善、刘路生主编:《袁世凯全集》第十一卷,河南大学出版社,2013年7月,第647页。

② 骆宝善、刘路生主编:《袁世凯全集》第十一卷,河南大学出版社,2013年7月,第646页。

正金银行借银四十五万两，按八厘五毫付息，终使长芦盐"应时办运"①。

张一麐录取经济特科，汪瑞高为袁世凯考察张一麐，张一麐成为袁世凯幕僚："乃文襄奏定学堂章程久未脱稿，延至月余，余资斧将罄，幸文襄幕府汪荃台世丈言诸文襄，许先往直隶。直隶总督袁世凯先已允文襄，电调长芦运司汪瑞高为余先容，袁督一见即令入幕，不三日而委札下矣。"②

宣统即位，袁世凯被放逐回籍，张一麐也解职回乡。民国初年，复入袁幕，任总统府秘书。袁世凯改国务院为政事堂，下设六局，张一麐被任命为机要局局长。1915 年调任教育总长。1916 年因不满袁世凯称帝而辞职南归。

光绪三十年,1904 年,56 岁

四月二十四日,汪瑞高通过袁世凯上《长芦二十九年应征历年商课奏销折》："光绪二十九年应征历年商课钱粮册内,光绪二十九年河工银一万两,铜斤脚价银二万一千五百九十四两三钱八分二厘,共额征银三万一千五百九十四两三钱八分二厘。内同治九年前督臣曾国藩具奏长芦盐务减轻成本案内,奉部覆准,将京纲应领额引每年停引二万道,静河工银二百九十三两四分三厘,铜斤脚价银六百三十二两八钱五厘,共应征银三万六百六十八两五钱三分四厘。内除永平府属芦龙等七州县应征河工银二百五十二两一钱六分二厘,铜斤脚价银五百四十四两五钱二分四厘,共银七百九十六两六钱八分六厘,自光绪二十九年,改归委员设局试办,详经奏奉部议,俟试办一年,即将征收课款确数核明,酌中定额造报。等因。前于豁免商课案内声复,永七试办将及一年,办理尚无端绪,其征收课款确数,一时尚难核定。现仍饬催赶紧整顿,应俟永七核定章程,再将征收课款详请部示,遵照办理。尚应征银二万九千八百七十一两八钱四分八厘。又,除寻参遗缺额邢台等十五县悬岸,除认运各商应完河工、铜斤脚价等银,已照认额全完外,其无商认领之悬引,应征河工银四百七十一两七钱九分六厘,铜斤脚价银一千十八两八钱二分二厘,共银一千四百九十两六钱一分八厘,现在设法筹补,另行续报。净现商及认运悬岸各商,共应完河工银八千九百八十二两九钱九分九厘,铜斤脚价银一万九千三百九十八两二钱三分一厘整,共银二万八千三百八十一两二钱三分。查旧管无项,新收银二万八千三百八十一两二钱三分,又续

① 焦静宜：《星点集》,南开大学出版社,2006 年 7 月,第 339—340 页。
② 张一麐：《古红梅阁笔记》,上海书店出版社,1998 年 1 月。

收、又收不在额征之内银十二万六千四百七十九两九钱三厘,共新收银十五万四千八百六十一两一钱三分三厘。开除银十一万二千八百三十两六钱二分五厘,实在存银四万二千三十两五钱八厘。内除河工银四千四百七十八两七钱四分五厘,留解永定河工经费外。净存银三万七千五百五十一两七钱六分三厘,系应留备凑解各项饷需之用。所有应征光绪二十九年分历年商课钱粮,现商及认运悬岸各商应完河工、铜斤脚价银两,均已全完。又查馀平一项,管、收、除、在均无项。"①

四月二十四日,汪瑞高通过袁世凯上《长芦二十九年额引暨运销情形折》:"长芦额引九十六万六千四十六道,内除提缴、并、减、停共引三十万三千五百四十九道,今光绪二十九年分,应行销引六十六万二千四百九十七道。除永平府属芦龙等七州县行销引一万七千二百十道,于光绪二十九年奏请派员设局试办,至各州县销数及应交课款,应俟试办一二年后再行请奏立案外,实应行销引六十四万五千二百八十七道,内有通融代销共引四万六千三十九道,本岸应行销引五十九万九千二百四十八道。查定例:督销盐引各官,能于奏销前一官全完一年引课者,照例议叙。今采育营都司萨霖等三十五员,均将应销引目于奏销前一官全完,并无通融代销,计引核银均在三百两以上,核与议叙之例相符,应俟所销引目截角解部后,照案奏请议叙。又,道光二十八年会议长芦盐务章程,嗣后代销引盐,课皆有着,无论何州县,将引拨归他邑代销者,不计分数多寡、年岁丰歉,概予免议。今昌平州等二十一州县,通融代销,不及一分至六分不等,应请概免议处。又,道光二十八年会议长芦盐务章程,因商人之领运,州县之督销,各有专责,嗣后商人误运,按照岸额,以十分为率,分别笞杖参革。罪既坐商,其无盐督销之州县免其考核。今督销未完之行唐县知县唐应夔等五十四员,均不及一分,例无处分。又,督销未完一分以上之蓟州知州古铭猷等四十三员,因商人和同泰等无盐运往,业经罪坐商人,勒限领运,各该州、县、营等无盐督销,应免考核。又,柏乡县等十八县均属参遗悬岸,饬商照现定捆数改为认运,并饬分别包额所认引数,兹照案另造清册呈送,以便稽考。其余悬引暨衡水县退商悬引,各该县无凭督销,均请免其考核。造具额引已未完总册,并应叙免议及通融代销认运各册,详请奏咨。并声明淇县、鄢陵县、阳武县、商水县应送光绪二十九年督销盐引职名文册,屡催未到,所有经管接署各职名,到任、离任各日期,及已未完分数无凭查

---

① 骆宝善、刘路生主编:《袁世凯全集》第十二卷,河南大学出版社,2013年7月,第201页。

造,已于册内声明,俟呈送到日核造补送。并将各县造册迟延缘由另请咨参。"①

四月三十日,汪瑞高通过袁世凯上《长芦二十九年分商课奏销折》:"光绪二十九年分盐引、商课两项奏销,前因领到二十九年新引,催令各商领运,改为随引摊缴正课,与从前情形不同,曾请将二十九年分商课奏销,亦于五月内核明造报。详奉札准部咨,饬将光绪二十九年盐引正课,务于三十年三月内造册奏销,行司查照办理,等因在案。现届造报奏销之时。查光绪二十九年商课钱粮、引课、加课银四十九万一千九百三十两六钱六分一厘。内道光二十四年清查库款案内,援照山东引课并展成案,奏准自二十三年起,至二十八年止,每年停引十万道。嗣於道光二十八年,咸丰四年、九年,同治三年、八年、十三年,光绪五年,均经奏准推展五年。复于光绪十年、十三年、十六年,奏准推展三年。又于十九年、二十四年,奏准推展五年。又于二十九年,奏准推展三年。核计每年停课银六万三千三百八十三两三钱五分五厘。又,同治九年,前督臣曾国藩具奏长芦盐务减轻成本案内,奉部议准,将京纲应领额引,自同治九年起,至十三年止,每年停引二万道。又于光绪元年、六年、十一年、十六年、二十一年、二十六年,节次奏准推展五年。每年停课银一万二千六百七十六两二钱一分八厘。净应征银四十一万五千八百七十一两八分八厘,罚银三千一百两,昌平牙税银三百两,怀庆府属赈济盐丁银四百六十三两三钱八分一厘,陕西输租银一百六十三两三钱五分二厘,坨租银四千二两。内京纲停引二万道,每年停银一百十七两二钱七分五厘,净应征银三千八百八十四两七钱二分五厘,共银四十二万三千七百八十二两五钱四分六厘。内除永平府属芦龙等七州县应征引课、加课银一万九百七两八钱八分六厘,坨租银一百两九钱一分五厘,共银一万一千八两八钱一厘。自光绪二十九年改归委具设局试办,详经奏奉部议,俟试办一年,即将征收课款确数核明,酌中定额造报,等因。前于豁免商课案内,声覆永七试办将及一年,办理尚无端绪,其征收课款确数,一时尚难核定,现仍将饬催赶紧整顿,应俟永七核定章程,再将征收课款详情部示,遵照办理。尚应征银四十一万二千七百七十三两七钱四分五厘。又.除条遗邢台等十五县县岸,除认运各商应完引课、加课、坨租等银已照认额全完外,其无商认领之悬引应征引课、加课银二万四百八两七钱一分一厘,坨租银一百八十八两八钱一分三厘,共银二万五百九十七两五钱二分四厘。内以口岸商人振德认领代销县引,交款银一万二百九十九两六分八厘,并武清县加领代销

① 骆宝善、刘路生主编:《袁世凯全集》第十二卷,河南大学出版社,2013 年 7 月,第 200 页。

悬引,交课银一千二十八两九钱五分一厘。又,青、静、沧、盐、庆五州县商人桐兴义认领代销悬引,交款银七千三百三十三两二钱七分六厘,共计归补银一万八千六百六十一两二钱九分五厘,未补银一千九百三十六两二钱二分九厘。现在设法筹补,另行续报。又,除衡水县退商万聚魁未领光绪二十九年分额引二千十二道,计未完引课、加课银一千三百八十两一钱六分五厘,现饬纲总赶紧筹议归补另行详报外,净现商及认运悬岸各商,共应完引课、加课银三十八万七千二百一两五分九厘,坨租银三千五百九十四两九钱九分七厘,共银三十九万七百九十六两五分六厘。旧管无项。新收银四十万九千四百五十七两三钱五分一厘,内现商及认运各商完交引课银三十八万七千二百一两五分九厘,归补参遗悬岸引课银一万八千六百六十一两二钱九分五厘,现商及认运各商完交坨租银三千五百九十四两九钱九分七厘。开除银三十七万九千十一两一钱六分,实在存银三万四百四十六两一钱九分一厘,系应留备凑解各项饷需之用。至宣化府属官征包课银二千五百九十四两四钱三分二厘,前于整顿口北盐务设局督销案内奏准豁免。至各州县未完银两,已造入历年册内,俟将截日征收数目查核清楚,再行续报。所有应征光绪二十九年分商课钱粮,现商及认运悬岸各商应完引课、坨租银两,均已全完。"①

五月,汪瑞高次子汪祜孙(士元)中进士。

五月十八日,汪瑞高通过袁世凯上《芦盐归公加价请展限折》:"案查直省归公加价一款,先于同治十三年,因银价�@过昂,商情困苦,经前督臣李鸿章奏准,每斤加卖价制钱二文,津贴商人,五年为限。嗣经国子监司业汪鸣銮奏请推展芦盐加价,以助直赈。复经李鸿章饬据升任运司如山议,自光绪五年六月起,展限五年,实令商人每年交银二万两,弥补直赈不敷之用。及至限满,因商情仍形疲累,直境时有偏灾,迭次推展,于光绪二十五年五月,又届限满,其时银价减落,商力稍舒,本可依限停止,因奉户部咨行通筹盐斤加价案内,饬令各就盐务情形切实筹划。据前任运司万培因核议,详经前督臣裕禄奏准,将此项加价仍展限五年,照旧加收。所收之款,以七成提归公用,仍留三成津贴商人。外引每道交银六钱,京引每道交银三钱,自六月初一日起,饬商于领引时呈交。当时按出库引数最多之年,约可收银二十三万馀两,内除每年筹提直赈银二万两外,又应付盐商商昭信股票息银二万两,又奉饬由运库代藩库筹解英、德、俄、法四国洋款银九

① 骆宝善、刘路生主编:《袁世凯全集》第十二卷,河南大学出版社,2013年7月,第212—214页。

万两。因光绪二十一年加价案内直岸加价,约岁收银十万及十一万馀两,内运库每年应解四国洋款银八万两,仅馀银二三万两,按代藩库筹解银九万两,计不敷银六七万两。连年罗掘俱穷,均请于此项归公加价内凑拨,尚馀银十二三万两,悉数报拨。旋于是年九月间,经前督臣裕禄奏精添拨北洋海防经费案内,经户部核复,准将此项归公加价馀款尽数拨补防费:各在案。兹查昭信股票,业经各商禀请奖叙,其息银二万两,本应停发,另行报拨,惟自二十八年九月开纲以来,销滞商累,领引较少,所收此项归公加价,除凑还洋款外,应拨防费所短尚钜,实无馀款可以报拨。现计自光绪二十五年六月起,至本年五月底止,五年限满,若遽停止加收,当此库储奇绌之时,应解洋款、防费等项实无所出,深恐有误要需。请将此项直省加价,自本年六月起,再予展限五年,仍以七成提归公用,三成津贴商人,俟限满察看情形,再行核办。"①

六月十八日,汪瑞高通过袁世凯上《长芦拨解京饷片》:"案查户部奏拨光绪三十年长芦盐课,解充京饷银二十五万两。内除划抵代户部鼓铸第二次铜圆铸本及用过运费,共运库平银二万七千一百四十两九钱七分三厘,尚应解银二十二万二千八百五十九两二分七厘。遵即拨解第一批银五万两,随解加平银七百五十两,委候补运判侯德元、候补盐大使卓德征、陆炳奎、王宝善、程熙管解。又拨解第二批银四万两,随解加平银六百两,委候补运判许朝绅、正任丰财场大使任敬敷、候补盐经历陆德锺、盐巡检孙林枝管解。均于本年六月初六日起程,前赴户部交纳。"②

七月十二日,汪瑞高通过袁世凯上《长芦历年灶课奏销折》:"今届奏销光绪二十九年灶课钱粮之时。查得二十九年以前,历年灶课钱粮,均已递缓至光绪三十年秋后启征,计共额征银八千八百五两六线四分九厘。内盐山县银五千五百七十六两九钱六分九厘,是否征完,未据解到,亦未具复。现在饬催,一俟复到另行续报外,净征银三千二百二十八两六钱八分。旧管存银一万二百三十五两四钱三厘。新收银三千二百二十八两六钱八分,又缓收不在额征之内银二百十九两九钱七分三厘,共新收银三千四百四十八两六钱五分三厘。旧管、新收通共银一万三千六百八十四两五分六厘。开除无项,实在存银一万三千六百八十四两五分六厘。"③

---

① 骆宝善、刘路生主编:《袁世凯全集》第十二卷,河南大学出版社,2013 年 7 月,第 258—259 页。

② 骆宝善、刘路生主编:《袁世凯全集》第十二卷,河南大学出版社,2013 年 7 月,第 340 页。

③ 骆宝善、刘路生主编:《袁世凯全集》第十二卷,河南大学出版社,2013 年 7 月,第 382 页。

七月十二日，汪瑞高被免职，直隶候补道陆嘉谷署盐运使。"谕内阁：《袁世凯奏道员才猷卓著据实保荐请破格擢用一折》。据称直隶补用道陆嘉谷才长心细，操洁品端，前在山东将盐漕各项核实济公。……收八十余万之多，实属卓著成效。长芦盐运使汪瑞高著交袁世凯另行差委，所遗之缺，即以陆嘉谷署理。责成该员认真整顿，期收实效，务于盐务日有起色，以裕国课而益民生。"①

七月十四日，汪瑞高通过袁世凯上《长芦二十九年灶课奏销折》："长芦应征光绪二十九年分连闰灶课，除海丰县海丰场灶地被潮醎废豁除外，净额征银一万三千二百三十四两四钱二分八厘。内除天津、静海、沧州、南皮、庆云、青县、海丰等七州县并丰财、芦台、严镇、海丰四场秋禾被水、被旱、被雹、被虫勘不成炎，照例缓至光绪三十年秋后启征银一千七百七十六两四钱二分九厘。内天津、静海、庆云三县已征完银四十一两九钱九分三厘。又，天津、静海、青县、宁河四县并丰财、芦台、严镇三场被水成灾，照例蠲免银三十一两七钱八分三厘，分限二年带征银三百七两六钱一分九厘，内天津县已征完银六两九钱七分四厘。又，严镇场被水成灾，照例蠲免银一两三钱一分八厘，分限三年带征银八钱七分八厘。净征银一万一千一百一十两四钱一厘。又，天津、静海、庆云三县已征完银四十八两九钱六分七厘。共银一万一千一百五十九两三钱六分八厘。旧管存银二万三千七百十一两二分四厘，新收银一万一千一百五十九两三钱六分八厘。管收共银二万四千八百七十两三钱九分二厘，开除银一千七百四十九两一钱三分六厘，实在存银三万三千一百二十一两二钱五分六厘，照数征解司库，并无随解耗羡银两。至催征灶课全完各官，例应议叙，除有蠲、豁、缓、带征处所并额征课银不及三百两及二官全完者均毋庸议叙外，查衡水县知县俞兰元，征完银五百五两五钱七分六厘。又，蓟永分司所属之越支场大使潘廷杰，征完银一千二百二十九两八线二分三厘。石碑场大使慕实龄，征完银九百八十六两一线三分八厘。归化场大使寿康，征完银四百七十五两四钱七分五厘。均系一官催征全完，核与议叙之例相符，应请照例议叙。"②

汪瑞高任德州制造局总办③。德州制造局是袁世凯新建的机器局。1902年秋，袁将被八国联军毁坏的北洋机器局残存的机器搬到天津租界内修理，同时派

---

① 世续、陆润庠、张之洞，那桐等人奉敕修：《大清德宗景（光绪）皇帝实录》卷之五百三十一，中华书局影印，1986年11月。
② 骆宝善、刘路生主编：《袁世凯全集》第十二卷，河南大学出版社，2013年7月，第393页。
③ 河北省档案馆馆藏，《畿辅同官录》，1905年。

员赴山东德州,在西南城外花园地方购地建厂。以银 45.2 万两从英、德等国购进机器设备,加上修理好的机器,建立新机器局。1904 年 10 月,新厂建成投产,名北洋机器制造局。该局下设快枪子厂、新枪子厂、机器厂、无烟药厂、棉药厂、镪水厂、淋硝厂、木样厂、铸铁厂、熟铁厂、锅炉厂、卷铜厂等 12 个厂。后又建造纸厂,以制装枪弹的纸盒,并酿酒以供制无烟火药的需要。有员工 3000 人左右,机器设备 760 余部。主要生产 7.9 毫米枪弹,年产 600 万发。该局是清末五大兵工厂之一。

十二月二十四日,汪瑞高仍以长芦盐运使名义,与布政使杨士骧、津海关道唐绍仪、振抚局司道联名通过袁世凯上奏,为广西赈灾提供资助银二十万两。[①]

光绪三十一年,1905 年,57 岁

正月,汪瑞高因风寒一病不起。

四月二十三日,汪瑞高通过袁世凯上折请求辞职回乡调养:"正任运司汪瑞高,经臣委赴德州,办理北洋机器制造局事宜,该司到差以后,次第筹办,具有规模。惟自本年正月间感受风寒,触发肝风旧疾,心神恍惚,右手不仁,禀经给假医调,迄未见效。兹复接据禀称:该司气体素亏,心血又耗损过甚,病属虚寒类中,一时难望痊愈。该局制造工程关系重要,不敢以病躯恋栈,致误事机,恳请开去局差并长芦盐运使本缺,俾得回籍专心调养等情。臣查该司汪瑞高久病不愈,既据一再禀陈,应请准其开去差缺,回籍调治,该司年力未衰,将来病痊,尚堪起用。"[②]

八月十七日,汪瑞高去世,与妻子萧山陈氏(1852—1904)合葬于苏州紫石山湾斗米山西麓。

汪瑞高生二子一女。长子骏孙,以父荫赏銮舆经历,候选同知。次子祜孙,榜名士元,字向叔,光绪三十年甲辰恩科进士,历任直隶河间兵备道、长芦盐运使、直隶财政厅长、政部次长、代总长、全国烟酒事务署督办、财政善后委员会委员等职、税务处会办、国务院参议等职,为近代著名书画收藏家,著有《麓云楼书画记略》。

光绪三十二年年四月五日,《汪瑞高墓志》成,俞樾撰文,王同愈正书,汪鸣銮

① 骆宝善、刘路生主编:《袁世凯全集》第十三卷,河南大学出版社,2013 年 7 月,第 179 页。
② 骆宝善、刘路生主编:《袁世凯全集》第一三卷,河南大学出版社,2013 年 7 月,第 474 页。

篆盖,唐文杰刻[1],均为当时社会名流。俞樾(1821—1907)字荫甫,自号曲园居士,浙江德清人,清末朴学大师,道光三十年进士,曾任翰林院编修、任河南学政,寓居苏州四十年。王同愈(1855—1941),字文若,号胜之,又号栩缘,江苏元和人,光绪十五年进士,后为江西学政、顺天乡试考官、湖北学政,书画篆刻皆工。汪鸣銮(1839—1907),浙江钱塘人,侨寓吴门,同治四年进士,历官编修、学政学政、内阁学士、总理各国事务衙门行走、五城团防大臣、吏部右侍郎等职。

汪瑞高墓志铭

清故荣禄大夫从一品封典二品顶戴长芦盐运使汪公墓志铭

赐进士出身恩准重宴鹿鸣翰林院编修前河南学政德清俞樾撰

赐进士出身翰林院编修国史馆协修前湖北学政元和王同愈书

赐进士出身前吏部右侍郎总理各国事务大臣钱塘汪鸣銮篆盖

君讳瑞高,字君牧,安徽盱眙人。汪氏曾祖云任。嘉庆十二年举人,二十二年进士,陕西按察使。祖根恕,道光十七年举人,以候补道署苏州织造。父祖绥,咸丰五年举人,六年进士,由翰林院庶吉士改知县,官江苏,历宰新阳、金山、青浦、吴县。君,其仲子也,幼读书日百行,数过即背诵如流。工诗文,精行楷、绘画、篆刻,无不入妙。同治四年补行咸丰十一年拔萃科,君中其选,逾年以朝考第一授小京官,分户部,一时耆宿咸推大器,而君意殊未慊,益自攻苦,屡应京兆试不售。光绪九年,君父大令公以疾去官,侨居吴中,君以官京师去亲远,伯兄瑞曾已以大挑知县分拔江苏,君因亦以知府指分浙江,苏浙毗连,便存省也。时抚浙者为仲良刘公,知君才,即委办广信督销局,又调办嘉兴盐厘局,事皆治。俄以忧去。服阕,李文忠公奏调直隶,自是而君之治绩皆在戴辅矣。直隶重海防,特设支应局,李公以君充提调。君整纷剔蠹,剖毫析厘,人莫能欺而事无不举。时总持局务者,浏阳李勤恪公也,叹曰:"得汪君佐我,我无忧矣"。分虽僚属,而亲若袍泽,盖局事皆取办于君焉。二十一年,权知易州直隶州。州故多盗,君不惜重资,广设囮译,捕名贼杀之,盗无所容,民用安枕。其明年,过班以道员候补,今仁和相国及荣文忠公先后督畿疆,皆倚如左右手。寿山制军、裕公疏荐君才,蒙召

① 北京图书馆金石组编:《北京图书馆藏中国历代石刻拓本汇编》,中州古籍出版社,1990年,第89册第94页。

见二次,命遇缺即补,并交君机处存记。二十六年,奸民倡乱,千百成群,号曰"义和团",圻内震动,君力言于裕公,谓宜痛剿之,公未能用,而闻于外。遂与君为仇,俸率数十人阚入君寓,声势汹汹。君挺身而出,严词诘责,肤色不挠,众皆陇种散去。及事平,项城袁公总督直隶,亦器重君,先后委任支应、筹款、善后局务。时兵变之后,文卷荡然,诸事草创,棼如乱丝。君在直久,性又强识,故能举其都较,一时有"今事不知,问崔琳之叹"。各局生息之款无虑三百万,券据毁失过半,君逐一考□□□□□端,罔有遗漏。袁公嘉其力任劳怨,公家之利知无不为,密陈于朝,谓可大用。

二十八年九月,密款通永兵备道,甫四日,升补长芦盐运使。君以乱后商力凋敝,非恤商无以裕课,爰为请免宿课,又为筹借巨款以资转济。有议加灶盐之价者,君曰:"损上益下,非所以培养元气也。"力持不可,然其时百废待兴,无不取给于盐,君参定新章,扫除积弊,商不困而课日增,一年之后,综计库储赢于曩昔,然后叹君以恤商为裕课之源,洵得其本矣。直隶永平、宣化所属产盐极饶,而除深州外,向无官引,听民私贩,君曰:"是非败也,锐意釐治,量地制宜,或归官办,或由商运,无病于民,有裨于国。"君之克举其职,此一端也。二十九年,两宫展谒西陵,君随办大差,夙夜不懈,诏以应升之缺用,恩赏福、寿字两方,缎匹两端,异数也。海内叹美,众谓封疆节钺计日可待矣。

明年夏,忽奉解任之命,僚友皆莫测其故,君无一言,惟自引咎而已。袁公仍留君,使驻德州,办北洋机器局。缔造之初,规模未定,君定章程,筹经费,谓求制造之法,实事求是,一如平时,不以身疲而稍息也。然积劳数十年,至是日,益不支,忽得类中之疾,遂上书大府,求交卸局务,奏请开缺。既得请,由潞河南归,竟于光绪三十一年八月丁巳殁于苏寓,年五十有七,未竟其用,海内惜焉。

君性孝友,笃于天伦。父殁时,有弱弟尚幼,君抚育之以至于成。光绪二十三年,弟登贤书,距君大父乡举之岁适甲子一周,士林誉之。又有从子数辈,皆卵翼于君,今学成而仕者二人。君尝曰:"此皆吾生平快意事。"及临殁,犹言之,其孝友可见矣。夫人陈氏,先君一年卒,子二人:骏孙三品,廪生;士元,光绪二十八年举人,三十年进士,江苏补用道。孙二人,毓崧、毓良皆幼。骏孙等卜于光绪三十二年四月壬寅,奉君与夫人合葬于苏州胥门外米斗山之西阜下耸石乞铭,余与君大父为同岁生,有累世通家之谊,不敢以老病辞。咸撰次其事而系以铭,铭曰:

奂矣汪君,杞梓圭璋。始仕于浙,处事精详。五五既阅,改筮畿疆,□□峨峨,实惟北洋。幕府大纛,治具举张。君负长寸,可圆可方。三刀小试,盗贼潜藏。群公□□,交驰荐章。书名御展,奏公引光。乃集于东,乃总镳纲。□□翔翥,□□腾骧。道无显晦,特有行藏。往不□□,海内悲伤。　□□而□,久而弥芳。千载之下,令名孔彰。

(志 6280,拓片志长 74 厘米,宽 73 厘米,盖长 73 厘米,宽 72 厘米)

第七章　台东军事将领汪瑞昆

汪瑞昆(1860—?),字玉农,监生,监名准,汪祖绥第五子,自幼聪明灵敏,善出奇谋。光绪十八年,以候补知县身份随巡抚邵友濂赴台湾,办理台北抚垦、脑务釐金等事务,稽查全台营务。十九年十月,因台东直隶州知州胡传邀请,担任台东军事将领,为台湾早期海防建设做出了贡献。

第一节　台湾建省初期,汪氏兄弟赴台湾

光绪十一年(1885年),中法战争结束后,清政府意识到台湾的重要性,将原来由福建管辖的台湾单独建省,三年后台湾省正式运作,全省的行政建置共有一省、一道、三府、十一县、一直隶州、五厅,奠定了日后台湾地方行政区划的基础。台湾第一任巡抚为刘铭传,第一任布政使为邵友濂。光绪十七年四月,刘铭传卸任,邵友濂接任台湾巡抚,九月十六日向朝廷提出从大陆奏调官员,汪瑞昆大哥汪瑞曾出现在这份名单上:

> 内阁奉上谕:邵友濂奏称,请调员差委一折。前陕西凤邠盐法道顾肇熙、候选知府蒋斯彤、江苏候补直隶州知州胡传、候补知县汪瑞曾、叶意深、贵州候补知县邓家缜,均著发往台湾,交邵友濂差遣委用。该部知道,钦此。[1]

---

[1] 中国第一历史档案馆编:《光绪宣统两朝上谕档》第17册,广西师范大学出版社,1996年,第221—222页。

邵友濂亲选的这批官员都是县级以上的现任或候补官员：顾肇熙，赴台后任按察使衔台湾道、台湾布政使等职；蒋斯彤任台湾铁路总局总办、机器局知府；胡传任台东直隶州知州兼镇海后军各营统领；叶意深任新竹、淡水县等地知县；邓嘉缜任嘉义知县。汪瑞曾到台湾后因水土不服，次日就生病，一直带病处理公务："再，江苏候补知县汪瑞曾经臣奏调差遣委用，于本年三月初一日到台，即委赴台南北办理地方事宜。数月以来，正资臂助。兹据票称不服水土，脾湿困顿，恳求仍回原省等语，复加查察，委系实情。臣查该员汪瑞曾谨饬安详，通达治体，才识志趣不同流俗，实为牧令中不可多得之员。无如台地水土与内地迥殊，该员既不服习，若复强留亦非爱惜人才之道。除给咨仍回江苏原省补用，并咨部外理合附片具陈，伏乞圣鉴，谨奏。"①几个月后，经邵友濂奏知朝廷，汪瑞曾被批准回大陆待命。回苏州后，瓜尔佳·奎俊时任江苏巡抚，汪瑞曾入幕为文案，得到奎俊赏识，两年后出任青浦知县。

邵友濂奏调官员名单中没有汪瑞昆，汪瑞昆入台原因及入台时间可从相关文献得知："汪准，系安徽盱眙县人，由监生报捐县丞职衔，在天津办理江浙海运出力，保准以县丞遇缺即选。光绪十六年在浙江襄办春赈，并办理余杭南湖工程，差竣保俟得缺以知县用。十七年八月二十九日奉旨依议，旋捐指福建，随台湾巡抚邵友濂赴台，委办台北抚垦、脑务釐金，稽查全台营务，并海防案内出力，保俟得知县后以同知用，十九年九月初六日，奉旨照准。"②可见汪瑞昆入台也是邵友濂指名要去的，可能是在光绪十八年三月初与哥哥汪瑞曾一起入台的。汪瑞昆当时的身份是候补知县，入台后担任过多个职务。

第一个职位是任台北抚垦委员，即开垦与抚番工作。台湾建省后，设立督办抚垦大臣，由巡抚兼任，招募许多专职人员任委员，主管山林开垦及台湾大陆人员与番民（土著）之间关系的安抚协调工作，其目的是为了落实清政府"招抚生番、清除内患、垦殖番地、扩张疆域"政策，具体包括在全台实行田地清丈工作，并进行有序登记、造册颁发证照，开垦荒地，改善原住民生活，鼓励种茶、棉、桑等经济作物、养蚕并拓展水利灌溉设施，增加税赋。

第二个职务是接掌当时台湾最重要的外销品之一樟脑的管理工作，征收脑务釐金，即樟脑营业税。脑务釐金是当时台湾省财政的重要来源，事归台湾布政

① 中国第一历史档案馆编：光绪朝朱批奏折第八辑《内政职官》，中华书局，1995年2月，第699页。
② 秦国经主编，唐益年、叶秀云副主编：中国第一历史档案馆藏《清代官员履历档案全编》，华东师范大学出版社，1997年10月，第649页。

司直管,在台北、彰化设脑务稽查总局,各地设分局,委任许多委员,汪瑞昆是管理人员之一。

第三个职位是台北营务处委员,稽查全台营务。光绪十二年(1886)设全台营务处总处于台北,置总办一人,总辖各地营务处,节制军事。总处设总巡委员、委员多人,负责对全台官兵的巡查、考核工作。

第四个职务是台东镇海后军将领。自光绪十九年九月初六日起,汪瑞昆应胡传之邀到台东隶州协助管理镇海后军,主要负责左营营务工作。

第二节　胡传力邀,出任台东军事将领

胡传(1841—1895),安徽绩溪人,字铁花,号纯夫,胡适的父亲。同治九年岁贡生(30岁),五次考举人皆不中,于是放弃科举,先后赴东北、海南寻找出路,得到晚清重臣吴大澂赏识、举荐,历任上海淞沪厘卡(税务)总巡、台湾军务处总巡、台湾盐业提调、台东直隶州知州兼领台东镇海后军各营等职,著有《台湾日记与禀启》。

汪瑞曾是安徽盱眙人,祖籍皖南祁门,邻近胡传家乡绩溪,与胡传算是同乡关系。胡传与汪瑞曾(字南陔、兰陔)一同被选调台湾,入台前两人即有交往,胡传《台湾日记与禀启》中对此有记载:

> (光绪十八年)正月十一日,赴南仓桥及钱督办、余太守、魁太守处辞行,皆未见。汪南陔大令枉顾,金润生送来板鸭一只。赖葆臣大令招饮,辞。沈赓虞太守来乘船,酉刻开轮回沪。
>
> 二十二日,谒抚台,见。午刻,林质侯太守招饮于牙厘总局,同席为杨敏斋、周子迪、袁含斋、余淡湖四太守、施润甫大令。是夜,汪兰陔大令招饮,遇何铁帆于座。
>
> 二月初四日,诣三大宪辕门,禀销总巡差,兼叩辞赴台湾,皆见。臬台送楚鲤二尾、板鸭二只、火腿二条、广东茶食二匣。访汪兰陔。
>
> 十五日,访宋燕生及瞿肇生、黄子林。是日下午,驾时轮船到埠。晤金卓人于开文店。得汪兰陔大令书。作书上岳丈。

　　十六日，毕香如、余君翁来约同行。作书复汪兰陔大令[1]。

当时，两人都在做入台准备工作。汪瑞曾因父亲在苏南做官，早就在苏州安家，得知胡传来苏州向江苏官员辞行，特地登门拜访，设宴款待胡传。胡传又回访汪瑞曾，离开苏州后又给汪瑞曾写信。两人会谈事项当与台湾有关。光绪十八年二月二十四日，胡传到达台湾，任台湾营务处总巡委员；汪瑞曾在三月一日到达台湾，在巡抚衙门任职，加上安徽同乡关系，两人在台多有接触。《台湾日记与禀启》有记载：

　　　　（三月）二十三日，随邵中丞乘飞捷轮船开赴台南；同行为管凌云直牧、汪南陔大令、俞东山大令、尹蕙庵、疏禹门茂才、蒋少颖明经、邓季垂大令。接到四弟信一、汪远堂信一、叔祖信一。[2]

汪瑞曾、胡传等人陪同台湾巡抚邵友濂乘飞捷号轮船从台北赴台南处理公务。汪瑞曾入台次日即生病，一直发烧，抱病处理公务。这次与众官员一起赴台南，也是带病参加的。这是胡传日记中惟一一次关于汪瑞曾在台活动的记录。几个月后，经邵友濂向朝廷请示，汪瑞曾被准予回苏州调养。汪瑞昆当时也在台湾，与胡传共事。胡传为台湾营务处总巡委员，汪瑞昆为台北营务处官员，两人工作中有接触。

　　光绪十九年四月十四日，胡传被任命为台东直隶州知州。就在他接印上任的第二天，驻防台东的镇海后军统领病故，当局又找不到合适的人选，就请胡传兼任台东镇海后军统领。台东州辖地多为山林，台东山脉东侧为面临太平洋的悬崖峭壁，西侧为与中央山脉之间为台东纵谷，平均宽度仅有五公里，两侧谷壁陡峭。州署位于埤南溪下游三角平原上，没有城池，只有几排茅草屋。全州以土著居民为主，土地贫瘠，百姓极为穷困，全年税收仅有一千二百多两，还常常收不上来，要由官府代垫。况且此地多台风暴雨，还为地震多发地区，交通更是极为不便，到花莲要费时六天，官员视此地为畏途，没人愿意到此地任职，胡传上任

---

① 胡传：《台湾日记与禀启》，沈云龙主编：《近代中国史料丛刊续编》第85辑之843，台北文海出版社影印，1997年6月。

② 胡传：《台湾日记与禀启》，沈云龙主编：《近代中国史料丛刊续编》第85辑之843，台北文海出版社影印，1997年6月。

时,原来的幕僚没有一个愿意随他上任,连仆人都拒绝跟他上任。胡传从来没有带过兵,对军事一无所知,让他兼统军事,深感力不从心,因此十分苦恼。镇海后军驻后山,以营为指挥单位,由营官负责指挥权,每营辖四哨,一哨领八队,每队从十人到十二人不等。其军力包括镇海后军三营、海防屯军二哨、南路屯军二哨、坤南屯军一哨,布防在三百六十多里的海岸线上。西控熟番一百七十二社、生番一百余社,而与前山只有一缕窄道联通,极其艰险。特别是土著居民时常寻衅滋事,与官兵发生冲突,令官方十分头疼。光绪十四年,曾发生七千土著居民造反,围攻州署十七天,造成大量人员伤亡的事件。胡传感到任务太艰巨,他急需助手。他在给朋友的信中慨叹说人最难知,人才最难求,现在第一要务是寻觅人才。他想到两个人选,一个是张兆连,曾在台东统军多年,许多官兵都是他的部下,在台东有很高的威望,后来调到台北任职;一个是汪瑞昆,有知识有干劲,年轻有为,足智多谋。于是在上任后的第三天,胡传主动去拜访汪瑞昆,动员他到台东来。这次见面地点在试院,当时台湾按察使代行学政考试事宜。两人愉快地回顾了往事,就相关事项交换了意见。事后,他向上司打报告,指名要求调派汪瑞昆:

> 　　卑职前禀请仍派张统领东来暂行料理,正欲其不露声色,自图救覆,庶可期如我公所云面子照常耳。此次复申前请;如蒙俯允,莫大之幸。如不得请,必求我公派二人以助之,一则请派汪君玉农,一则能书算可典饷者。并恳我公为选之也。端此,禀闻;恭请勋安。(《台湾日记与禀启·六月二十六日》)①

胡传在这封请示报告中称,镇海后军所属部队多为刘铭传从大陆带来的淮军,老弱者多,训练困难,如果实行淘汰制,又没有新兵源可补充,更缺少优秀将领,因此军队战斗力不容乐观。为此他再次提出调回熟悉情况有威望的张统领,并提出,实在不行,就派汪玉农(即汪瑞昆),再派一位会算账的人到军中管理军饷。经胡传一再请求,一个多月后,台湾按察司批准汪瑞昆调往台东,这年中秋节,汪瑞昆从台南来到台东,带来台湾按察使的手书。从此,汪瑞昆成为台东军界一

---

① 胡传:《台湾日记与禀启》,沈云龙主编:《近代中国史料丛刊续编》第 85 辑之 843,台北文海出版社影印,1997 年 6 月。

员,胡传在日记中屡屡记载汪玉农的行踪,仅这年九月就有五次:

　　初六日,作书上顾公。委汪玉农办营务。

　　初九日,偕汪玉农及各哨官往鳌鱼山相度改建昭忠祠墓址。

　　十四日,作书致张经甫,恳于津贴项下,拨足洋银一百零二元附入汪玉农信内,交李克斋带交上海。

　　十六日,汪玉农赴新开园宣示枭道宪德意于营中;欢声雷动,皆愿领药戒烟。

　　二十日,汪玉农自新开园回营。作书致张领统请会衔为后总兵、黄游击禀请抚台奏请恤典。[①]

光绪十九年十月初六日,汪瑞昆双喜临门,朝廷同意晋升他为同知,正五品衔,又被胡传正式委任主持镇海后军营务工作,协助胡传统领军事。镇海后军辖三营五哨,有一千七百五十余官兵,分布在二十四处防地,主要是保障台湾东部沿海三百六十余里海岸线的驿路通畅,保证南北运输通道安全,同时守卫东部海防,任务十分艰巨。当时台湾交通不便,经费不足,生活艰苦,人才奇缺,守台官兵老化严重,大多数不识字,没文化,而且有吸鸦片的恶习。胡传在日记中曾叹息道,台东人才太缺乏了,除汪瑞昆外,能不抽鸦片就可以成为将领人选。汪瑞昆饱读诗书,机智多谋,愿意屈就,让胡传很高兴,又让胡传担忧,这里的条件太差,担心汪瑞昆这样的官宦子弟能否吃得了苦,能否坚持下来。胡传在九月二十二日《禀枭道宪顾》中写道:"玉农已于二十日回营。其赴北也,至少亦须选朴实弁勇四人随往,并须自带银两,方能展布其才。该处地尤僻远,营务废弛尤甚,领饷尤为不便。"[②]汪瑞昆赴军营要自带银两,要派兵随时保护,到一个地势偏僻、纪律松懈、领饷困难的部队任职,的确是一种严峻考验。经过一段时间试用,胡传对汪瑞昆是满意的,"弟以北路属之汪玉农,以其为人能兼廉勤二字,有深望焉。高新郑谓将才由阅历而成;弟深以为然。阁下以为当否?"[③]《十月初三日复范荔泉》认

---

① 胡传:《台湾日记与禀启》,沈云龙主编:《近代中国史料丛刊续编》第85辑之843,台北文海出版社影印,1997年6月。

② 胡传:《台湾日记与禀启》,沈云龙主编:《近代中国史料丛刊续编》第85辑之843,台北文海出版社影印,1997年6月。

③ 胡传:《台湾日记与禀启》,沈云龙主编:《近代中国史料丛刊续编》第85辑之843,台北文海出版社影印,1997年6月。

为他为人能兼廉、勤二字,寄予厚望。

除日常练兵外,汪瑞昆协助胡传做了三件事。第一件事是重建昭忠祠,以纪念开发后山牺牲的官兵。当时台湾条件极为艰苦,特别是气候和饮食方面,大陆去台官兵极不适应,常常困于疟疾和风湿,献身于台湾的开发事业。光绪十八年十二月初二日,胡传在给朋友的信中写道:"此次遍历台疆,往来于炎天热日之中、瘴雨蛮烟之内,六阅月之久,从者三人先后死亡已尽。"胡传的三位随从在半年内都病死了。此外,台湾是地震、台风多发地区,与土著人冲突也很频繁,大陆官兵客死他乡的事极为常见。为慰藉这些亡灵,九月初九日,胡传、汪瑞昆与各哨官到鳌鱼山考察改建昭忠祠选址工作,胡传为昭忠祠题写了几副楹联:

> 人能为王事,死边远瘴乡,岂非志士? 我改作新祠,得山水佳处,期慰忠魂。
>
> 听海潮作悲壮之声,时应激发英雄怒。愿瘴气与战征并息,人共讴赓耕凿歌。
>
> 日朗风清,登斯邱可以眺望。天空海阔,问何人具此胸襟?[1]

从楹联来看,胡传的文化水准还是较高的。这座昭忠祠建成不久就被一场突如其来的台风吹倒了,后来又重新修建。第二件事是督促官兵戒除吸食鸦片的恶习。台湾后山瘴疠极多,缺医少药,官兵们误信吸食鸦片以避除瘴毒,一有小病就吸食鸦片,因此吸食鸦片成为普遍现象,占官兵总人数的十分之九,吸食鸦片极易上瘾,身体受到严重伤害,军队的战斗力被严重削弱。官府虽然屡次下达禁烟令,但因烟瘾太深,吸食人数太多,没有效果。胡传上任之初,曾下达过严厉的戒烟令,规定了戒烟的期限,竟然没有一个人戒掉烟,老烟鬼反而以辞职相要挟,弄得胡传毫无办法。汪瑞昆与胡传商量后决定采取断然措施,坚决消除军中吸食鸦片现象,当时确定的方针是一苦劝,二严惩。对于烟瘾太深,无法戒烟的老兵则开除遣回大陆老家;烟瘾较轻且愿意戒烟的则由官方提供戒烟药,并给予奖赏。汪瑞昆口才极好,以奉台湾按察使的命令为名,到各处军营宣讲禁烟令,通过大量活生生的例子讲述鸦片劳民伤财的巨大危害,动之以情,晓之以理,效果

---

① 胡传:《台湾日记与禀启》,沈云龙主编:《近代中国史料丛刊续编》第85辑之843,台北文海出版社影印,1997年6月。

颇佳。胡传在日记中记载说，九月十六日汪玉农在新开园演讲时受到官兵的热烈响应，欢声雷动，一致表示愿意领药戒烟。经过多方努力，从厦门购置了一批戒烟药，分发到台东三营五哨一千多名官兵手中，取得了明显的成效。三个月后，镇海后营中所有烟枪被一扫而空，三十多名中毒太深的老烟鬼被清除出队伍，直接赶回大陆老家，军营面貌焕然一新。第三件事是将海防、坤南二屯对调，前营、左营搬迁，调整兵力部署，加强海防建设。台东与琉球隔海相望，琉球早已被日本吞并，因此台东海岸极易成为日本人的登陆进攻点，海防任务艰巨。

经过整顿，镇海后军各项工作上了正轨，台湾省派人考察后较为满意。当时左营最偏僻，军务最乱，胡传请汪瑞昆到左营任统领，汪瑞昆愉快地接受了任务。十月初三日，汪瑞昆带着亲兵和干粮上了路。至光绪十九年五月底汪瑞昆离台，在长达二十个月的时间内，胡传与汪瑞昆定期会面，一起研究军情，制定训练计划，视察军营，进行实战科目考核。当然，两人大多数时间主要通过书信联系。据不完全统计，在此时间内，胡传两人通信多达97封：十九年十月2封，十一月7封，十二月3封。二十年正月4封，二月4封，三月4封，五月2封，六月3封，七月6封，八月2封，九月2封，十月3封，十一月4封，十二月1封；二十一年正月5封，二月7封，三月4封，四月5封，五月9封。这些书信基本是汪瑞昆来一封，胡传回一封，常常是当即回复，当是为公务事进行磋商，可惜这些书信没有保存下来。汪瑞昆是胡传台湾日记中提及次数最多的人之一，两人的关系非同一般。

第三节　甲午惨痛，坚守到最后离开台湾

光绪二十年甲午(1894)五月，朝鲜爆发东学党起义，清政府应朝鲜政府请求，派直隶提督叶志超、太原镇总兵聂士成率淮军两千五百人分批赴朝，屯驻牙山。日本也乘机派兵入朝，占据汉城附近各战略要地，伺机挑起衅端，挑起了侵略战争。七月初一，中日政府同时宣战，甲午战争暴发，波及台湾，胡传的《台湾日记与启禀》中用极简短的语言记载了战争对台湾军民的影响：

（七月）初二日，得枭台六月二十六日书，知倭背约，已于朝鲜之牙山击我兵船。衅自彼开；总署电令各口见倭船即击矣。即作书禀覆。得汪玉农

书；即复。得皖道袁爽秋观察书，兼蒙寄所刊经籍举要一本。得袁行南观察漠河金矿四月朔日书。夜得汪玉农六月二十九日飞报谣传之说。

初三日，赴阿里摆相度营地。作书复汪玉农，又致江如点。

十三日，作书致汪玉农，作书上臬道台。

十四日，得臬道台抄示京来电信，知六月二十六日倭猝击济远轮船于牙山，我济远船回炮，倭船受伤几沉。

二十八日，叶军战败，宋军已至平壤。作书禀覆；并书告五管带。夜得汪玉农书，即复。又得谢大令及汪辛孜书。①

甲午战争暴发的次日，胡传得到台湾按察使的来信，告知战争产生的原因及过程，并接到发现日本船只即立即炮击的命令。这一天同时收到汪瑞昆两封来信，其中一封的内容为"飞报谣传之说"，即报告社会上谣传的事情，当是民间流传的关于中日战争方面的事情。至十四日，胡传得知二十天前牙山大战的情况。二十八日，叶志超战败的消息传至台东，当夜胡传收到汪瑞昆的来信，就立即回复汪瑞昆，当告知此战争消息。胡传的消息来自台湾上层，汪瑞昆通过胡传得知真相，同时从社会上获得一些相关信息，两人之间通过书信传递战争消息，十分关心事态发展。九月，台湾上层人士产生变动，抚巡邵友濂调任湖南巡抚，布政使唐景崧接任台湾巡抚，按察使顾肇熙署理台湾布政使。

光绪二十一年二月二十七日，日舰初犯大城北（今澎湖县湖西乡拱北村），该处炮台立刻开炮还击。隔日，日军已在良文港（湖西乡龙门村）登岸发起进攻。日本的企图是趁中日双方正在和谈之际，先攻占澎湖，以逼迫中国在谈判桌上同意割让台湾；即使达不到割取的目的，也可利用澎湖作为进攻台湾的跳板。同时派出军舰在台北、台东的海面上游弋，进行恫吓。日军的侵略行径激起了台湾人民无比的愤慨，纷纷投入战备工作，迎接日本挑衅。台南、台北都紧急征兵，加强战备，胡传向上司请求增派部队，汪瑞昆等人加紧构筑工事，购置军火，积极备战，对海上日本船只严密监视，并随时向上司报告。没想到三月二十三日，丧权辱国的《马关条约》签字生效了，条约规定割让辽东、台湾给日本，赔偿日本二亿两白银，并将苏州、杭州、重庆、湖北沙市作为日本的通商口岸。还规定条约签订

---

① 胡传：《台湾日记与禀启》，沈云龙主编：《近代中国史料丛刊续编》第 85 辑之 843，台北文海出版社影印，1997 年 6 月。

后两个月内,清政府将台湾移交给日本。三月二十九日,胡传才得知此条约内容,随即告知汪瑞昆等人,此条约对他们心理的巨大冲击是可以想而知的,尽管如此,汪瑞昆等军政人员仍然坚守工作岗位,没有擅自逃离。

《马关条约》对每一位有正义感的台湾官民都是一个惨痛的刺激和震动,引起台湾岛内官员和民众极大的义愤和强烈的抵抗。五月初二,台湾士绅丘逢甲等以全体居民的名义,发布《台湾民主国独立宣言》。两天后,台湾民主国在台北宣告正式成立,拥戴唐景崧为总统。定国号"永清",以蓝地黄虎图案为国旗,在台北设议院。唐景崧任台湾民主国总统后,一方面向列强发出呼吁,希望得到他们的承认,并以允许外国租借台湾矿山、土地等权利,换取列强对台湾的保护,来抵制日本的占领,但只是一厢情愿,没有一个国家承认、支持台湾国,清政府又以妨碍和局为理由加以干涉。由于孤立无援,当了九天总统的唐景崧就于五月十三日带着亲兵乘德国船只逃回了大陆。唐景崧弃台后,人心惶惶,台北溃兵四处抢掠,藩库存银被抢劫一空,仓库失火,秩序大乱。唐景崧离台次日,日军就占领了台北,但台湾人民奋起反抗,抵御侵略者的斗争却持续了三个多月,给日本侵略者以沉重的打击。

五月初六,胡传上书唐景崧,告知台东缺饷,必然无法再坚守下去,请及早安排撤军工作,同时自请开缺,准备回原籍治病。两天后,胡传得到批示:文武百官去留自便,但胡传、汪瑞昆等人并没有离职,在已经断饷的情况下仍然坚守岗位。五月初九,胡传接到布政使顾肇熙四月二十四日手书,指示说后山防兵如撤退,可派轮船来接应;只是就近遣散还是调出台南而后遣散,一时没能定下来。可见高层已经正式弃台。五月十五日,胡传得悉顾肇熙已离开台湾回到上海,镇道及署台南府朱均等人都在准备回大陆,凤山、嘉义、恒春三个县的县令均已经同意开缺,他连夜写信将这些情况通知汪瑞昆等人。五月十二日、十八日、二十日,汪瑞昆连续给胡传写了三封信,告知台北已经失守,官员都逃走了,日军纵火焚烧,无恶不作,正在向南推进。此时,胡传还不相信此事是真的,视为谣言,写信开导、安慰汪瑞昆。实际上,台湾高层主要官员都已经离开台湾,台湾处于群龙无首的状态;台北被占领后,日军开始大举南下,攻占地方州县。二十一日,胡传收到汪瑞昆的辞职信,"求代二函,言军民心惶甚"①,当即给汪瑞昆回了信。

---

① 胡传:《台湾日记与禀启》,沈云龙主编:《近代中国史料丛刊续编》第85辑之843,台北文海出版社影印,1997年6月。

次日，胡传又给汪瑞昆写了封信，同意他辞职，并委派邱光斗接管左营。二十三日，日军已经在台东海岸登陆，发起进攻。这一天，胡传收到汪瑞昆二十一日写的信，立即给他回了一封信。这是两人最后一次通信。当时电报已经中断，胡传与台北失去联系，于是请台南道代请辞职。其实，大清在台湾的政权体系早就完全崩溃，胡传、汪瑞昆等人还在苦苦守着残局。二十五日，台南陈道台、朱知府、安平谢知县、盐业顾提调、军械局沈委员等地方官员都乘坐斯美轮内渡，撤离了台湾。汪瑞昆可能也是在这一天离开台湾的。

胡传得了严重的脚气病，左脚不能行动，留了下来。二十八日，胡传给儿子写下遗嘱，做好最坏的打算。五天后，即到闰五月初三日，日军压境，他被迫离开台东。到达安平时，名将刘永福苦苦挽留他一起抗日。他的脚病越来越严重。到六月二十五日，他两条腿都不能动了，无法行走，刘永福才放他回大陆。六月二十八日，胡传到达厦门，七月初三日病逝。

在高层官员撤离台湾十多天后，汪瑞昆经批准才离开台东，是最后离台官员之一。他亲眼看到了台湾沦陷时百姓和官员们的愤懑与抗争，目睹了台湾被日本人占领时的悲惨、混乱局面，最后无奈地撤离台湾。从光绪十八年初入台，到二十一年五月底交卸营务回大陆，汪瑞昆在台湾三年多时间，在极其艰苦的条件下不畏艰难，努力工作，整顿营务，巩固海防，是值得称赞的。

汪瑞昆回大陆后一直处于待业状态："二十一年交卸营务，二十三年捐离原省，改指浙江试用。二十五年十二月十一日引见，二十六年正月初一日领照回省。三十一年正月，在直隶统捐局捐免补本班离任，以同知仍留浙江补用。又在奉天赈捐案报捐知府，分指浙江试用。三十二年二月二十八日，蒙钦派大臣验看，三月十五日经吏部带领引见，奉旨照例发往。"①十多年时间，他不停地报捐官职，花了大把的银子，被皇帝接见两次，得了个三品衔候补知府的虚职。由于候补者太多，始终没能捞到一官半职，不久，清朝灭亡，汪瑞昆就此隐退，台湾三年多的经历成了他人生最辉煌的一页。

---

① 秦国经主编，唐益年、叶秀云副主编：中国第一历史档案馆藏《清代官员履历档案全编》，华东师范大学出版社，1997年10月，第649页。

第八章 江西省省长汪瑞闿

汪瑞闿(1873—1941)，字颉荀，安徽泗州直隶州盱眙县(今属江苏)人，光绪丁酉科举人。清末曾任江西按察使、江西大学堂总办、江西武备学堂总办、广西巡防军统领、上海巡警总局总办、江苏巡警道、湖南盐法长宝道台兼长沙关监督等职。民国后历任江西民政长(即省长)、全国纸烟捐务总局局长、民国参政院参政等要职。七七事变后，他晚节不保，出任伪浙江省省长、党主席。他的一生，跨越多个时代，做过许多有益的事情，同时也犯下罪行，富有传奇色彩。

第一节 顺天乡试中举

汪瑞闿出生在一个官宦之家。曾祖父汪云任，进士，曾任苏州知府、陕西按察使及布政使等职。祖父汪根恕，举人，历任国子监丞、署苏州织造兼浒墅关监督等职。父亲汪祖绶，进士，翰林院庶吉士，历任吴县、无锡等地知县。汪瑞闿自幼受到了良好的教育，且有着广泛的社会背景。

汪瑞闿在苏州长大，十四岁时父亲去世，由哥哥瑞曾、瑞高抚养成人。当时瑞曾已是举人，任江苏巡抚署文案；瑞高，拔贡，直隶候补道员，时任天津支应局负责人，是北洋财政掌门人。汪瑞闿曾跟随苏州名人张一麐读书。张为吴县人，光绪十一年举人，光绪十五年至十七年曾在汪家任私塾教师，民国时期曾任总统府秘书长、政事堂机要局局长、教育总长等职。张一麐在笔记中对此段经历作了记载："余以沈旭初丈之汲引，馆于盘门汪氏，挈余弟一鹏伴读，生徒四人：一汪瑞闿颉荀，一颉荀兄子骏孙、祜孙，后祜孙更名士元；一已忘其姓名。居停为汪瑞曾南陔，其弟瑞高君谟。南陔为抚署文案，君谟则直隶道员，办理天津支应局者也。每月考紫阳、正谊、平江三书院，又收校外生六七人，卖文为生，神观日损，遂患失眠。越二年辛卯,房师孙少露先生祥霖视学湖北,招余往,乃辞汪氏,赴鄂,往三日即病,遂归。"①张一麐在汪家坐馆三年,对汪瑞闿影响很大。

1897年,年仅25岁的汪瑞闿参加顺天乡试,考中举人。晚清,捐纳人员众多,严重阻碍了科班人员正常入仕的道路,一部分正途人员被迫加入捐班的行列。如恩铭以举人纳赀为知县,后至安徽巡抚;胡芬木以进士授知县,纳赀为道员等,这更加败坏了官场的风气。汪瑞闿算科班人员,也被迫加入捐班的行列,"二十六年十一月于江苏助饷案内报捐知府,指分江西试用。二十七年十二月十一日由吏部引见,奉旨照例发往。"②由举人直接报捐知府,可见汪氏家中财力雄厚。他很快便以知府身份到江苏担任海运总办、候补道员。他自幼习武,武艺颇高,通晓孙吴之术,可谓文武全才。

汪瑞闿是个传奇人物,他的故事,如《纳妓为室》《惜玉怜香》等已经出现在民国早期的书刊中,说汪瑞闿的妻子是妓女,汪瑞闿靠妓女发财当官,后来的报刊记者以此为据撰文咒骂汪瑞闿;还说汪瑞闿曾经惩处赌棍,又惜玉怜香,把罚没的一半赌资送给少女:"某妓并出资为瑞闿运动,遂得官,遂至致显贵。事之确否,未敢必。姑就或人所言而记之如此。……瑞闿当有清之时,以道员需次江西,办事实心,遂权臬篆。旋改江苏,办上海警政有年。时有富家子为人引诱淫赌,昼夜不归,赌资负至巨万,其父告发……瑞闿见其荏弱可怜,不禁为之惋叹,惩妇人如其罪,追还所得金,咨苏州查女家,以金之半给女,交其父母领回择配。是于锄奸惩恶之中,寓惜玉怜香之意。"③《当代名人轶事大观》假托吴趼人作,是二十世纪三大伪书之一,学人多视为笑谈,内容情节、文体语言等方面错误百出。关于汪瑞闿的第一则故事,作者自己也称"说事之确否,未敢必",为道听途说来的东西,显然属于杜撰,不可信。据《盱眙汪氏家谱》记载,汪瑞闿原配会稽孙氏(1873—1899),为布政使衔前署直隶海关道陈士达之女,生子二,可见此故事纯属胡说八道。

① 江东阿斗:《古红梅阁笔记》十一,民国史料笔记丛刊,上海书店出版社,1998年3月。
② 秦国经:中国第一历史档案馆藏《清代官员履历档案全编》,华东师范大学出版社,1997年10月,第562页。
③ 吴趼人:《当代名人轶事大观》,上海世界书局,1921年,第41—42页。

第二节 近代江西高等教育的开创者

　　1902 年至 1907 年,汪瑞闿在江西、广西任职,曾署理九江海关道、江西按察使、广饶九南道,担任江西武备学堂总办、江西大学堂总办,均干得有声有色,留下许多佳话。

江西按察使

　　1902 年,柯逢时任江西布政使,调汪瑞闿到江西,代理九江海关道员,不久又让他代理江西按察使,他很快得到柯的信赖,成为心腹:

> 　　柯巽庵为赣抚,宠信丁少兰、汪颉荀,尝对群僚曰:"是二人乃吾左右手。"时丁年甫逾三十,汪二十有七,洪都官场称小丁、小汪。柯见前。丁名乃扬,浙江吴兴人。由知府保升道员,擢授两广盐运使,晋顺天府府尹。民国历任两广、长芦盐运使。汪名瑞闿,安徽盱眙人。由举人纳资为知府,指分江苏,充海运总办,保道员。柯逢时抚赣,调之江西,权九江关道,再权按察使。柯移桂,任为巡防军统领。[①]

　　柯逢时,字逊庵,号巽庵,湖北省大冶人,光绪九年进士,庶吉士,授翰林院编修,官至江西布政使,贵州、广西巡抚,户部侍郎。柯逢时为汪瑞闿在官场上的领路人。有一则有趣的佚闻:

> 　　汪颉荀丰姿秀美,按察江右,年未三十,舆马经过巷市,妇女争前窥其容色。其时欧阳闰生家居,笑曰:"豫章人又要看煞卫玠矣。"[②]

　　当年轻潇洒的汪瑞闿到南昌任按察使时,整个南昌城都轰动了。南昌城的妇女

---

　　① 陈赣一:《新语林》卷三,民国史料笔记丛刊,上海书店出版社,1998 年 3 月。

　　② 陈赣一:《新语林·民国》卷五,民国史料笔记丛刊,上海书店出版社,1998 年 3 月。

们听说新来的按察使是个年轻的美男子，都纷纷涌向街头，争相观赏他美丽风采，一如西晋时妇女在街上围观美男子卫玠时的盛况，卫玠后来死去，史书中有"看杀卫玠"的说法。汪瑞闿担任江西按察使六个月，清理积案三百余起。现存一则光绪二十九年十二月二十八日的史料，汪瑞闿给盛宣怀的回复公函。盛宣怀是汪瑞高的好友，当时的身份是钦命督办铁路总公司事务大臣兼办湖北铁厂太子少保尚书衔，将汉阳铁厂、大冶铁矿、萍乡煤矿合并，成立汉冶萍煤铁厂矿有限公司，改官督商办为完全商办公司，并任公司总经理。他的公司遭到萍乡当地地痞的破坏，"李善堂之孙，名叫花子，率领恶党，蜂拥到厂，将司事蒋其辉掳捉而去。厂中衣物、器具，夺掠一空。并抢去铁、炭约五六百石。似此强占公矿，纠众抢掳，形同化外。若不严行惩治，则公矿决不能办，公本从何收回？[①]"。汪瑞闿接报后，立即令州县捉拿凶手，予以严惩不贷。

朝廷曾颁布嘉奖令，称"十二月又谕、夏时奏、考察属员分别举劾一折。江西署按察使候补道汪瑞闿、广饶九南道瑞澂……大挑知县周景祁均著传旨嘉奖。"[②]可见，汪瑞闿在按察使任上是有作为的，政绩得到了朝廷的首肯。

江西武备学堂总办

光绪二十八年四月，江西历史上最早的军事院校——江西武备学堂成立，汪瑞闿担任总办。"光绪二十八年（1902年）四月，江西抚署于南昌永和门内设江西武备学堂。创办人江西布政使柯逢时，候补道汪瑞闿总司其事，江西巡抚李兴锐会同司道厘订规条，内设总教习1人（吴介璋），分教习6人，东洋分教习5人。首届招各属平民子弟120人为正课生，另收官员子弟40人为附课生，其课程有：兵法、体操、德文、算学等。至光绪三十一年（1905）四月，第一班学生三年届满毕业。第二班开学数月即并入南京军官学校。"[③]李烈钧曾回记当初赴江西武备学堂赶考时的情形：

---

① 陈旭麓、顾廷龙、汪熙：《汉冶萍公司（二）》，盛宣怀档案资料选辑之四，上海人民出版社，1986年11月，第898—899页。

② 世续、陆润庠、张之洞、那桐奉敕修：《大清德宗景（光绪）皇帝实录》卷之五百二十四，新文丰出版有限公司，1978年。

③ 赵树贵、陈晓鸣：《江西通史》10晚清卷，江西人民出版社，2008年10月，第203页。

抵南昌之次日,余以武宁县派出之首名学员应试,初试为体格检查。见汪总办(汪瑞闿)官服上坐,书记呼余名,趋前行礼。体格检查为举石碡,曩者曾从武举人张坦庵先生习武术,颇知门径,及是乃举重若轻。试毕,汪总办对余点首,以示中肯,榜发得列前茅焉。入学后勤勉攻读,第一学期内,学、术两科未缺席一次。监督提调及总教官吴介璋等均予嘉勉。未几,北京练兵处选学生赴日本学陆军,江西应选派四人,余得首选,其余三人为胡谦、欧阳武、余鹤松,均由江西巡抚资送赴北京应试"[①]

由此可知,第一届学生招生时,汪瑞闿亲临考试现场,严格考录学生,对李烈钧的表现很满意,给李留下了深刻的印象。1904年,江西武备学堂奉北京练兵处令,饬选四人赴日留学,汪瑞闿在学生中挑出李烈钧、欧阳武、胡谦、余鹤松四人,由吴介璋率领,抵京复试。路过天津时,曾由直隶总督兼练兵处大臣袁世凯予以接见,再转上海赴日。抵日后,先入日本振武学校(系士官学校的预备科)。两年毕业后,转入日本四国炮兵第十二联队实习一年,乃入日本陆军士官学校学炮兵,后来成为军界的栋梁。

江西武备学堂培养了一批杰出的将领,除李烈钧外,担任过江西陆军总司令的国民党陆军上将欧阳武,两广新编第六军总司令及广东护国第二军总司令林虎,黄埔军校第一任教育长、国民党陆军上将胡谦,北伐战争时建国军增援军总指挥伍毓瑞,江西辛亥起义功臣彭程万等等,都是江西武备学堂一期学生,都是汪瑞闿的弟子。

光绪三十二年二月,江西武备学堂改建为江西陆军小学堂,汪瑞闿仍为总办,辛亥革命后,江西陆军小学堂停办。汪瑞闿曾开除有反清言行的武备学堂蔡锐霆等学生,与这些江西人结下了不解怨仇。

江西大学堂总办

清光绪二十八年三月,清廷公布试行《钦定学堂章程》(即"壬寅学制"),诏谕"于各省城均改设大学堂"。同年(1902)四月,在省城南昌创办江西第一所高等学校──江西大学堂。"江西大学堂先借豫章书院孝廉堂并租附近民房以为斋

---

① 李烈钧:《李烈钧自传》,三户图书社,1944年,第3页。

舍,定于本月初一日悬匾,十一日开堂,已通饬外府州县保送学生,以备考取"①。江西大学堂由江西巡抚李兴锐将原豫章书院改制而成,以汪瑞闿为总办。学生来源以挑选举人、贡生、监生为合格,由各府县选送。江西大学堂先后延订中文总教习一人,分教习六人,东文分教习五人,经费在奏留丁漕四分,学堂项下拨用,并严饬各员核实开支,不准丝毫靡费。本年十一月二十一日于省城西偏又购地一区,另建高等学堂。光绪三十年,江西大学堂与高等学堂合称江西省高等学堂,学习课程有中文、历史、地理、外语、体操、植物等新学课程,开始定学员额 30名,后增加 100 名,每名学生有津贴若干,如旧时之书院膏火。光绪三十三年举行第一次毕业典礼,如科举时出乡试榜,分最优等、优等、中等、下等四种,以廪生、附生注册,下等以佾生注册,准用顶戴。江西高等学堂的设立揭开了自"戊戌维新"之后江西近代新式教育的新篇章。②

按照当时学部奏定的《京师大学堂章程》的规定,大学堂兼办全省教育行政事务。如光绪二十八年,江西医学堂创建,学堂监督为刑部主事陈日新。江西医学堂行政隶属于江西大学堂,办学形式和行礼制度同于江西大学堂,课考权也属于大学堂。直至光绪三十年(1904),江西省督府设立学务处,总理全省学堂工作,江西大学堂兼办的省教育行政事宜才统划归学务处办理。学务处设总理、参议等,总理由学政兼任。③

光绪二十九年,湘绮老人王闿运,72 岁,应邀担任江西大学堂总教习,初时讲授《礼记》,不过一个多月,地方商议筹款十六万元建立新学,汪瑞闿顺应形势支持开设新学,而王氏则以为"名为西学,实倭学也"④,反对学制改革,引起江西各界人士不满,只得辞去总教习。江西大学堂开设的新学课程有西方社会科学和自然科学课程,在近代思想文化的传播方面起到了开风气的作用。对传播西学,时人评价说"江西文明骚骏乎日有起色"⑤,江西大学堂是近代化的学堂,江西近代思想文化的教化体系由此逐步建立起来。当然,当时的封建主义色彩依然浓厚,根据朝廷要求,江西大学堂明确进行以忠君、尊孔、尚公、尚武、尚实为内容的封建主义思想教育。

---

① 清光绪二十八年(1902)《湖南富报》三十号,陈谷嘉、邓洪波主编《中国书院史资料》下册,浙江教育出版社,1998 年 8 月,第 2512 页。

② 赵树贵、陈晓鸣:《江西通史》10 晚清卷,江西人民出版社,2008 年 10 月,第 314 页。

③ 李国强、傅伯言主编:《赣文化通志》,江西教育出版社,2004 年 3 月,第 605 页。

④ 萧晓阳:《湖湘诗派研究》,人民文学出版社,2008 年 4 月,第 111 页。

⑤《警钟时报》,1904 年 12 月 25 日。

1903 年 4 月,俄国拒绝履行中俄《交收东三省条约》规定的从金州、牛庄、辽阳等地撤军的义务,反而向清政府提出七项新条件,企图把中国的东北与蒙古变成其独占的势力范围。消息传开,国人群情激愤,掀起了一场轰轰烈烈的风潮.在南昌,江西大学堂学生得知留日学生组织拒俄义勇队,他们也志愿组织一部,附入上海学生军,同为响应。①

据当时文献记载,"江西大学堂之历史可分为二期,即曰汪瑞闿时代,曰周学铭时代,而奴隶程度之发达则周学铭时代为达极点。欲知现在之实相,不可不知过渡时代之历史。汪瑞闿假装维新之面目,以求容于新学界。"②可见,汪瑞闿至少表面上思想进步,跟上时代步伐,与新学界的关系还算融洽,但是他毕竟是吃朝廷饭的官员,不能不维护清廷,因此被激进的青年学生指责为"假装维新之面目"。1904 年,汪瑞闿因为聘用有冶游之习的张云抟为教习遭到学生反对,辞去江西大学堂总办职位,专力去办江西武备学堂,培养军警。继任者是时任山东巡抚周馥的儿子周学铭。周学铭是光绪十八年进士,翰林院庶吉士,散馆后任四川省蓬溪知县,后升道员,授二品衔,改江西候补道,署江西按察使,接替汪瑞闿任江西大学堂总办。当时,江西大学堂学生在进步教习的引导下,"颇知自立""皆喜自由平等之说"③,集资购买新书,订阅《新民丛报》等刊物,阅读梁启超的著作《饮冰室集》,"总办欲设法阻之,众皆不应。"他们作诗抒怀:"沉沉大陆意如何,眷我黄人感慨多。从此学生争自立,不教烟草蔓铜驼。"④总办即周学铭,却三令五申,要求学生注重朱熹学说、《吕氏春秋》,要学生熟读而深思,派人到学生宿舍收缴进步书籍,遭到学生的激烈反对,不久便辞职离去。

光绪三十年,江西大学堂改名为江西高等学堂。校舍迁往贡院。确定"以忠孝为本,以中国经史之学为基,俾学生心术壹归于纯正,而后以西学为论其知识,练其艺能,务期他日成材,各适实用,以仰国家造就通才"⑤为教育宗旨。同时办学规模也有所扩大,除原来预科外,还附设了中学部,以便为本科教学准备生源。

---

①　张海鹏、李细珠:《中国近代通史》第 5 卷,《新政、立宪与辛亥革命》1901—1912,江苏人民出版社,2009 年 9 月,第 140 页。

②　《江西大学堂之历史》,载《国民日日报汇编》(一),中华民国史料丛编,罗家伦主编,党史会出版,1983 年 4 月。

③　《江西大学堂之历史》,载《国民日日报汇编》(一),中华民国史料丛编,罗家伦主编,党史会出版,1983 年 4 月。

④　《江西大学堂改良事》,载《苏报》,1903 年 4 月 4 日。

⑤　江西省教育志编纂委员会编:《江西省教育志》,方志出版社,1996 年 12 月,第 375 页。

民国建元，为适应新型工业的发展，改称"江西省高等工业学堂"。1949年后，一度改作南昌大学工学院、洪都大学。

江西大学堂培养了许多杰出的人才，如：

涂同轨(1868—1929)，字容九，江西义宁人，江西大学堂优级师范科毕业，民国初年担任《大江报》主笔，又历任江西第四、第五师范校长，省立十五中校长。涂同轨是民国时期江西著名诗人，著有诗文集，现存《孕云盦诗》一册。

邓文辉(1879—1957)，江西峡江人。1905年入江西大学堂，曾参加萍浏醴起义，公费赴日留学，入东斌军校，加入同盟会、共进会，为共进会第二任会长。南京临时政府成立后，出任第14旅旅长兼江西驻南京革命军司令。后一直追随孙中山革命，曾任驻粤赣军总指挥、大元帅府顾问等职。

邹如圭(1879—1962)，字洁珊，号瑞生，宜丰县人。光绪二十八年考入江西大学堂，毕业后赴日本留学，在东京高等工业学校窑业科专攻陶瓷专业7载。1913年，与同学张浩在鄱阳县创办江西省陶业学校。其时，国内大专院校均未设置陶瓷专业，江西率先增设且面向全国招生，为培养人才、促进陶瓷生产的发展起了积极作用。

杨赓笙(1869—1955)，号咽冰，进江西大学堂学习新学，在校期间加入同盟会，长期担任孙中山的秘书，为孙中山所倚重。历任江西省议会参议员、总统府咨议、元帅府参议、江西民政长、中央军事委员会高级参议、江西省政府顾问、江西文史馆馆员等要职。

萧炳章(1880—1946)，字驭繁，号云帆，万安县人，江西大学堂师范科毕业，入日本政法大学攻读经济学。其时认识孙中山，参加同盟会。1912年，被推当选为江西省第一届参议会议员。1914年7月8日，孙中山在日本建立中华革命党，他任联络员。1916年归国，任江西省第四届参议会参议员。次年7月赴上海协助孙中山筹备非常国会。后任江西省政府财政厅长、江西省教育厅厅长。1927年8月1日，萧炳章参加了由周恩来、朱德等共产党人领导的八一南昌起义，并成为暴动领导机构——革命委员会秘书处秘书。1936年抗战前夕，国民党才解除对他的通缉，得以回到江西，先后担任过上饶地区督察专员、国民党军事委员会军法处长和江西省政府委员等职。

李守诚，江西鄱阳人，在江西大学堂就读时参加同盟会。辛亥革命后任江西省参议员，晚年潜心钱币制度研究，著有《纸币全论》《总理遗教钱币革命的研究》。

钟震川(1881—1912)，字瀚书，号涤源，江西省萍乡人，1902 年入江西大学堂读书。留心国事，1903 年 4 月，爆发"拒俄"运动，加入拒俄义勇队组织，参加南昌的拒俄斗争。不久东渡日本留学，入东京中央大学学习法律，加入同盟会，并先后担任同盟会书记和江西省分会会长，后被仇人杀害，1928 年 3 月，国民政府下令，照陆军中将阵亡例给恤。

综上所述，汪瑞闿为近代江西高等教育的开创者，功不可没。

广西巡防军统领

光绪三十年春天，广西巡抚柯逢时因当地会党造反，土匪遍地，社会动荡，民不聊生，州、县官员多不敢赴任，租税亦无法征缴，财政入不敷出，特地把汪瑞闿调到广西，任命他为忠毅军统领，筹备大量军械、粮饷，招募兵丁 30 余营，协同清军镇压叛乱，广西局势得到稳定，税收也大幅度提升。汪瑞闿的军事才能得到展现，立了大功。

当时，广西署督岑春煊与柯逢时不睦，常相互攻击。岑春煊见汪瑞闿手握重兵，颇知军事，有意拉拢汪，设宴款待汪，把汪灌得酩酊大醉，柯逢时得知后很生气，趁机向朝廷奏了一本，朝廷下诏曰：

> 光绪三十年秋七月。又谕、电寄岑春煊等、柯逢时电奏具悉。据称岑春煊月抵桂，专以调忠毅军剿庆远。责黄忠立剿山岗匪，而自与司道挟优宴饮。至灌醉统领忠毅军道员汪瑞闿等语。当此时艰，该省地方糜烂，生民惨遭荼毒，深宫宵旰忧劳，寝食为之不安。该署督与司道等如此行为，试问于心何忍？著岑春煊明白回奏。至柯逢时以遇事牵掣，请派员护理抚篆，免至贻误等语，显系意存规避，希图诿卸，著不准行。李经羲早报启程，现在行抵何处，著即懔遵叠次谕旨。兼程前进，迅速赴任，电寄。[①]

岑春煊受到朝廷斥责，被令"明白回奏"，即说明具体情况，而柯逢时不但没得到好处，反而被迫卷起铺盖走人，调任贵州巡抚。

---

① 世续、陆润庠、张之洞、那桐奉敕修：《大清德宗景（光绪）皇帝实录》卷之五百三十三，中华书局影印，1986 年 11 月。

李经羲,李鸿章弟李鹤章之子,接任广西巡抚,委任汪瑞闿办理广西统税,收数大增。江西巡抚胡廷干又奏调汪瑞闿回赣,总办兵备,教练两处及陆军小学堂。吴重喜继任饶州、抚州,受各地土匪滋扰,请汪瑞闿参划戎机,一举平定。汪瑞闿又署理广饶九南道,修复废田数万亩。适值萍乡匪乱,长江一带会党兴起,汪瑞闿严访密捕,所属各郡安然无警。

第三节　上海、江苏警察事业的开拓者

1907 年,上海巡警总局成立,汪瑞闿任总办(局长)。1909 年十月,位于苏州的苏省巡警公所总办改称总监,由汪瑞闿兼任。次年五月,废苏省巡警总监,改设江苏巡警道(相当于公安厅),汪瑞闿主持该道,成为上海、江苏近代警察事业的开拓者,做了许多有益的事情。

上海巡警总局总办

清朝末年,上海仿照西方建立现代警察制度。清光绪三十二年(1906)四月,绅办闸北工程总局改为官办上海北市马路工巡总局,以上海道台瑞澂为督办,徐乃斌为总办,以城内各局隶属。翌年,两江总督端方奏准上海推广巡警,正式成立上海巡警总局,瑞澂任督办,汪瑞闿任总办(局长),此前,汪瑞闿随胡燏棻办理京畿善后营务事宜,随柯逢时在江西、广西办理军警事务,积累了相当的经验。当时招募警务人员 1000 余人,并按照西方警察模式在上海各地设立分支机构,建立了完整的防控严密的警察体系。

当时的上海巡警总局共辖 4 路 19 区,城内为 1 路 5 区:1 区设在常平仓总局,2 区设在鄂王庙,3 区设在水仙宫,4 区设在关帝庙,5 区设在沉香阁。浦东为 2 路 5 区:1 区设在赖义渡兼保甲总巡,2 区设在杨家渡关帝庙,3 区设在洋泾镇定水庵,4 区设在塘桥,5 区设在六里桥。虹口为 3 路 4 区(兼管宝山县境):1 区设在宝山路,2 区设在虬江桥,3 区设在龚家宅,4 区设在引翔港胡家木桥。闸北为 4 路 5 区:1 区设在夏家弄,2 区设在新闸南大街,3 区设在叉袋角,4 区设在真如镇,5 区设在北新泾。每路设正巡官 1 人,直辖一个区警管区域。路下每区设副巡官、巡长、巡记各 1 人。1 路、2 路每区各有巡士 60 人,3 路、4 路每区各有

巡士 40 人。另外制造局设巡警 80 人。

　　同年,因北市与宝山县交界地区市面日兴,且浦东一水相隔,交通繁剧,盗贼混迹,尤难防范,又添招巡士 2000 余人,由总办汪瑞闿会同江海关道总理其事。每月仅添拨关税银 1 万两,不足之款,由地方捐税支配。巡警所管地界分 4 路:城内为第一路,浦东为第二路,北市绵长,划其东北为第三路,西南为第四路。每路设 1 个分局、5 个分区,遍布巡警岗位。并另设骑巡队,分驻浦东、北市两处,昼夜梭巡,以补站岗巡士的不足。消防队、侦探队也同时成立。又增设水巡警局 1 所,担任黄浦江与苏州河警务。巡警总局雇有外籍人员,专备与租界有交涉时使用。后来每年经费银增至 6 万两,概由关税项下开支。① 汪瑞闿曾向朝廷禀报工作情况:

　　　　分科治事,逐渐添设局所,划分区域,又分设学堂,招练学生。创立骑巡、巡逻、消防各队。开辟马路,振兴市廛。又设立水巡队,购置小轮、汽轮、舢板,分巡苏州河、黄浦江,以辅陆巡之不逮。复筹办自来水、电气灯以便商民日用,使利权不致外溢。举凡可以保护治安、维持公益、挽回主权、顾全大局之事无不悉心筹划,次第举行。查北市各处毗连租界,外人于中国巡警未经设立之前,侵筑马路、漫无限制。职道到差以来,设法截阻,据理力争,一面自行筹办。昔日沮洳荒窦之场渐成繁盛洁清之市。……,其分局则分设四路,第一路在城内,第二路在浦东,三、四两路在北市。每路分为五区,均已支配齐全。至学堂警生现已教满七班,统计有学生千余人,分派各分局、区,队充当弁,记、长、警。②

　　可见当时警察局的职责不限于治安、户政、培训警察,还兼管市政建设。汪瑞闿率人修筑马路、建自来水厂及普及电灯,购置轮船,有力地促进上海近代社会各项事业的发展。

　　汪瑞闿还兼任负责处理上海对外事务的新洋务局的总办。清末西方列强在上海的势力很大,租界就是洋人的独立王国,洋人四处横行霸道,汪瑞闿在此办理洋务、警务的难度之大是可想而知的。正如时人所说:"上海为东南重镇,通商

---

① 上海市公安局公安史志编纂委员会:《上海公安志·上海巡警总局》,上海社会科学院出版社,1997 年。

② 《汪瑞闿禀》,中国第一历史档案馆馆藏档案。

租地为全国第一,而主权之凌侵、土地之丧失,保守维持至为不易。巡警所辖地面,皆四面沿截以为抵制,而又隔之以各租界,间之以浦江,三面零错,形如犄角。自光绪三十三年经现署江苏巡警道汪,总办斯局,设法推广经营,部署不遗余力,以今视昔,巡警之权力已觉扩充。然租界工部局因忌生妒,时有借口,而巡警官更以初定规模,外边强邻,内禁应付,为难情形,早邀诇鉴,近者乃复有核减上海巡警经费之议,虽此议案未必实行,然当道之创为此议者或以上海为一隅之地,警力之消长固无关于国是耶?"①

汪瑞闿工作开展得有声有色,遭到当时一些人的忌妒,于是有人提议裁减警务经费以限制其发展,遭到有识之士的批驳。汪瑞闿聘请一位洋人为顾问,专门负责涉洋事务,据理力争,维护国民利益,成就有目共睹。宣统元年六月,"以防办枭匪出力,予江苏补用道刘体乾、汪瑞闿、存记候补道张士珩、均仍交军机处记名。"②朝廷通报表彰了汪瑞闿等人,肯定了他主持上海警务取得的突出政绩。

江苏巡警道

宣统元年(1909)十月,位于苏州的苏省巡警公所总办改称总监,由汪瑞闿兼任,下辖八路巡警分局,设有区长 8 名,巡官 37 名,巡长、警卒 1196 名。另增设骑巡队(从上海调苏),分 2 个排,有正、副队长各 1 名,每排巡长 1 名、巡警 9 名,共 22 名,马 22 匹。除了警务,当时苏省巡警公所还是交通管理机构,掌理关于道路之管理;公园官地空地及上货卸货各码头之管理、车桥骡马及挑夫水夫之管理。次年五月,废苏省巡警总监,改设江苏巡警道(相当于公安厅),管理一省之警务,置公署于苏州(江苏巡警道实际只负责苏松常太镇等苏南地区警务),上海巡警总局总办汪瑞闿主持该道。③ 汪瑞闿同时兼任苏省巡警公所的总办、兼管苏省高等巡警学堂、兼统任江浙盐捕营,成为江、浙、沪一带手握重权的人物。

清末上海、江苏一带土匪及革命党活动频繁,治安形势严峻,清廷最为忧心。陶成章《浙案纪略》卷下附录《江督苏抚会奏平枭电》:"窃照剿办枭匪迭次获胜情形,前经电奏在案。查苏、浙枭匪,向分土、客两帮,群推夏竹林、余孟庭为渠魁。正月十九日枫泾之战,幸将夏竹林击毙,并生擒悍目散匪多名,而余孟庭逃越未

---

① 《张玉辉禀呈》,中国第一历史档案馆藏档案。

② 章梫、钱骏祥、世恭等人修:《大清宣统政纪》卷四十二,中华书局影印,1986 年 11 月。

③ 江苏省地方志编纂委员会:《江苏省志·公安志》,群众出版社,2000 年 12 月,第 24 页。

获。该枭党羽极众，素得人心，深恐复又勾结滋扰，当经方等督率瑞澂严饬分批搜捕。据上海巡警局员汪瑞闿拿获匪党蔡桂士、李桂亭、卫定香三名，起出赃物甚多，解交瑞澂提讯，均供认伙劫小轮不讳，立饬就地惩办。……汪瑞闿饬派侦探弁勇，查至镇江会同营县访缉任小山、吴尚田两匪。"①可见，汪瑞闿拿获的匪党不少。

张学济在日本陆军士官学校读书期间结识孙中山，加入同盟会。1907 年，他到上海组织广艺书局，以此作为秘密革命机关，从事革命活动，被汪瑞闿侦破、捕获。社会名流熊希龄亲往巡警总局向汪瑞闿求情，事后又致函称："颉苟仁兄大人阁下：昨晚为张君学济事，亲往总局，反复辩难，至四点钟之久，张、夏两君所目睹也。勉强邀张君至弟家一宿，是晚又争论良久，张意谓，此次总局各员及我公优待，良深感激。……张君佩公感公，拟赴诉公，并请召眼线质证，乞公俯准为幸。勿此敬叩台安。弟希龄报首。"②由此可见，汪瑞闿不是那种不知变通顽固不化的人，他把张学济放了，实际上心知肚明，对革命党有同情心。可能因为这些原因，宣统二年九月，汪瑞闿遭侍读学士恽毓鼎弹劾，直指他"昏瞆无能，公务废弛，证之舆论，劣迹甚多，姑举一二大端言之：该道自任事以来，上海巡警日见腐败，乃月出一千五百元聘一洋人总辖全局，以地方警察大权拱手授诸外人，实为京外各省所无之事。闸北巡警岁拨款数十万金，悉位置其私人，终日酣嬉花酒，约束不严，以致庇赌敲诈，无所不为，屡载报章，言之凿凿。该道差弁王忠英诱拐人赃，经捕房饬探，在该道宅中将其搜获，该道一力包庇，后由西捕缉拿，始行交出。西捕至当堂面禀领事谓：汪道以华界警务长官，竟容庇违反刑律之人，实无巡警长官之资格。此语喧传，闻者耻之……"(《纠参江苏巡警劣道江宁毋庸另设道缺片》)③要求撤职查办。两江总督张人骏、江苏巡抚程德全奉命查办此事，最终查明所奏内容系不实传闻，不符合事实。宣统二年九月，朝廷下诏："又谕，有人奏署江苏巡警道汪瑞闿昏瞆无能公事废弛等语。著张人骏、程德全按照所奏各节，确切查明，据实具奏，毋稍徇隐。原片著钞给阅看，将此谕令知之。寻奏查明原参各节，或出于疑似之词，或不免传闻之过，请免置议。惟上海华洋杂处。政务殷繁。该员驻省日多。究恐查察有所未周。应令嗣后随时将用人一

---

① 汤志钧编：《陶成章集》，新华书局，1986 年 1 月，第 413 页。
② 周秋光编：《熊希龄集》第一册，湖南人民出版社，2008 年 9 月，第 338—340 页。
③ 恽毓鼎：《恽毓鼎澄斋奏稿》，史晓风整理，浙江古籍出版社，2007 年 2 月，第 120 页。

切,力加整顿。并督饬将省城及各处警务。妥为筹办。报闻。廷寄。"①汪瑞闿免受处分。

苏州城市管理与建设的近代化

汪瑞闿自幼在苏州长大,对苏州很熟悉,感情也很深。他在苏州为官多年,对苏州城市管理与建设的近代化的突出贡献有三个方面。

一是加强人口管理。严格调查城乡人户,编定门牌,按章编订呈报临时户口变动情况。现存许多相关文献,如《江苏巡警道汪瑞闿为专札严催调查城乡人户事文》(宣统二年七月初七日)、《江苏巡警道汪瑞闿为抄式通饬各州厅县编钉门牌并列入月表札》(宣统二年十一月初二日)、《江苏巡警道汪瑞闿为重申定章限本月内将门牌钉齐具报之札文》(宣统二年十一月二十六日)、《江苏巡警道汪瑞闿为通饬门牌编定后临时户口变动须按章编订呈报札》(宣统二年十一月二十六日)②等等,这些措施至今还是有效的治安管理方法。

二是整顿街道,订立市镇建设规章制度,加快了苏州城市建设近代化的进程。清末的苏州府城由吴县、长洲县、元和县3县分治,衙门多,人口多,由于长期没有对街道、房屋进行统一规划建设,随意性很强,因此市容市貌十分凌乱。汪瑞闿把上海从西方引进的先进的市镇建设理念带到苏州,着手对苏州市镇进行改革,其中重要的一条是实行严格的"建房许可证"制度,即"拟照上海及苏城马路地方建造房屋、砌筑围墙,必须报明堪准,给照办法,嗣后民间翻造房屋,无论大街小巷,必须让进三尺。大街以让进一丈六尺为止,小街以让进一丈二尺为止。其修筑驳岸,每次亦让进三尺,均以工部营造尺为准,以归一律。于建筑之前十日,由业户开明四址,绘具图式。城外地方,仍赴马路工程局,照向章领照。城内地方,统赴警务公所报领建筑执照。仍俟派员查堪明确,方准兴工。如果隐匿不报,未经堪明给照者,一经查出,立即押拆,仍予以从严惩罚,以示儆戒。所给各照暂不收纳照费,业经本道详奉抚宪批准照办……"(《江苏巡警道为建屋事

---

① 章梫、钱骏祥、世恭等人修:《大清宣统政纪》卷四十二,中华书局影印,1986 年 11 月。

② 章开沅、罗福惠、严昌洪主编:《辛亥革命史资料新编 4》,湖北人民出版社,2006 年 9 月,第 300—336 页。

致苏商总会照会》)①。所有新建房屋及围墙必须事先书面申请,经官方实地查
验符合条件者免费发放证照,然后方可施工,否则将给予严惩。从这份文献可以
看出,当时巡警公所负责建房执照的查验、发放及监督工作,新建的房屋必须与
街道、河岸保持相当的距离,以确保街道整齐、宽敞,这是一大进步。

三是加强市场管理。设立菜市场,集中经营,统一管理。早期菜贩一直疏于
管理,在街上随意摆摊,占道经营,严重影响交通,妨碍居民出行,还留下大量垃
圾,极不卫生。汪瑞闿着手整顿,他要求"蔬果摊担一律迁入菜市场内",不允许
随意摆摊设点,所有肉店"所售之肉尽可安放店内,何必立柱沿街罗列,多所妨
碍? 应请贵会传谕该业等遵照,所设台板如有侵出,即行收进,门前概不准行立
木架悬挂猪肉,以重路政"②。这些措施都有助于改变落后的市容市貌,促进市
镇建设的发展,同时也极大地方便了市民的日常生活。

收回苏州租界、海关警务主权

汪瑞闿在苏州巡警道任上另一项重要的贡献是收回租界、海关警务主权。

中日甲午战争后,日本得以在苏州开设租界,总务司赫德推荐江汉关总巡钺
尔德到苏办理警务。1896 年 4 月 22 日,江苏巡抚派出 22 名士兵组成警察队
伍,由钺尔德任巡捕房总头目负责租界地及其周边地区日夜巡逻,维持治安。10
月 1 日苏州海关开关前,钺尔德又被任命为苏州海关总巡。这样,钺尔德就身兼
二项要职。此人品行恶劣,吃喝嫖赌俱全,一年后被解职。第二任洋捕头是瑙威
(挪威)国人鄂尔生,双方签订合同,言明以二年为一期,到期可续可止,后来续签
五次,鄂尔生一干就是十二年。

宣统元年,苏州建立巡警公所,决定收回租界警权,契约到期前即通知鄂尔
生不再续约,鄂尔生当时没说什么。不料,驻上海各国领事公会出面干涉此事,
"以有损名誉"为由,照会苏州巡抚衙门及苏省巡警公所,反对解雇鄂尔生。鄂尔
生以为有强大后台支撑,拒不交差。江苏巡警道汪瑞闿于 1910 年 8 月致函驻上
海各国领事公会,予以驳斥:

---

① 章开沅、刘望龄、叶万忠主编:《苏州商会档案丛编》第 1 辑(1905 年—1911 年),华中师范大学出
版社 1991 年 9 月,第 697 页。
② 章开沅、刘望龄、叶万忠主编:《巡警总办为肉店妨碍路政致苏商总会照会》,《苏州商会档案丛编》
第 1 辑(1905 年—1911 年),华中师范大学出版社,1991 年 9 月,第 696 页。

查苏州租界昔年开放商埠时，警察[署]尚未成立，权令海关派令本关巡长钱(钺)尔德充当捕头。旋即因案被控撤差。光绪二十年由关道雇用瑞威国人鄂尔生派充捕头，订立合同，于是年九月起，以二年为一期，至二十五年九月二十一日止。以后或续或止，均由彼此情愿，互相知照，并订明"以关道为正上司"等语。至宣统元年九月二十一日，届六次期满，适值省垣巡警奉饬改章，诸求完善，遂由关道暨洋务局按照合同知照，以期满为止，不再续延，彼此签字认可，并以前升抚瑞咨明民政、度支、外务部查明在案。所称《地契章程》第七款，职道衙门无卷可稽。即照来文，仅载明"巡捕事宜由中国地方官会同税务司办理"，并无"必须雇用洋捕头"等字样，则近年不再雇用洋人，系中国自有主权，核与地契所载章程毫无违背。

况租界巡警事宜自元年八月十五日归并警务公所接管，辞退洋捕以来，迄今将及一年，外人侨寓苏州者均经警员警长随时随处妥为保护，共享治安。虽是去一洋捕头，于外人并无损碍，此其明证。

且昔年用洋人为捕头时，凡遇外事，警察仍归地方华官照章办理，并不因捕头已用洋人，华官遂不负保护之责任，是洋捕头本属如疣之赘。今为外人计，祇须问巡警之能否切实保护，不必计及巡警曾否延用洋人，即使所引《地契章程》第七款有"会同税务司办理"一语，既无指出"必须用洋员"，明文亦无指出税务司可得干预地方警官用人行政之权。缘"警务"与"税务"诚如宪谕质性权责迥乎不同。税务司虽为中国办事，断难令其兼顾。

总之，警务本属内政，未便假手外人，职道惟有恪遵民政部奏办章程，妥善办理，督饬区长巡官、翻译各员率同巡长、巡警将租界巡警事宜加意整顿，严密巡防。俾中外商民均各安居乐业，决不稍分畛域，或任疏懈，致贻口实。在外人尽可勿存疑虑之心。除详某宪并咨苏关道洋务局一体查明原案切实驳复外，理合具文详复。仰祈鉴赐，汇核转咨批示。①

汪瑞闿这份公函可谓有理有据，摆事实讲道理，具有很强的说服力。此文先以合同为依据，指出合同中没有规定"必须雇用洋捕头"等字样，因此不再雇用洋人，不违反双方事前签订的合同，更重要的事是警务系中国自有主权，外国无权干涉，中国必须收回。他又从中国警官有能力维护租界社会治安，对于在苏洋人一

---

① 李根源纂：《吴县志》卷五十一兵防考二，民国 22 年。

律视同华人,不必担心安全问题,以此来打消洋人的疑虑。

　　10月,江苏巡抚瑞澂也照会领事,正式宣布收回租界警务主权,鄂尔生不得不离开苏州,主权终于收回,汪瑞闿等人是有功的。

第四节　出任江西省长,引发重大历史事件

　　辛亥革命后,汪瑞闿应学生李烈钧连续七次邀请,出任江西省第一任民政长(省长)。1912年12月20日,汪瑞闿到达南昌,受到官方欢迎的同时,又遭到军警界部分人的强烈反对,30日被迫离开,引发了袁世凯与李烈钧等人的激烈冲突,史称"江西民政长事件"。"江西民政长事件"为"二次革命"的先声。"二次革命"后,袁世凯再派汪瑞闿到江西任民政长。不久,有人告发汪瑞闿"紊淆财政,任用非人",汪瑞闿被解职,成为民国第一个受到惩戒的高官,再次被迫卷起铺盖离开江西。

江西民政长事件

　　宣统三年三月初一日,"内阁奉上谕:吴肇邦著调江苏巡警道,湖南盐法长宝道著汪瑞闿补授,钦此。"①汪瑞闿成为湖南盐法长宝道最后一任道台,其职责是督察盐业生产与盐商之行息而平其盐价等盐政,还有一般道员的普通职权。清末,盐法长宝道兼管水利、长沙关监督事务。盐法长宝道设置道员1名,驻长沙府,其属官有经历、知事、库大使各1名,典吏8名。该道管辖长沙、宝庆2府,共17州县。同年,7月26日至10月13日,汪瑞闿监督长沙关兼管通商事宜。②

　　1911年10月10日(宣统三年八月十九日),武昌首义,辛亥革命爆发。11日革命党人宣布成立中华民国军政府,黎元洪出任中华民国军政府鄂军都督,发表《致全国父老书》。10月22日(九月一日)长沙就接着光复了,汪瑞闿当时就在长沙城里,幸亏及时逃走。新军入驻巡抚部院后,捕获了一批旧官员,如长沙知县沈瀛、营务处处长申锡绶、劝业道道员王毓江等,当即一并予以处死。

---

　　① 《奏设政治官报》,宣统三年三月初二,总第1225号。
　　② 孙修福编译:《中国近代海关高级职员年表》,中国海关出版社,2004年4月,第783页。

12 月 29 日,孙中山归国,17 省代表选举孙中山为临时大总统,中华民国成立了。辛亥革命后,汪瑞闿因倾向清廷,思想保守,没有被任用,赋闲在家。此时,当年江西武备学堂的学生李烈钧出任江西都督,成为名扬天下的封疆大吏,连续七次邀请汪瑞闿出任江西省民政长(省长)。汪瑞闿念及师生情谊,最终答应出任江西民政长,结果却把自己置身于历史的风口浪尖上,差点成为官场斗争牺牲品。

当时,各省军政大权力集中于都督一人手中。袁世凯为了加强中央政府集权,树立威望,通过黎元洪提出"军民分治",即由中央向各省派遣民政长(即省长),江西都督李烈钧率先起来反对军民分治,要求地方自治。广东都督胡汉民公开支持李烈钧的主张。两人公开联络各省都督反对军民分治,还秘密联络南方各省,企图组织都督联盟,与袁世凯政府对抗,中央和地方的矛盾日益尖锐。袁世凯十分恼怒。1912 年 12 月 10 日,被李烈钧剥夺兵权的余鹤松受袁世凯怂恿,指使部下在南昌发动兵变,反对李烈钧。李迅速调兵平叛,枪杀了 100 多人。李知道这次兵变的特殊背景,知道自己还没有力量与袁世凯公开决裂,希望缓和与中央政府的矛盾,做出让步,于是就兵变事件向袁世凯引咎自责,并且请袁任命民政长,以便自己专心治军。李想到了一个人选,即对他有恩的原江西武备学堂总办汪瑞闿。当年就是汪录取李,后来又推荐李到日本留学。李烈钧在日本陆军士官学校炮兵科第六期毕业,回国道经上海,适前江西武备学堂总办汪瑞闿正在上海,因函介到江西第二十七混成协(旅)任第五十四标第一营管带。此事一直令李十分感激。于是,李派人到上海与汪联络,并一再敦请,汪同意了。汪瑞闿的哥哥汪瑞高生前是袁世凯的好友,汪瑞闿与袁世凯也有联系。当时汪的同乡好友杨士琦是袁世凯的心腹,经他一撮合,袁世凯表示认可。

12 月 16 日,李请简任民政长的电文到达北京才 4 个小时,袁世凯就发布了汪为江西民政长的任命令。李没料到的是,其部属纷纷反对汪到江西来任民政长,尤其是水巡总监蔡锐霆,反汪态度最为坚决。蔡原为江西武备学堂的学生,因为违反校纪,被汪开除,当年就曾发狠:你今天把我赶出学堂,我明天(将来)要把你赶出江西!江西广饶协会等团体纷纷发表通电,对汪出任民政长表示极力反对,誓不承认:

> 汪瑞闿前清服官江西,仇视革命,剥削黔黎,赣人恨入骨髓。复于江苏
> 办理警察,任用姚在兹、程豹等为心腹,遍布侦探于长江流域,诬陷平民为党

人，以为结纳端方、瑞澂之资料。种种罪恶，擢发难数。本年四、五月间，运动中央派为江西民政长，经各公团反对，未得遂念。顷又闻勾串郭同、李国珍再图死灰复燃，不胜骇甚。若果来赣，实非赣幸，本会同人力力反对，誓不承认。望贵报代为宣布，江西幸甚，民国幸甚！江西广饶协会公叩（《江西广饶协会反对汪瑞闿任民政长电》，一九一二年十二月）。①

国民党江西支部则以"省长简任须经民选"等理由，诬陷"李国珍、郭同等与汪瑞闿共谋勾结兵匪倡乱，借以推翻李督"，要求袁将简任民政长之成命收回：

　　国民党本部、国民党交通部鉴：秘密贼徒李国珍、郭同等与汪瑞闿共谋勾结兵匪倡乱，借以推翻李督，至有本月十号南昌兵变之事。幸勘乱敏捷，全赣人民未遭毒手。今汪竟疾驰来赣，居然欲踞有民政长一席。此间人心愤激，誓以死拒。恳即以此意宣布天下。赣支部叩（《江西国民党支部誓以死拒汪瑞闿问电》，一九一二年十二月）。②

但是，在江西还是有一部分人对汪的到来表示欢迎和支持。12月20日，汪瑞闿到达南昌，受到共和党人和江西省议会的热烈欢迎：

　　大总统、国务院、共和党本部转江西公益会、各公团、各报馆钧鉴：汪君瑞闿应李督之招，重莅赣垣，适膺省长任命，各界极表欢迎。都督李公，开诚布公，力持大体，同深感佩。将来协心一德，振军卫民，造福江西，可以预决。请释廑念。临时议会议长刘景烈、副议长宋育德、刘芳蕃、共和党赣支部、民主党赣支部筹备处、商务总会自治研究会、农林总会、《江西民报》、《大江日报》、《新江西日报》。漾（《江西省议会议长刘景热烈欢迎汪瑞闿电》，一九一二年十二月二十三日）。③

李烈钧表面上也表示欢迎，并在都督府政务会议上，表示将贯彻军民分治，但会后就十分后悔。对当年被开除事情一直耿耿于怀的水巡总监蔡锐霆故意晋谒汪

①《民立报》，一九一二年十二月二十三日。
②《民立报》，一九一二年十二月二十六日。
③《政府公报》，中华民国二年一月六日。

瑞闿,当面对汪讥讽讪笑,语带威胁。汪行馆差役见势,纷纷离去,迫使汪称病,闭门谢客。

12月29日,江西军警两界数十人召开拒汪大会,由水巡总监蔡锐霆、警察总监陈廷训任主席,军界高级将领欧阳武、刘世均等出席了会议,大会揭露汪过去在江西任官时镇压革命党的种种"罪恶",主张武力驱汪出境,勒令其两日内离省。夜半,南昌广、惠两门"匪徒"暴动,全城戒严。汪感到安全受到威胁,于是逃离行馆,到中央银行总理陆长佑处藏匿起来。第二天即写信给李烈钧,声称要赴沪就医。李派员假意表示挽留,汪拒绝了,于当日午后5时乘轮船离开南昌,经九江、武汉,前往北京陈诉,并先行致电袁世凯称病辞职。袁世凯十分恼怒,严厉斥责李烈钧,发出《批江西党会不承认汪瑞闿长赣电文》①。

1913年1月3日,国务院电传袁世凯命令给李烈钧,准汪病假20天,责令李从速筹备划分军政、民政事宜,敦促民政长尽快养好病,限期到任。当时,各地省议会选举已经完成,正式国会选举也即将完成,李烈钧不理会袁世凯的命令,于1月5日回复说:"现在正式议会行将成立,于此数月内,拟即勉为其难,于军民要政担任完全责任。"公开拒绝汪瑞闿回任。但是,江西临时省会、教育总会、商务总会、共和党、民主党致电袁世凯,请派镇抚使剪除凶暴叩。②李烈钧否认挟迫汪瑞闿离赣,发表通电③。2月,袁世凯对处理江西问题亲笔写了四条密令:一、汪瑞闿到省长任;二、枪支不发;三、蔡锐霆、陈廷训重办;四、李烈钧下野。3月11日,袁世凯任命赵从蕃署江西民政长,又遭拒。袁世凯极为恼怒,立即致电黎元洪指责江西省议会"蔑视约法,莫此为甚。"李烈钧此时才撕下伪装,公开拒绝汪瑞闿回任。袁下令扣押李从日本订购的一批军火,并派兵舰六艘到九江江面示威,又策动江西反李势力举行声势浩大的集会,声讨李的"十八大"罪状,要求汪到江西上任,通电主张武力解决江西问题。李则以冬防为名,派遣军队分驻要隘,要求发还军火,双方对立,气氛紧张。副总统黎元洪出面调解,提出"撤兵、迎汪、惩凶"三个条件,李公开通电拒绝,双方到了剑拔弩张的地步。最终袁世凯因为要忙于召开国会,选举大总统,暂时做出让步,结束了这场争端,史称"江西民政长事件"。

但是,袁世凯是不会善罢甘休的。6月9日,袁世凯突然下令免去李烈钧江

---

①《中国华民国新文牍汇编》卷三,广益书局,中华民国二年。
②《中华民报》,一九一三年二月十二日。
③《中华民报》,一九一三年一月二十六日。

西都督职务,任命黎元洪兼署江西都督,并任命欧阳武为江西护军使,贺国昌为护理民政长,陈廷训为江西要塞司令官,引发"二次革命",国民党与袁世凯之间又进行了一次残酷的较量,无数人头落地,造成巨大的灾难,最终以袁世凯全面获胜告终。因此,"江西民政长事件"实际上是"二次革命"的先声。

在此期间,还发生了江西参议员起诉北京《民主报》个案。《民主报》之所以被诉,是因为其报道称,江西参议员郭同、李国珍为汪瑞闿运作江西民政厅长一职,受贿万余银两,汪瑞闿是煤老板,在上海开有同志运煤公司,贿款即从中出。郭、李二人以"捏造事实、损害名誉"为由,呈诉检察厅。检察厅派员去上海调查,称并无同志运煤公司,受贿万余两更无事实凭据。检察厅于是票传报馆,拟问明事实,以便提起公诉。《民主报》回函说:有闻必录,报馆天职,纵有失实,当函请更正。李国珍并未致函本社,就向贵厅呈诉,本社不能承认。可见《民主报》听信谣言,传播谣言,还不肯认错。

"紊淆财长,任用非人"案

在"二次革命"中,军阀李纯为袁世凯充当急先锋,攻入南昌后,署理江西都督兼江西民政长,采取严厉措施打击国民党,取缔国民党各级组织、解散省议会、逮捕议员、严禁群众集会、查封报馆,南昌出现"逐日刑人"的恐怖气氛。这时,蔡突灵、蔡锐霆兄弟与李烈钧等湖口起义领导人,均被袁世凯四处通缉。蔡突灵隐姓埋名潜转江西各地,随后与弟蔡锐霆、妹蔡仲兰先后赴日本,赞助孙中山,建设中华革命党。李纯进入南昌后,立即派兵到宜丰查抄蔡家,将蔡家财产籍没十余万,父亲蔡庸民解省判禁十年,四弟监押四月,五弟被捉后虽得以逃脱却罹疾而亡,蔡家妇孺被驱散而至流落千里。蔡突灵全家流离失所,家破人亡。1915年1月,袁世凯以10万大洋的重贿买通英国驻沪副领事卓乃尔,设法引渡蔡锐霆后,立即派重兵用轮船将其从上海押往江西,急令九江镇守使在九江立即将蔡锐霆就地枪决。

1913年9月底,袁世凯再派汪瑞闿到江西任民政长,分享李纯的权力,李纯自然不悦。汪瑞闿临行前,同乡好友杨士琦与他有一番有趣的谈话:

汪颉荀被命为江西省长,以有人排挤未克之官,越半稔而时局变易,无复及之者,乃得之任。频行,杨泗州对汪曰:"李秀山以全力驱逐赣军,势不可悔,君此去宜和衷共济,非然者,旦夕且败矣。"汪唯唯。既受事,出入大陈兵卫,宠信金壬,群起而攻之,遂褫职。泗州偶对其犹子士元曰:"乃叔不信吾言,今果败矣。"士元唯唯。①

杨士琦(泗州)告诫汪瑞闿,到江西后要妥善处理好与军阀李纯(秀山)的关系,不然的话,很快就会失败的。汪没有听进去,结果果真落得"群起而攻之"的下场。士元,即汪士元,时任直隶财政厅长,汪瑞闿侄儿,后任民国财政部次长。

此年,北洋政府公布了《文官惩戒法草案》。"草案"规定,凡是违背职守义务、玷污官吏身份,或者丧失官吏作用的政府职官,都应受到惩戒。惩戒分作四种:褫职、降等、减俸和申诫。褫职,即免去现职,并停止任用2年以上。汪瑞闿成为第一个受到惩戒的高官。

1914年1月,李纯授意江西省财务司司长杨寿康告发汪瑞闿,说他紊淆财政,中饱私囊,任人唯亲。国务院接报后派人赴江西调查,李纯等人当然不会说其好话,调查组查得的罪名有十项之多。1914年1月21日,袁世凯在国务院的相关报告上批道:"江西民政长汪瑞闿紊淆财政,任用非人,颇滋物议,现经委查属实,应即解任,付中央高等文官惩戒委员会议处。"②汪瑞闿被解职,再次被迫卷起铺盖离开江西,上任仅仅几个月时间。

当时的中央高等文官惩戒委员会委员长董康,指定汪凤瀛具体审理此案,令汪瑞闿赴北京接受询问。听了汪瑞闿的答辩,汪凤瀛认为他提出的理由中有两点值得注意:一是从未遵章编制概算,二是擅提未列入预算的生息存本银两,同意他在委员会开会时对此加以解释。3月18日,汪瑞闿向国务院书面提出,他任内增加经费各款系遵奉申令办理,请饬江西省审计处准予核销。4月15日,董康主持召开惩戒委员会全体会议,宣布汪瑞闿一案已查明的确凿事实有八项:

一、汪赴江西民政长,以郭同为之先导,郭同为介绍于前审计处处长高居瑗,汪聘其为高等顾问。现委差缺多系郭、高二人所引进者。如武宁县知一缺,由郭同引江福奎为该县知事,江系前清恶劣之吏,又系曾奉大总统令应行拿办之人,乃不得已复以声名平常撤任,至官场传为笑谈。

---

① 陈赣一:《新语林》卷五,民国史料笔记丛刊,上海书店出版社,1998年3月。
②《大总统策令》,《政府公报》第614号,1914年1月22日。

二、秘书王煦、华桐专权跋扈，秘书厅于各厅主管事务往往妄加参预。经内务司司长戚扬抗议多次，总务处秘书厅不时下条告于各司，有杨寿康摹呈式样为凭。

三、假筹办警备队为名，提取地方公债三万元存储公署第四科。

四、利用税卡调剂，私人故把持国税，延续不交。计自被付惩戒人到任之日起，至国税厅长受事之日止，确委三十四处税差。

五、民国二年十月二十二、二十七两日所委税差，计二十二处，有汪芹等八员到差之文可证。又秘书王煦确兼省城外统税分局，华桐确兼三湖统税分局。

六、萍乡知事汤兆玛擅减契价，又欠契税，原拟停止差缺，旋以盐处条批，饬财政司另批，迄今此此尚未刊行，不知如何结果。

七、卸任宁都县知事于树棠欠丁漕等款，不责成其自行追缴，乃仅饬后任知事将书差勒限追缴。

八、不待中央命令，擅发九五钱票二百万串。

惩戒委员会最终认为该民政长值该省大乱之后，为种种设备，固不宜以常理推定。若所犯仅止上揭一二款，未尝不可原情量减，乃叠犯至八款之多。其发行纸币虽以兵饷为辞，系一时应急之策，然数居至二百万。概不秉命中央，既属专擅。即就任用非人一端，参考方面之函电，徇情溺职，处置乖方，亦属有负责任。本会认为该员合与文官惩戒法草案第二条第一款违背职守义务，应按第五条第一款处以褫职处分。①

4月29日，代理国务总理孙宝琦向袁世凯呈文，为汪瑞闿说情："遵查前任江西民政长汪瑞闿，经该议决应行褫职，惟查汪瑞闿奉命赴赣正不变乱之余，官吏逃亡，财政困难，用人行政自不能以常格相绳，措施诚不免失当之处。而在任数月恢复秩序，筹济军饷，煞费经营，不无微劳足录。今据惩戒会判以褫职处分应否照原议理抑或特于减等执行，改为降等？"大总统批："应均照原议办理。"②至此，汪瑞闿已没有回旋余地，袁世凯已彻底抛弃了他。

8月19日，审计院发布审计报告，称前任江西民政长汪瑞闿存在两个问题：

---

① 《文官高等惩戒委员会议决书》三年第三号，《政府公报》第726号，1914年5月15日。

② 《政府公报》第712号，1914年5月1日。

一、决算之数超过概算之数，共计三万二千二百零七元一角五分四厘。二、私行借垫手续欠缺，该公署向国民银行借垫六万九千四百八十五元八角零八厘，事前既未报明财政部，且有三万二千元超出于预算概算范围以外。其原因主要是该前任江西民政长开支浮滥，任意增加秘书一职，设置七八人之多，另有顾问招待种种名目，每月薪水一项开支八千元左右。审核报告建议，前江西民政长汪瑞闿任内支销各款在核准概算范围以内者应准其支销，其超过概算浮欠民国银行之款确难核销，应由前民政长自清理应承公款。①

从以上文献不难看出，当时对汪瑞闿的指控仅限于"淆乱财政""任用非人"两项，并没有说他贪腐。况且，损耗的财政仅有三万多元，并没有落入他的腰包，主要是秘书和顾问用多了，开支超出预算。至于人事方面的问题，正如孙宝琦总理所说，当时处新旧社会交替时期及战乱之后，官吏逃亡，财政困难，难免有失察之处，而且在发现问题后能及时补救，问题不是特别严重。"就是说，并没有发现汪瑞闿直接将公款落入个人腰包的事实。以现在的标准看，民政长这顶乌纱，汪瑞闿丢得似乎太冤了。"②

根据议决报告，代理国务总理孙宝琦、内务总长朱启钤，呈称准文官高等惩戒委员会议决报告，正式宣布，前任江西民政长汪瑞闿所犯事实合于文官惩戒法草案第二条第一款，违背职守义务，应按第五条第一款处以褫职，汪瑞闿应准照所议即行褫职。袁世凯之所以下决心惩治汪瑞闿，主要是当时文官惩戒条例颁布不久，官员腐败严重，他想杀一儆百，整顿吏治。此外，李纯是其心腹和得力干将，借此案以示对李的支持。实际上，李纯不但杀人如麻，还是个吸食鸦片的大贪污犯。李纯自江西都督任上即开始为自己在天津修建祠堂。他把原北京西直门外明朝大宦官刘瑾的府邸买下拆卸后，运到天津重新组建而成，占地 2.56 万平方米，是天津市规模最大的仿古建筑祠堂，坐北朝南，前建三进庭院，后辟花园，由照壁、石牌坊、石拱桥、大门、前殿、中殿、后殿、配殿和回廊组成。中殿是主体建筑，建有石狮、石坊、屏壁、华表、长廊、殿宇、戏楼、拱桥等。整座建筑色彩绚丽，碧瓦朱栏，宏伟壮观。新中国成立后，此祠堂用作南开人民文化宫。此外，他在京津两地还广置房地产，在天津捐资兴办三所秀山小学，捐助南开学校基金50 万元，在八里台南开大学建了"秀山堂"③。这些开支可谓天文数字，他贪污的

---

① 《政府公报》第 825 号，1914 年 8 月 22 日。
② 陈钦：《北洋大时代：大师们的理想国》，长江文艺出版社，2014 年 8 月。
③ 郭喜东、张彤、张岩：《天津历史名园》，2008 年，第 221—224 页。

钱财真是数不胜数,但袁世凯没有去查他,也没人敢弹劾他。相比之下,汪瑞闿的种种过错真是微不足道了。

丢官后,为生活所迫,汪瑞闿借钱开了一家米店,老友熊希龄照顾他的生意,曾因米价事致北京汪瑞闿电:"瑞闿鉴:此间需用军米,年约三、四千石,未悉贵公司在京存米每石价若干?斤两若干?乞速电复。以便比较此间市价,与贵公司议订。希龄叩。巧。印1913年3月18日。"①瑞闿复电:"熊都统鉴:巧电悉。白籼米每石京秤一百六十斤,实价洋九圆,税捐水脚在内,在京交货。如由京运热,应请尊处给照免税,派兵迎护,每石约加运费洋两圆二、三,乞酌夺示复。闿。民国二年三月二十日。"②熊希龄当时为热河都统,不久出任北洋政府国务总理,他的文集中保存了两则史料,很有意思。汪瑞闿大米生意做的具体情况已不得而知。

经此案打击,汪瑞闿不仅名誉扫地,经济上损失惨重,为官多年的积蓄几乎都贴进去了。汪瑞闿酷爱字画,有人向其兜售明拓本《神龙兰亭》,他爱不释手,但已无力购买。"乙卯夏四月,寄寓京师,适觐洪宪之难,四方告变,都人惶惶。有肆贾持此册来,余酷爱之,而囊空不办,相对惘然。倩华欲慰吾意,乃脱簪珥易三百金与贾者,议减其值,幸得成之。藏诸行箧,携以南归,其乐为何如邪?越八年,复于无意中得宋拓匮纸本定武兰亭、东阳何氏梅花本兰亭各一册,均足宝爱,因并此帖,缘起记之。癸亥暮春祉门题。"③最后,妻子倩华拔下簪珥等头饰,换了三百两银子,为他买下了这本帖子。他后来题跋记载此事,当为不虚,可见他当时已没有什么积蓄。

第五节　全国烟草税总负责人

汪瑞闿在家赋闲两年,经多方努力,于1916年2月10日出任民国政府参政院参政。参政院成立于1914年5月,全体参政均由大总统袁世凯任命,黎元洪兼任参政院议长。当时立法院没有成立,由参政院代行立法院职权,制定颁布了

---

① 上海图书馆藏件,周秋光编《熊希龄集3》,湖南人民出版社,2008年9月,第115页。
② 熊希龄:《熊希龄先生遗稿》1电稿一,上海书店出版社,1998年12月,第554页。
③ 《书法丛刊》2013第2期第16页,《上海博物馆所藏兰亭善拓举要》影印汪瑞闿《神龙兰亭》明拓本题跋。

许多法律。参政职位的荣誉性很大,多由社会上德高望重的人担任。袁世凯死后,继任大总统黎元洪于 1916 年 6 月 29 日令撤销了参政院,汪瑞闿再次失业。

1919 年 1 月,北洋政府总统徐世昌又下令将全国烟酒公卖局改为全国烟酒事务署。4 月,烟酒事务署直接隶属于北洋政府国务院。北洋政府于 1921 年公布《征收纸烟捐章程》后,考虑到上海为全国卷烟制造运销的枢纽,10 月全国烟酒事务署呈准成立驻沪纸烟捐务总局,汪瑞闿任驻沪纸烟捐务总局局长,并在天津、汉口两地设立分局;在山东青岛最初设督察所,后来改为分局;在有烟厂的地方酌情设立分所、分卡。各省重要地点及通商口岸,分局可征收出厂捐。上海出厂捐由总局征收,分所、分卡负责查缉。所有烟厂都由当地总局或分局派员驻厂,负责稽查制运及监视贴花事宜。各级征收机构成立后,纸烟捐于 1921 年 10 月 11 日开征。汪瑞闿成为全国烟草税的总负责人。

在纸烟捐征收方面,由于出厂捐和 2.5％统捐从量从价征收,捐率悬殊,因此纳捐凭证也有区别。出厂捐凭证使用印花,整箱粘贴,由北洋政府财政部全国烟酒事务署印制、上海纸烟捐务总局转发使用。2.5％统捐最初使用捐单为纳税凭证。捐单分为三联,一联由销售商执运;一联缴全国烟酒事务署;一联为存根。各烟草公司出厂的卷烟,必须先运到通商口岸后再分运销售地。由于捐单在上海填发,手续繁多,所以,他们要求使用空白捐单,由烟草公司转发各分公司自行填用,或者派员随烟同行以便照数填发。全国烟酒事务署认为使用空白捐单弊病很多,派员随烟手续过于烦琐,因而将捐单改为 2.5％印花,按箱贴用。1923 年 1 月,汪瑞闿在上海纸烟捐务总局召集各烟草公司开会,决定添设 2.5％小印花,每张 10 联,每联 500 支,等级、颜色均同大印花,只有式样略小,专限零售使用,而 5000 支整箱、拆箱均用大印花。2.5％捐单及印花一直由上海纸烟捐务总局自制,1925 年 7 月改由全国烟酒事务署印制,式样已经拟订,但由于政局变动未能实行。

任全国纸烟捐务总局局长期间,尽力维护国家主权,力争从外国烟草公司处多收税收,现存多份汪瑞闿致英美烟草公司的函件,如 1922 年 11 月 26 日,上海全国纸烟捐务局局长汪瑞闿致函上海英美烟草公司:"美烟公司哈德函:昨接本月 17 日贵公司来函,对于前次暂时协定免捐各商埠单内,将自辟商埠 14 处取消免捐一节,碍难同意等语。查贵公司声明书第七条未将商埠区别,自是就广义立言。若就事实论之,凡自辟商埠之警察权,既完全属于中国,则纸烟之运销于该埠者,既享保护之利益,自必有相当之报酬。设徒享利益,而无有报酬,揆之情理,殊欠公允。现在各省长官,对于此点颇多怀疑,因之啧有烦言。如天津近事,亦系由此发生。鄙人与贵公司相交年余,感情素形融洽,而于阁下尤为仰重。诚不愿因此小节,致启事端,使贵公司营业上受其影响。况前次暂定系 79 处,今即除去自辟商埠 14 处,虽将来有无变更未能预料。然在目前贵公司尚有 65 处免捐之利益,不为不多。鄙人反复思维,为欲免除各省烦言,徒启窒碍。并为贵公司营业顺利起见,用特以个人友谊的意见,剀切函商。尚祈阁下予以谅解。嗣后运往前次函述自辟商埠 14 处,即日照章完纳捐款。”①汪瑞闿认为,“凡自辟商埠之警察权,既完全属于中国,则纸烟之运销于该埠者,既享保护之利益,自必有相当之报酬”,因此上海英美烟草公司的自辟商埠 14 处,即日必须照章完纳捐款。12 月 15 日,汪瑞闿再次致函上海英美烟草公司重申这一主张。

汪瑞闿为开办烟特税,多次与外国烟草公司周旋。1924 年 10 月 19 日,上海全国纸烟捐务总局局长汪瑞闿致函英美烟草公司:“查各省开办特税,为避免征收纸烟捐章程抵触起见,无一不取之于华商。而商人纳捐之后加增烟价,又转取之于吸户.与洋商公司本无关涉。惟据贵公司代表宣称,营业上受间接之损失,是以本总办迭向苏省当局竭力疏通,为取消特税之磋商。业已议有头绪,不幸战事发生,暂时停顿。本总办友谊上之援助,自问竭尽绵薄。讵知贵公司不加谅察,惟以扣款为要挟之手段,认为扣款愈多取消特税愈速。此等见解,未免误会。本总办对于一年来特税之扣抵,任其作为悬案.从未有抵抗之表示者,非无此权力也,无非希望取消特税修改声明书后,使数年来双方感情,益形亲睦。乃近数月来,贵公司于内地捐愈扣愈多,几致全部扣尽。本总办极为失望。要知本局为征收纸烟捐合法机关,至不能存在时,声明书效力随之中断,各省特税必有变本加厉之一日,窃为贵公司不取也。现在淞沪战局告终,取消特税,为期不远。际此紧要关头,必增加本局经济上之力量,方能进行顺利。务请贵公司详审利害,将应缴 9 月份内地捐,尽数照付。幸甚幸甚。”②英美烟公司因各省开办特税,营业上受间接损失,“以扣款为要挟之手段,认为扣款愈多取消特税愈速”。汪瑞闿敦促英美烟草公司详申利害,将应缴税款尽数照付。英美烟草公司有本国做后盾,十分蛮横,汪瑞闿坚持原则,精神可嘉。

---

① 上海社会科学院经济研究所编:《英美烟公司在华企业资料汇编》第二册,中华书局,1983 年 12 月。

② 杨国安:《中国烟叶史汇典》,光明日报出版社,2002 年 11 月,第 517 页。

第六节　伪浙江省长

抗日战争暴发后,日本攻占浙江大部分市县,汪瑞闿经不住名利的诱惑,丧失民族气节,于1938年6月出任华中维新政府浙江省省长兼省财政厅厅长,后来又任汪伪国民政府浙江省政府主席,充当日本人的鹰犬,成为民族的罪人,再次把自己置身于历史的风口浪尖上。

1939年1月,日伪成立"浙江地区治安委员会",汪瑞闿任副委员长。以汪瑞闿为首的伪浙江省政权依托警察、保安机构、汉奸外围组织及民间自卫力量强化高压政治,实行伪化统治,对抗日武装进行扫荡、镇压;在全省实行人口登记与保甲制度,限制民众人身自由;充实与强化爱路村,维护铁路和警备公路和通信网的安全;宣传和平反共投降救国论调,摧残民众的民族意识,加强意识形态的控制,犯下了不可饶恕的罪行。

伪政权高官的日子并不好过,爱国志士及重庆方面组织人员对他们进行暗杀。1939年1月3日,伪浙江省长汪瑞闿、杭州市长何瓒等出席在杭举办的朝鲜特产展览会时遭爱国志士袭击,汪瑞闿中弹受伤,从此如惊弓之鸟,终日龟缩在省府大楼中,并加强警力,防备甚严,而何瓒不久在家中又遭枪击,一命呜呼。

汪瑞闿主政浙江时期,也做过一些好事,如兴修水利、兴办教育,但这些不足以抵消他的罪行。如今,还被人提及的一件事就是他在浙江曾发行一种货币,称为铜圆券,把自己的祖先汪华肖像印在上面,成为笑谈。当时钞票最小的是一角,零星找头十分不便。汪瑞闿令人在浙江印刷了一种"铜圆券",每券相当于一枚铜钱,青蓝色,寸半长,八分宽,竖印一个头戴王冠、身穿蟒袍、白面长须的半身像,看起来像个财神菩萨。实际上此人却是唐朝节度使汪华,他曾经管领过歙、宣、杭、睦、婺、饶六州,封上柱国越国公,后来历代加封,称"昭忠广仁武烈灵显王"。清朝咸丰年间,再次加封"襄安"二字。杭州七宝山上还有他的祠宇,就是俗称"汪王庙"。从汪氏家谱可以得知,汪华是盱眙汪氏始祖。汪瑞闿当了封疆大吏,要显一显祖宗权威,把汪华给请出来。当时有人写了一首打油诗讽刺道:"铜圆市上少通商,代用流行券一张。不画财神媚大吏,何人认识是汪王?"可是好景不长,物价飞涨,通货膨胀,"汪大王纸币"变得一文不值,自动失效。此事倒成为货币史的一则趣闻。

1941年1月24日,汪瑞闿病逝于杭州。2月3日,汪精卫、王揖唐、江亢虎等人联名签发政府令,称"故浙江省政府主席汪瑞闿,老成宿望,洞识时机,历典封圻,绩誉素著。数年以来,搘拄万难,维护浙省,苦心毅力,功在国家。眷念贤劳,政资倚畀。遽闻逝世,悼惜殊深,亟应予褒扬,着给治丧费壹万元,并交考试院转饬铨叙部从优议恤,示政府笃念勋贤之至意。此令。"①汪伪国民政府对这位封疆大吏主政浙江的"功勋"给予高度评价,并提供大笔丧葬经费,给其后人很高的抚恤金。汪瑞闿当这个伪省长不过两年多时间,一世英名皆毁,从此被钉在了历史的耻辱柱上,实在可惜!

第七节　与齐白石、俞伯陶、俞粟庐等人的友情

1904年春天,王闿运受聘江西大学堂总教习,齐白石随同前往。当时汪瑞闿为江西大学堂总办(校长),支持大学堂开设西方社会科学和自然科学等新式课程,遭到王闿运的反对,王闿运上任不到一个月即被解职。王闿运已经七十二岁,是名闻四方的宿儒,被年方三十岁的汪瑞闿炒鱿鱼,十分恼火。齐白石当时四十岁,每次看到汪瑞闿的大轿过来,都远远地避开;见老师被解聘,很不满。湘潭人郭葆生任江西巡防营统领,曾向汪瑞闿提起过齐白石,说他印章刻得不错,汪瑞闿笑笑,没当回事。不久,汪瑞闿调到广西,担任忠毅军统领,筹备大量军械、粮饷,招募兵丁三十余营,协同清军镇压地方叛乱,稳定了广西局势。1905年秋,齐白石应广西提学使汪颂年邀请,到广西省会桂林观光游览,并住了下来,以卖画刻印为生。汪颂年把齐白石介绍给汪瑞闿,称道他的刻印技术,汪瑞闿看了齐白石的作品,不置可否,齐白石很失望。

1909年中秋节后,齐白石离开广东钦州还乡。临走时,钦廉兵备道郭葆生对他说:"我的朋友汪颉荀在苏州做官,你想不想去苏州游玩?"齐白石答道:"游览苏州,我已梦想多年。不过,我在南昌、桂林曾见过汪颉荀,对我很冷淡。再说,他与我老师王闿运有过节,最好不去找他。"郭葆生笑笑说:"濒生,不要想那么多,我给你写封信,包你到苏州后吃住游玩,都有人给你安排好。"齐白石将信将疑,带着郭葆生的书信上路了。

---

① 汪伪《国民政府公报》第131号,中华民国三十年二月十九日。

八月二十二日(农历)午后,齐白石到达苏州,在穿珠巷宾鸿客栈住下,派人到江苏藩台衙门打听汪瑞闿的住所,得知汪公馆在驸马府堂之前。到达汪公馆,门房说汪大人到上海做官去了,新任上海洋务局总办兼上海巡警总局局长,其官府在新马路市浜桥。齐白石在苏州街头四处转悠,感慨道:苏州的女子真漂亮啊,名不虚传!第二天下午,齐白石乘船前往上海,二十四日天亮时到达上海,不料汪瑞闿回苏州参加江苏巡抚瑞澂夫人葬礼去了。齐白石又扑了个空,很失望,只好找家客栈临时住下来。二十五日下午,又去打听,还没回来。当天晚上,再去打听,门房说回来了,刚躺下休息,不便打扰。齐白石很生气,掏出郭葆生的书信往桌子上一扔,说汪大人醒来,请你把信交给他。转头便走,嘴中喃喃自语,算了,明天就回湖南老家,不来了。回到客栈躺下没一会,就有人敲门,开门一看,正是汪府门房,只见他满脸堆笑,递上一封书信,并反复道歉。齐白石打开信,"扫榻恭迓。如能小驻,尤所喜者。即弟他出,亦必有人接待……"(齐白石《寄园日记》)。读着读着,齐白石便心花怒放,满腹怨气一扫而光。

二十六日,汪瑞闿在上海最高档的礼查饭店设宴款待齐白石一行,次日派亲信陪同齐白石游览上海最有名的花园"也是园",当夜又亲自陪同齐白石到上海最奢华的剧院"丹桂茶园"观剧。齐白石坐在最昂贵的包间里欣赏来自北京京剧名角的演唱,惬意极了,感到无比幸福。"自廿七日以后,无夜不看剧"(齐白石《寄园日记》)。汪瑞闿的部下对齐白石都非常尊重,不断请客赠礼。作为贵宾,受到殷勤安排,齐白石在汪公馆竟住了一个多月,遍游大上海,看到电影、火车、汽车、电灯、电话、自来水等等新事物,眼界大开。他还广搜石印名画,收获颇多,直到九月二十五日才依依不舍地离去。临别,汪瑞闿馈赠厚礼,为他购好船票,吩咐轮船经理一路照顾他,嘱咐他明年再来。齐白石感动得热泪盈眶,以一枚精心制作的印章相赠。汪瑞闿十分喜欢,任江西省省长时曾作为印鉴盖在重要公文上。这枚印章的文字至今保存在《齐白石全集》中。齐白石的《寄园日记》有详细记载,齐白石说:"自来上海流连一月,其事甚繁,不胜记。将行数日来,汪六部下之友人无不知汪六之意,皆施礼貌,并招饮及祖饯及贶物,贶物最多,惟姚继枝。继枝亦故人也,其接待亦最恭。汪六所用之人,皆非郭五部下也。"①文中,汪六即汪瑞闿。

汪瑞闿爱好昆曲,曾担任上海曲社名誉社长。1924 年,旅沪江浙各省昆曲

---

① 齐白石:《齐白石自传》,现代文化名人自传丛书,江苏文艺出版社,2012 年 1 月,第 169—170 页。

家俞伯陶、殷震贤等组织之益社昆曲俱乐部,业于前日成立,并投票选举职员。结果俞伯陶被选为正会长,殷震贤、吴乐山等被选为副会长,汪颉荀被选为名誉会长。该社员议决每月开会一天,会申昆剧,借以提倡国粹。集会地点在法租界五洲大旅社,参与者还有项馨吾、居益熔等人。[1]

汪瑞闿等人曾为戏曲表演家俞粟庐祝寿。俞粟庐,名宗海,江苏娄县(今松江县)人,著有《度曲刍言》《粟庐曲谱》。1926年4月25日,时值俞粟庐八十寿辰,上海的曲友和俞粟庐的老朋友姚文敷、李平书、汪颉荀、穆藕初、冯超然、胡筠秋、徐凌云、谢绳祖等,联名发起为俞粟庐祝寿,在徐凌云私邸徐园,由传习所全体学员演剧一天,以表庆贺。剧目有全本《连环记》,由张传芳、朱传茗、周传瑛主演;《盗甲》,由姚传湄主演;《古城会》由邵传镛主演。[2]

第八节 年谱

同治十二年,1873年,1岁

九月初九日,汪瑞闿生。

祖父汪根恕,举人,曾任国子监监丞、署苏州织造兼浒墅关监督。

父亲汪祖绶,进士,翰林院庶吉士,曾任曾国藩的幕僚,历任新阳、吴县、青浦等地知县。汪祖绶生六子:瑞曾、瑞高、瑞昌、瑞保、瑞昆、瑞闿。瑞昌、瑞保早卒。瑞曾,举人,任青浦知县。瑞高,拔贡,历任北洋机器局总办、直隶通永道道台、北洋支应局总办、长芦盐运使等职,授二品顶戴。瑞昆,监生,曾任台东军事将领。

汪瑞闿生母马氏,为父亲侧室,生一子瑞闿;二女:长适萧山陈氏,次未适殇。

光绪六年,1880年,8岁

长兄汪瑞曾庚午乡试举人,会试大挑一等,本年四月初五日经大臣验放,以知县分发湖北试用。

[1] 《申报》,1924年2月28日。
[2] 唐葆祥:《清风雅韵播千秋:俞振飞评传》,上海古籍出版社,2010年,第25页。

十月二十六日,四哥汪瑞昌(1855—1880)病逝,年仅二十五岁。

光绪十二年,1886 年,14 岁

正月二十九,祖父汪根恕去世,葬于盱眙南园双桂坡。

八月十六日,父亲汪祖绶去世,葬于吴县胥门外二都五图小鸟山之暧雔岭下,侧有汪瑞昌墓。

光绪十四年,1888 年,16 岁

九月初八日,先妣赠一品夫人陈太夫人去世,与汪祖绶合葬于暧雔岭下。

光绪十五年,1889 年,17 岁

汪瑞闿跟随苏州名人张一麐读书。张为吴县人,光绪十一年举人,光绪十五年至十七年曾在汪家任私塾教师,民国时期曾任总统府秘书长、政事堂机要局局长教育总长等职。张一麐在笔记中对此段经历作了记载:"余以沈旭初丈之汲引,馆于盘门汪氏,挈余弟一鹏伴读,生徒四人:一汪瑞闿颉荀,一颉荀兄子骏孙、祐孙,后祐孙更名士元;一已忘其姓名。居停为汪瑞曾南陔,其弟瑞高君谟。南陔为抚署文案,君谟则直隶道员,办理天津支应局者也。每月考紫阳、正谊、平江三书院,又收校外生六七人,卖文为生,神观日损,遂患失眠。越二年辛卯,房师孙少露先生祥霖视学湖北,招余往,乃辞汪氏,赴鄂,往三日即病遂归。"[1]

光绪十七年,1891 年,19 岁

九月十六日,长兄汪瑞曾接到随邵友濂赴台湾的朝命。"内阁奉上谕:邵友濂奏称,请调员差委一折,前陕西凤邠盐法道顾肇熙、候选知府蒋斯彤、江苏候补直隶州知州胡传、候补知县汪瑞曾、叶意深,贵州候补知县邓嘉缜,均著发往台湾,交邵友濂差遣委用。该部知道,钦此。"[2]

九月,三哥汪瑞昆,监生,以知县身份随台湾巡抚邵友濂赴台,委办台北抚

---

[1] 江东阿斗:《古红梅阁笔记》十一,民国史料笔记丛刊,上海书店出版社,1998 年 3 月。

[2] 第一历史档案馆:《光绪宣统两朝上谕档》第十七册第 221—222 页,广西师范大学出版社,1996 年 5 月。

垦、脑务釐金,稽查全台营务,并海防案内出力,保俟得知县后以同知用①。光绪二十一年交卸营务回大陆,后以三品候补知府分派浙江录用。

十二月,二哥汪瑞高服阕起复,经大学士李鸿章奏调北洋使用。

光绪十八年,1892年,20岁

汪瑞曾到台湾后水土不服,一直生病,带病处理公务,后经邵友濂奏知朝廷,准其回江苏待命。"再江苏候补知县汪瑞曾经臣奏调差遣委用,于本年三月初一日到台,即委赴台南北办理地方事宜。数月以来,正资臂助。兹据票称不服水土,脾湿困顿,恳求仍回原省等语,复加查察,委系实情。臣查该员汪瑞曾谨饬安详,通达治体,才识志趣不同流俗,实为牧令中不可多得之员。无如台地水土与内地迥殊,该员既不服习,若复强留亦非爱惜人才之道。除给咨仍回江苏原省补用,并咨部外理合附片具陈,伏乞圣鉴,谨奏。"②

瓜尔佳·奎俊(1843—1916)任江苏巡抚,汪瑞曾入幕为文案,得到奎俊赏识。

光绪十九年,1893年,21岁

五月,江苏巡抚奎俊保举汪瑞曾,"大挑尽先知县汪瑞曾、有体有用。学识兼长等语。凌焯、黄承暄、金元烺、均著传旨嘉奖。汪瑞曾,著交吏部带领引见。仍著该抚督饬该员等。尽心民事。勉为循吏。毋得始勤终怠。"③

光绪二十年,1894年,22岁

七月初一日,清政府被迫对日宣战,中日甲午战争全面爆发。

十月十五日,两江总督刘坤一保举汪瑞曾为青浦知县,称他"才具稳练,公事勤明"。光绪帝令交吏部带领引见。十月初三日,汪瑞曾经吏部带领引见,光绪帝令以知县尽先补用。十月二十五日回省复查。④

① 秦国经主编,唐益年、叶秀云副主编:中国第一历史档案馆藏《清代官员履历档案全编》,华东师范大学出版社,1997年10月,第649页。
② 中国第一历史档案馆:光绪朝朱批奏折第八辑《内政职官》,中华书局,1995年2月,第699页。
③ 世续、陆润庠、张之洞、那桐奉敕修:《大清德宗景(光绪)皇帝实录》卷之三百二十四,中华书局影印,1986年11月。
④ 中国第一历史档案馆:光绪朝朱批奏折第一〇辑《内政职官》,中华书局,1995年2月,第162—163页。

光绪二十一年,1895 年,23 岁

汪瑞曾正式担任青浦知县。

三月,汪瑞高署理易州直隶州知州。本年四月交卸。

中日甲午战争结束,三月二十三日,李鸿章和伊藤博文签署《马关条约》,主要内容有:清政府从朝鲜半岛撤军并承认朝鲜的"自主独立";清政府不再是朝鲜之宗主国;清政府割让台湾岛及所有附属各岛屿、澎湖列岛和辽东半岛给日本;清政府赔偿日本军费 2 亿两;清政府开放沙市、重庆、苏州、杭州为商埠;允许日本人在清国通商口岸设立领事馆和工厂及输入各种机器;彼此最惠国待遇。

光绪二十二年,1896 年,24 岁

五月,汪瑞高主持北洋机器局,即天津军火机器总局,为清政府创办的以生产弹药为主的北方最大的兵工厂。该局分为东、西两局。东局设城东贾家沽,以制造火药、枪炮、子弹和水雷为主。西局设城南海光寺,以制造军用器具、开花子弹及布置水雷用的轮船和挖河船为主。东、西两局所产军火除供应本省淮练各军、兵轮、炮船外,还按时拨给吉林、奉天、察哈尔、热河及分防在江南的水陆淮军。此外,东局还附设有水师、水雷、电报学堂。

光绪二十三年,1897 年,25 岁

是年,汪瑞闿由监生考中丁酉科顺天乡试举人,位列第 174 名。汪瑞闿《顺天乡试朱卷》:

光绪丁酉科,中试第一百七十四名、举人汪瑞闿、安徽泗州直隶州盱眙县监生名籍,同考试官翰林院编修记名遇缺题奏武英殿纂修国史馆协修李阅荐。大主考镶红旗满洲都统专操大臣奉国宗将军户部右侍郎兼管钱法堂事务室溥批取:词义新颖、经策淹通。大主考都察院左都御史镶黄旗汉军都统会典馆副总裁教习庶吉士专操大臣管理新旧营房大臣裕批取:虑周藻密、经策典核。大主考经筵讲官太子少保兵部尚书会典馆副总裁管理八旗官学大臣南书房翰林徐批取:光明俊伟、经策精详。大主考经筵讲官毓庆宫行走头品顶戴吏部尚书会典馆副总裁兼管顺天府府尹事务孙批中:沉实高华、经策淹贯。

本房原荐批:

第一场:矩规谨严,情交茂美,不徒以补发周匝见长。次议论闳深,发挥透

辟。三因题结撰,冰雪聪明,诗端庄流丽。

第二场:易书诗三艺绮章琢句,倾液漱芳。春秋笔有断制,文势不平。礼旁通曲,证尤见匠心。

第三场:畅满条达,胪列详明。

聚奎堂总批:清思浣月,妙笔裁云。次词意深稳,三机绪环生,诗工雅。二场典瞻,三场详晰。

卞庄子之勇,冉求之艺,文之以礼乐

合勇艺而才乃备,当进之于礼乐焉。夫勇如卞庄子,艺如冉求,不仅以知廉著矣,然非有礼乐,以文之才虽备,而德奚由进哉?今夫无力行之志,无泛应之机者,必非通才。然即有力行之志,有泛应之机者,尚非全,盖矜血气则易涉于粗,尚综核则易邻于琐,纵或有猷而有守,仍未能同节而同和。然后叹古圣人之涵育熏陶,汇群才而镕之一冶者,彬彬乎黼黻休明已。武仲、公绰生礼乐之邦,被文明之化,其聪明特达,廉介自持,固已加人一等矣,而未已也。又有卞庄子之勇,冉求之艺,在自末流,以畏葸为老成,而形神日即于衰颓,筋骨亦增其懈弛,得大夫以振励之,屹然者,王国干城矣。况理明则神愈壮,欲净则气愈刚。吾知振靡式浮,庶无诮儒生之不武。自曲学以空虚为镇静,而言器数则鄙为甚,继伍颇剧,则谢以弗胜,得吾党以化裁之厘然者,人天经纬矣,口口出于精明,神奇生于平淡。吾知兼收博采,并不徒为。宰之称长,勇艺者若此,不合知廉而四美已具乎?顾集思广益,取材自贵从宽,而淑性陶情深造,乃能自得。巽懦不可为,而鲁莽亦堪致败;技能固可羡,而琐屑亦无足观。苟抱质以游,为克弥阴阳之缺憾,不独智为小智,或矫廉即瑰琦岸巽之姿,每患跻而不衷诸正,则润色鸿业之无其方也。秉刚方之概而不挟意气以凌人,擅淹博之才而不骛新奇以炫世,虽得天已厚,尚必探易简之渊源,而后知力兼全廉能并著。凡轨物声容之美,靡不涵濡,而曲畅其天,则尔雅泽躬之有起本也。何以文之礼乐,不其亟哉?执白贵希声之说,谓归真返璞,不妨以清净相高,此下士之谈,何足语于大道乎?惟有以文之登明堂,而观法物,武夫有儒雅之风,进矇瞽而辨宫悬,物曲寓精微之意,推之烛照千里,屏绝万缘,亦并无主名之可指,则勇为大勇,艺为道艺,盖早统知廉而泯其偏端也。读周礼司徒之教,由何不肄习?久之,狃玉帛钟鼓之形,谓按节循声,已克尽甄陶能事,此俗流之失,岂所虑于吾徒乎?所谓文之者,纳心于规矩之中,知任侠尤为好事；倾听于和平之奏，知机事未免劳神，故虽胸有智珠，贞同介石，亦未有崖岸之可寻，则勇非小勇，艺非曲艺，盖已合知廉而浑于无形也。仰元公制作之心，由何不涵养深之？夫由固勇者也，且与求之艺同，以从政称者也，其亦慕武仲、公绰之风，而进之于礼乐乎？

思知人不可以知天

知人由于知天，惟君子能以天为心也。夫知人则能取人，而政赖以为者，亦身赖以修，亲赖以事也，然非以天为心之君子，乌乎知天？即乌乎知人哉？且人心与天心相去不远耳。君子欲天下之以心相见，不能不先出其心以见天。出其心以见天，则凡天心所不顺者，皆人心所不协，亦即吾心所不安。是人心天心与吾心俱息息相通也，顾犹舍吾心以求见天心，舍天心以求见人心，亦何怪人人自匿其心，而卒不能见？修身事亲之君子，即为政取人之君子也，夫人岂可泛言取哉？又岂可易言知哉？则尝思之熟矣，出深宫之耳目聪明，而思物物，遍烛诸隐微，其用亦有所不给，矧亲贤取友，异日将寄天民之任，奚容察察为明乎？情虽疏而礼宜隆，知睿智渊深，要惟默相夫无形之表，聚百族之智愚贤否，而思一一区分其差等，其势亦有所难周。矧离里属毛，吾君久隆天性之恩，岂能事事刻责乎？分虽殊而气不隔，知神灵首出，早已静窥夫受命之原。君子知人，君子之知天也，君子之以天为心也。吾乃叹君子之知天，有由天以及人者，尽人以合天者，天命本难谌耳。君子自握符建极以来，无往不严，顾諟之忧以相深于癏瘝，崇可效而卑可法，上冠下履，贵贱遂定。夫朝仪生于春而肃于秋，信赏必诛，威劝遂悬为国典，财成乎其道，辅相乎其宜，帝载无声，恍若有神明来告矣。所以商宗恭默，星辰图入梦之形；家相危疑，雷雨启殷忧之圣，所谓由天及人者，此也知之者。夫岂仅文物度数之末，谓足见昊宰之极机哉？人事不可测耳，君子自达化穷神，而后固已独具清明之德以自保。夫降夷外治世而内治躬，体法乾元，太和所以宏保合，远格天而近格祖，仔肩宗子，化育所以大经纶，言以为民坊，行以为民表，秉彝攸其，复何敢交貌相欺乎？所以帝德钦明，万姓如就瞻云日，圣谟广运，一心可旋转乾坤。所谓尽人合天者，此也知之者。夫岂徒周旋晋接之间，谓足窥至人之识量哉？思知人者，乌可以不知天哉？嗟乎，宣聪惟后，彼苍实牖其衷，故君子鉴空衡平，不必炫厥灵明，而臣民无可隐藏之念，虑赋畀同原万类，难殊其禀，故君子穷理尽性并不求诸幽幻，而左右如通陟降之精神。君子知人，君子之知天也，君子之以天为心也，曾是知人者而谓可不如是乎。

夫物之不齐物之情也，或相倍蓰，或相什伯，或相千万

极言物之不齐，可以推数学也。夫物而可齐，何有乎倍蓰什伯千万之数，知乎物之情者，始可以言数学。且物本齐也，自一物与一物相较而物乃不齐，自物物与物物相较，而物更不齐。因其不齐而立法以作之齐，于是不齐者可归于齐。使第见其已齐而遂忘其物之本不齐也，此非独不知物并不知数异哉，同贾之说也。夫使贾而可同，必其物之可齐者也，而试思物果齐乎？不齐乎？纯一不二者，天也。而何以五星之轨推算者谓有出入之差，梦梦彼苍，且不能悬一定之规以垂为法象，而况乎其所覆者也？博厚不迁者，地也，而何以两极之方，测度者谓有高低之率？抟抟大块且不能示一成之局以著厥端倪，而况乎其所载者也？是何也？是有情也。由倍蓰而什伯，而千万，则通乎物之情而数出矣。数起于一，而因而重之，则垛积之级数生焉。二因其本数则得数为倍，五因其本数则得数为蓰，二与五相因则得数为什，自什以上，则满百而位一进焉，满千而位又进焉，满万而位又进焉。虽极之万所不能赅者，而无不可以十进之。因乘所以通算，法之原数，极于万而分而析之，则循环之小数立焉。二除其分子，则分母必倍之；五除其分子则分母必蓰之，二与五相除则分母必什之。自什以外，则满百而位一退焉，满千而位又退焉，满万而位又退焉。虽推万所不能尽者，而无不可以十退之。通分所以御数理之变，虽古人穷思极想，免倍蓰什伯千万之琐，而胥以一元立之，似不齐之说，非其通然定位正名，由无极而生太极，迨如积相消，而后其真数仍交错而难稽。即后人研几极精，去倍蓰什伯千万之烦，而悉以一字代之，似不齐之谕，近于执然，设元定号，由已知以推未知，迨方程迁项之余，其细数仍纷繁而不一。噫羲，经为圣人积算之书，而奇偶成文，知神农之说不必托周髀为千古畴人之祖，而勾股测地知井田之法不容更。自有许子之说，则数学可以不讲矣。比而同之，可乎？

赋得妙句锵金和八卷　得金字五言八韵

倡和銮坡下，锵然八韵吟。清词霏似玉，妙句截如金。击钵声盈耳，穿珠与惬心。体裁三颂拟，羽卫六飞临。垂露夸江笔，歌风叶舜琴。钧天传雅奏，跸路

绕余音。听镳来中禁，聊镶到上林。髯苏工赠答，鸣盛慰宸襟。①

是年，汪瑞闿任北洋支应局总办。北洋支应局专管北洋海军俸饷、工需及北洋各海口陆军兵饷并各局、各学堂、船坞、库厂薪粮经费暨一切工程修制、采办价值收支报销事宜，应用员弁、司事、书役人等薪工等费。（《北洋海军章程第八》）

光绪二十四年，1898 年，26 岁

戊戌变法运动暴发。四月二十三日，光绪下《明定国是》，开始变法，主要内容为学习西方，提倡科学文化，改革政治、教育制度，发展农、工、商业等。该运动遭到以慈禧太后为首的守旧派的强烈反对，八月初四日，慈禧太后等发动政变，光绪帝被囚至中南海瀛台，维新派康有为、梁启超分别逃往法国和日本。谭嗣同等戊戌六君子被杀害，历时仅一百零三天的变法最终失败。

光绪二十六年，1900 年，28 岁

五月二十五日，清廷下诏与各国宣战。英、法、德、美、日、俄、意、奥等国派遣联军入侵中国，慈禧太后挟光绪帝逃往西安。

汪瑞闿报捐知府："二十六年十一月在于江苏助饷案内报捐知府，指分江西试用。二十七年十二月十一日由吏部引见，奉旨照例发往。"②

光绪二十七年，1901 年，29 岁

七月二十五日，清政府与英国、俄国、法国、美国、日本、德国、意大利、奥匈、比利时、西班牙和荷兰签订《辛丑条约》，主要内容：惩办"得罪"列强的官员；派亲王、大臣到德国、日本赔罪；清政府明令禁止中国人建立和参加抵抗侵略军的各种组织；赔款 4 亿 5000 万两白银，分 39 年付清，本息 9 亿 8000 万两白银；在北京东交民巷一带设使馆区，各国可在使馆区驻兵，中国人不准在区内居住；平毁大沽炮台以及北京至天津海口的炮台；各国可以在北京至山海关铁路沿线驻兵。此后，中国完全沦为半殖民地。

汪瑞闿随胡燏棻办理京畿善后营务事宜。胡燏棻（1840—1906），清末大臣，安徽泗州人，字芸楣，同治进士，选庶吉士，是李鸿章赏识的淮系官僚。历任天津

---

① 顾廷龙主编：《清代硃卷集成》(128)，台北成文出版社，1992 年，第 279—294 页。

② 秦国经主编：中国第一历史档案馆藏《清代官员履历档案全编》，华东师范大学出版社，1997 年 10 月，第 562 页。

道、广西按察使,总理各国事务大臣及邮传部侍郎等职。

七月十四日,对汪瑞闿有养育之恩的长兄汪瑞曾(1848—1901)在青浦知县任上去世,此前上司正拟调其任吴县知县。汪瑞曾,壬戌恩举人,曾随台湾巡抚邵友濂入台,"渡台数日染疾,犹日扶病治官书,邵悯之,以状闻,乃得返省。值奎军抚吴尤深倚畀。未几,除知青浦邑,为岸青公旧治,遗爱在民。公继志述事,益广厥施。时上游方倚公深,调首邑,以积劳卒于青浦署。发引日,士庶多焚香泣送,有过寻常。公慈祥恺悌,出于至诚,族间有贫乏不能自存及殁无以葬者悉周之。抚孤侄恩尤笃。生平顾思义,欲步曾祖通议公之后尘,乃年不副德,赍志以终。"[1]葬于汪祖绶墓侧。

朴学大师俞樾作《汪南陔大令挽联》:"南陔官青浦县,卒于官。其父岸青大令亦宰青浦,二十年间,父子相继,亦佳话也。其祖小堂观察,乃余丁酉同年。青浦听循声,昔日郎君今众母;白头悲往事,君家大父我同年。"[2]

九月,柯逢时调任江西布政使,调汪瑞闿到江西任职。柯逢时(1845—1912),字逊庵,懋修,号巽庵,别号息园。湖北省大冶人,光绪九年进士,点翰林,改庶吉士,授翰林院编修。历官至江西布政使,贵州、广西巡抚、户部侍郎。辛亥革命前夕,授浙江巡抚,未赴任。

光绪二十八年,1902 年,30 岁

四月五日,汪瑞闿署理九江关道。[3]

"曾闻卸署九江道汪瑞闿云:渠于九江治堤一禀,瑞抚院仅批数语,而端制军则长批奖励,令人意兴,为之鼓舞。是则振刷属吏之精神,批牍,其一端也。"[4]

四月,江西历史上第一所军事院校——江西武备学堂成立,汪瑞闿为总办(校长)。

"江西的军事学堂,先有武备学堂,后有陆军小学:光绪二十八年(1902 年)四月,江西抚署于南昌永和门内设江西武备学堂。创办人江西布政使柯逢时,候补道汪瑞闿总司其事,江西巡抚李兴锐会同司道厘订规条,内设总教习 1 人(吴介璋),分教习 6 人,东洋分教习 5 人。首届招各属平民子弟 120 人为正课生,另

① 《汪氏家谱·汪瑞曾传》,清末抄本,盱眙汪毓葆家藏。

② 俞樾:《春在堂楹联录存》,台湾文海出版社,1969 年 5 月。

③ 孙修福:《中国近代海关高级职员年表》,中国海关出版社,2004 年 4 月,第 792 页。

④ 熊希龄:《熊希龄先生遗稿》,上海书店出版社,1998 年 12 月,第 4036 页。

收官员子弟 40 人为附课生,其课程有:兵法、体操、德文、算学等。至光绪三十一年(1905 年)四月,第一班学生三年届满毕业。第二班开学数月即并入南京军官学校。李烈钧、欧阳武、胡谦、方先亮、彭程万、伍毓瑞、俞应麓等都是江西武备学堂出身的学生。"[1]

李烈钧在自传中记述了到南昌考试初次见到汪瑞闿的情形:"抵南昌之次日,余以武宁县派出之首名学员应试。初试为体格检查。见汪总办(汪瑞闿)官服,上坐书记呼余名,趋前行礼。体格检查为举石础。曩者曾从武举人张坦庵先生习武术,颇知门径,及是乃举重若轻。试毕汪总办对余点首,以示中肯,榜发得列前茅焉。入学后勤勉攻读。第一学期内,学、术两科,未缺席一次。监督提调及总教官吴介璋等均予嘉勉。未几,北京练兵处选学生赴日本学陆军,江西应选派四人。余得首选,其余三人为胡谦、欧阳武、余鹤松,均由江西巡抚资送赴北京应试。"[2]

七月,柯逢时任江西巡抚,汪瑞闿署理按察使,得到柯的信赖:"柯巽庵为赣抚,宠信丁少兰、汪颉荀,尝对群僚曰:是二人乃吾左右手。时丁年甫逾三十,汪二十有七,洪都官场称小丁、小汪。柯见前。丁名乃扬,浙江吴兴人。由知府保升道员,擢授两广盐运使,晋顺天府府尹。民国历任两广、长芦盐运使。汪名瑞闿,安徽盱眙人。由举人纳资为知府,指分江苏,充海运总办,保道员。柯逢时抚赣,调之江西,权九江关道,再权按察使。柯移桂,任为巡防军统领。"[3]

汪瑞闿英俊潇洒,到南昌上任时,妇女们纷纭上街争着一睹他的丰采:"汪颉荀丰姿秀美,按察江右,年未三十,舆马经过巷市,妇女争前窥其容色。其时欧阳闰生方家居,笑曰:"豫章人又要看煞卫玠矣。"[4]

九月初九日,汪瑞高补授直隶长芦盐运使缺。

十月初六,汪瑞高补授直隶通永道员缺。

本年三月,清廷公布试行《钦定学堂章程》(即"壬寅学制"),诏谕"于各省城均改设大学堂",同年 11 月在省城南昌创办江西第一所高等学校——江西大学堂。江西大学堂由江西巡抚李兴锐将原豫章书院改制而成,以汪瑞闿为总办。学生来源以挑选举人、贡生、监生为合格,由各府县选送。江西大学堂于清光绪

① 赵树贵,陈晓鸣:《江西通史》10 晚清卷,江西人民出版社,2008 年 10 月,第 203 页。
② 李烈钧:《李烈钧自传》第 3 页,三户图书社 1944 年。
③ 陈赣一:《新语林》卷三,民国史料笔记丛刊,上海书店出版社,1998 年 3 月。
④ 陈赣一:《新语林》卷四,民国史料笔记丛刊,上海书店出版社,1998 年 3 月。

三十年(1904)改名为江西高等学堂。校舍迁往贡院。确定"以忠孝为本,以中国经史之学为基,俾学生心术壹归于纯正,而后以西学为论其知识,练其艺能,务期他日成材,各适实用,以仰国家造就通才"为教育宗旨。同时办学规模也有所扩大,除原来预科外,还附设了中学部,以便为本科教学准备生源。以后,学校开办了工科本科。[①]

光绪二十九年,1903 年,31 岁

盛宣怀创办的萍乡煤矿公司遭当地百姓打砸抢,盛向汪瑞闿求援,汪回函表示立即令州县严加查处,决不姑息。《汪瑞闿呈复盛宣怀》(光绪二十九年十二月二十八日(1904 年 2 月 13 日):"江西署江西等处提刑按察使司为呈复事:光绪二十九年十二月二十七日,承准贵大臣照会内开:'据宜春煤矿局蒋令家骏申称:窃以卑矿腊园近地前,有萍乡人李贲私开煤窿,当经备情申请,转咨饬查,驱逐在案。兹查该痞李贲(即李善堂)不但在卑矿逼近之处私开窿口,并侵占卑矿井内现成之煤,强横盗挖,约去煤槽二丈余远。遣人理谕再三,硬抗不理。继闻该痞潜谋纠众抢劫,局厂于十一月初八日饬局丁,将李善堂及其子李燮燔扭送宜春县收押在案。乃果于初九日,李善堂之孙,名叫花子,率领恶党,蜂拥到厂,将司事蒋其辉掳捉而去。厂中衣物、器具,夺掠一空。并抢去铁、炭约五、六百石。似此强占公矿,纠众抢掳,形同化外。若不严行惩治,则公矿决不能办,公本从何收回?理合具申,伏祈宪台俯赐察核,迅咨江西抚宪,转饬宜春县研讯该痞李善堂等,勒限将司事蒋其辉及所抢衣、物、煤、炭等件,全行交出。并拘其孙叫花子及痞党到案严惩,取具永不再行滋扰切结,以戢刁风,而保公矿,无任叩祷之至。为此申乞照验施行等情。据此,相应照会查照,迅速饬县严讯追究,见复施行'等因,承准此,除行袁州府饬遵办理外,理合具折呈复贵大臣查核。须至折者。右呈:钦命督办铁路总公司事务大臣兼办湖北铁厂太子少保尚书衔前工部左堂盛。光绪二十九年十二月二十八日。署江西按察使汪瑞闿。"[②]

随江西巡抚柯逢时总办巡警军务,政绩突出,得到朝廷传令嘉奖:

十二月,"又谕夏时奏考察属员分别举劾一折。江西署按察使候补道汪瑞

---

① 江西省教育志编纂委员会编:《江西省教育志》,方志出版社,1996 年 12 月,第 375 页。

② 陈旭麓、顾廷龙、汪熙:《汉冶萍公司(二)》,盛宣怀档案资料选辑之四,上海人民出版社,1986 年 11 月,第 898—899 页。

阊、广饶九南道瑞澂……大挑知县周景祁均著传旨嘉奖。"①

光绪三十年,1904 年,32 岁

年初,汪瑞阊开除有反清言行的武备学堂蔡锐霆等学生,与这些江西人结下怨仇。

五月三十一日,广西按察使刘心原离任,沈赞清、彭谷孙、汪瑞阊等人在龙隐岩与之饯别,刘心原作《龙隐岩题名》,题于石壁:"大清光绪卅又一年五月晦日,广西按察使嘉鱼刘心原开缺还里。同官侯官沈赞清、长州彭谷孙、盱眙汪瑞阊同游龙隐,观宋曾布题名,半没沙中,出之,题此记。命心原篆,零陵贺绍鹤刻,湘乡刘松云察。光绪乙巳五月晦日,侯官沈赞清雁谈、长州彭谷孙子嘉、盱眙瑞阊颉句饯嘉鱼刘心原幼丹于此。"

江西武备学堂奉北京练兵处令,饬选四人赴日留学,汪瑞阊在学生中挑出李烈钧、欧阳武、胡谦、余鹤松四人。由吴介璋率领,抵京复试。路过天津时,曾由直隶总督兼练:兵处大臣袁世凯予以接见,再转上海赴日。抵日后,先入日本振武学校(系士官学校的预备科)。两年毕业后,转入日本四国炮兵第十二联队实习一年,乃入日本陆军士官学校学炮兵。

五月,汪瑞高次子汪祜孙(士元)中进士。

七月,"又谕、电寄岑春煊等、柯逢时电奏具悉。据称岑春煊月抵桂,专以调忠毅军剿庆远。责黄忠立剿崀匪,而自与司道挟优宴饮。至灌醉统领忠毅军道员汪瑞阊等语。当此时艰,该省地方糜烂,生民惨遭荼毒,深宫宵旰忧劳,寝食为之不安。该署督与司道等如此行为,试问于心何忍?著岑春煊明白回奏。至柯逢时以遇事牵掣,请派员护理抚篆,免至贻误等语,显系意存规避,希图诿卸,著不准行。李经羲早报启程,现在行抵何处,著即懔遵叠次谕旨。兼程前进,迅速赴任,电寄。"②

光绪三十一年,1905 年,33 岁

五月,上海闸北工程总局改称为闸北工巡总局,道员汪瑞阊为总办。那时的

① 世续、陆润庠、张之洞、那桐奉敕修:《大清德宗景(光绪)皇帝实录》卷之五百二十四,中华书局影印,1986 年 11 月。

② 世续、陆润庠、张之洞、那桐奉敕修:《大清德宗景(光绪)皇帝实录》卷之五百三十三,中华书局影印,1986 年 11 月。

行政设施注重警务,道路、桥梁因收入有限适当修造,次年正式改为上海北市马路工巡总局。初,工程总局租赁民房,至是,始兴建局屋,易今名。开筑马路,编设警察,次第举办。其警费奏准予北关提拔。[①]

八月十七日,汪瑞高去世。

光绪三十二年,1906 年,34 岁

汪瑞闿任江西陆军小学堂代总办。"3 月 3 日,江西陆军小学堂暂就旧有武备学堂房屋开办,招收第一届学生 80 名,附课生 24 名入堂肄业,改委汪瑞闿兼任代总办,吴介璋任监督。"[②]"光绪三十二年(1906 年)二月,江西武备学堂改建为江西陆军小学堂。学堂设在南昌澹台门外,江西藩司兼任校长。学员定额210 名。汪瑞闿任总办,吴介璋任监督。招收条件是本省各高等小学堂学生及本省驻防子弟,年龄在 15 岁以上 18 岁以下(由原武备学堂挑选者,年龄可放宽到 20 岁)。体质强壮,聪明训谨,无废疾嗜好,曾读经书者。学堂的宗旨是'一切教育,以忠君爱国为本原,德育,体育为基础,振尚武之精神,汰叫嚣之陋习'。教官大都是军事衙门调配的。学员要进行实弹射击,刀剑劈刺等训练;要学习典范令,步兵操典等军事知识,也学文化知识。"[③]

汪瑞闿署理九江关监督。

光绪三十三年,1907 年,35 岁

汪瑞闿出任上海巡警总局总办(局长),直至 1911 年 4 月。

清光绪三十二年(1906 年)四月绅办闸北工程总局改为官办上海北市马路工巡总局,以上海道台瑞澂为督办,徐乃斌为总办,以城内各局隶属。翌年,两江总督端方奏准上海推广巡警,委瑞澂为督办,候补道汪瑞闿为总办,改上海北市马路工巡总局为上海巡警总局,,始负责起巡警、消防、户籍、营缮、卫生等公共事务。共有警务人员 1000 余人。编设警区,分为 4 路 19 区。城内为 1 路 5 区:1区设在常平仓总局,2 区设在鄂王庙,3 区设在水仙宫,4 区设在关帝庙,5 区设在沉香阁。浦东为 2 路 5 区:1 区设在赖义渡兼保甲总巡,2 区设在杨家渡关帝

---

① 上海县修志局分纂:《上海县续志》,1918 年 5 月。

② 《军机处录附档》,载陈学恂主编《中国近代教育大事记》,上海教育出版社,1981 年 10 月,第 157页。

③ 赵树贵、陈晓鸣:《江西通史》10 晚清卷,江西人民出版社,2008 年 10 月,第 203 页。

庙,3 区设在洋泾镇定水庵,4 区设在塘桥,5 区设在六里桥。虹口为 3 路 4 区
(兼管宝山县境):1 区设在宝山路,2 区设在虬江桥,3 区设在龚家宅,4 区设在
引翔港胡家木桥。闸北为 4 路 5 区:1 区设在夏家弄,2 区设在新闸南大街,3 区
设在叉袋角,4 区设在真如镇,5 区设在北新泾。每路设正巡官 1 人,直辖一个区
警管区域。路下每区设副巡官、巡长、巡记各 1 人。1 路、2 路每区各有巡士 60
人,3 路、4 路每区各有巡士 40 人。另外制造局设巡警 80 人。

　　同年,因北市与宝山县交界地区市面日兴,且浦东一水相隔,交通繁剧,盗贼
混迹,尤难防范,又添招巡士 2000 余人,由总办汪瑞闿会同江海关道总理其事。
每月仅添拨关税银 1 万两,不足之款,由地方捐税支配。巡警所管地界分 4 路:
城内为第一路,浦东为第二路,北市绵长,划其东北为第三路,西南为第四路。每
路设 1 个分局、5 个分区,遍布巡警岗位。并另设骑巡队,分驻浦东、北市两处,
昼夜梭巡,以补站岗巡士的不足。消防队、侦探队也同时成立。又增设水巡警局
1 所,担任黄浦江与苏州河警务。巡警总局雇有外籍人员,专备与租界有交涉时
使用。后来每年经费银增至 6 万两,概由关税项下开支。①

　　陶成章《浙案纪略》卷下附录《江督苏抚会奏平枭电》:"窃照剿办枭匪迭次获
胜情形,前经电奏在案。查苏、浙枭匪,向分土、客两帮,群推夏竹林、余孟庭为渠
魁。正月十九日枫泾之战,幸将夏竹林击毙,并生擒悍目散匪多名,而余孟庭逃
越未获。该枭党羽极众,素得人心,深恐复又勾结滋扰,当经方等督率瑞澂严饬
分批搜捕。据上海巡警局员汪瑞闿拿获匪党蔡桂士、李桂亭、卫定香三名,起出
赃物甚多,解交瑞澂提讯,均供认伙劫小轮不讳,立饬就地惩办。……汪瑞闿饬
派侦探弁勇,查至镇江会同营县访缉任小山、吴尚田两匪。"②

　　汪瑞闿光绪三十三年到沪以后,即在北市设立巡警总局,"分科治事,逐渐添
设局所,划分区域,又分设学堂,招练学生。创立骑巡、巡逻、消防各队。开辟马
路,振兴市廛。又设立水巡队,购置小轮、汽轮、舢板,分巡苏州河、黄埔江,以辅
陆巡之不逮。复筹办自来水、电气灯以便商民日用,使利权不致外溢。举凡可以
保护治安、维持公益、挽回主权、顾全大局之事无不悉心筹划,次第举行。查北市
各处毗连租界,外人于中国巡警未经设立之前,侵筑马路、漫无限制。职道到差
以来,设法截阻,据理力争,一面自行筹办。昔日沮洳荒寞之场渐成繁盛洁清之

---

① 上海市公安局公安史志编纂委员会:《上海公安志·上海巡警总局》,上海社会科学院出版社,
1997 年。
② 汤志钧编:《陶成章集》,新华书局,1986 年 1 月,第 413 页。

市。"巡警总局之下又设立分局和区。"其分局则分设四路,第一路在城内,第二路在浦东,三、四两路在北市。每路分为五区,均已支配齐全。至学堂警生现已教满七班,统计有学生千余人,分派各分局、区,队充当弁,记、长、警。"①

"上海为东南重镇,通商租地为全国第一,而主权之凌侵、土地之丧失,保守维持至为不易。巡警所辖地面,皆四面沿截以为抵制,而又隔之以各租界,间之以浦江,三面零错,形如犄角。自:光绪三十三年经现署江苏巡警道汪,总办斯局,设法推广经营,部署不遗余力,以今视昔,巡警之权力已觉扩充。然租界工部局因忌生妒,时有借口,而巡警官更以初定规模,外边强邻,内禁应付,为难情形,早邀洞鉴,近者乃复有核减上海巡警经费之议,虽此议案未必实行,然当道之创为此议者或以上海为一隅之地,警力之消长固无关于国是耳。"②

上海巡警总局:"上海一隅之地,有所谓英租界、法租界、城厢内外工程局地段、闸北巡警局地段、浦东总巡地段。城厢地段区区不百里之地,几如战国时七雄并峙。不论其行政之如何,自治之奚若,要之政出多门,事权不一,究非地方之福。当庚子前,上海未设巡警以前,以沪军亲兵营、抚标沪军营,拨数百老弱烟兵,分派各巡防局驻守,以资防卫。迨光绪三十一年,升任上海道袁海观制军倡办巡警,详准将沪军亲兵营改为巡警,拨派站岗,是为上海有巡警之始。越一年,由江督端制军揆委汪颉旬观察为巡警总办,举办闸北、工程。闸北、城内巡警,归总局节制。惟城外及十六铺、南工程局地段之警务不与焉。三十三年,议辟闸北马路,即起建闸北巡警总局,盖造洋式二层房屋,为巡务办公之所。建筑虽远不逮英法美之巡捕房,又不如南市总工程局,意者实事求是,不尚外观耶!"③

张学济(1873—1920)在上海组织广艺书局,作为秘密革命机关,从事革命活动,被汪瑞闿捕获。熊希龄出面营救,并作《请惩处眼线以服张学济致汪颉荀观察函》(1907 年):"颉荀仁兄大人阁下:昨晚为张君学济事,亲往总局,反复辩难,至四点钟之久,张、夏两君所目睹也。勉强邀张君至弟家一宿,是晚又争论良久,张意谓,此次总局各员及我公优待,良深感激。惟汪委员暨眼线、缉丁情形可恶,士可杀,不可辱,若不乞公阅后加入,又一逐问张君,亦照录成篇,并呈台鉴。窃谓此案,全误于汪景龙将南北洋会札拿办未注籍贯之张济妄称系湖南人,以致引出此王顺玉之眼线,阅时半年,耗费巨款,其误尚小。而因全副精神注重于假张

① 《汪瑞闿禀》,中国第一历史档案馆馆藏档案。
② 《张玉辉禀呈》,中国第一历史档案馆馆藏档案。
③ 《上海之建筑·上海巡警总局》,上海《图画日报》,1909 年 10 月 25 日。

济之故,反令真张济逍遥事外,漏纲脱逃于外洋,重劳大宪麋虑,留遗国家隐患,其误甚大。此汪委员应加惩处也。眼线王顺玉,因闻拿获张济可邀重赏之言,希图发财,又以汪委员指称湘人,遂误以张学济为张济,观其供词,足知其有隙可指。弟近又详加查访,深思傍证,始恍然于该眼线致误之由。查该眼线供词,有闻陈家鼎言及黄轸与张济轮流往来,此住上海,彼住东京之事,遂疑张济为革命党。不知陈家鼎所指张济即真张济也。盖真张济与黄轸非常亲密,狼狈相倚,留日学生无不知之此为致误之第一原因。查张君学济所开广艺书局,于三十二年秋顶归张镇衡接办,张为湖南宝庆人,亦系东洋留学生,用洋式名片者。又真张济于三十二年七、八月间,曾由上海赴奉天,欲勾通马贼暗杀徐、振两钦差,嗣经沪上侦探报告奉天赵将军,派队严拿,真张济仍逃回日本。弟时在奉天,与金仍珠深知其事,想此真张济必到过湘学会等处,眼线王顺玉遂记其名片。此次以假张济之故,乃合三张姓之事,而误成一张济,湖南宝庆人之名片供词。下等社会人脑筋不灵,往往有此误会,此为致误第二原因。但误会之故,本可曲原,惟王顺玉以图利之心,不免从中增捏其词,如今年三月初旬见假张济于宝善街,又谓假张济初名张,后改为张学济,初供谓另有一张济,嗣因弟与我公示以真张济为直隶人,彼又改供为前此并未供另有一张济,似疑公有骗伊赏格之意。是为图利害人,前之充当眼线尚属误会,此则直有弄假成真之心,似宜加以惩罚,以儆效尤。缉丁奉总局命令拿人,原无责任。惟张君在西门相遇时,曾询以有无拘票,缉丁答称无有,张君疑而不行,缉丁乃以武力曳辫倒拖,张遂受其凌辱。查缉丁既奉命令拿人,应持拘票前往,无拘票而张不肯,非张之罪也。查例载罪犯拒捕,官兵乃可格杀,张君不过声询有无拘票,并未用武抵制,而缉丁即曳辫倒拖,未免剥削人民自由(中国所谓辱人名节)权利,即中国词讼,果有其罪,亦须先行褫革,乃能用刑。缉丁所为,未免鲁莽,亦应加以惩责,庶足以服张君之心,而平其气。张君佩公感公,拟赴诉公,并请召眼线质证,乞公俯准为幸。匆此敬叩台安。弟希龄报首"①(上海图书馆藏件)。

光绪三十四年,1908 年,36 岁

七月初九日,浙江巡抚马汝骥奏保道员汪瑞闿并恳调回江西补用折:"奏为道员才堪任用,胪举事绩,据实保荐,并恳调回江西,以原班补用,恭折仰祈圣鉴

① 周秋光编:《熊希龄集》第一册,湖南人民出版社,2008 年 9 月,第 338—340 页。

事。窃臣仰蒙恩旨,调抚江西数月以来,该省情形逐事访求,粗知梗概。唯治理之要,首在得人。臣自顾庸愚,思得才识超迈之员相助为理以冀无负主知。兹查有奏调江苏补用前江西即补道汪瑞闿,历经前抚臣李兴锐、柯逢时、夏委办高等学堂、武备学堂,复统常备中军,暨总办警察营务。该员治军缉匪,消患无形,旋署臬司六阅月,清厘积案三百余起。嗣经广西巡抚柯逢时调赴广西,任以军事,尤著勤劳。李经羲委办广西统税,收数大增。前江西巡抚胡廷干奏调回赣,总办兵备,教练两处及陆军小学堂。吴重喜继任饶州抚州,各属土匪滋扰,该员参划戎机,克期平定。委署广饶九南道,修复废田数万亩。适值萍乡匪乱,长江一带会党思逞,该员严访密捕,所属各郡晏然无警。上年经两经督臣端方奏调,改归江苏补用,办理上海华界巡警事宜。该员于军政学务理财交涉诸大端历试有效,迭经各督抚臣保奏,早在圣明洞鉴之中。臣维时事多艰,人才难得,该员在江西甚久,历署司道,并办各项要政,治绩贤声在人耳目,实为江西万不可少之员。可否仰恳天恩甄录擢用,并准将该员调回江西,以原班补用,免缴离省银两,俾臣得指臂之助。其上海巡警事宜,已商准两江督臣端方遴员接办。俟邀俞允,即饬该员赴赣,臣为裨益江西大局起见,是否有当,谨恭折具陈。伏乞皇太后皇上圣鉴训示,谨奏,光绪三十四七月初九日。朱批著照所请,该部知道,钦此。"①

九月,"庚寅。谕内阁、那桐等查验第二期报到荐举各员分别加考开单呈览一折。……,奏留江苏补用道汪瑞闿、山西补用道张毅、安徽试用知府谢宗诚、候选知府胡薇元、著自九月初十日起。按照名次先后。每日二员。呈递膳牌。伺候召见。如是日未经召见。仍于次日豫备。其余各员。以次递推。"②

李烈钧在日本陆军士官学校炮兵科第六期毕业,回国途经上海。适前江西武备学堂总办汪瑞闿正在上海,因函介到江西第二十七混成协(旅)任第五十四标第一营管带。③

11 月 14 日,光绪帝死。立醇亲王载沣子、年仅三岁的溥仪为帝,年号宣统。次日,慈禧病死,年七十四,葬于河北遵化定东陵。

---

① 《奏设政治官报 11·奏折类》,七月十二日,第二百八十一号,第 209—210 页。
② 世续、陆润庠、张之洞、那桐等人奉敕修:《大清德宗景(光绪)皇帝实录》卷之五百九十六,中华书局影印,1986 年 11 月。
③ 周寒僧:《记李烈钧先生》,载《中华文史资料文库》,全国政协文史资料委员会编,安徽人民出版社,2000 年 10 月。

宣统元年,1909 年,37 岁

《申报》五月二十五日(1909 年 7 月 12 日)刊登《宁绍航业前途之希望》一文:"二十二日下午,宁绍轮船驶往吴淞试验速率,已略前报。兹悉是日到者,计江督代表宝子观大令、苏抚代表汪颉荀、观察沪道代表万翰香太守,及各国领事华洋绅商,宁绍两府同乡数逾万人,兹将宾主颂词答词录后:……,苏抚代表汪观察颂词:今日为贵公司宁绍轮船试行开车之期,鄙人奉抚军辛帅命,恭代观礼,获与斯盛,曷胜欣幸!溯通以来,商战竞争,东西各国,群以大小轮船,纵横侵灌,抗路利权,渐被坏夺,而吾国仅招商一局与之争口,岁溢漏卮,不可胜计。宁绍为浙东一大都会,文明口启,物产富饶,杰士伟人,项口相望,复能同心同德,出任巨艰,谋事必听,成决策能见其大毅心坚力,终始弗渝,中外士商,交口推贵。公司克期成立,规模大备,上为国家挽利源,下为实业谋进步,备舆伊始,秩序并然。其船体之精良,速率之稳捷,犹其余事。从此甬水稽出,交通便利。窃愿吾国之经营航路者,闻风兴起,皆如贵公司之万心如一,百折不挠。是贵公司之造口我中国前途者,既大且远。此尤抚帅维持愿望之心,而鄙人所额口祷颂者也,口颂。"①

六月,"以防办枭匪出力,予江苏补用道刘体乾、汪瑞闿、存记候补道张士珩、均仍交军机处记名。"②

八月,画家齐白石带着钦廉兵备道道台郭葆生的书信到苏州拜访汪瑞闿,得知汪在上海,又到上海。当时汪为上海新洋务局总办,殷勤安排。齐白石作为贵客,在汪公馆住了月余时间,遍游了大上海。这次在沪,他广搜石印名画,以开眼界。《寄园日记》有以下记载:

二十一日已刻,买小轿船之苏州,黄昏始开行。二十二日午后,到苏州,寓穿珠苍宾鸿栈,即使刘汉湘问汪颉荀官于何处。于藩台衙。移时汉湘归,问得伊之公馆在驸马府堂之前,其人闻去上海。余与汉湘之伊公馆问之,其门房书纸告伊为:上海新洋务总办,其局在新马路市浜桥,问汪公馆。苏州儿女多美丽者,前年以来偶有所闻,果然矣!二十三日,夕阳搭轮船返上海。二十四平明即到,即之汪六处。汪六于昨日平明,因苏州抚台之夫人死,会葬去矣。余复寓长发栈,伊仆约明日午后再去。二十五日午后,再去汪公馆,汪六未归。是夜又去访之,

---

① 张伟主编:《浙江海洋文化与经济》第 4 辑,海洋出版社,2011 年 1 月,第 26—27 页。

② 章梫、钱骏祥、世恭等人修:《大清宣统政纪》卷之十五,中华书局影印,1986 年 11 月。

汪六归。余被门人阻之,不得入。余将郭五之书付之门人即归寓,决明日去矣,不欲再来。归片时,忽有人呼寓所之门曰:此居居齐君否? 新洋备届辚书桌。余慷醒棒读乡,情煮殷殷,欲余明日过去一晤,扫榻恭迓。如能小驻,尤所喜者。即弟他出,亦必有人接待。二十六巳刻,买车又之汪公馆。余下车投以名片笺,其门人即大声曰:请! 汪六为瑞中丞之夫人归榇致奠未归。其公馆之幕府某与谈片刻,汪六即归,一见如(故),不胜其喜,请少勾留一二月,其意似欲余少许可方敢固留。余许十日饮,伊即遣人为移行李。二十七日,汪六倩(请)其教读××及其××××游也是园,此园系明时××所造,颇古致,兴尽而归。是夜又为××偕之丹桂茶园观剧,丑刻归。自二十七日以后,无夜不看剧,余事繁不胜记。九月初一日,汪六与余合与郭五电。初三日,得郭五复电,甚慰。然使人清愁益发,奈何! 奈何! 二十五日,今日起行返湘,夜来上招商局'江永'轮船,船上买办吴蟾青伊侄瑞臣皆接待,因汪六有书致伊所托也。汪六见余礼貌胜于桂林时,未别时已再三再约明年来沪,并云苏抚印瑞澂见余所刊之印,亦望余再来,必欲扫榻以待。自来上海流连一月,其事甚繁,不胜记。将行数日来,汪六部下之友人无不知汪六之意,皆施礼貌,并招饮及祖饯及觌物,觌物最多惟姚继枝。继枝亦故人也,其接待亦最恭。汪六所用之人,皆非郭五部下也。①

十一月,江苏巡警局改为巡警公所,汪瑞闿兼任总监,得到江苏巡抚瑞澂的推荐:

《调署湖广总督江苏巡抚瑞澂奏巡警局改为巡警公所委汪瑞闿充总监片》:"再宪政分年筹备事宜,各厅州县城镇乡巡警自宣统元年开始,限于宣统七年一律成立。苏省原有之巡警局,按照部章未经设立巡警道省分改为巡警公所,其该局原设总办一员应改名总监,所有苏松常镇太五府州巡警事宜悉同该总监督率,用专职任以挈纲领而速进行。查有总办上海巡警总局奏留江苏候补用道汪瑞闿,办理警政卓著成效,堪以委任苏省警务公所总监,其上海巡警局仍归兼办,俾可画一事权,统筹全局。除札委并将改定警务公所章程,另行奏报,理合会同两江总督臣张人骏附片,伏乞圣鉴训示,谨奏,宣统元年十一月十八日奉。朱批:该衙门知道,钦此。"②

《又奏江苏候补道汪瑞闿请量才录用片》:"再江苏候补道汪瑞闿由孝廉起

---

① 齐白石:《齐白石自传》,现代文化名人自传丛书,江苏文艺出版社,2012年1月,第169—170页。
②《奏设政治官报27·奏折类》,宣统元年十一月十八日,第七百八十六号,第393页。

家,荐擢道员,历官江西广西等省,各疆臣争相罗致,畀以重任。奴才曾与同官赣省,深知其才,是以前在苏松太道任内,禀商前督抚,奏调改归江苏补用,派办上海巡警事宜,藉资臂助。查上海人华洋杂处,内地商场与租界犬牙交错,一切逮捕保护之权在均关紧要,于此而欲整顿巡警,徐图收回治外法权,事匪易易。该道接办以来,不辞劳瘁,竭尽经营,规制渐完,成效颇著。其对于交涉,尤能持国体,不激不随。奴才现因苏城巡警,甫经改良,未竟厥绪,特调该道到省派充警务公所总监,仍令兼办上海巡警。所有苏松常镇太各属警务均责成该道一人督率进行,以期城镇乡依限成立,上符宪政分年筹备之初基。至该道才识明通,器局闳远,迭经内外臣工交章论荐。奴才于督办缉捕清乡案内亦曾奏请奖叙,早上圣明洞鉴之中。奴才复念时局需才之亟尤切,以人事君之心用特,综陈才绩,上达睿聪,合无仰恳天恩俯赐,将江苏候补道汪瑞闿理才擢用,以资鼓励而备任使,理合附片具陈,伏乞圣鉴训示,谨奏,宣统元年十一月十八日奉。朱批:汪瑞闿仍交军机处存记,钦此。"[①]

宣统二年,1910 年,38 岁

"四月十九日,内阁奉上谕江苏巡警道著汪瑞闿试署,钦此。"[②]

江苏省设巡警道,置公署于苏州,委上海巡警总局总办汪瑞闿主持该道,并总办上海警务。苏省警务公所改称苏省巡警道署,署址设在养育巷水泼粉桥,8 路巡警分局改为 8 区分局,全署设侦探、骑巡、水巡、巡逻、差遣 5 队,警卒增至 1560 名。六月,在朱家庄火神庙始设巡警派出所。是年,城区进行户口调查。

汪瑞闿遭侍读学士恽毓鼎弹劾,直指他"昏瞶无能,公务废弛",要求撤职查办。经江苏督抚查访,弹劾内容属于道听途说,与事实不符:

恽毓鼎《纠参江苏巡警劣道江宁毋庸另设道缺片》:"臣闻江苏巡警道汪瑞闿昏瞶无能,公务废弛,证之舆论,劣迹甚多,姑举一二大端言之:该道自任事以来,上海巡警日见腐败,乃月出一千五百元聘一洋人总辖全局,以地方警察大权拱手授诸外人,实为京外各省所无之事。闸北巡警岁拨款数十万金,悉位置其私人,终日醋嬉花酒,约束不严,以致庇赌敲诈,无所不为,屡载报章,言之凿凿。该道差弁王忠英诱拐人赃,经捕房饬探,在该道宅中将其搜获,该道一力包庇,后由

---

① 《奏设政治官报 27 · 奏折类》,宣统元年十一月十八日,第七百八十六号,第 393—394 页。
② 《奏设政治官报 · 奏折类》,宣统二年四月二十日,第九百二十五号,第 193 页。

西捕缉拿,始行交出。西捕至当堂面禀领事谓:汪道以华界警务长官,竟容庇违反刑律之人,实无巡警长官之资格。此语喧传,闻者耻之。汪瑞闿兼统江浙盐捕营,本年六月初,闻驻扎华亭孙境漕泾镇之盐捕营突被盐枭殷正才等纠众百余人掠去巡船三号,勇丁三名,洋枪数十杆。该匪复劫奉贤孙属三官堂典当,携赃至沪,为沪军营勇所获,是其营务废弛,又可想见。伏思警察关系全省治安,苏沪又为交涉纠纷、商民辐辏之地,若令此等劣员忝居其任,警政安有起色?应请饬下江苏抚臣据实查参,以警庸劣。抑臣另有陈者:闻江宁另设巡警道员,分治江北。江苏疆域不及直隶、山东、四川等省,今各省俱各一缺,而江苏独设二员,治理未必裕如,糜费实加一倍。近来纷纷添设二三品大员,实为财政之累,岂可更分疆划界,各立新官?并请谕令督抚臣熟筹而行,以节冗费。臣为整肃江苏警政起见,谨附片纠参,伏乞圣鉴。谨奏。"①

江苏巡警道汪瑞闿在任期间,除维护苏松常太镇等地治安处,还大力整治苏州城区环境,对城建进行规划建设,对商贩进行集中管理,又加快了苏州城市近代化建设的步伐,相关文献有:

四月初三日,《巡警总办为肉店妨碍路政致苏商总会照会》:"钦加二品衔江南苏松常镇太等处巡警总办兼口局事宜记名简放道汪为照会事,照得本公所前因苏城市廛栉比,街道狭窄,皆由各店铺柜台栏杆随处侵占,菜果摊担任意摆设所致。迭经饬令一律拆让收进,蔬果摊担一律迁入菜市场内,并函请贵会一体劝谕在案。兹查猪肉一店,台板仍有占出阶下,而尤生肉店门前竖立木架,将猪肉悬挂最足以污道路而碍行人。盖前项店铺均在热闹市街或桥头巷口,一至上市之进,途人拥挤,易于碰撞,并且占在官街,以致官道见窄。各店铺所售之肉尽可安放店内,何必立柱沿街罗列,多所妨碍?应请贵会传谕该业等遵照,所设台板如有侵出,即行收进,门前概不准行立木架悬挂猪肉,以重路政。合行照会,为此照会贵商会,请烦查照,转谕该业等遵办。事关公益,勿任玩违,仍希见复施行,须至照会者。右照会苏州商会总会。"②

六月初八日,《巡警道为禁售赌具事致苏商总会照会》:"钦命二品衔特署江苏巡警道加二级记录十次汪照会事。宣统二年六月初三日,奉抚宪程札开:本部临莅苏省,访闻各地赌风甚炽。惟不忍不教而诛,兹先出示晓谕,编为劝诫歌,饬

① 恽毓鼎:《恽毓鼎澄斋奏稿》,史晓风整理,浙江古籍出版社,2007年2月,第120页。
② 章开沅、刘望龄、叶万忠主编:《苏州商会档案丛编》第1辑(1905年—1911年),华中师范大学出版社1991年9月,第696页。

苏州布理问刊印三千张,分发江苏巡警道、江宁巡警总局,转发各属编行晓谕,并行枭司,通行一体遵照。再禁赌尤须禁绝赌具,现省城市肆公然雕刻出售,各处贩卖为业者亦比比皆是,但未便于示内明言禁止,致差保地痞藉端需索,不无滋扰之虞。应由司道转饬府县,照会商董,传谕向售赌具者如竹牌、骰子、宝盒等项之店铺,嗣后不准再行制造,其已制者,勒令销毁。然此系一时治标之法,非正本清源之计。欲风俗之转移,端赖士绅之表率。宜由同志公议立约拒赌,妥定章程办法,则风声所树捷于影响,较之本部院之文告,当胜十倍。翘企乡里英贤耆老,倘成此举,不禁拭目俟之。一面责成巡警道、巡警总局移会各营汛严密查察,如有村镇市集关场聚赌之处,出其不意迅速拿办。营弁差保,以及佐杂衙门,如有违规容留者,一并分别揭参,拘案惩办,勿稍徇隐。至娼寮茶室及藏垢纳污之处,最易窝赌,须留心严密访查。果系的确,再由侦探之员弁禀明,巡官不动声色率巡丁驰往捕拿。止准当场获犯连财赌具带回,不得稍涉骚扰,殃及无辜。更不准巡丁人等私自查拿,致滋事端,违则严行究处。风闻日本警察访知聚赌之家,不即实拿,先为弩动,虚势惊动数次而依旧不改,则即入室捕之。此办理警务之所以善也。任警职者宜深思而则倣,则于靖闾阎,保治安之道,或庶几焉。除分行枭司和江宁巡警总局遵照外,合将刊就告示札发该道,立即径发各属厅州县裱糊悬挂,俾各凛遵。并移苏藩司各巡道暨行各该营府州一体饬遵毋违,特札,等因。奉此,除将告示径发各厅县裱糊悬挂,俾众周知外,合送告示照会。为此照会贵商会,请烦查照,分别备查给阅,传谕向售赌具各项店铺,嗣后不准再行制卖,其已制各件勒令销毁,别图正业,务期一律标绝,以清根源。仍希将办理清形见复查核,望切切。须至照会者。计送告示一张。右照会苏州商会总会。"[1]

六月初八日,《巡警道为代扣标兵事致苏商总会照会》:"钦命二品衔特署江苏巡警道加二级记录十次汪照会事。本月初二日准混成协统领田咨开:案照敝协各标营队目兵往往向市铺赊欠物件,动生纠葛,或因此酿成事端,不可不预为防范。业经敝协剀切传知各标营目兵,严禁赊欠在案。惟筹思至再,如果概行禁止,不设以便利之方,似非体恤商民、顾惜目兵之道,敝协现筹有益于兵、无害于民办法,拟即会同台衔出示晓谕,令目兵等将应用物件报请该管长官代向商铺订购担欠,俟发饷时照数划扣清还,以免纠葛,庶与目兵、商民两有裨益。相应将示

① 章开沅、刘望龄、叶万忠主编:《苏州商会档案丛编》第 1 辑(1905 年—1911 年),华中师范大学出版社 1991 年 9 月,第 709—710 页。

稿备文咨送咨道，查该有无窒碍之处，即希见复遵办等因，并抄示稿到道。准此，查前项办法究竟有无窒碍，事关军商两界交涉，本道未便悬断，相应抄贴照会。为此照会贵商会，请烦查照，即日邀集各商妥议具复，以凭核办。望切切，须至照会者，计抄粘。右照会苏州商会总会。"①

八月，江苏巡警道汪瑞闿就辞退鄂尔生收回租界及海关巡警务主权致函驻上海各国领事：查苏州租界昔年开放商埠时，警察[署]尚未成立，权令海关派令本关巡长钱（钱）尔德充当捕头。旋即因案被控撤差。光绪二十年由关道雇用瑞威国人鄂尔生派充捕头，订立合同，于是年九月起，以二年为一期，至二十五年九月二十一日止。以后或续或止，均由彼此情愿，互相知照，并订明'以关道为正上司'等语。至宣统元年九月二十一日，届六次期满，适值省垣巡警奉饬改章，诸求完善，遂由关道暨洋务局按照合同知照，以期满为止，不再续延，彼此签字认可，并以前升抚瑞咨明民政、度支、外务部查明在案。所称《地契章程》第七款，职道衙门无卷可稽。即照来文，仅载明'巡捕事宜由中国地方官会同税务司办理'，并无'必须雇用洋捕头'等字样，则近年不再雇用洋人，系中国自有主权，核与地契所载章程毫无违背。况租界巡警事宜自元年八月十五日归并警务公所接管，辞退洋捕以来，迄今将及一年，外人侨寓苏州者均经警员警长随时随处妥为保护，共享治安。虽是去一洋捕头，于外人并无损碍，此其明证。且昔年用洋人为捕头时，凡遇外事，警察仍归地方华官照章办理，并不因捕头已用洋人，华官遂不负保护之责任，是洋捕头本属如疣之赘。今为外人计，祗须问巡警之能否切实保护，不必计及巡警曾否延用洋人，即使所引《地契章程》第七款有'会同税务司办理'一语，既无指出'必须用洋员'，明文亦无指出税务司可得干预地方警官用人行政之权。缘'警务'与'税务'诚如宪谕质性权责迥乎不同。税务司虽为中国办事，断难令其兼顾。总之，警务本属内政，未便假手外人，职道惟有恪遵民政部奏办章程，妥善办理，督饬区长巡官、翻译各员率同巡长、巡警将租界巡警事宜加意整顿，严密巡防。俾中外商民均各安居乐业，决不稍分畛域，或任疏懈，致贻口实。在外人尽可勿存疑虑之心。除详某宪并咨苏关道洋务局一体查明原案切实驳复外，理合具文详复。仰祈鉴赐，汇核转咨批示。②

---

① 章开沅、刘望龄、叶万忠主编：《苏州商会档案丛编》第 1 辑（1905 年—1911 年），华中师范大学出版社 1991 年 9 月，第 711 页。

② 曹允源、吴荫培等纂：《民国吴县志·兵防考二》，卷五十一，民国二十二年苏州文新公司承印出版。

九月,"又谕,有人奏署江苏巡警道汪瑞闿昏聩无能公事废弛等语。著张人骏、程德全按照所奏各节,确切查明,据实具奏,毋稍徇隐。原片著钞给阅看,将此谕令知之。寻奏、查明原原参各节,或出于疑似之词,或不免传闻之过,请免置议。惟上海华洋杂处。政务殷繁。该员驻省日多。究恐查察有所未周。应令嗣后随时将用人一切,力加整顿。并督饬将省城及各处警务。妥为筹办。报闻。廷寄。"(《大清宣统政纪卷之四十二》)

十月二十六日,《江苏巡警道为建屋事致苏商总会照会》:"钦命二品衔特署江苏巡警道加二级记录十次汪照会事。照得苏州城内外,街道狭窄,人烟稠密,市廛栉比之外,官路犹形偪隘。大街则行人拥挤,小巷则秽物堆积。至于各处河道浅狭,舟行不便,且多淤塞。推厥原由,皆因居民于建筑房屋时,前面僭及官路,后面沿河砌筑驳岸,侵占官河。习俗相沿,积重难返。如不明定限制,于路政水利均各有窒碍。现拟照上海及苏城马路地方建造房屋、砌筑围墙,必须报明堪准,给照办法,嗣后民间翻造房屋,无论大街小巷,必须让进三尺。大街以让进一丈六尺为止,小街以让进一丈二尺为止。其修筑驳岸,每次亦让进三尺,均以工部营造尺为准,以归一律。于建筑之前十日,由业户开明四址,绘具图式。城外地方,仍赴马路工程局,照向章领照。城内地方,统赴警务公所报领建筑执照。仍俟派员查堪明确,方准兴工。如果隐匿不报,未经堪明给照者,一经查出,立即押拆,仍予以从严惩罚,以示儆戒。所给各照暂不收纳照费,业经本道详奉抚宪批准照办。除分行并出示晓谕外,合行照会。为此照会贵商会,请烦查照施行。须至照会者,计抄详。右照会苏州商务总会。"[①]

是年,汪瑞闿为调查户口,设行门牌制度多次发文催办:

七月初七日,《江苏巡警道汪瑞闿为专札严催调查城乡人户事文》:"钦命二品衔江苏巡警道加二级记录十次汪,为专札严催事。宣统二年七月初一日奉抚宪程札开,宣统二年六月二十四日承准民政部咨开疆理司案呈,本部于宣统元年闰二月二十三日具奏,遵旨妥拟逐年筹备未尽事宜清单内开,宣统元年督催各省将该省省会及外府所属各首县,各商埠地方人户总数,照章调查,一律报齐,又汇造各省第一次查报户数清册各等语,均奉旨命俞允钦遵通行在案,兹据京外各外陆续填送到部,当即汇造各省第一次查报户数清册,以符定章,相应刷印表册,咨

① 章开沅、刘望龄、叶万忠主编:《苏州商会档案丛编》第1辑(1905年—1911年),华中师范大学出版社1991年9月,第711页。

行查照备案等因。计表二本,到本部院。承准此,除札苏藩司外,合行札发。札到,该道即便查照,此札等因。奉此,查民政部户口定章,关奏定逐年筹备宪政事宜清单,宣统元年(第二年)督催各省省会及外府所属各首县,并商埠地方人户总数调查报齐,汇造各省第一次查报户数清册。宣统二年(第三年)督催各省将未经清查各地方之人户总数照章调查,一律报齐,汇造各省第二次查报户数清册。前准藩司移会,业经本道议定本年调查户数分期办法,通饬遵照,依限赶办,迄今已逾半月,未据将遵办情形具报。殊不知部章调查罚则,调查职员有不遵部章办理者,分别详参处罚,报告申报不实同。定章何等森严!现在第一次人户总数已奉大户汇造表册分咨,所有第二次应查正附户数,即须紧接造报,务将阖境城乡村镇人户一律查齐,照部定颁式编定门牌,即各府首县并商埠地方,上年已经查报者,本届仍须复查汇报,限内造表送到,以凭汇办,不得脱漏迟误。为期甚迫,未便稍延。兹奉前照,合亟专札严催,札到,该县立即遵照现今檄饬,分别妥速办理,将办理情形随时禀报。务须依限事竣,造册呈送来道,以便汇案详办,毋得片延干咎。切速速!此札吴江县。"①

八月十六日,《江苏巡警道汪瑞闿为委员分赴各属守催人户丁口数事札吴江县文》:"钦命二品衔江苏巡警道加二级记录十次汪札饬事。案照调查户口,遵奉民政部定章,本年宣统二年(第三年)第二次查报人户总数,应将上年未经清查各地方人户总数一律报齐。即各府首县并商埠地方上年已经查报者,本年仍须复查汇报,前经本道议订分期调查办法,通饬遵照,依限赶办。嗣因日久未据将遵办情形具报,又经分札饬催,各在案。查前订分期办法第一期预备调查,以七月朔前为限,凡划分调查区段,派定调查员长,设立调查处所,讲演调查宗旨,均须于限内完毕。即将调查区段名数并图及调查所址以及调查长调查员姓名履历,限七月望前详送到省。第二期实行调查,以八月朔前为限,凡分别人户正附,查明户主姓名,就段计户编号,依号填写门牌,均须于限内办齐。即将各区户数清册从速赶办,限九月朔前呈送各属监督。第三期编订门牌,限八月望前办齐。第四期申报户册,限九月望前到省。各等语。嗣因向来各属户数口数历据按年并查编造确数,列表具报。现已八月下旬,遵照定期,应已一律调查明确,乃仅据金坛一县将城厢户口开折申送,镇乡尚未查报。其余各该属既未将预备调查期内如何划分区段、名数、调查所址及调查长调查员姓名履历详送,已否实行调查,

_____

① 章开沅等:《辛亥革命史资料新编》第四卷,湖北人民出版社,2006 年 9 月,第 300 页。

亦未具只字具报。事关宪政要件,奉部定限各省十月内汇造总册上送部,为期甚迫,转瞬即届。而此次调查系须全境一律查齐,即为永远调查之底本,务期的实准确,迥非从前视同具文可比。如计户填写及编订门牌各事,宜尤实事求是,认真办理。倘敢违背部章,稍事期饰,则定章綦严,该牧令何能当此重咎! 究竟现在各属办理如何实在情形? 已否实行调查? 应即委员分赴各属查催。如已经编查者,即将各户总数分别正附等名目,男丁女口各数,先行列表交委呈送后,再造册申报。其尚未查竣者,催令赶速查齐,提前造报,关将各属如何办法,是否认真,有无敷衍塞责情事,逐一查明,连同调查区段名数、调查长调查员姓名履历等项,守取回省禀复,以凭考核而带蒇事。查有候补县丞德章堪以委补苏松太三府州属,候补巡检钟期藩委赴常、镇二府属,除札委呈报,该员往返川资已有警务公所核给外,合亟札饬。札到,该县立即遵照办理,仍将该委员到境日期具报毋违。此札。"①

八月十九日,《江苏巡警道汪瑞闿声明部限通饬各属速将人户表册交委带回事札文》:"钦命二品衔江苏巡警道加二级记录十次汪为通饬事。宣统二年八月十一日奉抚宪程札开,宣统二年八月初七日承准民政部各咨开,疆理司案呈,本部于光绪三十四年十二月奏定调查户口章程内载第二十三条,人户总数应自本年起于第二年十月前汇报一次,至第三年十月前一律报齐。又遵旨妥拟逐年筹备未尽事宜,宣统二年督催各省将该省上年未经清查各地方之人户总数,照单日调查,一律报齐。宣统元年十二月具奏调查各省第一次人户总数折内复声明,调查户数以宣统二年十月前为报齐之期,拟请饬各省督抚、将军,责成所属务各遵照定章,克期举办。如有违章延宕,逾期不报,或查报不实者,一经确实查明,惟有懔遵上年八月初一日谕旨,据实纠参,用示惩儆各等因,均先后奉旨允准通行在案。现在本部汇奏各省第二次查报人户总数及汇造户数总册,统以本年十月前截算。倘逾期不报,事关具奏,亦未便悬案久候。相应各催查照,务于本年十月前迅将查报户数照式填报。并于表未统计总数注明。其有已经报部户数或有更动,亦应按期续报,幸勿稍延,以符定章而重宪政可也。等因。到部院。承准此,查此项人户表册实为宪政根源,至关重要,前本部院声明部限,通饬札催在案。现在已届八限期尤迫,而各属遵饬具报者,仍复寥寥,实属不成事体。兹准前因,合就札行。札到,该道迅即所属凛遵前后饬札,赶将查明人户表册,克日申

---

① 章开沅等:《辛亥革命史资料新编》第四卷,湖北人民出版社,2006 年 9 月,第 306 页。

送,由该道核明,汇填表式,详候转咨,不误大部十月前截算之期。倘敢仍前宕,即由道详请撤参,决不姑宽。切切毋违。此札,等因。奉此,查本年应报第二次人户总数,前经本道拟订分期进行办法,通饬遵办,嗣又节次札催。兹因各该属前项事宜办理情形,仍未据报,正在委员守提间,奉札前因,除派员守提,另札行知并分饬外,合亟通饬。札到,该县立即一体遵照,另札办理。一俟委员到境,即将查明阖境户数以及男丁女口各数,缮具表册,交委赍回,以凭汇核办理。事关宪政,钦限部限严迫,如再延宕,定即遵札详撤参。再,现在各邑新旧交替者甚多,此项表册责成现任人员造报,倘误限期,即将前后任一并详惩,同干严咎,前任不得以交卸在即,稍涉迁延,后任亦不得以前任迟误,稍存推诿。并各凛遵,慎毋自贻伊戚。切切。此札吴江县。"①

九月十四日,《江苏巡警道汪瑞闿为排单催报人户总数事致吴江县署札文》:"钦命二品衔江苏巡警道加二级记录十次汪专札严催事。照得本年第二次查报人户总数,产奉抚宪札饬,并准藩司移会,业经本道议订本年调查户数分期办法,通饬遵照,依限赶办。嗣因期限已届,未据各属将遵办情形具报,复经派委分赴各属守催,将所查人户丁口数目,先行列表交委赍送,各在案。迄今九月中旬,已届定章汇报户册之期,前项细册送到寥寥。须知部章调查罚期,调查职员有不遵章办理者,分别详参觑。报告申报不实同。定章何等森严,岂容稍涉玩忽?设再有误限期,上干宪、部诘,能当此重咎否?除分札饬催外,合再排单札催。札到,该县立即遵照先今来檄,迅将户口细数详晰造册,呈候查核。本道职司监督,断不能稍涉姑容,代人受过也。凛之切切!特札。"②

九月十四日,《江苏巡警道汪瑞闿为催报本年正附户丁口细数总表事札委候补县丞德章文》:"江苏巡警道汪为严札勒催事。案照各属应报本年人户丁口总数一案,前因电札饬催延不造送,当经札派该员驰赴苏松太三府州属催办守取。先将本年查过正附户丁口数目填表交由该赍回呈道汇办在案。兹据该员回省禀复,并呈到各属文表分别查阅,遵饬造送者固属不少,而其中或仅有城厢总数并未列入乡镇者,且竟有以空文回销仍未有造送者,似此玩视要政,实属迟延可恨。除将未到各属另文详请分别记大过、常过外,应仍责令该委员前往坐提。合再札饬。札到,该员立即束装就道,前赴靖湖、吴江、震泽、常熟、昭文、上海、嘉定

---

① 章开沅等:《辛亥革命史资料新编》第四卷,湖北人民出版社,2006 年 9 月,第 307 页。
② 章开沅等:《辛亥革命史资料新编》第四卷,湖北人民出版社,2006 年 9 月,第 310 页。

各厅县,迅将本年正附户丁口细数总表刻日守取齐全,限十日送道,以凭汇办。如再玩延,有一邑不到,仍以空文回省销差,定即一并干咎。凛凛! 切速速! 此札。札候补县丞德章。"①

九月二十四日,《江苏巡警道汪瑞闿为再行催报人户总数及户口细册之札文》:"照得本年各省第二次查报人户总数,前经本道议订分期调查办法,通饬各属遵照依限办理。嗣因日久未据将遵办情形具报,复经先后电札饬催,一面派委候补县丞德章、候补巡检钟期藩,分赴苏松常镇太各属催办,饬将已经编查各户总数,分别正附等名目、男女丁口各数,先行列表交委呈送。乃时阅两月有余,甫据该委员等回省禀复,仍仅取到寥寥数处文表,并未一律守取齐全,以致本道衙门未能汇总转报。统核各处细册,除金坛县城厢处,并无一处送到。其应造正附户丁口总数表,虽据先后造送,而迄今尚有靖湖、吴江、常熟、昭文、上海、靖江、丹徒、丹阳、溧阳九厅县未据送到。无锡、金匮二县则仅凭上年所查丁口数目填入表内,宜兴、荆溪、金坛三县仅报城厢户口,并非全境;崇明县亦仅将城区查齐,其镇乡并未遵限调查,辄以前年办理清乡案内查出人数填报,擅将正户附户各半分计,如此任意舛误迟延,尚复成何事体? 而部限本年十月以前造报,现已届期,岂能再事迟延,任其冰阁不办,贻误要政? 应将表册均未送到,及虽已送到仅止城厢,并本年未经实行清查各该厅县,仍派该员守取,其表已送到未造细册各属,仍勒限严催,倘敢玩延,并请示惩。除电饬各府州飞饬遵办外,合再专札严催。札到,该县立即遵照,迅将本年查过人户分别正附及男丁女口各数,先行汇造总表,限文到三日内交委赍送,先行复道查核,以便汇总转报,如再逾延,本道惟有遵照抚宪前批,指名详请,从严参办,不能代人受过。一面速将编查户数及丁口各数细册,赶紧攒造齐全,限本月内务须呈送本道,以便查核,毋再玩延,致于参咎,凛之切切! 此札。"②

十月初二日,《江苏巡警道汪瑞闿对吴江县申送户口总数表的批示》:"吴江县申送户口总数表由。钦命二品衔江苏巡警道加二级记录十次汪批:据送户口总数表,已发行政科长、户籍科员核明汇办矣。所有户口细数册,仰即赶速造送,以凭查核。毋延。切切! 此批。十月初二日。"③

十一月初二日,《江苏巡警道汪瑞闿为抄式通饬各州厅县编钉门牌并列入月

---

① 章开沅等:《辛亥革命史资料新编》第四卷,湖北人民出版社,2006 年 9 月,第 312 页。
② 章开沅等:《辛亥革命史资料新编》第四卷,湖北人民出版社,2006 年 9 月,第 313 页。
③ 章开沅等:《辛亥革命史资料新编》第四卷,湖北人民出版社,2006 年 9 月,第 313 页。

表札》："钦命二品衔江苏巡警道加二级记录十次汪为通饬事。照得各属调查人户一案,前经本道拟订分期办法,第一期预备调查,第二期实行调查,第三期编订门牌,第四期申报户册。兹查各州厅县调查户口各数业据先后造具总表,送经本道汇核填表,详请咨部查照。其各户门牌,照章应行查户之后,即行一律编订。惟究竟曾否遵办,未据禀报。现在户数业已详咨,前项门牌未便延不编订,致误要政。查民政部奏定调查户口章程内载门牌式,系用椭圆形,圆径一尺二寸,用洋铁油白色,中用红字。如系附户,则于第一号上加注附户二字等语。此项章程由藩司颁发,恐各属辗转文接,官经数任,难免隔膜遗漏,自应再将此项门牌式样照印通(行)。凡未经编订者,即行照式制办编号,按户数饬钉,务于一月内全境一律钉齐。应需牌价及钉工等费,在于条漕带征自治经费项下核实开支,无须官为解囊,办理当易蒇事。应将编钉日期,城厢若干号,何镇何乡各若干号,列入十月份分类月表报内"清查户口事项";其发给牌资钉工若干,列入"收发经费事项",呈候汇填总表,转呈民政部、两院宪鉴核。一面遵照节饬,速成将编定号数细册,漏夜赶造齐全,限即日呈送来道,以凭汇核。除分行外,合再抄式通饬。札到,该县立即一体遵照办理。先将奉文遵办缘由具复查核。毋违!切切!此札。"①

十一月二十六日,《江苏巡警道汪瑞闿为重申定章限本月内将门牌钉齐具报之札文》："钦命二品衔江苏巡警道加二级记录十次汪为通饬事。照得本年各属调查人户应钉门牌,前经本道拟定限于八月望前办齐,不得遗漏。兹据各属报列人户总数后,因查前项门牌究竟已否于查户之后即行一律编钉,未据汇报,复经查照民政部奏定门牌式样照录通饬,凡未经编钉者,即行照式制办,编号按户饬钉,限一月内全境一律钉齐。各在案,现在已经将一月,仅据靖湖厅申报业已遵办,昭文、宜兴二县甫报遵饬编钉,其余各属迄今无只字具复,殊属不知缓急。查调查户口定章,厅州县同知、通判、知州、知县为监督,各地方所有巡官长警,均有协助调查之责,调查经费应由各地方自筹,其从前所有保甲经费,应一律移作此次调查之用。各等语。是前项事宜,各厅州县既为监督,责有专归,无可诿饰,一经查出,均惟各该监督是问。合亟通饬。札到,该县立即一体遵照办理。限本月内务须一律钉齐具报,检同门牌式样呈验,以任派员复查,毋再玩延干咎。切速

---

① 章开沅等:《辛亥革命史资料新编》第四卷,湖北人民出版社,2006年9月,第334页。

速！此札。"①

十一月二十六日，《江苏巡警道汪瑞闿为通饬门牌编定后临时户口变动须按章编订呈报札》："钦命二品衔江苏巡警道加二级记录十次汪为通饬事。案查光绪三十四年十二月民政部奏拟调查户口章程，第四章第十五条，自各户口门牌编定之日起，嗣后该户如有迁移等事，应责令该户户主自赴调查处或巡警派出所呈报，至迟不得逾三日。前项迁移等事，应另列表册备查。第五章第二十二条，自查户票填报之日起，嗣后该户如有生死婚嫁，承继来往等事，应责令该户户主自赴调查处或巡警派出所呈报，至迟不得逾三日。其有一家死亡，无人呈报者，应由该亲族近邻代报。前项生死等事，应另列表册备查。第六章第二十三条，人户总数，应自本年于第三年及第四年十月前各汇报一次，至第五年十月前一律报齐。第二十四条，自报齐后，户数册应每两个月编订一次，口数册应半年编著订一次，于年终汇报民政部。各等语。所有本年应报人户总数，前经本道拟订分期办法，编订门牌以八月望前为限，申报户册以九月望前为限。丁口各数，亦饬同时确查。现在各属户数已据先后列表，呈经汇填总表，禀送民政部汇办，并呈两院查核。其丁口各数，并已饬令赶速填表，呈候汇转，及饬将门牌一律编钉，各在案。惟户数、口数既已同时查明，遵照部章，应即分别期限编订。查本道定限八月望前编订门牌，扣至十月望前两个月届满，应将户数编订一次。究竟此两月中，该管境内共有迁移若干户，生死婚嫁来往人数若干，丁口实存正户若干，丁口若干，及学童壮丁各总数自应查明，先行填表呈送。嗣后按两月编订一次，以本道于本年年终汇报民政部核办。俟届半年，仍由各属将口数册编订一次，汇总填表呈报，以符定章。除分行外，合亟札饬。札到，该县立即遵照办理，毋稍违延，切速速！此札。"②

宣统三年，1911 年，39 岁

汪瑞闿调任湖南盐法长宝道道台。三月初一日，"内阁奉上谕吴肇邦著调江苏巡警道，湖南盐法长宝道著汪瑞闿补授，钦此。"③汪瑞闿成为湖南盐法长宝道最后一任道台，其职责是督察盐业生产与盐商之行息而平其盐价等盐政，还有一般道员的普通职权。清末，盐法长宝道兼管水利、长沙关监督事务。盐法长宝道

---

① 章开沅等：《辛亥革命史资料新编》第四卷，湖北人民出版社，2006 年 9 月，第 335 页。
② 章开沅等：《辛亥革命史资料新编》第四卷，湖北人民出版社，2006 年 9 月，第 336 页。
③ 《奏设政治官报》，宣统三年三月初二，总第 1225 号。

设置道员1名,驻长沙府,其属官有经历、知事、库大使各1名,典吏8名。该道管辖长沙、宝庆2府,共17州县。

7月26日至10月13日,汪瑞闿任长沙关监督,兼管通商事宜。①

10月10日(宣统三年八月十九日),武昌首义,辛亥革命爆发。11日革命党人宣布成立中华民国军政府,黎元洪出任中华民国军政府鄂军都督,发表《致全国父老书》。

10月13日,湖南革命党人得知武昌起义的消息后,当即举行会议,决定10月22日在长沙响应武昌首义。巡防营统领黄忠浩被斩首示众,巡抚余诚格在起义军冲入抚署后,一面令侍从在大堂上高悬"大汉"白旗,伪示投降;一面则由左侧孝廉堂穿壁潜逃,后逃往上海。其他重要官员纷作鸟兽散……长沙起义成功后,当即成立了以焦达峰、陈作新为正、副都督的"中华民国军政府湖南都督府",宣告了湖南革命政权的建立。②

10月22日(宣统三年九月一日),长沙光复,汪瑞闿当时就在长沙城里。"事后,谭都督语予:当九月初一日(10月22日)晨,汪诒书(字颂年,清翰林,长沙人)至予家,寒暄后,即云外面谣言很重呀!答以诚然。汪问有无特别消息?答以有亦不过谣言。遂云何不同去看寿丞(余抚别号),探探消息。乃相与步行至又一村,入则见汪瑞闿(字撷荀,时任盐道兼长沙关道)、申锡绶、王毓江(均在营务处服务)、沈仕登(即长沙县知事沈瀛)等,俱立坪中,见我笑曰:'新都督来了。'予以此类言语,足召巨祸,遂云:'不要乱说!不要乱说!'汪等涎脸嘻笑,拍我肩曰:'你还怕不黄袍加身吗?'予且行且答曰:'你们不要乱说,这种话是关系别人身家性命的呀!'"③

不过,汪瑞闿很快就逃往上海躲起来了。新军入驻巡抚部院后,同时捕获了长沙知县沈瀛、营务处处长申锡绶,劝业道道员王毓江。这几个顽固分子,仓促未及逃走,当即一并予以处死。④

12月29日,孙中山归国,17省代表选举孙中山为临时大总统。

---

① 孙修福编译:《中国近代海关高级职员年表》,中国海关出版社,2004年4月,第783页。
② 梁小进、杨锡贵:《长沙历史风云》,湖南文艺出版社,1997年2月,第201—202页。
③ 粟勘时:《湖南反正追记》,载戴逸主编《中国近代史通鉴1840—19495辛亥革命》第六编文献资料,红旗出版社,1997年7月,第1035页。
④ 杨世骥:《辛亥革命前后湖南史事》,湖南人民出版社,1958年2月,第222页。

1912 年,40 岁

1 月 1 日,孙中山在南京宣誓就职临时大总统,改国号为中华民国,定 1912 年为民国元年,并成立中华民国临时政府。

2 月 12 日,清朝隆裕太后代宣统皇帝颁布了退位诏书,清王朝宣告灭亡,中国两千多年的君主专制制度也随之结束。13 日,孙中山辞临时大总统职。15 日,参议院选袁世凯为临时大总统。

应江西都督、昔日江西武备学堂学生李烈钧七次盛情邀请(李派专人到上海诚恳邀请汪出山),汪瑞闿同意出任江西民国首任省长(当时称民政长)。本年 12 月 22 日,汪瑞闿抵达南昌,受到江西议会、共和党、民主党人的热烈欢迎,但同时遭到军警界一些人的反对、恐吓、威胁,12 月 30 日遂离开南昌,1913 年 1 月 2 日离开九江,1 月 8 日到达北京,史称"江西民政长事件"。

当得知汪瑞闿赴京参谒袁世凯时,李烈钧很生气,对部下骂汪道:"这种甘心做袁世凯走狗的人,何能使他在江西做省长?"[①]不仅取消一切欢迎仪式,还坐视与汪有仇的人进行驱汪活动,并暗中策动江西教育总会、商船总会、工商勇进会、铁道协会、国民会、社会党等 10 余团体召开江西公民联合会大会,反对汪瑞闿返赣及中央违法颁布省官制,会议还通电各省:"吾赣自不认汪瑞闿为民政长以来,一二怀私挟怨之不肖赣人,如郭同、李国珍、梅光远等,在京沪间散布谣言,构成疑窦,遂致外间腾喧沸之声,内部兆恐惶之象。而陆军部扣留江西军械,海军部派赴九江兵舰之事,亦因之前后发生。同人等窃为此惧。……而又适值临时省会已停,正式省会未立,机关不备,维系无人,爰于本月三号,集会全省各界,各公团并请李都督暨各司长莅临开联合大会。当经议决,凡属赣省大事,对内、对外代表,暂以本会为总机关。除电请袁大总统将江西民政长汪瑞闿成命收回,并祈命陆海军部掷还军械,退去兵舰,暨电请参议院提出质问外,尤不能不环告同胞。……再前月八号,大总统乘参议院休会期中,擅以命令颁布省制,以及各种文武官制,显系出于专制,实有背于共和。吾民若不抵死力争,则约法几等弁髦,民国将成泡影,履霜坚冰,宜防其渐。伏冀共表同情,感伸公论,以维政体而巩民权。幸甚!"然而这份通电一发出,让政治上拥袁世凯的云南、贵州、四川、广西四省都督,甚至连蔡锷、唐继尧、胡景伊、陆荣廷也联名发出声讨。把"阴谋窃割"的

---

① 欧阳武:《江西光复与二次革命的亲身经历》,《辛亥革命回忆录》第四辑,文史资料出版社,1963 年,第 321 页。

矛头直指李烈钧:"近闻有奸宄之徒,阴谋窃割,乘机思逞,大江以南,恣情鼓煽。……缔造方新,岂堪再有破坏? 万一见诸事实,则扰乱治安,即为国民公敌。吾辈责任所在,惟有尽力所能,声罪致讨,必不令奸谋得逞,致蹈危亡!"

与此针锋相对的是,共和党籍参议员郭同、李国珍、陈国祥、籍忠寅等二十四人,在参议院也向袁世凯政府提出质问书,列举李烈钧武力驱汪瑞闿、越权调动军队、擅自扩大军队编制、下令征兵、私购军火等五大罪状,质问袁世凯政府为什么"任其帝制自雄,不加惩究"。就是旅居京、沪的江西籍人士梅光远、吴宗慈、陈三立、谢远涵等也联名通电,宣告李烈钧"罪状","痛陈李烈钧祸赣之实情"。

梅光远、陈三立等人攻击李烈钧:"李初似亦无他,嗣为二三败类所耸动,乃唆蔡锐霆、陈廷训出头坐闹民政长行署,限汪二十四小时内出境,直以敌国使臣相遇,李时而使人慰留,时而使人送行,是非有意拒,则不能约束部下,二者必居其一。"①

12月28日下午,南昌商务总会联合共和党支部、民主党支部在商会楼上设宴开会,欢迎民政长汪瑞闿,到会者约有三百余人。四时,汪抵达宴会大厅,全体起立迎接。设西餐五席,汪坐首席,酒行数巡后,参议院议员李国珍发表演讲,讲述"李督之贤能,汪君之经验,分治之必要,福民之关系,言词甚长,语皆中肯,满座掌声如雷。末由汪民政长起立演说:鄙人来赣,原为李督之电招,不料甫抵章门即闻大总统命令来掌是邦。无论如何,必当视事,以副李督推诚之挚,人民期望之殷。原所迟到任者,厥有两种原因:赣省军民分治,现方开始,一切政务头绪纷繁,多需与中央接洽;二鄙人现患气喘,尚需静养,一俟稍愈,即行接任。今日承诸君雅意,于斯盛会,因病不能多语,尚希原谅。"②

12月29日,江西军警界召开大会,欧阳武、刘世均、蔡锐霆、陈廷训等实力人物参会,大会由蔡、陈担任主席主持。陈廷训是个目不识丁的武将,担心全省警察权归民政长管辖后自己的位置不保,蔡锐霆是被汪开除的武备学堂的学生,因此两人反汪最卖力,最坚决。③ 会后公推四位代表到民政长公署,令汪两日内离省。

---

① 《关于赣事之报告》,《申报》,1913年2月24日第6版要闻二。

② 《江西民政长之一迎一拒》,《申报》,1913年1月15日第6版要闻。

③ 欧阳武:《江西光复与二次革命的亲身经历》,《辛亥革命回忆录》第四辑,文史资料出版社,1963年,第322页。

中央银行总理陆长佑与汪瑞闿交情颇深,"即在该行设宴话旧,遂将行李暂行起岸。李督即以电话恳留。正在商榷间,忽又接外来紧急电话,谓汪瑞闿不即离赣,夜间即以手枪对待。"①

12月30日,汪瑞闿被迫离开南昌,并向北京请假。"北京大总统国务院钧电:有电敬悉,奉谕就任。加以李督催促再四,何敢故违?惟分治伊始,端绪格繁,仓促行事,窒碍至多。且病向躯支离,精神疲乏,刻即起程,赴沪就医,务祈暂给假期,病愈仍即入部面聆钧诲。一面商由李督仍将分治事宜预备筹划,期于实行。"②

当时相关的主要文献还有:

《江西广饶协会反对汪瑞闿任民政长电》:"《民立报》转各报馆鉴:汪瑞闿前清服官江西,仇视革命,剥削黔黎,赣人恨入骨髓。复于江苏办理警察,任用姚在兹、程豹等为心腹,遍布侦探于长江流域,诬陷平民为党人,以为结纳端方、瑞澂之资料。种种罪恶,擢发难数。本年四、五月间,运动中央派为江西民政长,经各公团反对,未得遂念。顷又闻勾串郭同、李国珍再图死灰复燃,不胜骇甚。一若果来赣,实非赣幸,本会同人极力反对,誓不承认。望贵报代为宣布,江西幸甚,民国幸甚!江西广饶协会公叩。③ 一九一二年十二月。"

《江西国民党支部誓以死拒汪瑞闿问电》:"国民党本部、国民党交通部鉴:秘密贼徒李国珍、郭同等与汪瑞闿共谋勾结兵匪倡乱,借以推翻李督,至有本月十号南昌兵变之事。幸勘乱敏捷,全赣人民未遭毒手。今汪竟疾驰来赣,居然欲踞有民政长一席。此间人心愤激,誓以死拒。恳即以此意宣布天下。赣支部叩。④ 一九一二年十二月。"

《江西省议会议长刘景烈欢迎汪瑞闿电》:"大总统、国务院、共和党本部转江西公益会、各公团、各报馆钧鉴:汪君瑞闿应李督之招,重莅赣垣,适膺省长任命,各界极表欢迎。都督李公,开诚布公,力持大体,同深感佩。将来协心一德,振军卫民,造福江西,可以预决。请释廑念。临时议会议长刘景烈、副议长宋育德、刘芳蕃、共和党赣支部、民主党赣支部筹备处、商务总会自治研究会、农林总

---

① 《汪瑞闿离赣情形》,《申报》,1913年1月8日第6版要闻。

② 《申报》,1913年1月3日第3版南昌电。

③ 《民立报》一九一二年十二月二十三日,中国社会科学院近代史研究所、中华民国史研究室主编,《中华民国史资料丛稿 民初政争与二次革命》上编第174页,上海人民出版社,1983年6月。

④ 《民立报》一九一二年十二月二十六日,中国社会科学院近代史研究所、中华民国史研究室主编,《中华民国史资料丛稿 民初政争与二次革命》上编第175页,上海人民出版社,1983年6月。

会、《江西民报》、《大江日报》、《新江西日报》。漾。① 一九一二年十二月二十三日。"

《袁世凯批江西党会不承认汪瑞闿长赣文》:"汪瑞闿前经任命为江西民政长,系为整顿该省地方行政事务起见,且业经该都督电请于前。本大总统为地择人,岂自称各界者所应随意反对。乃江西广饶协会、国民党鄱阳等处分部,竟以'本会同人誓不承认'等语,电称前来,阅之不胜骇怪。旋据江西省议会电称:'汪瑞闿重莅赣垣,适膺任命,各界极表欢迎,都督开诚布公,力持大体,将来协心一德,振军卫民,造福江西,可以预决'等语。查民政长一官,为国家所设置,该议会、该会党等,虽团体之公私不同,而其为江西人民则一,何以相歧至此! 总之,任免文武职员为本大总统约法上特权之一,汪瑞闿到任以后,能否尽职,如何随时考核,国家自有法令,功过原无所逃。该协会等种种指陈,无论虚实,既有溯及既往之嫌,尤属党同伐异之见。至所称誓不承认一语,查任官依照约法,并无须得某会承认之条,似此措词,未免弁髦约法。应由该都督传知该协会等,嗣后务遵法律,各守范围,勿得自滋纷扰,以重秩序。是为至要。此批。② 一九一二年十二月。"

1913 年,41 岁

年初,江西迎汪与拒汪两派斗争激烈。相关文献还有:

《李烈钧致袁世凯申明担负军民完全责任电》:"烈钧以孱弱之躯,膺繁重之任,前因积劳成疾,曾经乞假休养。嗣以时艰任重,未敢自安,故仍力疾视事。然精神未复,终有顾此失彼之虞,贻误要公,问心多疚。窃思军民分治,为治国切要之图,鄂省行之于前,成效卓著,赣居腹地,庶政既渐就理,自宜接踵实行,以求完备。惟烈钧承乏江右,本由省议会所公举,大总统所任命,重以桑梓义务,未敢告劳。现在正式议会行将成立,于此数月内,拟即勉为其难,于军民要政,担负完全责任。一俟正式国会、省议会成立,即当呈请大总统分别简任贤能,以期共臻郅治。烈钧亦得借卸仔肩,息养林泉,享共和国民幸福。用布区区,统惟鉴察。赣都督李烈钧叩。③ 一九一三年一月五日。"

---

① 《政府公报》中华民国元年十二月十七日。中国社会科学院近代史研究所,中华民国史研究室主编.《中华民国史资料丛稿民初政争与二次革命》上编,上海人民出版社,1983 年 6 月,第 175 页。

② 《中国华民国新文牍汇编》卷三,广益书局,中华民国二年。

③ 《民立报》一九一三年一月十二日,据《中华民国新文牍汇编》卷三校,第 182 页。

《江西五团体请派镇抚使密电》：“袁大总统钧鉴：汪瑞闿至赣，全省欢迎。军警旧部，全无反对。惟徐秀钧、魏斯灵、贺国昌等意在把持，唆使蔡锐霆、刘世均、陈廷训三人胁制李督，逼限汪君离赣，迹类暴动，势难约束。近复命蔡锐霆为全省水巡总监，兼招陆师一团，声势愈甚，杀机潜伏，兵心动摇，糜烂立见。敢乞大总统俯念赣民痛苦，迅派镇抚使率兵莅赣，协助李督剪除凶暴，而靖地方。江西幸甚，大局幸甚！江西临时省会、教育总会、商务总会、共和党、民主党自汉电叩。① 一九一三年一月。”

《李烈钧否认挟迫汪瑞闿离赣通电》：“北京参议院、新闻团、江西同乡公会、湖北黎副总统、各省都督、民政长、各公团、上海各报馆钧鉴：军民分治，各省次第实行。烈钧以旧疾屡发，难胜繁剧，前经电请大总统简任民政长来赣接理民事。嗣奉大总统电，任命汪瑞闿为江西民政长，并以汪为钧旧雨，必能指臂相联，更命钧专治戎政，兼可休养精神，公私交益，至为欣感。汪公于十二月二十日抵赣，虽舆论不甚浃洽，而烈钧极表欢迎。于未到之先，即饬各司汇分案卷，以资咨送，并电请中央颁给印信，既到之后，迭次函咨催其视事。乃汪公以就治伊始，端绪极繁，仓猝从事，窒碍滋多，且以病体未痊，拟先赴沪就医，并至京、鄂查考一切，再行履任。曾以此情电呈大总统。于时，敝省水巡总监蔡锐霆，因前为武备学生时运动革命，适汪总办该校，以是斥革。此次汪公到赣，有开会反对者，蔡曾谒汪，语言或有未周之处。烈钧既不敢不维持政府威信，又不敢过拂地方舆情，一再设法调处。而汪公以病须速治，一面电京请假，一面束装就道。濒行，商将分治事宜由钧预为筹划期于实行。挽留再三，坚不允许。及汪公去后，中央来电给假二十日，钧复函电往催，均未得复。近又各处谣传，以汪公去赣，系为受人挟迫。不知此时分治系烈钧所赞同，汪民政长既系中央简任，又为钧所欢迎，虽一般盘论对于汪公不无微词，实无挟迫举动。弟恐传闻失实，特此电陈，统希鉴察。赣都督李烈钧叩。漾。② 一九一三年一月二十三日。”

《李烈钧复黎元洪陈述苦衷电》：“接奉宥电，义正辞严，爱国爱赣，感佩日深。中央与赣隔阂原因，麾下知之已确。感电所询，实为烈钧最难调处之点。湖口设局征兵，属于永久计划，汪公未来之前，即已实行。水巡总监部移扎该处，亦系省内一部计划，别无意见。既涉嫌疑，自当另商办理。反对汪民政长属于舆论，确

---

① 《中华民报》一九一三年二月十二日，据《中华民国新文牍汇编》卷三校，第183页。
② 《中华民报》一九一三年二月十二日，据《中华民国新文牍汇编》卷三校，第183页。

非少数人民意思,烈钧前为维持中央威信,不肯据实直陈。汪公达人,身历目睹,在烈钧固自勉力维持,顾全始终,惟此中详情为烈钧所难尽言。至中央所谓妄人,烈钧实难索解。查汪公当日去赣,并无个人胁迫之行为,即无从根究。此次隔阂,虽有造因之由,市虎虿楼,确如尊论。此中情形,程、邓两君知之最详,即恳就近询明,主持公道,并请示以方针。烈钧奔走国事将近十年,虽无前事之能,然对于重要问题一切主持,自问亦堪自信。乃不意昔日以革命不能见容于满清者,今共和告成,转不能见信于民国政府。傍徨五夜,惭悚万端,我公知钧,必有以教钧也。再,赣省临时省议会闭会已久,正式省议会尚未成立,现正分电召集,并以奉闻。① 一九一三年一月二十八日。"

《国务院传大总统令通告赣事始末电》:"奉大总统令黎副总统宥电、程都督感电均悉。自上年十月以来,迭接赣、沪来电,攻讦李督者甚多。旅京江西绅耆联名呈诉,又参议院胪列多款,备文质问。或以请派镇抚使为词,或以特派大员为诘,群情愤激,文电交驰。政府以李督惩治洪江会匪,为民除害,著有前劳,尚未派员查办。适接李督来电,请任民政长接理民事,实行军民分治,其意甚诚。方谓民政长简任得人,群言自息,即李督名誉亦可保全。遍询各方面,金云汪瑞阗与李督多年夙契,曾七次邀请到赣相佐,若即任命,必能相得益彰。是中央所以爱护李督、维持赣省者不为不至。李督及省议会亦来电欢迎。乃蔡锐霆、陈廷训等数人,怀私报怨,散布谣言,勾串煽惑,竟有谋害民政长之说,赖李督暗通消息,始得出险。此种举动实属破坏大局,摇惑人心。嗣据李督电告国务院称,分治手续条理粗具,正待进行,询汪踪迹所在。经复以汪已力疾来京,究竟该督能否担任保护,蔡锐霆等如何处治,望即电复,以凭核办等语。迄今尚未据复。又探闻蔡锐霆添练兵队屯扎湖口,赣省各军分调要隘,虽称为冬防起见,而中外环瞻,成何景象!副总统谓赣省并无反抗中央之事,程都督谓李督热诚爱国,决不反抗中央,自是公论。倘按照副总统办法,由都督、议会公派代表往迎汪民政长莅职,责成各军警负完全保护责任,前提既已解决,即他项误会自可同归消灭。本大总统受国民付托之重,但求保全人民之安宁幸福,去暴乱而臻治安。苟反乎此,则国法具存,断不敢博宽大之名,贻分裂之祸。区区此心,可表天日。特将此事始末通告各省,以息浮言,等因。特达。国务院。艳。印。② 一九一三年一月

---

① 《中华民报》一九一三年二月十八日,据《黎副总统政书》卷十六校,《中华民国新文牍汇编》卷三,第190页。

② 《政府公报》中华民国二年二月一日,《中华民国新文牍汇编》卷三,第194页。

二十九日。"

朱理叟精相术,所言百不失一。汪颉荀被命长江西民政,抵南昌将受事,诸师旅以武力及之,汪惧,问计于叟。叟曰:"睹公神采,今尚非其时,且祸在眉睫,宜速行。俟秋深气爽,余当迎公于滕王阁上也。"汪乍信乍疑,卒离豫章。自此消声逾半载,及九月安然履任,汪叹曰:"理叟其神乎。"①

1月3日,国务院电传袁世凯命令给李烈钧,准汪病假20天,责令李从速筹备划分军政、民政事宜,敦促民政长尽快养好病,限期到任。当时,各地省议会选举已经完成,正式国会选举也即将完成,李烈钧不理会袁世凯的命令,于1月5日回复说:"现在正式议会行将成立,于此数月内,拟即勉为其难,于军民要政担任完全责任。"公开拒绝汪瑞闿回任。

黎元洪出面调解,提出撤兵、迎汪、惩凶三个条件,未成。②

2月,袁世凯对处理江西问题亲笔写了四条密令:一、汪瑞闿到省长任;二、枪支不发;三、蔡锐霆、陈廷训重办;四、李烈钧下野。

3月11日,袁世凯任命赵从蕃署江西民政长,又遭拒。袁世凯极为恼怒,立即致电黎元洪指责江西省议会"蔑视约法,莫此为甚"。

3月15日,汪瑞闿续假三个月获准:"为呈请事,窃瑞闿前因病初愈,复感新寒,触发旧疾,未能及时到任,电请就医,仰蒙大总统赏给假。闻命之下,或悚莫名,本拟调治稍痊即行,驰赴新任,乃自到京以来,咳嗽迄未轻减。兹值春木正旺之时,夙有肝病,牵发可虞。窃维江西,本号难治之区,分治乃群情属望之事,自顾才庸体弱,万难骤试钜艰,拟恳续假三个月。伏祈垂念下情,俯赐批准,俾得安心调摄,或得早日就痊,再当勉效驰驱,以副大总统特加拔擢之盛意,为此具文呈请鉴察,伏候批示,祗遵谨呈。 批据呈已悉,该民政长病体未痊,应准给假三个月,俾资调理,此批。 大总统印。中华民国二年三月十五日。国务总理、内务总长赵秉钧。"③

江西参议员起诉北京《民主报》个案。《民主报》之所以被诉,是因为其报道称,江西参议员郭同、李国珍为汪瑞闿运作江西民政厅长一职,受贿万余银两,汪

① 陈赣一:《新语林》卷六,民国史料笔记丛刊,上海书店出版社,1998 年 3 月。

② 黎元洪:《上大总统并致国务参陆两部、江西暨各省都督》,《黎副总统政书》,上海古今图书局,1915 年,第 16 卷,第 16 页。

③ 《江西民政长汪瑞闿呈大总统拟恳续假三个月俾得安心调摄请鉴察示遵文并批》,载《政府公报》1913 年第 310 号。

瑞闿是煤老板,在上海开有同志运煤公司,贿款即从中出。郭、李二人以"捏造事实、损害名誉"为由,呈诉检察厅。检察厅派员去上海调查,称并无同志运煤公司,受贿万余两更无事实凭据。检察厅于是票传报馆,拟问明事实,以便提起公诉。《民主报》回函说:有闻必录,报馆天职,纵有失实,当函请更正,李国珍并未致函本社,就向贵厅呈诉,本社不能承认。这个应答理由,在现在看来,显然是不成立的。就此事而言,民主报不肯认错的态度,与他们所批评的政府并无二致。

3月20日晚,宋教仁在上海车站遇刺,伤重致死。后来,大量证据证明此案的主使人是袁世凯。

《问米价事致北京汪瑞闿电》:"瑞闿鉴:此间需用军米,年约三、四千石,未悉贵公司在京存米每石价若干?斤两若干?乞速电复。以便比较此间市价,与贵公司议订。希龄叩。巧。印。① 1913 年 3 月 18 日。"

《北京汪瑞闿复电》:"熊都统鉴:巧电悉。白籼米每石京秤一百六十斤,实价洋九圆,税捐水脚在内,在京交货。如由京运热,应请尊处给照免税,派兵迎护,每石约加运费洋两圆二、三,乞酌夺示复。闿。② 民国二年三月二十日到。"

6月9日,袁世凯突然下令免李烈钧江西都督职务,任命黎元洪兼署江西都督,并任命欧阳武为江西护军使,贺国昌为护理民政长,陈廷训为江西要塞司令官。

1913 年 7 月 12 日,李烈钧接受孙中山的指令,从上海回到江西湖口,召集旧部成立讨袁军总司令部,正式宣布江西独立,发表讨袁檄文。"二次革命"暴发,不及两月,各地讨袁军相继失败,长江各省被袁控制。江西方面,在北洋军水陆夹攻下,7 月 25 日湖口失陷。8 月 18 日南昌陷落,江西讨袁军瓦解,李烈钧败走云南。

《盛宣怀等致汪瑞闿、赵惟熙函》:"颉荀、芝山先生大鉴:月前旌从在沪,得遂班荆,伟略匡时,钦迟无既。比想轺轩莅赣,手抚创痍,安集劳来,宏纲具举,甚感,甚感。萍乡煤矿隶属赣境,为汉阳炼铁燃料之所自出。建设之原,发生于张南皮招商奏案,准在沿江各省勘采佳矿之议。并鉴于远运开平,不能济急。所费商本千有余万,每年拨付工费百余万缗,悉系散诸萍境,简僻之区,顿成蕃庶,不得谓非有造于赣也。辛亥军兴后,先拟砌词没收,继思武力占据,终以破坏矿界、

① 上海图书馆藏件,周秋光编《熊希龄集 3》,湖南人民出版社,2008 年 9 月,第 115 页。
② 熊希龄:《熊希龄先生遗稿》1 电稿一,上海书店出版社,1998 年 12 月,第 554 页。

私凿土井为摧残实业之计划。乱命所至,举邑如沸。坐使冶炉之望焦,甚于婴儿之望乳,损失之巨,不可殚述,今幸妖雾廓清,阳曦广被。前次在沪面恳各节,承允于履新后实力维持。再造汉萍,实公之赐。谨钞原案,编具节略,并附矿界图说,仰求台端据略迅赐会同赣都督、宣抚使、民政长刷印示谕,令行萍乡县知事遵守前禁,封闭私窿,俾伟大商业得以保存,感颂非浅。其界限以外原有煤井,关系土民生计,敝公司亦断无借禁把持之理。诸叨鼎力,鹄盼复音。除并恳宣抚使、民政长外,肃泐敬请台绥。汉冶萍董事会盛等谨启。[①] 1913 年 9 月 13 日,上海。"

《盛宣怀等致李纯、汪瑞闿、赵惟熙》:"窃查萍乡煤矿创始于光绪二十四年,纠合商资经营开采,专为济益汉厂炼铁之用,萍一损坏,汉即停辍,如生命之相连。当时虑有商人别立公司,多开小窿,抬价收买,坏我重费成本之局,曾经前鄂督张之洞奏奉廷寄,萍乡县境授照开平,不准另立煤矿公司。又深知萍民向恃采煤为活,故奏中又声明,凡土窿采出之煤,应尽厂局照时价收买,此奏案原始也。张赞宸君总办时择定安源地方开凿机矿,预将阖境山场分别租购移县示禁,不准另挖窿口。所有从前挖煤炼焦之各商井,则设保安公庄以整理之,一以奏案为本。光绪二十九年七月,公庄绅商联名公呈,以庚子乱后银根奇紧,公议请局将附近土井数口一律收并。经张总办优给价洋二十万五千元,以徇其请。绅商公呈内声明,归并之后,无论其井为萍局停挖与否,凡距各井三里以内永不闯入。亦曾造册移县立案。自是以后,安源附近一带,敝公司系以金钱换得主权,本非垄断,更无所谓攘夺也。冀界限目县城外教场坪起,中经大罗坪、竹篙坡、双凤坑、社上、黄泥塘。许家坊、周家坊、大塘下、燕塘里、乱石岭、何田瑙等处,复环绕至教场坪止,周围圆线积长九十二里七一六五,围内茚积五百零四方里,均在萍局矿界之内。其界线外有煤之处,仍昕商民自采,两不搀越。于光绪三十三年二月绘图贴诚分资(咨,前江督靖[方]、前赣抚瑞[良]饬属查照,亦有案。辛亥以后,有集成公司混入界内,穿凿土窿。迭接该矿坐办李寿铨函称:'王家源、紫家冲、龙家冲、高坑一带,遭开私井达百余座,蹂躏殆尽而后已。'又据电称:襄李烈钧派萍绅文肩会县翘界,限定矿界以九百六十亩为止。各等语。凡此种种,无非毁弃前禁,破坏实业。敝公司筹办该矿已费巨本千有余万,每年采掘工费百万有余,悉系散诸萍境,使市廛顿增蕃盛,并捐资助学,虽不敢谓教养兼施,究于地方

① 陈旭麓、顾廷龙、汪熙主编:《汉冶萍公司》3,上海人民出版社,2004 年 3 月,第 632 页。

不无裨益。如果各私井实在界限以外，萍矿即有损害，亦辛亥以后，有集成公司混入界内，穿凿土窿。迭接该矿坐办李寿铨函称：'王家源、紫家冲、龙家冲、高坑一带，遍开私井达百余座，蹂躏殆尽而后已。'又据电称：曩李烈钧派萍绅文肩会县翘界，限定矿界以九百六十亩为止。各等语。凡此种种，无非毁弃前禁，破坏实业。敝公司筹办该矿已费巨本千有余万，每年采掘工费百万有余，悉系散诸萍境，使市廛顿增蕃盛，并捐资助学，虽不敢谓教养兼施，究于地方不无裨益。如果各私井实在界限以外，萍矿即有损害，亦断不肯顿食前言与之争执。现照该矿坐办李寿铨蹋电，无一不在萍矿界限之内。则成案具在，契约具在，厂矿全局所关，断无听其破坏之理。贵民政长明允为怀，平索注重实业，用敢查案陈请，祈于莅新后，迅赐将前次李烈钧派委萍绅文启划界之乱命取消，一面撰印示渝，令行萍乡县封禁王家源、紫家冲、龙家冲、高坑一带私开土井。并诰诫萍民声明萍矿界内嗣后不得再有搀越乱挖情事，以保商案：无任感荷。谨略。[1] 1913 年 10 月 20 日，上海。'

8 月 4 日，李纯升任江西护军使，8 日占领江西吴城，9 日占领建昌，18 日第六师张敬尧部攻陷南昌，大肆淫掠，李纯晋授勋二位，27 日李纯兼江西民政长。

9 月 29 日，北京政府令李纯署理江西都督，李纯采取严厉的政策打击国民党，取缔国民党各级组织、解散省议会、逮捕议员、严禁群众集会、查封报馆，南昌出现"逐日刑人"的恐怖气氛。

9 月，汪瑞闿赴江西任民政长，上任即查办程道存等人，得罪了一批人。"据江西民政长汪瑞闿呈称内务司长程道存附乱有据，实业司长曾贞弃职潜逃，请示惩办等情。程道存、曾贞着即一并褫职，交汪瑞闿拿案讯办，以肃法纪，此令。九月二十三日"。

这时，蔡突灵兄弟与李烈钧等湖口起义领导人，均被袁世凯四处通缉。蔡突灵隐姓埋名潜转江西各地，随后与弟蔡锐霆、妹蔡仲兰先后赴日本，赞助孙公，建设中华革命党。李纯、汪瑞闿进入南昌后，立即派兵到宜丰查抄蔡家，将蔡家财产籍没十余万，蔡突灵父亲蔡牖民解省判禁十年，四弟监押四月，五弟被执捉后虽得以逃脱却罹疾而亡，蔡家妇孺被驱散而至流落千里。为了革命，蔡突灵全家流离失所，家破人亡，一片凄凉。[2]

---

① 陈旭麓顾廷龙汪熙主编：《汉冶萍公司》3，上海人民出版社，2004 年 3 月，第 655—656 页。

② 漆跃庆：《同盟会元老蔡突灵对中国民主革命的贡献》，载我群易知新浪博客。

《九月十九日致财政部电》："财政部钧鉴：前李兼民政长鱼电请免米粮税案，系外省进口及内地返运一律展限三个月，仍禁止出口，其安复婺祁两次向来仰给饶属米粮，不在此限。除已通电饬遵外，前电漏叙，特此声明。江西民政长汪瑞闿筱。"

《九月二十九日致财政部电》："财政部钧鉴：江西省前在沪订印十足铜圆官票十六万张，又续订四百二十万张，已印就一百二十万张。现经电令运赣，应请电饬江海关按数发给运照，以便起运。江西民政长汪瑞闿筱。"

《十月三日致财政部电》："财政司法部长鉴：奉电饬办三年度预算，已在着手进行，惟司法独立，本应筹备，而财政支绌，势难遍设。前开三年度赣省司法费二百二十七万余元，嗣又追加审检所等费四十八万余元，画饼充饥，难期设行。兹办三年预算，拟从实际估计大部协议支配。二年司法经费赣省究占若干，实为推测三年预算之惟一标准。现请将赣省司法费总数暨高等审检厅各支若干，地方初级审检厅狱所各支若干，应设若干，以凭遵办。又，三年度司法推广至何程度，大部亦早有计画，并希电示，无任盼祷。汪瑞闿陷。"

《十月四日致财政部电》："财政部钧鉴：江西前因纸币充斥，铜圆缺乏，经瑞闿会同李护军使电请自铸，未承允准，惟现在乱事既定，商业渐兴，市面流通非有大宗铜元难资周转，且筹抚、筹赈尤赖有银圆铜圆散放，乃能利便，本省未便自铸，他省又挹注甚难，恳请大部电饬鄂厂迅拨铜圆二十万串以应急需，合银若干，当由赣按照市价汇拨。此间盼望铜元势甚急迫，务祈大部俯赐照准，并先电复，是为切祷。再，宁厂自经兵燹，闻已毁坏，赣厂经李逆修理完整，机器齐全，废置可惜，如能借作宁厂，似一举两便，统候示复。瑞闿叩冬。"

10月6日，国会选出袁为第一任正式大总统。

《十月十八日致财政部电》："财政部鉴：庚电敬悉。查前冬电，系因宁厂尚未规复，不能开铸。赣厂机器完全可由宁厂派员来赣借厂开工，币制既能划一，金融亦藉可流通。前尊电以机器借给宁厂，想系误会。如宁厂必须此项机器，亦无不可。惟从前购置价值所费不赀，由宁厂按照原购数目备值来赣，以便点交，务请据情转电该厂知照。前由李署督巧电，请饬鄂厂筹拨铜圆，出五十万元，系以洋计，非以枚计，否则杯水车薪，无裨市面。应请大部再电鄂厂，按照洋数分起筹拨以资接济。至铜片运鄂，铜圆运赣，均请准照，具电按时价核实计算，庶可两得其平。以上各节，以候电示，以便派员领运。汪瑞闿铣。"

《十月十八日致财政部电》："财政部长鉴：大部咨到，核定二年度收支各款，斟酌损益,量入为出,苟可节省,自应勉从,惟国体更新,情形大异,绳以往事,窒碍殊多。兹择其减数过钜,实难办到者具陈理由,恳请酌量追加,以免竭蹶。一水上警察,原系合长江五警内河三军并计开列,较宣四之数仅多四万三千余元,今所减定殆未悉长江合并之故。赣省襟江带湖,汊港纷错,乱事初平,伏莽未靖。全赣水警巡查,藉资防范,倘因省费而废事,窃恐患生于所不及防。又典礼费原预算三万八千余元,系全省祀品,今奉减定五百元,专祀省庙,且实事求是,苟有可增可节之款,自当猛励进行,若画饼充饥,削足适履,则不能不望大部之匡正维持已。汪瑞阗刑。"

《十月十八日致财政部电》:"财政部内务部钧鉴:查二年六月以前新发生之工程,计行政公署建筑费一万四千零九十六元零,德化县堤公费二万一千二百三十五元零,实业司修建费二千二百七十三元零,教育司修理费九百六十五元零,中学农林工业各校修筑费修理费五千零九十七元,吴城、南局、抚州、吉安、置巡、临江、广信各级审检厅及模范、轻罪等监修建费八千五百五十四元零,各款已陆续支给,容饬主管官厅造册报部。二年度预算案已列者,钧部复核数仅列内务部所管工程经费六万元,其余如水巡修造炮船费三千六百三十八元,各县留置所修缮费二万九千二百五十元,均系刻不容缓之工,应请仍准补列。又省城文庙大城殿元年兵变时被匪毁,前因属于本省工程,故未列入预算,现闻孔教拟定为国教,省城文庙为万目具瞻之地,自应及时建复,约需建筑费二万数千元,可否追加列入预算,祗候裁夺。其余零星岁修工程均未开列,以省烦渎。江西民政长汪瑞阗咸。"

11月4日,袁世凯以"叛乱"罪名下令解散国民党,并驱逐国会内国民党籍议员。国会由于人数不足而无法运作,不久即被解散。袁世凯从此成为寡头总统。

11月14日,汪瑞阗电请筹办江西警备队一事获批准:"为呈请事。据江西民政长汪瑞阗电称谨奉大总统面谕,准练警备队,藉资调遣,嗣因募集官弁兵士六百余人,拟请按照编制募足两营,电呈参陆两部,转呈大总统,事属可行等因。二十一日伏读大总统令,安民之道,察吏为先,将若安民,必先除暴,应由民政长指明冲要地方,分筹的款,酌定警备队名额,由知事督率调遣,保护市邻等因。仰见大总统整顿吏治,保卫闾阎,曷胜钦佩!窃以为警备性质专治内而设,江西幅员三千余里,县治八十余处,与闽粤湘鄂皖浙等省毗连,犬牙交错,冲要之区不胜枚举,警备势难棋布。与其零星分募,由各县自行训练,既难过多用款,仍难减少。遇有盗匪重案,仍须电请增兵,辗转请求,动须时日。不若居中统驭,由各省会编制成营,分布各属,择要驻扎,准由各知事随时与就近带队官商酌调遣,策应较灵,有事之地不致坐误机宜,无事之地亦不至虚糜薪。似此变通办理,论情势既无隔阂濡滞之虞,论形式一可收画一整齐之效。现已遴委张敬禹为警备队统领,杨毓珣为警备队协统,编成四营,俟训练可用,立即派各县厅候调遣,饬留一营驻省城之根本地,附近城镇市乡藉可随时应付。瑞闿统筹兼顾,苦于经费维艰,全省巡警一时未能扩充,而关系治安要政不得不妥慎规划,以期有备无患,上副大总统绥靖地方之至意。该队饷需所出,容俟于地方税项下指定何款,另案陈明。事隶钧部,合将筹办原由先行电呈,伏乞转呈大总统俯赐察核等情到部。查该民政长所拟各节系属因时制宜,似可暂行照准,以维现状而保治安,理合据情呈请大总统鉴核施行。谨呈,据批呈已悉,应准暂行照办,此批。大总统印,中华民国二年十一月十四日,内务总长朱启钤。"①

北洋政府的《文官惩戒法草案》于 1913 年公布。《草案》规定,凡是违背职守义务、玷污官吏身份或者丧失官吏作用的政府职官,都应受到惩戒。惩戒分作四种:降等、减俸和申诫、褫职。褫职,免去现职,并停止任用 2 年以上。

1914 年,42 岁

1 月 9 日,汪瑞闿报告赣北观察使吴筠孙到任日期咨呈②(一九一四年一月九日)。

1 月,江西民政长汪瑞闿因"紊淆财政,中饱私囊,任人唯亲",被江西财政司司长杨寿康告发,很多高级大员们以汪瑞闿劳苦功高为他说情。1 月 21 日,袁世凯在相关报告上批道:"江西民政长汪瑞闿紊淆财政,任用非人,颇滋物议,现经委查属实,应即解任,付中央高等文官惩戒委员会议处。"③汪瑞闿去职,江西民政长一职由老部下戚扬代理,本人赴北京申诉。

4 月 15 日,经过两个多月的调查审理,北洋政府设置的惩戒委员会经过多数决议认为,汪瑞闿违背职守义务,应予撤职处分。

8 月 19 日,审计院审计结果显示,汪瑞闿存在两大问题:一是决算超过预

---

① 《内务总长朱启钤呈大总统江西民政长汪瑞闿电请筹办警备队各情形拟暂照准请鉴核施行文并批》,《政府公报》第 552 号,1913 年 11 月 16 日。

② 天津历史博物馆编:北洋军阀史料《黎元洪》卷五,天津古籍出版社,1996 年 5 月。

③ 《大总统策令》,《政府公报》第 614 号,1914 年 1 月 22 日。

算;二是借款手续不全。江西民政公署向民国银行借款,不仅事前未报财政部批准,而且有 3 万多元超过预算范围。而这些超支的钱主要用于发放后增设多名秘书的工资等支出,没有发现汪瑞闿直接将公款落入个人腰包的事实。汪瑞闿被解职,再次被迫卷起铺盖离开江西,上任仅仅几个月时间。

"代理国务总理孙宝琦内务总长朱启钤呈称准文官高等惩戒委员会议决报告,前任江西民政长汪瑞闿所犯事实合于文官惩戒法草案第二条第一款,违背职守义务,应按第五条第一款处以褫职等语,汪瑞闿应准照所议即行褫职,此令。二十八日"①

1915 年,43 岁

1月,袁世凯以 10 万大洋的重贿买通英国驻沪副领事卓乃尔,向法引渡蔡锐霆后,立即派重兵用轮船将其从上海押往江西,急令九江镇守使在九江立即将蔡锐霆就地枪决。

5月9日,袁世凯屈服日本,接受丧权辱国的"二十一条"。

12月12日,袁世凯称中华帝国大皇帝。袁称帝后第一道申令:捕杀乱党。

汪瑞闿寓居北京。"乙卯夏四月,寄寓京师,适觏洪宪之难,四方告变,都人惶惶。有肆贾持此册来,余酷爱之,而囊空不办,相对悯然。倩华欲慰吾意,乃脱簪珥易三百金与贾者,议减其值,幸得成之。藏诸行箧,携以南归,其乐为何如邪?越八年,复于无意中得宋拓匿纸本定武兰亭、东阳何氏梅花本兰亭各一册,均足宝爱,因并此帖,缘起记之。癸亥暮春祉门题。"②

1916 年,44 岁

1月16日,蔡锷率护国军出击四川。3月10日,冯国璋等 5 人联合发电给袁世凯,迫其退位,取消帝制。23 日,袁世凯取消帝制,并致电请蔡锷等停战,商议善后办法。5 月 8 日段祺瑞逼袁世凯交权。段、袁矛盾益加深刻。6 月 6 日,袁世凯在忧惧中病故。6 月 7 日,黎元洪继任大总统。29 日北京政府国务院被迫恢复旧约法。中国进入军阀割据混战时代。

2月10日,汪瑞闿任民国政府参政院参政。

① 《大总统策令》,《政府公报》第 1113 号,1914 年 8 月 28 日。

② 《书法丛刊》2013 第 2 期,《上海博物馆所藏兰亭善拓举要》第 16 页,影印汪瑞闿《神龙兰亭》明拓本题跋。

"裴伯谦(景福),皖之霍山人,久为令于粤。人称其鞫狱能以数语了之,情伪尽揭,是非昭然,余亦以为其人固才士也。倪丹忱(嗣冲)当项城盛时,率所谓安武军坐镇皖北,一身兼军民二政,以景福掌政务,事无洪纤,悉以咨之。景福随众唯否,无复当年勇迈之气,人多异之。福曰:'吾老矣,不能不为子孙忧,非法之举,匪敢为也。'偶以事入京,一夕赴杨芰青(士骢)宴,汪颉苟(瑞闿)在座,景福被酒大言曰:'洪宪方兴,项城视魏武或足并论,谁为曹丕者? 吾恐不若秦犹及二世而亡也。'杨、汪俱挢舌不下。及旦,瑞闿以所语语张仲仁(一麐),一麐击几曰:'伯谦之言,固予所欲言而未敢吐诸口者,子为我约其过敝斋倾谈如何?'瑞闿默然。适项城召一麐入商大计,一麐率尔曰:'总统知非议帝制者,且有手握兵符之疆吏耶?'项城惊曰:'伊谁?'曰:'倪嗣冲耳。'项城复曰:'其意云何?'曰:'谁能为曹丕以继承魏武?'项城笑曰:'丹忱武夫,乌能出此语? 是必有人借其名为语,以快意者。予意其为吾子乎?'一麐色变,知不能隐,嚅嗫曰:'裴伯谦曾为是言,谓丹忱意实如此。'项城曰:'伯谦固熟人,可令其来见。'一麐唯唯而退,亟驰瑞闿所,相约偕往景福所居白其事。福大惧,星夜襆被出都。濒行,切齿曰:'小命几丧于汪、张之口,不慎言也。'"[1]

袁世凯女儿袁静雪,嫁杨士骢(杨士琦弟)之子杨毓珣。杨士骢是候补京堂三品,历任山西盐政、广东补用道、京奉铁路总办、山西巡盐道,民国初年当选多届众议院议员,

裴景福(1854—1924),字伯谦,又字安浦,号臆闇,安徽霍邱县新店人。光绪十二年(1886 年)进士。历任广东陆丰、番禺、潮阳、南海县令,为字画古董收藏家。

1917 年,45 岁

张勋复辟。6 月 7 日,张勋率辫子军自徐州北上进京。7 月 1 日,爱新觉罗·溥仪再次登基,颁布了多条新政,意图恢复大清。3 日段祺瑞偕同徐世昌等以讨伐张勋。6 日冯国璋在南京宣布就任代理大总统,任段祺瑞为国务总理。12 日讨逆军进入北京,张勋逃入荷兰驻京公使馆。溥仪再次写下了退位诏书。

在迅速平息"辫子军"的抵抗中,汪瑞闿侄儿汪士元充当了重要角色。其时,直隶省库空如洗,尚有开滦股票 100 万元,市价高于面额。为充讨逆军军费,他

---

① 陈赣一:《睇向斋逞臆谈》(近代史料笔记),中华书局,2007 年。

以补助直隶金融费用为名,在津向日本三菱洋行借款,由天津正金银行兑付,为消灭封建顽固势力立了大功。

1918 年,46 岁

9 月 4 日,安福国会选举徐世昌为大总统。

1919 年,47 岁

"五四运动"爆发。5 月 4 日,北京十三所学校的学生三千余人齐集天安门前举行示威,提出"外争国权,内惩国贼""废除二十一条""抵制日货"等口号,主张拒绝在巴黎和约上签字,要求惩办北洋军阀政府的亲日派官僚曹汝霖、章宗祥、陆宗舆,展开声势浩大的"五四运动"。

1920 年,48 岁

7 月 14 日,直皖大战爆发,吴佩孚奔擒段祺瑞未果。本月皖系段祺瑞战败。

8 月,汪士元任北洋政府财政部次长,署财政总长。

1921 年,49 岁

7 月 23 日,中国共产党成立。中国共产党第一次全国代表大会在上海举行。会议制定了党纲,通过了工作决议,选举了党的机构,陈独秀为中央局书记。从此,中国出现了完全新式、以共产主义为目的、以马列主义为行动指南、统一的工人阶级政党。

《大总统指令第一千九百二十九号》:"令全国烟酒事务署督办张寿龄呈纸烟捐务重要,派汪瑞闿驻沪总办以裕岁收,由呈悉准其派充,余如所拟办理,此令。中华国十年八月十八日。"[1]

汪瑞闿出任上海全国纸烟捐务总局局长,成为全国烟草税的总负责人,至1925 年初止。

11 月 2 日,《钱溯耆墓志》成,由秦绶章撰,邵松年正书,汪瑞闿篆盖,周梅谷刻。钱溯耆(1846—1917),江苏太仓人,字伊臣,号听邠,为敏肃公之子。清同治九年(1870)优贡,经内阁中书,历知深州、知州。生平酷嗜金石书画,著有《听邠

---

① 《政府公报》,1921 年 8 月 19 日。

馆杂文诗存》《金石录》各四卷,刊有《听邻馆丛书》廿余种。

11月5日,汪士元再次被任命为财政部次长兼盐务署署长、稽核总所总办。

12月9日,汪士元为烟酒署督办。

1922年,50岁

任全国纸烟捐务总局局长期间,尽力维护国家主权,力争从外国烟草公司处多收税收,现存多份汪瑞闿致英美烟草公司的函件:

11月26日,汪瑞闿致上海英美烟草公司函:"美烟公司哈德函:昨接本月17日贵公司来函,对于前次暂时协定免捐各商埠单内,将自辟商埠14处取消免捐一节,碍难同意等语。查贵公司声明书第七条未将商埠区别,自是就广义立言。若就事实论之,凡自辟商埠之警察权,既完全属于中国,则纸烟之运销于该埠者,既享保护之利益,自必有相当之报酬。设徒享利益,而无有报酬,揆之情理,殊欠公允。现在各省长官,对于此点颇多怀疑,因之啧有烦言。如天津近事,亦系由此发生。鄙人与贵公司相交年余,感情素形融洽,而于阁下尤为仰重。诚不愿因此小节,致启事端,使贵公司营业上受其影响。况前次暂定系79处,今即除去自辟商埠14处,虽将来有无变更未能预料。然在目前贵公司尚有65处免捐之利益,不为不多。鄙人反复思维,为欲免除各省烦言,徒启窒碍。并为贵公司营业顺利起见,用特以个人友谊之意见,剀切函商。尚祈阁下予以谅解。嗣后运往前次函述自辟商埠14处,即日照章完纳捐款(颐中档案)。"

12月15日,汪瑞闿致上海英美烟草公司函:"准京署函开,查自开商埠与约开商埠性质本属不同。前既准外交部分别开单前来,并声明商埠捐税问题应按照烟台条约第三端载有免纳厘捐,只以租界为限之规定等语,自应查照办理。此次英美、花旗、大美各公司来函,系借口声明书第七条,认为特别规定,一致联合抗争。不知自开商埠完全属我国主权,实与内地无异。本无分别声明之必要。且该声明书第七条所载亦只有通商口岸或商埠字样,并无约开、自开一律免捐之规定。现在我国继续自开之埠有加无已,若如该公司等所云含混牵引,则将来自开商埠省分皆属免税之区矣。准情度理,断无如此办法。总之征收捐税,应以警察权所及为限,自开商埠其警察权既属我国范围以内,当然照章抽收。如果该公司等对于前列14处自开之埠,仍复借词坚持不允取消,将来运至各该埠之烟,惟有一律扣留,照章办理。相应函请贵局查照前函办理等因。查前次暂时协定免捐各商埠单内,长沙等14处系属自辟商埠,应照章收捐各节,迭经本局函达在案。兹准京署函开前因,本局自应遵照办理。相应函请贵公司嗣后对于自辟商埠如前次函开长沙等 14 处,务须照章纳捐,以免扣留(颐中档案)。"①

1923 年,51 岁

1月1日,孙中山发表《中国国民党宣言》。2 日,中国国民党公布《党纲》。《党纲》分三民主义和五权宪法两部分,阐明了三民主义和五权宪法的基本内容。三民主义即民族主义、民权主义、民生主义,五权宪法即包括立法权、司法权、行政权、监察权、考试权,并以五权分立作为五权宪法的原则,完成民国更进步的宪法。

6月13日,曹锟派人对黎元洪进行恐吓,迫使黎元洪逃往天津。10 月 5 日,曹锟贿选为大总统、国民革命军一级陆军上将。上海、浙江、安徽、广州等省市各界团体旋即通电全国,一致声讨曹锟。

10月29日,汪瑞闿母亲马太夫人去世,享年七十六岁。

1924 年,52 岁

汪士元任税务处会办。

汪瑞闿为开办烟特税,与外国烟草公司周旋:

2月4日,汪瑞闿致英美烟草公司函:"径启者,查自浙江等省开办特税,迭准贵公司函请扣抵捐款,从未将应缴收据检齐送局,核与定章未符。本局因每月少缴 1 千元,为数无多,留待异日解决,原为维持睦谊起见。今于 12 月份结帐期内,忽扣浙江特税洋 5170.95 元,河南特税洋 3600.96 元,与逐月办法不符。查上年夏间,曾准贵公司来函,因救济本局财政穷迫起见为名义上之扣款,案牍具在,尚可复按。既曰名义扣款,则月扣千元数已不赀。如此忽多忽少,任意扣算,不知以何者为根据。以之咨报中央必受驳诘。相应备函奉达,即请贵公司查照,将多扣之款如数补缴。实纫公谊。"(颐中档案)

10月19日,汪瑞闿致英美烟草公司函:"查各省开办特税,为避免征收纸烟捐章程抵触起见,无一不取之于华商。而商人纳捐之后加增烟价,又转取之于吸户. 与洋商公司本无关涉。惟据贵公司代表宣称,营业上受间接之损失,是以本

---

① 上海社会科学院经济研究所编:《英美烟公司在华企业资料汇编》第二册,中华书局,1983 年 12 月。

总办迭向苏省当局竭力疏通,为取消特税之磋商。业已议有头绪,不幸战事发生,暂时停顿。本总办友谊上之援助,自问竭尽绵薄。讵知贵公司不加谅察,惟以扣款为要挟之手段,认为扣款愈多取消特税愈速。此等见解,未免误会。本总办对于一年来特税之扣抵,任其作为悬案.从未有抵抗之表示者,非无此权力也,无非希望取消特税修改声明书后,使数年来双方感情,益形亲睦。乃近数月来,贵公司于内地捐愈扣愈多,几致全部扣尽。本总办极为失望。要知本局为征收纸烟捐合法机关,至不能存在时,声明书效力随之中断,各省特税必有变本加厉之一日,窃为贵公司不取也。现在淞沪战局告终,取消特税,为期不远。际此紧要关头,必增加本局经济上之力量,方能进行顺利。务请贵公司详审利害,将应缴 9 月份内地捐,尽数照付。幸甚幸甚。"[1]

汪瑞闿的故事,如《纳妓为室》《惜玉怜香》等出现在当时的书刊中,流传甚广:

瑞闿,字颉荀,皖人,二次革命之前,袁世凯授为江西民政长,都督李烈钧拒之,于是南北决裂,遂有湖口之役。其妻某氏,或谓之系勾栏舍人。瑞闿未通显时,偶来沪上做寻花问柳之事,某妓一见倾心,愿执箕帚。瑞闿辞以不可,曰:"余寄迹他乡,家无恒产,卿毋冒昧从事,以致后悔。"某妓曰:"侬阅人多矣,以君相貌必非久居人下者,故愿托以终身。至糊口之资,勿劳君顾虑矣。"即日除去艳帜,与瑞闿卜居于泥城桥畔之某里。瑞闿本无妻室,至此俨然为夫妇。某妓并出资为瑞闿运动,遂得官,遂至致显贵。事之确否,未敢必。姑就或人所言而记之如此。

瑞闿当有清之时,以道员需次江西,办事实心,遂权臬篆。旋改旭江苏,办上海警政有年。时有富家子为人引诱淫赌,昼夜不归,赌资负至巨万,其父告发,瑞闿系抽头者至,一四五十岁妇人也。妇有女,年十余,并械而至,容貌姣好,口操吴音,询之则曰:"本苏人,里居,姓氏约略可述,为恶人所拐卖至此。妇以赌为业,而以侬为饵,稍不如意挞辱立至,所不忍言,故求超豁。"瑞闿见其荏弱可怜,不禁为之惋叹,惩妇人如其罪,追还所得金,咨苏州查女家,以金之半给女,交其父母领回择配。是于锄奸惩恶之中,寓惜玉怜香之意。[2]

汪瑞闿担任上海曲社名誉社长。旅沪江浙各省昆曲家俞伯陶、殷震贤等组织之益社昆曲俱乐部,业于前日成立,并投票选举职员。结果俞伯陶被选为正会

---

① 杨国安:《中国烟叶史汇典》,光明日报出版社,2002 年 11 月,第 517 页。
② 吴趼人:《当代名人轶事大观》,上海世界书局,1921 年,第 41—42 页。

长,殷震贤、吴乐山等被选为副会长,汪颉荀被选为名誉会长。该社员议决每月开会一天,会串昆剧,借以提倡国粹。集会地点在法租界五洲大旅社,参与者还有项馨吾、居益熔等人。①

1925 年,53 岁

3 月 12 日,孙中山在北京逝世。

8 月 29 日,汪瑞闿致信杨宇霆:"邻帅勋鉴:前奉还章,旋承赐电,备蒙饰注,弥益惭皇。秋高令肃,军国万机,仰企贤劳,辄深驰系。此次王惠南君到沪,晨夕过从,凡关于时局,有所商洽,无不殚精竭虑,溽暑奔驰,迄无怠色。间心折之余,见闻所及,亦必尽情倾吐,切实筹维。冀效壤流之微助,藉副箪壶之盛怀。东南劫运方殷,蹂躏殆遍,人心愤怨,惟欲借亡。倘值时机,天戈南指,箪壶载道,心理所同。惠南叠次电呈,知蒙采纳。渠即遵谕北上,所有近日情形,面陈自益详晰。所望庙谟密勿,早定火计,救斯民于水深火热之中,佐伟业于天与人归之际,端在今日,无俟蓍龟。闿身居危乱之邦,目睹凶残之迹,薪天无术,避地有心。初拟即皆惠南启程,以家事略须部署,中秋后当可成行。兹命长子绵孙先期趋谒,代陈一切。尚祈俯赐赏见,加以训诲。绵孙历在部署及苏、湘等省当差,尚能忠二于所事。如荷驱策,俾得及时自效,尤所感幸。手肃,谨布悃忱。祗颂勋安,惟乞垂察。汪瑞闿拜启 八月二十九日"②

汪瑞闿为《朱幼鸿先生像赞纪念册》题赞辞,表达对朱幼鸿仙逝的哀悼与怀念之情。撰写像赞者竟然有近百位之多,均是当时的社会各界显要名流。朱幼鸿(1870—1925)又名畴,泾县黄田人。近代颇有实力和颇具影响的民族资本家。先后于上海创办裕通、裕亨纱厂、裕丰面粉厂,在汉口开设裕隆面粉厂,在江苏支塘开设裕泰纱厂,在高邮开设裕亨面粉厂,在苏北、山东开盐场。在长江中下游各大商埠设盐号,开当铺 30 处。至民国初,所办工业企业发展极盛,资产总额五六千万两白银,

1926 年,54 岁

1 月 7 日,汪瑞闿葬生母马氏于吴县胥门外木渎乡五都七图乃宇圩之孙庄。

---

① 《申报》,1924 年 2 月 28 日。
② 辽宁省档案馆编:《中华民国史资料丛稿·奉系军阀密信》,中华书局,1985 年 7 月。

4月,汪瑞闿为戏曲表演家俞粟庐祝寿:

时值俞粟庐八十寿辰,上海的曲友和俞粟庐的老朋友姚文敷、李平书、汪颉荀、穆藕初、冯超然、胡筠秋、徐凌云、谢绳祖等,联名发起为俞粟庐祝寿,定于4月25日假徐凌云私邸徐园,由传习所全体学员演剧一天,以表庆贺。剧目有全本《连环记》,由张传芳、朱传茗、周传瑛主演;《盗甲》,由姚传湄主演;《古城会》由邵传镛主演。[①]

10月23日,冯玉祥率部返回北京,包围了总统府,囚禁总统曹锟,驱逐溥仪出宫。

1927年,55岁

汪士元任国务院参议。

4月12日,蒋介石在上海发动"四一二"政变。18日,蒋介石另立南京国民政府。

8月1日,南昌起义爆发。13日蒋介石宣布"下野"。25日武汉政府宣布迁都南京,并改组"国民政府"。

9月9日,毛泽东领导秋收起义。

1928年,56岁

6月3日,张作霖的军政府瓦解。8日,国民革命军占领北京。

12月29日,奉系领袖张学良除下五色旗、改挂青天白日满地红,并通电南京,表示接受国民政府管辖,史称东北易帜。至此,北洋政府结束运作,北洋派退出历史舞台。

1936年,64岁

11月5日,陈灏一在上海静安寺路沧州饭店与郑椒若举行婚礼,于右任、叶恭绰为其证婚,汪瑞闿作《甘簃世兄嘉礼赋贺》:"颂檀灵范制,才侔咏絮长。荥阳鸿绪懋,懿氏凤占祥。协趣琴瑟乐,同心兰苣芳。时谐伉俪,并美和词章。 映丽瑶林树,嘉渊妙简宜。太真凭玉镜,元振得红丝。宾啜龙团味,诗为燕贺仪。

---

① 唐葆祥:《清风雅韵播千秋:俞振飞评传》,上海古籍出版社,2010年6月,第25页。

更忻聪世德,麟毓仁来兹。"①

陈瀛一(1892—1953),亦作甘簃,字藻青,号颖川生,别号睇向斋主人,江西新城(今黎川)人。曾任袁世凯的文案、张学良的秘书,1932 年赴上海创办《青鹤》杂志,1937 年后隐居北平,1948 年赴台湾,著作有《新语林》《甘簃诗文集》《甘簃随笔》等。

1937 年,65 岁

7 月 7 日夜,日军向卢沟桥一带中国军队开火,中国守军第 29 军予以还击,全面抗日战争开始,史称"七七事变"。29 日,北平、天津沦陷。

11 月 12 日,日军占领上海,淞沪会战结束,上海沦陷。20 日,国民政府宣告迁都重庆。

12 月 13 日,国民政府首都南京沦陷。日军攻入南京城,开始大屠杀,共计30 万人被杀,南京城三分之一建筑被烧毁,8 万妇女遭到强奸。

1938 年,66 岁

3 月,以梁鸿志为首的南京维新政府成立。

6 月,伪浙江省政府和杭州市政府也宣告成立。何瓒任杭州市市长,陆荣篯任浙江省警务处处长,汪瑞闿为浙江省省长兼财政厅厅长,孙棣三为民政厅厅长,严家干为建设厅厅长,江磐任教育厅厅长。伪省府成立后,即就沪杭路一带"军事结束之区"设立县治,"委派杭县、嘉兴、吴兴、嘉善、海宁、平湖、德清、武康、余杭、长兴、桐乡、崇德、海盐等 13 县知事",并陆续在各县成立警察局、税务局、法院等机构。

10 月,汪瑞闿把潘恭寿 1793 年所作《层峦幽壑》立轴赠神谷先生。画上有王文治题跋:乾隆癸丑暮春之月几望,文治记。钤印:王氏禹卿、梦楼。汪瑞闿题签:神谷先生在杭相处数月,情感甚洽。戊寅十月,治装将行,握手依依不忍言别,为捡此帧丰赠,藉作纪念。汪瑞闿识于杭州官舍。钤印:汪瑞闿印。

1939 年,67 岁

1 月,日伪成立"浙江地区治安委员会",汪瑞闿任副委员长。这是日军统治

---

① 陈瀛一主编:《青鹤》第 97 期,1936 年 11 月 15 日,附录第 5 页。

浙江的中枢机构,它接受作为警备司令官的部队长的处理和中央治安委员会的指导,立案审议有关维持治安的重大事项。同时,就治安肃正问题,负责统制日本军、各机关间的相互联系和策划,从而达到各机关密切协同动作之目的。①

"浙江地区治安委员会"内设委员长1人,副委员长1人,委员若干人。委员长由警备司令官担任,副委员长由浙江省省长(汪瑞闿)充任,委员则由警备司令部参谋、杭州特务机关长、杭州宪兵队长、浙江省警务处长、民政厅长、若干顾问以及各地区绥靖司令等担任。

"浙江地区治安委员会"成立后,各级伪政权在日军司令部、特务机关和顾问的授意、控制下,加紧与日方合作,积极配合其侵略活动,对沦陷区民众实行严酷的政治统治。汪伪政权成立后,这种统治更形严厉,陷区民众几乎完全丧失了人身安全与自由。汪伪政权依托警察、保安机构、汉奸外围组织及民间自卫力量实行法西斯统治;实行人口登记与保甲制度,限制民众人身自由;充实与强化爱路村,维护铁路和警备公路和通信网的安全;宣传和平反共投降救国论调,摧残民众的民族意识,加强意识形态的控制。②

1月3日,日伪浙江省省长汪瑞闿、杭州市市长何瓒等出席在杭举办的朝鲜特产展览会时遭爱国志士袭击,汪瑞闿中弹受伤。22日,何瓒于积善坊巷寓所被爱国青年刺成重伤,后毙命。

1940年,68岁

3月30日,汪精卫将北平、南京的傀儡政权合于一体,在南京成立伪国民政府,自任"代理主席"兼"行政院院长"。维新政府解散,汪精卫国民政府"各级行政组织,悉循二十六年之旧规"。

6月,伪浙江省政府恢复委员制,任命汪瑞闿、沈尔乔、张德钦、王夏材、徐季敦、石林森、冯国勋、孙棣三、章正范、陆荣鲢、汤应煌为委员,同时特任汪瑞闿为主席,任命沈尔乔兼民政厅长、张德钦兼财政厅长、王夏材兼建设厅长、徐季敦兼教育厅长、石林森兼警务处长、冯国勋兼秘书长。③

10月5日,汪瑞闿任汪伪国民政府浙江省政府主席。

---

① 浙江省档案馆编:《日军浙江侵略实录1937—1945年》,中共党史出版社,1995年8月,第131页。
② 张根福、岳钦韬:《抗战时期浙江省社会变迁研究》,上海人民出版社,2009年5月,第50页。
③ 张根福、岳钦韬:《抗战时期浙江省社会变迁研究》,上海人民出版社,2009年5月,第48—49页。

1941 年,69 岁

1 月 24 日,汪瑞闿病逝于杭州。

2 月 3 日,汪精卫、王揖唐、江亢虎等人联名签发政府令,称"故浙江省政府主席汪瑞闿老成宿望,洞识时机,历典封圻,绩誉素著。数年以来,撙拮万难,维护浙省,苦心毅力,功在国家。眷念贤劳,政资倚畀。遽闻逝,悼惜殊深,亟应予褒扬,着给治丧费壹万元,并交考试院转饬铨叙部从优议恤,示政府笃念勋贤之至意。此令。"①

据《盱眙汪氏家谱》记载,汪瑞闿原配会稽孙氏(1873—1899),为布政使衔前署直隶海关道陈士达之女,生子二;续娶孙氏,生子二,侧室王氏生子一。据《汪组绶妻马氏墓碑》载,汪瑞闿生有五子一女:即绵孙、鹤孙、龙孙、鸾孙、锡孙等五子;一女,荔孙,嫁萧山陈士誉。②

附录:汪瑞闿谱系③

汪瑞闿由监生考中丁酉科顺天乡试第 174 名举人。

汪瑞闿,原名瑞慈,号颉荀,行六,光绪乙亥年九月初九日吉时生,安徽泗州直隶州盱眙县人,监生,民籍。

始祖华,唐上柱国越国公,历封昭忠广仁武烈灵显王,咸丰八年奉敕加封襄安二字。

迁盱一世祖尚佳,由徽州祁门县始迁盱眙。

二世祖士俊。三世祖永磻,附监生。

四世祖元谦,太学生,诰赠通议大夫。四世祖妣氏吴诰赠太淑人,氏冯诰赠太淑人。

高高祖汇,岁贡生,候选训道,例授修职佐郎诰赠,通议大夫。高高祖妣氏胡,诰赠太淑人。

高祖景福,廪贡生,诰赠通议大夫,捐置义庄,钦旌乐善好施,给帑建坊,著有《护根堂诗文集》。高祖妣氏王,诰赠太淑人;氏周,诰赠太淑人。

曾祖云任,嘉庆丁卯科举人,丁丑科进士,广东三水、番禺县知县、广西归顺

---

① 汪伪《国民政府公报》第 131 号,中华民国三十年二月十九日。

② 胡海帆、汤燕编:《北京大学图书馆藏徐国卫捐赠石刻拓本选编》,上海人民出版社,2007 年 6 月,第 96 页。

③ 顾廷龙主编:《清代硃卷集成》(128),台北成文出版社出版,1992 年,第 269—278 页。

州知州、江西赣州府知府、江南苏州府知府、山东全省督粮道、通政使司参议、陕西按察使司按察使。历署广西南宁府同知、思恩府知府、江南苏松太兵府备道兼海关监督、陕西布政使。诰授通议大夫，晋封资政大夫。曾祖妣氏吴，诰封淑人，晋封夫人。庶曾祖妣氏高、何。

祖根恕，道光丁酉科举人，国子监监丞、东河候补同知候选知府、前江苏遇缺尽先题补道，署理苏州织造兼浒墅关监督，诰授中宪大夫，晋封资政大夫。祖妣氏朱，诰封恭人，晋封夫人，同邑武德骑尉讳本公女，庠生讳城公胞姊。庶祖母氏刘、李、章、朱。

父祖绶，咸丰乙卯科顺天乡试举人，丙辰科进士、翰林院庶吉士，己未散馆已授江苏新阳县知县，调补金山、青浦、吴县知县，历署常熟县知县、川沙抚民同知、江阴、无锡等县知县。三品衔补用知府，升用直隶州知州，赏戴花翎，诰授朝议大夫，晋封资政大夫。妣氏陈，诰封淑人，晋封夫人，浙江萧山县候选直隶州知州许培公孙女，运副衔两淮泰州盐运判讳以敬公女，增广生讳岱芳、福建候补县丞讳岱云、候选府经历讳庚铣公胞妹。生母氏马，永感下生慈侍下庭训。

受业知师，谨以先后为序。表叔江崧生夫子，印秉钧，同邑恩贡生。表兄陈皖生夫子，印曾企，萧山庠生。姚菉翘夫子，印葆光，镇洋庠生。王雨时夫子，印凤藻，甲午科江南乡试举人。潘伯英夫子，印兰壬寯，壬午科江南乡试举人。邵子涵夫子，印福清，己丑恩科顺天乡试举人。张仲仁夫子，印一麟，壬午科江南副贡，乙酉科顺天乡试经魁。世叔贺醴芝夫子，印艮朴会典馆誊录议叙通判。陆纯甫夫子，印绍周，乙酉科拔贡，顺天乡试举人。赵啸湖夫子，印鸿，庚寅恩科进士，江苏即用知县，署华亭县知县。刘正卿夫子，印启端，己丑科进士、翰林院编修。陆云孙夫子，印宗，庚寅科进士、翰林院检讨、苏州紫阳书院山长。建侯夫子，印豫泰，己丑科进士、翰林院编修，辛卯科顺天乡试同考官。叔平夫子，印文治，兵部右侍郎，本科监临。胡芸楣夫子，印燏棻，顺天府府尹，本科监临。

高高伯祖湄，嫡堂高伯祖一清一本。

堂高伯叔祖一游一泰一明一经。

胞曾叔祖云佺，庠生，貤封奉政大夫，东河试用同知。云倬，附监生，候选府经历，貤封奉政大夫，河南许昌州直隶州知州。

堂曾伯叔祖照。暾，议叙八品。暄。旭，衍圣公府屯粮厅。暹。晟。

从堂曾叔祖廷璧。

胞伯祖根敬，廪贡生，河南沁阳、镇坪、祥符等县知县，许州直隶州知州，署归德府知府,升授彰德府知府,崇祀名宦,诰授朝议大夫。

胞叔祖根荷,增广生;根梓,太学生。

嫡堂叔祖根书,太学生,江西广信府通判,调补抚州府通判,敕授承德郎。根礼,廪贡生。根芝,附贡生,江南扬州府高邮州训导,敕授修职佐郎。根兰,道光癸卯科优贡,咸丰元年制科考取孝廉方正,知州衔河南候补知县,诰授奉直大夫。

从堂伯叔祖长春。长庚,衍圣公府屯粮厅。长发。长桂,议叙八品衔。长联,议叙八品衔。长寿。根培,从九品职衔。根育,议叙八品衔。

再从堂叔祖根德、根厚、根蕃。

胞叔祖龄,附贡生,两淮前先补用盐场大使,例授修职郎。祖立,故。祖越,国学生,议叙按察使经历职衔。祖馨,附贡生,盐场大使职衔。祖祺,附贡生,五品顶戴,候选训导。

嫡堂伯祖茂,廪贡生,奏留江苏候补同知直隶州,诰授奉政大夫。

嫡堂叔祖年。祖亮,国学生,太常寺博士。祖畴,邑庠生五品衔,候选县丞。从堂叔祖田、祖由。祖民,庠生。祖植,按察司照磨。祖文,同知衔,分宁候补知县。祖传,庠生。祖政。祖谷,浙江候补巡检。祖鼎,庠生。

再从堂伯叔学安、学保、学瑞、学勤、学陶、学苏、松生、彰生、祖延、祖咸、祖禄。

胞兄瑞曾,同治庚午科并补行壬戌恩科举人,庚辰科大挑知县,签分湖北。乙酉科湖北乡试同考官,奏调台湾差遣,现官花翎同知衔,江苏青浦县知县。瑞高,同治乙丑补行咸丰辛酉科拔贡,户部七品小京官,山东司行走,浙江候补知府,奏调北洋,前署易州直隶州知州,现官花翎二品顶戴,直隶候补道。瑞保,殇。瑞昌,邑庠生,绩学,早世。准,原名瑞昆,邑庠生,花翎同知用,改发浙江补用知县。

嫡堂兄弟:瑞经、瑞森、瑞清、瑞伦、瑞良、瑞元,俱业儒。

从堂兄弟:瑞名,庠生。瑞同,附贡生,候选县丞。瑞成,附生。瑞常,附生。瑞虞、瑞瑚、瑞芬、瑞芳、瑞怡、瑞瀛、瑞廷。

再从堂兄弟:瑞恒。瑞鸿,庠生。瑞鹃,瑞麟,瑞霖,殇。瑞丰,殇。瑞咸、瑞瑜、瑞震、瑞谦、瑞复、瑞泰。

胞侄:骏孙,监名佑,甲午科顺天乡试荐卷。麟孙,业儒。颐孙,殇。祜孙,监名士元。鸿孙,业儒。熙孙,殇。聪孙,俱业儒。

从堂侄:鳌孙,庠生。骒孙、廪孙,

再从堂侄：蕖孙、莲孙。

胞侄孙：毓繁，幼。

胞姐：长适余姚朱，道光乙丑科探花，内阁学士兼礼部侍郎衔，讳兰公孙。同治癸亥恩科进士詹事府詹事讳达然公子。庠生，讳定基。次适萧山陈，道光甲辰恩科顺天乡试举人，工部虞衡司员外郎，讳以昌公孙。同知衔候选知县讳光杰公子。庠生，讳士亮。三适萧山陈，讳以昌公孙。附贡生花翎道衔，候选郎中，印光颖公子。廪膳生，讳士誉。胞妹一，未字，殇。

胞侄女：长适太仓钱，道光丙午科举人，河南巡抚，谥敏肃公孙。同治庚午科优贡，现任直隶深州直隶州知州，印溯耆公子。庠生，恩荫生，候选通判，印绥檠。次适嘉兴钱，道光巳酉科拔贡，现官军机大臣，工部尚书，印应溥公孙。己丑科进士、翰林院检讨、山西学政，印晙祥公子。庠生，印锦孙。

原聘颜氏。娶孙氏，浙江会稽花翎布政使衔，前署直隶津海关道，印士达公女。候选郎中，印思恭，胞妹。花翎三品衔，分部行走郎中，印思敬，胞妹，

子：绵孙，幼。

第九章 民国高官收藏家汪士元

汪士元(1877—1951)，原名汪祐孙，字向叔，室名麓云楼、玉带砚斋、清净瑜迦馆等，安徽盱眙县(今属江苏)人，清光绪三十年(1904)甲辰恩科二甲进士，历任长芦盐运使、直隶财政厅厅长、代省长、民国财政部次长、代总长、全国烟酒事务署督办、盐务署署长、稽核总所总办、税务处总会办、财政善后委员会委员、国务院参议等要职，曾获得一等大绶宝光嘉禾勋章，是著名的书画鉴赏收藏家，著有《麓云楼书画记略》。

第一节 末科进士，直隶掌管财政

到汪士元这辈，盱眙汪氏已五世为官，可谓官宦之家。他的父亲就是曾经担任长芦盐运使北洋应支局总办的汪瑞高。这样的富豪权贵家庭为汪士元在仕途上的发展提供了极大的便利。少时，汪士元与叔父汪瑞闿曾一起跟随苏州名人张一麐读书。张为吴县人，举人，民国时期曾任总统府秘书长、政事堂机要局局长、教育总长等职。二十六岁时，汪士元就凭借父辈的金钱和势力，成为拥有二品顶戴的江苏候补道台。1904 年，二十八岁的汪士元又赶上科举考试末班车，成了进士，在仕途上更是如虎添翼，从此官运亨通，即使改朝换代也没有改变他的仕途运气。

起初，汪士元任清宪政编查馆咨议。1907 年，父亲的同乡好友杨士骧接替袁世凯担任直隶总督兼北洋大臣，把他揽入直隶总督府做幕僚，很快就提拔他为总文案。1909 年，杨士骧去世，那桐署理直隶总督兼北洋大臣，上任的第一天在日记中写道："十四日卯初，起见文案总办汪士元。辰刻到中州馆。巳初二刻印到，跪迎，望阙行九甲礼，又拜印行九甲礼，升公座。文武各官参见三揖，武弁行三,叩礼、礼成贺喜。接见司遭总兵等官数起,又见梁、吕两尚书,姜、张两提督。午刻饭,饭后小睡。申初文案处汪、祁两道回公事。"①那桐是汪士元父亲汪瑞高的生前好友,汪士元不仅继续留任,不久还被提拔为直隶河间兵备道,又转任父亲曾经担任过的长芦盐运使,父子相继成为北方最大的盐官,成为官场佳话。

辛亥革命后,他先后任直隶都督秘书、清理财政局坐办,着手筹备选举。为调查选举人资格,按照宪政编查馆的要求,直隶总督奏请设立了调查局,以汪士元为调查局总办,其下属均由熟悉法政人员担任。1913 年 3 月 24 日,袁世凯任命汪士元为河南省国税厅筹备处处长。同年 11 月,汪即规定,省内买契征税6%,当契征税 3%。12 月令河南全省验契,凡清代旧契,不论买、当,一律呈验,契价在 30 元以上交税 1 元 1 角,30 元以下交 1 元。对民国元年以来的新契,已报税的收费 1 角,未报税的照清代旧章纳税。② 次年 4 月,汪士元调署直隶国税厅筹备处处长及财政司长,后来长期担任直隶财政厅长。在此期间,汪士元有三件事值得称赞:

一、为发展本国工商业,抵制洋货,汪士元曾发布《为开办商业劝工会减免税厘事致津商会函》(1915 年 5 月 11 日),从政策上扶持国货:"径复者,准贵会函开,现据津群众工厂商等投帖内称:窃查自民国成立以来,百度维新趋势之所在,非工商讲求精良不足以强国。是以近年来,我国工业研究深造,加以政府之权力提倡于上,人民群相究讨予下,故土货百般设法改革,人民风气亦渐开通。然邻邦外货较比土货,销路仍未稍杀于前,漏卮不能塞止者何耶? 当经商等揣夺调查,实因外货较之税轻,况人民习惯意中注重者,外货之外表华丽,殊不知土货坚固延年而且适用。商等工业向来本小利薄,与外货抵抗难收效果。惟查我大总统督直之时,维持商业劝工会。当经批准凡出口国货,价值在 30 两以内者照免税厘,以一个月为限,会限分两季,旧历三月、九月,以天后宫公园两处为会场等因。津埠商民感戴莫铭,现查津埠工业一项自受欧洲开战影响以来,市面疲滞,各工厂十室九空,无力支撑工人坐以待毙。商等恳求援照前案稍加变通,仍请开办商业劝工会,以苏商困,挽救工业。商等对于畅销国货起见,援案请求各种国货出口,凡价值在 30 两以内者照免税厘,一年两次,分三月九月,每次以一

---

① 北京市档案馆:《那桐日记》,新华出版社,2006 年 3 月,第 125 页。

② 开封市税务局编:《开封市税务志》,中州古籍出版社,1993 年 12 月,第 44 页。

个月为限期。国货凡价值在 30 两以外者照章纳税，除国货外，他货商等概不请求，以期达到畅销国货之完全目的。商等不揣冒渎，谨陈管见，敬祈贵总会转请巡按使，咨请财政部恩准提倡国货挽回利权，实为公德两便等情。查商业劝工会，前于大总统督直时呈准开办，减免税厘，实于工商颇滋裨益，是会之成立，荟萃工商于一场，任人游览，互为交易，精神换感。一方面增进工商业之见识，一方面提倡土货之销路，活动金融，洵为振兴国货扼要之图。兹查该商等所陈，每年以旧历三月、九月为会期，地点以天后宫公园两处为会场。对于会场销售之土货，价在 30 两者免纳税厘，核与前次办过成案相符。丁兹商业不振金融停滞之际，必须援案开办，以资倡导。敝会为提倡国货疏通市面起见，除请免税项，业经敝会函准津海关监督，详请巡按使转咨税务处核复外，所有应纳厘捐，相应援案函致查照维持，准予免征，以价值 30 两为度，以示限制。并候速赐核复，以资开办，实纫公谊等因。准此，事关振兴商务，亟表赞同。惟查前厘捐总局卷内，前清光绪三十三年举办商业劝工会，经前津海关道拟定，核减货品估本二成。详奉前北洋大臣批准办理在案，并无出口国货价在 30 两以内者照免税厘明文。惟税厘情事相同，既经贵会函准津海关监督详请巡按使转咨税务处核办，应俟奉复后再行察核办理。相应函复查照。此致天津商务总会。汪士元。"①汪士元提出"各种国货出口，凡价值在 30 两以内者照免税厘，一年两次，分三月、九月，每次以一个月为限期"，以期达到畅销国货的目的。他指出，这样做的好处是一方面增进工商业的见识，另一方面扩大国货的销路，盘活金融，不失为振兴国货的一种有远见的良方。

　　二、汪士元兼任天津北洋女医学堂首届董事会董事长，为官方股东代表。1908 年 8 月，天津海关拨银 2 万两，由长芦盐运使司主管，在天津创办了近代中国第一所公办护士职业学校——北洋女医学堂。1911 年，汪士元任长芦盐运使时曾主管此校，学生的毕业证都是他签发的。1915 年，津门邑绅南开"教父"严范孙及名士李湘琴等数人接办北洋女医学堂，成立首届董事会，汪士元当选董事长，聘著名教育家张伯苓先生加入董事会，后任第二届董事会董事长。北洋女医学堂在护理职业教育发展进程中贡献非凡，开公办护理教育的先河。

　　三、1917 年 7 月 6 日，冯国璋在南京宣布就任代理大总统职，并任命段祺瑞为国务总理。当日，段祺瑞在天津宣布就任国务总理职，将直隶省公署改作国

---

① 天津市档案馆：《北洋军阀天津档案史料选编》，天津古籍出版社，1990 年 2 月，第 395—397 页。

务院办公处。次日,冯国璋免去朱家宝直隶省长职务,任命曹锟兼署直隶省长,曹锟有事未到任,请直隶财政厅长汪士元暂行兼护省长职务。段祺瑞命杨以德为天津地方戒严司令,汪、杨联名发布维护社会秩序告示。当时张勋率辫子军打进北京,把小皇帝请出来搞复辟,全国为之震惊。段祺瑞组织讨逆军准备进攻北京,但直隶省财政一贫如洗,军费无法落实。段请汪士元想办法,汪士元以 100 万元开滦股票作为抵押,以补助直隶金融费用为名,在天津向日本三菱洋行借款,由天津正金银行兑付,为消灭封建顽固势力立了大功。段进京后,在津国务院办公处撤销,兼护直隶省长汪士元上任视事,直至 8 月 2 日曹锟入津上任为止。因督征得力,声望大增,受到嘉奖,他被授予四等嘉禾章、三等嘉禾章、三等金质单鹤章等奖章各一枚。

第二节　北洋政府高官

1920 年 8 月 19 日,汪士元由曹锟推荐,调到北洋政府任职,先后在财政部、烟酒事务署、盐务署、税务处等部门担任高官,直至 1928 年北洋政府垮台为止。

他先在财政部任次长,署财政总长。北洋政府内部权力竞争十分激烈,张作霖要安排其心腹奉天财政厅长王永江到财政部任职,曹锟等人不同意。汪士元想从政治漩涡中退出来,辞职不干,但是铁杆哥们曹锟不同意,曹锟曾当面告诫他:"你就不能在财政部做事,也该替我看着,谁人向部里拿钱拿得多,你要是跑开了,财政部蒙着我,净拿钱给别人不给我,我还知道吗?"①由此可见,汪士元人在官场,身不由己。当时财政十分吃紧,军费紧张,各地军阀派人到财政部胡搅蛮缠,甚至动粗:"此次旧历年关. 财政部支付各项之军政费,挖肉补疮,捉襟见肘。自财政当局言之,总算勉尽职务,然其贻吾民以痛苦者,已不胜慨叹。有如此之押借收入,宜可以应付矣,然财部之苦乃至不可言状……在财部接待室坐索之人,每日多至百人,其支出之分配确数,愚虽未得其详,然除应付之到期利息外,则军费实为大宗。直奉各方面. 当然索去巨额,而蔡成勋因欲离绥,索欠饷三百万,经曹锟五电催促,尚分文未能支付。且四、五、六数日间,财部所闹之笑话,如奉天所派之军需员,竟率兵入次长室,劫汪士元而持,各执一手,向之索饷,经

公债司长某出为调解,允次日给库券若干万,始得解纷。外此强索情形,尤不一而足。……至财政各当局之态度,则周自齐早有辞职之风传,盖以财政筹划之为难及与潘复之种种龃龉早有干不下之势。然以旧历年关,徐、靳极力慰留,不许其去。周亦自言:我无论如何,旧历过年之难关必须勉强支撑,免得使人说话,过年以后,我再去职。故尚在部维持。然至五日下午,已觉应付债户无术,翩然赴滓,学周赧王矣。汪士元于五、六两日,大受窘迫,愤然语人,谓似此财政次长,直是干不了,并命仆从收拾私物,谓我明日起将不到衙门,六日亦遂赴津去。此二人是否辞职,固说不定,然应付之难,概可见矣。七日(即除夕),财部之中,不独无总次长,即库藏司长亦未到衙门矣。惟盐务署长潘复,向为政府红人,早有周氏辞职潘即升任之说。近只相助为种种借款之活动,如盐税、库券、德租界押款,皆有彼在中主持,政府大感其援助之力,而又不当索饷款之冲,故态度仍旧安闲,博綦良宵,聊以卒岁。而继任财总之消息,且有谓旧历年初,即将实现者。潘与周、汪,大有苦乐悬殊之势也。”[1]1921 年 6 月,汪士元被迫辞去财政部次长职务。10 月 9 日,徐世昌大总统为笼络汪士元等人,发布政令:潘复、汪士元均晋给一等大绥宝光嘉禾章。[2] 11 月 5 日,汪士元再次被任命为财政部次长兼盐务署署长稽核总所总办。

徐世昌任大总统时把隶属于财政部的全国烟酒事务署(事务署督办由财长兼任)独立出来,由自己直接控制,任命亲信为事务署督办,以捞取巨额税收。由于张作霖的攻击,全国烟酒事务署督办张寿龄只好下台。徐世昌想提拔袁乃宽继任烟酒督办,靳云鹏却要潘复继任,徐咬牙切齿地说,宁可牺牲总统,决不让潘复上台。后来折中协调,12 月 9 日,汪士元出任全国烟酒事务署督办,接近奉系的钟世铭为盐务署长。

1922 年 4 月 29 日,第一次直奉大战爆发,张作霖败北。曹锟以恢复法统为名,将大总统徐世昌赶下台,拥黎元洪复职。曹锟提出高凌蔚为交通总长,汪士元为财政总长,张绍曾为陆军总长,其余阁员概不过问。吴佩孚见他的爪牙高恩洪榜上无名,电请曹锟,同意留任高恩洪为交通总长,但是要将高凌蔚调任为财政总长。1924 年,汪士元任税务处会办。1927 年 7 月任国务院参议。次年,北洋政府灭亡,汪士元从此退出政治舞台。

---

① 《民心周报》,第 2 卷第 12 期,1921 年 2 月。
② 《政府公报》,1921 年 10 月第 2021 号。

汪士元晚年靠在大陆银行任总秘书谋生,还兼任一些社会公益事业组织的职务。1933年11月1日,国民政府救济华北战区发行短期公债400万元,汪士元当选战区公债证券基金保管委员会委员。1935年,他当选海河公债基金保管委员会代表。1943年,他担任天津工商学院董事会董事。华北沦陷后,他没有出任伪职,保持了民族气节。

1951年12月9日,一代才子汪士元在北京悄无声息地离开人世,只有个别朋友闻讯叹息了几声。曾任民国大总统府秘书兼国务院秘书、内务部考绩司司长的许宝蘅在日记中做了记载:"1951年12月9日,十一日癸未,二时半到胡家吊叔豫,孟节说其病状经过。……五时到农先寓,留晚饭,围棋一局,九时馀归。得刘晚松二信,赠诗四首,刘君名善铸,学部旧僚,其原号不能记忆矣,今年七十三岁,因王愚轩道及余,故作诗托其转致索和。闻汪向叔去世。……12月15日,十七日己丑,一时绍戡来,谈汪向叔逝世情况。"①为后人保留了一点汪士元最后的信息。

第三节 《麓云楼书画记略》

汪士元受父亲影响,爱好书画,喜好收藏古代字画,广为搜罗,眼光独到,所藏多为精品。民国大收藏家张伯驹曾说:"民初后,鉴藏家其著者,有杨荫北,关伯珩,叶遐庵,颜韵伯,汪向叔诸氏。"在汪氏所藏中,"宋、元十一件,均系纸本精品。汪氏眼力既佳,故所收少有赝迹"。②日本画家大村西崖《中国美术史》云:"今北京、天津之鉴藏家,当推完颜朴孙最有眼识;藏品之多,则推颜世清,关冕钧,杨荫伯,汪向叔等诸家。予往年历访诸家,影写其尤品,以供研究之资。"③可见,汪士元在当时的书画收藏界影响很大。

2008年3月22日,中国嘉德拍卖公司上拍仅仅57页的影印本小册子《麓云楼书画记略》,起初估价为3000—5000元,通过多轮竞争,最后竟以28000元高价拍出,创民国版本书籍拍卖新纪录。这本小册子的作者就是汪士元。此书写于1922年6月,以所藏宋徽宗《晴麓横云图》而得名,书有序言:"人处宙合中,

① 许宝蘅:《许宝蘅日记》第4册,中华书局,2010.年1月,第1697、1698页。
② 张伯驹:《春游琐谈》,中州古籍出版社,1984年第1版,第2—3页。
③ 陈辅国主编:《诸家中国美术史著选汇》,吉林美术出版社,1992年12月,第861页。

必使心有所寄,而后才包蜀持简,以葆其浑然之诚。大之文学事功,小之居处玩好,事无洪细,其理一也。予生平无他嗜,独于古人书画合,若有神契。先世藏弃,经乱殆尽,通籍后宦游燕赵,或遇故家,或过古肆,纵目浏览其佳者,至梦寐弗忘,自此留意。集一十年来,所蓄约百数十事,惟宋元真迹,则以其难遇,而值又昂,仅得十余帧。又性不喜绫绢,非极难、极精者不收,故百数十事中,只一卷一册一轴而已。区区此集,因何足言其鉴藏?更何足言记载?但沧桑屡变,明日稀,窃亦未敢自轻,以轻古人。夫以予奔走南朔,无二顷之田,无一廛之庇。独此零缣尺素,不啻性命视之,自谋若甚拙,顾性既与之相契,则即以寄吾之心。每当髹几明窗,朝夕展玩,得与古人精神相接,其受益诚有无穷者。虽然自古无聚而不散之物,然兹为吾有者,亦犹吾之寄吾之心,而寄于吾焉。已尔知其为寄,则聚固吾幸,散亦理之常耳。今者杜门闲静,因取所藏,诠次成帙,顾暑热殊甚,未能致详,略述梗概,聊以志古缘之萃合,并以视夫世之同好者。壬戌六月,汪士元自记。"从序言可以得知,这本书是在 1922 年炎热的夏天匆匆写就的,主要记录自己收藏的历代字画情况。他生平独好收藏字画,遇到有价值的字画则不惜代价购买,不像当时的官僚有钱就买地、买房子。他偏爱纸质书画,不喜欢绢帛字画。前后积攒了十来年,得此一百多件字画,早夕把玩,为心爱之物。

《麓云楼书画记略》采用手写石印,非常精美,印量很少,用来馈赠给亲友,因此存世量极少。该书正文仅 54 页,著录凡 140 件(画卷 131 件、书法 9 件),书画家合计近九十人。其中有宋、元书画真迹十余帧,如宋徽宗、苏轼、钱选、赵孟頫、吴镇等名家的作品,均系纸本精品。明代书画家有四十余人,如戴文进、沈周、唐寅、仇英、文征明、董其昌等;清代仅二十多人,如四王、吴历、恽寿平、陈洪绶、龚贤、石涛、石溪、渐江等。此书有四个特点:

一是按年代进行编次,简要地介绍所藏字画的年代、作者、内容、质地、尺码、装帧情况、何人题识、收藏章印以及流传历史。如对沈石田的《仿大痴富春山居图卷》的记述:"沈石田仿大痴富春山图卷,纸本设色,高一尺一寸多,长二丈七寸余。图后余纸长题,运笔古劲,施色融淡,不以纤细为能,亦非粗率之比,是能萃董、巨之长,而入痴翁之室者,后纸姚公绶、吴匏庵、文寿承、董思翁及谢林邨诸题,周天球观款一行,经王烟客、宋牧仲、孙平叔收藏。《大观录》称,所见石田长卷,以此与《大姚村图》为杰作。"文字简明扼要。

二是用前人题诗、印章加以验证。如苏轼《苏文忠颖州祷雨纪事墨迹卷》曰:"苏文忠颖州祷雨纪事墨迹卷,纸本。高九寸,长三尺九寸余,行书,少九行。纪守颖时祷雨杂事二则,笔墨妙舞,姿趣横生。公集聚星,曩雪祷雨,张龙公既应诸诗,均足印证。后纸董文敏再题于隔水绢上,前后有项墨林收藏诸印。"画面上有张龙公诗、董文敏题字、项墨林收藏印,可见为真迹。

三是用以前书籍是否有记载来加以验证。如唐寅的《怡闲图》有康熙年间书画鉴赏家高士奇的题跋,但是高士奇的《江村消夏录》却没有记载,是因为高士奇成书在前,得画在后的缘故。

四是对所藏字画的创作风格进行点评,见解独到,多有点睛之笔。如他论及米万钟1621年作的《寿景孟诗行草》曰:"此卷书法洒脱流畅,一气呵成牵丝萦带,落断又连,若无乃存,形跌宕,姿态万千变化之奇,美不胜收。"由此可见,他是个行家里手。再此番评价极为中肯,得到书画评论界的赞同。

汪士元曾高价选购了一批质地优良的产自广东肇庆的端溪石料,请京城名画家祁井西以一年时间精心制作了十方端砚,石质坚实,润滑细腻,雕刻精美,称"十砚斋藏砚",被收藏界视为珍宝。"盱眙汪向叔姻丈士元,收藏书画,精而且富。尝以余力制砚,选料皆端溪胜品。悉嘱祁井西雕制,自为铭,刊刻亦出祁氏手。祁固北平名画家,而治印刻竹,皆所擅长,制砚刊铭,向不轻作。此十砚者,经向叔丈厚币延至津上,经岁而成者也。余尝试一一获观.则无不因材施巧,匠心独运。其尤足重者,则无论图案文字,用刀皆不露锋芒,无一些烟火气,触手细腻温润,一如明清所作,不知者绝不辨为当时人手笔也。故丈于是十砚,至为珍爱。曾以其一为徐公豪圆寿,亦所以报知音也。故虽以十砚名斋.今实存仅九矣。"①2012年10月29日,汪士元的海天旭日两面砚,由中国嘉德国际拍卖有限公司在古芳玉器及文房雅玩专场拍卖会上以8.05万元成交。

汪士元鉴藏书画时,喜钤藏印。在沈周《湖山春晓图》卷上,他竟相继钤印10方。《中国书画家印鉴款识》录其鉴藏印20方之多,如"士元""汪士元印""向叔所藏""清净""向叔心赏""清净瑜迦馆""向叔平生长物""汪向叔藏""士元珍藏""麓云楼藏""向叔审定真迹""麓云楼书画记""麓云楼"等等,如今凡是钤有此类印章的字画都身价不菲。

汪士元晚年往来京津间,虽然没钱,仍然痴迷书画,常光顾古籍书摊。1942年春,他在北京市场上发现清杨晋《张忆娘簪花图》,设色绢本,手卷,十分喜爱,但已无力购买,遂介绍给大陆银行总经理许汉卿,许汉卿以重金购下,写了题记:

---

① 巢章甫:《海天楼艺话》,人民美术出版社,2009年10月,第8页。

"此迹《清史稿艺文志》第四,曾收入总集内袁子才《随园诗话》,王述庵《湖海诗
传》、钱梅溪《履园丛话》俱载之,诚世间第一稀有之胜迹也,余幼读随园诗话即深
慕此图,萦萦于梦寐间者四十余年,欲求一见而不可得,几疑神物不在人间。今
春汪向叔先生忽于燕市见之,归以告予,曰:昨于北平见一卷曰簪花图,题咏甚
多,匆匆一阅惜忘为何人小照耳。余曰:有姜鹤涧袁子才题诗否,曰:有之。余
拍案曰:是必张忆娘簪花图也,思之久矣,机不可失,亟请代为作缘,遂于三月三
日归于敝斋,得非忆娘及卷中诸老灵爽所凭,鉴此,愚忱俾偿夙愿乎,半生藏器为
不虚矣。以视西堂老人所云:状元及第者自谓百倍胜之。爰口占四诗以志墨
缘。民国三十一年五月,下瀚盐城苏翁许汉卿记于津寓之晨风阁。时年六十。"
后来,汪士元又发现包括《刘锡敕》伪本、《功甫帖》墨迹等在内的《苏米翰札合册》
各札,又告知许汉卿购买。2001年,《米芾、苏轼书翰合卷》由许汉卿之子许允恭
先生无偿捐赠予上海博物馆。[①]

第四节　收藏字画的去向及价值

　　关于汪士元收藏字画的下落,有人根据汪士元儿子的回忆称"韵古斋开业于
清末,以经营字画为主。经理韩少慈曾在民国六年,用六万银圆买进老收藏家汪
向叔(北京市民建委员汪镳之父)珍贵名画一宗。《麓云楼书画记》中所载名件,
网罗无遗。韩获利巨万。"[②]陈重远也称,1917年,当财政次长、收藏家汪向叔急
需现款,想变卖所收藏之明、清名人书画时,韵古斋老板韩少慈当机立断,全部收
购,将《麓云楼书画记》中所记载的珍品字画,网罗无遗。转手将其中的一小部
分,卖给津浦铁路局长徐世章,获得巨额利润。从此,韵古斋取代论古斋,成为琉
璃厂经营书画的第一家古玩铺。汪士元的字画到他手里都被他卖了好价钱,此
事至今还在收藏界广为流传。[③]

　　上述两部书记载有误。实际上,1917年,汪士元在直隶当财政厅厅长,并不
是财政部次长,他也没有把字画都卖给韩少慈。1921年,日本画家大村西崖到
中国访问,"12月3日,受汪士元所邀,欣赏了所藏王石谷、宋徽宗、沈石田、蓝田

---

　　① 钟银兰、凌利中:《从法帖中双钩》,载《东方早报》,2014年1月2日。
　　② 北京市民建工商联文史委员:《北京工商史话》第一辑,1985年,第123页。
　　③ 陈重远:《古玩史话与鉴赏》,国际文化出版公司,1992年,第120页。

叔作的书画,栗原和岩田留下进行拍摄。……5 日再次拜访汪士元完成剩余书画的拍摄。岩田在汪士元府拍摄《仇英白描人物册》……6 日,访问汪士元府,欣赏了《董其昌仿山水画册》和汪的友人所购的沈石田画册。汪为西崖在天津停留4 天直至拍摄结束,并约定待归京后再作决定是否购买沈石田画册。……15 日,汪士元到访。"①大村西崖在汪士元家观赏所藏的王石谷、宋徽宗、沈石田、蓝田叔、仇英等人所作的书画,并拍照,商讨买卖事宜。可见当时汪士元手中还有不少藏品,因经济困难急于出手。汪士元原来家底丰厚,经济困难是因为他"顾于收藏之外,复豪于博。尝一日而负一宅。既而又负,遂尽斥所藏书画。既而又渐蓄古玉,亦并负之不惜也。今老矣,所藏惟所倩祁井西精制十砚与一玉镯。回想当年,能无感慨?"②生性好赌,一天就把住宅输掉了,继续赌,只好卖书画还债,最后竟然把所有字画都卖光了。

1939 年,当代著名学者顾廷龙给《麓云楼书画记略》写的跋称:"此盱眙汪向叔先生士元所藏书画之目,闻今已散尽,多入于庐江刘氏善斋矣。先生清甲辰进士,民国曾任直隶财政厅长,为吾吴曹智涵先生元恒女夫。余与智老孙泰吉凤来为僚婿,因得识其令子子齐镶,承以此相赠。己卯二月匋诿识。先生绘事擅工笔,书法有松雪遗意,皆清秀绝俗,此册系手写石印者也。又记。"③跋文中提及汪士元的字画多入刘氏善斋之手,刘善斋就是刘体智(1879—1962),晚清重臣四川总督刘秉璋之子,为著名收藏家,有"罗振玉第二"的美誉。新中国成立后,他把大量的字画、甲骨文、古书都捐给了国家,为此,时任上海市市长陈毅,曾颁发嘉奖令,表彰他的爱国精神。既然如此,汪士元收藏的字画大多数应当收藏在国内国家图书馆和博物馆中,这真是不幸中的万幸了。如元代倪瓒的《静寄轩诗文》、明代祝允明的《饭苓赋轴》、清代吴伟业的《山水图轴》等,如今都保存在故宫博物院中。明代陈淳的《花卉图册》现藏重庆市博物馆。

但是,还有一部分落到了个人手中。明代画家吴文中的《武夷九曲》原为汪士元收藏品,后落入刘海粟手中。再如汪士元爱不释手的宋徽宗的《晴麓横云图》,后来漂泊到国外,流落到日本收藏家阿部房次郎手中,《大阪市立美术馆藏中国绘画·资料汇编》有著录。清代石涛的《蕉竹秋卉》由曾任地质矿产部部长

---

① 第三届弘一大师研究国际学会议组编:《李叔同的老师大村西崖和中国的美术家》,《第三届弘一大师研究国际学会议论文集》,中国广播电视出版社,2010 年 10 月,218—219 页。
② 巢章甫:《海天楼艺话》,人民美术出版社,2009 年 10 月,第 35 页。
③ 顾廷龙:《顾廷龙文集》,上海科学技术文献出版社,2002 年 7 月,第 221 页。

的当代收藏家孙大光四味书屋收藏。

如今,汪士元收藏过的字画时常出现在各地的拍卖会上,往往都以巨额成交。如明代沈周的《仿黄公望富春山居图》手卷,清代为收藏家谢淞洲、王时敏、宋汉所有。民国初年入汪士元手,其后转入徐世昌家中。1972年,故宫博物院从中国工艺品进出口公司天津分公司购得,经院书画专家鉴定,定为国家一级甲等藏品,从而得到了妥善保护。1983年,为落实国家文物局有关政策,故宫博物院将这件作品退还给原藏家。1997年它在翰海公司上拍,故宫博物院以880万元拍价购藏了这一国宝,成为轰动一时的新闻。2002年10月27日,汪士元收藏过的唐寅《怡闲图》由佳士得(香港)有限公司,在香港万豪酒店中国古代书画专场拍卖会上拍出124.4546万元的价格。2008年5月26日,在春季重要藏家中国书画珍藏拍卖会上,汪士元收藏过的《王羲之兰亭序宋拓本》由佳士得(香港)有限公司拍出487.2675万元的价格。2011年12月5日,在北京匡时秋季拍卖会上,汪士元收藏的后来归张学良所有的明代画家钱穀《钟馗移家图》,经过数轮竞价,最终以281.75万元成交。2014年5月3日,汪士元收藏的明代画家文征明次子文嘉的《翠山寻友图》,由西泠印社拍卖有限公司在中国书画古代作品专场以552万元成交。实际上,汪士元家中珍藏过的字画大多数属于国宝级文物。

汪士元本人也是位书画家,顾廷龙称他"绘事擅工笔,书法有松雪遗意,皆清秀绝俗"[1],近年来他的书画作品也上了拍卖市场。他的《仿南楼老人山水》图,2005年9月10日,中国嘉德国际拍卖有限公司在四季第3期拍卖会上拍出了19800元的价格。

第五节 汪士元年谱

光绪三年,1877年,1岁

汪士元生。

汪士元曾祖父汪根恕,举人,曾任国子监监丞、署苏州织造兼浒墅关监督。祖父汪祖绶,字汉青,进士,翰林院庶吉士,历任吴县、无锡、常熟等地知县;父亲

---

[1] 顾廷龙:《顾廷龙文集》,上海科学技术文献出版社,2002年7月,第221页。

汪瑞高,拔贡,历任北洋机器局总办、长芦盐运使司兼办北洋支应局,授二品顶戴。汪瑞高生二子一女。长子骏孙,以父荫赏銮舆经历,候选同知;次子祜孙,榜名士元。

光绪六年,1880 年,4 岁

伯父汪瑞曾庚午乡试举人,会试大挑一等,本年四月初五日经大臣验放,以知县分发湖北试用。

光绪十二年,1886 年,10 岁

正月二十九日,曾祖父汪根恕去世,葬于盱眙南园双桂坡。

八月十六日,祖父汪祖绶去世,葬于吴县胥门外二都五图小乌山之叆叇岭下。

光绪十四年,1888 年,12 岁

九月,祖母陈太夫人去世,与汪祖绶合葬于叆叇岭下。

光绪十五年,1889 年,13 岁

汪士元与叔父汪瑞闿一起跟随苏州名人张一麐读书。张为吴县人,光绪十一年举人,光绪十五年至十七年曾在汪家任私塾教师,民国时期曾任总统府秘书长、政事堂机要局局长、教育总长等职。

光绪十六年,1890 年,14 岁

九月,伯父汪瑞曾、叔父汪瑞昆跟随邵友濂赴台湾。

十二月,父亲汪瑞高服阕起复,经大学士李鸿章奏调北洋使用。

光绪十八年,1892 年,16 岁

伯父汪瑞曾到台湾后水土不服,生病,回江苏待命。瓜尔佳·奎俊(1843—1916)任江苏巡抚,汪瑞曾入幕为文案,得到奎俊赏识。

光绪十九年,1893 年,17 岁

五月,江苏巡抚奎俊保举汪瑞曾。

光绪二十年,1894 年,18 岁

七月初一,清政府被迫对日宣战,中日甲午战争全面爆发。

十月十五日,两江总督刘坤一保举汪瑞曾为青浦知县。

光绪二十一年,1895 年,19 岁

汪瑞曾正式担任青浦知县。

三月,汪瑞高署理易州直隶州知州,本年四月交卸。

中日甲午战争结束,中国大败。三月二十三日,李鸿章和伊藤博文签署《马关条约》,将台湾、澎湖列岛割让给日本,赔偿日本军费库平银二万万两。

光绪二十二年,1896 年,20 岁

五月,汪瑞高主持北洋机器局。北洋机器局,即天津军火机器总局,是清末洋务运动时期继江南机器制造总局、福州船政局之后兴建的又一家制造军火和修造舰船的大型军事工厂。

光绪二十三年,1897 年,21 岁

叔父汪瑞阊由监生中式丁酉科顺天乡第 174 名举人。

汪瑞高任北洋支应局总办。北洋支应局专管北洋海军俸饷、工需及北洋各海口陆军兵饷并各局、各学堂、船坞、库厂薪粮经费暨一切工程修制、采办价值收支报销事宜,应用员弁、司事、书役人等薪工等费。(《北洋海军章程第八》)

光绪二十四年,1898 年,22 岁

戊戌变法运动爆发。从戊戌年四月二十三日开始,以康有为为首的改良主义者通过光绪帝进行政治改革,主要内容为学习西方,提倡科学文化,改革政治、教育制度,发展农、工、商业等。该运动遭到以慈禧太后为首的守旧派的强烈反对,八月初四日慈禧太后等发动政变,光绪帝被囚至中南海瀛台,维新派康有为、梁启超分别逃往法国和日本。谭嗣同等戊戌六君子被杀害,历时仅一百零三天的变法最终失败。

光绪二十六年,1900 年,24 岁

五月二十五日,清廷下诏与各国宣战。英、法、德、美、日、俄、意、奥等国派遣

联军入侵中国,慈禧太后挟光绪帝逃往西安。

光绪二十七年,1901 年,25 岁

七月十四日,汪瑞曾(1848—1901)在青浦知县任上去世。

七月二十五日,奕劻和李鸿章代表清廷与联军签订《辛丑条约》,中国赔银四亿五千万两。

光绪二十八年,1902 年,26 岁

四月,江西历史上第一所军事院校成立,汪瑞闿为总办(校长)。

七月,柯逢时任江西巡抚,汪瑞闿署理按察使。

九月初九日,汪瑞高任直隶长芦盐运使。

十月初六,汪瑞高任直隶通永道员。

十一月,江西大学堂成立,汪瑞闿为总办(校长)。

光绪二十九年,1903 年,27 岁

汪士元老师张一麔录取经济特科,汪瑞高为袁世凯面试张一麔,张一麔成为袁世凯幕僚。

光绪三十年,1904 年,28 岁

五月,汪士元中末科进士。会试发榜时,他是两位已官至二品顶戴候补道者之一(另一位为张之洞侄婿、湖南候补道林世焘),殿试时"请归本班"。商衍鎏在《清代科举考试述录》中称其官职为"直隶候补道"。不过据 1904 年 8 月《大公报》载,其时为"江苏补用道"。

六月,江苏补用道汪士元、江苏候补知府江绍杰、江苏候补知县濮文波均著发往原省。各以本班补用。余著归班铨选。①

光绪三十一年,1905 年,29 岁

5 月,上海闸北工程总局改称为闸北工巡总局,汪瑞闿为总办。

---

① 世续、陆润庠、张之洞、那桐等人奉敕修:《大清德宗景(光绪)皇帝实录》卷之五百三十二,中华书局影印,1986 年 11 月。

八月十七日,汪瑞高去世,与妻子萧山陈氏(1852—1904)合葬于苏州紫石山湾斗米山西麓。

八月,清廷正式宣布彻底废除科举考试制度,推行新式学堂。

光绪三十二年,1906 年,30 岁

汪瑞闿任江西陆军小学堂总办。

光绪三十三年,1907 年,31 岁

汪瑞闿出任上海巡警总局总办(局长)。

汪士元父亲老友、同乡杨士骧署理直隶总督兼北洋大臣,次年实授。汪士元任杨士骧幕僚,后任总文案。杨士骧(1860—1909),字萍石,号莲府(莲甫),泗州人,光绪进士,历任翰林院编修、直隶通永道、直隶按察使布政使、山东巡抚等职。

汪士元任清朝钦命宪政编查馆职官(1907 年—1911 年)二等咨议官。

光绪三十四年,1908 年,32 岁

8 月,天津海关拨银 2 万两,由长芦盐运使司主管,在天津创办了近代中国第一所公办护士职业学校——北洋女医学堂。

11 月 14 日,光绪帝死。立醇亲王载沣子、年仅 3 岁的溥仪为帝,年号宣统。次日,慈禧病死,年七十四,葬于河北遵化定东陵。

宣统元年,1909 年,33 岁

江苏巡警局改为巡警公所,汪瑞闿兼任总监。

五月十三日,那桐署理直隶总督兼北洋大臣。

"十四日卯初,起见文案总办汪士元。辰刻到中州馆。巳初二刻印到,跪迎,望阙行九甲礼,又拜印行九甲礼,升公座。文武各官参见三揖,武弁行三,叩礼、礼成贺喜。接见司遭总兵等官数起,又见梁、吕两尚书,姜、张两提督。午刻饭,饭后小睡。申初文案处汪、祁两道回公事。"①

叶赫那拉·那桐(1856—1925)字琴轩,曾任户部尚书、外务部尚书、总理衙门大臣、军机大臣、内阁协理大臣等。

---

① 北京市档案馆:《那桐日记》,新华出版社,2006 年 3 月,第 125 页。

吴兴让《调查局法制科调查书序》："右之四类,多当时所建议,蒙同人许可,乃据之下笔,三阅月而脱稿。又蒙总办汪向叔观察细加察核,去其我国习惯不甚关系者若干条,去其专属江苏习惯者若干条,又阅月而商订始定。乃缮呈科长唐太史,大蒙嘉许,称为详备。遂由局中印成四册,计凡五类。其中诉讼一类,为同事吴君侣伊手订,余则兴让所独任者也。今各属学自治法律者,咸来函索,局中印本不敷,爰刊入法政学报,以备有志报告者,就近取阅云尔。"①(《北洋法政学报》,1908 年 9 月)

宣统二年,1910 年,34 岁

江苏省设巡警道,置公署于苏州,委上海巡警总局总办汪瑞闿主持该道,并总办上海警务。

汪士元任直隶河间兵备道。

宣统三年,1911 年,35 岁

三月初一日,汪瑞闿补授湖南盐法长宝道。

汪士元任长芦盐运使,兼管女医学堂②。

女医学堂总教习金韵梅为请将毕业凭照盖印事致长芦盐运使汪士元禀文,宣统三年十月十三日

大人阁下:

敬禀者。北洋女医学堂二班简易科学生胡儒贞等五名现已肄业期满,考试及格,合应发给毕业凭照。兹谨缮造毕业凭照五份,送呈宪核,恳即盖印发下,以便转交各该生等收执。专此。即请钧安。

北洋女医学堂总理金韵梅谨具③

10 月 10 日,武昌打响第一枪,辛亥革命爆发。11 日革命党人宣布成立中华民国军政府,黎元洪出任中华民国军政府鄂军都督,发表《致全国父老书》。12 月 29 日孙中山归国,17 省代表选举孙中山为临时大总统。

---

① 中国法律史学会编:《中国文化与法治》,社会科学文献出版社,2007 年 4 月,第 374 页。

② 河北省地方志编纂委员会编:《河北省志盐业志》,中国书籍出版社,1996 年 12 月,第 362 页。

③ 天津医专校史编写组编:《从学堂到医专——天津医学高等专科学校百年华诞纪念集》,天津人民出版社,2008 年 10 月,第 11 页。

1912 年,36 岁

1 月 1 日,孙中山在南京宣誓就职临时大总统,改国号为中华民国,定 1912 年为民国元年,并成立中华民国临时政府。

2 月 12 日,隆裕太后代宣统皇帝溥仪颁布了退位诏书,清王朝宣告灭亡,中国两千多年的君主专制制度也随之结束。13 日,孙中山辞临时大总统职。15 日,参议院选袁世凯为临时大总统。

应江西都督李烈钧七次盛情邀请,汪瑞闿同意出任江西民政长。本年 12 月 22 日,汪瑞闿抵达南昌,受到李烈钧等人的热烈欢迎,但同时遭到许多人反对、威胁,遂离开南昌,史称"江西民政长事件"。

汪士元任清理财政局坐办、直隶国税厅筹备处处长兼直隶财政司长。立即着手筹备选举。为调查选举人资格,按照宪政编查馆的要求,直隶总督奏请设立了调查局,以汪士元为调查局总办,其下属均由熟悉法政人员担任。①

1913 年,37 岁

汪瑞闿再赴江西任民政长(省长),上任即查办程道存等人,得罪了一批人,不久遭弹劾,撤职。

2 月 19 日,财政部派汪士元、王宰善、吴家驹、傅疆充国税厅总筹备处各股主任。

3 月 20 日,宋教仁在上海沪宁车站遇刺,幕后主使者为袁世凯、直接指挥者国务总理赵秉钧。

3 月 24 日,袁世凯任命汪士元为河南省国税厅筹备处处长。同年 11 月汪即规定,省内买契征税 6%,当契征税 3%。12 月令河南全省验契,凡清代旧契,不论买、当,一律呈验,契价在 30 元以上交税 1 元 1 角,30 元以下交 1 元。对民国元年以来的新契,已报税的收费 1 角,未报税的照清代旧章纳税。②

7 月,袁世凯以武力镇压了南方七省国民党人的"二次革命"。

1914 年,38 岁

1 月 21 日,汪瑞闿去职,江西民政长一职由老部下戚扬代理,本人赴北京申

---

① 中国史学会、中国社会科学院近代史研究所编:《北洋军阀》1912—1928 第四卷,武汉出版社,1990 年 6 月。

② 开封市税务局编:《开封市税务志》,中州古籍出版社,1993 年 12 月.第 44。

诉,无效。

汪士元与恽毓鼎交往,恽毓鼎曾弹劾汪瑞闿:

"三月二十九日(三号)晴。……为王重光作致开封国税厅汪向叔信。接史挹三及禹弟天津信。"①

恽毓鼎(1862—1917),字薇孙,一字澄斋,河北大兴人,光绪十五年进士,历任日讲起居注官,翰林院侍讲,国史馆纂修、总纂、宪政研究所总办等职。

4月,袁世凯任命汪士元署直隶国税厅筹备处处长及财政司长。

5月1日,袁世凯公布《中华民国约法》,废止《临时约法》,扩大总统权限,改责任内阁制为总统制。同日,撤消国务院,设政事堂于总统府,任命徐世昌为国务卿。

8月14日,直隶都督兼巡按史朱家宝在将军府设立中立处,执行北京政府《局外中立条规》,委徐沅任总办,陆锦、汪士元、杨以德、吴焘、王麟阁、李清芬任会办。②

1915 年,39 岁

"三月初七日(二十号)。辛巳阴。思缄以所作修禊航字韵七古求改削,为改定数句。傍晚至王、杨二处复诊。至悦宾楼赴延铁君之约。嗣伯来辞行。伯葭来夜话。寄朱经田、汪向叔二信,为农会领款事。"③

直隶财政厅汪士元发布《为开办商业劝工会减免税厘事致津商会函(1915年5月11日)》:"径复者,准贵会函开,现据津群众工厂商等投帖内称:窃查自民国成立以来,百度维新趋势之所在,非工商讲求精良不足以强国。是以近年来,我国工业研究深造,加以政府之权力提倡于上,人民群相究讨予下,故土货百般设法改革,人民风气亦渐开通。然邻邦外货较比土货,销路仍未稍杀于前,漏卮不能塞止者何耶?当经商等揣夺调查,实因外货较之税轻,况人民习惯意中注重者,外货之外表华丽,殊不知土货坚固延年而且适用。商等工业向来本小利薄,与外货抵抗难收效果。惟查我大总统督直之时,维持商业劝工会。当经批准凡出口国货,值价在 30 两以内者照免税厘,以一个月为限,会限分两季,旧历三月、九月,以天后宫公园两处为会场等因。津埠商民感戴莫铭,现查津埠工业一

① 恽毓鼎《澄斋日记》,浙江古籍出版社,2005 年 5 月。
② 天津市地方志编修委员会编著:《中国天津通鉴》上卷,中国青年出版社,2005 年 12 月,第 163 页。
③ 恽毓鼎:《澄斋日记》,浙江古籍出版社,2005 年 5 月。

项自受欧洲开战影响以来,市面疲滞,各工厂十室九空,无力支撑工人坐以待毙。商等吁求援照前案稍加变通,仍请开办商业劝工会,以苏商困,挽救工业。商等对于畅销国货起见,援案请求各种国货出口,凡价值在 30 两以内者照免税厘,一年两次,分三月九月,每次以一个月为限期。国货凡值价在 30 两以外者照章纳税,除国货外,他货商等概不请求,以期达到畅销国货之完全目的。商等不揣冒渎,谨陈管见,敬祈贵总会转请巡按使,咨请财政部恩准提倡国货挽回利权,实为公德两便等情。查商业劝工会,前于大总统督直时呈准开办,减免税厘,实于工商颇滋裨益,是会之成立,荟萃工商于一场,任人游览,互为交易,精神换感。一方面增进工商业之见识,一方面提倡土货之销路,活动金融,洵为振兴国货扼要之图。兹查该商等所陈,每年以旧历三月、九月为会期,地点以天后宫公园两处为会场。对于会场销售之土货,价在 30 两者免纳税厘,核与前次办过成案相符。丁兹商业不振金融停滞之际,必须援案开办,以资倡导。敝会为提倡国货疏通市面起见,除请免税项,业经敝会函准津海关监督,详请巡按使转咨税务处核复外,所有应纳厘捐,相应援案函致查照维持,准予免征,以价值 30 两为度,以示限制。并候速赐核复,以资开办,实纫公谊等因。准此,事关振兴商务,亟表赞同。惟查前厘捐总局卷内,前清光绪三十三年举办商业劝工会,经前津海关道拟定,核减货品估本二成。详奉前北洋大臣批准办理在案,并无出口国货价在 30 两以内者照免税厘明文。惟税厘情事相同,既经贵会函准津海关监督详请巡按使转咨税务处核办,应俟奉复后再行察核办理。相应函复查照。此致天津商务总会。汪士元。"[1]

汪士元任天津女医学堂首届董事会董事长。

民国四年,津门邑绅南开"教父"严范孙及名士李湘琴等数人接办该学堂,成立了首届董事会,汪士元(曾任长芦盐运使)为董事长,聘著名教育家张伯苓先生加入董事会,后任第二届董事会董事长。这时学堂由芦纲公所按月拨付办学经费七百元,改为官商合办。校名也改称天津女医局附设护士助产学校。校长先后为女名医、留美博士康爱德、曹丽云、丁懋英。该校维持到民国二十一年(1932)[2]。

5 月 9 日,袁世凯屈服于日本,接受丧权辱国的"二十一条"。

① 天津市档案馆:《北洋军阀天津档案史料选编》,天津古籍出版社,1990 年 2 月,第 395—397 页。
② 天津医专校史编写组:《从学堂到医专——天津医学高等专科学校百年华诞纪念集》,天津人民出版社,2008 年 10 月,第 11 页。

12 月 12 日，袁世凯称中华帝国大皇帝。袁称帝后第一道申令：捕杀乱党。

1916 年,40 岁

1 月 16 日，蔡锷率护国军出击四川。

2 月 10 日，汪瑞闿任民国政府参政院参政。

3 月 10 日，冯国璋等 5 人联合发电给袁世凯，迫其退位，取消帝制。23 日，袁世凯取消帝制，并致电请蔡锷等停战，商议善后办法。5 月 8 日段祺瑞逼袁世凯交权。段、袁矛盾益加深刻。6 月 6 日，袁世凯在忧惧中病故。6 月 7 日，黎元洪继任大总统。29 日北京政府国务院被迫恢复旧约法。中国进入军阀割据混战时代。

汪士元受父亲影响，爱好书画，喜好收藏古代字画，广为搜罗，眼光独到，所藏多为精品。民国大收藏家张伯驹曾说："民初后，鉴藏家其著者，有杨荫北，关伯珩，叶遐庵，颜韵伯，汪向叔诸氏。……汪向叔之收藏，有《麓云楼书画记略》，盖以所藏宋徽宗《晴麓横云图》为名。共宋元明清书画一百三十八件，内宋元十一件，均系纸本精品。汪氏眼力既佳，选择尤精，故所收少有赝迹，以欠债全部售出。"①可见，汪士元当时在书画收藏界影响很大。

十一月十三日（十九号），为助赈局事致函直隶财政厅汪向叔。

十一月十八日（二十四号），己丑冬至节，〔眉〕黎明六钟，有大星如赤球，自西北来，陨于东南，隐隐有声。晴。接汪向叔回信，湘米一万石，可望运京平粜。②

《许姬传七十年见闻录》："当时，我的长亲汪向叔做直隶财政厅长，先父被邀担任制用科长，管理经济出纳……"

1917 年,41 岁

3 月初，段祺瑞辞职，出走天津，府院之争愈演愈烈。

6 月 1 日，黎元洪召张勋入京共商国是，7 日，张勋率辫子军自徐州北上进京。12 日，黎元洪被迫解散参众两院。

张勋宣布复辟。7 月 1 日，溥仪再次登基，颁布多条新政，意图恢复大清。3 日，段祺瑞偕同徐世昌等人，以讨伐张勋。6 日，冯国璋在南京宣布就任代理大

---

① 张伯驹：《春游琐谈》，中州古籍出版社，1984 年第 1 版，第 2—3 页。
② 恽毓鼎：《澄斋日记》，浙江古籍出版社，2004 年。

总统,任段祺瑞为国务总理。12日,讨逆军进入北京,张勋逃入荷兰驻京公使馆。溥仪再次写下退位诏书。

在迅速平息张勋"辫子军"的抵抗中,汪士元充当了重要角色。其时,直隶省库空如洗,尚有开滦股票100万元,市价高于面额。为充讨逆军军费,他以补助直隶金融费用为名,在津向日本三菱洋行借款,由天津正金银行兑付,为消灭封建顽固势力立了大功。

7月10日,曹锟饬直隶财政厅长汪士元暂行兼护省长职务。当日,段祺瑞命杨以德为天津地方戒严司令。汪、杨联名发布维护社会秩序告示。

7月12日,由直隶护理省长汪士元与三菱合资会社代表秋山订立日金100万元借款合同,还本付息由中央政府担任。①

大村西崖《中国美术史》:"今北京,天津之鉴藏家,当推完颜朴孙最有眼识;藏品之多,则推颜世清,关冕钧,杨荫伯,汪向叔等诸家。予往年历访诸家,影写其尤品,以供研究之资。"②

汪士元把一些珍贵名画卖给韩少慈。

韩少慈、名士怀(1874—1958),河北三河县齐各庄人。少年时家贫,13岁来京在琉璃厂火神庙里一家裱画行里学徒,学会装裱字画的好手艺,对历代名人书画有兴趣。1903年,同古玩行人万筱竹、张星五等人结拜"金兰",凑几个钱开设韵古斋古玩铺。韩少慈做字画生意,从小号买卖做起,自己再做些加工装裱手艺,他善于用人,胆大心细,做事果断,又赶上好时机。1911年后,韵古斋做北京政府安福系官员的字画生意,卖给他们很多历代,特别是明、清两代名人字画。1917年,当财政次长、收藏家汪向叔急需现款,想变卖所收藏之明、清名人书画时,韩少慈当机立断,全部收购,将《麓云楼书画记》中所记载的珍品字画,网罗无遗。转手将其中的一小部分,卖给津浦铁路局长徐世章,获得巨额利润。从此,韵古斋取代论古斋,成为琉璃厂经营书画的第一家古玩铺。有关韩少慈的趣闻不少,但大部分属于讹传,而他买过二件"打眼货",却是属实,五十年代初,他自己讲过这些往事。③

韵古斋开业于清末,以经营字画为主。经理韩少慈曾在民国六年,用六万银元买进老收藏家汪向叔(北京市民建委员汪镛之父)珍贵名画一宗,《麓云楼书画

① 财政科学研究所、中国第二历史档案馆:《民国外债档案史料》(六),档案出版社,1991年。

② 陈辅国主编:《诸家中国美术史著选汇》,吉林美术出版社,1992年12月,第861页。

③ 陈重远:《古玩史话与鉴赏》,国际文化出版公司,1990年7月,第267—268页。

记》中所载名件,网罗无遗,韩获利巨万。①

　　曾任北京政府财政次长的汪向叔是一个大收藏家,先后花了十几万大洋从琉璃厂论古斋、韵古斋等古玩铺买进大批明清名家字画。1917 年,生性嗜赌的汪向叔赌输了钱,便急于以 4 万现款抛售其全部字画。结果被韵古斋的韩少慈筹资购得,很快他又将其中的一小部分以 10 万元倒手卖给大总统徐世昌的弟弟徐世章。而徐世章当时任津浦路局长,这可是个肥缺,也为他如此之好的胃口提代了注脚②。

　　11 月 12 日,顺直省议会第三次会议举行开幕式,曹锟、杨以德、王章祐、严智怡、汪士元等官员出席。

　　11 月 23 日,直隶省长曹锟,汪士元、王之杰等与天津朝鲜银行本原小平签订借款合同 15 条。

1918 年,42 岁

　　3 月,在徐树铮的策划下,王揖唐、王印川、光云锦等皖系政客在安福胡同成立安福俱乐部,为该系形成肇始。8 月,新国会选举,安福系以非法手段操纵选举。在全部议员的 400 多人中,安福系即占 380 余人,王揖唐被举为众议院议长,因而这届国会被称为安福国会。

　　9 月 4 日,安福国会选举徐世昌为大总统。

1919 年,43 岁

　　北洋政府总统徐世昌又下令将全国烟酒公卖局改为全国烟酒事务署。4 月,规定烟酒事务署隶属北洋政府国务院。次年 2 月,公布《全国烟酒事务署官制》,规定事务署机构建制。

　　5 月 4 日,北京十三所学校的学生三千余人齐集天安门前举行示威,提出"外争国权,内惩国贼""废除二十一条""抵制日货"等口号,主张拒绝在巴黎和约上签字,要求惩办北洋军阀政府的亲日派官僚曹汝霖、章宗祥、陆宗舆,展开声势浩大的"五四运动"。

　　12 月,冯国璋病死,曹锟被推为北洋直系军阀首领。

---

① 北京市工商联、民建文史委员会编:《北京工商史话》第一辑,1985 年 10 月。
② 李向民:《中国艺术品经营史话》,上海书画出版社,1998 年 4 月,第 83 页。

1920 年,44 岁

7 月 14 日,直皖大战爆发,吴佩孚奔擒段祺瑞未果。本月,皖系段祺瑞战败。

8 月 19 日,汪士元由曹锟荐升财政部次长,署财政总长。

9 月 11 日,署财政总长汪士元复咨于福建省长李厚基,为该行呈请注册事,要求该行由厦门银行改名的厦门商业银行(全名为厦门商业银行股份有限公司),及修改"诸未妥洽"的章程条文,并由地方官验明股本,取具印文证书及检同银行注册费 6 元,再行转请咨部核办。该咨文称:"查该行营业性质,纯属商业银行,该行名称,应改为厦门商业银行,所有各项文件内厦门银行字样,均应照改。所拟银行章程,诸未妥洽,应遵照另单所开各节,分别修改。"福建省长李厚基收到复咨后,当即令行省实业厅厅长李厚恩转饬遵办。所谓"诸未妥洽"条文,除修改某些措词外,其主要者有两条:一为将银行改名,即将厦门银行改为厦门商业银行,已如上述。另一为将条文中所有"监察"字样,均改为"监察人"字样。此外则为分别明确规定董事及监察人职权。9 月 17 日,署财政总长又就其 11 日咨复福建省长转令该行发起人遵照财政部意见修改章程事复咨于农商部"查照"①。

汪士元与卢学溥因争公债余利相持不下。卢学溥(1877—1956),字鉴泉,洞泉,浙江桐乡乌镇人,举人,1921 年至 1922 年,任北洋政府财政部次长,兼任北京新华银行常务董事。

10 月 2 日,北京政府财政部汪士元、北洋保商银行王麟阁与大仓洋行、台湾银行签订日金 200 万元借款合同,以盐余为担保,用于保商银行资本、一部分转借财政部使用。

汪士元作画《苔枝缀玉》,设色,纸本,并题识:"庚申调官农部,岁暮得绿萼一株,清奇夭矫,古趣动人,晴窗坐对,乘暇漫学涂抹,为花留影,非敢云绘事也。既成,付儿辈收之,勿以示人。向叔并记。"

1921 年,45 岁

汪瑞闿出任上海全国纸烟捐务总局局长,成为全国烟草税的总负责人。

---

① 厦门市政协文史和学习宣传委员会主编:《鹭江春秋》,中央文献出版社,2003 年 12 月. 第 266—267 页。

汪士元在财政部当次长,处境十分艰难:

北京《晨报》消息云:"天津会议传说纷纷,据所得政界消息,则截至昨日止,其以不解决为解决者,实止有一内阁问题耳。靳既得自由局部改组之许可,本欲着手实行,乃忽生种种之障碍。代周自齐者,靳意本属于潘复,乃不意张作霖提出奉天财政厅长王永江,已不易安顿矣。而尤有一在财政部小屋子作无名次长之汪士元,大为难题。盖汪氏自己本已不愿作此非李非奈之次长,特因曹锟方面,责备甚严,谓'你就不能在财政部做事,也该替我看著,谁人向部里拿钱拿得多,你要是跑开了,财政部蒙着我,净拿钱给别人不给我,我还知道吗?'据此情形,可知此席又极为曹氏所注重。万一勉徇张氏之意,以一外省财政厅长骤跻阁员,则对于事实上并未离部之辞职次长,将致无词可解。"①

"此次旧历年关.财政部支付各项之军政费,挖肉补疮,捉襟见肘。自财政当局言之,总算勉尽职务,然其贻吾民以痛苦者,已不胜慨叹。有如此之押借收入,宜可以应付矣,然财部之苦乃至不可言状……. 在财都接待室坐索之人,每日多至百人,其支出之分配确数,愚虽未得其详,然除应付之到期利息外,则军费实为大宗。直奉各方面.当然索去巨额,而蔡成勋因欲离绥,索欠饷三百万,经曹锟五电催促,尚分文未能支付。且四、五、六数日间,财部所闹之笑话,如奉天所派之军需员,竟率兵入次长室,劫汪士元而持,各执一手,向之索饷,经公债司长某出为调解,允次日给库券若干万,始得解纷。外此强索情形,尤不一而足。……至财政各当局之态度,则周自齐早有辞职之风传,盖以财政筹划之为难及与潘复之种种龃龉早有干不下之势。然以旧历年关,徐、靳极力慰留,不许其去。周亦自言:我无论如何,旧历过年之难关必须勉强支撑,免得使人说话,过年以后,我再去职。故尚在部维持。然至五日下午,已觉应付债户无术,翩然赴滓,学周赧王矣。汪士元于五、六两日,大受窘迫,愤然语人,谓似此财政次长,直是干不了,并命仆从收拾私物,谓我明日起将不到衙门. 六日亦遂赴津去。此二人是否辞职,固说不定,然应付之难,概可见矣。七日(即除夕),财部之中,不独无总次长,即库藏司长亦未到衙门矣。惟盐务署长潘复,向为政府红人,早有周氏辞职潘即升任之说。近只相助为种种借款之活动,如盐税、库券、德租界押款,皆有彼在中主持,政府大感其援助之力,而又不当索饷款之冲,故态度仍旧安闲,博綦良宵,聊以卒岁。而继任财总之消息,且有谓旧历年初,即将实现者。潘与周、汪,大有苦

---

① 《申报》,1921 年 4 月 30 日。

乐悬殊之势也。"①

6月,汪士元辞去财政部次长职务。

7月23日,中国共产党成立。中国共产党第一次全国代表大会在上海举行。

10月9日,大总统令:潘复、汪士元均晋给一等大绶宝光嘉禾章。②

10月21日,西崖由翻译栗原减(西洋画系毕业的北京加藤洋行职员)陪同,从东京出发,经由釜山、京城、奉天、山海关于10月27日到达北京,人住扶桑馆。28日,金绍城到访。金向先生介绍了北京和上海的古画收藏名家……12月3日,受汪士元所邀,欣赏了所藏王石谷、宋徽宗、沈石田、蓝田叔作的书画,栗原和岩田留下进行拍摄。……5日再次拜访汪士元完成剩余书画的拍摄。岩田在汪士元府拍摄《仇英白描人物册》……6日,访问汪士元府,欣赏了《董其昌仿山水画册》和汪的友人所购的沈石田画册。汪为西崖在天津停留4天直至拍摄结束,并约定待归京后再作决定是否购买沈石田画册。……15日,汪士元到访③。

11月5日,汪士元再次被任命为财政部次长兼盐务署署长稽核总所总办。

12月1日,由于张作霖的攻击,张寿龄不得不辞职下台。徐世昌想提拔另一私党袁乃宽继任烟酒署督办,靳云鹏却提出要派潘复继任。徐世昌咬牙切齿地说:"宁可牺牲总统,也不让潘复上台。"后来改派接近直系的汪士元为烟酒署督办,又派接近奉系的锺世铭为盐务署署长。④

12月9日,汪士元为烟酒署督办。

"十砚斋藏砚 盱眙汪向叔姻丈士元。收藏书画,精而且富。尝以余力制砚,选料皆端溪胜品。悉嘱祁井西昆雕制。自为铭,刊刻亦出祁氏手。祁固北平名画家。而治印刻竹。皆所擅长,制砚刊铭。向不轻作。此十砚者,经向叔丈厚币延至津上,经岁而成者也。余尝试一一获观。则无不因材施巧。匠心独运。其尤足重者。则无论图案文字。用刀皆不露锋芒,无一些烟火气,触手细腻温润,一如明清所作,不知者绝不辨为当时人手笔也。故丈于是十砚,至为珍爱。曾以其一为徐公豪圆寿,亦所以报知音也。故虽以十砚名斋.今实存仅九矣。"⑤

① 《民心周报》,第2卷,第12期,1921年2月。

② 《政府公报》,1921年10月第2021号。

③ 《李叔同的老师大村西崖和中国的美术家》,载弘一大师·丰子恺研究中心编《第3届弘一大师研究国际学会议论文集》,中国广播电视出版社,2010年10月,第218—219页。

④ 本社:《北洋群丑》,江西人民出版社,1986年3月,第392页。

⑤ 巢章甫:《海天楼艺话》,人民美术出版社,2009年10月,第8页。

1922 年,46 岁

4 月 29 日,第一次直奉大战爆发,张作霖败北。曹锟以恢复法统为名,将大总统徐世昌赶下台,拥黎元洪复职。

6 月 9 日,北京政府令全国烟酒事务署督办汪士元,准免本职:

曹锟提出汪士元为财政总长,遭吴佩孚反对。曹锟提出高凌蔚为交通总长,汪士元为财政总长,张绍曾为陆军总长,其余阁员概不过问。吴佩孚看见他的爪牙高恩洪榜上无名,便又电请曹锟同意留任高恩洪为交通总长,而将高凌蔚调任为财政总长。七月三十一日,黎派司法总长王宠惠暂行代理内阁总理。八月五日正式发表唐绍仪的组阁令。[1]

6 月,汪士元《麓云楼书画记略》石印手写本刊行,自序云:"人处宙合中,必使心有所寄,而后才包蜀持简,以葆其浑然之诚。大之文学事功,小之居处玩好,事无洪细,其理一也。予生平无他嗜,独于古人书画合,若有神契。先世藏弃,经乱殆尽,通籍后宦游燕赵,或遇故家,或过古肆,纵目浏览其佳者,至梦寐弗忘,自此留意。集一十年来,所蓄约百数十事,惟宋元真迹,则以其难遇,而值又昂,仅得十余帧。又性不喜绫绢,非极难、极精者不收,故百数十事中,只一卷一册一轴而已。区区此集,因何足言其鉴藏?更何足言记载?但沧桑屡变,明日稀,窃亦未敢自轻,以轻古人。夫以予奔走南朔,无二顷之田,无一廛之庇。独此零缣尺素,不啻性命视之,自谋若甚拙,顾性既与之相契,则即以寄吾之心。每当棐几明窗,朝夕展玩,得与古人精神相接,其受益诚有无穷者。虽然自古无聚而不散之物,然兹为吾有者,亦犹吾之寄吾之心,而寄于吾焉。已尔知其为寄,则聚固吾幸,散亦理之常耳。今者杜门闲静,因取所藏,诠次成帙,顾暑热殊甚,未能致详,略述梗概,聊以志古缘之萃合,并以视夫世之同好者。壬戌六月,汪士元自记。"

汪士元与许宝蘅交往,许在日记中有记载:"九月二十九日(11 月 17 日)项佛时肩,瑞安人,众议员、吴彭秋镀孙,世绅之兄来。午后到局,程愧生夔来,五时半出,答拜顾公度,赴汪向叔、钱伯愚约,十二时归。写《玉篇·舟部》引《说文》者四十四字。三十日(11 月 18 日)午后到局,五时归。七时赴熙宝臣约,十二时后归。校考异,卷一上复校讫。接熙白信,知其买宅苏州。"[2]

许宝蘅(1875—1961),字季湘,晚号巽庐,浙江杭州人,举人,1912 年任大总

---

① 陶菊隐:《北洋军阀统治时期史话》第 6 册,生活·读书·新知三联书店,1958 年 10 月,第 153 页。
② 许宝蘅:《许宝蘅日记》第 4 册,中华书局,2010 年 1 月,第 12 页。

统府秘书兼国务院秘书、内务部考绩司长、奉天省政府秘书长等职。

1923 年,47 岁

1 月 1 日,孙中山发表《中国国民党宣言》。

6 月 13 日,曹锟派人对黎元洪进行恐吓,迫使黎元洪逃往天津。

10 月 5 日,曹锟贿选为大总统、国民革命军一级陆军上将。上海、浙江、安徽、广州等省市各界团体旋即通电全国,一致声讨曹锟。

1924 年,48 岁

汪士元任税务处会办。

9 月,第二次直奉战争爆发。冯玉祥被任命为"讨逆军"第三军总司令,出古北口迎战奉军。10 月 23 日,冯玉祥率部返回北京,包围了总统府,迫使直系控制的北京政府下令停战并解除吴佩孚的职务,囚禁总统曹锟,宣布成立"国民军",北京政府的主导权由直系改归奉系。政变后,冯玉祥授意摄政内阁通过了《修正清室优待条件》,废除帝号,清室迁出紫禁城,驱逐溥仪出宫。

1925 年,49 岁

3 月 12 日,孙中山在北京逝世。

5 月 16 日,派梁士诒为财政善后委员会委员长,卢学溥、汪士元等为委员。

1926 年,50 岁

4 月 9 日,冯玉祥的部下鹿钟麟发动兵变包围了临时执政府,段祺瑞逃走,同时鹿钟麟还释放了被软禁的曹锟。曹锟到河南投奔吴佩孚,后寓居天津租界。

4 月 15 日,张作霖奉直联军从天津进入北京。

6 月 6 日,蒋介石任北伐军总司令。19 日整理党务案出台,国共联席会议成立。28 日,张作霖、吴佩孚成为北京的新主人。

1927 年,51 岁

汪士元任国务院参议。

4 月 12 日,蒋介石在上海发动"四一二"政变。17 日武汉罢免蒋介石一切职权。18 日,蒋介石另立南京国民政府。

8月1日南昌起义爆发。13日,蒋介石宣布"下野"。25日,武汉政府宣布迁都南京,并改组"国民政府"。

9月9日,毛泽东领导秋收起义。

1928年,52岁

1月9日,蒋介石正式恢复北伐军总司令的职务.

4月28日,朱德带领的南昌起义军队与毛泽东在井冈山会师。

6月3日,张作霖撤离北京,乘火车退往沈阳。安国军政府瓦解。4日凌晨,张作霖在皇姑屯事件中被炸死。8日,国民革命军占领北京,北京改称北平。

12月29日,奉系领袖张学良除下五色旗、改挂青天白日满地红,并通电南京,表示接受国民政府管辖,史称东北易帜。至此,北洋政府、北洋派退出历史舞台。

1929年,53岁

6月,蒋桂战争结束,白崇禧、黄绍竑败逃越南。

"九月二十日(10月22日)邵蒲生来,农先来,笠士来。饭后人城访阶丈谈,四时到公园,遇向叔及谈丹崖,赴仲桢约,一时许归。人力车夫工会聚众击毁电车,宣布戒严,沿途巡警盘诘,绕小道始得归。写屏联。接小王寄来信三件。"①

悦古斋掌柜韩懿轩过世,韩博文子承父业,扩建悦古斋店铺,将平房改建成带院子的二层小楼,并请汪士元题写"悦古斋文玩处"匾额,挂在新店之中。

1930年,54岁

"五月十三日。太原十二日电,孙传芳、贾景德、温寿泉、汪士元等,十二日早六时抵石庄,下午四时抵太原,下榻山西饭店,商震等各要人均往欢晤。"②

1931年,55岁

9月18日,日本关东军制造"柳条沟事件","九一八"事变爆发。

① 许宝蘅:《许宝蘅日记》第4册,中华书局,2010年1月,第1697、1698页。
② 辽宁省档案馆编:中华民国史资料丛稿《奉系军阀密电》(第五、六册合集),中华书局,1986年10月,第244页。

1932 年,56 岁

1 月 28 日,日军大举进攻上海,"一二八"抗战爆发。

2 月 5 日,日军攻占哈尔滨,东三省沦陷。

"三月二十七日(5 月 2 日)二时,至昂若寓,骥若六弟二十九成婚,今日过礼,陪媒人徐星曙、汪向叔。六时至季馥寓,送仁先、季馥行。过陈凤韶,约同至致美斋晚饭。九时赴陆慎斋约,三时归。闻车夫相语某某踹了,问踹何义,曰死了"①。

1933 年,57 岁

石埭陈序宾观察百龄纪念征文,汪士元作文祝贺。《石埭乡贤陈序宾观察百龄纪念册》今存。

陈序宾,名黉举,以字行,安徽石埭县人。李鸿章组建淮军时,陈序宾为行营支应,主理粮饷后勤,后来成为直隶知府。1884 年 6 月 28 日,英年早逝,时年 51 岁。李鸿章闻之悲悼,朝廷追念忠荩,特赠道员。其子陈一甫、陈西甫为近代中国水泥工业的开创者,有"洋灰陈""东方水泥之冠"的美称。1933 年,陈一甫、陈西甫为纪念父亲百龄之时,遍征前清遗老、民国名人名士,宣统帝师陈宝琛、清末翰林郭则沄、民国总统徐世昌等 67 人竞相诗贺。

11 月 1 日,国民政府救济华北战区短期公债 400 万元定本日发行,到 1938 年 7 月本息还清。汪士元当选战区公债证券基金保管委员会委员。

1934 年,58 岁

10 月 15 日,华北战区战区公债第八次还本抽签在北平举行,财政部特派贵芦盐运使曾仰丰为代表,曾氏因公忙派张季源为代表,会同战区公债证券基金保管委员会代表汪向叔、北平市银行业同业公会代表王泽民、北平市商会代表姚犀生及抽签员中央银行代表。②

1935 年,59 岁

1 月 1 日为疏浚河北省海河短期公债第十三次还本抽签之期,财政部特派

---

① 许宝蘅:《许宝蘅日记》第 4 册,中华书局,2010 年 1 月,第 1386 页。
②《银行周报》,1934 年 10 月 25—31 日。

长芦盐运使曾仰丰代表孔部长主席会同河北省政府代表严炬、海河公债基金保管委员会代表汪向叔、北平市银行业同业公会代表王泽民、北平市商会代表邸泽民等为监视及抽签员,中央银行……出席活动。①

汪士元在大陆银行任职:

"另外,有的银行作过字画、旧玉抵押业务,如中南银行、麦加利银行华账房、德华银行华账房、大陆银行等。大陆银行经理许汉卿、汪士元都是书画爱好者,特别是汪士元(字向叔,麓云楼主人),精于鉴别,收藏颇富。一九三五年,著名画家张大千来天津举办画展,急需现款,经培生斋的靳伯声介绍、张将随身携带的石涛山水卷:石溪山水轴、八大山人花卉册、浙江山水册等在大陆银行押款五千元,月息一分五厘,一年为期,不久即赎回。张大千感慨地说,我是做假石涛、石溪、八大山人浙江出名的人,靳先生居然敢介绍,对方敢借款,而且肯定这七件都是真的,你们的眼力很了不起。从此,张大千和靳伯声交上了朋友。"②

3月12日,总秘书汪士元在天津总行出席大陆银行民国24年第一次行务会议。③

12月,汪士元之三公子毓铄与刘雅侠小姐订婚,照片载1935年12月5日《北洋画报》。

1936年,60岁

汪士元为任凤宾墓志篆盖。任凤宾墓志,郭则沄撰;章钰正书,汪士元篆盖;周梅谷刻。任凤宾,字欣申,江苏省宜兴县人。民国七年参议院议员。民国二十五年(1936)1月26日卒。

7月10日,华北战区战区公债第十一次还本抽签在银行公会举行。北省政府李世军、银行公会庄得之、钱业公会严大有、华北战区短期公债分会汪向叔及抽签员中央银行金问源、中国银行朱其振、交通银行陈浚等三十余人出席还本抽签活动。

8月10日,中国共产党决定放弃红军称号,联蒋抗日。25日,中共中央发出致国民党书,再次呼吁停止内战,一致抗日,实现第二次国共合作,组成国共两党

---

① 《银行周报》,1935年1月1—7日。

② 中国人民政治协商会议天津市委员会文史资料研究委员会编:《天津文史资料选辑》第34辑,天津人民出版社,1986年1月,第76—77页。

③ 中国人民银行北京分行金融研究所《北京金融志》编委会办公室编:《北京金融史料银行篇(四)》,1992年11月,第317页。

合作为基础的全民族的抗日统一战线。

12 月 12 日,西安事变爆发。东北军领袖张学良将军和西北军领袖杨虎城将军在西安扣留了蒋介石,迫使其停止内战,联共抗日。

1937 年,61 岁

汪士元书写妹夫钱锦孙墓志。钱锦孙,民国二十六年(1937)二月五日卒。葬于浙江海盐。墓志拓片长、宽均 68 厘米。汪士元正书。钱锦孙,字伯愚,浙江嘉兴人曾任盐务署厅长,财政部总务厅长,全国烟酒事务署署长等职。元配汪夫人,长芦盐运使盱眙汪公瑞高女。

7 月 7 日夜,日军向卢沟桥一带中国军队开火,中国守军第 29 军予以还击,全面抗日战争开始,史称“七七事变”。29 日,北平、天津沦陷。11 月 12 日,日军占领上海,淞沪会战结束,上海沦陷。20 日,国民政府宣告迁都重庆。12 月 13 日,国民政府首都南京沦陷。日军攻入南京城,开始大屠杀,共计 30 万人被杀。

1938 年,62 岁

1938 年元月,吴湖帆在家为刘海粟(1896—1994)所藏的一幅名画题词:“午后为刘海粟题吴文中《武夷九曲》卷。此卷殊精绝,为文中画中仅见者,向为汪向叔物,今归海粟矣。”①吴文中是明代画家,擅长绘佛像,山水是对景挥洒,独辟蹊径不摹古。这幅《武夷九曲》是件精品,曾被名家收藏。现在却落入新派画家刘海粟手中。②

1938 年 3 月,以梁鸿志为首的南京维新政府成立,6 月伪浙江省政府和杭州市政府也宣告成立。何瓚任杭州市市长,汪瑞闿为浙江省省长兼财政厅厅长。

1939 年,63 岁

1 月 3 日,日伪浙江省长汪瑞闿、杭州市长何瓚等出席在杭举办的朝鲜特产展览会时遭爱国志士袭击,汪瑞闿中弹受伤。

顾廷龙作《麓云楼书画记略跋》:“此盱眙汪向叔先生士元所藏书画之目,闻今已散尽,多入於庐江刘氏善斋矣。先生清甲辰进士,民国曾任直隶财政厅长,

---

① 吴湖帆:《吴湖帆文稿》,中国美术学院出版社,2004 年 9 月,第 184 页。

② 《东方早报·上海书评》编辑部编著:《间谍是怎样炼成的》,上海书店出版社,2009 年 12 月,第 66 页。

为吾吴曹智涵先生元恒女夫。余与智老孙泰吉凤来为僚婿，因得识其令子子齐镶，承以此相赠。已卯二月匍诊识。先生绘事擅工笔，书法有松雪遗意，皆清秀绝俗，此册系手写石印者也。又记。"①

顾廷龙（1904—1998）号起潜。苏州人。曾任燕京大学图书馆中文采访主任。1939 年与人共同创办上海合众图书馆，任总干事。中华人民共和国成立后，历任上海历史文献图书馆馆长、上海图书馆馆长。

10 月 7 日，第一次长沙战役结束。此役日军死伤 13000 人，第九战区伤亡 25833 人。

1940 年，64 岁

1940 年 3 月 30 日，汪精卫将北平、南京傀儡政权合于一体，在南京成立伪国民政府，自任"代理主席"兼"行政院院长"。

10 月 5 日，汪瑞闿任汪伪国民政府浙江省政府主席。

1941 年，65 岁

1 月 24 日，汪瑞闿病逝于杭州。

12 月 7 日，珍珠港事件爆发。日本帝国海军偷袭珍珠港，太平洋战争爆发，美太平洋舰队几乎全军覆没。美国对日宣战，还有其他 20 多个国家同时对日宣战，第二次世界大战全面爆发。

1942 年，66 岁

汪士元往来京津间，爱好书画，1942 年春在北京市场上发现清杨晋《张忆娘簪花图》：

清杨晋《张忆娘簪花图》，设色绢本，手卷。许汉卿题：此迹《清史稿艺文志》第四，曾收入总集内袁子才《随园诗话》、王述庵《湖海诗传》、钱梅溪《履园丛话》俱载之，诚世间第一稀有之胜迹也，余幼读随园诗话即深慕此图，萦萦于梦寐间者四十余年，欲求一见而不可得，几疑神物不在人间。今春汪向叔先生忽于燕市见之，归以告予，曰：昨于北平见一卷曰簪花图，题咏甚多，匆匆一阅惜忘为何人小照耳。余曰：有姜鹤涧袁子才题诗否，曰：有之。余拍案曰：是必张忆娘簪花

---

① 顾廷龙：《顾廷龙文集》，上海科学技术文献出版社，2002 年 7 月，第 221 页。

图也,思之久矣,机不可失,亟请代为作缘,遂于三月三日归于敝斋,得非忆娘及卷中诸老灵爽所凭,鉴此,愚忱俾偿夙愿乎,半生藏器为不虚矣。以视西堂老人所云:状元及第者自谓百倍胜之。爰口占四诗以志墨缘。民国三十一年五月,下瀚盐城苏翁许汉卿记于津寓之晨风阁。时年六十。

至民国三十一年(1942),包括《刘锡敕》伪本、《功甫帖》墨迹等在内的《苏米翰札合册》各札,为时任大陆银行总经理的许汉卿先生(1882—1954)后经直隶财政厅厅长汪士元(约1877—1951)物色绍介于天津陆续购得。2001年,《米芾、苏轼书翰合卷》由许汉卿之子许允恭先生无偿捐赠予上海博物馆,体现了许氏家族的爱国情怀。此前,上博亦有幸从其家藏中选择并征集收购了米芾《章侯帖》(亦名《恶札帖》),以及黄庭坚(1045—1105)《小子相帖》、南宋《淳化阁帖》(潘祖纯跋本)等名迹。①

许汉卿(1882——1961),名福眂,字汉卿,原籍江苏盐城,生于山东。任清政府刑部主事、天津造币厂总收支、南京中国银行行长、大陆银行天津分行总经理、大陆银行总经理。

1943年,67岁

汪士元任天津工商学院董事会董事。

董事长龚仙舟遽逝后,公举徐端甫继任。文贵宾为副董事长,张坚白、曹润田、汪向叔、高建勋、刘斌、邓维屏、赵振声、周济世、凌安澜、柯守义为董事。②

汪士元为陆观虎珍藏的明清之际书法家傅山(1607—1684)书法手卷题词:"傅征君于艺事无所不精,其书法当为第一,此卷奔放奇肆,而分布仍有部勒,书道中可谓其犹龙欤? 宜乎,观虎先生之珍视也!"同时题词的还有徐世章(1889—1954)、刘承烈、金致淇等人。此书法在2012年8月25日,清凉一夏艺术品拍卖会第73期中国书画二·名家小品及近现代书画专场拍出380,800元的价格。

陆观虎(1889—1960),江苏吴县人。早年从师学中医,精妇科与内科。后从事银行会计工作,1932年起,又干本行,在天津开业行医。新中国成立后曾任天津中医师公会主委、中医进修学校副校长、中医院门诊部主任、中医院院长,为农工民主党天津副主委、天津市人民政府委员、天津市人大代表等职。

仲冬,汪士元为陈曾寿《郊居咏雪图》题写签条:"郊居咏雪图,韩斋世丈属

---

① 钟银兰凌利中:《从法帖中双钩》,2014年1月2日《东方早报》。
② 中国人民政治协商会议天津市委员会文史资料委员会编:《天津文史资料选辑》1999年第1辑,总第81辑,天津人民出版社,1999年5月。

题。"李国松引首,后纸有徐世章、徐沅、章梫、郭则澐、于詹五家跋。韩斋世丈,即张鸣岐(1875—1945),字坚白,号韩斋,山东无棣人。1894年甲午科举人。1910年署两广总督兼署广州将军。袁世凯称帝被封为一等伯爵,后来迁居天津,抗战时充任伪华北政务委员会咨议委员。

陈曾寿(1878—1949)字仁先,号耐寂,家藏元代吴镇所画《苍虬图》,因以名阁,自称苍虬居士,湖北蕲水县(今浠水县)人,状元陈沆曾孙。光绪二十九年进士,官至都察院广东监察御史,入民国,筑室杭州小南湖,以遗老自居,后曾参与张勋复辟、伪满组织等。书学苏东坡,画学宋元人。其诗工写景,能自造境界,是近代宋派诗的后起名家,与陈三立、陈衍齐名,时称"海内三陈"。

1951年,75岁

汪士元病逝,许宝蘅日记有记载:"1951年,12月9日,十一日癸未,二时半到胡家吊叔豫,孟节说其病状经过。……五时到农先寓,留晚饭,围棋一局,九时馀归。得刘晚松二信,赠诗四首。刘君名善铸,学部旧僚,其原号不能记忆矣,今年七十三岁,因王愚轩道及余,故作诗托其转致索和。闻汪向叔去世。……12月15日,十七日己丑一时绍戡来,谈汪向叔逝世情况,三时同访伯纲,谈文史馆事,知胡元初、石荩年、钟刚中均得补入。又访主鬯,其长子演苍亦来京,父子三人共二百十岁,聚居一室,亦罕有也,六时归。"[①]

---

① 许宝蘅:《许宝蘅日记》第4册,中华书局,2010年1月,第1697、1698页。

第十章　陆军部一等军法官汪鸿孙

汪鸿孙(1878—?)字云宾,太学生,安徽泗州直隶州盱眙县(今属江苏)人,历任菏泽、恩县、宁海、栖霞、即墨、昌黎、临城等地知县、知事,民国陆军部军法司一等军法官。著作有《大清律例新编》《菏泽县乡土志》《重修恩县志》《恩县乡土志》《昌黎县志》《直隶故城县全境舆图》等。

第一节　从知县到陆军部一等军法官

汪鸿孙三岁时,父亲汪瑞昌得急病去世,年仅26岁。家谱记载说:"汪瑞昌,字浦仙,邑庠生,幼颖异,年十六归应郡试,以冠军入泮,文名噪一时,兼工诗学,下笔不落恒蹊。光绪庚辰秋,归应优贡试,遘疾,返舟珠湖,病极,遂卒,闻者伤之,戚族尤深惋惜。"①母亲黄氏、守节抚孤,终生未改嫁。九岁时,历任吴县、无锡、常熟等地知县的祖父汪祖绶去世。汪鸿孙主要由大伯父汪瑞曾、二伯父汪瑞高培养成人。

1895年,汪瑞曾担任青浦知县,次年,汪瑞高主持北洋机器局。北洋机器局即天津军火机器总局,是清末洋务运动时期继江南机器制造总局、福州船政局之后兴建的又一家制造军火和修造舰船的大型军事工厂。不久,汪瑞高任北洋支应局总办,专管北洋海军俸饷、工需及北洋各海口陆军兵饷并各局、各学堂、船坞、库厂薪粮经费暨一切工程修制、采办价值收支报销事宜,应用员弁、司事、书役人等薪工等费,手握大权。汪鸿孙随汪瑞高到天津,汪瑞高悉心培养他,送他到国子监深造。

①《盱眙汪氏家谱》,清末抄本,盱眙汪毓葆家藏。

1901年,汪鸿孙成候补知县。"汪鸿孙,同知衔,候补知县……年强才裕。"①1902年,汪瑞高任直隶长芦盐运使,兼任直隶通永道。当时,同乡好友杨士骧任直隶按察使,1904年杨士骧任山东巡抚,1907年任直隶总督兼北洋大臣等职。汪瑞高把自己儿子汪士元、侄儿汪鸿孙都介绍到杨士骧手下任幕僚,汪士元后任总文案。在杨士骧手下,汪鸿孙编校了《例学新编》十六卷,内页又名《大清律例新编》,由上海明溥书局出版。出版时,署名为杨士骧编,汪鸿孙校。本书按照《大清律例》排序。《大清律例》是中国封建社会最后一部法典,经过顺治、康熙和雍正三朝君臣的努力初步形成。高宗乾隆皇帝即位时,命三泰为律令总裁官,重修《大清律例》,在经过高宗御览鉴定后,正式"刊布中外,永远遵行",形成清朝的基本法典。《大清律例》成于三百年前,主为刑法之规定,而户婚、田土等类关于民法者极少。杨士骧、汪鸿孙认为成文法不可能完全适用于变化无穷的社会案件。《大清律例新编》序言指出:"法制有限,情变无穷,所犯之罪,无正律可引者,参酌比附以定之,此以有限待无穷之道也。但其中又有情事不同处,或比附此罪而情犹未尽再议加等,或比附此罪而情稍太过,再议减等,应加应减全在用法者推其情理,合之律意,权衡允当,定拟奏闻。若不详议比附而辄断决致罪有出入,以故失出入人罪论。"即不可能通过成文法把所有案情穷尽,案件是"案情万变,义各有归",必须通过类比适用来满足每个案件的具体情况。通过具体案件的类型化,改变法律的适用性,让有限的成文法内容适用于无穷多样的社会,这就是《大清律例新编》的编纂目的,有一定的现实意义。

1907年,杨士骧令汪鸿孙署菏泽知县,汪鸿孙从此走上政坛,开始了二十余年的官宦生涯。汪鸿孙从清末到民国,历任菏泽、恩县、宁海、栖霞、即墨、昌黎、临城等地知县(知事),前后二十余年,所到之处皆能忠于职守,勤政为民,做了许多有益的事情。汪鸿孙生活在新旧社会转型时期,能与时俱进,在许多方面进行革新,以适应社会形势,值得称颂。

一、大力兴办新式学校。光绪三十一年(1905年)八月,下诏"立停科举以广学校",至此,实行了一千三百年的科举考试终告废除。科举废除,出现了中国近代史上难得的兴办新学的热潮,教育目标上确立了德、智、体三方面素质协调发展的"三育"模式,初等小学堂、高等小学堂在各地雨后春笋般地大量涌现,课

① 中国第一历史档案馆:光绪朝朱批奏折第二六辑《内政·职官、保警、礼仪》,中华书局,1995年3月。

程有修身、读经讲经、中国文学、算术、中国历史、地理、格致、图画、体操等,与以前私塾及官办学校完全不同。知县汪鸿孙抓住机遇,在菏泽境内创办了37所公立初等小学堂,遍布城乡,极大地提高了当地的文化教育水准,培养了许多新式人才。

二、编纂乡土教材,用来对儿童进行爱国爱乡教育。汪鸿孙主修《菏泽县乡土志》《恩县乡土志》等,这些都是珍贵的地方史料,还作为地方学校的教材,用来教育儿童,增强爱国爱乡观念。如他署菏泽知县,撰修《菏泽县乡土志》,自豪地写道:"菏济交会,灵秀所钟,如植物中刚榴、柿饼、木瓜、牡丹等物,甲于天下,无愧山左之特产也。"此书分为图考历史、政绩、兵事、耆旧、乡贤、名宦、人类、户口、氏族、宗教、实业、地理、山水、道路、物产、商务等章节,体例完备,当地前所未有。汪鸿孙还亲自作《菏泽县乡土志序》,在序言中,汪鸿孙首先指出教育的重要意义,再论爱国与爱乡之间的关系,"教育之要义使人人爱国为枢纽,欲人人爱国,必使自爱其乡始。欲人人自爱其乡,必使自知其土地人物始。"爱国爱乡,才能有高尚的理想,前提是了解家乡的历史变迁、地理沿革、建置兴废、山河源流以及人口宗教、实业商务等情况。此书时代特点鲜明,对新兴实业有描述,地方特点突出,乡土气息浓厚,内容丰富又简明扼要,语言通俗,层次分明,抉取精当。适合儿童学习。

三、设立新式医院,为百姓提供医疗卫生服务。知县汪鸿孙"五月间在县城创设医学堂一区"(《重修恩县志序》),培养医生。在恩县县城设立牛痘局,为小儿接种牛痘,预防天花。"天花"又名痘疮,是一种传染性很强的急性发疹性疾病,危害极大,而接种疫苗是最行之有效的措施。他还向百姓宣传接种牛痘的好处:"小儿无疾病之苦,父母无忧虑之心,天下无麻面之人。"(《重修恩县志》)牛痘局的设立并采用新法为当地广大乡民施种牛痘,对防治天花起了重要作用。

四、用县款开办绣花工厂,地址在今恩城镇十字街东路北,主要制作椅披、桌围和寿衣,振兴当地工业,为百姓提供就业机会。

五、引进近代政治制度,建立恩县参事会,向民主制度迈近。会址在县城内的常平仓。王玉成、张振邦、白清宸、陶荣桥为参事员,知县汪鸿孙兼任会长。

清朝灭亡,民国建立,汪鸿孙继续当知县。从现存文献来看,民国时期汪鸿孙知县当的也很不错。1916年3月,"汪鸿孙等120名知事经审查免考"[①]。

---

① 《政府公报》,1916年3月20日。

1918 年 11 月 4 日,"大总统令:汪鸿孙等因民国三、四、五年田赋完成著传令嘉奖"①。可见,汪鸿孙视为称职的县官。

中华民国十六年,面向全国招考军法官,汪鸿孙以优异成绩考取。九月十四日,北洋政府发布大元帅令:"军事总长何丰林呈请任命汪鸿孙为一等军法官应照准此令。国务总理潘复,军事总长何丰林。"②汪鸿孙在当了二十余年的县长之后,调陆军部军法司任一等军法官,该司执掌陆军军法制定、修改,陆军监狱管理,高等军法会审等事宜。

1928 年 6 月 3 日,张作霖撤离北京,乘火车退往沈阳。安国军政府瓦解。4 日凌晨,张作霖在皇姑屯事件中被炸死。8 日,国民革命军占领北京,北京改称北平。12 月 29 日,奉系领袖张学良除下五色旗,改挂青天白日满地红,并通电南京,表示接受国民政府管辖,史称东北易帜。至此,北洋政府退出历史舞台,汪鸿孙也从此结束了二十余年的政治生涯。

第二节　著述丰富,有裨后世

汪鸿孙勤于著述,曾编纂法学著作《例学新编》十六卷,主修地方志《菏泽县乡土志》一卷、《重修恩县志》十卷及首一卷、《恩县乡土志》一卷、《昌黎县志》十二卷及首一卷末一卷等,这些著作都是传之后世的重要的文献资料。

汪鸿孙能诗擅文,从留下来的作品来看,水准较高。汪鸿孙曾任恩县知县,《重修恩县志·艺文志》中收录了汪鸿孙描绘恩县十景的诗:《回銮行宫》《通衢巍阁》《芹泮晓钟》《漳南夜月》《贝野长堤》《平沙落雁》《槐荫清风》《西山晚眺》《古渡渔烟》《虹桥潭影》。这十首诗歌题材广泛,内容丰富,包括历史古迹、风景名胜、神话传说、风土人情等等。如《漳南夜月》:"漳南河曲势回环,良夜迢迢月一弯。沧海云收光射斗,波澜风静水生烟。漫从成败论前史,愿识盈亏计后缘。景物依依观化理,放怀天地意悠然。"写景,也写人。漳南位于漳卫南运河岸边,隋末农民领袖窦建德起兵漳南,聚义高鸡泊,筑有点将台。漳南这个小地方从此声名远播,后世到漳南点将台赏月遂成为雅事,"漳南夜月"也成为当地著名景观。

---

① 《政府公报》,1918 年 11 月 5 日。
② 《政府公报》,1927 年 9 月 10 日。

点将台上曾立有"漳南晓月"石碑一方,即铭此事。汪鸿孙的《漳南夜月》除了描写漳南水、夏夜月、沧海云光等景色之外,还抒发感慨,"漫从成败论前史,愿识盈亏计后缘",颇有哲理。再如"贝野长堤"为当地古迹,在县西(指恩县)三十里,为宋代太守陈尧佐修筑,以抵御黄河之水。远远望去,于贝野之上突兀而起,蜿蜒南北,势若长虹,尤为壮观,堪称历史丰碑,列为"恩县十景"之一。长堤历经千百年的风雨,深受其惠的当地人民,为怀念牢记陈尧佐的千秋伟业,遂将长堤命名为"陈公堤"。汪鸿孙《贝野长堤》云:"御黄会虑贝州空,大野长堤势若虹。旧渎犹传神禹迹,狂澜远障宋贤功。西湖苏白同佳话,东国平恩完故封。无恙田庐喜俱在,到今人尚颂陈公。"歌颂陈尧佐筑堤抵挡洪水,护卫着千顷良田,保护万家平安。再如《槐荫清风》写当地的一个神话传说。故事发生在今武城县四女寺。相传汉代此地有一傅氏夫妇,生四女皆聪慧孝顺,为尽孝道四人均矢志不嫁,并各植一槐,对天盟誓:槐枯者嫁,茂者留。四姐妹暗自用热水浇彼之槐,以期烫死,不致贻误姐妹青春。此事感动上苍,愈以热水浇槐,槐树愈茂。结果四女同室事亲,后修道成仙,举家超升,人去迹存,四槐亭亭玉立。汪鸿孙的《槐荫清风》歌咏的就是"四女同心贞不字,双亲颐志寿无量",颂扬孝道,有一定的积极意义。

汪鸿孙的这些诗歌皆能以十分简练的语言,记述相关的历史事件,歌颂当地贤人烈妇的事迹,描绘四季变换的美景,有些篇章还能揭示其中蕴含的真谛,条理清晰,情景交融,显示出作者深厚的文学修养。

汪鸿孙有一篇用韵语写成的公文《告人民戒讼息争文》,在当时传播很广:"照得同居里闬,大都非友即亲。举凡钱财细故,讵可轻启纷争?有等不驯之徒,动以典讼为能。要知法庭判断,岂能操券必赢?败诉固自取辱,胜诉何足为荣?抑且费时失业,甚至产破家倾。何若存心退让,犹可博取令名。语云人贵自讼,易曰讼则终凶。古者圣贤垂训,允宜行之终身。本邑人情淳厚,特此告诫谆谆。当能善体斯意,共作安分良民。倘仍逞刁健讼,即是心地不明。诬告本干刑律,定行依法严惩。劝尔诺色人等,其各一体凛遵。"民国河北省训政学院徐望之著《公牍通论》,论述了公文的含义、种类、历代公文的名称、民国文书的体例和程式、撰拟方法和处理手续,请汪鸿孙作序,并特地把汪鸿孙的《告人民戒讼息争文》作为《韵语布告》的代表作加以介绍,在当时影响较大。此文采用六言古诗的形式讲述了解决邻里之间纷争不要轻易打官司的道理:"败诉固自取辱,胜诉何足为荣?抑且费时失业,甚至产破家倾。"最好的办法是"何若存心退让,犹可博取令名。"文章深入浅出,通俗易懂,朗朗上口,易于记诵,便于传播,实属创新之举。

第三节　汪鸿孙年谱

光绪四年,1878 年,1 岁

汪鸿孙生。

汪鸿孙曾祖父汪根恕,举人,曾任国子监监丞、署苏州织造兼浒墅关监督。祖父汪祖绶,字汉青,进士,翰林院庶吉士,历任吴县、无锡、常熟等地知县。父亲汪瑞昌英年早逝,母亲黄氏、守节抚孤,终生未改嫁。汪鸿孙娶苏州章氏,生七子:毓繁、毓明、毓鼎、毓彭、毓迁、毓庆、毓炳。

光绪六年,1880 年,3 岁

伯父汪瑞曾庚午乡试举人,会试大挑一等,

父亲汪瑞昌(1855—1880)得急病去世。家谱记载说:"汪瑞昌,字浦仙,邑庠生,幼颖异,年十六归应郡试,以冠军入泮,文名噪一时,兼工诗学,下笔不落恒蹊。光绪庚辰秋,归应优贡试,遘疾,返舟珠湖,病极,遂卒,闻者伤之,戚族尤深惋惜。"①

光绪十二年,1886 年,9 岁

正月二十九日,曾祖父汪根恕去世,葬于盱眙南园双桂坡。

八月十六日,祖父汪祖绶去世,葬于吴县胥门外二都五图小鸟山之暖硋岭下。

光绪十四年,1888 年,11 岁

九月,祖母陈太夫人去世,与汪祖绶合葬于暖硋岭下。

光绪十六年,1890 年,13 岁

九月,大伯父汪瑞曾、叔父汪瑞昆跟随邵友濂赴台湾。

---

① 《盱眙汪氏家谱》,清末抄本,盱眙汪毓葆家藏。

十二月,二伯父汪瑞高服阕起复,经大学士李鸿章奏调北洋使用。

光绪十八年,1892 年,15 岁
汪瑞曾到台湾后水土不服,生病,回江苏待命。

光绪二十年,1894 年,17 岁
五月二十五日,中日甲午战争爆发。

光绪二十一年,1895 年,18 岁
汪瑞曾担任青浦知县。

中日甲午战争结束,中国大败。三月二十三日,李鸿章和伊藤博文签署《马关条约》,将台湾、澎湖列岛割让给日本,赔偿日本军费库平银二万万两。

光绪二十二年,1896 年,19 岁
五月,汪瑞高主持北洋机器局,北洋机器局即天津军火机器总局,是清末洋务运动时期继江南机器制造总局、福州船政局之后兴建的又一家制造军火和修造舰船的大型军事工厂。

汪鸿孙随汪瑞高到天津。

光绪二十三年,1897 年,20 岁
叔父汪瑞阎中举。

汪瑞高任北洋支应局总办。北洋支应局专管北洋海军俸饷、工需及北洋各海口陆军兵饷并各局、各学堂、船坞、库厂薪粮经费暨一切工程修制、采办价值收支报销事宜,应用员弁、司事、书役人等薪工等费。(《北洋海军章程第八》)

光绪二十四年,1898 年,21 岁
戊戌变法运动爆发。从戊戌年四月二十三日开始,以康有为为首的改良主义者通过光绪帝进行政治改革,主要内容为学习西方,提倡科学文化,改革政治、教育制度,发展农、工、商业等。该运动遭到以慈禧太后为首的守旧派的强烈反对。八月初四日慈禧太后等发动政变,光绪帝被囚至中南海瀛台,维新派康有为、梁启超分别逃往法国和日本,谭嗣同等戊戌六君子被杀害,历时仅一百零三

天的变法最终失败。

光绪二十六年,1900 年,23 岁

五月二十五日,清廷下诏与各国宣战。英、法、德、美、日、俄、意、奥等国派遣联军入侵中国,慈禧太后挟光绪帝逃往西安。

光绪二十七年,1901 年,24 岁

七月十四日,汪瑞曾(1848—1901)在青浦知县任上去世。

七月二十五日,奕劻和李鸿章代表清廷与联军签订《辛丑条约》,中国赔银四亿五千万两。

汪鸿孙成候补知县。"汪鸿孙,同知衔,候补知县……年强才裕。"①

光绪二十八年,1902 年,25 岁

四月,江西武备学堂成立,汪瑞闿为总办(校长)。

九月初九日,汪瑞高任直隶长芦盐运使,十月初六直隶通永道员。

11 月,江西第一所高等学校——江西大学堂成立。江西大学堂由江西巡抚李兴锐将原豫章书院改制而成,以汪瑞闿为总办。学生来源以挑选举人、贡生、监生为合格,由各府县选送。

光绪三十年,1904 年,27 岁

五月,堂弟汪士元中进士。

杨士骧为山东巡抚,汪鸿孙任幕僚。

杨士骧(1860—1909)为汪瑞高老友、同乡,字萍石,号莲府(莲甫),泗州人,光绪进士,历任翰林院编修、直隶通永道、直隶按察使、布政使、山东巡抚、直隶总督兼北洋大臣等职。

光绪三十一年,1905 年,28 岁

八月十七日,汪瑞高去世。

---

① 中国第一历史档案馆:光绪朝朱批奏折第二六辑《内政·职官·保警·礼仪》,中华书局,1995 年3 月。

八月,清廷正式宣布彻底废除科举考试制度,推行新式学堂。

光绪三十二年,1906 年,29 岁

杨士骧编、汪鸿孙校的《例学新编》十六卷(内页又名《大清律例新编》)由上海明溥书局出版。实际由汪鸿孙编校。本书编辑顺序按照大清律例排序。

光绪三十三年,1907 年,30 岁

汪瑞闿出任上海巡警总局总办(局长)。

杨士骧署理直隶总督兼北洋大臣,汪士元任杨士骧幕僚,后任总文案。

汪鸿孙署菏泽知县,撰《菏泽县乡土志》。该志载,菏邑为曹名区,"菏济交会,灵秀所钟,如植物中刚榴、柿饼、木瓜、牡丹等物,甲于天下,无愧山左之特产也。"编目:图考,历史,政绩,兵事,耆旧,乡贤,名宦,人类,户口,氏族,宗教,实业,地理,山,水,道路,物产,商务。

汪鸿孙作《菏泽县乡土志序》:"夫国度之强弱,文化之消长,人民之智愚,皆系于教育之善不善而已。然振兴教育之要义,在使人人爱国为枢纽,欲人人爱国,必使自爱其乡始。欲人人自爱其乡,必使自知其土地人物始。此乡土志之所以著也。泰西各国咸注重教育,而教育宗旨尤重小学。其教授之法虽有参差,而从乡土入手则无同异。盖以垂髫之童,智识未开,遽使求其高尚之理想、深奥之科学,势必枘凿不入、劳而无效。是故绘其乡土山川之形胜、土地之物产以诱掖其颖悟、发达其智慧,然后人人自爱其乡之心油然而生。由是推而爱国,有不能争胜于天演物竞之世界者,未之前闻。方今朝廷百度维新、励精图治,而于学务一端尤为讲求尽善。按奏定学堂章程所列,初级小学科目不外历史、地理、格致三大端。其于历史,则讲乡土沿革之大致,及古先名人之事实;于地理则讲乡土道里之建置及先贤遗老之迹辙;于格致则讲乡土动物、植物、矿物以及声光电化之原质。其教法之善、用意之深,无逾于此者矣。菏邑旧岁奉饬编辑乡土志,前令以更调偬促未及考核举办。鸿孙摄篆斯邑,乃进本邑缙绅而商榷之。其历史之变迁、地理之沿革、建置之兴废、山河之源流以及人口宗教之多寡种别、实业商务之消滞衰旺,靡不博访周谘备载无遗,凡三阅月以告厥成。是役也,任总纂者县学杨君兆焕也。任分纂者邑绅朱君祜郝君鸿治也。任校勘兼绘图者阳湖杨君荫嘉也。光绪三十三年(1907)十月,知菏泽县事盱台汪鸿孙序。"

光绪三十四年,1908 年,31 岁

11 月 14 日,光绪帝死。立醇亲王载沣子、年仅 3 岁的溥仪为帝,年号宣统。次日,慈禧病死。

汪鸿孙任恩县知县。

知县汪鸿孙在县城设医学堂,培养医生,设立新式医院,在院门外设牛痘局,接种牛痘以后可使"小儿无疾病之苦,父母无忧虑之心,天下无麻面之人"(《重修恩县志》)。各地牛痘局的普遍设立并采用新法为广大乡民施种牛痘对防治天花起了重要作用。

知县汪鸿孙用县款开办绣花工厂,地址在今恩城镇十字街东路北,主要制做椅披、桌围和寿衣。

知县汪鸿孙创办 37 所公立初等小学堂。

《恩县乡土志》一卷,光绪三十四年刊抄本,汪鸿孙修,刘儒臣等纂。

县参事会于清末建立,会址在县城内的常平仓。王玉成、张振邦、白清宸、陶荣桥为参事员,知县汪鸿孙兼任会长。

宣统元年,1909 年,32 岁

组织人马纂修《重修恩县志》,现存,计十卷、首一卷,汪鸿孙修,刘儒臣纂,清宣统元年刻本,四册。重修恩县志职名:纂修:花翎运同衔知府用即补州署恩县知县汪鸿孙,安徽盱眙县人。分纂:恩县教谕宫均圻,平度州人。协修:恩县县丞盛心培,浙江仁和县人。蓝翎五品衔实授恩县典史周怀恩,河南祥符县人。编辑:分省试用县丞刘儒臣,茌平县人候选教谕王金阶,邑人。校正:候选典史王桂芬,直隶宝坻县人采访:候选训导陈廷杲,岁贡雷飞鹏。

汪鸿孙《重修恩县志序》:"恩志始成于前朝万历乙亥,续修于国朝雍正癸卯,迄今二百有余岁矣。虽疆域依旧,田赋犹前,而河渠之疏塞,学校之隆替,人才之消涨,风俗之淳漓,莫不与政治息息相通。而乃听其湮没,年深代远,文献无征,使后之来者,有所兴废无可考欤,是非守土者之责欤?鸿孙光绪戊申春二月,来宰是邑,披读旧志,十九缺残,不惟志所未载者缺略弗传,即志所已载者且将归于澌灭。窃念前之官斯土者,岂少鸿儒硕彦而卒以阙焉,弗修者固因尽心民事,刻无暇晷,殆亦以纂订者未得其人耳。鸿孙尝欢从事于斯乃可文事,后清釐讼狱,扩充学警,又正值颁行德政,创办选举以及调查统计新政,梦为半载后始克大端就理，因查前年奉学部通饬，编辑乡土志，以为小学堂课本。旧令尹未及举办，先后卸事，乃进邑士绅而商榷之。适山东通志局采访员茌平刘汉章先生、儒臣采访至恩先生学识渊雅，医理精通，因以乡土志请任编辑，未两月而书成。先是鸿孙五月间在县城创设医学堂一区，至是聘先生为医学监督，欢言朝夕，绪论时闻，于是复请于先生曰：君擅著作才，乡土志既承编辑成书矣，恩志失修二百余年，窃不自揣，欲续而成之，然故老无存，佚文散失，即网罗搜辑而纂修删订，匪异人任也。君三长毕萃，其幸勿辞。先生谦让，未遑三请，然后许之。爰就医学堂附设志书局，不尚铺张，事从简约，只选俊秀七八人分路采访。以城局为归宿，又以二三同辈住局传抄，先生手订凡例，缺者增之，繁者删之，误者正之，疑者辨之，无不一一厘正。至于撰述去取，考定笔削，皆先生一人任之。复以宫季平广文均圻、王子升广文金阶、王香谷少尉桂芬入局襄校。凡五阅月而稿告成，以百五十日之精神，补二百余年之缺漏。举凡田赋、学校、山川、道里、宦迹、乡贤、忠烈、孝义以及兵事、灾祥，下及方外技术，分门别类，搜访无遗。鸿孙复为校正，付之梓人，自愧无尺寸劳而得乐观厥成，实刘君独任其难，与宫王诸君替助之力也。因述其颠末，以为之序。宣统已酉清和月知恩县事盱眙汪鸿孙书于拜石轩。"

汪鸿孙作《恩县十景诗》，《重修恩县志·艺文志》中收录：

回銮行宫

遗迹谁寻蔓草中，当年会筑故明宫。规模想像飞双凤，警跸传呼驻六龙。四海竟归真帝子，千秋难再是周公。只因野鸟相啁哳，寂寞空怀一代雄。

通衢巍阁

南北通衢达帝昏，舟车冠盖若云屯。层台曲折境原异，危阁登临气自尊。地接王畿瞻日近，天遥驿路界烟痕。凭高眺望真空洞，万井斜阳几点村。

芹畔晓钟

偶向城东一眺临，当年位置有深心。似因木铎愁难化，故使洪钟助巨音。古殿阴森春色暮，高楼声动晓光侵。应知终与梵林奋，采取芹香泮水深。

漳南夜月

漳南河曲势回环，良夜迢迢月一弯。沧海云收光射斗，波澜风静水生烟。漫从成败论前史，愿识盈亏计后缘。景物依依观化理，放怀天地意悠然。

贝野长堤

御黄会虑贝州空，大野长堤势若虹。旧渎犹传神禹迹，狂澜远障宋贤功。西湖苏白同佳话,东国平恩完故封。无恙田庐喜俱在,到今人尚颂陈公。

平沙落雁

疏柳寒烟一带齐,平沙广漠县城西。荒芦瑟瑟秋风急,落雁嗈嗈斜日低。景入瑶琴音古雅,书传远塞意离迷。南回旋看北来早,转盼阳春绿满堤。

槐荫清风

森森槐荫绕祠堂,清卫环流水正长。四女同心贞不字,双亲颐志寿无量。须眉对此愧巾帼,俎豆何妨杂汉唐。但使芳行时代有,问风谁不奉馨香。

西山晚眺

西山林木郁芊绵,偶一登临斜日边。冈阜果然能拔地,峰峦奚必定参天。无多樵径穿云出,可有幽人载酒还。乘兴来游时欲暝,牛羊归向暮村前。

古渡渔烟

隐隐垂杨古渡头,青帘遥指酒家楼。疏林柳陌归渔父,浅水芦滩击钓舟。远寺钟余烟满树,石梁人静月如钩。无边幕霭青苍里,欸乃歌声与耳谋。

虹桥谭影

长桥虹势跨津期,下见深潭未有涯。浴日吞天瞻气象,腾云致雨总离奇。房山何处澄秋水,杜子还同赋溪陂。知否潜龙藏稳固,波平涛静待乘时。

宣统二年,1910 年,33 岁

江苏省设巡警道,置公署于苏州,委上海巡警总局总办汪瑞闿主持该道,并总办上海警务。

汪士元任直隶河间兵备道。

宣统三年,1911 年,34 岁

三月初一日,汪瑞闿补授湖南盐法长宝道。

汪士元任长芦盐运使。

10 月 10 日,武昌打响第一枪,辛亥革命爆发。11 日革命党人宣布成立中华民国军政府,黎元洪出任中华民国军政府鄂军都督,发表《致全国父老书》。12月 29 日孙中山归国,17 省代表选举孙中山为临时大总统。

1912 年,35 岁

1 月 1 日,孙中山在南京宣誓就职临时大总统,改国号为中华民国,定 1912

年为民国元年,并成立中华民国临时政府。

2月12日,隆裕太后代宣统皇帝溥仪颁布了退位诏书,清王朝宣告灭亡,中国两千多年的君主专制制度也随之结束。13日,孙中山辞临时大总统职。15日,参议院选袁世凯为临时大总统。

应江西都督李烈钧七次盛情邀请,汪瑞闿同意出任江西民政长。本年12月22日,汪瑞闿抵达南昌,受到李烈钧等人的热烈欢迎,但同时遭到许多人反对、威胁,遂离开南昌,史称"江西民政长事件"。

因母去世,宁海州知州汪鸿孙丁忧辞职。①

1913年,36岁

汪瑞闿再赴江西任民政长,上任即查办程道存等人,得罪了一批人,遭弹劾,撤职。

民国三年,1914年,37岁

4月,袁世凯任命汪士元署直隶国税厅筹备处处长及财政司长。

3月,汪鸿孙等120名知事经审查免考。②

民国四年,1915年,38岁

中华民国四年四月六日国务卿徐世昌大总统批令

山东巡按使蔡儒楷呈柬省交涉需才,请调汪鸿孙任用,由汪鸿孙准其调往山东,由该巡按使酌量任用,交内务部查照此批。③

蔡儒楷(1869—1923),字志赓,南昌人,举人,历任直隶教育司司长兼国立北洋大学校长、北洋政府教育总长、山东巡抚使等职,

中国红十字会志谢:六月一号起二十号止。赵芹波君介绍俞才元君,陈公亮君介绍苏公杰君,郑世怀君介绍吴茂生君、王代源君、苏应祥君、郑钟奇君,正阳关分会介绍泰善臣君,即墨分会介绍汪鸿孙君、马岩青君、马张女士,李笨叔君介绍吴桂宝女士,黄怀清君介绍傅雪岩君,高振善君介绍张凤楼君,以上各捐洋二十五元,胡汝坚君介绍胡赖僧君续捐洋十四元八角三分。均推赠正会员……

---

① 《临时公报》,1912年4月12日。

② 《政府公报》,1914年3月20日。

③ 《政府公报》,1915年4月20日。

上海二马路中国红十字会总会总办事处沈敦和启。[①]

12月12日袁世凯称中华帝国大皇帝。袁称帝后第一道申令：捕杀乱党。

民国五年,1916 年,39 岁

2月10日,汪瑞闿任民国政府参政院参政。

栖霞县知事汪鸿孙,试署即墨县知事。

6月6日,袁世凯在忧惧中病故。6月7日,黎元洪继任大总统。29日北京政府国务院被迫恢复旧约法。中国进入军阀割据混战时代。

民国六年,1917 年,40 岁

张勋复辟。7月1日,溥仪再次登基。2日,讨逆军进入北京,张勋逃入荷兰驻京公使馆,溥仪再次写下退位诏书。

7月10日,直隶财政厅长汪士元暂行兼护省长职务。

汪鸿孙任昌黎县知事,设立花生交易经济人:"昌黎县蛤泊堡,近年播种花生之处较昔增多,商民交易,因无官秤,时起争执,该县知事汪鸿孙,为裕图便商起见,招募民人杨纯一,承充花生牙纪,专司评价过秤事宜,以期振兴市面。"[②]

《昌黎县志》十二卷首一卷末一卷,金良骥、汪鸿孙修,张念祖、张锡思纂。民国六年(1917)修。

昌黎县监房二间,民国七年知事汪鸿孙重修狱内。[③]

民国七年,1918 年,41 岁

汪鸿孙任临城县知事。

民国各县皆分科办事,有少数旧官僚参加新组织,引用刑名应名科长,而仍呼以师爷,习气不改。有羊乘之,于民国7年二月(1918年)从知事汪鸿孙至河北临城县署接收交代。余即汪之前任,一切应交事项皆依法清交,听候后任查核。其有疑项出入,每因争占数角甚至数分的便宜,亦用咨文矜矜索取。余不耐烦数小事愿赔补不较。惟有因民国6年(1917年)水灾,垫支警费1200余元,应由后任征起归垫。羊持片面曲说,坚不承认接征归还。地方人士以警费系维持

---

①《申报》,1915 年 7 月 3 日。

② 顺直新闻:《昌黎添设花生牙纪》。《益世报》,1923 年 2 月 9 日,第 10 版。

③ 金良骥、汪鸿孙修,张念祖、张锡思纂:《昌黎县志》第 4—5 卷,民国六年。

地方所用,皆不似羊说。羊又取民事诉讼案卷,指所贴司法印花不够法定数目,应由经手人赔出。有人同羊说,此不在交代范围内,何必节外生枝。羊始言要教前任认得我! 缘羊初到时,意前任必先派人向后任师爷暗送厚礼(即贿赂),并明享以盛馔,余一无所及,不免因失望而气愤,遂有许多意外挑剔,表示师爷的厉害。①

9 月 4 日,安福国会选举徐世昌为大总统。

11 月 4 日,大总统令:汪鸿孙等因民国三、四、五年田赋完成著传令嘉奖。②

1919 年,42 岁

5 月 4 日,"五四运动"爆发。

12 月,冯国璋病死,曹锟被推为北洋直系军阀首领。

1920 年,43 岁

8 月,汪士元任财政部次长,署财政总长。

1921 年,44 岁

汪瑞闿出任上海全国纸烟捐务总局局长,成为全国烟草税的总负责人。

7 月 23 日,中国共产党成立。中国共产党第一次全国代表大会在上海举行。

11 月 5 日,汪士元再次被任命为财政部次长兼盐务署署长稽核总所总办。

12 月 9 日,汪士元为烟酒署督办。

1922 年,45 岁

4 月 29 日,第一次直奉大战爆发,张作霖败北。曹锟以恢复法统为名,将大总统徐世昌赶下台,拥黎元洪复职。

1923 年,46 岁

1 月 1 日,孙中山发表《中国国民党宣言》。

① 文安主编:《晚清述闻》,中国文史出版社,2004 年 1 月,第 232 页。
②《政府公报》,1918 年 11 月 5 日。

10月5日,曹锟贿选为大总统、国民革命军一级陆军上将。上海、浙江、安徽、广州等省市各界团体旋即通电全国,一致声讨曹锟。

1924 年,47 岁

汪士元任税务处会办。

9月,第二次直奉战争爆发。冯玉祥囚禁总统曹锟,宣布成立"国民军",北京政府的主导权由直系改归奉系。政变后,冯玉祥授意摄政内阁通过了《修正清室优待条件》,废除帝号,清室迁出紫禁城,驱逐溥仪出宫。

1925 年,48 岁

3月12日,孙中山在北京逝世。

1926 年,49 岁

4月9日,冯玉祥的部下鹿钟麟发动兵变包围了临时执政府,段祺瑞逃走,同时鹿钟麟还释放了被软禁的曹锟。15 日,张作霖奉直联军从天津进入北京。

6月6日,蒋介石任北伐军总司令。28 日,张作霖、吴佩孚成为北京的新主人。

民国十六年,1927 年,50 岁

汪士元任国务院参议。

4月12日,蒋介石在上海发动"四一二"政变。17 日武汉罢免蒋介石一切职权。18 日蒋介石另立南京国民政府。8 月 1 日南昌起义爆发。13 日蒋介石宣布"下野"。25 日武汉政府宣布迁都南京,并改组"国民政府"。9 月 9 日,毛泽东领导秋收起义。

9月14日,大元帅令发布:"军事总长何丰林呈请任命汪鸿孙为一等军法官应照准此令。陆海军大元帅之印。国务总理潘复,军事总长何丰林。"①汪鸿孙调陆军部军法司任一等军法官,该司执掌陆军军法制定、修改,陆军监狱管理,高等军法会审等事宜。

---

① 《政府公报》,1927 年 9 月 10 日。

民国十七年,1928 年,51 岁

4 月 28 日,朱德带领的南昌起义军队与毛泽东在井冈山会师。

6 月 3 日,张作霖撤离北京,乘火车退往沈阳。安国军政府瓦解。4 日凌晨,张作霖在皇姑屯事件中被炸死。8 日,国民革命军占领北京,北京改称北平。

12 月 29 日,奉系领袖张学良除下五色旗、改挂青天白日满地红,并通电南京,表示接受国民政府管辖,史称东北易帜。至此,北洋政府、北洋派退出历史舞台。

民国十八年,1929 年,52 岁

河北省训政学院徐望之将他主讲的《公牍讲义》修编成《公牍通论》,论述了公文的含义、种类、历代公文的名称、民国文书的体例和程式、撰拟方法和处理手续,请汪鸿孙作序:"昔郑子皮欲使尹何为邑。子产曰:'爱人以政,犹未能操刀而使割也。其伤实多!'又曰:'侨闻学而后入政,未闻以政学者也。'夫子产之所谓学,盖以大官大邑,民人社稷之重,兵刑钱谷之繁;均有待于学,非仅一端而已。而公文案牍,实为庶政所自出。尤非学识兼到者,不能胜任而愉快也。自嬴氏燔诗书,使学者以吏为师。鄦侯制定律令,以刀笔筐箧起家。于是胥吏有学,守令无学矣。唐宋以降,以科目取士。士咸溺于诗赋词章之中;而不暇研求有用之学。一旦出而临民,势必假手于幕僚胥吏。吏治之坏,由来者渐矣!迨至清季,登进愈杂,政治愈棼!所谓公牍者,悉由幕胥作之俑!一时相与成习;虽名公巨卿,不能脱其窠臼,而修明之,其他更无论矣。民国肇建,毅然行考试制度。而于亲民之官;尤注重政治,法律等科。拔真才而崇实学;一洗从前学非所用之弊。信乎法良意美!近岁施行训政,萃新进之士,设院训练。务使通达治体;练习公文,蔚为党治人才,甚盛事也!吴兴徐望之先生,主讲于河北训政学院。其所授《公牍讲义》一编;熔铸经史,贯通百家。尝考自古昔公文名称类别至百数十种之多。元元本本,殚见洽闻。又杂采近代切于实用诸作。并自拟令文表式,以示楷模。循循乎,纲举目张;有条不紊。凡上行、平行、下行程式,纤悉靡遗。以视前人牧令全书,亦犹棘林萤耀之与枬木龙烛也。庸可同年而议丰确乎?友人有请付诸剞劂,以公同好者。先生谦让未遑。窃以为先生英年硕望,著作宏赡。不仅以公牍擅长。是编特尝鼎一脔,窥豹一斑耳!然于政治之良窳,民生之休戚,一编之中,三致意焉。吾国以公牍列作教科,可谓前无古人;而编之闳博精确,谓为后无来者,洵非溢誉。今以饷世之学者,其关系党治前途者,裨益实匪浅鲜!

苟入政之士,果心领而神会之,自可得左右逢源之效。尚得为幕胥故技所束缚乎? 鸿孙作宰二十年。公余之暇,数数操觚;略知甘苦。自承先生出示此作,读未终篇,而瞠目咋舌矣! 行见先生之化,风行全国,又岂仅河北一隅,受其薰陶涵育也哉! 民国十八年十二月盱眙汪鸿孙拜撰。"

徐望之,浙江湖州吴兴人,先后就职于上海商务印书馆、河北训政学院。1929 年在河北训政学院主讲公牍课程时,徐望之根据《公文程式》编著《公牍讲义》,1931 年上海商务印书馆出版该书,一上市就受到好评,热销异常,同年 12 月再版,以后又陆续再版,到 1947 年已出版了 8 次。1958 年该书作为档案学旧著十三本之一,被中国人民大学历史档案系翻印。此后,该书又在海内外三度出版:1979 年由东京中文出版社出版,1988 年由档案出版社出版,1991 年由上海书店出版。

《公牍讲义》收录了汪泓孙的六言韵文《告人民戒讼息争文》作为范例,指出韵文公文易于诵读、传播。

附 录

盱眙汪氏家谱①

始祖华,唐上柱国越国公,历封昭忠广仁武烈灵显王,咸丰八年奉敕加封襄安二字。

由徽州祁门县始迁盱眙。迁盱一世祖尚佳,二世祖士俊。三世祖永磻,附监生。四世祖元谦,太学生,诰赠通议大夫。四世祖妣氏吴诰赠太淑人,氏冯诰赠太淑人。

第五世汪汇,统一公次子,字东川,号海门,岁贡生,候选训导,例授修职佐郎,诰赠通议大夫。生于雍正七年己酉十二月初三,卒于嘉庆三年戊午五月初四,享年七十岁。配胡氏,诰赠太淑人,生于雍正十二年甲寅,卒于嘉庆十二年丁卯,享年七十四岁。合葬邑西八里清水坝。

第六世汪景福,字介夫,号晴村,廪贡生,制行不苟,训迪有方,里居教授多成就者,以子贵诰封朝议大夫,诰赠通议大夫,捐置义庄赡族,钦旌乐善好施,给帑建坊前祠前。公生于乾隆二十六年辛巳十月初十日,卒于道光十四年甲午二月十八日,享年七十四岁。元配王氏,出泗州半城巨族,素娴诗礼,淑慎持躬,生于乾隆二十五年庚辰,卒于嘉庆三年戊午九月十八日,享年三十九岁,诰赠淑人。生子三,女一,适程姓,合公葬于南园双桂坡艮山坤向。继配周太淑人,佐公内政,克勤克俭,生于乾隆二十六年辛巳七月二十六日,卒于道光二十四年乙巳二月十四日,享年八十三岁,分葬南园家祠西首望杏园艮山坤向。公著有《晴川诗集》及原籍往还合牒诸书。

---

① 《盱眙汪氏家谱》,清末抄本,盱眙汪毓葆家藏。

汪景福生三子：云任、云佺、云倬。

第七世汪云任支系

第七世汪云任，字孟棠，一字梦塘，号笨畚，别号茧园、补卢，由廪膳生中式嘉庆丁卯科举人，丁丑科举进士。广东三水、番禺县知县、广西归顺州知州、江西赣州府知府、江南苏州府知府、山东全省督粮道，内用通政使司参议，简放陕西按察使司按察使。历署广西南宁府同知、思恩府知府、江南苏松太兵府备道兼江海关监督、陕西布政使。狝历中外，所至有政声。宰广东番禺，办理华洋交涉，能持大体。擢放广西，平反有邑地方冤狱，不自以为功，吏民悦服。守赣时弭盗安民，以地接广东，匪徒出没，议于观音阁扼要处添设督逋通判一员，控制镇抚，境内以安。筮仕垂三十年，俸余所入，悉以建宗祠，赒姻党，置义田，爱训诸侄如所生，惠及适程孀居妹嗣子松荫。以故旅殁京邸，无私蓄。丧既归，里巷多陨涕。公乾隆四十九年甲辰二月十一日生，卒于道光三十年庚戌五月初七日，享年六十七岁。诰授通议大夫，晋封资政大夫。配同里吴氏，孝慈成性，量尤洪博，生平无愠色，生于乾隆四十八年癸卯七月十八日，卒于同治五年丙寅八月初五日，享年八十四岁。诰封淑人，晋封夫人，与公合葬于家祠西首望杏园艮山坤向。生子二。侧室何氏，生子二女二：一适浙绍徐氏，一适淮安龚姓。侧室高氏。均葬于望杏园公墓旁。

生四子：根敬、根恕、根荷、根梓。

第八世根敬，字小孟，由廪贡生历任河南沁阳、镇坪、祥符等县知县，许州直隶州知州，署归德府知府，升授彰德府知府，所至吏畏民怀，政声卓著。令镇坪，禁厝棺，劝种树，习俗感化。调祥符，值洪水灌城，首先抢堵，民赖以安。擢放许昌，平反张姓冤狱，邑颂神明。复增修先贤祠敞祭。凿三万余井以备旱。守彰德，严禁私造闷室等十四事。盱地滨洪湖，多水患，旧有张公堤久倾圮，孟棠公力陈诸当道，议重修，苦乏费，公首捐廉，博堂上欢，得集事。守彰德甫三月卒，民哭奠，市为之空，挽联中有"两月抚绥思入骨，万家香火泪倾城"，盖纪实也。公生于嘉庆十三年戊辰五月二十二日，卒于道光二十八年戊申正月十六日，享年四十一岁。归葬南园斗山巅艮山坤向，诰授朝议大夫，从祀许昌名宦祠。配周淑人，与公同庚，生六月十四日，同治九年庚午正月二十六日卒，享年六十三岁，葬南园磨旗山北港,生子二,女二:一适桐城胡姓,一适北直隶李姓。副室陆氏,葬南园北港,生子一。公行见父孟棠公状悉述。

生三子:祖茂、祖亮、祖年。

第九世汪祖茂,廪生,性孝友,屡膺房荐,不售,以同知直隶州知州留江苏补用,加知府衔。生于道光九年己丑六月十二日,卒于光绪三年丁丑九月初七日,享年四十九岁,诰授奉政大夫,配程宜人,勤于内政,生于道光七年丁亥正月十二日,卒于同治三年甲子二月二十一日,享年三十八岁。合葬东门口祖茔右侧,生子四,季子嗣亮后,女一,适淮安王姓。侧室刘氏。

生四子:瑞名、瑞同、瑞成、瑞常。

第十世汪瑞名,字伯循,桐孙公长子。

生二子:鳌孙、骆孙。

第十一世汪鳌孙,字绍伯,邑庠生,生于光绪二年丙子六月初三日,卒于光绪二十四年戊戌十二月十四日,年二十三岁,葬东门口地方,坤山艮向,配宋氏,守节待旌,生子一。

第十二世汪毓英,字稚园,生于光绪二十三年丁酉八月二十六日,卒于民国二十七年戊寅七月十八日,存年四十二岁。配王氏,无出。公葬东门口祖茔前。

第十世汪瑞同,字仲文。

第十一世汪骆孙(继),字次循,元配谢氏,继配郑氏,以弟次子毓熙为嗣。

第十二世汪毓熙。

第十世汪瑞成,字叔平。

生二子:琥孙、配孙。

第十一世汪琥孙,字绍叔,生于光绪二十八年壬寅八月十七日,卒于民国二十年。配王氏生子二,合葬雁门关东家山下甫公松林外。

生二子:毓熙、毓萱。

第十一世汪配孙,字次平,生于宣统元年五月。配李氏,生子二,女三:一适旧铺倪姓,次适旧铺邹金坤,三适新街李知义。

第十二世汪毓繁,生于公元一九三二年壬申七月初三日,配旧铺刘振英,生于三月初十日,生子三,女三:长女月娥,适张铺高竹玉;次女月霞,适旧铺林其昌;三女晨霞,适旧铺姚水年。

第十三世,汪海武,生于公元一九五九年己亥十一月二十二日,配穆店刘素梅,生于一九六○年庚子三月十七日,生子一。

第十四世汪军,生于公元一九八五年己丑八月初一日。

第十三世,汪轮武,生于公元一九六五己巳正月初五日。配茶场路建华,生于一九六六年丙午正月卅日,生子一。

第十四世,汪泉,生于公元一九八九年己巳四月十七日。

第十三世,汪洪武,生于公元一九七二年壬子三月十八日。

第十世汪瑞常。

第十一世配孙(继)。

第九世祖年,绩学,早卒。

第九世汪祖亮,字寅卿,国学生,太常寺博士。生于道光二十六年丙午八月十二日,卒于光绪十年甲申九月十四日,享年三十九岁。聘周氏,未婚卒。公不再娶,以兄之季子瑞常为子。缘中馈乏人,纳妾章氏,生子一,女三:一适临淮潘氏,一适宝应杨姓,一适明光胡姓。公葬南园小山下,适潘女卒,亦附葬南园。

第十世瑞常,字季良,邑庠生,出嗣祖亮。生于同治二年癸亥八月十六日,卒于光绪二十八年壬寅正月十一日,享年四十岁。原配张氏,生于咸丰十年庚申八月二十六日,卒于道光二十年甲午正月二十九日,享年三十五岁。合葬南园大港中乙山辛向。继配周氏,生子一,殇。

第十一世汪配孙(继)。

第十世汪瑞怡,年十六而殇,寅卿公妾生子。

第八世祖根恕,字小棠,道光丁酉科举人,国子监监丞、东河候补同知,候选知府,前江苏遇缺尽先题补道,生而颖异,工诗能文,尤爱才若命。为监丞时,值试期,监收试卷,有违式当帖者,惜其才,皆曲全之。榜发,俱获隽。后以磨勘干吏,议罚俸六月,坦然不以介怀。历署苏州织造兼浒墅钞关监督。生于嘉庆十五年庚午十月初四日,卒于光绪十二年丙戌正月二十九日,享年七十七岁。诰授中宪大夫,晋封资政大夫。配同里宋氏,同邑武德骑尉讳本公女,庠生讳城公胞姊。生于嘉庆十五年庚午九月十八日,卒于同治元年壬戌三月卅日,享年五十三岁。合公葬于南园双桂坡祖墓左侧艮山坤向,诰封恭人,晋封夫人,生子二,女四:长适陶姓,次适宝应朱姓,三适常州余姓,四适苏州颜姓。侧室刘氏,生子二,女二:长适蒋坝寻姓,次适蔡姓。侧室李氏生一女,适萧山陈姓。侧室章氏生子二,女一,适平湖朱姓。侧室艾氏生子一。

生六子:祖绥、祖龄、祖立、祖越、祖馨、祖琪。

第九世祖绶,字汉青,一字岸青,咸丰乙卯科顺天乡试举人,丙辰科进士、翰林院庶吉士,己未散馆授江苏新阳县知县,调补金山、青浦、吴县等县知县,历署常熟、江阴、无锡等县知县,川沙抚民同知。所至多惠政,如掩骨骼,赈饥施衣诸善举,汲汲为之,不遗余力。宰金山时,平反胡氏冤狱;令青浦,以淫祠惑众,潜毁其像,改建书院,皆不动声色,措置裕如,士民悦服。平生无他嗜好,惟日手一卷;遇疑狱,必往复详求,事关民命出入者,微行密访,务得其实。俸入,悉以偿先世逋负,恤乡党,困乏姻族待举大者尤众。公生于道光九年己丑十月初三日,卒于光绪十二年丙戌八月十六日,享年五十八岁。诰授朝议大夫,晋封资政大夫。配陈淑人,浙江萧山望族,性恺悌,遇人急难或饥寒疾苦,拯恤备至。方咸丰乙卯间,岸青公将赴京兆试,艰于资斧,脱腕钏以治装,乃得行。兵燹时,值祖始迎养在苏,亲执爨以奉甘旨,务博重堂欢,故颐养康强,得臻上寿。后游宦诸邑,善政多所赞成,戚族之自远乞援者,恒周之,无吝色,而内政余间仍不废缝纫织作之事,益勤俭,其天性也。生于道光十一年辛卯四月二十六日,卒于光绪十三年丁亥九月初八日,享年五十八岁。与公合葬于苏州吴邑硋硶岭乾山巽向。诰封淑人,晋封夫人,生子五,女二:一适浙江余姚朱姓,一适萧山陈姓。侧室马氏,生子一,女二:一适萧山陈姓,一早殇。以生瑞阊贵,诰封一品夫人。

生六子:瑞曾、瑞高、瑞保、瑞昌、瑞昆、瑞阊。

第十世汪瑞曾,字南陔,同治庚午并补行壬戌恩科举人,大挑知县,分发湖北。乙酉科分房校士入,改省江苏,吏咸刮目相待,争延入幕。邵中丞奏调赴台湾,苏抚奏留,不可。公渡台数日染疾,犹日扶病治官书,邵悯之,以状闻,乃得返省。值奎军抚吴,尤深倚畀。未几,除知青浦邑,为岸青公旧治,遗爱在民。公继志述事,益广厥施。时上游方倚公深,调首邑,以积劳卒于青浦署。发引日,士庶多焚香泣送,有过寻常。公慈祥恺悌,出于至诚,族间有贫乏不能自存,及殁无以葬者悉周之。抚孤侄恩尤笃。生平顾恩义,欲步曾祖通议公之后尘,乃年不副德,赍志以终。

生二子:麒孙、颐孙

第十一世汪麒孙,字荫南,监生,幼承庭训,循谨老成,以同知改分发浙江,现署湖州府捕盗同知。配钱塘樊氏,以鸿孙长子毓繁为嗣。

第十一世汪颐孙,字淑伊,幼聪慧绝伦,年十四随父游浙江幕,以疾殇,戚友咸痛惜之。

第十世汪瑞高,字君牧,同治乙丑补行咸丰辛酉科拔贡,户部七品小京官,山东司行走,官至二品顶戴长芦盐运使司兼办北洋支应局。时值艰难,度支奇绌,而综理精核,熟谙机宜,故为当时所倚重。性尤慷慨有高。生于道光二十九年己酉十月初十日,卒于光绪卅一年乙巳八月十七日,享年五十七岁,诰封资政大夫。配萧山陈淑人,生于咸丰二年壬子十月二十七日,卒于光绪卅年甲辰九月二十六日,诰封夫人,合公葬于苏州吴县紫石山湾斗米山西麓乙山辛向,生子二女一,适嘉兴钱姓,侧室王氏、李氏。

生二子:骏孙、祐孙。

第十一世汪骏孙,字聿丞,监名佑孙,屡膺房荐,未售,嗣以父荫赏銮舆经历。配钱塘洪氏,生子三女三,现候先同知。

生三子:毓崧、毓良、毓炎。

第十一世汪祐孙,字向叔,榜名士元,光绪庚子辛丑恩科正并科举人,甲辰科进士,现官二品衔直隶候补道,配吴门曹氏。

第十世汪瑞保,幼殇。

第十世汪瑞昌,字浦仙,邑庠生,幼颖异,年十六归应郡试,以冠军入泮,文名噪一时,兼工诗学,下笔不落恒蹊。光绪庚辰秋,归应优贡试,遘疾,返舟珠湖,病极,遂卒,闻者伤之,戚族尤深惋惜。公生于咸丰十五年乙卯十月初五日,卒于光绪六年庚辰十月二十六日,享年二十六岁,诰封通政大夫,葬于岸青公墓侧。乾山巽向。配黄氏,生子一,守节待旌。

第十一世汪鸿孙,太学生,知事山东,嗣保举归知州补用。前署山东荷泽、恩县知县,配吴门章氏,

生七子:毓繁、毓明、毓鼎、毓彭、毓迁(改名毓唐)、毓庆、毓炳。长子嗣麒孙后。

第十世汪瑞昆,字玉农,邑庠生,监名准,性明敏,多智略,以知县随前台湾巡抚邵中丞渡海,从戎治军数载,嗣指浙江,现官三品衔候补知府。元配钱塘沈氏,生于咸丰十年庚申十月初一日,卒于光绪十五年乙丑八月初二日,年三十岁,葬于苏州吴江县吴山嘴高岗癸山丁向,诰封夫人,生子三。继娶会稽巨氏,生子二女二,幼未字。妾张氏、蔡氏。公生卒不详。今手辑迁系,会修综谱,暨协阎修原谱宗祠祖墓。

生五子:熙孙、聪孙、駉孙、泰孙、凤孙。

第十一世汪熙孙,字缉甫,幼绩学,年十六岁卒。

汪聪孙,字少农,绩学,年二十一岁卒。

汪駉孙,字鲁怀,浙江法政学堂讲习科最优等毕业生,现官士提举衔江苏。生子毓爵、毓瑗、毓端。

汪泰孙,幼殇。

汪凤孙,字桐轩。

第十世汪瑞闿,号颉荀,光绪丁酉科顺天乡试举人,二品衔,江南记名道,前署江西按察使司、九江关道,现官江苏巡警道。配会稽孙氏,生于同治十一年壬申二月二十六日,卒于光绪二十五年己亥十月初十日,年二十六岁,诰封夫人,生子二。继室孙氏,生子二,侧室王氏,生子一。今协兄准会修家乘,并资乃厚,手修祖籍宗祠,既祖茔支祠。

生五子:绵孙、鹤孙、龙孙、鸾孙、赐孙。

第九世汪祖龄,字则乔,附贡生,两淮盐场大使,生于道光十一年辛卯九月二十三日,卒于光绪二十九年癸卯四月初五日,享年七十六岁,例授修职郎。配周孺人,生于道光十二年壬辰六月十一日,卒于光绪十五年己丑二月初一日,得年五十八岁,合公葬苏州吴邑东小娘山麓,例封孺人。侧室李氏。

第十世汪瑞森,配王氏,生子三。

第十一世汪祥孙。

第九世汪祖立,字春生,绩学,早卒,葬南园刘恭人墓侧,根恕公第三子。

第九世汪祖越,字珊舲,一字国生,太学生,议叙按司经历衔,为人忠厚,生于道光二十七年丁未七月初四日,卒于光绪二十五年己亥六月二十三日,享年五十三岁,葬于望杏园西首。配方恭人,生于□年六月初八日,卒于民国六年丁巳九月初六日,葬于斗笠山乾山巽向,生子四,女二:一适宝应朱姓,一适湖北黎姓。

生四子:瑞经、瑞清、瑞符、瑞良。

第十世汪瑞经,字味畬,修职郎,未娶,生于□年九月初四日,卒于民国十二年癸亥八月十七日,葬于南园大港。

第十一世骍孙(继)。

第十世汪瑞清,字仲梅,元配张氏,生子二,生于光绪四年戊寅八月初十日,卒于民国三十五年丙戌正月十九日,享年六十九岁。元配张宜人,生于光绪元年己亥七月十二日,卒于民国三十三年甲申正月二十四丑时,享年七十岁,合葬于南园大港东山甲庚之阳。

生二子:骅孙、骍孙(继)。

第十一世汪骅孙,生于光绪卅年甲辰十月十三日,卒于一九八八年农历正月十四日,享年八十五岁。配朱氏夫人,生于光绪卅一年己巳十一月二十六日,卒于一九八一年农历四月十五日,享年七十三岁。公葬于宣化街上北一群羊北侧艮山坤向祖墓左侧。夫人葬盱中北侧,坤向。

毓葆继。

第十一世汪骊孙,字轶尘,一字少华,生于民国二年癸丑七月初七日,卒于公元一九六〇年农历五月初十日,享年四十八岁,病故于台湾。当时由骊孙毓琰父子料理丧事,后骨灰存放于高雄市澄清湖公墓七十号慎地。生前就读于南京警官学校,后去杭州萧山等地,骨灰待迎取回故里安葬。配嘉山县桑大郢桑善平,早年就读于南京金陵女子学校,生于一九一一年十二月二十九日,卒于一九五六年十一月二十九日,享年四十六岁。

第十二世汪毓政,字文正,生于民国二十四年己亥正月二十四日,因病殇于民国卅年七月二十三日,时七岁。

第十二世汪毓葆,字少茹,生于民国二十七年戊寅闰七月二十二日。配土街苏氏良华,生于一九四一年,卒于一九八七年农历正月二十七日,时年四十七岁,葬于宣化街北一群羊北侧艮山坤向祖墓右侧,生子一,女一,适本城谈家巷王姓占魁。

第十三世汪宏武,生于公元一九六五年己巳五月初九日,配顺河街陈春梅,生于同庚。

第十四世汪涛,生于公元一九八七年丁卯十月二十九日。

第十世汪瑞符,字叔和,生于光绪六年庚辰八月二十四日,元配陈氏,生女一,卒,姜罗氏。

第十一世汪鹿孙(继)。

第十世汪瑞良,字眉卿,生于光绪七年辛巳十月初六日。配郦氏,生子四女一。

生四子:云孙、锦孙、士孙、鹿孙。

第九世汪祖馨,字桂生,一字秋胗,附贡生,生于咸丰四年甲寅二月十二日,卒于光绪卅一年己巳,存年五十二。配嘉兴钱氏,生于咸丰□月□日,卒于光绪八年壬午八月,葬于南园左近松林内。侧室宋氏,生子一。根恕公第五子。

第十世汪瑞元,字子阳。

第九世汪祖祺,字栋甫,附贡生,五品衔候补训导,配傅氏,生于咸丰九年己未三月二十二日,卒于光绪二十九年癸卯十月初一日,年四十五岁,葬于金陵。

侧室韩氏,生子一。根恕公第六子。

第十世汪瑞炳,早殇。

第八世汪根荷,字蓉舫,邑增生,生于道光七年丁亥五月二十一日,卒于咸丰九年己未八月二十一日,享年三十三岁。配杨氏,生于道光四年甲申四月十七日,卒于道光二十八年戊申十月二十四日,年二十五岁,葬南园。继配宋氏,生于道光十一年辛卯五月十四日,卒于光绪九年癸未六月二十三日,年五十三岁,葬于东门口。

生二子:祖畴、祖寿。

第九世汪祖畴,字锡卿,邑庠生,五品衔候选县丞,配傅氏,生于咸丰二年癸丑三月二十四日,卒于光绪十八年壬辰九月初五日,年四十岁,葬南园大港辛乙向。配丁恭人,勤俭抚孤,生子六,以次子嗣八房楚材公后。丁恭人葬南乡枯桑树地方。

生六子:瑞芹、瑞瑚、瑞芬、瑞芳、瑞瀛、瑞廷。

第十世汪瑞芹,字舜丞,少孤,事孀母惟谨,配李氏,生女一,卒。妾陈氏,合葬于东乡郭村田上。

汪瑞瑚,夏甫,出绍为嫡堂叔寿生子,以承八房胞叔祖根梓公后。光绪十五年以试冠军入邑,配江氏,合葬于雁门关东家山下。

汪瑞芬,字佩芝,邑庠生,生于光绪七年辛巳三月初二日,卒于民国二十一年壬辰五月二十三日,年五十二岁。元配陈氏,生子二。公任国务院存记简任职,代理天津安徽中学校长和尚港未照捐局局长,长津海关独流苑口潘关杨村秦皇岛等委员,清附贡生。生二子:骊孙、骎孙。汪骊孙生四子:毓琰、毓瑸、毓璋、毓琳。

汪瑞芳,字杏城,生于光绪九年癸未三月初一日,卒于民国二十八年己卯正月二十五日,年五十七岁。配李氏,生子二,公葬望杏园西洼下。生二子:骧孙、骈孙。

汪瑞瀛,字仙舟,元配王氏,生女一。继娶蔡氏,卒于民国卅四年十月十一日。

汪瑞廷,字献之,早卒。

第八世汪根梓,字楚材,太学生,生于道光十四年甲午七月二十七日,卒于光绪九年癸未十月二十九日,年五十岁。配余氏,生于道光十五年乙未三月十五日,卒于光绪二十四年戊戌八月十二日,合葬于南园祖墓右傍,艮山坤向,生子寿生殇,抚胞侄畴之子瑞珊为孙,以承其后。

第九世汪祖寿,字寿生,早卒,抚祖畴之次子瑞珊承后。

第七世汪云佺支系

第七世汪云佺,字问松,邑庠生,佐伯兄理家政,谨于出纳,任劳任怨,生于乾隆五十一年丙午九月二十日,卒于同治元年壬戌九月十四日,享年七十七岁,貤赠奉政大夫,车河试用同知。配柳淑人,综理内政,御下严明,生于乾隆五十二年丁未九月初七日,卒于同治二年癸亥十月初九日,享年同公,与公合葬于南园台子山,生子二,女一,适旧县江姓。

生二子:根芝、根兰。

第八世汪根芝,字子问,附贡生,江苏高邮州训导,生于嘉庆二十四年己卯十一月二十一日,卒于道光二十九年己酉四月十八日,年三十一岁,葬于家祠西首望杏园左边艮山坤向,敕授修职佐郎。配王孺人,生于嘉庆二十五年庚辰四月初八日,卒于光绪十年甲申八月十四日,享年六十五岁,旌表节孝,生子二,女四:一适蒋坝蔡姓,一适高邮贾姓,一适孙姓,一适吴姓。

第九世汪祖传,字邮生,邑庠生,生于道光二十四年甲辰十一月二十四日,卒于光绪二十三年丁酉九月二十二日,存年五十四岁。配蔡氏,生于道光二十八年丙午五月初一日,卒于光绪二十九年癸卯七月二十四日,合葬南园。

生二子:瑞鸿、瑞鹏。

第十世汪瑞鸿,字伯钧,邑庠生,配蔡氏,生女一;继娶周氏,生子一,女一,洒金桥袁姓。

第十一世汪寿孙,生二子:毓春、毓琰。

第十二世汪毓春,生三子:强武、德武、明武。强武生子培培。

汪毓焱生子金良,金良生子倍倍。

第八世汪根兰,字稚松,道光癸卯优贡,咸丰元年孝廉方正,知州衔河南候补知县,生平工绘事,尤精画梅,兼擅八分书及篆刻,生于道光元年辛巳十一月初四日,卒于光绪五年己卯七月初八日,享年五十九岁。诰授奉直大夫。配沈淑人,勤俭慈祥,方避乱昭阳时,翁姑相继卒,停棺僧寺,同治丙寅河决汪水潭,兴邑几成泽国,偕公极力经营,归葬故里,生于嘉庆二十四年己卯十一月二十九日,卒于光绪十年甲申正月二十一日,享年六十六岁,与公合葬苏州吴邑宝华山,生子二,女四:长适归安陈姓,次适芦州郑姓。

生二子:祖文、祖鼎。

第九世汪祖文,字葵生,太学生,知州衔指发江苏知县,生于道光二十四年甲辰九月十三日,卒于光绪三十二年丙午五月二十三日,享年六十三岁。配定远凌氏孺人,生子三,女一,未字殇。公葬吴县紫石山湾斗米山。

第十世汪瑞恒,字久余,指分河县丞,生于同治三年甲子八月十七日,卒于光绪卅二年丙午八月初六日,年四十三岁,葬葵生公墓左。配杨氏。瑞恒生一子骥孙。

瑞泰,字阶平,配凌氏,生子一。

瑞丰,十三岁殇。

第九世汪祖鼎,字翰生,邑庠生,生于咸丰六年丙辰六二十三日,卒于光绪十一年己酉十月初七日,年三十岁。配马氏,生于咸丰三年癸丑二月二十一日,卒于光绪十一年己酉正月二十三日,年三十三岁,合葬苏州宝华山。

第七世汪云倬支系

第七世汪云倬,晴村公三子,字砚耘,性慷慨好施,工古今体诗,早游庠,屡荐不售,援例入太学。生于乾隆五十八年癸丑八月二十一日,卒于道光二十九年己酉五月二十三日,享年五十七岁。貤赠奉政大夫,河南许州直隶州知州。配黄淑人,事继姑克孝,奉嫂如姑,生于乾隆五十六年辛亥,卒于道光三十年庚戌,享年六十岁,合葬于斗笠山辛山乙向,生子二,女一,适旧县江姓。

生子二:根书、根礼。

第八世汪根书,字小砚,太学生,江西广信府通判,丁艰归,服阕署赣州府通判,即伯父孟棠公守赣时议设之缺。公承先志,捕斩巨盗,境内肃然。后调补抚州府通判,卒于官。公性忠厚,交友尤诚笃,缓急可倚。生于嘉庆二十一年丙子十二月初一日,卒于同治九年庚午七月十四日,年五十五岁,敕授承德郎。配田氏安人,性严明,治家勤俭,生于嘉庆二十二年丁丑六月二十三日,卒于同治四年己丑八月十九日,年四十九岁,合葬于南园左近松林内,生子四女一,适武进庄姓。

生四子:祖田、祖由、祖民、祖谷。

第九世汪祖田,字葂生,生于道光十八年戊戌二月初一日,卒于咸丰十一年庚申三月初十,年二十三岁。

第九世汪祖由,字庚生,候选从九品,生于道光。配王氏,生于道光十八年戊戌六月初二日,卒于光绪二十五年己亥九月十六日,存年六十三岁,葬南园枣林,丁山癸向,生女一,适李姓。

第十世汪瑞麟,字子祥,生于同治十年辛未四月十二日,卒于光绪二十四年七月十二日,年二十八岁,葬南园。配秦氏,生子二,守节待旌。秦宜人卒于民国卅三年元月初九日。

第九世汪祖民,字陟生,太学生,生于道光二十一年辛丑十一月初九日,卒于光绪二十三年丁酉十二月初三日,得年五十七岁。配柏氏,生于道光十八年戊戌,卒于光绪十七年辛卯十一月二十二日,存年五十三岁,以弟祖谷子兼祧,葬南园祖墓左边,艮山坤向。

第九世汪祖谷,字禹臣,浙江候补巡检,生于咸丰元年辛亥十月初十日,卒于光绪二十五年己亥七月初七日,年四十九岁。配丁氏,生于咸丰二年壬子,卒于光绪十一年己酉,年三十一岁,生子一兼祧三房为陟生后。继配查氏,生于年十一月卅日,卒于民国二十七年戊寅闰八月二十二日,年七十五岁,生女三:长适李姓,次适丁塘陈姓,三适山口门周姓。查恭人葬东乡赵庄田上。

第十世汪瑞瑜,字瑾甫,元配田氏生子二,女四:长适傅姓,次适倪姓,三适陈姓,四适孙姓。

第八世汪根礼,字小耘,廪贡生,性勤谨耐劳,时增修张公堤旧址以御水患,公承伯父孟棠公命董诸役,不辞劳瘁。生于嘉庆二十三年戊寅十二月初二日,卒于光绪二十年甲午八月二十四日,享年七十八岁,葬南园核桃港,寅山甲向。配黄孺人,奉身以俭,御下以宽,里党贤之,与公同庚,生于八月初一日,卒于光绪二年丙子,享年五十九岁,生子二,女一,适同里周姓。咸丰十年避乱,流寓扬州府属兴化县地方后卒。

生二子:祖植、祖政。

第九世祖植,字培之,按察司照磨,生卒不详。元配黄氏,生于道光二十四年甲辰正月初一日,卒于同治十年辛未六月十二日,年二十八岁,合公葬大港。继配蒋氏,生子五,以第三子嗣胞弟祖政后。

生五子:汪瑞霖、汪瑞咸、汪瑞震、汪瑞谦、汪瑞复。

第十世汪瑞霖,早卒。

第十世汪瑞咸,字伯熙,修职郎,生于光绪八年壬午正月十七日,卒于民国二十六年丁丑十二月初六日,年五十八岁。配谢氏,生女四:长适舟山张姓,次适张姓,三适万姓,四适傅姓。妾韩氏,无出。公葬望杏园西下洼。

汪瑞震,字仲修,元配杨氏,生子二,出嗣胞叔祖政公后。

汪瑞谦,字叔珍,生于□年十一月二十八日,元配於氏,生子二女二。

汪瑞复,字季敦,生于□年,元配倪氏,生子二女一,倪姓养。继配明光李姓,生子一女一。

第九世汪祖政,字受之,生于道光二十五年己巳十月二十七日,卒于光绪二十二年丙申七月初一日,享年五十二岁,葬南园左边寅山申向。配兴化陈氏,善事翁姑,刺股疗姑,疾愈,同治间旌表孝妇,生于道光二十六年丙午□月□日,卒于光绪六□年□月,年卅五岁,与姑及黄氏奶同厝棺兴化西门外。以夫兄第三子瑞震为嗣,生女一,适蒋坝蔡姓。

第十世汪瑞震,埴公第三子来绍。

后记

2014 年 5 月，在汪藕裳去世 110 年之际，她的皇皇巨著《子虚记》终于由中华书局出版，圆了这部著作的百年出版梦。我将此消息电告西安肖镕璋女士，她一面向我表示感谢，一面又提出了新的要求：把《子虚记》改编成电视连续剧。我说做不到，她很诧异——你不是文学博士吗？不是文学教授吗？

《子虚记》具有丰富的故事情节，戏剧冲突性很强，完全适合电视连续剧的要求，可惜我不会编，更不会导。况且，拍电视剧需要千百万甚至上亿的资金，我到哪里去募集这笔巨款？只好慢慢地等待知音了。肖女士说，你能等，我等不到那一天啦。

当《子虚记》送到肖女士手上的时候，这位期盼了数十年的汪藕裳后裔眼睛已经失明，无法阅读高外祖母的著作了。尽管如此，她还是十分开心地用手一页一页地抚摸，像孩子一样灿烂地笑着。不久，她腰腿疼痛加剧，无法行走，解放军第四军医大学的专家们束手无策，她只能在家卧床静养。眼睛看不见，又不能动，是何等的痛苦！当时我生病请假在家休息，不能看书、写作，情绪极为消沉，她不时地打电话安慰我，鼓励我战胜疾病，她的声音还是那么爽朗，话语还是那么亲切、乐观，极富感染力，完全不像一个卧床不起的人。她还建议我到西安住到她家，陪我聊天，消除我心中的忧郁，我真的很感动。2015 年年底，她在加拿大的女儿施宁给我发电邮说，2016 年 3 月 14 日是其九十岁生日，家中准备庆祝一下，不接受财物，每位亲友准备一样文艺性礼物，事前不告诉她，届时给她一个惊喜。我说，我就写篇祝寿词吧。

春节，我在家构思祝寿词，感到很为难。肖女士出生于淮安名门望族，祖上与阮元、林则徐、沈云沛、张謇等近代名人交往密切，她本人诗画皆精，与前国家主席江泽民系小时候邻居、玩伴、同学，长大后虽各奔东西，但关系一直没中断，曾两次应邀赴中南海做客。要在一篇几百字的短文中全面地评述她及其家族，不是一件容易的事情。我反复读史料，苦思冥想好多天，三易其稿，终于在规定交稿前一日将文章发过去。施宁看后很满意，又让亲友传阅，都说不错，我才放下心来。

2016年3月8日，课间，我到教室外看微信，大吃一惊。施宁留言："妈妈昨天下午四点五十分因心肺衰竭，抢救无效，永远地离开我们了。"尽管知道迟早会有这么一天，但是当它突然来到的时候还是十分惊诧和难过。还有一个星期，就是她的九十华诞，亲友们的节目早就准备好了，寿星却突然离去，真让我们措手不及。施宁说，老人家走得很安详，没有遭什么罪，遗憾的是她没有看到那份祝寿词。悲痛之余，我把祝寿词修改一下，以《因书结缘祝华诞》为名拿到报刊上发表，以表示对她的深切怀念：

萧镕璋，淮安板闸人，国家冶金部退休干部，原国家主席江泽民同窗好友。2011年8月，她将家传64卷《子虚记》手稿（已被评定为国家一级文物）无偿捐献给淮安博物馆。她是名门闺秀，多才多艺，尤擅绘画，《复旦学报》曾专题介绍她的成就；她历经坎坷，乐观向上；她资助七位陕北贫困山区儿童完成学业。我与她因《子虚记》结缘，成为忘年交，数年交往，深深感受到这位身居异乡的游子的浓浓乡情。近日，值其九十岁生日，特撰短文，以表祝贺。

淮安板闸，运河重埠，明清设立榷关，直隶朝廷户部。辖境北起彭城，南至江都，东北抵达赣榆，岁收财税无数。板闸萧氏，书香门户，代有闻人，世掌关上文书，尤以萧令裕声誉最著。令裕英才杰出，受知阮元总督，聘于两广幕府。摈弃经学，讲求时务，忧国忧民，勤于著述。抵御外侮，首倡以夷攻夷；振聋发聩，书写英吉利史。魏源受其启发，林则徐赞赏不已，近代思想界先驱。

延至午峰，英俊洒脱，通州状元作伐，连理海州巨族。镕璋为其长女，自幼异常颖悟。喜书画，爱琴棋，日诵唐宋词，暮吟子虚记。长于维扬，与未来主席比邻；求学复旦，共一生伴侣同心。睹战火纷飞硝烟，历白色恐怖场景。屡经困苦磨难，躬逢开国盛典。迁居燕京，供职于冶金部，举案齐眉，夫妻相敬宾如。

运动波涌，国士频频罹难；文革浩劫，忠臣纷纷衔冤。群魔乱舞，神州阴风昏暗；牛鬼蛇神，多少家庭破散！赶出京城，流落天涯，蒙自耕田，草坝牧马。崎岖羊肠小道,巍峨峻峭山高。离故乡兮万里,与亲友兮别离。边陲烟瘴燥湿,穷乡与世隔绝。蚊蝇肆虐,疾疫流行兮缺医少药;人心不古,蛮语呕哑兮怪风陋俗。物资奇缺,野蔬充饥,夫妻相濡以沫;精神匮乏,茅屋谈天,一家苦中取乐。

风雨过后,灿灿彩虹丽天;迁居西京,欣欣向荣春原。乐观诚信,敦友睦邻,家有余庆,紫气盈门。事业有成,育儿有方,三女化凤高翔;手足情深,提携弟妹,家族发达兴旺。妙手绘丹青,气骨古雅;笔力透纸背,设色高华,画名扬四方,总书记击节称赏。积德累仁,勤俭慈祥,乐善好施,大爱无疆。捐赠图书,熨斗小学欢欣鼓舞;奉献资金,失学儿童感激涕零。家传《子虚记》手稿,国家珍贵文物,五代人接力守护,历经千辛万苦。不为利诱,力排众议,捐献国家,泽被后世。

吾与寿星同乡,因书结缘,相见恨晚。虽相距千里,时常联络切磋,意绪绵延多年。丙申之春,风和日暖,莺歌燕舞,国泰民安,恭逢其九旬华诞,欣然命笔,聊采芜词以介祉,遥祝萱寿而承欢。

没有肖女士的无私奉献,《子虚记》手稿可能还埋没在民间,更不可能被整理出版。肖女士是最大的功臣,也是我最要感谢的忘年交。

汪藕裳的另一部手稿《群英传》还在民间漂泊,不知何时能够出版,何时能与读者见面。近代名人、汪藕裳的祖父汪孟棠的坟墓经过我多年奔波终于得到修复,被列为文物保护单位。我的汪氏研究系列之一的《清末才女汪藕裳及其家族名人研究》经过三年多的打磨终于杀青,借机聊述数语,以表达我对汪氏及其后裔的深深敬意。同时还要感谢淮阴师范学院"江苏高校哲学社会科学重点研究基地"的领导和同事,谢谢他们的慷慨资助。

王泽强,2017 年 3 月 28 日于淮阴师范学院文化创意文化产业研究中心

图书在版编目(CIP)数据

清末才女汪藕裳及其家族名人研究/王泽强著. —上海：上海
三联书店,2017.12
ISBN 978-7-5426-6039-8

Ⅰ.①清… Ⅱ.①王… Ⅲ.①汪藕裳(1832—1903)—人物
研究 Ⅳ.①K825.6

中国版本图书馆 CIP 数据核字(2017)第 189922 号

清末才女汪藕裳及其家族名人研究

著 者 / 王泽强

责任编辑 / 郑秀艳
装帧设计 / 一本好书
监 制 / 姚 军
责任校对 / 张大伟

出版发行 / 上海三联书店
  (201199)中国上海市都市路 4855 号 2 座 10 楼
邮购电话 / 021 - 22895557
印 刷 / 上海肖华印务有限公司

版 次 / 2017 年 12 月第 1 版
印 次 / 2017 年 12 月第 1 次印刷
开 本 / 710×1000 1/16
字 数 / 420 千字
印 张 / 27
书 号 / ISBN 978 - 7 - 5426 - 6039 - 8/K·431
定 价 / 58.00 元

敬启读者,如发现本书有印装质量问题,请与印刷厂联系 021 - 66012351